자기와 타자

주관성·공감·수치심 연구

단 자하비 Dan Zahavi 강병화 옮김

자기와 타자

Self and Other: Exploring Subjectivity, Empathy, and Shame

글항아리

서문 : 유래와 체계

나는 자기와 타자라는 주제를 20년 넘게 연구했다. 1992년에 착수한 박사학위 논문『후설과 초월론적 상호주관성 Husserl und die transzendentale Intersubjektivität』에서, 나는 후설의 상호주관성 이론에 대한 새로운 해석을 제시했다. 후설이 상호주관성에 심대한 관심을 쏟은 주요한 이유는, 무언가가 실재한다는 것은 어떤 의미인가 그리고 우리는 어떻게 그것을 그 자체로 경험할 수 있는가 하는 초월론적인 철학적 물음에 관심이 있었기 때문이라고 나는 주장했다. 후설에 따르면, 이 물음들에 대한 해명은 초월론적 상호주관성에로의 전환을 요한다. 나는 또한 사르트르와 메를로퐁티, 하이데거 등이 현상학적 상호주관성 이론에 기여한 바를 논의했으며, 하버마스와 아펠의 연구에서 발견할 수 있었던 상호주관성에 대한 언어 중심적 접근법과 비교해 이러한 분석이 갖는 공통의 특징과 장점을 역설했다.

교수 자격 논문『자기알아차림과 타자성 Self-Awareness and Alterity』은

1999년에 출간되었는데, 거기서 나는 전반성적 자기의식 개념을 그다음으로 검토했고 우리의 경험적 삶은 내성이 전형적으로 보여주는 반성적 형태의 자기의식보다 더욱 시원적이고 더욱 근본적인 일종의 자기의식을 그 특징으로 한다는 견해를 지지했다. 나는 후설의 자기의식과 내적 시간의식 분석에 대한 새로운 해석을 제시했으며 또한 메를로퐁티, 사르트르, 앙리, 데리다의 글에 의지해서 자기의식 개념이 현상학적 철학에서 얼마나 중심적이고 근본적인 역할을 하는지를 입증했다. 현상학은 의식이 어떻게 대상의 현출에 수반되는지의 문제에 관심을 둘 뿐만 아니라, 의식의 자기현출을 어떻게 이해할지의 문제와도 씨름해야 했다.

내 연구는 그 후로 죽 이 기본적인 주제 사이에서 맴돌았다. 한편으로 나는 경험과 자기, 자기의식 사이의 관계를 연구했고 이 세 개념 모두가 서로 연결되어 있다고 주장했으며, 우리의 경험적 삶의 주관적 차원에 전념하고자 하는 의식 이론은 (최소한의) 자기개념을 진지하게 운용할 필요가 있음을 논의하기도 했다. 이러한 맥락에서 나온 초기의 노력은 2000년의 논문 「자기와 의식Self and Consciousness」에서 찾아볼 수 있다. 다른 한편으로 나는 상호주관성과 공감, 사회 인지에 대한 글을 계속 집필했다. 나는 현상학적 공감 설명을 지지했고, 상호인격적 이해의 신체적이고 맥락적인 특성을 인정하는 주장을 했으며, 시뮬레이션 이론과 이론-이론이 포함된 이른바 '마음 이론' 논쟁 내의 유력한 입장들을 비판해왔다. 2001년의 논문 「공감을 넘어서: 상호주관성에 대한 현상학적 접근법Beyond Empathy: Phenomenological Approaches to Intersubjectivity」은 그 대표적인 글이다.

2005년에 출간된 『주관성과 자기성Subjectivity and Selfhood』은 앞선 몇 해 동안의 여러 연구를 모은 것이다. 비록 그 뒤에도 주관성과 상호주관성을 계속 연구하기는 했지만, 당초 이 주제를 다루는 새 책을 쓸 마음은 없었다. 하지만 2008년에 어떻게 하면 내 핵심 발상을 좀더 발전시킬 수 있을까, 내가 맞닥뜨린 몇몇 비판에 어떻게 대응하면 좋을까, 특히 어떻게 하면 내 연구의 두 줄기를 더욱 체계적으로 통합할 수 있을까에 골몰하기 시작했고, 2009년에는 마침내 이 책과 관련된 연구에 착수했다. 이전에 냈던 어떤 책보다도 완성하기까지 긴 시간이 걸렸다.

이 책은 일견 분리된 세 부분으로 보일 수 있는 단위로 나뉘어 있다. 밝혀지겠지만, 여기에는 서로 연계되고 가로지르면서 이 책을 단일 전체로 묶어주는 다양한 연동 주제가 존재한다. 이 책의 전체적 구조를 보다 잘 파악할 수 있도록 논의의 단계를 간단하게 개괄하겠다.

1장은 일부 철학자가 지지하는 반反실재주의적 입장과 인지심리학자, 발달심리학자, 정신병리학자, 신경과학자의 다양한 연구에서 찾아볼 수 있는 자기에 관한 실재론을 비교한다. 비교를 시작하자마자 분명히 드러나다시피, 일부 철학자가 반대하는 자기와 많은 실증과학자가 수용하는 자기 사이에는 현격한 불일치가 존재한다. 이런 이유로, 상이한 자기개념을 구별하는 일이 시급할 뿐만 아니라, 자기에 대한 실증적 접근법과 이론적 접근법 사이의 관계를 개념화하는 적절한 방식을 파악하는 일이 중요함을 또한 입증해야 한다.

2장에서는 두 가지 아주 상이한 자기개념을 소개한다. 사회적 구성주의에 따르면, 우리는 단독으로는 자기가 될 수 없고 타자와 더불어서만 자기가 될 수 있다. 더욱 경험에 기반한 접근법에 따르면, 자기성은 경험적 삶의 내장된 특징이다. 중요한 점은 이들 접근법 모두 많은 반실재주의자가 신봉하는 자기 정의를, 다시 말해 자기는, 만약 이게 존재한다면 불변하고 존재론적으로 독립적인 개체여야 한다는 견해를 거부한다는 데 있다. 이 장의 대부분은 그래서 경험에 기반한 현상학적 제안을 면밀히 검토하는 것으로 채워져 있다. 먼저 현상적 의식과 자기의식 사이의 관계를 검토한다. 다음으로, 다양한 경험적 소유권 개념을 구별하고 논의하며, 그런 뒤 경험적 자기개념을 경험의 1인칭적 특성의 면에서 정의한다.

다음 두 개 장은 2장에서 윤곽을 그린 제안의 핵심으로, 이에 대해 제기되었거나 제기될 수 있는 다양한 반대를 검토한다. 3장에서는 소위 익명성 반론의 다양한 버전을 제시하고 평가한다. 익명성 반론이란 경험이 그 자체로 주관성과 1인칭적 주어짐 그리고 나에 대한 것임을 수반함을 부인하는 것이다. 이 반대의 한 버전은 전前반성적 수준의 의식이 그 자신을 망각한 채로 철저하고 완전히 세계에 잠겨 있다고 주장한다. 그 단계와 그 수준에는 어떤 자기의식과 나에 대한 것임 또는 나의 것임을 위한 여지가 전혀 없다. 이 견해에 따르면, 경험적 소유권은 개념적이고 언어적인 자원을 수반하는 상위 인지가 작동한 결과다. 또 다른 버전은 우리가 매번 자신의 경험을 직접적으로, 다시 말해 전반성적으로뿐만 아니라 반성과 내성에 종사할 때도 친숙하게 안다는 것을 부인한다. 투명성 테제를 지지하는 이들에 따르면, 현상적 의식은 철저하게 그리고 전적으로 세계현전적이다. 3장에서는 이 반대들에 대응한 뒤 경험적 일화는 1인칭적이라는 주장에 맞서는 관련 예외를, 다시 말해, 나의 것임과 나에 대한 것임을 함께 결여하는 익명적 경험이 그 특징인 병리학적 사례를 신경정신병리학과 정신병리학이 제시할 수 있는지를 논의하면서 끝을 맺는다.

4장은 아주 다른 공격 노선과 대결하고 있다. 타깃은 경험적 주관성의 있음 또는 편재함이 아니라, 오히려 경험적 주관성과 자기성의 동일시다. 한 비판에 따르면, 경험은 사실상 주관성을 그 특징으로 한다고 할 수도 있겠지만, 이 점이 통일된 자기가 존재한다는 주장까지 정당화하는 것은 결코 아니다. 사실, 본질적으로 자기반성적인 의식의 흐름을 영속적 자기-개체로서 해석하는 것은, 몇몇 불교 비평가에 따르면, 망상의 물화에 연루되는 일이다. 이 반대에 대한 평가를 통해 아주 상이한 자기 개념들이 공존하기에 현재의 논쟁이 복잡해지며 또 이 비평가들이 부인하는 자기는 경험적 자기와 현격히 다르다는 사실을 다시 한 번 밝힌다. 그리고 여기서 두 번째 반대가 이어진다. 이것은 최소주의적인 경험적 자기개념을 거부하며, 또 자기는 의식의 내장된 특징과 단순히 동일시되는 게 아니라 대신 규범성의 공간 안에 위치하고 처해 있어야 한다고 주장한다. 달리 말하면, 자기라고 불리기 위해서 충족되어야 할 필요조건은 의식적이기 위해 요구되는 필요조건보다 더 까다롭다. 4장에서는 이 제안의 유력한 버전, 즉 이른바 내러티브적 자기 설명을 분석하고 이 내러티브적 설명이 홀로 설 수 있는지, 아니면 경험에 기반한 접근법이 타깃으로 삼는 자기의 그 차원을 필연적으로 전제하는지를 논의하며 끝을 맺는다.

내러티브적 자기 설명은 자기성의 시간적 차원에 역점을 두며, 주로 장기적인 통시적 동일성과 지속성을 다루고 있다. 그런데 경험적 자기는 어떤가? 경험적 자기는 시간적으로 연장되지 않는다는 의미에서 보면 최소한의 것인가? 5장에서는 시간성과 자기성 사이의 관계를 논의하며, 또 경험적 자기는 어느 정도의 통시적 통일성을 소유해야 한다고 주장한다. 하지만 이것은 경험적 자기가 얼마나 시간적으로 연장되는지에 대한 미결의 문제를 여전히 남긴다. 현재의 제안은 경험에 기반하는 최근의 다른 두 설명과 비교되고 대조되는데, 이 둘은 자기가 아주 단명적이라든지 아니면 본질적으로 의식적인 것이 아니라 의식적일 수 있는 역량의 면에서 자기가 정의된다면야 꿈 없는 수면 동안에도 그 동일성을 보존할 수 있다든지 하는 설명을 따르는 것이다. 이 장은 경험적 자기개념이 어느 정도까지 전통적인 인격적 동일성의 문제를 다룰 수 있는지를 논의하며 끝을 맺는다.

6장은 주로 해석에 치중함으로써 앞선 궤도를 약간 이탈한다. 여기서는 자기와 타자의 관계에 대한 메를로퐁티의 견해와 후설의 견해 간의 일견 중요한 차이인 듯 보이는 지점을 논의한다. 자기와 타자의 차이는 근본적인가, 아니면 어느 정도 선행하는 미분화적 단계에서 파생되고 이에 뿌리를 두는가? 이 논의는 경험적 자기개념이 얼마나 최소한의 것인지를 표면화할 뿐만 아니라, 사회적으로 구축되는 형태를 비롯해 어째서 보다 복잡한 형태들의 자기를 운용할 필요가 있는지도 표면화한다. 결정적인 물음은 그래서 경험적 자기의 우선성을 강조하는 게 올바른 상호주관성 설명을 위태롭게 하는지, 아니면 오히려 이를 기능하게 하는지다. 이 물음이 2부의 주제가 된다.

앞선 장들 곳곳에서, 경험적 자기개념은 보다 규범적으로 내장된 자기개념과 대비되었다. 7장은 경험적 자기개념에 대한 논변을 요약하고 다차원적 자기 모델을 지지하면서 1부를 끝맺는데, 이 모델은 두 가지 자기개념을 배타적 대안이 아닌 상보적 개념으로 본다. 하지만 아직까지 탐색되지 않은 자기의 상호인격적 차원을 고찰할 필요도 제시하는데, 이 차원은 서로 다른 두 개념을 잇고 연결하는 데 소용될 수 있는 것이다. 이 내용은 3부에서 더 깊이 추적한다.

8장에서는 다음과 같은 도전을 지적하는 것으로 2부를 시작한다. 경험적 자기개념은 과도하게 데카르트적인 것이 아닐까? 그리고 의식의 1인칭적 특성을 강조하면 상호주관성을 만족스럽게 설명하지 못하게 되지는 않을까? 진정 상호주관성을 만족스럽게 설명하려면 오히려 자기와 타자의 공동구성에 찬성론을 펴야 하는 게 아닐까? 아니 어쩌면 공적으로 공유된 규범성의 공간 안에서 사회화됨으로써 자기성을 구성하는 자기관계를 획득하는 것일 뿐이라는 견해를 채택해야 하는 게 아닐까?

9장은 우리가 어떻게 타자를 이해하고 알게 되는가 하는 물음으로 채워져 있다. 마음 이론 논쟁에 대해 짧게 소개한 뒤, 공감에 곧바로 초점을 맞춘다. 현대 시뮬레이션주의자들의 일부 핵심 제안, 특히 공감은 시뮬레이션과 투사의 어떤 조합을 수반한다는 발상이 어떻게 20세기 초반 테오도어 립스의 유력한 설명까지 소급될 수 있는지를 여기서 보여준다. 립스의 이론은 뒤이은 현상학자들의 분석에 선행했고 이에 영향을 미쳤지만, 이들은 모두 그 이론을 줄곧 극심히 비판했다. 던져야 할 분명한 물음은 결과적으로 이들의 보다 긍정적인 공감 탐색은 물론이고 이들의 립스 비판이 현재의 논쟁에 여전히 시사하는 바가 있는지다.

이 책에서 가장 긴 10장에서는 셸러, 후설, 슈타인, 슈츠 등의 글에서 발견되는 다층적 공감 분석을 상세하게 탐구한다. 여기서는 이들이 신체화와 표현성에 부여하는 중요성을 논의하고 공감과 정서 전염, 동감, 정서 공유 같은 관련 현상들 사이의 관계를 해명한다. 비록 이 사상가들이 모든 점에서 의견의 일치를 보이는 것은 아니지만, 별개의 현상학적 공감 설명이라고 부를 만한 이들 각각의 이론 사이에는 겹치는 부분이 충분히 존재한다. 오히려 이들의 설명은 공통적으로 반영, 모사, 모방, 정서 전염, 상상적 투사, 추론적 귀인 등에서 공감을 설명하는 최근의 시도와 현격히 다르다. 더 구체적으로 말하면, 이 현상학자들은 공감을 독특한 타자지향적 형태의 지향성으로 개념화했는데 이것 때문에 타자의 경험이 타자의 것으로 드러날 수 있게 되는 것이다. 이들 제안의 한 가지 주목할 만한 특징은, 이 제안이 의식의 1인칭적 특성을 확고히 지지하면서도 또한 타자의 주어짐의 독특한 점을 조명하고 존중한다는 것이다.

11장은 최근 맞닥뜨린 수많은 반대를 추가적으로 논의하고 평가함으로써 현상학적 공감 설명을 상술한다. 공감이 타자의 마음에 직접적인 접근로를 제공한다는 말이 무슨 뜻인가, 또 사회적 이해는 항상 맥락적이라는 발상과 이러한 주장은 어느 정도까지 양립할 수 있는가? 타자의 마음에 대한 경험적 접근 가능성을 어느 정도까지 강조하면 지지할 수 없는 행동주의의 입장에 이르는 것인가? 그리고 현상학적 제안은 현존하는 시뮬레이션주의적이고 이론-이론적인 사회 인지 설명과 어느 정도까지 정말로 다른가? 이 장에서는 또한 초기 형태의 사회적 이해에 관한 최근의 발달론적 발견들과 현상학적 분석이 일치하는지를 논의한다.

12장에서는, 공감 고찰은 자기-타자의 관계 해명에 소용될 수 있으며 또 공감은 자기-타자 분화의 극복이나 제거를 수반하는 게 아니라 그 보존을 수반한다고 주장함으로써 2부를 끝맺는다. 이 점은 바로 확고하게 비자아론적인 그 어떤 의식 설명으로도 공감을 설득력 있게 설명하지 못할 이유이고, 또 경험적 삶의 선천적이고 본질적인 1인칭적 특성에 대한 강조는 만족스러운 상호주관성 설명의 장애가 아니라 선결 조건으로서 간주되어야 할 이유다. 하지만 마무리를 지으면서, 관심은 앞선 분석의 중대한 한계에 맞춰진다. 공감적 이해는 타자 측과의 어떠한 상호작용 없이도 일어날 수 있지만, 이 때문에 자기-타자 관계에 관한 결정적인 부분을 놓치는 건 아닐까? 다른 경험적 주체들의 고유한 특징은 이들이 자신들에 대한 관점을 비롯해, 대상의 세계뿐만 아니라 우리에 대한 관점 또한 가진다는 것이 아닐까? 이 책의 마지막 부분에서는 사회적으로 매개되고 구성되는 자기(경험)의 몇몇 사례뿐만 아니라, 보다 상호적인 자기-타자의 상호의존성을 검토함으로써 이러한 불균형을 부분적으로 다룰 것이다.

13장은 3부의 첫 번째 장으로서 안면 자기인식 연구를 논의한다. 자신의 얼굴을 인식할 수 있는 능력은, 가령 거울 표시 시험을 통과하는 것처럼, 자기알아차림이 있다는 실증적인 증거에 해당한다고 대개 알려졌다. 또한 이 시험의 통과에 실패하면 자기알아차림의 부재를 증명하게 된다고 간주되었다. 일부는 이러한 시험을 통과할 수 없는 생명체는 의식적 경험을 전적으로 결여한다고 주장하기까지 했다. 이 장에서는 이 해석들을 비판하고 거울 자기경험에 대한 대안적 해석의 타당성을 평가했는데, 대안적 해석은 안면 자기인식이 상당히 특별한 유형의 자기의식이 있음을 입증한다고 간주하는 것이다. 다시 말해, 인간의 경우에는 자기의식에 독특한 사회적 차원이 있다는 것이다.

14장은 3부의 핵심으로서 수치심을 주제로 다룬다. 우리가 수치심을 느낀다는 사실은 자기의 본성에 관해 무엇을 말해주는가? 수치심은 자기개념, (실패한) 자기이상, 비판적 자기평가의 역량이 있음을 입증하는 것인가, 아니면 오히려 일부에서 제시했듯이, 자기는 어느 정도 사회적으로 구축된다는 사실을 지적하는 것인가? 수치심은 주로 자기의식적 정서로 분류되어야 하는가, 아니면 오히려 독특한 사회적 정서인가, 그렇지 않다면 바로 이 양자택일이 오해를 불러일으키는가? 이 장에서는 이 물음들을 탐색하며, 수치심 경험이 1인칭 관점과 공감 역량의 소유를 전제하는지 그리고 수치심 경험이 타자매개적 형태의 자기경험을 예증하는지 또 그런 만큼 얇은 경험적 자기보다 더욱 복잡한 자기를 수반하는지를 논의한다.

15장은 이 책의 결론으로서, 자기와 타자에 대한 앞선 탐구가 우리^{we}의 구조를 해명하는 데 도움을 줄 수 있는지를 탐색한다. 최초의 물음은 우리-지향성이 자기의식과 타자의식을 수반하고 전제하는지, 아니면 오히려 자기와 타자 사이의 차이를 폐지하는지와 관련이 있다. 또 다른 핵심 물음은 1인칭 복수와 1인칭 단수 사이의 관계와 관련이 있다. 설사 자기의식이 우리-경험에 보유된다고 하더라도, 우리-경험은 자기의식을 반드시 변양시킨다. 내가 타자를 알아차리는 동시에 나 자신도 암묵적으로 목적격으로 알아차리는 2인칭 관점의 채택이, 타자의 주목을 받거나 타자가 말을 걸 때 중요한 역할을 하지는 않을까?

3부 상호인격적 자기

1부

경험적 자기

1장

자기를 바라보는
상반된 관점들

자기의 본성과 구조, 실재성에 관한 많은 논쟁이 있었으며, 여전히 계속되고 있다. 예를 들어 이를 주제로 한 최근의 두 책, 즉 토마스 메칭거의 『아무도 아님Being No One』과 미리 알바하리의 『분석 불교: 두 단계의 자기 환상Analytical Buddhism: The Two-Tiered Illusion of Self』을 검토해보자. 두 철학자는 자기에 관한 회의주의를 지지한다. 이들은 자기가 존재하지 않는다고 여기는데, 알바하리의 회의주의는 불교철학의 고전적인 생각에 기대고 있는 반면, 메칭거의 회의주의는 주로 현대 신경과학의 발견을 그 동기로 한다.

메칭거와 알바하리는 자신들의 급진적 주장을 위해 어떤 논변을 제시하는가? 메칭거는 대부분의 사람이 자기의 존재를 경험한다는 점은 인정하지만, 자신의 자기경험self-experience 내용에 근거해 내부적인 비물리적 대상이 존재한다고 추론하는 것은 오류라고 주장한다. 고정되고 불변하는 영혼-실체soul-substance는 결코 없다. 오히려 자기는 실상 뇌 안에 있는 다수의 서로 관련된 인지적 모듈이 창조한 지속되는 환상이다. 우리의 자기경험, 즉 의식적 자기가 있다는 느낌은 결코 진실하지 않다. 이는 우리가 표상적 구조와 진정으로 존재하는 개체를 혼동하는 경향이 있다는 사실을 입증하는 것일 뿐이다(Metzinger 2003: 370, 385, 390).

알바하리는 동일적인 것, 즉 불변하는 동일성의 원리로서 자기를 정의한다. 자기는 경험과 생각, 느낌의 소유자다. 이는 무수한 심적 일화와 자기가 서로 다르며 무관하다고 여겨지는 이유이기도 하다. 우리 대부분이 이러한 자기가 있다는 경험을 할 수 있는데도, 메칭거와 마찬가지로 알바하리 역시 현상학과 형이상학은 서로 다르다고 고집한다. 경험과 실재는 구별되어야 한다. 우리의 자기 감각이 이러한 자기의 존재를 보장하지는 않는다. 알바하리가 보기에 자기 감각은 경험의 창작자쯤 되는 현실적 자기에 기반하는 게 아니라, 무수한 생각과 느낌, 감각에 의해 산출되고 형성되는 것이다. 하지만 그렇다면 어째서 자기 감각이 환상인가? 외양과 실재 사이의 불일치 때문이다. 자기는 어떤 속성, 즉 존재론적 독립성을 소유하는 것인 양 보이지만, 실상은 이를 결여한다(Albahari 2006: 72).

메칭거와 알바하리가 보이는 자기에 관한 존재론적 반실재론의 현저한 특징은 둘 다 상당히 물화된 자기성 개념을 지지한다는 것이다. 이들의 주장으로는 자기가 존재한다면 자기는 불변하고 존재론적으로 독립적인 개체여야 한다. 메칭거와 알바하리는 이러한 개체의 존재를 부인하며 그러므로 자기는 없다고 주장한다. 그러나 이러한 결론은 이들의 자기 정의가 유일한 선택지일 경우에는 정당화될 수 있지만, 사실은 그렇지 않다. 사실 이들이 사용하고 비판하는 자기개념은 현재 자기의 발달, 구조, 기능, 병리를 탐구하고 있는 실증 연구자 대부분은 물론이고 20세기의 독일, 프랑스 철학에 심취한 철학자 대다수가 대체로 폐기한 개념이다. 철학자들만이 자기처럼 파악하기 어려운 어떤 것의 본성과 존재를 탐구하는 데 관심이 있으리라고 당초 가정할 수도 있겠지만, 이러한 가정은 분명 잘못된 것이다. 자기라는 주제는 인지과학, 발달심리학, 사회학, 신경심리학, 정신의학 등 다양한 과학 분야에서 격렬하게 논의된다. 최근 몇 년간 이 주제를 향한 관심은 눈에 띄게 증가했다.

예를 들어 정신의학의 경우, 1993년의 아주 유력한 논문에서 울릭 나이서는 다섯 가지 상이한 자기개념을 구별한다. 바로 생태적 자기ecological self, 상호인격적 자기interpersonal self, 개념적 자기conceptual self, 시간적으로 연장된 자기temporally extended self, 사적 자기private self다.[1] 나이서에게 가장 근본적이고 시원적인 자기는 깁슨을 참조해 생태적 자기라고 부르는 것이다(Neisser 1993). 이는 개체가 환경의 능동적 탐색자임을 함의하며, 또 분화된, 환경적으로 처해 있으며 행위자적 개체로서 자신을 느낀다는 사실을 수반한다. 언제 또 어떻게 우리는 이러한 자기를 의식하는가? 나이서는 모든 지각이 지각자와 환경 사이의 관계에 관한 정보를 수반한다고 본다. 지각을 할 때는 언제나 자기와 환경을 함께 지각한다. 이것의 실례로 유아의 초기 뻗기 행동을 검토해보자. 생후 몇 주밖에 안 된 유아는 손이 닿을 수 있는 대상과 손이 결코 닿을 수 없는 대상을 식별할 수 있다. 유아는 닿을 수 없는 대상에는 손을 뻗는 일이 훨씬 적다. 이러한 식별 능력에는 유아가 어디에 대상이 있는지 지각하는 일이 전제될 뿐만 아니라, 유아가 자신과 관련하여 대상이 어디에 있는지를 지각할 수 있어야 한다. 이는 유아가 이미 명시적인 자기표상을 소유한다는 의미가 아니라, 주장된 바 있듯 유아가 자기특정적 정보를 수반하는 서로 구별되는 종류의 '행동 유도성affordance'을 지각할 수 있음에 틀림없다는 의미다. 따라서 아무리 어린아이라도 생태적 자기에게 특정되는 정보를 감지한다고 볼 수 있다. 이들은 '광학 흐름'에 반응하고, 자신과 그 외의 대상들을 식별하며, 자신의 행위 및 그 즉각적 결과를 다른 종류의 사건과 구별한다. 이들은 자신이 어디에 있는지, 어떻게 움직이고 있는지, 무엇을 하고 있는지, 주어진 행위가 자신의 것인지 그렇지 않은지를 경험한다. 이 성취들은 이미 생의 첫 몇 주나 몇 개월 안에 나타나므로, 나이서에 따르면, 시원적이지만 기초적인 형태의 자기경험이 존재함을 입증한다(Neisser 1993: 4).

정서 연구로 옮겨 가보자. 기쁨, 두려움, 분노, 슬픔 같은 일차적 정서와 보다 복잡한 수치심, 죄책감, 질투심 같은 정서를 구별하는 것은 관례였다. 이차적 정서군은 대개 자기의식적 정서로 분류된다. 이 정서들이 어떤 인지 과정을 수반하는지를 두고 논쟁이 계속 진행 중이듯, 발달상 얼마나 일찍 이런 복잡한 정서들이 출현하는지에 관한 논쟁이 현재 진행되고 있다. 그러나 이차적 정서를 제대로 분석하려면 자기 역시 분석할 필요가 있다는 데 광범위한 합의가 있다. 이 주제를 다룬 교과서 서문에서 캠포스가 쓰고 있다시피, "자기와 자기의 여러 수준 그리고 자기가 정서의 발생에서 하는 역할을 개념화하려는 노력 없이는 자기의식적 정서를 연구할 수 없다"(Campos 2007, p. xi). 예를 들어, 일반적인 견해에 따르면 수치심과 죄책감의 차이는, 수치심이 전반적인 또는 총체적인 부정적 자기 평가를 수반하는 반면 죄책감에는 부정적인 특정 행위 평가가 반드시 따른다는 점에 있다. 이 제안의 찬부에 관해서는 할 말이 더 있지만, 일단 내 요점은 수치심과 죄책감 간의 차이를 이해하려면 자기개념을 사용해야 한다고 수많은 심리학자가 주장하리라는 데 있다. 카를 야스퍼스는 1913년에 정신분열증을 설명하며 Ichstörungen(자기

장애(self-disorder)라는 개념을 썼다(Jaspers 1959). 가장 두드러진 정신분열증 증상은 자신이 스스로의 생각, 행위, 감각, 정서와 맺는 관계의 근본적 변화를 수반한다는 점에 현재 전반적 합의가 이뤄졌다. 프랑스 정신의학자 민코프스키는 이를 두고 "광증은 판단, 지각 또는 의지의 장애가 아니라 가장 깊숙한 곳에 있는 자기 구조의 혼돈에서 기원한다"(Minkowski 1997: 114)고 말했다. 요제프 파르나스와 루이스 새스는 최근의 논쟁에서 이러한 접근법을 지지했다. 이들은 전구 단계에서 이미 나타나는 다양한 형태의 자기장애는 발병 원인의 역할에 속하는 것으로 여겨질 수 있으므로, 뒤이은 정신이상 증상을 부분적으로 해명할 수 있다고 주장한다(Sass and Parnas 2003).

마지막 예로 알츠하이머병의 경우를 검토해보자. 이 병은 극심한 기억 상실과 행동, 사고, 추리의 변화를 비롯해 전반적인 기능의 중대한 쇠퇴를 낳는 진행성이자 퇴행성 뇌 장애다. 그러나 자기의 상실이 갈수록 커진다는 면에서 이 질병을 기술하는 게 관례이기도 하다. 실리와 밀러는 다음처럼 쓰고 있다.

한때 철학자들에게로 밀려나고 신화로 치부되었지만, 자기의 구조는 곧 신경학, 정신의학, 신경과학 수련생들의 필독 목록이 될 것이다. 산산조각 난 자기—이러저러한 형태의—는 여전히 임상 실습의 일상적인 부분이기 때문에, 치매 전문가에게 이러한 변화가 필요하다는 것은 명백하다(Seeley and Miller 2005: 160).

실리와 밀러가 "아무도 자기였던 적이나 자기를 가진 적은 없다"(Metzinger 2003: 1)는 메칭거의 주장에 어떻게 반응할지 궁금할지도 모르겠다.

　논의의 진행 방향을 요약하면, 나는 자기를 바라보는 두 가지 철학적 견해를 짧게 개괄하면서 시작했다. 그런 뒤 자기가 실증 연구에서 어떻게 논의되고 분석되는지 예를 들었다. 자기는 대개 내가 시작하면서 언급한 두 명의 철학자가 다루는 방법과는 상당히 다른 방식으로 접근 및 논의되므로 아마 대부분의 실증 연구자는 분명 메칭거와 알바하리가 이용하는 자기성 정의와 개념을 받아들이는 데 난색을 표할 것이다. 그러나 우리가 끌어내야 할 결론은 무엇인가? 철학은 자기 연구에 관한 한 폐물이 되었기에 오늘날 진정한 진보는 실증과학의 영역에서 일어난다고 결론 내려야 할까?

　실리와 밀러의 발언을 다시 숙고해보면, 자기는 분명 아주 상이한 두 가지 방식으로 해석될 수 있다. 이런 발상은 철학적 자기 논의가 실증 연구와 관련이 있기 때문에 실증 연구자들이 철학적 자기 논의에 익숙해져야 함을 의미할까, 아니면 오히려 실증 연구자들 스스로가 자기를 분석하고 설명하는 일을 떠맡아야 함을 의미할까? 후자의 견해를 강경하게 지지하는 인물들을 찾기는 전혀 어렵지 않다. 그 예로 『랜싯The Lancet』의 전 편집장인 토머스 웨이클리가 쓴 다음 사설을 검토해보자.

　인간의 마음에 대한 철학은 이를 추구하는 데 최적화된 자들이 발전시킨 게 결코 아니라는 사실로 미루어볼 때, 이 연구는 방향 설정이 잘못되었으며 유용한 과학적 관찰의 장이 아니라 법률가와 궤변가, 추상적인 사변가를 위한 교묘한 활동이 되었다. 따라서 가장 유능하고 냉철하다면야 형이상학자들의 견해도 구한다. 이들의 견해는 생리학과 병리학이 말하는 기지의 사실들과 번번이 충돌하지만 말이다(Hacking

1995: 221에서 재인용).

이 사설은 1843년 3월 25일에 인쇄되었다. 하지만 자기와 의식 연구를 철학자들에게 맡기지 않는 게 최선이리라는 주장은 웨이클리가 처음도 마지막도 아니다. 이러한 견해를 지지하는 보다 최근의 인물로, 1990년대 중반에 "일반적인 철학 논변으로 의식의 문제들을 풀려는 시도는 가망이 없다. 필요한 시도는 이들 문제에 빛을 던져줄 새로운 실험들을 제안하는 것"이라 쓴 프랜시스 크릭의 경우를 검토해보자(Crick 1995: 19). 사실 크릭의 견해에서 보면, "의식 연구는 과학의 문제다. (⋯) 철학자들만이 이를 다룰 수 있다는 견해는 정당하지 않다." 사실상 그런 생각과는 정반대로 철학자들은 "늘 그렇듯 고결한 척 우월함을 과시하기보다는 겸손을 보이는 편이 나았을 지난 2000년 동안 전력이 저조했다." 이는 철학자들이 기여를 할 수 없다는 말이 아니라, "애지중지하는 이론들이 과학적 증거와 상충되거나 비웃음을 살 뿐일 때는 그것들을 폐기하는 법을 배워야 한다"는 것이다(Crick 1995: 257-258). 간단히 말하면 그는 철학자들이 공통의 기획에 참가하는 것을 환영하지만, 오직 말단 사원으로서다. 사실 크릭의 견해에서 보면 (심리)철학은 궁극적으로 없어도 되는 것으로 판명 날지도 모르겠다. (심리)철학이 어떤 기여를 하든 이는 예비적인 것이며 결국 적절한 과학적 설명으로 대체되어야 한다.

이 격한 주장들 때문에 근본적인 의문이 생겨난다. 자기를 연구할 때 철학적 분석과 실증적 탐구 사이의 관계를 상상하는 올바른 길은 무엇일까? 실증과학이 그 뒤에 답할 수 있는 질문을 제기하는 것이 철학의 소임이라는 답변은 솔깃하다. 철학자들이 진지하게 받아들여지고자 한다면, 스스로 실증과학이 사후적으로 확증하거나 논파할 수 있는 가설을 공식화할 필요가 있다는 것이다.

하지만 소위 실증적 해답에는 대개 개념적 해명이 절실히 필요하다는 이유만으로도, 이 길은 결코 옳을 수 없다. 이론적 가설의 시험이 중요하다는 걸 부인하고 싶지는 않다. 나는 이론적 논변을 현실적이고 신뢰할 만한 실험을 통해 시험될 수 있는 가설로 탈바꿈시키는 과제는 철학자들에게만 떠맡겨지기보다는 학제적 협동을 요한다고 생각하지만, 철학자들은 필요한 전문 지식을 거의 갖추지 못할 것이다. 아니, 오히려 철학과 이론적 반성의 역할은 이러한 특정 과제로 환원되거나 이에 한정될 수 없다는 것이 내 요점이다. 철학은 그보다 훨씬 많은 일을 성취할 수 있다. 예를 들어, 철학은 실증과학에서 대개 암암리에 작동하고 있는 철학적 가정의 일관성과 개연성을 면밀히 조사하는 데 기여할 수 있다. 이런 가정들은 실증적으로 발견한 것을 해석하는 데뿐만 아니라 바로 그 실험을 설계하는 데 영향을 미친다.

실험주의자들이 작성한 자기 연구를 읽어보면, 실험 설정을 설명하고 그 결과를 논하는 데 많은 노력을 들였으리라는 점은 분명하다. 작동하고 있는 바로 그 자기성 개념을 논의하고 해명하는 부분에는 대개 훨씬 적은 노력이 들어간다. 하지만 사용된 개념이 명료하지 않다면 제기된 물음이 명료하지 않을 것이고, 그러면 그 물음에 답하려는 목적의 실험 설계도 명료하지 않을 것이다. 따라서 나는 실증적 자기 탐색이 철학적 조언과 이론적 반성 없이도 가능하리라 결론짓는 것은 성급한 짓이라 생각한다. 실례로 자폐증 연구를 검토해보자.

일반 대중에게 자폐 스펙트럼 장애는 주로 사회적 손상과 결부되어 있는 듯 보일 수도 있다. 그러나 이를 자기와 자기이해 장애로도 간주하는 오랜 전통—'자기'에 해당하는 그리스어 autos에서 유래한 '자폐증

autism'이라는 용어에 반영되어 있는—이 있다. 하지만 이러한 측면들과 관련해 제기된 일부 주장을 검토해보면, 동일한 저자에게서조차 상당히 상충되는 견해들을 발견하게 될 것이다. 자폐증을 앓는 아동은 마음맹mind-blind이며 자신의 심적 상태를 알아차리지 못한다(Baron-Cohen 1989)는 주장이 있었지만, 전통적인 자폐증은 자기에 대한 전체적인 초점을 수반한다(Baron-Cohen 2005)는 주장도 번갈아 제기되었다. 자폐증을 앓는 사람은 자신의 내적 상태를 오직 자신의 행위를 통해서 판단할 수 있다(Frith and Happé 1999)는 주장이 있었지만, 자폐증을 앓는 개인은 자신의 내적 느낌과 경험을 아주 상세히 보고할 수 있다(Frith 2003)는 주장도 있었다. 이들에게는 내성과 자기알아차림이 없지만(Frith and Happé 1999), 자기앎은 소유하기도 한다(Frith 2003)고 알려져 있다. 또한 이들은 물리적이고 심리적이며 내러티브적 자기에 대한 적절한 표상을 가지지만, 자폐증은 자기의 부재를 그 특징으로 하기도 한다(Frith 2003).

나는 이 모든 게 상당히 혼란스럽다고 여기며, '자기'와 '자기의식' 같은 용어가 정의되지 않은 채 무조건적이고 획일적인 개념으로 다뤄진다면 혼란이 계속 만연할 거라 생각한다. 이를 노골적으로 보여주는 사례는 사이먼 배런코언의 2005년 논문에서 찾아볼 수 있다. 글의 시작 부분에서 배런코언은 이렇게 썼다.

신경학적 요인들 때문에 자기의 측면들을 상실할 수도 있다는 발상은 과학적으로 중요한데, 이 발상은 자기가 무엇인지에 관해 보다 많은 것을 우리가 알 수 있으리란 희망을 주기 때문이다. 나는 이 장에서 자기를 어떻게 정의할 것인가 하는 까다로운 문제와 씨름하지 않을 것이다. (…) 오히려 나는 이 단어는 우리가 알고 있는 바를 나타낸 다는 점을 수용하기에 대신 다음과 같은 의문을 제기한다. 자폐증을 앓는 사람은 (신경학적 이유들로) 완전히 자기초점적인 상태에 빠지는 가?(Baron-Cohen 2005: 166)

그러나 사용하고 있는 자기개념을 논의하고 정의하는 데 전혀 시간을 쏟지 않으면서 자폐증이 자기에 대한 초점 장애를 수반하는지를 논의하는 게 정말 합당할까? 혹자는 자기개념이 너무 뻔하고 분명해서 주제와 관련한 구획 짓기와 해명을 더 할 필요가 없다고 생각할 수도 있다. 하지만 이런 반박은 쉽게 물리칠 수 있다. 이미 봤듯이, 현재의 자기 논의는 아주 다각화—점잖게 표현해도—되어 있다.

하지만 이 사실 때문에, 어떻게 보면 메칭거와 알바하리의 철학적 회의주의보다 훨씬 더 급진적이라 할 만한 철학적 회의주의 같은 게 일어나기도 했다. 이 두 철학자가 자기의 실재성을 부인했다면 에릭 올슨은 바로 그 자기개념의 존재 자체까지 부인했는데, 이러한 이유로 그는 자기가 존재하는지 존재하지 않는지의 주장들에 동의 여부를 판단할 만큼 충분히 이해할 수 없다고 여긴다(Olson 1998: 653). 따라서 올슨은 복수의 자기 정의가 상충한다면 이는 논쟁의 퇴보를 나타내는 것이라 여겼다(Olson 1998: 646). 그의 견해에서 보면, '자기'라는 표제로 논의되는 사안들은 궁극적으로 너무 다양해서 이것들이 전부 동일한 것에 관한 것이라고 아무도 진지하게 말할 수 없다. 따라서 "자기라는 관념 같은 것은 없으며, 그러므로 문제 삼을 만한 '자기의 문제' 같은 것도 없다"(Olson 1998: 651).

흥미로운 것은, 올슨이 1인칭 대명사의 의미론, 의식의 통일성, 자기의식의 본성, 1인칭 앎의 종류와 범위와 한계 등, 다시 말해 인격적 동일성 및 통시적 지속성과 관련해 지극히 타당한 의문 및 문제가 있다는 걸 부인하지는 않으며 이 의문들이 이른바 자기의 문제와 완전히 무관하지는 않다고 인정하면서 방금 열거한 모든 문제가 '자기'라는 용어를 쓰지 않고도 진술될(다뤄질) 수 있고 진술되어야(다뤄져야) 한다고 주장했다는 점이다. 따라서 지금까지 이 용어를 써왔다는 이유를 제외하면, 자기에 대해 계속해서 이야기할 이유가 없는 것이다.

하지만 이미 자명해졌다시피, 자기는 (일부) 철학자만 관심을 가지는 주제가 아니다. 자기는 수많은 실증과학자 역시 탐구하므로 발달심리학, 사회신경과학, 정신의학 등에서 실증적 연구가 갑작스레 급증한다고 해서 그 동기를 유독 철학 전통에 대한 존경으로 보기는 어렵다. 더구나 자기의 언급 없이 열거한 문제들을 다 충분히 해결할 수 있으며, 자기에 관해 얘기하면서도 정합적으로 말하고 있다면 실상은 자기가 아닌 전혀 다른 것에 관한 언급임에 틀림없다고 하는 게 정말 사실일까?(Olson 1998: 651) 나는 이런 직설적인 주장들이 납득 가지 않을뿐더러, '자기'라는 용어의 사용을 금지하자는 제안에도 회의적이다. 그 정의가 널리 수용되기에는 부족하다는 이유로 개념을 사용하지 못하게 한다면, 철학은 상당히 빈곤해질 것이다. 나는 자기에 대한 분석과 탐구가 철학적·과학적으로 가치 있다고 생각하며 상이한 개념들의 공존이 그 자체로 문제적이라 여기지도 않는다. 이러한 공존은 자기가 다차원적이고 복잡한 현상이라는 사실을 반영할 뿐이다. 이 점은 자폐증 연구에서도 점차 인정되고 있는 듯하다. 이를 두고 클라인은 이렇게 말한다.

장담할 수 있는 것은 자기앎의 일부 측면이 자폐 장애로 손상되더라도 다른 측면은 온전할 수 있다는 점이다. 자기는 (…) 전부 아니면 전무 같은 식으로 분석되는 **물건**이 아니다. 자폐증적 자기앎의 측면들이 장애를 보일 순 있지만, 이러한 발견들이 '자폐증에 걸린 자기'에 관한 일반적인 결론을 보장하진 않는다(Klein 2010: 178).

그렇다면, 과제는 당연히 자폐증 스펙트럼 장애가 영향을 미치는 그 측면들을 특정하는 것이다. 이에 기여한 많은 이는 지금 자기의 상호인격적 차원과 관련된 결핍을 특정하는 데 초점을 맞추고 있다. 자기의 상호인격적 차원을, 타자에게 구성적으로 의존적인 자기의 차원과 타자를 통해 매개되는 자기경험의 형태를 언급하기 위해 취하는 것으로 한정한다면, 여기야말로 자폐증 스펙트럼 장애를 앓는 개인의 손상을 예측할 수 있는 지점이다. 이러한 손상은 예를 들어 공동주의 역량이 있는지, 전략적 자기표현을 운용하는지, 특정 자기의식적 정서를 표출하는지, 자신에 대한 완전히 발전된 반성적 관계를 소유하는지를 보면 알 수 있다.

이는 뒤에서 내가 되돌아올 주제들이다. 우선 간단히 지적해둘 바는, 자기경험의 상이한 유형들 및 자기의 상이한 양상들을 구별할 필요가 있다고 한다면 이 복잡성을 제대로 다루기 위해서 다양한 상호보완적 설명과 분석을 통합할 필요가 있음은 말할 것도 없다는 점이다. 이렇듯 복잡한 사안의 경우 개념적 해명과 이론적 분석 또한 필요하다. 즉 둘 다가 필요한 것이다.

2장
의식과 자기의식,
자기성

　자기성selfhood은 사회적으로 구축되고 자기경험은 상호주관적으로 매개된다고 주장하는 철학에는 오랜 전통이 있다. 이 전통은 하나의 견해를 가지고 다양한 목소리를 내왔다. 표준적 해석에 따르면 헤겔은 자기성이 오직 사회적 맥락 안에서, 즉 마음들의 공동체 안에서 달성될 수 있는 것이어서 어떤 즉각적인 형태의 자기친숙성self-familiarity이 아니라 상호주관적 인식 과정에 그 토대를 두는 것이라 주장했다. 19세기 후반과 20세기 초반에 이와 연관된 견해들이 로이스와 미드에 의해 미국에서 지지를 받았다. 로이스에 따르면, "자기의식적 기능들은 그 유한하고 인간적이며 일차적인 측면에서, 그 모두가 사회적 교류에 기인하는 사회적 기능"(Royce 1898: 196)이다. 미드는 자기가 먼저 존재하고 그런 다음에 타자와 관계 맺는 데로 들어가는 것이 아니라 오히려 자기는 사회적 흐름 속의 소용돌이로 특징짓는 편이 더 낫다(Mead 1962: 182)고 주장하면서, "다른 개인과 사회적 관계를 맺는 덕분에 한 대상이 자기"(Mead

1962: 172)가 되는 문제라고 자기의식을 명시적으로 정의했다.

이와 관련된 생각은 전후 독일과 프랑스 사상에서 찾아볼 수 있는데, 여기서는 주체성을 주어진 것, 선천적이고 근본적인 것이 아닌 문화적이고 언어적인 구축물이라고—부분적으로는 후설의 현상학과의 대결로서—주장했다. 다시 말해, 주체성은 담론이나 내러티브와 관련된 실행의 결과물로 여겨졌고 즉 이는 언어 공동체에 참여함으로써만 획득될 수 있는 것이었다(Benveniste 1966: 258–266 참조). 푸코는 'subject'라는 용어의 어원상 뿌리를 일부 활용하면서(우리는 항상 어떤 것에 종속되거나 혹은 어떤 것에 대한 주체다), 사람들은 지배와 종속의 맥락 안에서 자기로서의 스스로와 관계 맺게 된다고, 즉 자기평가와 자기조절을 실행하는 데 종사하게 된다고 주장했다. 그의 견해에서 주체를 형성하는 일과 주체를 권위에 종속시키는 일은 동전의 양면이다. 그는 "('지배를 받는') 주체로 구성되는 주체는 복종하는 그다"(Foucault 1990: 85)라고 쓰고 있다. 이러한 설명에서 보면, 주체성과 개인성은 어느 정도 자유롭고 자발적인 내면성에 뿌리를 두는 게 아니다. 오히려 우리는 사회적 조직화의 체계에서 생산된 이념적 범주를 다루고 있는 것이다. 죄책감과 책임감 같은 도덕적 범주들을 지켜야 한다는 관점에서 스스로에 대해 생각하도록 강요하고 기만함으로써, 이 체계는 우리를 더 잘 통제할 수 있을 것이다. 알튀세르가 든 사례는 이러한 생각을 잘 보여준다. 경찰관이 길거리에 있는 한 사람을 큰 소리로 부를 때 "불린 개인은 돌아볼 것이고 (…) 이 단순한 180도 물리적 전환을 통해 그는 한 주체가 된다"(Althusser 1971: 174).

나는 이 다양한 제안 사이에 유의미한 차이가 있다는 점을 부인하진 않지만, 주체성과 자기성(이유는 뒤에서 밝히겠지만 나는 이 두 개념을 교환

가능하게 사용할 것이다)이 선천적이고 자동적이라는 발상을 거부한다는 점에서는 이들 제안이 차이가 없다고 말해도 좋을 것 같다. 자기가 됨은 주어진 것이 아니라 성취이고 그래서 실패할 수 있는 것이기도 하다. 자기들은 태어나는 게 아니라 사회적 경험과 교환의 과정에서 생겨난다. 사실 많은 이가 자기를 구축물 즉 과학과 자연의 문제라기보다는 오히려 정치와 문화의 문제라고 생각한다.

1부에서 내 목표는 이러한 주장들에 중요한 통찰이 있음을 논박하는 게 아니다. 하지만 이 주장들이 자기의 어떤 차원 또는 측면이 아닌 바로 자기 자체를 설명하는 것으로 제시되는 한, 나는 이 모두가 설득력이 없다고 본다. 나는 이 주장들이 설명은커녕 고려하지조차 못한, 기본적이지만 결정적인 자기의 차원이 존재한다고 생각한다. 나는 다음에서, 자기의 기원이 순전히 사회문화적이라는, 다시 말해 사회적 구축물에 지나지 않는다는 주장을 비판하고 사회를 통해 구성되는 어떤 자기든 그 필수 전제 조건이라 여기는 보다 최소주의적인 경험 기반의 자기성 개념을 옹호함으로써 사회적 환원주의를 논박하려 한다. 이러한 보다 기본적인 개념에는 유서 깊은 기원이 있다. 이 개념은 사르트르와 후설을 비롯한 현상학 전통의 여러 인물이 옹호해온 것이다.

사르트르의 『존재와 무L'Être et le néant』에서 따온 다음 인용문을 검토해보자. 이 세 인용문은 현상학자들 사이에서 널리 퍼져 있고 내가 지지하는 견해를 공통적으로 표현하고 있다.

그 자신을 향해서 반성되는 의식을 드러내는 것은 반성이 아니다. 이와는 정반대로, 반성을 가능하게 만드는 것이 비반성적 의식이다. 데카르트적 코기토의 조건인 전반성적 코기토가 존재한다(Sartre 2003: 9).

이러한 자기의식은 새로운 의식이 아니라, 어떤 것에 대한 의식을 가능하게 하는 유일한 존재 양상으로 간주되어야 한다(Sartre 2003: 10).

[전]반성적 의식은 자기의식이다. 우리가 연구해야 할 바는 이 같은 자기개념이다. 왜냐하면 이 개념이야말로 의식의 있음을 정의하기 때문이다(Sartre 2003: 100).

여기서 사르트르가 말하고 있는 바는 무엇인가? 먼저 그의 견해에 따르면 경험은 단순히 존재하는 게 아니라 암묵적으로 자기소여적인 방식으로 존재한다. 더 정확히 말하면, 사르트르가 언급하듯, 경험은 '자기 자신에 대한 것'이다. 이러한 경험의 자기소여성은 단순히 경험에 부과된 어떤 성질, 즉 단순한 투명 코팅제가 아니다. 오히려 사르트르에게 지향적 의식의 바로 그 존재 양상은 대자적pour-soi인 것, 다시 말해 자기의식적인 것이다(Sartre 2003: 10). 더욱이 사르트르는 문제의 자기의식이 새로운 의식이 아니라는 점을 아주 명시적으로 강조한다. 자기의식은 경험에 부가되는 것 즉 부가적인 경험 상태가 아니라 오히려 경험의 내재적 특징이다.[1] 따라서 사르트르가 자기의식을 의식의 영속적 특징이라고 말할 때는 소위 반성적 자기의식을 언급하고 있는 게 아니다. 반성은 (또는 고차적 표상은) 의식이 그 자신의 지향적 목표를 그 자신에게로 향하는 과정이고, 그럼으로써 의식 자체를 그 자신의 대상으로 취하게 되는 것이다. 이와 달리, 사르트르는 문제의 자기의식이 전반성적이라고 여긴다. 자기의식은 본원적인 지향적 경험의 부가물이 아니라 구성적 계기다. 바꾸어 말하면, 그의 설명에 따르면 의식에는 두 가지 상이한 소여 양상이 있다. 바로 전반성적인 것과 반성적인 것이다. 전자는 후자와 무관하게 만연할 수 있기 때문에 우선성이 있는 반면, 반성적 자기의식은 항상 전반성적 자기의식을 전제한다.

그런 뒤 사르트르는 후속 조치로, 의식은 편재하는 전반성적 자기의식 바로 그 때문에 자기성selfhood의 기본적 차원을 소유한다고 하지 않으면 안 된다고 주장하는데, 이는 사르트르가 자기성ipseity(self에 해당하는 라틴어 ipse에서 왔다)이라고 일컫는 것이다(Sartre 2003: 126). 사르트르가 자기에 대해 말할 때 그는 따라서 아주 기본적인 것, 즉 (현상적) 의식 그 자체를 특징짓는 것을 언급하고 있다. 이것은 분절해내지 못할 수는 있을지언정, 존재하지 못할 수 있는 것은 아니다.

후설은 『베르나우어 원고Bernauer Manuskripte über das Zeitbewusstsein』의 첫머리에서 의식은 존재하고, 흐름으로 존재하며, 그 자신에게 흐름으로 나타난다고 언급한다. 하지만 어떻게 의식의 흐름이 의식 그 자신을 의식할 수 있는지, 즉 어떻게 그 흐름의 존재가 바로 자기의식의 한 형태일 수 있으며 이 사실을 이해할 수 있는지는 끊임없는 의문이라고 말한다(Husserl 2001: 44, 46). 후설이 상세하게 시간의식을 탐구한 것은 많은 부분 그 자신이 이러한 물음에 답하는 데 흥미가 있었기 때문이다. 그는 자기의식이 예외적인 상황, 다시 말해 우리가 우리의 의식적 삶에 주의를 기울일 때만 일어나는 것이 아니라, 우리가 지향적으로 향해 있는 세계의 개체가 되든 그렇지 않든 상관없이, 경험적 차원 그 자체를 규정하는 특징이라고 자신의 글 도처에서 주장한다(Husserl 1959: 189, 412; 1973b: 316). 후설에 따르면 "모든 경험은 '의식'이며, 의식은 ~에 대한 의식이다. (…) 그러나 모든 경험은 그 자체로 경험되며erlebt, 그 정도까지 또한 '의식적bewußt'이다"(Husserl 1966a: 291; 번역 약간 수정). 후설은 이러한 전반성적 자기의식을 규정하려고 다양한 용어를 사용하지만, 가장 빈번히 등장하는 것들은 '내적 의식inner consciousness' '근원의식Urbewußtsein' 또는 '인상의식impressional consciousness'이다(Zahavi 1999를 보라). 궁극적으로, 후설은 자기의식이 경험적 삶에 편재해 있다는 걸 강조하며 몇 번이고 (1) 의식의 1인칭적 특성, (2) 자기의식의 시원적 형태, (3) 자기성의 어떤 기본적 형태를 서로 동일시하곤 했다. 그가 1922년에 작성한 연구 원고에서 적고 있다시피, "내가 나 자신meiner을 의식하는 의식은 나의 의식이며, 나 자신에 대한 나의 의식과 나 그 자체는 구체적으로 동일하다고 여겨진다. 한 주관이 된다는 것은 자신을 알아차리는 양상에 처하는 것이다"(Husserl 1973b: 151).[2]

앞으로 분명해지겠지만, 내가 표현하고 지지하고자 하는 설명은 경험적 자기성과 자기의식 사이가 아주 단단하게 연결되어 있음을 찬성하는 설명이다. 하지만 경험적 자기성을 바로 다루기에 앞서, 자기의식에 관해, 특히 자기의식과 의식 사이의 관계에 관해 많은 얘기가 필요하다.

이러한 문제들을 논의할 때 집요하게 따라다니는 난점은 '자기의식'(과 '자기알아차림')이란 개념이 모호하기로 악명이 높다는 것이다.[3] 일상에서 자기의식은 대개 한 사람이 자신에 관해 생각하는 문제로 여겨진다. 그러나 간단한 정의처럼 보이는 그것으로도 아주 다양한 인지적 실행을 다룰 수 있다. 예를 들어, 현행하는 자신의 경험을 내성적으로 면밀히 음미하는 일, 자신이 과거에 한 일에 대해 생각하는 일, 선택된 사회적 역할을 다할 수 있는 자신의 능력에 자부심을 가지는 일, 남들이 자신을 어떻게 바라볼지 불안해하며 평가하는 일 사이의 차이를 검토해 보라. 만약 우리가 이론적 논쟁에 뛰어든다면, 복잡함이 가중될 뿐이다. 철학적, 심리학적, 정신의학적, 신경과학적 문헌은 모순되고, 상충되며, 상호보완적인 개념들로 가득 차 있기 때문이다.

여기서는 간단히 몇 가지 중요한 제안만 언급해보자.

- 발달 및 사회심리학에서 유명한 이론들은 자신을 신체화된 개인이라고 인식하는 명시적인 작용으로서 자기의식을 이해한다. 가령, 갤럽은 이른바 '거울 인식 과제'는 자기의식을 판가름하는 결정적 시험이라고 주장했다(Gallup 1977).
- 정신병리학에서는 자기알아차림에는 마음 이론을 소유하고 그런 뒤자신에게 적용하는 일이 필요하다는 주장이 종종 제기된다. 예를 들어, 배런코언 그리고 프리스와 하페는 우리가 '틀린 믿음 과제'나 '외양 – 실재 과제' 같은 고전적 마음 이론 과제를 사용해서 자폐증을앓는 사람들에게 자기알아차림이 있는지 시험할 수 있다고 주장했다(Baron – Cohen 1989: 581, 591; Frith and Happé 1999: 1, 5).
- 철학에서는 자기의식에는 자신을 자신으로서 생각할 수 있는 능력이 요구된다는 주장이 간혹 제기된다. 다시 말해, 우리는 자기와 비자기 사이의 구별을 개념화할 수 있어야 한다(Baker 2000: 67 – 68). 마찬가지로 일부는 어떤 생명체가 자기의식적이려면 문제의 생명체가 경험들이 귀속되는 바로 그것의 동일성을 인식하지 않고서 경험들을 각각의 것으로 자기귀속할 수 있는 걸로는 충분하지 않다고 주장했다. 오히려, 그 생명체에게는 자기귀속적 경험이 다름 아닌 바로 동일한 자기에게 속한다고 사고하는 역량이 있어야 한다(Cassam 1997).

나는 이 정의들에 진실한 일면들이 있다는 걸 알지만(모두 중요한 측면들을 포착하고 있다), 논리적이고 개체발생적으로 보다 시원적인 자기의식의 형태가 존재함을 인정할 필요가 있다고 생각한다. 이는 언어 숙달 및 본격적인 합리적 판단과 명제적 태도를 형성할 수 있는 능력에 선행하는 자기의식의 한 형태일 것이다. 나는 앞서 출간된 여러 출판물에서, 현상적 의식 그 자체가 자기의식의 얇은 형태나 최소 형태를 수반한다는 데 근거해 최소주의적minimalist 자기의식 정의로 간주될 수 있는 개념을 지지했다(Zahavi 1999, 2005). 이 견해에 따르면, 자기의식은 자신의 거울 영상을 인식하는 순간에만 일어나는 것이기는커녕, 주의를 기울여 자신의 경험을 면밀히 살피는 순간에만, 또는 1인칭 대명사를 이용해 자신을 언급하는 순간에만, 또는 자신의 성격 특성을 동일시하는 앎을 소유할 때에만 일어나는 것이 아니다. 오히려 자기의식은 다층적 현상이다. 자기의식은 여러 가지 형태와 정도로 나타난다. 가장 고등한 한 형태는 자신의 삶 전체를 관조하는 일과 자신이 어떤 사람인지 또 소중히 여기는 가치는 무엇인지를 반성하는 일을 수반하는 반면, 가장 시원적인 자기의식의 형태는 자신의 경험적 삶의 끊임없는 1인칭적 현시의 문제다. 이 같은 자기의식은 성인에게만 고유하거나 특정적이지 않고, 현상적으로 의식적인 생명체 모두가 소유한다.

이러한 발상은 결코 현상학 특유의 것이 아니다. 플래너건이 이와 관련된 견해를 옹호했는데, 그는 예를 들어, 의식은 주체가 경험을 한다는 막연한 느낌이 있다고 하는 약한 의미에서 자기의식을 수반한다고 주장했을 뿐 아니라 나의 경험을 나의 것으로 경험하는 데 수반되는 낮은 수준의 자기의식에 대해 얘기하기도 했다(Flanagan 1992: 194). 이와 다소 유사한 방식으로 논지를 펼치는 유라이어 크리걸은 최근 들어 두 유형의 자기의식, 즉 타동사적인 것과 자동사적인 것을 구별해야 한다고 주장했다. 타동사적 자기의식은 어떤 주관이 자신의 p라는 생각(또는 x에 대한 자신의 지각)을 자기의식하는 경우를 지시하는 데 반해, 자동사적 자기의식은 그 주관이 자기의식적으로 p라고 생각하고 있다(또는 x라고 지각하고 있다)는 말로 포착될 수 있다. 이 두 유형의 자기의식 사이의 차이는 무엇인가? 크리걸은 애초에 네 가지 차이를 열거하는데, 첫 번째 유형은 내성적이고 드물고 자발적이고 노력을 요하는 것인 반면 두 번째 유형은 이들 어느 것과도 무관하다고 주장한다. 하지만 그런 뒤 그는 또 다른 결정적 차이를 지적한다. 타동사적 자기의식은 그 대상, 즉 각자의 일차 상태와 수량적으로 다른 이차 상태인 반면 자동사적 자기의식은 현행하는 일차 상태의 속성이다(Kriegel 2003a: 104-105). 나아가 어떤 주관이 자신은 알아차리지 못하는 채로 어떤 심적 상태에 처하는 경우 같은 건 있을 수 없다고 전제한다면, 자동사적 자기의식은 현상적 의식의 필요조건으로 간주되어야 한다(Kriegel 2003a: 106).

현상적 의식과 자기의식은 서로 단단하게 연결되어 있다는 이 주장은 사실 생각보다 널리 퍼져 있다. 이는 사르트르와 후설 등의 현상학자들과 크리걸 같은 자기표상주의자들뿐만 아니라, 고차표상주의자들에게도 널리 받아들여진다. 후자는 의식적 심적 상태와 비의식적 심적 상태 사이의 차이가 유관한 메타심적 상태가 현존하는지 부재하는지에 달려 있다고 본다. 이러한 접근법의 주된 발상을 예시하는 한 가지 방법은 의식을 조명에 비유하는 것이다. 일부 심적 상태는 조명될 수 있지만, 다른 심적 상태는 어둠 속에서 자신의 일을 한다. 심적 상태가 의식적이게 (조명되게) 되는 것은 그 심적 상태가 유관한 고차 상태에 의해 한 대상으로 취해지기 때문이다. 고차 표상이 현행하기 때문에 일차 심적 상태를 의식할 수 있다. 간단히 말해, 의식적 상태는 우리가 의식하고 있는 상태다(Rosenthal 1997: 739). 따라서 고차 이론은 일반적으로 현상적 의식을 마음의 자기정향성의 측면에서, 다시 말해 일종의 자기의식의 측면에서 설명해왔다. 캐러더스가 이를 두고 말하기를, "이러한 자기알아차림은 유기체가 현상적 느낌의 주체가 되려면, 또는 경험이라고 할 만한 어떤 것이라도 존재하려면 필요한 개념적 조건이다"(Carruthers 1996a: 152; Carruthers 1996a: 154와 비교해보라).

고차표상주의와 자기표상주의 그리고 현상학적인 전반성적 자기의식 설명 사이에는 중요한 차이점은 물론이고 유사점이 있다. 간단히 말해, 누군가는 현상적 의식과 자기의식 사이에 밀접한 고리가 있다는 데는 견해를 같이하면서 이 관계의 본성에 관해서는 계속해서 의견을 달리할 수 있다. 고차표상주의자는 문제의 자기의식을 메타 상태가 일차 상태를 그 지향적 대상으로 취하는, 구별되는 두 가지 비의식적 심적 상태들 간에 성립하는 것으로 간주하는 반면, 현상학자는 관련한 자기의식은 문제의 심적 상태에 필수적이고 내재적인 것이라고 강변한다. 크리걸의 타동사적 자기의식과 자동사적 자기의식의 구별은 결과적으로 반성적 자기의식과 전반성적 자기의식 사이의 현상학적 구별과 분명 닮아 있다(Zahavi 2004a). 하지만 크리걸이 궁극적으로 자기의식을 (그 자동사적 형태에서조차) 대상의식의 일종이라고 고집한다는 점에서 중요한 차이 역시 존재한다. 크리걸이 주장하듯, 주관이 심적 상태를 자기의식적으로 가진다는 말은 그 주관이 암묵적으로 또는 주변적으로 자신이 그 상태를 가지고 있다거나 그 상태가 자신의 소유임을 알아차린다는 말이다. 따라서 그에게 자동사적 자기의식과 타동사적 자기의식 사이의 구별은 초점적 알아차림과 주변적 알아차림 사이의 구별을 통해서도 산출될 수 있는 것이다. 그 주관이 특정 심적 상태에 처해 있음을 초점적으로 알아차릴 때 우리는 타동사적 자기의식에 직면하는 반면, 그 주관이 그 심적 상태에 처해 있음을 오직 주변적으로 알아차릴 때는 자동사적 자기의식을 대하고 있는 것이다(Kriegel 2004). 크리걸은 이 방식으로 주장을 펼치며 로즌솔의 타동성 원리Transitivity Principle, 다시 말해 어떤 '상태'가 의식적이려면 그 상태를 비추론적으로 의식해야 한다는 원리를 수용한다(Rosenthal 2002: 409).

크리걸의 자기표상주의는 분명 다양한 형태의 고차표상주의를 대체하는 동차same-order 대안을 개척하려는 시도지만, 우리는 결국 이것들에 어느 정도 두드러진 유사점이 있음을 간과해서는 안 된다(Kriegel 2003b: 486-489를 보라). 두 입장은 모두 의식적 상태가 표상 내용을 수반한다고 주장한다. 어조에 대한 의식적 지각의 경우, (그 어조를 대상으로 취하는) 외향적인 일차 내용과 (지각을 대상으로 취하는) 내향적인 이차 내용이 존재하는데, 이것들의 주된 불일치는 각각 자신의 표상 내용을 가지는 구별되는 두 심적 상태가 존재하는지 아니면 크리걸이 지지하는바(2003b) 이중적 표상 내용을 가지는 단 하나의 심적 상태가 존재하는지 하는 문제에 관한 것이다. 간단히 말해, 두 유형의 이론이 다 어떤 상태가 의식적임은 그 상태가 표상됨을 의미하므로, 이 이론들은 그 상태가 그 자체에 의해 표상되는지 아니면 다른 상태에 의해 표상되는지 하는 점에서만 다르다고 주장하는 것이다.

의식적 상태는 경험적인 것이라서 그만큼 우리의 알아차림을 하나의 요인으로 포함하는 어떤 것이다. 그렇지 않다면, 의식적 상태는 주관의 상태 또는 주관이 처한 상태일 수는 있겠지만 그 의식적 상태는 주관에게 아무것도 아닌 거나 다름없을 것이다. 어떤 상태가 현상적으로 의식적인 상태라고 말함으로써, 우리는 그 의식적 상태의 현존과 부재가 주관적 상태에 확연한 차이를 만든다고 생각하는 입장에 딱 서는 것이다.

그렇지만 문제는 두 가지 선택지, 즉 심적 상태가 대상으로 주어지는지 아니면 심적 상태가 비의식적인지 중에서 하나를 선택해야 하는가다. 현상학의 통설에 따르면, 나의 경험은 나에게 전반성적으로 대상으로서 주어지는 것이 아니다. 간단히 말해, 나는 이 경험에 대해 관찰자나 관망자 또는 감독자(내성자)의 위치나 관점을 점유하는 게 결코 아니다. 어떤 것이 "경험되고 또 이러한 의미에서 의식적이라는 건, 이것이 지각이나 현전 또는 판단이 향해 있다는 의미에서 의식 작용의 대상이라는 걸 의미하지 않으며 의미할 수도 없다"(Husserl 1984a: 165 [273]). 전반성적 또는 비관찰적 자기의식에서 경험은 대상으로서가 아니라 바로 주관적으로 겪어지는 것으로 주어진다. 이렇게 보면, 나의 지향적 경험은 겪어지는(체험되는erlebt) 것이지 대상화된 방식으로 나타나는 것이 아니며 또한 이것은 보이는 것도 들리는 것도 사유되는 것도 아니다(Husserl 1984a: 399; Sartre 1957: 44-45). 지금껏 나온 보다 일반적인 주장은, 대상의식은 나타나는 바와 나타나는 자 사이, 즉 경험의 대상과 경험의 주체 사이에 인식론적인 분할을 필연적으로 수반한다는 것이며 이는 대상의식(과 타동성의 원리)이 특히 적절한 자기의식 모델로서는 부적합할 수 있는 이유라는 것이다(Zahavi 1999; Legrand 2011: 207).**4**

우리는 고차표상주의, 자기표상주의, 현상학적인 전반성적 자기의식 설명 사이의 차이들—내가 다른 곳에서 상세하게 논의한(Zahavi 1999, 2004a, 2005)—을 유념해야 하지만, 이것들은 다른 맥락에 놓일 때라야 중요할 수 있기 때문에 여기서 걱정할 필요는 없다. 당면한 목적을 위해 중요한 바는 오히려 "어떤 주관 S가 t라는 때에 심적 상태 M에 처해 있다는 막연한 느낌이 존재해야만 주관 S의 심적 상태 M이 t라는 때에 의식적이다"(Janzen 2008: 34)라는 발상과, 또 이 점은 자기의식이 현상적 의식의 구성적 특징이라는 사실을 수반한다는 발상을 공유하는 것이다. 그런데 이 모든 게 주관성 및 자기성과 무슨 관계가 있다는 것인가? 사실상 아주 깊이 관계되어 있다.

게일런 스트로슨이 주장했다시피, 자기가 된다는 게 어떤 의미인지 이해하려면 자기경험을 살펴봐야 한다. 왜냐하면 자기경험은 자기 같은 것이 존재한다는 생생한 감각을 우리에게 던져주면서 맨 먼저 의문을 불러일으키기 때문이다(Strawson 2000: 40). 그는 저서 『자기들: 수정적 형이상학 에세이Selves: An Essay in Revisionary Metaphysics』에서 이러한 생각을 더욱 밀고 나가 다음과 같은 자기성의 필요조건에 찬성한다. 자기 같은 것이 존재한다면, 이것은 진정한 형태의 자기경험에서 중요한 역할을 하는 속성들을 가져야 한다. 간단히 말해, 자기가 이러한 속성들을 소유하지 않는 한, 그 무엇도 자기로 간주될 수 없다. 덧붙여 그는 다음과 같은 자기성의 충분조건에 찬성한다. 진정한 형태의 자기경험에서 중요한 역할을 하는 속성들을 가지는 개체가 존재한다면, 이러한 개체는 자기다. 간단히 말해, 개체가 이러한 속성들을 소유한다면 무엇이든 자기로 간주할 수 있다. 이 두 조건을 받아들인다면 다음과 같은 두 가지 형이상학적 이의를 거부하는 게 될 것이다. (1) 자기경험에 귀인되는 속성들을 가지는 개체가 존재한다고 해서 반드시 그 개체가 자기라거나 또는 자기가 존재한다고 말할 수는 없다. (2) 자기가 존재할 수 있다고 해서, 우리가 자기의 근본적 본성을 이해한다는 것은 아니다(Strawson 2009: 56-57).

현상학자들은 스트로슨의 필요충분조건에 동의할 것이다. 사실 이는 『이념들 2Ideen II』의 추론 방식과 아주 유사하다는 것을 알 수 있는데, 여기서 후설은 한 번만이라도 경험을 반성해보면 순수 자아의 본성이 드러날 것이므로(6장 2절을 보라), 이 자아는 진정으로 존재하는 게 아니라거나 순수 자아는 드러나는 자아와 궁극적으로 아주 다르다고 주장하는 건 가당치 않다고 논의한다(Husserl 1952: 104). 하지만 현상학자들은 이 가장 기본적인 형태의 자기만 놓고 본다면, 순수 자아는 자기경험 안에서 그리고 이를 통해서 구성된다고, 다시 말해 그와 같은 자기에 대한 현상학은 바로 그와 같은 자기에 대한 형이상학에 해당한다고 주장하면서 궁극적으로는 한 걸음 더 나아갈 것이다.[5]

현상학의 제안은 대립하는 두 견해 사이의 중간 입장을 점하는 것으로 보일 수 있다. 첫 번째 견해에 따르면, 자기는 자기가 향해 있는 세계의 대상들 및 자기가 주체인바 의식적 일화들과 구별되며 존재론적으로 무관한 불변하는 영혼-실체 같은 것이다. 두 번째 견해에 따르면, 잡다한 경험들 또는 변화하는 경험들의 다발을 빼면 의식에는 아무것도 없다. 경험과 지각은 있지만, 경험자나 지각자는 없다. 하지만 세 번째 선택지는, 자기가 된다는 게 어떤 의미인지 이해하려면 경험의 구조를 검토해야 하고 그 반대도 마찬가지라는 걸 깨닫는 순간 가능하다. 따라서 최근 검토되고 있는 자기―이를 간단히 경험적 자기로 부르기로 하자―는 분리되어 존재하는 개체도 아니고(자기는 의식의 흐름과 무관하게, 분리되어, 반하여 존재하는 것이 아니다) 특정 경험 또는 경험의 부분(집합)도 아니다. 그러면서도, 시간이 지남에 따라 발달하는 단순한 사회적 구성물도 아니다. 오히려 자기는 의식적 삶에 없어서는 안 될 부분으로 여겨진다. 더 정확히 하면 이 말은 (최소의 또는 핵심적) 자기는 경험적 실재성을 소유하므로, 경험적 현상에 편재하는 1인칭적 특성과 동일시될 수 있다고 주장하는 것이다. 덴마크 철학자 에리히 클라본(1991)과 프랑스 현상학자 미셸 앙리가 이와 비슷한 생각을 지지했는데, 미셸 앙리는 가장 기본적인 자기성의 형태는 경험의 바로 그 자기현시에 의해 구성되는 것이라고 언명한다(Henry 1963: 581; 1965: 53).

이 주도적인 발상을 분석하기 위해, 당신이 초록색 사과를 먼저 보고 그런 뒤 노란색 레몬을 본다고 가정해보자. 노란색 레몬에 대한 시각적 지각은 노란색 레몬에 대한 회상으로 승계된다. 우리는 이 현상적 복잡성을 어떻게 기술해야 할까? 이를 기술하는 한 가지 꽤 자연스러운 방식은 다음과 같다. 첫째, 우리는 특정 대상(어떤 사과)으로 향해 있는 특정 유형의 지향적 작용(어떤 지각)을 가진다. 그런 뒤 우리는 그 지향적 작용-유형(그 지각)을 파지하고 있지만, 그 사과를 다른 대상(어떤 레몬)으로 대체한다. 마지막 단계에서, 우리는 두 번째 대상을 파지하고 있으면서 그 지각을 다른 작용-유형(어떤 회상)으로 대체한다. 이 변양들에 대한 조사를 통해, 경험적 삶을 탐구하려면 우리가 향해 있는 다양한 지향적 대상에만 초점을 맞춰서는 안 되고 우리가 취하는 상이한 작용-유형 또는 지향적 태도 역시 검토해야 함을 증명하는 데 성공하게 된다. 이건 정말 사소한 일이다. 그러나 한편으로 다음 물음을 검토해보자. 우리가 초록색 사과를 지각한 최초의 상황과 노란색 레몬을 회상한 마지막 상황을 비교해보면, 대상과 지향성의 유형 둘 다가 변했다. 이러한 변화는 경험의 흐름에서 모든 것을 변화시키는가? 그렇진 않다. 첫 번째 경험은 마지막 경험에 의해 파지될 뿐만 아니라, 그 유형이 어떻든 그 대상이 어떻든 간에 상이한 경험들 간의 공통분모 역시 존재한다. 모든 가능한 경험에 대해 우리 각자는 다음처럼 말할 수 있다. 내가 이것을 경험하는 게 무엇과 같든지 간에, 그 경험을 하고 있다는 그 느낌은 나에 대한 것이다. 그것이 무엇과 같음은 정확히 말해 나에 대해 무엇과 같음이다. 나는 여러 상이한 경험을 하지만, 결국 변함없이 남는 경험적인 어떤 것 즉 그 경험의 1인칭적 특성이 존재한다. 상이한 경험들은 다 나의 것임mineness 또는 나에 대한 것임for-me-ness의 차원에 의해 특징지어지므로, 우리는 다수의 변화하는 경험과 지속적으로 그 경험들의 현시를 부여하는 것을 구별해야 한다.

이와 관련된 생각은 현대 분석심리철학에서도 찾아볼 수 있다. 조지프 러바인에 따르면, 심적 현상을 구별하는 세 가지 특징이 있다. 바로 합리성, 지향성, 의식(또는 경험)이다(Levine 2001: 4). 하지만 후자를 분석할 때 그 질적 특성, 다시 말해 문제의 경험이 고통스럽다 또는 즐겁다고 하는 사실 그 이상의 것이 경험에 있음을 인식할 필요가 있다. 오히려 우리는 또한 문제의 경험이 나에 대한 것 같다는 걸, 또 그래서 결과적으로 의식적 경험은 경험적 관점 또는 견지를 수반한다는 걸 명심할 필요가 있다(Levine 2001: 7). 크리걸은 이와 아주 유사한 방식으로 현상적 성격이 질적 특성, 예를 들어 푸른 하늘빛이라는 구성 요소, 그리고 주관적 특성, 다시 말해 나에 대한 구성 요소for-me component 둘 다를 수반한다고 주장했다(Kriegel 2009: 8). 나아가 크리걸은 이 주관적 특성이 모든 현상적 특성에 걸쳐 불변하는 채로 존속하는 것이라고 기술하면서, 현상적으로 의식적인 상태를 그러하도록 만드는 것은 현상적으로 의식적인 상태의 질적 특성인 반면, 그것의 주관적 특성은 현상적으로 의식적인 상태 그 자체를 그러하도록 만든다고 주장한다(Kriegel 2009: 2, 58).

러바인과 크리걸은 주관성과 자기성 사이의 관계에 딱히 관심이 없다. 오히려 이 둘에게 결정적인 물음은 주관성이 자연화될 수 있는지 여부다. 러바인이 『퍼플 헤이즈Purple Haze』 첫머리에서 묻고 있듯이(그러면서 책은 브렌타노가 저서 『경험적 심리학Psychologie vom empirischen Standpunkte』

에서 제기한 물음을 거의 반복하다시피 한다), "마음이 다른 모든 것과 본성상 구별되는 특징은, 자연적인 또는 물리적인 것과 비자연적인 또는 비물질적인 것 사이의 근본적인 분할을 나타내는 표지인가? 우리와 우리의 심적인 삶을 구성하는 현상적인 것은 자연적인 것, 즉 물리적 세계에서 없어서는 안 될 부분인가, 그렇지 않은가?"(Levine 2001: 4) 러바인은 주관성이 의식적 삶의 내용에 대한 특별한 1인칭 접근을 수반한다고 여기고는, 자신이 볼 때 (특히 물리적 또는 비정신적 용어로) 주관성을 계속해서 해명하기 힘든 이유가 그 자기고지적self-intimating 특성에 있다고 명시적으로 주장한다(Levine 2001: 24, 109). 의식을 만족스럽게 설명하려면 이 같은 특징을 존중하고 인정해야 한다. 이러한 의식 설명은 1인칭적 또는 주관적 특성을 진중하게 받아들여야 하는데, 의식의 철저히 본질적인 특징이 의식은 주관에 의해 경험된다고 하는 그 방식이기 때문이다.[6] 슈메이커는 다음과 같이 썼다.

> 심적인 것을 바라보는 1인칭 관점 즉 심적 상태가 이 심적 상태를 소유하는 주관에게 스스로를 현전하는 독특한 방식이 존재하므로, 철학적 과제의 본질적인 부분은 심적 주관이 자신의 심적 삶에 대해 가지는 관점을 지성적으로 이해할 수 있게 만드는 마음을 설명하는 일임을 인정하는 것이, 심적인 것을 철학적으로 이해하기 위해 반드시 필요하다 (Shoemaker 1996: 157).

이는 주관성의 자연화 가능성과 관련된 문제만큼이나 매혹적일 수 있지만, 내가 여기서 다루려는 문제는 아니다(그렇지만 Zahavi 2004b, 2010b를 보라). 하지만 러바인과 크리걸은 현상적 의식, 경험의 주관성,

나에 대한 것임, 일종의 자기경험이 서로 연결되어 있다는 데 찬성하기 때문에 나의 입장과 아주 유사하다.

하지만 최근에는, 동일한 주관이 소유하는 모든 경험에 현전하는 어느 정도 고유한 현상적 특징이 존재해야 하고 또 그럼으로써 그 경험들을 나의 것, 나만의 것으로 만들어내게 된다는 제안을 여러 저자가 비판했다. 이러한 견해의 지지자라고 할 수 있는 홉킨스는 다음처럼 쓰고 있다.

> 무엇보다도 그리고 모든 것에 있어서 나 자신과 나! 그리고 나me를 맛보는 나의 자기존재와 나의 의식 그리고 나 자신의 느낌은 에일 맥주나 백반白礬의 맛보다 두드러지고, 호두나무 잎이나 장뇌의 냄새보다 두드러지며, 무슨 수로도 다른 사람에게 전달할 수 없다(Hopkins 1959: 123).

데인턴은 나의 경험들 각각이 그리고 그 모두가 동일한 현상적 속성, 즉 나의 경험을 나의 소유로 분명하고 명확하게 식별해주는 어떤 인지나 표지 다시 말해 나-감각질I-qualia을 소유한다는 주장은 개연적이지 않기 때문에, 홉킨스가 기술한 바는 현상학적으로 설득력이 없다며 거부한다(Dainton 2004: 380; 2008: 150; Strawson 2009: 184; Bayne 2010: 286; Bermudez 2011: 162, 165와 비교해보라). 또한 그는 나의 제안, 즉 경험은 나의 것임 또는 나에 대한 것임을 특징으로 한다는 제안 역시 거부한다(Dainton 2008: 242).

데인턴의 비판을 이해하는 한 방법은 그가 어떤 구별의 필요성을 강변하고 있다고 보는 것이다. 혹자는 개념적이고 형이상학적인 필요 때문에, 모든 경험은 경험의 주체를 가정한다는 주장을 아무렇지 않게 받아들일 수도 있다. 자기 그 자체가 어떤 방식으로든 경험적으로 주어진다는 건 부인하면서도 말이다. 이러한 견해의 각색본들은 칸트에게서 찾아볼 수 있으며 보다 최근에는 존 설과 제시 프린츠가 이를 지지했다.

설에 따르면, 자기는 분리되고 구별되는 개체가 아니라 오히려 의식장conscious field의 형식적 특징이다. 의식장이 오직 그 내용과 내용의 배치에 따라서 구성된다는 것은 잘못된 기술이라고 설은 주장한다. 그 내용에는 통일성의 원리가 필요하지만 그 원리, 즉 자기는 별개의 사물이나 개체가 아니다. 하지만 설은 그런 뒤, 자기를 상정하는 일은 시각적 지각에서 시점을 상정하는 일과 같다고 주장하기도 한다. 시점 그 자체가 지각되진 않지만 지각이 시점을 가지고 일어난다고 가정하지 않고서는 자신의 지각을 이해할 수 없는 것과 마찬가지로, 설에 따르면 자기가 의식적으로 경험되진 않지만 의식적 경험이 자기에게서 일어난다고 가정하지 않고서는 자신의 의식적 경험을 이해하지 못하거나 경험을 유의미하게 구조화할 수 없다. 자기는 의식의 대상도, 의식 내용의 일부도 아니다. 설에 따르면, 우리는 자기에 대한 경험을 전혀 가지지 않지만 모든 (비병리학적) 의식은 자기에 의해 소유되어야 하기 때문에, 자기는 반드시 존재한다고 추론할 수 있다(Searle 2005: 16-18). 설의 주장을 이해하는 한 가지 방식은, 결국 자기가 필연적으로 경험을 소유하는지와 자기가 경험에 필연적으로 등장하는지의 문제를 그가 구별하려 한다고 보는 것이다. 설은 후자를 부인하고 전자를 긍정하는데, 그럼으로써 그에게 경험의 소유권은 경험적이거나 현상학적인 어떤 것이 아니라 비경험적이면서 형이상학적인 관계에 지나지 않는 것이 된다.

제시 프린츠는 이와 다소 비슷한 방식을 따라 주장을 펼치면서, 현상적 나I의 존재를 부인한다. 그가 현상적 나me의 존재를 부인하고 있는 게 아니라는 점이 중요하다. 자기는 의식적 경험의 대상이 될 수 있지만, 그는 자기가 의식의 주체로서 현상적으로 나타난다는 점은 부인한다. 마찬가지로 그는 우리가 소유권에 관한 판단을 내릴 수 있다거나 소유권 추론에 기반해서 경험들이 존재할 수 있다는 걸 부인하진 않지만, 그가 보기에 소유권 경험은 존재하지 않는다. 즉 경험의 나의 것임은 존재하지 않는다(Prinz 2012: 140). 이러한 견해를 주장할 때, 프린츠는 구체적 경험을 이루는 실제 성질에 초점을 맞추길 요구하면서 세 가지 선택지를 제시한다. 첫 번째 가능성은 이러한 경험적 성질 가운데 '나라는 것the I'이라고 명명할 수 있는 특정 항목이 존재한다고 주장하는 것이다. 그래야겠지만, 만약 이 제안을 거부한다면, 분명 흄이 선호할 두 가지 가능성이 남게 된다. 우리는 어떤 나-감각질이 존재한다고 고집하다가도 이것은 다른 종류의 감각질로 환원 가능하다고, 다시 말해 이것은 지각, 감각, 정서의 성질 외에 어떤 것도 아니라고 주장할 수도 있다. 프린츠가 선호하는 마지막 가능성은 제거주의를 채택하면서 어쨌든 어떤 나-감각질이 존재한다는 걸 바로 거부하는 것이다(Prinz 2012: 123-124). 흥미로운 점은 프린츠의 제거주의가 자기에 관한 존재론적 반실재론을 지지한다고 여겨져서는 안 된다는 데 있다. 그는 의식에 자기가 없다고 주장하고 있는 게 아니다. 오히려, 그가 말하듯 의식에는 "자기가 빠짐없이 스며들어 있다"(Prinz 2012: 149). 우리는 항상 관점이나 시점으로부터 세계를 경험한다. 우리가 누구인지—우리의 목표와 관심사, 역사—는 우리가 무엇을 경험할지를 많은 부분 여과하고 제약한다. 따라서 자기는 경험의 항목으로서가 아니라, 일종의 제약으로 나타난다고 할 수 있다(Prinz 2012: 149).

하지만 이 다양한 비판이 가진 문제는 이것들이 가능한 선택지 모두를 샅샅이 다루지 못한다는 데 있다. 이 비판들은 전부 설령 자기가 경험의 어떤 대상으로나 경험의 항목으로 나타나지 않더라도, 자기가 주어질 수 있고 실재할 수 있으며 경험적 실재성을 소유할 수 있다는 걸 깨닫지 못한다. 경험적 자기, 다시 말해 경험적 주관성은 경험적 항목 또는 대상의 외연을 나타내진 않지만, 오히려 경험하는 바로 그 1인칭적 양상의 외연을 나타낸다. 보다 구체적으로 말해, 그리고 비판자들의 가정과 달리 경험의 나의 것임은 특정한 어떤 느낌이나 확정적 특질이 아니다. 경험의 나의 것임은 경험의 성질 또는 자료, 즉 갈린 민트 잎의 향기나 초콜릿의 맛과 동등한 게 아니다.(이는 나의 제안과 홉킨스의 제안을 하나로 봐서는 안 되는 이유다.) 사실, 나에 대한 것임이나 나의 것임은 특정한 경험적 내용, 즉 특정한 어떤 것what을 지칭하는 건 아니다. 이러한 내용의 통시적이거나 공시적인 총합을 지칭하는 것도, 또는 문제의 내용들 사이에 성립할 수도 있는 어떤 다른 관계를 지칭하는 것도 아니다. 오히려, 나의 것임은 경험하는 독특한 방식이나 방법how을 지칭한다. 이것은 나의 모든 경험적 내용의 1인칭적 현존을 지칭한다. 이것은 현상적 의식의 경험적 관점성을 지칭한다. 이것은 내가 겪고 있는 경험 그 자체가 나 아닌 딴 사람과는 다르게 (그렇다고 꼭 더 낫게는 아니다) 나에게 현전한다는 사실을 지칭한다. 내가 경험을 할 때, 나는 이를테면 경험을 나의 것으로 가진다. 마크 롤런즈의 유익한 표현을 써보면, 경험의 나의 것임은 경험 작용의 대상이 가지는 속성이 아니라 경험 작용의 부사적 수식어다(Rowlands 2013). 이러한 특징이 우리의 경험적 삶에 나타난다는 걸 부인한다면, 즉 경험의 나에 대한 것임이나 나의 것임을 부인한다면, 의식이 가진 그 어떤 본질적인 구성적 양상을 인식하지 못할 것이다. 이는 경험의 주관성을 외면하는 일이다. 이는 나 자신의 마음이 나에게 결코 주어지지 않는다거나(마음맹mind-blind 또는 자기맹self-blind이리라), 타자의 마음이 나에게 나타나는 방식과 똑같이 나 자신의 마음이 나에게 나타난다고 주장하는 거나 마찬가지일 것이다.[7]

아마 다음의 사고 실험이 비판의 주된 발상을 다소나마 명료하게 만들어줄 것이다. 물리적이고 심리적인 속성에 있어 유형이 동일한 완벽한 쌍둥이 믹과 맥을 상상해보자. 현재 이 둘은 하얀 벽을 응시하고 있다. 내용의 측면에서 볼 때, 두 의식의 흐름은 그 유형이 동일하다. 3인칭 관점에서 보면 이 두 의식 사이에는 유의미한 질적 차이가 없다. 하지만 우리가 3인칭 관점을 버리고 1인칭 관점을 채택하는 순간 무슨 일이 일어날지 생각해보자. 내가 믹이라고 가정해보자. 나의 심적이고 물리적인 특성은 맥의 것과 그 유형이 계속 동일하더라도, 나에게는 우리 각자의 경험의 개항個項 사이에 결정적인 차이, 즉 어떤 합일도 가로막을 차이가 있을 것이다. 그 차이는 무엇으로 이루어져 있는가? 그 차이가 소여성의 차이와 관련이 있다는 점은 분명하다. 내 경험의 개항만이 1인칭적으로 내게 주어지는데, 이 점이 바로 내 경험의 개항을 나의 것으로 만드는 반면, 맥의 유형동일적 경험은 결코 내게 1인칭적으로 주어지지 않으며 그렇기에 내 경험적 삶의 일부가 아니다. 다른 사람이 내가 되지 않고도 정확히 내가 하는 것과 동일한 유형의 경험을 할 수 있듯이 내가 타자가 되지 않고도 그 다른 사람이 하는 것과 동일한 바로 그 경험을 하게 될 수 있다는 점을 고려하면, 나의 경험적 삶과 타자의 경험적 삶을 가장 근본적으로 구별 짓는 바는 경험의 특정 내용이 아니라 오히려 나에 대한 것임 또는 경험하는 방식이라 결론을 내리는 게 자연스러워 보인다. 달리 말하면, 즉 앞서 밝힌 주장을 반복하면(가령 레몬-사과의 예를 들면), 우리의 경험적 삶의 현상적 특성을 제대로 다루려면 경험된 대상과 그 지향적 작용-유형을 단순히 기술하는 걸로는 충분하지 않다. 우리는 경험의 1인칭적 특성을 간과해서는 안 된다. 지향적 작용-유형이 변별적이긴 해도, 이는 일종의 형식적인 경험적 개별화에 해당한다. 물론 이는 (비판자들께는 실례지만) 내가 경험의 바로 그 주관성 즉 그 1인칭적 특성이 아주 형식적이긴 해도 일종의 자기에 해당한다고 생각하는 이유다. 사실, 사고 실험의 한 가지 미덕은 이 실험이 경험적 자기개념이 지목하고자 하는 의식의 어떤 측면을 바로 아주 선명하게 해줄 거라는 데 있다. 이 사고 실험은 믹과 맥을 구별하는 바로 그것을 정확히 목표로 삼는 것이지, 인격성, 성격, 선호, 역사 같은 문제와는 관련이 없다.

그러나 잠깐 기다려보자. 비판자들이 반대할 수도 있으니 말이다. 어떻게 이러한 1인칭적 특성이 개별화의 원리의 역할을 할 수 있는지는 여전히 아주 불분명한데, 당신의 제안에 따르자면, 경험의 1인칭적 특성은 당신 자신의 경험이든 타자의 경험이든 간에 모든 경험을 특징지어야 하기 때문이다. 경험하는 모든 존재가 소유하는 어떤 것이 어떻게 당신과 모든 타자를 구별하고 분화하는 것일 수 있는가? 모두의 경험적 삶이 나에 대한 것임의 특징을 가진다고 치면, 이 점이 당신 자신의 경험적 삶에도 적용된다는 사실이 어떻게 당신에게 당신 자신에 관한 정보를 말해줄 수 있는가? 우리는 결국, 자기개념은 너무 형식적이어서, 버나드 윌리엄스를 인용하면 "어떤 데카르트적인 '나^I'와 '다른 이'를 구별할 만한 게 전혀 남아 있지 않"으므로 "나^{me}를 제거하면 무엇이 우주에서 덜어지는지 아는 건 이제 불가능하다"는 입장에 처한 건 아닐까(Williams 1973: 42)? 결과적으로 사고 실험이 믹과 맥이 수량적으로 구별되므로 결국 비동일적이라는 사소한 문제 이외의 것을 조금이라도 성공적으로 보여주는지 나는 의심스럽다.

이 사례에 변형을 가해 검토해보면, 믹과 맥이 꿈이 없는 깊은 잠에 빠진다고 상상해보자. 이러한 상태—믹과 맥이 어떤 종류의 현상적 의식도 결여하고 있는 상황—에 처해 있다고 고려할 때, 이 둘 사이의 차이는 질적으로는 동일하지만 수량적으로는 구별되는 두 개의 물방울 간의 차이와 같다. 그런 뒤 믹과 맥은 깨어난다. 이들 각각은 지금 계속해서 동일한 하얀 벽을 지각을 통해 경험하고 있다. 믹과 맥의 경험적 삶들 사이의 차이를 수량적으로 구별되지만 질적으로는 동일한 개항들 사이의 단순한 구별, 다시 말해 이런저런 경험적 삶들 사이의 구별로 기술하는 게 여전히 적절할까? 우리가 1인칭 관점을 배제하고 3인칭 관점에서 해볼 수 있는 바를 고려한다면야, 이는 자연스러운 응답일 것이다. 반면 만약 진중하게 1인칭 관점을 취한다면, 믹과 맥이 물방울과는 전혀 상이한 방식으로 다르다는 점은 자명할 것인데, 물방울은 분명 어떤 종류의 자기현시도 결여하기 때문이다. 믹과 맥 각각은 하얀 벽을 유형동일적으로 경험할 테지만, 이 경험들 자체는 구별되는 전반성적 자기현시를 가질 것이다. 믹에게 자신의 경험은 맥의 경험과 전혀 상이할 것이다.(그 반대도 마찬가지다.) 믹과 맥에게 물방울이 갖추고 있는 어떤 것과도 전혀 다른 개체성을 부여하는 것은 어떤 단일한 본질이나 복제 불가능한 속성이 아니라, 바로 이러한 기본적 재귀성이다. 이 점은 윌리엄스의 결론이 혼란스러운 이유이기도 하다. 클라본이 지적했듯, 나의 관점에서 보는데 나를 제거하는 게 어떻게 아무 문제가 안 될 수 있겠는가(Klawonn 1990a: 50)?

그러나 비판자들은 이 예가 보여주는 내용이 이것이라면, 이는 (물방울 이론과 대조되는) 현상적 의식 이론이 필연적으로—원컨대—주관성과 1인칭 관점을 진지하게 받아들여야 한다는 논란의 여지 없는 사실을 강조할 뿐이라고 주장할지도 모른다. 그리고 어째서 이 사소한 사실을 받아들이는 게 경험적 자기의 현존과 실재성에 관련된 실질적 주장 그 이상을 말하는 게 되어야 하는지 물을 것이다. 이 물음에 대한 당연한 답변은 이렇다. 최소주의적 자기개념 도입의 이면에 있는 중요한 점은 의식의 주관성을 다룰 때라면 꼭 필요한데도 너무 자주 주목받지 못하고 무시되어온 (그리고 불행히도 이 점은 최근의 자기 연구에도 해당된다) 어떤 부분을 부각하려는 것이다. 주관성의 실재성을 지지하면서도 자기의 존재를 거부한다면, 주관성이 진정 무엇인지를 놓치게 된다. 즉 1인칭 관점을 진지하게 받아들여야 한다는 생각에 말로만 동의를 표하는 꼴이 되거나, 마골리스를 인용해 달리 말하면, "아마 경험을 전적으로 제거해야만 자기를 제거하는 일의 정당성을 입증할 수 있을 것이다"(Margolis 1988: 41).

지금껏 충분히 분명해졌다시피, 경험의 나에 대한 것임을 부각하는 일은 단지 문법적이거나 논리적이거나 형이상학적인 요점을 밝히는 게 아니다. 이는 단순히 이 요점이 경험에는 필연적으로 경험자가 필요하다는 바로 그 경험 개념에 속한다고 말하고 있는 게 아니다. 이 말의 요체는 현상학적이기도 하다. 경험의 나에 대한 것임을 말하는 일은 주관의 현상학 전체에 영향을 미치는 중요한 부분을 정확히 지적하는 일이다. 경험의 나에 대한 것임은 경험의 1인칭적 특성, 즉 자신의 경험적 삶에 대한 친숙지acquaintance는 타자의 경험적 삶에 대해 가지는 친숙지와 다르고, 그 반대도 마찬가지라는 사실을 가리킨다. 이러한 친숙지의 차이 또는 접근법의 차이는 우리가 반성하거나 내성할 때뿐만 아니라, 전반성적으로 어떤 경험을 할 때라면 언제나 성립한다. 가장 시원적인 상태에 있을 때의 자기경험은 단순히 전반성적으로 자신의 의식을 알아차리는 문제이며, 문제의 경험적 자기는 정확히 경험의 바로 그 주관성으로서 정의된다.

이 제안의 기초가 이제 분명해졌을 것이다. 다음 두 장에서 내가 하려는 바는 이를 더욱 명확하게 하는 일이다. 나는 두 유형의 반대를 상세히 검토할 것이다. 첫 번째 반대에 의하면, 경험 그 자체가 주관성과 1인칭 주어짐 그리고 나에 대한 것임을 수반한다는 주장은 명백히 잘못된 것이다. 두 번째 반대에 의하면, 경험은 주관성과 1인칭 주어짐 그리고 나에 대한 것임을 확실히 수반할 것이다. 그럼에도 문제는 이 점이 자기의 본성을 이해하는 일에 관한 한 아무 관련이 없다는 데 있다. 두 반대 모두 검토되고 다뤄질 필요가 있다.

3장
투명성과
익명성

　여러 가지 차이가 있긴 해도 고차표상주의, 자기표상주의, 현상학적 설명은 현상적 의식이 자기의식 같은 것을 수반한다는 견해를 공유한다. 하지만 일부는 이를 대단히 논쟁적인 견해라고 여긴다.

　휴버트 드레이퍼스는 현상들에 충실하지 않은 어떤 정신주의적 신화로서의 심성mindedness이 우리의 신체화된 대처에 빠짐없이 스며 있다는 생각을 여러 차례나 비난했다. 그는 심성을 우리의 무심적mindless 대처의 적이라고 언명했고(Dreyfus 2007a: 353), 최선을 다해 헤엄치고 있는 올림픽 수영 선수와 몽유병자를 비교했다(Dreyfus 2013: 38).[1] 드레이퍼스는 또한 주관성이 정신적인 것의 사라지지 않는 유령이라 말했고, 몰입 상태인 채로 대처할 때에 잠겨 있거나 암묵적인 어떤 자아가 존재한다는 걸 부인했다. 사실, 올곧이 몰입한 상태일 때는 주관이 완전히 사라진다(Dreyfus 2007b: 373). 따라서 그의 설명에 따르면, 우리의 잠겨 있는 신체적 삶은 아주 완벽하게 세계에 몰두해 있어 이러한 신체적 삶은 그 자체를 깡그리 감지하지 못한다. 자기의식 같은 것이 출현하는 건 신체적 몰입 상태가 방해받을 때뿐이다. 드레이퍼스는 자기의식이 있다는 걸 부인하진 않지만, 특별한 경우에만 한정적으로 발휘되거나 현실화되는 역량으로서 자기의식을 보고자 한다. 그 일이 일어날 때, 나는 '나는 생각한다'는 것을 대처에 소급적으로 첨부한다. 또한 그는 물러나서 반성할 수 있는 역량이 우리에게 있다는 걸 부인하진 않지만, 그가 보기에 우리의 대처를 방해하고 그럼으로써 이 대처에 주어지는 행동 유도성 같은 것을 근본적으로 변형시키지 않고서는 우리는 이러한 역량을 발휘할 수 없다(Dreyfus 2005: 61; 2007a: 354).[2]

이런 생각에 비추어 보면, 자기의식이 우리의 경험적 삶의 편재하는 특징이라는 견해에 단호하게 도전하기는 어렵지 않다. 이른바 익명성 반론anonymity objection에 따르면, 전반성적인 수준에서 나에 대한 것임 또는 나의 것임은 존재하지 않고, 어떤 나¹ 또는 자기도 존재하지 않는다. 이와 다르게 주장하는 건 사후적 조작에 가담하는 일이다. 오히려, 전반성적 수준은 어떤 익명성에 의해 특징지어진다. 경험이 매번 전반성적 자기의식에 의해 특징지어진다고 주장한다면, 이른바 냉장고 오류refrigerator fallacy, 즉 냉장고 문을 열 때마다 항상 불이 켜져 있다는 이유로 항상 불이 켜져 있다고 생각하는 오류의 희생양이 될 것이다. 실제로 그 불은 잠재적으로 내내 켜져 있을 뿐이다. 간단히 말해, 자기의식 역량의 현존과 그 역량의 현실화를 하나로 봐서는 안 된다. "이에 따라 자기의식은 1인칭 사고가 가능한 누군가의, 세계에 잠겨 있는 경험의 잠재성으로서—대개는 현실화되지 않지만, 항상 현실화할 수 있는—현상학적인 토대 위에서 보다 올바로 이해된다"(Schear 2009: 99). 따라서 셰어에게 자기의식은 특별한 경우에만, 즉 우리가 반성할 때마다 발휘되거나 현실화되는 역량이다. 더욱이 이러한 현실화에는 1인칭 사고 역량이 필요하다. 사실 셰어는 1인칭 개념적 역량의 소유를 통해 바로 자신의 의식적인 심적 삶을 자신의 것으로 즉각 알게 되는 상황에 놓이게 된다고 제시한다. 경험의 나의 것임과 적절한 자기앎 같은 것 모두를 이해하고 설명하려면 (어떤 의사擬似의, 전반성적 자기의식 개념이 아니라) 자신의 의식적 경험과 맺는 이러한 독특한 1인칭적 관계를 이용할 수 있어야 한다(Schear 2009: 98). 자신의 경험을 자신의 것으로 이해하는 현행의 의식이 출현하는 건 1인칭 사고 역량이 발휘될 때뿐이다(Schear 2009: 101). 셰어에 따르면, 이는 경험의 흐름이 이 역량의 발휘에 선행하는 비인격적인 흐름임을 함의하는 게 아니다. 경험의 흐름은 1인칭 사고가 가능한 누군가의 흐름이기 때문에 (그리고 그러한 흐름인 한에서) 비인격적이지 않다. 따라서 현실화된 반성적 자기의식과 현실화된 전반성적 자기의식 사이에서 선택하기보다는, 누가 그렇게 할 수 있고 누가 그런 기질을 갖고 있는지에 호소하면서 의식적인 지향적 상태와 비의식적인 지향적 상태 사이의 차이를 주장하는 편이 더 낫다. 이 상태들이 고차 사고의 형성 역량이 있는 우리와 같은 존재에게 일어날 때 의식적인 지향적 상태의 경우는 반성적 감시를 사용하는 게 가능하다고 말이다. 하지만 이 주장이 담고 있는 즉각적이고 심히 직관에 상충하는 함의는, 이것이 의식적인 심적 상태를 반성을 할 수 있는 생명체에게 한정함으로써 유아 및 인간이 아닌 대부분의 동물에게 이러한 심적 상태가 있음을 부정하게 된다는 것이다.[3]

셰어에 따르면, 전반성적 수준에 자기의식이 현전한다고 주장하는 건 현상학을 왜곡하는 일이다(Schear 2009: 99). 다른 비판자들은 의식이 전반성적 주어짐에 의해 특징지어진다는 주장은 발달론적으로 받아들이기 어렵다고 주장했다. 이러한 주어짐이 사용 가능성이 아닌 알아차림을 수반한다고 해야 한다면 말이다(Lyyra 2009: 68). 이 대안에 따르면, 엄밀한 의미의 자기알아차림에는 고차의 개념적 역량이 필요하다. 그런 경우라야 경험적 일화가 의식적으로 주어진다고 할 수 있다(Lyyra 2009: 80–81). 유아가 안과 밖, 외양과 실재 사이를 구별할 수 있는 역량을 결여하는 한, 그 때문에 마음과 세계는 구별되지 않은 채로 남을 것이다. 그리고 유아가 자신의 경험을 내적인 사적 개체로 알아차리지 못한다면, 이 유아는 경험에 대한 어떤 알아차림도 향유하지 못한다(Lyyra 2009: 79). 이 아동이 자신의 경험이 자신에게 고유해서 타자가 접근할 수 없는 1인칭 관점으로부터 일어난다는 걸 깨닫게 되는 때, 즉 자신이 자신의 경험에 유일하게 접근함을 향유한다는 걸 깨닫는 때라야, 이 아동의 경험은 자신에게 주관적으로 주어지고 그럼으로써 1인칭 주어짐의 양상으로 주어지게 된다. 이러한 사고방식을 고려하면, 경험의 주관성과 관련된 시원적인 것이 존재한다는 게 부인되어왔음은 그리 놀랄 일도 아니다. 오히려, 경험의 주관성이라는 것이 자신의 경험과 타자의 경험이 서로 구별되며 복수의 관점이 존재함을 파악한다는 것을 전제하고 있다는 한에서, 상호주관성이 근본적인 범주라는 게 드러난다(Praetorius 2009: 329). 수잔 지디크가 쓰고 있듯이, "주관성은 상호주관성과의 친밀함으로부터 태어나므로 (…) 자기알아차림, 표상, 언어, 심지어 의식 같은 역량들을 낳는 건 상호주관성이다"(Zeedyk 2006: 326).[4] 심각한 자폐증을 앓는 개인에게 주관성을 귀속시키는 데 아주 신중해야 한다는 사실도 부수적으로 수반하는 이러한 고려 사항들을 배경에 놓고 보면, 바로 이 전반성적 자기의식 개념과 나의 것임이라는 개념은 이론적 일탈일 뿐 아니라 과잉되고 아무것도 설명하지 못한다고 여겨져왔다(Praetorius 2009:

332).

이러한 비판들에 어떻게 대응해야 할까? 첫 번째로 필요한 단계는 용어상의 불일치(및 오해)와 실질적 불일치(및 오해)를 구별하는 일이다. 일부는 자기의식적이라는 건 자신을 자신이라고 생각하는 일, 말하자면 자신의 상태나 신체 부분, 특징을 자신의 것이라고 알아차리는 일이라고 본다. 일부는 상이한 경험의 주체와 담지자 또는 소유자로서의 자신의 동일성을 의식하는 게 필요하다고 여긴다. 마찬가지로 일부는 자기경험이 결국 '자신이 누구인지'에 대한 감각을 가지는 것, 다시 말해 자신의 개별적 성격 또는 인격을 가지는 것이라고 본다. 용어들을 이런 식으로 이해하는 입장에 기대어, 자기의식과 자기경험이 이미 유아의 심리적 삶을 특징짓는 어떤 것이라고 제시하는 것에 대해서는 말할 것도 없고, 성인으로서의 우리가 현상적으로 무언가를 의식할 때마다 이것들이 언제나 현전해야 한다고 제시하는 것은 전혀 타당하지 않을 것이다. 마찬가지로, 일부 사람들이 보기에는,

> 아동이 자신의 '관점'이 타자의 관점과 다를 수 있음을 파악하고 더 나아가 자신이 자신의 경험에 **고유하게** 접근할 수 있음—타자도 그렇게 할 수 있음—을 파악하고 나서야, 그 아동에게 경험의 1인칭 주어짐을 귀속시키고 그럼으로써 장착된 경험적 자기참조를 동반하는 경험의 주관성을 귀속시키는 게 어느 정도 타당하다(Praetorius 2009: 329).

이렇게 정의한다면, 유아, 동물, 심지어 일상적 몰입 상태의 대처자에게 주관성과 1인칭 관점을 귀속시키는 건 또다시 전혀 타당하지 않을 것이다. 하지만, 앞 장에서 분명히 밝혔듯, 이것은 결코 내가 그 용어들

을 사용하는 방식이 아니다. 따라서 나는 논란이 부분적으로는 용어상의 문제라고 생각한다. 경험의 1인칭적 특성 또는 경험의 나에 대한 것임을 얘기할 때, 목표는 1인칭 대명사에 기대는 자기참조가 아니며, 자신을 다른 개체와 별개의 개체로 알아차리는 걸 수반하는 주제적 자기앎과 관련된 문제도 아니다. 현상적 의식의 1인칭적 특성, 전반성적 자기의식, 경험적 자기성, 나에 대한 것임을 언급할 때, 나는 경험의 자기현전적 특성 및 이에 수반되는 경험적 관점성을 언급하고 있다. 나는 우리가 타자의 경험적 삶에 대한 친숙지와는 확연히 다른, 자신의 경험적 삶에 대한 친숙지를 가지므로(그리고 그 반대도 마찬가지다), 이 차이는 우리가 내성이나 반성을 할 때뿐만 아니라 이미 경험을 하는 바로 그때에도 존재한다고 주장한다. 내가 '확연히 다르다'고 말할 때, 문제의 그 '확연히 구별됨'을 반드시 명시적으로 우리가 알아차린다는 것은 아니다. 나는 단지, 오히려 고통이나 허기의 감각 또는 기쁨과 괴로움 같은 정서는, 가령 유아가 이러한 차이를 명시적으로 알아차리게 되기 전에조차, 이러한 고통과 정서를 산봉우리, 버드나무, 흔들의자와 전혀 다르게 만들어주는 경험적 주어짐에 의해 특징지어진다고 주장하는 것이다. 주관이 경험을 자신의 것으로 분류하게 하는 개념적이고 언어적인 기술을 습득하기 훨씬 이전에 유아는 이러한 주관적 특성을 가진다. 이를 달리 표현하면, 우리는 1인칭 관점을 가지거나 신체화하는 일과 1인칭 관점을 언어적으로 분절할 수 있는 일 사이의 구별을 존중해야 한다.

피터 프레더릭 스트로슨은 우리가 객관성 조건에 대한 어떤 이해, 즉 주변 대상들은 우리가 이것들에게 행사하는 경험적 관점과 무관하게 존속한다는 이해를 소유하지 않는 한, 주관적 관점을 가진다고 할 수 없다는 견해를 옹호한 일로 유명하다(Strawson 1959). 하지만 분명 물어야 할 질문은 경험을 주관인 것으로 인식하거나 내적인 것으로 범주화하려면 충족되어야 할 필요조건이, 단지 경험을 하려면—여러 저자가 '전반성적 자기의식' '1인칭적 주어짐' '나에 대한 것임' '주관적 현존' '자기현전적 알아차림' '자동사적 자기의식' '재귀성reflexivity'이라 불러온 바들을 본질적이고 필연적인 특징으로 하는 경험들—충족되어야 할 필요조건과 동일한지다.[5]

자기의식의 경험적 실재성은 편재한다고 강변하는 게 현상학적으로 부당하다는 주장을 다시 한 번 검토해보자. 이러한 우려를 이해하는 한 가지 방식은 다음의 다양한 경험을 검토하는 것이다. 영화에 몰입한 상태, 동료에게 굴욕을 당한 상태, 거의 모르는 언어로 쓰인 메뉴를 힘들여 해독하려 하고 있는 상태, 눈덩이에 얼굴을 맞은 상태, 뛰어내리도록 스스로를 설득하면서 10미터 높이의 다이빙대에 서 있는 상태, 군대에서 쌓은 경력을 택하는 게 현명한 선택인지 숙고하는 상태. 이러한 경험들을 비교해보면, 이것들이 다양한 방식으로 자기수반적이고 자기의식적이라는 건 대부분의 사람에게 있어 자명하다. 이를 부정하는 것은 실로 현상학을 왜곡하는 일이다. 경험적 삶이 그 자체로 나에 대한 것임에 의해 특징지어진다고 주장하는 것은 그러나 질적으로 차이 나는 다양한 자기 경험이 있다는 점을 부인해야 한다는 말이 아니다. 사실, 후자의 인정은 이러한 다양성이 공통적으로 가지는 무언가가 또한 존재한다는 견해와 전적으로 양립할 수 있다.

셰어와 리라, 프레토리우스는 모두 경험의 소유권 그리고 1인칭 사고 및 개념에 대한 자기의식의 의존성을 강조한다. 이것이 암시하는 바는, 이러한 1인칭 사고를 결여하는 생명체—그리고 아마 여기에는 유아와 인간이 아닌 동물이 포함될 것이다—는 자기의식도 결여한다는 것이다. 일부는 이러한 암시가 이 견해에 맞서는 게 아니라 유리하다고 여길지도 모르겠다. 그러나 내가 얇고 기본적인 자기의식 개념을 쓰고 있다는 것과, 자기의식과 현상적 의식이 구성적으로 연결되어 있다는 걸 옹호한 앞선 논변을 상기할 필요가 있다. 나는 오래되고 유서 깊은 철학 전통에 따라 의식이 의식 자체에 접근하는 사례 또는 의식이 의식 자체와 친숙한 사례를 지시하려고 '자기의식'이란 용어를 사용하고 있다.[6] 수많은 사상가(아리스토텔레스, 데카르트, 아르노, 로크, 브렌타노, 후설, 사르트르, 거위치, 메를로퐁티, 앙리, 헨리히를 포함한)에게, 이 용어에 담긴 특정 의미에서 볼 때 자기의식은 경험의 없어서는 안 될 부분이다. 자기의식은 모든 의식적인 심적 상태가 소유하는 것이다. 왜냐하면 모든 의식적인 상태는 반드시 경험적으로 현출하고, 또는 달리 표현하면 이 같은 자기의식을 결여하는 심적 상태는 비의식적 상태일 것이기 때문이다. 이 같은 자기의식의 정확한 본성과 구조는, 지금까지도 그랬고 앞으로도 계속해서 논쟁될 주제임이 분명하다. 서양철학에서 이 주제는 현상학자와 고차표상주의자, 자기표상주의자에 의해 논의된다. 고전 인도철학에서는 반성주의 이론이나 타자조명other-illumination(paraprakāśa) 이론과, 반영주의 이론이나 자기조명self-illumination(svaprakāśa) 이론 간의 논쟁 주제였다(MacKenzie 2007). 첫 번째 집단은 별개의 일차 의식을 지향적 대상으로 취하는 자기의식이 이차 의식의 산물이라고 주장한 반면, 두 번째 집단은 의식적 상태는 의식의 대상과 의식적 상태 그 자체에 동시적으로 열려 있다고 주장했다(MacKenzie 2008). 후자의 견해가 보편적으로 받아들여지는 정도는 아니라도, 이 견해를 비판하려면 심리철학 내의 관련 논쟁을 끌어와야 한다. 이따금 그런 경우가 있는데, 이 과정이 없이 아동의 관점 식별 역량에 관련한 발달심리학 연구 결과에 기대서 반론을 펼친다면 이 논쟁의 목표와 요점 모두를 놓치게 된다. 게다가 상호주관성이 주관성을 낳으리라는 바로 그 발상은 개념상 혼란스럽기에 거부되어야 한다. 상호주관성은 주관들(주관성들) 사이의 관계를 지시하므로, 결과적으로 전자는 후자에 선행할 수 없다(2부; Zahavi 1996을 보라). 만약 이 생각을 밀고 나가려면, 차라리 주관성은 사회적으로 구축된다거나 주관성과 상호주관성은 동근원적이라는 주장을 택해야만 할 것이다. 나는 후자의 주장들에 동의하진 않을 테지만, 이 주장들은 그래도 정합적이다.

지금껏 나는 경험적 삶이 나에 대한 것임과 1인칭적 특성을 대개 결여한다는 주장을 검토했다. 이를 이어가면서 이제부터는 익명성 반론의 다른 버전을 살펴볼 텐데, 이 버전이 펼치는 반론은 반성이나 내성을 하고 있을 때조차 결코 자신의 경험을 직접 알아차리지 못한다는 데 근거하는 것이다. 이 논변에 따르면, 경험은 경험 자체 소유의 내재적이고 비지향적인 성질을 가지지 않는다. 드레츠케가 쓰고 있듯이, 오히려 경험의 질적 특성은 "사물 소유로 표상되는 속성에 의해" 전적으로 구성된다(Dretske 1995: 1). 특정 경험을 하는 게 무엇과 같은지 알고자 한다면, 당신은 무엇이 지향적으로 표상되는지를 자세히 봐야 할 것이다. 따라서, "파란색은 우리에게 경험된바 파랑이기 때문에, 파랑에 있는 것보다 더 많은 것이 파랑을 경험할 때의 경험의 성질에 결코 있지 않다" (Dretske 1995: 85). 소리의 시끄러움, 표면의 부드러움, 맛의 달콤함, 냄새의 매움은 경험의 내재적 성질이 아니라 사물의 소유로 표상되는 성질이다. 빨간 사과를 경험함이 노란 해바라기를 경험함과 다른 이유는 결국 바로 서로 다른 종류의 대상이 표상된다는 데 있다.

마이클 타이는 투명성 주장transparency claim이라고 알려진 주장을 옹호하면서 시각적 경험을 유리잔의 투명 시트에 비유했다.

원하는 만큼 열심히 내성을 통해 응시하고, 원하는 방식으로 주의를 집중해서 보라. 그래도 표면, 두께, 얇은 막, 다시 말해 확실히 눈에 보이는 성질들과 마주하게 될 뿐일 것이다. 시각적 경험은 경험의 주체에게 투명하다. 내성을 통해서는 시각적 경험을 알아차리지 못한다. 우리가 지각을 통해서는 유리잔의 투명한 시트를 알아차리지 못하듯 말이다. 경험에 초점을 맞추려 노력하더라도, 우리는 경험을 통과해서 외계를 '본다'. 빤히 보이는 표면, 두께 등 소유된 성질들을 알아차림으로써, 우리는 우리가 시각적 경험을 하고 있다고 알아차리게 된다. 하지만 우리는 경험 그 자체를 알아차리는 게 아니다(Tye 2003: 24).

타이가 주장하듯, 이러한 투명성이 주는 교훈은 "현상학은 머릿속에 있지 않다"는 데 있다(Tye 1995: 151). 결과적으로 경험이 현상적 성격을 가진다는 말은 다소 오도의 소지가 있다. 사실 현상적 성격은 (가상이 아닌 사례에 있어) 경험의 대상에 속하는 어떤 것이다. 마찬가지 이유로, 현상적 의식은 나 자신이 가지는 의식의 국면이나 의식의 차원을 동반하면서 나에게 현전하는 게 아니다. 현상적 의식은 엄격하게 세계현전적이다. 따라서 내성을 할 때조차 우리는 경험 그 자체를 의식하거나 알아차리는 게 아니다. 내성을 통해 발견할 수 있는 주관적 내용은 없다. 오히려 우리가 내성적으로 알아차리는 속성은 여전히 외부 사물이 가지는 공적 접근이 가능한 속성이다. 다시 말해 이 속성이 어쨌든 어떤 것 소유의 속성이라면 말이다(Tye 2009, p. xiii). 우리는 바깥에 있는 사물을 알아차리면서 우리가 이러이러한 경험을 하고 있다는 사실을 간접적으로 알아차리게 될지는 모르나, 결코 경험 그 자체를 직접 알아차리진 못한다(Tye 2003: 24, 96-97; 2009: 145). 자신이 (상상이 아니라) 어떤 지각 작용에 연루되어 있다는 사실을 아는 일은, 따라서 세계가 표상되고 있는 방식에 근거해 추론되어야 한다(Dretske 1999; Byrne 2005).[7] 더욱이 우리는 경험을 개념 아래에 두어야만 자신의 경험에 대한 간접적인 알아차림이라도 획득한다. 이렇듯 개념의 적용마저 없다면, 우리는 경험을 전혀 감지하지 못한 채로 있을 것이다(Tye 1995: 115).

현상 외재주의가 일정 부분은 사실이라고 생각한다. 예를 들어, 현상적 성질을 설명하는 대목에는 어떤 감각 자료 이론도 접근하지 못한 훌륭한 이점이 있다. 현상 외재주의는 현상학의 견해를 어느 정도 닮아 있기까지 하다. 메를로퐁티가 지적했듯, "색깔은 감각이 아니라 감각 가능한 것이고, 성질은 의식의 요소가 아니라 대상의 속성이다"(Merleau-Ponty 2012: 5). 정향나무 잎을 냄새 맡는 일과 초콜릿을 맛보는 일 또는 워낭소리를 듣는 일과 일출을 보는 일 사이의 경험적 차이를 반성적으로 분별하려 할 때 우리는 스펙트럼 같은 시선을 내면으로 돌리면서 세계와 맺는 지향적 고리를 절단하는 게 아니다. 그게 아니라, 우리는 이 차이들을 발견하고는 세계의 대상과 사태가 우리에게 나타나는 방식에 주의를 기울이면서 기술적으로 분석한다.

현상 외재주의를 지지하기 위해 취해진 표준 사례 대부분은 그러나 지각 영역에서 취해지지만, 지각적 상태만을 가지고는 현상성의 차원을 빠짐없이 규명하기 어렵다. 그리고 투명성이 지배하므로 현상적 특성은 모든 경우에 있어 표상적 내용일 뿐이라고 주장하더라도,[8] 예를 들어 "오르가슴은 음부의 어떤 물리적 변화에 대한 감각적 표상"을 가지는 문제라고 주장함으로써(Tye 1995: 118), 나아가 오르가슴 모델이 느껴진 모든 정서와 기분의 현상적 특성에 일반적으로 적용될 수 있다(Tye 2003: 36)고 강변함으로써, 오르가슴의 현상적 특성을 포착하려는 시도는 바다 냄새를 맡거나 감초를 맛보는 일들이 무엇과 같은지를 외재주의적 용어로 설명하려는 시도보다 딱 봐도 호소력이 부족하다. 현상 외재주의를 통해 괴로움, 체념, 절망, 안도, 만족 또는 가령 무언가를 기억하려 애쓰는 경우나 어떤 것에 대해 확실하게 느끼느냐 불확실하게 느끼느냐 하는 경우 등을 어떻게 설명할 수 있는지는 결코 분명하지 않다. 에번 톰프슨의 예를 들면, 어떤 빨간색 큐브를 처음 보는 일과 그런 뒤 동일한 빨간색 큐브를 시각화하는 일 간의 현상학적 차이는 분명하지만, 이 차이는 (여기서는 가령 시각적 지각은 불수의적이고 노력을 기울이지 않는다는 느낌이 있는 반면, 시각화는 수의적이고 노력을 기울인다는 느낌이 있다는 사실을 포함할 수도 있다) 두 가지 경험이 대상의 소유로서 표상하는 특징이나 속성의 차이를 단순히 언급하는 것으로는 해명될 수 없는데, 왜냐하면 이 두 경험 모두 동일한 속성을 소유하는 빨간색 큐브를 취하기 때문이다(Thompson 2007: 285).

그런데 현상성의 몇몇 유형은 외재주의적 설명을 따를 수 없다는 주장과 현상 외재주의는 가장 확실한 지각적 사례에 있어서조차 중요한 부분을 놓치고 있다는 주장을 구별할 필요가 있다. 현상 외재주의가 결코 자신의 경험을 직접 알아차릴 수 없고 그 경험에 의해 표상되는 대상과 속성을 직접 알아차릴 수 있을 뿐이라고 주장한다면, 이는 몇 가지 중요한 구별을 무시하는 것이다. 대부분의 사람은 주관이 의식적 경험을 겪고 있다는 (아드벡 우거다일 위스키를 맛보거나 교토 방문을 떠올리고 있다는) 어떤 느낌이 존재함을 기꺼이 인정한다. 하지만 우리는 (1) 그 대상이 주관에게 무엇과 같은지의 문제와 (2) 그 대상 경험이 주관에게 무엇과 같은지의 문제를 구별해야 한다. 결국, 우리는 결코 전면적으로는 대상을 의식할 수 없고, 특정 방식으로 나타나는 대상, 가령 판단되고 보이고 희망되고 두려워하고 회상되고 냄새 맡아지고 예상되고 맛보아지는 대상으로 항상 의식한다. 정확히 동일한, 세계의 속성들을 동반하는 동일한 대상도 다양한 방식으로 자신을 현전할 수 있다. 이 대상은 지각되고 상상되고 회상되는 것 등으로 주어질 수 있다. 우리는 후설이 그랬듯, 지향적 대상을 "그것이 규정되는 방식im Wie seiner Bestimmtheiten"과 "그것이 주어지는 방식im Wie seiner Gegebenheitsweisen"으로 분류해야 한다 (Husserl 1976: 303-304). 파란색 사각형을 지각하는 게 무엇과 같은지는 오렌지색 삼각형을 지각하는 게 무엇과 같은지와 다를 뿐만 아니라, 파란색 사각형을 지각하는 게 무엇과 같은지는 파란색 사각형을 기억하거나 상상하는 게 무엇과 같은지와도 다르다. 간단히 말해, 대상 소유로 경험되는 속성에 관한 물음(테이블 표면의 느낌과 얼음 조각 표면의 느낌은 어떻게 다른가?)과 대상 경험의 속성에 관한 물음(얼음 조각을 지각하는 일과 상상하는 일 사이의 경험적 차이는 무엇인가?)은 서로 다르다. 경험의 현상적 특성을 검토할 때, 자신이 경험하는 바를 경험할 수 있게 하는 심적 작용의 주관적 본성을 간과해서는 안 된다. 경험의 현상적 특성을 제대로 다루려면, 경험되는 대상의 특성과 지향적 작용의 특성 모두를 탐구해야 한다. 언젠가 후설은 말했다.

나는 현상학적 차이들, 특히 지향성의 차이들을 알 뿐만 아니라, 색깔의 순수 자료로서의 이 하얀색과 저 빨간색 사이의 차이도 안다. 만약 누군가가 후자와 같은 차이를 절대로 알 수 없다면, 사람들은 그가 눈이 멀었다고 할 것이다. 만약 누군가가 전자와 같은 차이를 알 수 없다면, 나로선 어쩔 수 없이 다시 한 번 그가 눈이 멀었다고 해야 한다. 하지만 이것이 보다 넓은 의미에서 보지 못함이다(Husserl 2002a: 321).

내가 의식적으로 켄타우로스를 상상하고 네그로니 칵테일을 욕구하고 다음 휴가를 기대하고 고등학교 동창회를 기억할 때, 이 다양한 지향적 대상 모두는 다양한 주관적 경험과 상관관계를 맺으며 주어진다. 그 결과 나에게는 단지 다양한 대상과 대상의 속성이 현전될 뿐만 아니라 오히려 이들 대상과 속성은 다양한 주어짐의 양상으로도 (상상되고 욕구되고 기대되고 회상되는 것 등으로서) 현전되고, 이 점이 가령 커피 맛이 지각되든 기억되든 상상되든 기대되든 간에, 커피를 맛보는 일의 현상적 특성에 차이를 부여한다. 아울러 우리는 앞 장에서 강조한 바를 분명 잊어선 안 된다. 만약 우리가 경험적 삶의 현상적 특성을 제대로 다루려 한다면 지향적 대상과 지향적 태도를 검토하는 걸로는 충분치 않은데, 왜냐하면 '그것이 무엇과 같음what-it-is-likeness'은 정확히 말해 '그것이 나에 대해 무엇과 같음what-it-is-like-for-me-ness'이기 때문이다. 현상적으로 의식적인 상태는 이 상태의 일어남을 내가 알아차리든 그렇지 않든 단지 나에게in me 우연히 일어나는 상태가 아니다. 이 상태는 내가 이 상태를 가지고 있다는 막연한 느낌이 존재한다는 의미에서 정확히, 또한 나에 대해for me 있다. 이는 강고한 현상 외재주의가 경험의 현상적 성격을 낱낱이 설명하려는 계획이 실패하는 이유다. 결국 경험의 1인칭적 특성, 즉 경험의 나에 대한 것임이 표상되는 대상의 질적 특징이라고 제시하는 건 결코 이치에 맞지 않는다(Zahavi 2005: 119-124; Kriegel 2009: 72, 75를 보라).

그런데 이런 반대는 전적으로 논점 회피가 아닐까? 왜냐하면 드레츠케 같은 현상 외재주의자는 이러한 기술적 연구 결과들에 호소하는 데 바로 이의를 제기할 것이기 때문이다. 결국 이들이 보기에, 의식적인 심적 상태는 우리가 다른 사물을 의식하게 만드는 상태다. 다시 말해, 의식적인 심적 상태는 우리가 ~과 더불어 의식적인 상태이지 우리가 ~을 의식하는 상태는 아니다(Dretske 1995: 100–101). 하지만, 이렇게 보려면 상당한 대가를 치러야 한다. 아주 분명한 한 가지 문제는 이러한 견해를 통해, 아마 그 모두가 주변 대상들을 표상하는 것들일, 지향적 상태들과 비의식적인 지향적 상태들을 어떻게 구별할 수 있을지 전혀 명료하지 않다는 점이다. 드레츠케가 쓰고 있듯, 우리가 의식하는 그것은 완전히 객관적인 것이다. 우리가 그것을 의식하지 않더라도 그것은 결코 변함이 없을 것이다. "사실, 당신이 좀비라고 해도 당신이 알아차리는 모든 것은 그대로일 것이다"(Dretske 2003: 1). 현상 외재주의의 핵심 주장, 즉 경험은 단지 외부 대상과 그 속성을 우리에게 현전할 뿐이라는 주장에서는 이 말이 당연한 귀결로 보인다. 하지만 이게 사실이라면, 또 드레츠케가 의식적 지향성과 비의식적 지향성의 차이는 중요하지 않다고 본다면, 그의 이론이 정말 현상적 의식을 해명할 수 있는지 또는 이 이론이 경험과 관련된 제거주의의 한 형태와 별다를 바 없는 것은 아닌지 분명치가 않게 된다.[9] 이런 의혹은 자신의 견해가 다음의 도전을 불러온다는 것을 인정하는 순간 더욱 커진다. 만약 나는 나의 심적 상태가 표상하는 속성을 알아차릴 뿐이며 심적 상태 그 자체는 알아차리지 못한다면, 내가 현상적으로 의식적 상태를 가지고 있다는 걸 도대체 어떻게 알 수 있는가? 그의 말처럼, 내가 그것을 알아차리고 있다고 내게 말해주는 걸 나는 전혀 알아차리지 못하고 또 내가 좀비라면 내가 알아차리는 모든 것 즉 내가 경험하는 것으로서의 세계는 결코 변함없을 것이기 때문에,

적어도 직접적인 방식으로는 결코, 나는 내가 좀비가 아니라는 걸 알 수 없다(Dretske 2003: 1). 일부는 내성이 열쇠라고 제시할지도 모른다. 우리는 내성을 사용해 우리가 경험을 하고 있고 따라서 좀비가 아니라는 걸 알 수 있다는 것인데, 드레츠케는 이 제안을 거부한다. 그에 따르면 내성은 우리가 알아차리고 있다는 사실이 아니라 무엇을 알아차리고 있는지를 우리에게 말해줄 뿐이기 때문이다(Dretske 2003: 8). 사실 그의 설명대로라면 내성을 통해 x가 가지고 있다고 경험되는 특징 외에 x 경험이 가진 어떤 특징을 분별하는 건 불가능하다. 따라서 우리는 우리가 비의식적이지 않고 의식적이라는 사실에 어떻게 해서도 직접 접근할 수 없으므로, 드레츠케에 따르면, 그럴 수 있다고 확신한다면 이는 필시 혼동했기 때문일 것이다(Dretske 2003: 9). 그러나 문제는 이러한 결론이 그다지 직관과 상충되지 않아서, 귀류법reductio ad absurdum의 전제 역할을 할지 아니면 적어도 보다 타당한 대안을 찾도록 동기를 부여할지 여부에 있다.

내 생각으론, 주관이 대상을 (비의식적으로) 지각하는 경우, 주관이 자신이 지각하고 있는 것을 의식하는 경우, 주관이 자신이 지각하고 있다고 하는 바 그 사실을 의식하는 경우 간의 차이를 유지하고 존중하게 하는 설명을 선택해야 한다. 예를 들어, 맹시가 있는 주관은 강제 선택 시험forced-choice test에서 수행한 행위에서 나타나듯, 시각장 소실 영역에 있는 무언가를 (비의식적으로) 지각할 수도 있겠지만, 자신이 무엇을 지각했는지를 의식할 수는 없다. 내가 차를 가리키면서 '저건 차야'라고 말하는 상황과 이것을 비교해보자. 나는 내가 무엇을 보고 있는지 말할 수 있는 듯한데, 내가 지각한 것을 내가 의식하지 않고서야 어떻게 그렇게 할 수 있겠는가? 그런데 나는 내가 무엇을 보고 있는지, 나의 개별 지각이 무엇에 관한 것인지 의식할 수 있을지는 몰라도(그리고 지각이 무의식적이라면 어떻게 내가 그걸 의식할 수 있겠는가?), 내가 무언가를 지각하고 있다고 하는 바 그 사실을 동시에 내가 의식해야 하는지는 분명치 않다 (Lurz 2003을 보라).

지금 제안한 바에 따르면, 대상이 나타나도록 하는 경험(맛보고 있음, 보고 있음, 만지고 있음, 기억하고 있음, 상상하고 있음)을 알아차리지 않고는 우리는 그 대상(맛보는 사과, 보이는 의자, 만져진 대리석 조각, 기억되는 사건, 상상의 생명체 등)을 의식할 수 없다. 하지만 여기에는 경험이 주관에게 부각되는 게 필요하지 않다. 다시 말해, 그렇다고 주관이 반드시 그 경험적 상태를 어떤 경험적 상태로 알아차려야 하는 것도 아니고, 그 밖의 방법으로 주관이 그 상태에 관해 주목하거나 주의를 기울이거나 생각할 필요도 없다. 또한 그렇다고 우리가 가령 사과에 접근할 때, 이게 간접적이어야 함을 의미하는 것도 아니고 또는 사과에의 접근이 우리의 경험 알아차림에 의해 매개되거나 오염되거나 차단된다는 걸 의미하지도 않는데, 경험 그 자체는 사과와 동등한 대상이 아니고 그 대신 나타나는 사과에 접근하는 바로 그 길을 구성하기 때문이다. 이 점이 우리가 경험을 알아차리게 될 수 있는 유일한 길은, 주의를 내부로 돌려 통상적인 경험의 대상을 심적 대상으로, 즉 경험 그 자체로 대체하는 어떤 정신 훈련을 통하는 것일 수 있다는 견해가 많은 오해를 사는 이유다. 이러한 제안이 간과하는 점은 경험의 대상정향적 성격과 대상현전적 특성뿐만 아니라, 또한 그 대상이 경험에 대한 것이 아니라면 대상은 결코 나타나지 않으리라는 사실이다. 시각적 일화가 비의식적이었다면, 대상은 결코 시각적으로 나타나지 않을 것이다. 다시 말해, 경험이 부재했다면, 현상성이나 현상적 특성도 존재하지 않았을 것이다.

나는 일상에서, 세계에서 벌어지는 일과 대상에 몰두해 있고 사로잡혀 있지만, 나의 경험적 삶 그 자체에는 주의를 기울이지 않는다. 나는 경험의 대상을 선호해 경험적 삶을 무시하는 경향이 있다. 하지만 나는 나의 경험을 반성하고 경험에 주의를 기울일 수 있다. 즉 나는 나의 경험을 주의의 주제나 대상으로 만들 수 있다. 그러나 만약 내가 나의 믿음과 의도를 숙의하고 평가하려면, 내가 이것들을 가지는 걸로는 충분하지 않으며 나는 또한 믿음과 의도를 반드시 알고 있었어야 한다. 다시 말해, 반성을 하기 전의 나는 '마음맹'이었을 수 없다. 반성은 전반성적으로 겪는 경험의 제약을 받는다. 반성은 경험적 사실들과 관계하는 것이며 구성적으로 자기충족적이지 않다. 반성을 통한 믿음의 자기귀속이 어떠한 경우에도 경험적 증거에 기반하고 있음을 부인하는 것은 타당해 보이지 않는다. 이는 이러한 자기귀속이 일종의 인지적 성취에 해당함을 부인하는 것이다. 이는 보고시안의 말처럼, 이것이 함양하거나 무시해야 하는, 정보를 감지하는 어떤 역량임을 부인하는 것이다(Boghossian 2003: 76).

자기의식은 우리가 주의를 기울여 자신의 경험을 면밀히 검토하는 순간에만 출현하는 어떤 것이 아니다. 오히려 자기의식은 전반성적 형태로 내가 무언가를 의식적으로 경험하는 순간에 현전한다. 자기의식은 부가적인 경험적 상태처럼 경험과 동떨어져 존재하는 게 아니다. 자기의식은 일종의 반성이나 내성 또는 고차적 감찰 작용으로 생겨나는 게 아니라, 일차 경험의 내재적 특징이다. 이는 해당 견해가 핀켈스타인의 조어인 탐지주의detectivism의 한 형태에 해당하지 않는 이유이기도 하다. 다시 말해, 이 견해는 1인칭의 권한이 내향적 관찰을 통해 자신의 심적 상태를 탐지하고 그럼으로써 심적 상태를 의식적이게 만드는 능력에 뿌리를 두고 있다는 견해에 동의하지 않는다(Finkelstein 2003: 2, 9). 오히려, 의식적 상태 바로 그것에 대한 사후적 자기귀속을 일부 정당화해주는 것은 그 의식적 상태 그 자체이지 의식적 상태에 대한 내부적 관찰이 아니다. 간단히 말해, 현상적으로 의식적인 상태들은 이미 주관에 대해 있는 것이나 다름없다는 사실이, 바로 이 상태들로 하여금 바로 이 상태들이 존재한다고 하는 어떤 고차 믿음을 정당화해주는 역할을 하는 것이다.

고차표상주의자 및 자기표상주의자의 제안과 달리 현상학의 주장은, 경험은 우리가 지속적으로 지각하거나 표상하는 사물이므로 경험과 그 1인칭적 주어짐(주관적 현존) 사이의 관계는 작용-대상 구조의 측면에서 산출될 수 있다는 게 아니다. 현상학의 요점은 오히려 경험적 과정이 내재적으로 자기현시적이라는 데 있다. 이는, 대상에 대한 지각이 존재하고 여기에 더해 이 지각에 대한 알아차림이 있다고 하기보다, 우리는 의식적으로 보고 듣고 느낀다고 말하는 편이 더 나을 수 있는 이유이기도 하다(Thomasson 2000: 203). 부사적 표현의 이점은 이것이 이차적 알아차림을, 거리의 소음이나 내 구두 밑창이 부딪히는 소리에 대한 나의 주변적 알아차림에 비견되고 또 이와 동등한, 대상의식의 한 형태로 해석하는 걸 방지한다는 데 있다. 이차적 알아차림을 대상의식의 한 형태로 해석하려는 유혹은 의식적 상태들을 자신이 의식하고 있는 바의 상태들이라고 계속 이야기하는 한 유효할 것이다.

일부는 설사 비대상화적이고 비추론적인 자기의식 같은 게 가능하다고 쳐도 너무나도 약하고 희미해서 1인칭 앎의 특성을 변별해주거나 이 고유성을 설명할 수 없다는 이유로 이에 반대한다(Caston 2006: 4; Thomasson 2006: 6). 내게는 이러한 반론이 좀 이상하게 보인다. 나는 전반성적 자기의식 그것 자체가 1인칭 앎(또는 비판적 자기숙고)으로서 권한이 있다고 생각하지 않으므로—이는 예를 들어 사르트르가 자기의식conscience de soi과 자기앎connaissance de soi을 아주 명시적으로 구별한 이유이기도 하다—나는 이 둘 사이의 차이를 지키고자 한다. 자신의 경험에 관한 올바른 앎을 획득하려면, 실은 전반성적 자기의식 이상의 것이 필요하다. 반성은 겪어진 경험을 변경 없이 단순히 재생하는 게 아니다. 오히려 반성되는 경험은 반성 과정에서, 작용하는 반성의 유형에 따라 다양한 정도와 다양한 방식으로 변형된다. 바로 이러한 변형 때문에 반성은 인지적으로 가치 있게 된다. 그러나 전반성적 자기의식이 1인칭 앎에 충분치 않다는 사실 때문에 후자가 획득되려면 전자는 그러므로 또한 불필요하다고 결론 내릴 수는 분명 없다. 전반성적 자기의식은 어떤 사후적 자기귀속, 반성적 전유, 주제적 자기동일성의 경험적 토대를 가능하게 하고 또 그만큼 인식론적 권한을 부여한다. 달리 표현하면, 경험적 삶의 1인칭적 특성을 부인하거나 무시하면서 1인칭 앎을 설명하는 건 애당초 가능하지 않을 것이다. 우리는 내가 어떻게 어떤 경험을 나의 경험으로 전유할 수 있는지를 해명해야 한다. 경험이 본래 겪어질 때 완전히 익명적이고 비인격적이었더라면, 즉 그 경험이 1인칭적 주어짐을 전적으로 결여했다면, 이러한 전유는 상당히 불가해할 것이다. 이 점은 우리의 반성적 응시 또는 감찰적 태도가 어떻게 그 같은 효과를 낸다는 것인지, 다시 말해 어떻게 그같이 비추는 일을 가능하게 한다는 것인지를 냉장고 반론으로는 전혀 설명할 수 없다고 분명히 대응하는 이유이기도 하다.

내가 든 주요 선택지 일부를 개괄하면서 앞서 한 분석을 요약하려 한다. (1) 우리는 현상적 의식이 자기의식을 수반한다는 걸 부인하며 투명성 테제의 급진적 버전을 지지할 수 있다. 그래서 현상성은 순전히 그리고 배타적으로 세계현전적이라고 주장할 수 있다. 다시 말해, 로또 쿠폰을 의식적으로 면밀히 검토하거나 초상화에 의식적으로 감탄할 때, 우리는 사실상 자기맹이자 마음맹이다. 만약 우리가 (1)을 부인하고서 현상적 의식이 정말 자기의식을 수반한다는 주장을 받아들인다면, 우리에게는 다양한 선택의 여지가 있다(도표 1 참조). 우리는 (2) 고차표상주의의 한 형태를 채택하면서 현상성과 그것이 무엇과 같음이 동반되는 고차 표상에 의해 구성된다고 주장할 수 있다. 아니면 이 주장을 부인하고서 대신, (3) 현상적 의식의 구성적 특징인 자기의식은 일차적 경험의 내재적 특징으로 이해되어야 한다고 주장할 수 있다. 세 번째 주장을 받아

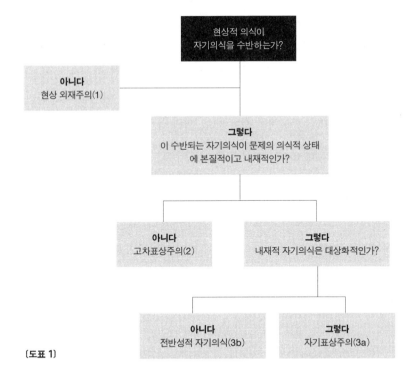

[도표 1]

들인다면, (3a) 타동성 원리를 지지하면서 경험적 일화는 그 자체로 이차적인 주변적 대상으로 주어진다고 주장하거나, 아니면 (3b) 경험적 일화는 그 자체로 비대상화적 방식을 통해 전반성적으로 현출한다고 주장할 수 있다.

그런데 넘어가기 전에 검토하고 다루어야 할 익명성 반론의 버전 하나가 남아 있다. 이 반론에 따르면, 자기와 의식은 함께 가지만 이들의 관계는 본질적이고 필연적일 수 없다. 왜냐하면 병리학이 이와 관련된 예외, 다시 말해 경험이 나의 것임과 나에 대한 것임 모두를 결여한다는 점에 익명적인 사례를 제시하기 때문이다.

예를 들어 정신분열증적 사고 주입의 사례를 검토해보자. 이는 환자들이 어떤 행위체 감각이나 소유권 감각도 가지지 않는, 내성적으로 이간된 의식적 사고 상황에서 직면한다고들 하는 사례다. 적어도 이것은 메칭거가 병리학을 해석하는 방식이다. 그는 이러한 사례를 들어 나의 것임의 현상적 성질이 경험의 필수 구성 요소가 아님을 입증한다 (Metzinger 2003: 334, 382, 445-446). 이와 유사한, 내성적 접근과 소유권 느낌 간의 해리가 대사저하증을 앓고 있으면서 모든 것을 정상적으로 볼 수 있었음에도 스스로가 지각 주체임을 즉각 인식하지 못했던 환자에게서 최근 보고되었다. 지각 주체가 지각자였던 그 자신이었음을 알아차리려면 그는 사후적 추론 단계를 밟아야 했다. 티머시 레인은 이 추론적 단계에 선행하는 그 환자의 경험이 나의 것임의 모든 성질을 결여했다고 주장했는데, 이러한 이유로 환자의 경험이 현상학적으로 말해 그 누구의 것도 아니라고 했다. 보다 일반적으로, 레인은 다음처럼 주장한다.

유기체의 심적 상태는 의식적 상태일 수 있다. 설사 그 심적 상태가 자기에게 속한다고 여겨지지 않더라도 말이다. 현상적 의식은 자기알아차림을 수반하지 않는다. 현상적 의식에는 **나적**meish 성질이 새겨져 있지 않다. 그리고 나에 대한 것임은 현상적 의식의 구성에 결정적 역할을 하지 않는다. 겉으로 보이는 것과는 달리, 어떤 심적 상태가 있다고 알아차리는 것은 그 상태를 어떤 주어진 주관에게 귀인하는 것과 조건적으로 관련되어 있을 뿐 그 이상은 절대 아니다. 그렇게 보이지 않는다는 게 문제일 뿐인데, 왜냐하면 모든 통상적인 상황에서는 자기와 의식이 서로 밀접하게 얽혀 있기 때문이다(Lane 2012: 281).

이러한 결론이 타당한가? 나는 아니라고 본다. 문제의 일부는 앞서 언급한 많은 비판자가 그렇듯 레인이 자기알아차림 개념과 나에 대한 것임 개념을 자신이 비판하고 있는 입장을 선호하는 저자들의 의도보다 더욱 강고한 의미로 이해한다는 데 있다.

잠시 정신분열증적 사고 주입 사례로 돌아가보자. 존 캠벨은 한때 이 주제를 다룬 유력한 논문에서 다음처럼 발언했다.

주관의 마음에 주입된 사고는 사실 어떤 의미에서는 주관의 것인데, 단지 이 사고가 성공적으로 주관의 마음에 주입되었기 때문이다. 이 사고는 주관과 어느 정도 특별한 관계를 맺는다. 예를 들어, 주관은 이 사고에 대해 어느 정도 특별히 직접적인 앎을 가진다. 다른 한편에서 환자가 주장하기로, 어떤 의미에서 이 사고가 자신의 것이 아니고, 어떤 의미에서 이 사고는 다른 누군가의 것이며, 다른 누군가가 이 사고를 일으켜 이를 주관에게 전했다는 의미에서뿐만 아니라(후략)(Campbell 1999: 610).

캠벨 논문의 전철을 밟으며 사고 주입 논의에 참여한 사람들은 여러 면에서 의견 충돌이 있긴 해도 두 가지 형태의 소유권이 서로 구별된다는 점은 널리 수용했다. 즉 내가 겪고 있는 경험이 어떤 누구와도 다르게 내게 주어진다는 사실과 연관된 소유권 그리고 사고의 사고자가 자신을 행위자나 사고의 작자author로 인식하는지의 여부 문제와 관련된 소유권의 구분이다. 후자 형태의 소유권(또는 작자권)에 관한 한 사고가 자신의 것으로 인정되지 않을 수 있지만, 대부분은 첫 번째 종류의 소유권은 주입된 사고의 경우에 있어 상실되지 않는다고 주장할 것이다. 사고 주입이나 조종망상을 경험하는 주관이 특정 사고가 자신의 사고가 아니라고, 즉 다른 누군가가 이 사고를 만들어내고 있다고 보고할 때, 이는 또한 그 주관이 저 너머 다른 누군가의 머리에서가 아니라 그 자신의 의식의 흐름, 즉 자신이 소유권을 주장하는 의식의 흐름에서 나타나고 있다고 지적하는 것이다. 설사 주입된 사고나 외래적 움직임이 침입적이거나 이상하게 느껴지더라도 이 움직임은 소유권을 전적으로는 결여할 수 없는데, 왜냐하면 그 고통받는 주관은 이 외래적 사고와 움직임을 경험하고 있는 자가 다른 누군가도 아닌 그 자신임을 알아차리기 때문이다(Zahavi 1999). 갤러거가 언급하다시피, "이런 이유로 정신분열증 환자는 응당 터무니없게 여겨질 질문에 긍정적인 답을 내놓아야 한다. 당신이 이 사고를 경험하고 있는 자임을 확신합니까? 이 점이 정확히 환자의 고충이다. 환자는 타자가 만들어낸 것 같은 사고를 경험하고 있다"(Gallagher 2000: 231). 간단히 말해, 어느 정도의 소유권 감각이 여전히 보유되는데, 이 점이 환자가 겪는 고충의 근거다. 사고 주입 때문에 고통받는 환자의 경험이 1인칭적 특성을 전적으로 결여하는 것은 아니라는, 또 이러한 현상이 나의 것임이나 나에 대한 것임의 완전한 소실을 수반하지 않는다는 주장은, 어쨌든, 정신분열증이 사실상 취약하고 불안정한 1인칭 관점을 수반한다는 사실을 임상의가 인정할 필요가 있음을 부인하지 않는다. 그러나 사고 주입이 나에 대한 것임이 없는 마음 상태를 예증한다는 주장과, 보유되는 나에 대한 것임이 빈약하다는 주장 간의 차이는 중요하다(Parnas and Sass 2011: 532를 보라). 어떤 의미에서 빈약하다는 것인가? 환자가 더 이상 나에 대한 것임을 그저 당연시하지 않는다는 의미에서다. 환자는 자신이 가진 정상적인 명백함, 친숙함, 의심의 여지 없음의 일부를 잃었기에, 노력하지 않고는 반성적 자기귀속으로 이어지지 않거나 이것이 가능하지 않다(Sass and Parnas 2003: 430). 달리 말하면, 우리는 사실상 일종의 자기소외나 소외된 자기의식을 대하고 있는 것인데, 이 표현들이 또한 분명하게 하듯, 그래도 자기와 자기의식의 일부 차원은 여전히 온전하게 남는다.

그런데, 레인은 병리학적 사례들에서도 1인칭 관점이 보유되고 있다는 아주 사소한 감각이 존재한다는 점은 인정하지만, 이는 나의 것임의 문제와는 아무런 관계가 없다고 본다. 레인은 약한 1인칭 관점이 단지 실재의 시각-공간적 현전이 보이는 '순수 기하학적 특징'에 해당한다고 보는 블랑케와 메칭거의 정의를 언급한다. 대상을 지각할 때, 우리는 대상을 오른쪽이나 왼쪽, 더 멀리나 더 가까이에 있는 것으로 본다. 이 설명에서 보면, 약한 1인칭 관점은 단지 '보는 작용을 하는' 유기체의 신체화된 관점의 기하학적 기원 역할을 하는 투사의 영점이다(Blanke and Metzinger 2009). 나는 약한 1인칭 관점 개념이 주관성과 나의 것임, 나에 대한 것임과 아무 관련이 없다는 점에 동의한다. 사실 나는 '1인칭 관점'이라는 용어를 이 특징들을 나타내는 데에는 결코 쓰지 말아야 한다고 보는데, 왜냐하면 이는 틀림없이 비디오카메라가 수신한 입력 정보를 규정하는 특징이기도 하기 때문이다. 하지만 비디오카메라가 이러한 관점적 표상을 경험하는 일 (또는 로봇이 사례를 어느 정도 갱신하는 일) 같은 건 물론 없다. 병리학적 사례들에서까지 보유되는 경험의 관점성과는 전적으로 다른 것이다. 병리학적 경험은 의식적이라, 그런 만큼 암묵적인 전반성적, 자동사적 자기의식을 모두 수반한다. 이 때문에 경험은, 원리상 복수의 주관이 동일한 방식으로 접근 가능한 공적 대상과 경험을 서로 전혀 다르게 만드는 그것이 무엇과 같음 그리고 주관의 현존을 계속해서 그 특징들로 한다. 간단히 말해, 환자가 경험에서 얼마나 소외감이나 거리감을 느끼는지 정도와는 무관하게 이 경험은 공적 영역에서는 온전히 스스로를 드러내지 않는다. 경험은 원리상 타자가 획득할 수 없는 방식을 통해 환자에게 현상적으로 계속해서 현전하는 것이다. 이 점이 경험의 1인칭적 특성이자, 검토 중인 병리학적 경험조차 그 나의 것임과 나에 대한 것임을 보유하는 이유다.

레인은 개최 작용hosting과 소유 작용owning을 구별해야 한다고 제시한다(Lane 2012: 260). 경험은 어떤 주관에 의해 개최될 수 있으므로, 그 주관은 경험이 주관 자신의 소유로 겪어지지 않는 채 경험을 직접 의식하는 유일한 자일 수 있다. 바꾸어 말하면 어떤 경험은, 이 경험이 전반성적으로조차 나의 것으로 주어지지 않을 수는 있지만 그럼에도 다른 누군가가 아닌 나에 의해 겪어진다는 의미에서는, 나에 대한 것일 수 있다. 하지만 이 구별이 가진 문제점은, 내가 쓰고 있는 나의 것임 개념보다 더욱 강고한 나의 것임 개념을 운용해야만 말이 된다는 데 있다. 경험의 나의 것임이 단순히 1인칭적 주어짐과 관점적 소유권을 지칭하는 것이라고 하면, 이 구별은 유효하지 않다.

그렇지만 이 점이 내가 검토한바 다양한 반론에서 배울 점이 없다는 말은 아니다. 배워야 할 한 가지 교훈은 경험의 나의 것임과 나에 대한 것임에 대해 말할 때는 아주 신중해야 한다는 점이다. 우리는 형이상학적이기만 한 주장과 현상학적이기도 한 주장을 구별할 필요가 있다는 걸 이미 봤다. 협의의 해석에서 보면, 경험의 나에 대한 것임은 단순히 경험이 누군가('어떤 나')에게 일어난다는 사실에 해당한다. 이렇게 본다면 나에 대한 것임은 심적 삶의 비경험적 측면이다. 이와 달리, 광의의 해석은 나에 대한 것임을 주관 전반의 현상학에 영향을 미치는 심적 삶의 경험적 특징으로 이해하는 것이다. 이렇게 본다면, 경험이 나에 대해 있다는 말은 바로 경험이 나에게 있다는 말 그 이상이다. 이는 단지 형이상학적인 사실이 아니라 현상학적 사실을 진술하는 것이다. 그런데, 나는 이에 덧붙여 두 가지 상이한 현상학적 주장을 구별할 필요가 있다고 생각한다. 바로 최소주의적인 것과 보다 강고한 것이다. 최소주의적 방식의 이해에 따르면, 경험의 나에 대한 것임과 나의 것임은 경험의 주관성과 경험은 전반성적으로 자기의식적이라는 사실 그리고 그렇기에 명백하게 주관적인 방식, 즉 어떤 다른 이도 사용할 수 없는 방식으로 현전한다는 사실을 단순히 가리키는 것이다. 나는 이 특징이 내가 논의한 모든 사례에서 유지된다고 믿는다. 좀더 강고한 방식의 이해에 따르면, 경험의 나에 대한 것임과 나의 것임은 보증의 감각과 자기친숙성의 감각, 즉 윌리엄 제임스의 주장으로 우리 자신의 현재 생각을 특징짓는 '따뜻함과 친밀함'의 성질을 지칭하는 것이다(James 1890: 239). 이것이 나에 대한 것임과 나의 것임이 의미하는 바라면, 나는 이것이 방해받을 수 있고 어쩌면 완전히 부재할 수조차 있다고 생각한다.

4장

주관성
또는 자기성

만일 무심성mindlessness이라는 발상을 받아들인다면 어떨까? 만일 우리가 자기의식 같은 것을 이따금 또는 심지어는 대체로 결여하고 있다는 걸 받아들인다면 어떨까? 그것이 최소한의 경험적 자기의 존재와 관련된 주장을 필연적으로 무효화할 수 있을까? 꼭 그렇지는 않다. 결국, 그 관련된 주장은 경험적 자기가 경험적 삶의 주관성 및 1인칭적 특성과 동일시될 수 있다는 것이다. 우리의 심적 삶이 (이따금 또는 대체로) 이러한 1인칭적 특성을 결여한다는 주장이 그 자체로 이 동일시를 문제 삼는 건 아니다. 이는 동일시의 적용 가능성과 빈도를 제한할 뿐이다. 경험적 자기개념을 거부하려 한다면, 어떤 다른 논증 방식이 사용되어야 한다. 혹자는 기본적인 경험의 주관성 같은 것이 존재한다는 걸 인정하면서도, 주관성과 자기성 사이의 차이는 유지할 필요가 있다고 강변할지도 모른다. 자기성은 주관성으로 환원될 수 없다. 이 견해에는 많은 지지자가 있다. 이 부정적인 논제에 관해서는 이견이 없지만, 긍정적 견해에 관해서는 크게 상이한 두 진영으로 나눌 수 있다. 한쪽에는 결국 자기는 망상에 지나지 않는다고 주장하는 이들이 있고, 다른 쪽에는 자기의 실재성을 지지하지만 자기성의 진정한 핵심은 어딘가에, 즉 규범성이라는 공간 내에 위치해 있어야 한다고 주장하는 이들이 있다. 각각의 견해를 차례로 논의할 텐데, 우선 무아no-self 도전부터 시작해보자.

1. 망상적 자기

알바하리는 자신의 책 『분석 불교: 두 단계의 자기 환상』에서 자기는 망상이라고 주장한다. 그녀는 어떤 자기성 개념을 부정하려는 것인가? 그녀는 애초에 다음처럼 정의한다. 자기는 어떤 통일된, 행복을 추구하는, 간단없이 지속하는 경험의 소유자로서 존재론적으로 별개의 의식적 주체이자 생각의 주체 그리고 행위의 행위자로 이해되어야 한다. 알바하리 제안의 흥미로운 측면은, 많은 무아 교설 지지자는 의식이 통일성과 간단없음 그리고 불변성을 그 특징으로 한다는 점을 부인하며 이 특징들에 대한 부인을 통해 자기의 실재성 부인에 도달한 반면, 알바하리는 이 셋 모두를 의식의 진정한 특징으로 여기는데 그럼에도 자기는 망상에 불과한 것으로 간주한다는 점이다(Albahari 2006: 3).

그녀가 왜 이것을 사실로 생각하는지 보다 분명히 하기 위해, 그녀가 도입하는 상이한 형태의 소유권들, 즉 소유적 소유권possessive ownership, 관점적 소유권perspectival ownership, 인격적 소유권personal ownership 사이의 구별을 좀더 자세히 살펴보자. 우리는 이 맥락에서 흥미가 덜한 소유적 소유권은 무시할 수 있는데, 왜냐하면 이것은 특정 대상(차, 바지 한 벌)

이 사회적 관습 권리에 따라 나의 것으로 간주될 수 있다는 사실을 함의할 뿐이기 때문이다. 그러면 인격적 소유권과 관점적 소유권 간의 차이는 무엇인가? 인격적 소유권은 자신을 경험, 생각, 행위의 인격적 소유자로서 동일시하는 문제다. 이것은 특정 경험, 생각, 행위 등을 자신의 소유로서 전유하는 문제, 다시 말해 이것들을 나의 것으로 생각하든 나의 일부로 파악하든 하는 문제다.(그리고 이는 전반성적으로나 반성적으로 일어날 수 있는 일이다.) 이와 달리, 어떤 주관이 관점적 의미에서 무언가를 소유한다 함은 문제의 경험, 생각, 행위 그 자체가 고유한 방식으로 경험, 생각, 행위를 소유하는 그 주관에게 현전한다는 것이다. 그러므로 내가 나의 생각이나 지각을 관점적으로 소유한다고 할 수 있는 이유는 그 생각이나 지각이 나 아닌 다른 누군가에게 나타나는 것과는 다른 방식으로 나에게 나타나는 데 있다(Albahari 2006: 53-54).

알바하리는 인격적 소유권 감각을 가지는 일과 자기 감각을 가지는 일이 밀접하게 연결되어 있다고 주장한다. 주관이 특정 항목들을 주관 그 자신의 있음 또는 주관 그 자신 일부의 있음과 동일시할 때, 그 주관은 해당 항목에 대해 인격적 소유권 감각을 품을 것이다. 그런데 바로 이 동일시 과정이 자기와 타자를 구별하는 감각을 만들어낸다. 이 과정이 자기에게 속하는 것과 그렇지 않은 것 사이를 가르는 경계감을 구성한다. 그럼으로써 자기는 통일되고 존재론적으로 별개의 개체—다른 사물과 분명히 다른 개체—로 발탁된다(Albahari 2006: 73, 90). 한낱 관점으로 이해되던 주관은 이렇게 해서 인격화된 실체적 개체로 둔갑한다(Albahari 2006: 94). 알바하리에 따르면, 결과적으로 관점의 있음보다, 즉 관적점 소유권을 가지는 데보다 자기의 있음에는 그 이상이 있다.

관점적 소유권과 인격적 소유권 간의 차이를 도출하는 방법 중 하나는 이 둘의 해리 가능성을 지적하는 것이다. 병리학이 몇 가지 예를 제시한다. 우리는 이인증depersonalization 사례에서, 관점적으로만 소유되는 생각과 느낌 등이 있는 경우를 발견할 수 있다. 다시 말해, 고유한 방식으로 계속 주관에게 현전하긴 해도 이 주관이 이 생각들과 느낌들을 자신의 소유로 느끼지 않는 경우 말이다(Albahari 2006: 55). 따라서 알바하리의 해석에 따르면, 이 동일시 과정은 이인증 때문에 실패한 것이며, 결국 해당 경험과 관련해서 어떤 인격적 소유권 감각도 발생되지 않는 것이다(Albahari 2006: 61).

이제 자기에 관한 알바하리의 회의주의를 검토해보자. 자기가 실재성을 결여한다는 게 무엇을 의미하는가? 자기가 망상에 불과하다는 게 무엇을 의미하는가? 알바하리의 설명으로 망상은 현상과 실재 사이의 갈등을 수반한다. 즉 x가 현상과는 별개의 어떤 실재성을 갖지 않는데도 불구하고 이러한 실재성을 가진다고 칭한다면 x는 망상에 불과하다. 다시 말해, x가 실제로는 그렇지 않은데 그 현상을 관통하는 어떤 특수한 방식으로 존재한다고 칭한다면 우리는 망상을 대하고 있는 것이다(Albahari 2006: 122). 하나의 명백한 질문은, 이러한 정의가 자기에 적용되더라도 정말 그처럼 말이 될지의 여부다. 정말 자기는 그 자신의 현상 외부에 존재한다고 일컬어지는가? 이렇게 보면 알바하리는 망상 개념을 약간 재정의해야 한다. 자기는 그녀가 비구축적인 것이라 부르는 것에 해당한다고 일컬어진다면, 다시 말해 스스로가 그 주체이자 스스로가 향해 있는 경험에 독립적인 것이라고 일컬어진다면, 또 만약에 (다양한 경험적 일화를 비롯해) 관점적으로 소유 가능한 대상에, 설사 조금이라도, 자기가 실제로 의존한다고 드러나기라도 한다면, 자기는 망상적 존재로 간주되어야 한다(Albahari 2006: 130).

알바하리는 또한 자기와 자기 감각을 구별할 필요가 있음을 강조한다. x에 대한 감각을 가진다고 해서 x가 존재하는 건 아니다. 사실 알바하리는 자기 감각은 존재하고 또 사실이라고 여기는 반면, 자기 그 자체는 망상에 지나지 않는다고 본다(Albahari 2006: 17). 예상과 달리, 우리의 자기 감각은 실제로 존재하는 존재론적으로 독립적인 자기 개체에 기저를 두는 게 아니다. 오히려, 정말 존재한다고 할 수 있는 것들은 알바하리가 관찰의식witness-consciousness이라 부르는 포착이 일어나는 순수한 소재일 뿐만 아니라 생각, 정서, 지각 등으로 이루어진 복합체다. 자기 감각을 발생시키는 것은 포착의 소재와 상응하는 경험의 흐름이다. 만약 그렇다면, 자기는 자기성의 본질적 속성, 즉 존재론적 독립성을 결여할 것이다(Albahari 2006: 72). 간단히 말해, 자기라는 망상적 위상은 자기가 가진다고 일컬어지는 존재론적 위상을 가지지 않는다는 사실에 기인한다. 생각은 독립적으로 존재하는 통일된 자기에 의해 소유되고 개시되는 듯 보이지만, 경험에 선행하는 게 아니라 즉 생각을 사고하는 게 아니라, 실상은 그 반대다. 우리의 생각과 경험을 통일하는 것은 자기가 아니며, 생각과 경험 그 자체가 동반하는 관찰의식의 도움으로 가능하다(Albahari 2006: 130-132). 반복해 말하면, 흡사 다양한 지향적 상태와 동일시되는 선재하는 자기가 있는 것처럼, 자기가 주체처럼 보일지라도, 문제의 실상은 이 반복되는 동일시 작용을 통해 만들어지고 구축된다는 데 있다(Albahari 2006: 58).

앞서 언급했듯이, 알바하리 제안의 흥미로운 부분은 그녀가 전통적으로 자기에게 귀속시키는 여러 특징을 실재한다고 여긴다는 사실이다. 즉 그녀가 보기에, 이 특징들이 자기의 특징들로 취해진다면 왜곡되고 망상에 불과하게 되는 것은 당연하다(Albahari 2006: 74). 예를 들어 알바하리는 우리의 의식적 삶이 내재적이지만 불가지의 주관적 현존 감각을 그 특징으로 한다고 여기는데, 이는 알아차림의 모든 양상에 공통되는 감각, 다시 말해 봄, 들음, 생각함, 느낌, 내성함 등에 공통되는 감각이다(Albahari 2006: 112, 144, 156). 이 주관적 현존은 무엇에 해당하는가? 이것은 다양한 경험의 관점적 소유자가 되는 경험을 포괄한다. 또한 이것은 통시적 통일성과 공시적 통일성을 포괄한다. 우리가 다양한 대상을 경험할지라도, 우리가 경험하는 그 대상이 순간순간 변할지라도, 그럼에도 그 자신은 변하지 않으면서 변화를 관찰하는 간단없는 의식이 존재하는 듯 보인다(Albahari 2006: 155). 사실 1인칭 관점에서는 내가 다양한 경험을 가진다고 말하는 게 타당하긴 해도, 우리는 이 다양한 경험이 하나의 동일한 의식에 속한다고 자동적으로 느낀다. 알바하리는 이 모든 특징이 빠짐없이 관찰의식에 속한다고 보며, 우리가 관찰의식과 자기를 구별해야 한다고 단호히 주장한다. 그녀가 정의하기로, 자기는 자기와 자기 아닌 것을 구별 짓는 경계감을 수반하는 반면, 관찰의식은 그렇지 않다.

요점을 되풀이해보자. 알바하리는 나와 나머지 세계를 구별하는 인격화된 경계를 가지는, 존재론적으로 고유한 주체가 스스로를 현전하지 않고도 의식적일 수 있다고 본다. 나는 스스로를 인격적 소유자, 생각의 사고자, 행위의 행위자로 알아차리지 않고도 의식적일 수 있다. 떠오르는 사례는 다시 병리학의 예다. 알바하리는 간질 자동증의 실제 사례와 전반적 이인증의 가상 사례 모두를 검토하라고 요청한다. 두 사례에서 개인이나 환자는 주변 환경을 알아채고 반응할 수 있으므로, 알아차림이 현전한 것일 수 있다. 그러나 경계 지어진 개체적 자기 감각은 없을 것이며, 인격적 소유권은 완벽히 결여할 것이며, 나 또는 나의 것이라는 감각은 없을 것이다(Albahari 2006: 171, 177). 알바하리는 이러한 마음 상태가 병리 현상에서뿐만 아니라, 신생아와 원시 유기체에게서도 일어날 수 있다고 제시한다. 그런 다음 자신의 책 결론에서 지적하다시피, 물론 이는 그녀의 불교 지향이 자명해지는 부분으로, 만약 깨달음을 얻는다면 '자기망상이 더해진 의식'에서 '자기망상이 없어진 의식'으로 옮아갈 수 있으며, 엄밀히 말해 전반적 이인증(이 이인증은 어쨌든 고도로 발전된 인지적 역량과 상관적이다)과 동일시할 수는 없긴 해도, 후자의 조건은 그럼에도 전반적 이인증에 비견될지도 모른다(Albahari 2006: 161, 207).

자기 지지자와 무아 설명 간의 논쟁은, 무아 교설이 무엇을 담고 있는지에 대한 의견이 분분한 것과 마찬가지로, 자기가 정확히 무엇에 해당하는지에 관한 합의가 거의 없다는 사실 때문에 복잡해진다. 살펴봤듯이 『분석 불교』에 담긴 알바하리의 설명은 이 상황을 보여주는 깔끔한 사례다. 방금 봤다시피, 알바하리는 자기의 실재성을 부인하며 자기는 망상에 불과하다고 주장한다. 그녀는 분명 무아 교설의 옹호자로 간주되어야 한다. 하지만 동시에, 그녀는 불변성과 비구축성, 존재론적 독립성을 비롯한 수많은 특징을 소위 관찰의식에 귀속시키는데, 이는 전통적 자기개념의 지지자가 자기성의 본질적이고 정의적 특징이라 여길 수 있는 것들이다. 사실 나는 전통적인 '경험의 주체' 개념을 '경험의 주관성' 개념으로 바꾸는 편이 낫다고 생각하지만 (첫 번째 표현이 자기는 경험과 별개로 또는 경험을 초월해 존재하고, 그런 이유로 경험과 분리되더라도 직면할 수 있거나 심지어 경험이 이따금 결여할 수 있는 어떤 것임을 시사할 수도 있는 반면, 두 번째 표현은 이러한 오해 가능성을 낮춰준다) 알바하리는 전자 개념을 유지하고자 하는데, 왜냐하면 주체는 경험과 존재론적으로 전혀 다르다고 생각하기 때문이다. 따라서 어떤 이들은 알바하리가 무아 교설에 공개적인 충성을 보였다 해도 실상은 나를 비롯한 현대의 수많은 자기 옹호자보다도 강고한 자기성 개념의 편에 서 있다고 주장할지도 모른다.[1] 그러나 물론 반대로 생각할 수도 있다. 나는 자기의 실재성을 옹호하지만, 알바하리에 따르면, 그녀는 내가 운용하는 자기성 개념이 너무 협소하고 궁극적으로는 사실상 많은 수정을 거쳤기에, 나의 입장이 결국은 내가 비판하고 있는 무아론자의 입장과 아주 유사하다고 주장했다(Albahari 2009: 80). 나는 처음 이 비판을 마주하고는 다소 당황했지만, 이후에 어떤 의미에서는 분명 알바하리가 옳다는 걸 깨닫게 되었다. 결국 무아 교설이 무엇에 해당하는지로 수렴된다. 그리고 조나든 가네리가 지적했듯, (어쨌든 무아를 단수형으로 말할 수 있다면) 무아 교설의 목적이 잘못된 자기이해—고통을 영속시키는—를 간별해 거부하기 위함인지 아니면, 오히려 자기개념 모두를 거부하고 타파하기 위함인지 하는 물음에 간단히 대답하기는 어렵다(Ganeri 2007: 185-186).[2]

조지 드레이퍼스는 알바하리의 확신 어린 여러 주장에 동의하진 않는데, 예를 들어 그는 무아 견해가 자기 개체의 부인을 담고 있지만 주관성의 부인을 담고 있다고 읽혀서는 안 된다고 명시적으로 주장했다. 그가 보기에 영속하는 경험 주체, 즉 내적 통제자나 뇌 속 난쟁이는 존재하지 않는다. 오히려 우리가 발견한 바는 항시 변화하는 의식의 흐름이다. 그런데 이 흐름은 자기알아차림의 과정으로 이해되어야 한다. 따라서 드레이퍼스는 의식이 편재하는 재귀성, 즉 경험적 삶의 본질적인 부분인 기본적 자기현전 작용을 특징으로 한다고 이해되어야지, 부가적이거나 분리된 인지 작용으로 이해되어서는 안 된다고 주장한다. 그러나 드레이퍼스는 암암리에 주관성의 실재성을 수용할 준비가 되어 있음을 내비치면서도, 왜곡은 우리가 이 주관성을 경계 지어진, 통일된 자기로 해석하는 순간 일어난다고 주장한다(Dreyfus 2011: 123). 간단히 말해, 각각이 재귀적으로 자기를 알아차리는, 부인할 수 없는 경험의 일시적 흐름의 현존은 영속하는 자기 개체의 존재를 수반하지 않는다. 오히려 드레이퍼스가 보기에 후자는 망상의 물화다(Dreyfus 2011: 131).

드레이퍼스와 알바하리는 아주 확신에 차 자기가 무엇인지를 낱낱이 설명하면서 한목소리로 자기를 정의한 뒤, 자기의 존재를 부인하는 데로 나아간다. 하지만 이들이 내리는 정의는 지나치게 단순하다. 회의주의자들은 대개 무아 선택지가 여러 가지 다양한 풍미와 강도로 나타난다는 점을 인정할 준비가 되어 있지만(Metzinger 2011: 293), 이들은 비무아 대안의 경우도 마찬가지란 점을 깨닫지 못한다. 알바하리와 드레이퍼스가 쓰는 자기개념과 유사한 개념을 일부가 옹호해왔다는 사실은 이제 의심의 여지가 없지만, 나는 이 개념이 기본 개념이라는, 다시 말해 이 개념이 특히 고전적인 자기개념이거나 특히 상식적인 것, 다시 말해 통속심리학에 속하는 자기개념이라고 말하는 이 둘의 주장을 논박할 것이다. 자기가 만약 존재한다면 이것은 변화하는 경험의 흐름과 별개이고 이를 초월하는, 일종의 존재론적으로 독립적인 불변의 동일성 원리라는 주장을 다시 한 번 검토해보자. 태어나서 죽을 때까지 변하지 않은 채로 남는 어떤 것, 언어 습득, 사회적 관계, 삶의 중요한 사건, 개인적 의무, 계획, 가치에 전혀 영향을 받지 않은 채로 남는 어떤 것, 발전하거나 성장할 수도, 방해받거나 부서질 수도 없는 어떤 것이라는 주장 말이다. 솔직히 말해, 나는 이러한 개념이 우리가 누구인지에 대한 철학 이전의 일상적 이해와 그렇게 잘 들어맞는다고 보지 않는다. 이 정의가 (어떤이 아닌) 특정한 전통적인 철학적 자기이해를 담아내고 있다는 주장에 관해 말하자면, 이 주장 역시 의문의 여지가 많다. (전적으로는 아니고) 얼마간 무작

위로 고른 예로 아리스토텔레스나 몽테뉴 또는 하이데거의 설명들을 바로 검토해보자(유익한 역사적 개관이 필요하면 Seigel 2005; Sorabji 2006을 보라). 하이데거는 자기를 연구하고 싶다면 자신의 지향적 경험을 들여다봐야 한다고 명시적으로 주장한다. 그의 설명에 따르면, 우리의 경험적 삶이 세계 관계적이므로, 우리가 세계에 연루되어 있다면 자기는 현존해 있다. 다시 말해 자기경험은 세계에 잠겨 있는 자기를 경험하는 일이다(Heidegger 1993: 258; 1994: 95). 따라서 그는 자기경험이 세계경험에 대조되거나 반한다고 이해되어서는 안 된다고 강변할 뿐만 아니라(자신의 시선을 내면으로 돌리기 위해 자기경험을 한다고 해서, 즉 자기경험적이 된다고 해서 세계와 맺는 경험적 상호작용이 방해받는 건 아니다), 그가 비구축성과 경계 지어져 있음이 자기의 본질적 특징, 즉 존립 가능한 자기 개념이라면 반드시 포함되어야 할 특징이라는 주장을 지지한다고 보기도 어렵다. 자기는 경험과 주변 세계에 존재론적으로 무관하다는 견해의 편에 서지 않고도 자기의 실재성을 옹호할 수 있다. 어쨌든 알바하리와 드레이퍼스가 내린 자기성 정의와 현대의 자기 논의에서 보이는 자기성 정의를 비교해보면, 후자의 논의가 더욱 복잡하고 더욱 모호할 뿐 아니라 생태학적, 경험적, 담론적, 내러티브적, 관계적, 신체화된, 사회적으로 구축된 자기개념을 비롯해 사용 중인 자기개념이 훨씬 많다는 점은 자명하다. 알바하리와 드레이퍼스는 이 복잡한 사정을 무시하기에 현대의 여러 자기개념이 이들이 비판하는 개념과 아주 상이하다는 점을 깨닫지 못한다. 이를 예증할 수 있는 분야 하나만 꼽으라면, 발달심리학 및 스턴(1985), 나이서(1988), 로샤(2001), 홉슨(2002), 레디(2008) 같은 발달심리학자의 연구를 검토해보라. 그러므로 나는 회의주의자라면 자기는 존재하지 않는다고 말하기보다는, 보다 온건한 주장에 만족해야 한다고 생각한다. 이들은 자신들의 진술을 수정하고 그 대신 특별한 종류의 자기 존재를 부인해야 한다.

하지만 알바하리와 드레이퍼스는, 여전히 논쟁의 여지가 있는 쟁점이 형이상학적이고 실체적인 쟁점이 아니라 의미와 술어상의 문제라고 진정 고집할지도 모른다. 무언가를 자기라고 부르기에 적절한 때는 언제인가? 이들은 최소주의적인 경험적 자기성 개념은 받아들이기 어려울 정도로 좁게 잡은 것이고 정말 너무 최소한이라 진정한 자기로 간주될 수 없다는 생각을 고수하여(Ganeri 2012: 154를 보라), 결과적으로는 경험의 주관성이 자기성의 한 형태와 같다거나 이에 해당한다는 점을 부인할 수도 있다. 나는 이미 2장에서 이 같은 반대를 검토하면서 나의 술어상 선호의 이유를 제시했다. 하지만 이밖에도 이들은 자기의식과 자기에 대한 의식을 구별해야 한다고 고집할지도 모른다. 의식은 자기개시적이고 자기현시적일 수 있는데, 이 사실은 의식이 의식 자체를 알아차린다는 걸 수반할 뿐이지 경험하는 자기를 알아차린다는 걸 수반하지 않는다. 놀랄 것도 없이 이는 다른 사람들이 밝힌 주장이 아니다. 이 주장은 거위치가 자아론적 (자기)의식 이론과 비자아론적 (자기)의식 이론 사이에 내린 고전적 구별과 잘 들어맞는다(Gurwitsch 1941). 자아론적 이론은 내가 장 피에르 멜빌의 영화를 관람할 때 나는 이 영화에만 지향적으로 향해 있지도 영화가 관람되고 있음만을 알아차리고 있지도 않으며 영화가 나에 의해 관람되고 있음 또한 알아차린다는 주장을 할 수 있는 반면, 비자아론적 이론은 경험의 주체를 언급하지 않은 채 단지 영화를 관람하고 있음에 대한 알아차림이 존재한다고 주장할 것이다. 가령, 리히텐베르크가 데카르트에게 한 고전적 반론에서는 이를 다음처럼 표현했다. 우리는 자신의 감각, 관념, 생각의 존재를 알 뿐이다. 경험은 그냥 일어나고 또 그게 전부다. 코기토를 말하며 나[1]의 존재를 확언한다면 이미 너무 많은 말을 하는 게 된다(Lichtenberg 2000: 190).

그럼에도 문제는 자기성이 무엇에 해당하는지에 대한 아주 협소한 정의가 이러한 사고방식을 부채질한다는 데 있다. 거위치의 구별은 그의 논문 「비자아론적 의식 개념A Non-Egological Conception of Consciousness」에서 찾아볼 수 있는데(여담이지만 이것은 사르트르에 대해 영어로 발표된 첫 번째 논문이다), 여기서 그는 사르트르의 『자아의 초월성La Transcendance de l'Égo』을 명쾌하게 독해한다. 그런데 사르트르 본인조차 이 구별이 너무 거칠다고 여기게 되었다. 사르트르는 자신의 1936년도 작업에서 비자아론적 의식을 비인격적인 것으로 규정했지만, 『존재와 무』 그리고 1948년에 쓴 중요한 논문 「자기의식과 자기앎Conscience de soi et connaissance de soi」에서는 이러한 견해가 틀렸다고 기술했다. 이 두 사례에 나타난 사르트르의 결정적인 전환은 자기self와 자아ego의 구별이다(Sartre 2003: 263). 전반성적 수준에는 결코 자아가 존재하지 않지만, 의식은 바로 그 편재하는 자기의식 때문에 계속해서 자기성의 기본적 차원으로 규정된다. 이는 사르트르가 "우리가 연구해야 할 바는 이 같은 자기개념인데, 이 개념이 의식의 바로 그 있음을 정의하기 때문이다"라고 쓸 수 있었던 이유다(Sartre 2003: 100). 따라서 사르트르의 생각은 사전에 형성된 자기개념에 기반해 자기의식을 정의하는 게 아니라, 올바른 자기의식 이해에서 자기개념을 도출하도록 하자는 것이었다. 전반성적 자기의식이 분리되고 구별되는 자기에 대한 의식으로 이해되어서는 안 된다는 점은 틀림없는 사실이다. 그러나 전반성적 의식은 제거할 수 없는 1인칭적인 것이다. 다시 말해 나에 대한 것임을 그 특징으로 한다. 그리고 이 점이 경험적 자기개념을 정당화하는 데 필요한 전부다.

동일한 요점을 표현하는 다른 방법은 다음 같은 전반성적 자기의식 묘사가 여전히 부정확하다고 주장하는 것이다. 의식적인 지향적 일화는 특정 대상을 의식하면서 동시에 전반성적으로 주어지거나 현시되기도 한다. 이렇게 묘사하는 게 유감스러운 한 가지 이유는 자신의 경험에 기반해 행위할 수 있는 우리의 역량을 설명하지 못한다는 데 있다. 앞에 놓인 포크를 볼 때 내가 의식할 수 있는 전부가 포크와 포크에 대한 (소유자가 없는) 지각함이라면, 나는 내가 포크를 지각하고 있는 자임을 알아차리지 못할 것이고 그 결과 내가 포크를 잡을 수 있는 위치에 있음을 깨닫는 데 실패할 것이다. 부분적으로 이런 이유 때문에 그렉 잰슨은 재귀주의적reflexivist 의식 설명을 옹호하면서 "t 시점에 어떤 주관 S가 x를 지각하고 있음을 암묵적으로 알아차려야만 S는 t 시점에 x를 의식적으로 지각한다"를 "t 시점에 어떤 주관 S가 자신이 x를 지각하고 있음을 암묵적으로 알아차려야만 S는 t 시점에 x를 의식적으로 지각한다"로 바꿔야 한다고 주장했다(Janzen 2008: 120-121). 나는 잰슨이 옳다고 생각한다. 그럼에도 문제는 이 주장에서 어떤 결론을 도출해야 하는지다. 잰슨 자신은 허구주의fictionalism를 선호한다. 그는 말한다.

의식적 생명체에게는 다양한 물질적이고 심리적인 속성이 있는데, 후자의 하나가 자기 감각이다. 그러나 우리는 자기를 가지지 않는데, 여기서 자기를 가진다는 의미는 우리가 일종의 내적인 **심리적 대상**을 소유한다는 것이다. 이른바 이 같은 개체는 내 식으로 말하면, 철학적 허구다(Janzen 2008: 131).

이는 잘못된 결론일 것이다. 의식적 경험들이 1인칭적 일화라면 이 경험들에는 자기가 없을 수 없지만, 그렇다고 이 사실이 자기는 모종의 내적 대상이라는 생각을 지지하지는 않는다고 말하는 편이 훨씬 낫다.[3]

이 시점에서, 경험적 자기개념은 사실 아주 최소한의 개념이므로 이것으로는 '자기'라는 용어가 가진 통상적인 의미 모두를 수용하거나 담아낼 수 없다는 점을 인정하기로 하자. 우선 우리가 이미 다뤘던 부분, 즉 자기는 몇 가지 이유로 경험을 가진다거나 소유한다는 주장을 검토해보자. 자기는 우리가 경험을 귀속시키는 것이고, 그 결과 경험 그 자체와 존재론적으로 구별되어야 하는 것이다. 제안된 경험적 자기개념은 이 개념과 다르지만, 내가 이미 지적하기도 했듯, 소유권을 경험적으로나 현상학적으로 해석하는 게 대안적으로 가능한데, 여기서 경험의 나의 것임이나 나에 대한 것임은 경험 그리고 이 경험과 구별되는 소유자 간의 비경험적 관계의 문제가 아니라 경험의 1인칭적 주어짐의 양상의 문제다.

다음으로 '내 팔이 부러졌어' 또는 '내가 시합에서 이겼어' 같은 1인칭 믿음을 검토해보자. 이 두 경우에서 '내'의 지시 대상이 어떻게 경험적 자기, 다시 말해 경험의 나에 대한 것임이나 1인칭적 특성일 수 있는지는 거의 이해하기 어렵다. 하지만 이 점이 정말 재귀주의적 의식 설명에 이의를 제기하는 것으로 간주되는지는 분명치 않다. 이와 비교해 현상적 의식을 구성하는 논리적으로 그리고 개체발생적으로 시원적인 종류의 자기알아차림과, 자신이 타자에 의해 어떻게 지각되는지를 스스로 평가하고 있을 때 관여하는 보다 복잡한 형태의 자기의식 사이의 관계를 검토해보자. 전자의 자기알아차림은 후자에 필수적이겠지만, 확실히 충족적이지는 않다. 마찬가지로 경험적 자기가 되는 것보다는 인간의 자기가 되는 것에 확실히 더 많은 것이 있긴 해도, 의식의 1인칭적 특성이 자기의식적 사고와 1인칭 자기참조 같은 것의 필수 전제 조건이라는 주장이 제기되었다(Zahavi 1999; Grünbaum and Zahavi 2013을 보라).

하지만 궁극적으로 나는 우리가 얇은 경험적 자기개념에 만족해야 한다고 생각하지 않는데, 이 점은 뒤에서 점차 분명해질 것이다. 이 개념은 비록 근본적이긴 해도 어느 정도 분명한 한계가 있으므로 자기의 다른 중요한 측면들을 제대로 다루는 보다 두터운 개념으로 보강되어야 한다. 구체적으로 말해, 인간의 자기성 설명은 계획을 짜고 약속을 잡으며 책임을 지는 자기, 즉 가치, 이상, 목표, 확신, 결정에 의해 규정되고 형성되는 자기를 고려하지 못하는 한 불충분한 채로 남을 것이다. 일례로 정서 투자의 문제를 검토해보자. 우리는 자신에게 중요하고, 염려하며, 무관심하지 않은 문제에 정서적으로 반응한다. 그러한 점에서, 정서는 무엇이 자신에게 중요하고 의미 있고 가치 있고 유관한지에 대한 평가를 수반한다고 주장할 수 있다. 그만큼 수치심, 죄책감, 자부심, 희망, 후회 같은 정서는 시간적으로 연장되는 자기가 있다는 감각을 구성하게끔 한다는 점을 검토해보자. 이 맥락에서 경계와 한계의 역할도 검토해보자. 당신의 한계는 당신이 준수하는 규범과 규칙을 나타낸다. 당신의 한계는 당신이 무엇을 받아들일 수 있는지와 무엇을 받아들일 수 없는지를 나타낸다. 당신의 한계는 당신의 통합성을 구성한다. 남들에게 당신의 경계를 존중하라고 요구하는 건 그들에게 당신을 한 사람으로 진중하게 받아들이라고 요구하는 일이다. 이 경계를 위해하거나 침해하는 일은 침입적이고 경우에 따라서는 굴욕적으로 느껴진다. 따라서 나는 이러한 자기의 측면들에 대해서라면 경계와 가치, 정서가 아주 중요하다고 생각하지만(이 점은 3부에서 추가로 상술할 것이다), 경계를 강조한다고 해서 일평생 동일하게 존속하는 항구적인 영혼-실체를 지지하는 일과 큰 관련이

있다고 생각하진 않는다. 뿐만 아니라 나는 왜 후자를 반대한다면 전자
역시 거부해야 하는지 그 이유를 모르겠다. 전자의 경우에, 우리는 끊임
없이 구축되어가는 문화적이고 사회적이며 언어적으로 내장화된 자기를
다루고 있다. 그렇지만 이 점이 문제의 자기가 망상에 불과하다고 선언
하고 있는 이유인가? 나로서는 왜 그런지, 선행하는 형이상학적 입장이
드러나지 않는 한 그 이유를 모르겠다.

최근 아주 많은 사람이 서양 현상학과 불교 간에 발상의 수렴점이 존
재한다는 점을 강조했다. 두 전통은 의식에 대한 훈련된 1인칭 접근법
을 육성하는 진중한 노력을 대표한다는 주장이 제기되었고(Varela and
Shear 1999) 또 일부는 불교현상학에 대해 말하기 시작하기까지 했다
(Lusthaus 2002). 나는 여기에 어느 정도 진실성이 있음을 부인하지는
않지만, 우리는 자기의 본성과 위상을 바라보는 불교적 견해를 평가할
때 이 견해가 또한 강력한 형이상학적이고 구원론적인 관심에 의해 추
동되고 동기 부여가 되며 그래서 간혹 현상학과는 완전 동떨어진 주장
과 결론으로 이어진다는 점을 간과해서는 안 된다. 한 예로, 십억의 개별
마음찰나가 눈 깜빡하는 사이에 일어난다는 아비달마적 견해를 생각해
보라(Bodhi 1993: 156).

데닛(1992)과 메칭거(2003)는 자기의 실재성을 부인하는데, 부인 이
유, 즉 자기는 허구에 불과하다고 생각하는 이유는, 이들이 보기에 실재
에 대한 진정 근본적인 설명은 자기를 필요로 하지 않기 때문이다. 합성
된 개체는 궁극적 실재가 아니라는 데 의거하는 철두철미한 부분전체론
적 환원주의mereological reductionism를 지지하는 많은 불교 형이상학자 또한
이러한 견해를 공유할 것이다(MacKenzie 2008; Siderits 2011). 나는 개
체를 필요 이상으로 복합적인 것으로 만들어서는 안 된다는 생각에 동

감하지만, 문제의 이 견해는 지나칠 정도로 엄격하다고 생각한다. 같은 이유로, (의자, 오페라, 결혼식, 시민권 같은 일상의 대상과 사건을 비롯해) 우리가 살고 있고 알고 있고 염려하는 세계도 망상에 불과하다고 선언해야 할 것이다. 이러한 견해는 우리의 생활세계를 복권시키려는 어떤 현상학적 시도와도 전혀 다를 것이다.

2. 규범성과 내러티비티

이제 비판의 다른 버전, 다시 말해 나처럼 자기에 관한 실재론을 받아들이고 불교적 비판의 엄격한 형이상학을 부인하지만 자기성의 경험적 기반보다는 규범적 기반을 강조하는 비판을 살펴보자.

『자기구성: 행위체와 동일성, 통합성 Self-Constitution: Agency, Identity, and Integrity』에서 코스가드는 합리적 존재인 인간에게는 우리 자신이 원인이 되는 독특한 형태의 동일성, 즉 규범지배적 형태의 동일성이 있다고 주장한다(Korsgaard 2009, p. xii). 중요한 것은 그녀가 인간이 아닌 동물에게도 자기의식이 있다는 사실을 부인하지 않는다는 점이다. 그녀가 기꺼이 인정하듯, 자기의식은 상이한 정도로 나타나고 여러 형태를 띤다. 사냥하려는 먹잇감 쪽에서 불어오는 바람을 맞으며 선 호랑이는 물리적 공간 안에 있는 먹잇감과 관련해 자신을 위치시키고 있는 것인데, 이는 자기의식의 미발달된 형태에 해당한다. 마찬가지로 자신보다 우위의 동물이 현장에 들어올 때 복종하는 태도를 취하는 동물은 사회적 공간 안에 자신을 위치시키고 있으므로, 이 또한 자기의식의 한 형태다. 그러나 코스가드에게 인간은 아주 특수한 방식으로 자기의식적일 수 있는

데, 이는 구별의 기준이 되는 합리성이라는 지표라고도 할 만한 방식이다. 우리는 자신이 특정 사물을 원하거나 두려워한다는 점을 알아차릴 수 있을 뿐만 아니라 이 원함이나 두려움에 기반해 특정 방식으로 행위를 하는 경향이 있다. 다시 말해, 우리는 자신의 행위의 잠재적 토대, 즉 자신의 행위가 기반하고 있는 원칙을 의식할 수 있다(Korsgaard 2009: 115). 게다가 우리는 자신의 믿음과 행위(그리고 정서적 반응)를 비판적 평가에 드러내놓을 수 있다. 코스가드는 이러한 형태의 자기의식이 있기 때문에 본능의 통제로부터 해방된다고 주장한다. 본능은 유인誘引의 원천이라는 의미에서 여전히 우리 안에서 작동한다. 그러나 본능은 더 이상 우리가 이 유인에 어떻게 반응할지, 다시 말해 본능에 직면해서 무엇을 행할지 더 이상 결정하지 못한다. 본능은 반응을 제안하지만 우리는 본능이 제안하는 방식으로 행위할 수도 그렇지 않을 수도 있다. 그 정도로 자기의식은 유인과 반응 사이에 여지, 즉 코스가드가 '반성적 거리'라고 부르는 여지를 열어둔다(Korsgaard 2009: 116). 코스가드는 이러한 반성적 자기의식이 지각과 지각의 자동적 규범력을 분리한다는 점에서, 자기분열을 수반한다고까지 이야기한다(Korsgaard 2009: 213). 사실 자신의 다양한 믿음과 욕구가 비판적인 규범적 평가를 받을 경우, 단지 문제의 상태에 직접 1인칭적으로 접근하는 걸로는 충분하지 않다. 오히려 반성할 때 우리는 현행하는 자신의 심적 활동에서 한발 물러나는데, 리처드 모런이 지적했듯이, 이러한 한발 물러나기는 거리 두기와 분리의 은유이면서 관찰과 직면의 은유이기도 하다. 반성적 거리 두기 때문에 우리는 자신의 심적 상태들과 비판적으로 관계하면서 이것들을 도마 위에 올릴 수 있다(Moran 2001: 142-143). 코스가드는 이제 이러한 분석을 자기동일성의 문제와 연결시킨다. 내가 규범적 원칙들을 지지하고 포용하며 확증할 경우, 이 원칙들을 나의 것으로 만들고 그럼으로써 어떤 사람이 될 건지를 결정하는 것은 내가 이 원칙들에 부합해서 행위할 때, 즉 규범적 원칙들이 나의 의지를 지배하게 할 때다(Korsgaard 2009: 43). 문제의 자기동일성은 결국 곧이곧대로 말하면 자기구성의 과정이다. 자기동일성은 자신의 선택과 행위에 의해 구성되는 동일성이다(Korsgaard 2009: 19). 뿐만 아니라 코스가드는 이 과정이 특정한 사회적 규칙들을 선택해서 이러한 규칙들을 통합적이고 헌신적으로 수행할지를 선택하는 일을 수반한다고 말한다. 이 과정은 이러한 규칙들을 단일한 동일성에, 즉 정합적 삶에 통합시키는 과제 역시 수반한다(Korsgaard 2009: 25).

코스가드와 마찬가지로 해리 프랑크푸르트 역시 경험의 주관성을 부인하려 하지 않는다. 사실 그는 의식이 자기의식의 기본적 형태를 수반한다는 점을 기꺼이 받아들인다. 더욱이 그는 고차 의식 이론의 특정 버전을 지지하지 않으면서도 그렇게 한다. 그는 다음처럼 썼다.

> 문제의 자기의식은 일종의 **내재적 재귀성**인데 이는 모든 의식적인 상태가 이 상태 자체로 어떤 알아차림일 뿐만 아니라 이 상태 자체에 대한 알아차림임을 파악하고 있는 덕분이다. 자기의식은 시야에 들어오는 어떤 사물이든 비출 뿐만 아니라 그 자신도 보이도록 하는 어떤 광원과 같다(Frankfurt 1988: 162).

하지만 프랑크푸르트에 따르면, 이러한 사실 때문에 중요한 차이, 즉 말하자면 나의 심적 삶의 역사에서 일어나는 단순한 우발 사건으로서의 경험과 훨씬 더 완전한 의미에서 볼 때 내 소유로서의 경험 사이에 존재하는 차이를 간과해서는 안 된다. 달리 말하면, 모든 경험은 필연적으로 누군가에 대한 경험이기 때문에, 경험, 다시 말해 의식적 사고, 지각, 욕구, 정서 등은 경험자 없이는 일어날 수 없다는 주장이 제기될 수 있지만, 이 뻔한 문구는 결정적인 구별을 감춘다. 예를 들어, 싫든 좋든 머리에 퍼지는 생각, 즉 난데없이 자신을 덮치는 생각을 검토해보자. 1인칭 관점에서 볼 때 침입당하듯―분노에 휩싸였을 때 자신이 자신의 주인이 아니었다고 말할 때처럼―느껴지는 열정과 욕망을 생각해보자. 아니면 최면이나 약물을 통해 유도되는 경험의 사례를 들면서, 이 사례를 경험, 생각, 욕구가 일어날 당시에 우리가 기꺼이 수용하는 생각 등과 비교해보자. 프랑크푸르트가 주장하듯, 전자의 부류는 사실상 우리에게 일어나는 의식적 사건들이겠지만, 즉 이것들은 개인의 마음의 역사에서 일어나는 사건들이지만, 이 사건들은 그 개인의 경험과 생각 또는 욕구가 아니다(Frankfurt 1988: 59-61). 이 사건들은 그 개인이 이것들을 지지해야만 그렇게 된다. 결국 한 개인은 그 자신의 마음에서 일어난다고 해서 어떤 일에나 단순히 동일시될 수 없다. 느껴지는 열정이나 욕구를 부인하거나 거부하는 일은 열정과 욕구에서 물러나거나 거리를 두는 걸 의미한다. 열정이나 욕구를 받아들이는 일, 즉 열정과 욕구가 자신의 경험에서 자연스러운 위치를 점하고 있다고 보는 일은 이것들과 동일시한다는 걸 의미한다(Frankfurt 1988: 68). 프랑크푸르트는 성패가 달린 동일시 개념을 만족스럽게 분절하기는 어렵다는 점을 인정하지만, 궁극적으로는 한 개인이 거리낌 없이 무언가를 결정할 때라야,

결정이 개인이 진정으로 원하는 바를 규정한다. 온전히 자신의 것이라고 결정한 바에 대해 욕구함으로써 말이다. 이 정도로 이 개인은 어떤 욕구와 자신을 동일시함을 통해 결정을 내리면서 자신을 구성한다. 타

당한 욕구는 하등 더 이상 그에게 외부적이지 않다. 자신의 역사에 우발적으로 일어나는 욕구를 한 주체로서 단순히 '가지는' 것이라면 이는 욕구가 아니다. 한 개인은 자신의 신체의 역사에서 우발적으로 일어나는 불수의적 경련을 '가질' 수도 있기 때문이다. 스스로의 의지를 통해 가진다는 사실로 인해 욕구는 그 자신에게 통합된다. (…) 설사 욕구가 일어난 데 책임이 없다고 하더라도, 그가 자신과 그 욕구를 동일시한다면 어떤 중요한 의미에서는 그 욕구를 가진다는 사실—그 욕구가 가장 포괄적인 의미에서 그 자신의 것이라는 사실, 즉 진정 원하는 바를 그 욕구가 구성한다는 사실—에 그가 책임이 있다는 걸 뜻한다 (Frankfurt 1988: 170).

프랑크푸르트의 기본적인 주장은 결국 문제의 동일시가 자기를 구성하는 특정 형태의 소유권에 해당한다는 것이다. 더 적절하게 말하자면, 그리고 더 중요한 점은 아마 틀림없이 그가 단지 소유권이 아니라 작자권을 강조한다는 데 있다. 이러한 주장은 오히려 알바하리가 인격적 소유권에 초점을 맞추면서 자기 감각의 구성이 정서적 투자의 문제와 밀접하게 연결되어 있다고 제시한 바와 꽤 잘 부합한다(Albahari 2006: 171, 178-179).(물론 프랑크푸르트가 알바하리의 형이상학적 결론, 다시 말해 자기에 관한 회의주의에 동의할 리는 없지만 말이다.) 이 둘은 경험의 주관성만으로는 자기성에 불충분하다는 생각을 공유하기도 한다. 이들이 보기에 단순히 의식이 있거나 감각이 있는 것과, 자기가 되는 것은 구별해야 한다. 후자의 자격을 얻기 위해 충족되어야 할 필요조건이 더 높다.

자기가 되는 것은 주어지는 것이 아니라 어떤 성취라는 생각, 즉 사실의 문제라기보다는 오히려 행위의 문제라는 생각을 정확히 어떻게 이해해야 할까? 규범적으로 구축되는 자기성의 특성을 강조하는 현재 상당히 유력한 시도, 즉 이른바 내러티브적 자기 설명을 어느 정도 자세히 검토해보자. 내러티브적 설명과 내가 제안하고 있는 최소주의적 설명을 비교하고 대조함으로써 우리는 후자의 특징을 더 알 수 있을 것이다.

자기를 내러티브적 구조의 면에서 사유하는 게 왜 자연스러울까? 표준적인 대답은, 기본적으로 말해 자기는 행위자이므로 우리의 행위는 내러티브 연쇄 안에서 자리를 점함으로써 이해할 수 있게 된다는 것이다. 누군가가 어떤 이유들 때문에 행위를 하고 있다고 이해하려면 내러티브에 호소할 필요가 있다. 내러티브는 현재 상황을 유의미한 시간적 맥락에 위치시킴으로써 이 상황을 이해할 수 있게 하기 때문이다(Rudd 2012: 178). 우리가 핵심적인 의문사 질문에 답할 수 있는 건 이러한 내러티브들의 틀 내에서다. '이 사람은 누구지?' '누가 이 일을 했지?' '누가 책임자지?' 책임이 있는 자의 정체를 찾는 일은 결국 그의 내러티브적 정체성을 찾는 일이다. '나는 누구인가'라는 물음에 맞닥뜨릴 때 전형적으로 우리는 어떤 삶의 이야기, 즉 스스로 특별히 중요하다고, 자신의 삶에서 주요 동기를 구성한다고, 내가 누구인지 규정한다고 여기는 어떤 측면들, 즉 남들의 인정과 승인을 위해 소개하는 어떤 측면을 부각시키는 이야기를 할 것이다(Ricoeur 1988: 246). 이는 자기성이나 인격적 동일성 개념들을 내러티비티, 이해 가능성, 설명 가능성 같은 개념과 무관하게 또 동떨어져 해명하려는 어떤 시도든 실패할 수밖에 없다는 주장이 제기된 이유다(MacIntyre 1985: 218).

자기이해와 자기앎이 단번에 주어지는 것이 아니라는 점을 고려해보자. 오히려 이것들은 다양한 단계의 성과를 거치며 습득되어야 하고 획득될 수 있는 것이다. 삶이 계속되는 한, 최종적인 자기이해는 없다. 하지만 마찬가지 얘기를 자기가 된다는 의미에 대해서도 할 수 있다. 이 점이 자기가 되는 것이 날씬해지는 것과 마흔여섯 살이 되는 것 또는 흰머리가 느는 것과 전혀 다른 이유다. 내가 누구인지는 주어지는 것이 아니라 발전하는 것, 즉 내가 하는 일을 통해 현실화되는 것이다. 내가 나 자신을 이해하고 해석하는 방식과 무관한 (나의 본질과는 다른) 나의 정체성 같은 건 존재하지 않는다. 간단히 말해, 자신이 누구인지를 설명하려면 자신의 자기해석 문제를 무시해서는 안 되는데, 전자는 후자에 의해 (적어도 부분적으로) 구성되기 때문이다.

내러티브에 대한 강조가 단순히 인식론적 테제로 이해되어서는 안 된다는 점을 깨닫는 게 중요하다. 나는 나의 성격 특성, 내가 지지하는 가치와 생각, 내가 추구하는 목표 등을 그 기원과 발전을 밝혀내는 삶의 이야기 안에 위치시키면서 내가 누구인지에 대한 통찰을 얻는다. 내가 어디서 오고 어디를 향해 가고 있는지를 얘기해주는 삶의 이야기, 이와 비슷한 방식으로 나는 당신의 삶의 이야기를 배우면서 당신이 누구인지를 알게 된다. 현재 검토하고 있는 제안에 따르면, 내러티브들이 자기에 관한 앎을 얻는 특권적 방식을 구성하는 이유는 바로 내러티브가 그 앎을 구성한다는 데 있다. 브루너가 이를 두고 말하듯, "자기는 우리가 항상 창조하는 아마 가장 인상적인 예술 작품일 것이다. 그것도 틀림없이 가장 복잡한 예술 작품 말이다"(Bruner 2003: 14). 따라서 대부분의 내러티브주의자에게 내러티브는 이미 존재하는 자기의 측면들만을 포착하는 게 아니다. 말로 묘사되기를 기다리고만 있는 앞서 존재하는 자기라는 건 없기 때문이다. 이 전언어적으로 주어진 것을 믿는 일은 정말 말그대로 이야기에 의해 오도된 것이다.[4]

내러티브적 설명은 자기성의 시간적 차원과 사회적 차원 모두를 강조하는 데 있어 아주 명시적이다. 내레이션은 아동 초기에서 시작하며 우리의 여생 동안 이어지는 사회적 과정이다. 내가 누구인지는 내가 품고 있는 가치, 이념, 목표에 달려 있다. 이것은 무엇이 내게 중요하고 의미가 있는지의 문제이며, 물론 이는 내가 참여하는 공동체의 영향을 받는다. 스스로 취한 자신의 정체성의 두드러진 특징을 표현하기 위해 사용하는 개념은 전통과 이론에서 파생된 것이라, 각각의 역사적 시기마다 그리고 사회 계층과 문화에 걸쳐 크게 달라질 것이다. 브루너가 지적하듯, 우리의 자전적 이야기들은 무에서부터 만들어지는 게 아니다. 이 이야기들은 관습적 장르를 본떠서 만들어진다. 나 자신에 관해 말할 때, 나의 자기성은 공적 영역의 일부가 되고 그 본뜬 외형과 본질은 자기성의 전범에 해당하는 문화적 모델에 의해 인도된다(Bruner 2003: 65). 게다가 타자는 자신의 행위와 경험에 대해 우리가 내놓는 내러티브적 설명을 듣고 받아들이도록 요청받을 뿐만 아니라, 타자가 우리를 지각하고 이해하는 방식이 스스로가 믿는 정체성에 영향을 미치기도 한다. 우리는 타자가 자신에 대해 생각하는 대로 스스로에 대해 생각하게 된다. 우리의 바로 그 정체성은 타자가 우리에 관해 말해주는 이야기들을 스스로 각색하고 통합하며 개작하는 데서 영향을 받는다. 우리가 명시적으로 이 이야기들을 거부하거나 이에 저항할지라도 이는 사실이다.

내가 삶의 이야기에 기대어 나 자신을 해석할 때, 나는 내레이터이자 주인공이겠지만 단독 저자는 아니다. 내 이야기의 시작은 항상 이미 나를 위해, 그리고 타자에 의해 만들어졌으므로, 이 이야기가 펼쳐지는 방식은 부분적으로만 나 자신의 선택과 결정에 의해 결정된다. 따라서 종종 제기되듯, 우리는 단독으로는 자기가 될 수 없고 오직 타자와 함께 자기가 될 수 있다. 그만큼 자기성은 구성적으로 타자에 의존적이다. 제각기 삶의 역사와 제각기 성격 특성을 가진 한 개인으로서 자신을 알게 되는 일은 따라서 자신의 당면 믿음과 욕구를 아는 일보다는 더 복잡하고, 애초에 보기보다는 덜 사적이다(Jopling 2000: 137). 사실 모든 개인 삶의 이야기는 타자(부모, 형제, 친구 등)의 이야기들로 짜여 있을 뿐만 아니라, 보다 큰 역사적이고 공동적인 의미부여 구조에 내장되어 있기도 하다(MacIntyre 1985: 221). 나는 전통의 상속자이자 계승자다. 딜타이와 후설을 인용해보자.

> 역사적 세계는 언제나 그 자리에 있고, 개인은 역사적 세계를 단지 외부로부터 바라보는 게 아니라 역사적 세계와 서로 얽혀 있다. (⋯) 우리는 역사의 관찰자이기 이전에 역사적 존재들이고, 오직 우리가 역사적 존재이기 때문에 역사의 관찰자가 되는 것이다(Dilthey 2002: 297).

> 내가 처음부터 구성해온(최초로 개시해온)바 그것은 나의 것이다. 그러나 나는 '시대의 자식'이다. 나는 가장 넓은 의미에서 우리—공동체—자체의 전통이 있고, 공동체의 입장에서 보면 기발한 방식으로 세대간적 주체들, 즉 가장 가까운 존속들과 가장 먼 선조들이 연결되어 있는—의 일원이다. 이 주체들이 나에게 '영향을 미쳐왔다'. 나는 계승자로서의 나다. 무엇이 진정 그리고 본래부터 나의 것인가? 얼마만큼이 진정 내가 최초로 개시하고 있는 urstiftend 것인가? 나는 '전통'의 기반 위에 서 있는 계승자다. 나의 모든 것에는 부분적으로 나의 선조들의 전통을 관통하는, 즉 부분적으로는 내 동시대인들의 전통을 관통하는 토대가 있다(Husserl 1973b: 223).

우리가 이야기하는 내러티브들은 우리의 기억된 과거 및 예기된 미래와 우리 자신이 관계 맺는 방식에 영향을 미친다. 이 내러티브들은 결국 이미 일어난 일과 관련해 유관할 뿐만 아니라, 우리의 삶이 앞으로 펼쳐질 방향과 전개를 이해하기 위해 환기되기도 한다. 내러티브적 자기성 설명에 따르면, 삶의 다양하고 이질적인 측면들을 종합하게 하는 것이 바로 내러티브들이다. 내러티브들은 시간적으로 분산된 일화들이 서로 의미가 통하게끔 하는 방식으로 이 일화들을 연결 짓게 한다. 내러티브들은 과거와 현재, 미래를 조화롭게 하며, 시간에 걸쳐 있는 사건들을 유의미한 전체로 통합하는 의미 관계의 망을 수립한다(Atkins 2004: 347, 350). 사실 내러티브적 접근법에 따르면, 우리가 자신의 삶의 이야기를 짜고 내러티브적 구조에 따라 자신의 경험과 행위를 조직하고 통일하므로, 이것이 우리를 지속하는 자기로 구성하는 요소들이라는 주장이 바로 제기된 것이다. 매킨타이어가 말하듯, 자기의 통일성은 "내러티브의 시작이 중간과 끝과 관련이 있듯이, 출생이 삶과 죽음과 관련이 있다고 말하는 내러티브의 통일성에 깃들어 있다"(MacIntyre 1985: 205). 자기구성적 내러티브에 관여하고 있을 때, 내게 벌어지는 일은 고립된 우발 사건으로가 아니라 계속되는 자기수반적 이야기로 해석된다. 개별적 행위와 경험, 또는 개성이 나의 것으로 간주되는지 여부는 단호히 말해, 결국 개별적 행위 등이 나의 자기내러티브에 포함되는지 여부의 문제다(Schechtman 2007: 162). 따라서 그리고 이는 수반되는 능동적 성취를 강조하는 또 다른 방식으로, 자기가 되는 것은 단지 어떤 역사를 가지고 있는지의 문제가 아니라 삶을 내러티브로서 이해한다는 의미에서 그 삶을 선도하고 있는지의 문제다(Schechtman 2011: 395). 사실 섹트먼이 주장하듯, 과거의 경험을 자신의 것으로 만들려면 즉 과거의 자기와 현재의 자기의 동일성을 확증하려면, 단지 이 과거의 경험을 1인칭 관점에서 기억하는 것으로는 충분하지 않다. 심리적 연결성과 연속성의 존재로는 불충분하다. 오히려 우리는 시간상 동떨어진 경험과 동일시해야 한다. 우리는 이 경험과 정서적으로 연결되어 있음에 관심을 갖고 이를 느껴야 한다. 우리에게 중요한 것은 분명 이 점이다. 우리가 시간상 동떨어진 경험을 자신의 내러티브로 짜 넣으면서 이를 더 강력하게 전유할수록, 시간상 동떨어진 경험은 더 온전하고 완벽하게 우리 자신의 것이 된다(Schechtman 2007: 167, 171, 174-175).[5] 사실 일화적 기억들이 애초 가정한 만큼 내러티브적 자기 감각에 있어 전적으로 본질적인 것은 아니다. 나는 타자의 증언에 기초해 더 이상 1인칭 관점에서 회상할 수 없는 과거의 내러티브를 구축할 수 있고, 그럼으로써 과거로 이어지는 관계를 형성할 수 있다. 따라서 나는 잊고 있던 일화와 사건을 나의 자기내러티브에 통합시킬 수 있다(Goldie 2012: 126).

이제 분명해졌듯, 내러티브적 접근법은 장기간의 통시적 동일성과 지속성 문제와 관련이 있으며 자기를 한 생애에 걸쳐 통일된 것으로 경험하려면 자신의 기억, 인격 특성, 목표, 가치를 정합적인 내러티브적 구조에 위치시킬 수 있는 능력이 필요하다. 리쾨르는 자신의 내러티브적 동일성 개념을, 여러 가지 다양한 상태를 거치면서도 여전히 동일자로 남는 데카르트적 자기개념과, 동일적 주체는 실체론자의 환상에 불과하다고 주장한 흄과 니체의 입장 사이에서 선택해야 하는 전통적 딜레마를 푸는 해결책으로 제시했다(Ricoeur 1988: 246). 리쾨르는 제각각 옹호하고 거부하는 동일성 개념을 내러티브적 동일성 개념으로 대체한다면 이 딜레마를 모면할 수 있다고 제안한다. 내러티브적(으로 확장된) 자기의 동일성은 내러티브적 형상화에 의지한다. 동일자의 추상적 동일성과 달리, 내러티브적 동일성은 한 생애의 결속 구조 내에 변화와 성숙을 담아낼 수 있다. 삶의 이야기는 주체가 그 자신에 관해 얘기하는 진실되거나 가공된 이야기들로 계속해서 재형상화된다. "삶 그 자체를 얘기된 이야기들의 직물"로 만드는 것은 이러한 끊임없는 재형상화다(Ricoeur 1988: 246). 이와 유사한 주장을 섹트먼과 앳킨스에게서 찾아볼 수 있는데, 이 둘은 각각 내러티브들이 시간을 가로지르는 현상학적인 의식의 통일체를 구성한다고 주장했고(Schechtman 2007: 167), 내러티브적 모델이 인격은 시간을 가로지르는 동일한 경험적 주체의 존재에 부속한다는 사실의 중요성을 제대로 다룬다고 주장한다. 내러티브적 모델은 자신의 구체적인 1인칭 관점이 연속하도록 지켜준다(Atkins 2004: 342). 하지만 이같은 주장을 마주할 때, 앳킨스가 반성적 태도에 얼마나 큰 비중을 두는지는 놀라울 정도다. 그는 심지어 1인칭 관점을 인간 의식의 반성적 구조라고 명시적으로 규정한다. 이는 내러티브적 자기 설명을 지지하는 다른 이들에게서도 나타나는 경향이다.

우리는 내러티브적 설명을 어떻게 평가해야 할까? 이 설명은 인간의 자기동일성에만 한정되는 자질을 꼭 집어 그 대상으로 삼으며, 자기지속성을 주어진 것이 아닌 성취로 여긴다. 내러티브적 설명은 성공적인 것일 수도 있고, 실패할 수 있는 것이기도 하다. 내러티브적 설명은 구축된 동일성이자 역사적이고 이야기된 시간이 중요한 역할을 하는 동일성이다. 내러티브적 설명은 시간성을 자기동일성에 대한 장애나 도전으로 보지 않고 결정적인 전제 조건이라 여긴다고 하는 게 보다 정확할 것이다.

하지만 많은 관심을 불러일으키는 설명들이 그렇듯이, 내러티브적 접근법도 몇 가지 문제점에 직면한다. 첫 난관은 바로 내러티브라는 이 개념과 관련이 있다. 자기는 내러티브적으로 구조화된 삶의 산물, 즉 내레이션 안에서 그리고 이를 통해서 구축된다는 주장이 제기될 때, 이 주장이 자기성에 자서전의 실제 문안이 필요하다는 뜻일 리 없다. 결국 의도를 가지고 구축된 내러티브와 진행 중인 자신의 삶을 특징 지을 내러티브를 구별해야 한다. 전자는 이른바 자신이 계속해서 종사하는 내러티브적 자기해석의 표현 같은 것일 뿐이다. 섹트먼이 말하듯, 나의 자기해석이 내러티브로 간주되려면, 펼쳐지는 이야기 속에서 삶의 다양한 일화가 어떤 위치를 점할지의 관점에서 그야말로 내가 이해해야 한다(Schechtman 1996: 97). 이는 나를 발전해가는 주인공이자 전적으로 시간의 주인공이라고 암묵적으로 이해한다는 걸 전제하는 방식으로 나의 경험과 행위를 조직화하는 문제인데, 다만 섹트먼은 적어도 가끔은 자신의 삶의 어떤 부분을 명시적으로 이야기하며 분절할 수 있어야 한다고도 주장한다(Schechtman 2011: 407). 내러티브적 설명에 대항해 흔히 제기되는 반대를 피하려면 암묵적 내러티브와 명시적 내러티브를 구별하는 게 중요한데, 곧 이 반대는 자기내러티브를 통해 자신이 누구인지를 포착할 순 있겠지만 자신의 자기성은 이야기되는 자기내러티브들로 환원될 수 없으므로, 결국 한 삶에 대한 반성적인 내러티브적 파악과 내러티브로 조직화되는 경험에 선행해서 그 삶을 이루는 전반성적인 경험을 혼동하는 실수를 범해서는 안 된다는 것이다(Drummond 2004: 119). 자신의 삶에 관한 명시적인 이야기를 하는 것은 결국 단순히 원초적 사실에 대한 상술이 아니며 오히려 이는 브루너가 인정하듯, 해석을 통해 이룩한 것이다(Bruner 2003: 12-13). 이야기들은 단지 일어난 일의 기록이 아니라 본질적으로 삭제와 축약, 재배열을 수반하는 구축적이며 재구축적인 현상이다. 우리의 삶은 단 하나의 내러티브에 꼭 들어맞기에는 너무나도 복잡하고 다면적이기 때문에 이야기꾼은 결국 정말 겪었던 삶의 사건들이 갖추고 있던 것 이상의 정합성, 통합성, 충만성, 완결성을 이 사건들에 부여할 것이다. 그만큼 이야기 말하기는 작화의 요소를 필연적으로 수반한다(Gallagher 2003).

겪어진 암묵적 내러티브와 분절적이고 명시적인 내러티브를 구별함으로써 이 문제들의 일부를 다소나마 완화할 수 있다. 이러한 조치를 취함으로써 그러한 겪어진 내러티브들이 정확히 무엇에 해당하는지 자세하게 설명하도록 촉구하는 것이 가능해진다. 일부 저자는, 중요한 것은 우리 삶의 사건들이 가진 바로 그 시작-중간-끝의 구조이므로 이 원형적 또는 미시적 내러티브 구조는 이미 경험과 행위에서 보이는 특정한 시간적 형상화의 확장으로 간주되어야 한다고 제안했다(Carr 1991: 162). 그런데 이 같은 반박이 가진 문제는, 언어와 내러티브 사이의 고리를 단절시킴으로써 분절적이고 명시적인 내러티브 개념을 너무 포괄적으로 만들어 결과적으로 지나치게 희석시킬 우려가 있다는 것이다. 더욱이, 이는 머너리가 제기한 주장인데, 이같이 좁게 잡은 내러티브 정의를 채택한다면 내러티브적 접근법이 가진 일부 핵심적 특징을 내버리는 위험에 처할 것이다(Menary 2008: 71). 내러티브의 근본적인 공적 역할의 중요성, 즉 내러티브는 한 사람에 의해 다른 사람에게 구전된다는 사실이 일순간 경시될 뿐만 아니라 또한 내러티브가 능동적으로 생산되고 이룩되는 것이 아니라 주어지고 생득적인 것으로 변하는 듯도 보인다.

간단히 말해, 내러티브적 설명의 당면 문제는 너무 풍부한 내러티브 개념과 너무 빈약한 내러티브 개념 사이에서 올바른 균형을 찾는 일이다. 또 한 가지 분명 물어야 할 바는, 내러티브적 설명은 "중심적이고 환원 불가능한 역할을 1인칭 관점에" 부여하는 것이라는 앳킨스의 주장이 옳은가 하는 점이다(Atkins 2004: 341). 이 주장이 과연 우리의 경험적 삶이 가진 1인칭 성격을 제대로 보여줄까? 다시 말해 반성적 구축물로서의 자기에 초점을 맞춘다면 필수 전제, 즉 우리의 전반성적인 경험적 주관성을 간과하게 될까? 자기내러티브는 우리가 누구인지에 관한 중요한 부분을 포착할 순 있지만, 내러티브 모델이 자기가 된다는 게 어떤 의미인지에 대한 남김 없는 설명을 내놓을 수 있을까? 그 자기는 단지 내러티브의 구축물일까? 내러티브는 자기에 이르는 일차적 접근 방식일까? 이러한 것들이 내러티브적 설명을 지지하는 자들에게서 볼 수 있는 근본적인 주장이다. 데닛은 자기는 단지 내러티브적 중력의 허구적 중심이기 때문에 실재성이 없다고 주장했다(Dennett 1991: 418; 1992). 이와 유사한 견해를 빌헬름 샤프의 고전적인 작품 『역사들 속에 휘말려In Geschichten verstrickt』에서도 찾아볼 수 있다. 인간의 삶은 이야기들 속에 휘말리는 삶이다. 인간의 삶은 이 이야기들을 떠나서는 아무것도 아니며, 이러한 이야기들을 통해서만 자신과 타자에게 접근할 수 있다 (Schapp 2004: 123, 126, 136, 160).

내러티브적 설명의 주요 버전에서 보면, 내러티브적 접근법은 인식론적 테제와 존재론적 테제를 겸비하고 있다. 그 자체로는, 나는 각각의 테제나 이 테제들의 결합을 반대하지 않는다. 나는 우리가 자신에 관해 하는 이야기들이 우리가 자신을 보는 방식을 반영하며, 이 이야기들은 자신의 자기이해를 구체화하게 되고 그래서 자신이 누구인지도 구체화하게 된다고 생각한다. 따라서 나는 내러티브들이 자기성의 어떤 차원이나 국면을 구성하는 역할을 한다고 기꺼이 인정할 수 있다. 하지만 나는 배타성 주장, 다시 말해 그 자기는 내러티브적으로 구성되는 개체이므로 자기 자신과 타자의 자기에게 접근하려면 모든 경우 내러티브를 매개해야 한다는 주장에는 반대할 것이다. 결과적으로 나는 내러티브적 접근법이 혼자 떨어져 있을 수 있다고 생각하지 않는다. 내러티브들이 자기 반영에, 즉 우리 자신을 이해하는 데 중요한 도구일 순 있겠지만, 수동성과 사실성의 역할을 간과해서는 안 된다. 내가 누구인지는, 내가 나 자신을 어떻게 이해하며 또 내가 나 자신을 얘기하는 이야기에서 이것이 어떻게 표현되는지의 문제에만 국한되는 것은 아니다. 이는 나의 결정과 전혀 무관한 내가 누구인지의 문제이기도 하다. 사실, 머너리가 지적하듯이, 이야기가 관여하고 있는바 경험의 주체가 이야기 그 자체라는 주장은 앞뒤가 안 맞는 것 같다(Menary 2008: 72). 내러티브적 설명은 우리의 경험적 삶이 가진 1인칭적 특성을 구체적 타깃으로 삼는 설명의 보완이 필요하다. 자신의 경험과 행위에 관한 이야기를 하려면, 1인칭 관점을 이미 소유하고 있어야 한다. 그만큼 경험적 소유권은 능동적 이야기 말하기의 소산이 아니라, 모든 내러티브적 실행의 전언어적 전제다.[6]

병리학적 검토를 통해 이 문제를 추가적으로 조명할 수 있다. 브루너는 『이야기들 만들기Making Stories』에서 자기성의 어떤 특징들은 생득적이기에 시원적이고 개념에 선행하는 자기의 존재를 인정할 필요가 있음을 인정하지만, 동시에 (예를 들어 코르사코프 증후군과 알츠하이머병에서 마주치는) 디스내러티비아dysnarrativia는 자기성에 치명적이기에 우리가 내러티브적 역량을 결여했다면 자기성 같은 건 존재하지 않는다고 주장한다(Bruner 2003: 86, 119; 또한 Young과 Saver 2001: 78을 보라). 브루너가 왜 분명한 조치를 강구하지 않으면서 다양한 보완적 자기개념을 사용할 필요는 인정하는지도 의아하지만, 신경병리학을 들먹이는 게 과연 적절한지도 의문이다. 알츠하이머병은 심대한 기억 상실 및 행동과 사고, 추론 능력의 변화뿐만 아니라 전반적 기능의 유의미한 저하를 초래하는 진행성인 퇴행성 뇌 장애다. 알츠하이머병을 앓는 사람은 결과적으로 광범위한 인지 장애를 겪는다. 말(과 내러티브)의 이해와 표현은 영향받는 부분의 하나일 뿐이다. 그러니 설사 알츠하이머병의 후기 단계에 접어들어 자기가 존속하지 않는다고 하더라도, 디스내러티비아 때문에 자기의 죽음이 야기되었다고 지체 없이 결론 내릴 수는 없다.(만약 내러티브적 역량을 특히 타깃으로 하는 장애를 찾는다면, 전반적 실어증을 택하는 편이 나을 수 있다. 하지만 또 한편으로는, 전반적 실어증에 타격을 입은 내러티브적 역량들이 자기의 존재를 중단시키는 것이라고 누가 주장하고 싶겠는가?) 게다가 불확실한 점이 많다. 알츠하이머병이 1인칭 관점의 붕괴나 나의 것임 차원의 소멸을 야기하는지, 다시 말해 자서전적 기억과 내러티브적 동일성을 빼앗긴 누군가는 관점적 소유권 역시 결여할 수 있기에 더 이상 어떤 고통감이나 불편감에 정서적으로 자기연루되지 않는지는 결코 분명치 않다.

스탠 클라인은 수많은 연구를 진행하며 자기경험과 자기앎에 대한 일화적 기억의 다양한 상실에 따른 영향들을 탐구해왔다. 그의 환자에는 알츠하이머병의 후기 단계에 진입한 사람들뿐만 아니라, 심각한 형태의 실어증을 앓는 환자도 포함되어 있었다. 후기 단계 알츠하이머 환자는 자기 감각을 결여한다고 규정하는 경향이 있었지만, 실증적 연구 결과들은 이러한 개인들이 1인칭 동일성을 보유함을 제시한다고 결론을 내린다. 이들의 기억 기반의 인칭적 내러티브가 실어증에 따른 황폐화에 굴복했고 의식이 1초간 지속되는 시간 조각들로 구획되게 되었던 극단적인 사례들에서조차, 보고에 따르면 자기통일성과 지속성 감각은 느껴진다(Klein and Nichols 2012). 환자들은 자신들을 경험하는 개체라고 느끼는 주관적 감각을 명료하게 유지한다. 그 감각이 혼란과 걱정에 시달리기는 해도 말이다. 환자들은 자신들의 심적 삶에 난 '구멍들' 때문에 걱정되고 두려우며 곤란을 겪기에, 의식 주체가 인지적 혼돈과 그 질환에 의해 초래된 경험의 변화에 반응하리라 예상하는 대로 꼭 그처럼 행동한다(Klein 2012: 482). 그러나 이게 사실이고 알츠하이머병이 사실상 심각한 디스내러티비아 사례를 구성한다면, 우리는 브루노로부터 정반대의 결론을 끌어내야 한다. 우리는 자기가 된다는 것에는 내러티브적 설명의 언급 그 이상이 있어야 한다는 점을 인정할 수밖에 없다. 이는 다마지오가 이끌어낸 결론이기도 한데, 그는 신경병리학이 핵심적 자기와 자서전적 자기가 서로 구별됨을 지지하는 실증적 증거를 제공하며, 핵심적 의식은 확장된 의식이 심각하게 손상되었거나 완전히 부재할 때조차 온전히 유지되는 반면 핵심적 의식의 상실은 확장된 의식의 붕괴역시 야기한다는 점을 드러낸다고 명시적으로 주장한다(Damasio 1999: 17, 115-119).

자기성과 경험적 주관성 사이의 관계에 관해서는, 여러 상이한 선택지를 구별하는 게 이제는 시급하다. 가장 무시하는 태도는 찰스 테일러에게서 찾아볼 수 있다. 그가 보기에, 자기는 내러티브적 공간 내에서만 존속할 수 있는 존재 같은 것이다. 자기가 된다는 것은 자신에 대해 해석적이고 평가적인 관계를 맺는 위치에 서는 것이며, 자기라는 자격을 얻으려면 완전히 발달한 개인이라고 여기기에 충분한 '깊이와 복잡성'을 갖추어야 한다(Taylor 1989: 32). 결과적으로 테일러는 최소한의 자기알아차림이나 형식적인 자기알아차림을 통해 자기성을 정의하려 시도한다면 틀림없이 실패할 것이라고 주장하는데, 이는 자기가 존재하지 않거나 무의미하기 때문이다(Taylor 1989: 49). 따라서 테일러의 설명에 의하면, 경험적 주관성은 자기 이론과 무관하며 자기 이론은 경험적 주관성을 무시해도 무방하다. 그런데 이보다 상당히 절충적인 선택지를 또한 찾을 수 있으며 최근 섹트먼과 러드의 제안이 있었다(Schechtman 2011; Rudd 2012).

러드는 내러티브적 자기성에 선행하고 이를 이해하려면 필수적인 핵심적 자기 감각이라는 발상을 내러티브적 설명이 과연 거부해야 하는지 명시적으로 의문시한다. 사실상, 내러티브주의자인 자신은 순수하게 개념적인 주장의 일환으로, 경험적 자기가 자기성에 (충분하지는 않더라도) 필수적인 최소한의 세목을 구성하므로 내러티브적 자기는 필연적으로 경험적 자기이지만 그 이상이기도 하다는 점을 받아들일 수 있다고 주장한다(Rudd 2012: 195).[7] 더욱이 발달론적인 의미만을 담고 있다고 한다면야 그는 경험적 자기가 내러티브적 자기보다 더욱 기본적이라는 주장을 수용할 수도 있었을 것이다.

> 유아는 내러티브적 자기 감각을 가지지 않지만, 아마 기본적인 경험적 자기성 같은 걸 가질 것이다. 유아는 적어도 심적 주체다. 그러나 이러한 기본적인 유아기의 비내러티브적 주관성이 발달된 내러티브적 감각과 나란히 성인기까지 지속되는 듯 보이지는 않는다. 오히려 아동이 성장하고 자기의식이 발달해가면서 자신의 기본적인 주관성은 내러티브적 자기성으로 발전된다(Rudd 2012: 195).

러드는 결과적으로 내러티브적 자기와 나란히 존재하거나 그 저변에 존재하는 경험적인 핵심적 자기가 존재한다고 상정할 필요를 부인한다. 보다 구체적으로, 그는 정상적인 성인에게 있어 경험의 1인칭적 특성은 특히 내러티브적 형태를 띤다고 강변한다. 내가 나의 경험적 삶을 나의 것으로 경험한다는 의미는 시간적인 것이며, 그 시간적 경험의 구조는 내러티브적 구조다(Rudd 2012: 195). 섹트먼이 이와 아주 유사한 주장을 하는데, 그는 다음과 같은 가능성을 고려하자고 말한다.

> 자기를 만드는 그 같은 현상학적 자기의식은 아마 대부분의 동물이 공유할 동물적인 1인칭적 알아차림과는 질적으로 다른 **종류**의 의식이며, 이처럼 다른 종류의 의식에는 내러티브가 요구된다. 이 발상은, 1인칭적 경험의 특성은 비非내레이터와 자기내레이터에게 있어 차이가 난다는 것이다(Schechtman 2011: 410).

러드와 섹트먼의 의견은 적어도 두 가지 화급한 문제를 일으킨다. 첫째는 경험의 1인칭적 특성의 중요성, 다시 말해, 경험의 형식적인 나에 대한 것임 또는 주관성이 중요하다는 문제와 관련이 있다. 경험의 1인칭적 특성이 오직 자기성의 필수불가결한 선결조건이므로, 경험의 1인칭적 특성 없이 자기는 존재할 수 없는가?(이 때문에 경험의 1인칭적 특성은 타당할 법한 자기 이론이라면 반드시 검토하고 해명해야 하는 것이다.) 아니면 경험의 1인칭적 특성 그 자체가 최소적 형태의 자기성을 실제로 구성하는가? 두 번째 문제는 이러한 1인칭적 특성은 발달을 거치면서도 불변한 채로 유지되는지, 아니면 언어를 습득하고 사회화됨으로써 필연적으로 변화되고 변경되는지다.

첫 번째 물음에 관한 한, 러드 자신의 견해가 내게 전적으로 명료한 것은 아니다. 한편으로, 그는 유아가 내러티브적 자기를 습득하기 이전에 기본적인 경험적 자기 같은 것을 소유한다는 발상을 수용할 수 있었다고 쓰고 있다. 그렇지만 만약 그럴 경우, 기본적인 경험적 자기성은 자기성의 필요조건뿐만 아니라 충분조건 역시 구성해야 한다. 그러나 러드는 "내러티브적 용어들로 해석되기에 앞서, 경험이 겪어지는 곳에 그보다도 기본적인 수준의 자기성은" 존재하지 않는다고도 쓰고 있다(Rudd 2012: 196). 그러나 간혹 그는 주체가 되는 것과 자기가 되는 것을 구별하면서 '주체성'이란 용어를 사용하기도 한다. 그는 아마, 경험적 나에 대한 것임은 기본적 주체성의 필요충분조건인 반면 경험적 나에 대한 것임은 자기성의 필요조건이지만 충분조건은 아니라고 주장할 것이다.

그런데 이 시점에서 논쟁은 술어적인 것으로, 또 자기성의 상이한 수준이나 국면을 식별하기보다는 주체성과 자기성을 구별하는 편이 더 나은지의 문제로 보이는 것 같다. 나는 전자를 선호하지만 양측이 우리의 경험적 삶은 그 자체 또 그 시작부터 전반성적 자기의식, 1인칭적 특성, 나에 대한 것임에 의해 특징지어진다는 데 동의한다면, 여기에 딱히 중요한 점은 없어 보인다.

그렇지만 러드와 섹트먼이 야기한 두 번째 문제는 어떤가? 경험적 자기성은 유아기부터 성인기까지 불변하는 채로 유지되는가, 아니면 발달 과정을 거치며 필연적으로 변화되고 변형되는가? 내러티브적 자기성은 선재하는 구조 위에 놓여 있는 어떤 충인가, 아니면 물과 섞인 염료가 물 전체를 물들이듯 내러티브적 자기성이 선재하는 구조를 근본적으로 변형시키는가? 개념과 언어가 전반적으로 우리의 경험을 구체화한다는 점을 일단 인정해보자. 우리는 각자가 가진 개념적 역량 때문에 세계와 자신을 서로 다르게 경험한다는 점을 일단 인정해보자. 일단 이 점을 인정한다면, 언어를 사용하는 성인의 경험적 삶과 유아와 인간이 아닌 동물의 감각적 삶 사이의 공통적 핵심, 즉 공통성을 찾는 데 오도되는 일이 있을까? 우리는 경험의 내용what과 방식how 사이, 즉 현전의 내용content과 양상mode 또는 방식manner 사이의 차이를 간과하는 실수를 범해서는 안 된다. 우리 각자가 경험하는 내용은 다를지 몰라도, 그 차이가 경험의 기본적인 1인칭적 특성 역시 다름을 나타내거나 함의하는 건 아니다. 사실, 전반성적 자기의식이 현상적 의식의 통합적이고 구성적인 특징이라는 취지로 2장에서 제시한 논변이 옳다면, 그 차이가 도대체 왜 서사적으로 구축되는 경험에는 해당되어서는 안 된다는 것인지 알기 어렵다. 언어 습득을 통해 도대체 어떻게 전반성적 자기의식의 아주 기본적인 구조를 변형시킬 수 있다는 것인지 알기 어렵다. 최소적 개념이 얼마나 형식적인 자기성 개념인지 잊지 않는 게 결국 중요하다. 염료와 물의 비유를 계속 들어보면, 물이 염료에 물들게 된다는 사실 때문에 염료에 물든 물이 여전히 물이며 그 액체적 속성을 유지한다는 사실을 간과해서는 안 된다.[8]

5장

자기와
통시적 통일성

자기의 존재를 지지하는 전통적 방식은, 조직적이고 통일적인 자아 ^{ego}의 기능이 지탱하지 않는다면 우리의 심적 삶은 구조화되지 않은 혼돈 속으로 붕괴될 수 있다고 주장하는 것이었다. 경험은 결코 홀로 일어나지 않으며, 의식의 흐름은 주어진 순간과 오랜 시간에 걸쳐, 즉 공시적 또 통시적으로 통일된 경험들의 총체라는 주장을 검토해보자. 전통적인 견해에서 보면, 이 통시적이자 공시적인 통일체를 해명하려면 자기에게 호소해야 한다. 동시적인 또는 일시에 흩어지는 복수의 경험에 대해 생각하려면 나 자신이 이 복수성을 의식한다고 여겨야 하는데, 이 주장에 따르면 여기에는 분할되지 않고 가변적이지 않으며 불변하는 내가 필요하다. 자기는 동일성의 원리다. 자기는 존속하면서 시간의 변화에 저항하는 동일성의 원리다. 몇몇 설명에 따르면, 자기의 통일성은 결국 그 자체가 설명을 요한다기보다는 설명력을 가진 어떤 것으로 여겨진다. 이 점이 자기에게 간혹 어떤 초시간적이거나 무시간적 성격이 주어지는 이유이기도 하다.

이미 밝혔듯, 경험적 자기성은 사회적 상호작용의 산물 또는 고차 인지적 성취의 결과가 아니라 기본적이자 불가결한 경험적 특징이다. 하지만 지금껏 나는 공시적 통일성에, 그리고 무언가가 자기로 간주되려면 갖추어야 하는 어떤 속성들의 문제에 주로 초점을 맞춰왔다. 이제 검토할 문제는 경험적 자기와 시간성 사이의 관계다. 경험적 자기는 어떤 통시적 지속성을 가지는가, 아니면 시간적으로 연장되지 않는다는 의미에서 최소한의 것인가?

조지 드레이퍼스의 주장을 잠깐 살펴보자. 드레이퍼스에 따르면, 경험적으로 현전하는 것은 항시 변화하는 의식의 흐름이다. 흥미로운 건, 일부 다발 이론가에 반대하면서, 경험은 근본적으로 비인격적이므로 1인칭적 특성을 우리의 경험적 삶에 귀인하는 일은 사후적 조작이라는 주장을 드레이퍼스가 부인한다는 점이다. 오히려 그가 보기에 우리의 경험은 바로 그 시작부터 내재적으로 자기특정적이다(Dreyfus 2011: 120). 그런데 드레이퍼스는 암묵적으로 주관성이 실재함을 기꺼이 받아들임에도, 왜곡은 우리가 이 주관성을 지속하는 자기로 해석하는 순간 일어난다고 강변한다(Dreyfus 2011: 123). 간단히 말해, 자기알아차림 경험의 일시적인 흐름이 현존한다는 것은 부인할 수 없지만 그렇다고 이것이 항구적인 자기 개체의 존재를 수반하는 것은 아니며 오히려 드레이퍼스가 보기에 후자는 망상적 물화다. 더 구체적으로 말하면, 그는 관점적 소유권과 공시적 통일성은 보유하고 싶은 반면—그리고 주관성이 이 두 특징을 담보한다고 주장하는 반면—통시적으로 통일된 자기가 존재한다는 점은 부인한다. 시간적으로 연장되면서 지속하는 자기는 존재하지 않는다(Dreyfus 2011: 131). 그런데 이 입장이 과연 살아남을 수 있을까?

우리가 변화와 지속 모두를 경험한다고 하는 현상학적 주장을 검토해보자. 새가 나는 것을 볼 수 있듯이, 이어지는 음 또는 멜로디를 들을 수 있다. 새의 계속되는 부드러운 움직임은 우리가 보는 것이지 그저 추론하는 것이 아니다. 이 현상학적 발견은 해명되어야 하는데, 유명한 일군의 사상가가 주장했다시피, 독립된, 경험의 순간적 점들의 단순한 계기로는 경험의 지속을 설명하고 해명할 수 없다. 한 대상을 시간에 걸쳐 지속된다고 지각하려면, 의식은 그 자체로 경험적으로 통일되어야 한다. 후설이 전개했던 한 가지 가능성을 발견했는데, 이는 현전의 폭을 주장하는 일이다. 후설에 따르면, 시간성의 기본 단위는 '칼끝 같은' 현재가 아니라 '지속 구역', 즉 현재와 과거와 미래라는 세 시간 양상 모두로 이루어지는 시간적 장이다. 후설은 의식의 시간적 구조를 기술하기 위해 세 가지 전문 술어를 사용한다. (1) 엄격하게 국한된, 대상의 지금조각now-slice으로 협소하게 향해 있는 '근원인상primal impression'이 있다. 근원인상은 절대 단독으로 나타나지 않거니와 그 자체로는 우리에게 시간적 대상 지각을 제공할 수 없는 추상적 구성 요소다. 근원인상은 (2) '파지retention' 또는 파지적 국면을 동반하는데, 이는 방금 지나간 대상 조각에 대한 의식을 제공하고 그럼으로써 근원인상에 과거 지향적인 시간적 맥락을 제공하게 된다. (3) 근원인상은 또한 '예지protention' 또는 예지적 국면을 동반하는데, 이는 다소 비한정적 방식으로 막 발생하려 하는 대상 조각을 지향하고 그럼으로써 미래 지향적인 시간적 내용을 근원인상에 제공하게 된다(Husserl 1962: 202). 후설에 따르면, 모든 겪어지는 경험의 구체적이고 온전한 구조는 결과적으로 예지-근원인상-파지다. 이러한 구조가 가진 특정한 경험 내용은 순간순간 점진적으로 변하지만, 어떤 한 주어진 순간에 내적 시간의식의 이 3중 구조는 경험함의 또는 현시의 통일된 장으로서 현전한다.

시간의식의 구조를 탐구할 때, 후설은 어떻게 우리가 시간적 연장을 동반하는 대상을 알아차릴 수 있는지뿐만 아니라 어떻게 자신의 현행하는 경험의 흐름을 알아차릴 수 있는지의 문제에도 관심을 가졌다. 후설의 탐구는 결과적으로 어떻게 우리가 시간적으로 연장되는 단위체들을 알아차릴 수 있는지뿐만 아니라, 어떻게 의식 시간을 가로지르며 의식 그 자체를 통일하는지도 설명하는 것으로 여겨졌다. 하지만 후설의 모델에 따르면, 파지는, 가령 멜로디의 지나간 음들의 파지는, 말 그대로 그 음들의 재-현전(마치 지나간 음들을 다시 한 번 듣고 있으면서 동시에 현행하는 음을 듣는 것처럼)에 의해서가 아니라 방금 지나간 나의 멜로디 경험의 파지에 의해 완수된다. 간단히 말해, 의식의 각 실제 위상은 방금 지나간 음들뿐만 아니라 의식의 이전 위상도 보유한다. 우리는 파지 과정을 통해 지속되는 시간적 대상을 경험할 수 있을 뿐만 아니라, 파지 과정을 통해 시간적 위상들의 다양체 안에서 대상의 동일성을 구성할 수 있으며, 파지 과정은 비관찰적인, 전반성적인 시간적으로 연장된 자기의식을 우리에게 제공한다. 이 점은 후설의 내적 시간의식의 구조(예지-근원인상-파지) 설명이 1인칭적 주어짐의 (미세) 구조 분석으로 이해되어야 하는 이유다(Zahavi 1999를 보라).

내재적 시간을 구성하는 의식의 흐름은 **존재할** 뿐만 아니라, 아주 놀랍긴 해도 이해할 수 있게끔 형성되어 그 흐름의 자기나타남은 필연적으로 그 흐름 안에 존재하며, 그러므로 흐름 그 자체는 필연적으로 그 흘러감 안에서 포착될 수 있어야 한다. 그 흐름의 자기나타남에는 제2의 흐름이 필요하지 않다. 오히려 그 흐름이 그 자신을 현상 그 자체로 구성한다(Husserl 1966a: 83).

이러한 생각들을 고려한다면, 그 경우에 후설은 자기와 시간 사이의 관계를 어떻게 바라볼까? 그는 어떤 기저를 이루는, 분할되지 않는, 가변적이지 않은, 불변하는, 초시간적 개체에 호소하면서 의식의 통시적 통일성을 설명할까? 초기 작품인『논리 연구Logische Untersuchungen』에서 후설은 우리의 경험적 삶에 내재하는 통일체가 어떤 자아에 의해 조건 지어지거나 담보된다는 점을 명시적으로 부인했다. 그는 통일화가 경험 내적 법칙에 부합해 이미 일어났기 때문에 자아의 종합을 통한 모든 기여는 과잉적일 것이라고 주장했다. 따라서 후설의 초기 견해에서 보면 의식의 흐름은 자기통일적이며, 정확히 말하면 자아는 이러한 통일화의 결과이기 때문에, 자아는 의식의 흐름에 선행하거나 이를 조건 짓는 것일 수 없다(Husserl 1984a: 364).[1] 후설의 전반적인 자아관은 바뀌게 되지만, 원래『논리 연구』에서 한 몇몇 주장은 고수했다. 예를 들어『내재적 시간의식의 현상학을 위한 강의Vorlesungen zur Phänomenologie des inneren Zeitbewusstseins』를 살펴보면, 자아를 궁극적인 통일적 또는 종합적 행위자로 언급하는 어떤 대목도 찾을 수 없다. 오히려, 문제의 통일성은 근원인상과 파지, 예지 간의 상호작용을 통해, 다시 말해 내적 시간의식의 구조를 통해 확립되거나 짜인다. 이 점이 후설을 일종의 환원주의자로 만들까? 결국, 의식의 흐름의 통일성은 분리되고 항구적인 자아의 통일화하는 힘을 통해서가 아니라 시간적 자기통일화 과정의 결과로 발생한다는 주장을 견지한다면, 의식의 통시적인 통일성과 동일성은 결국 다양한 경험 사이에서 성립하는 어떤 (인과적이고 기능적인) 관계들로 환원될 수 있고 이에 의해 설명될 수 있다고 결론을 내리고 싶어질 수도 있다.

하지만 이는 후설의 견해가 아니다. 오히려 후설은 상이한 지향적 작용들, 가령 지각 작용, 상상 작용, 판단 작용을 타깃으로 하는 의식 분석과 내적 시간의식의 구조 분석을 하나로 보거나 서로 겹치게 하지 않는 게 중요하다고 거듭 강변한다. 후설은 이러한 차이 그리고 일시적인 경험들과 경험함의 영속적인 차원 사이의 차이, 다시 말해 체험된 것die Erlebnisse 과 체험함das Erleben 사이의 차이를 강변하는 데 있어(Husserl 1980: 326; Husserl 1973b: 46과 비교해보라), 내가 변화하는 경험들의 복수성과 의식의 편재적인 1인칭적 특성 사이를 구별해야 한다고 강조할 때 거듭 밝힌 바와 동일한 주장을 펼치고 있다. 만약 우리가 세 가지 서로 다른 지향적 경험을 한다면, 가령 아르마딜로에 대한 시각적 지각, 다가올 기념일에 대한 예상, 명왕성은 우리 태양계의 행성이라는 주장에 대한 반대, 이 세 가지 경험은 분명 서로 다른 지향적 구조를 가진다. 하지만 이 세 가지 경험의 바로 그 현시 각각의 경우가 서로 다른 구조를 가지는 건 아니다. 오히려, 우리가 발견하는 바는 항상 동일한 내적 시간의식의 기본 구조다. 더욱이 1인칭 관점에서, 내가 어떤 기쁨의 경험을 한 적이 있다거나 어떤 꽃을 지각한 적이 있는데 이 경험들이 한때 내게 현전하긴 했어도 지금은 사라져 부재하고 지나가게 되었다는 말은 확실히 타당한 반면, 경험의 현존을 가능하게 하는 예지-근원인상-파지의 3중 구조를 가지는 경험함의 바로 그 장 그 자체가 나에 대해 지나가게 되거나 부재하게 될 수는 없다. 경험함의 장은 이 장 안에서 일어나서 지속하다가 지나가게 되는 특정 경험들과 구별되어야 하며, 결코 어떤 특정한 경험적 내용으로든 개별 경험들 사이에 성립할지도 모르는 어떤 관계로든 환원될 수 없다는 주장이 경험함의 장이 별개이고 독립적인 존재를 가진다는 주장에 해당하는 건 아니다. 마치 구체적인 경험들이 후속해서 들어울 수 있는 순수하거나 텅 빈 경험함의 장이 제일 먼저 존재할 수 있다는 양 말이다. 오히려 경험함은 단지 바로 각각의 경험이 갖추고 있는 전반성적 자기현시의 불변적 차원이다.

겪어지는 주관적 현존의 미세 구조를 판독하려던 후설의 고된 시도에 대한 검토를 통해, 경험의 주관성은 이것이 추가적인 검토와 해명을 필요로 하지 않는다는 의미에서 사소하고 진부하다고 주장하는 자들에게 자신들의 주장을 재고하도록 해야 한다. 방금 언급했듯이 예지, 근원인상, 파지 간의 상호작용에 대한 후설의 분석은 자기성, 자기경험, 시간성 간의 관계를 더 잘 이해하려는 시도다. 따라서 후설의 설명에서 보면 단순히 1인칭적 관점에 주의를 기울이는 것으로는 충분하지 않다. 오히려, 1인칭적 관점의 시간성이 탐구되어야 한다. 리쾨르의 작품 『시간과 이야기Temps et récit』는 때때로 후설의 현상학적 시간 탐구에 대한 근본적인 비판을 담고 있다고 읽힌다. 그러나 이는 내적 시간의식에 대한 현상학적 탐구의 한계를 지적하고 있다는 점에서는 옳을지 몰라도(인간 존재의 시간성에는 후설의 탐구에 담긴 사유보다 더 많은 것이 있다), 이 점이 후설의 탐구를 불필요하게 만들지는 않는다. 반대로, 후설의 탐구는 경험적 삶의 시간성을 이해할 때 여전히 적절하다. 게다가 후설의 탐구는 리쾨르가 내러티브적 동일성에 초점을 맞출 때 거의 무시한 자기성의 차원을 연구 대상으로 한다.

극도로 복잡한 후설의 시간성 설명에 담긴 복잡성들을 좀더 규명하기에 마땅한 자리는 아니지만(그렇지만 Zahavi 1999, 2003, 2007a, 2010a를 보라), 그의 분석을 통해 두 가지 중요한 통찰을 끌어낼 수 있다. 첫째로, 의식의 통시적 통일성과 공시적 통일성이 별개의 자기에 의해 조건 지어진다는 주장을, 자기의 실재성을 의문시하거나 부인하지 않고도 부인할 수 있다는 점이다. 둘째로, 모든 경험은 시간적으로 연장되는 겪어지는 현존이기 때문에, 현재적 경험처럼 공시적인 것에 대한 분석조차 시간성에 대한 숙고를 담고 있어야 한다는 점이다. 바로 그러한 이유로 우리는 공시적인 통일성과 통시적인 통일성을 선명하게 구분하려는 시도를 거부해야 한다. (일시적일지라도) 얼마간의 통시적인 통일성 없이는 공시적 통일성을 가질 수 없다. 이에 반하는 주장을 한다면 근본적으로 시간적인 의식의 특성을 놓치게 될 것이다.

이 회의주의자의 반박도 다 좋은데, 설사 회의주의자에게 동의한다 하더라도, 시간적으로 연장도 되고 통시적으로 통일도 되어 있는 그런 자기의 존재를 수용하는 입장에 서기는 무척 어려울 것이다. 아니, 그럴 수 있을까?

배리 데인턴은 그의 책 『의식의 흐름: 의식적 경험의 통일성과 연속성Stream of Consciousness: Unity and Continuity in Conscious Experience』에서, 스스로 경험의 단순 개념이라 부르는 의식 모델을 지지한다(Dainton 2000: 57). 이 견해에 따르면 그리고 다양한 고차표상주의적 설명과 대조적으로, 공시적이고 통시적인 의식의 통일성은 시원적인 상호경험적 관계들의 산물이라고 이해되는 게 가장 낫다. 게다가 경험 과정들은 내재적으로 의식적이고 그러므로 자기현시적이다. 현상적 통일성이 의식적 상태들 사이에서 경험되는 관계라는 점을 고려하면, 경험 내에 있는 이 통일성을 이해할 목적으로 경험 그 자체 위에 있고 너머에 있으며 외부에 있는 어떤 것을 살펴볼 필요가 없다. 오히려, 경험은 어떤 시간에서든 시간을 가로지르면서든 자기통일적이다(Dainton 2000: 48, 73). 데인턴이 말하듯, 의식은 한 줄기 스포트라이트 밑을 흐르는 흐름으로 이루어지지도, 흐름을 따르는 한 줄기 스포트라이트로 이루어지지도 않는다. 의식은 흐름 그 자체이고, 그 불빛은 의식의 길이 전체를 관통하며 미쳐 있다(Dainton 2000: 236–237).

데인턴은 자신의 책 『현상적 자기The Phenomenal Self』에서 이러한 견해를 더 멀리 전개하며, 경험적 자기 접근법을 명시적으로 지지한다. 먼저, 그는 지속되는 인격 특성, 믿음, 지지하는 가치 등을 수반하는 소위 심리적 연속성과 경험적 연속성 사이의 구별에 찬성한다(Dainton 2008, p. xii). 다양한 사고실험을 이용하면서 그는 두 가지 형태의 연속성은 분리될 수 있다고 주장하며, 이러한 사례들을 숙고하면 경험적 연속성이 가장 중요함을 보일 수 있다고 제시한다. 그가 호소하는 주된 직관들의 하나는 의식의 간단없는 흐름이 자신의 것에서 출발해서 다른 이의 것으로 끝날 수도 있다는 발상의 불합리성이다. 이와 마찬가지로, 그는 당신의 의식의 흐름이 동일한 주관적 특성을 동반하면서 통상적인 직접적 방식으로 흐를 수는 있지만 당신이 동일한 주관적 특성을 동반할 수는 없다고 제시하는 건 불합리하다고 여긴다. 구체적인 심리적 상태들이 그 과정에서 변경되거나 대체된다고 하더라도 말이다(Dainton 2008: 26). 그는 결국 자기의 지속성은 경험적 연속성에 의해 담보된다고 주장한다(Dainton 2008: 22).[2] 따라서 그의 입장은, 어떤 파도가 앞서 온 것과 동일한 파도인지 아니면 새로운 파도인지를 확신에 차 답하는 방식으로는 파도의 행로를 쫓을 수 없듯이, 새로운 경험에 직면할 때 이 경험이 방금 지나간 경험처럼 동일한 경험자에게 속하는지 그렇지 않은지를 확정적으로 답할 수 없다고 하는 불교적 발상의 정반대편에 선다(Ganeri 2012: 10, 199를 보라).

하지만 데인턴이 접근하는 방식을 고려해보면, 그는 자신이 해결하기 위해 상당한 노력을 쏟은 문제, 이른바 '다리 건너기 문제'에 직면한다.

중단되지 않는 단일한 의식의 흐름 속에 있는 경험들은 현상적 연속성에 의해 연결될 수 있고 동일한 주체에 속할 수 있지만, (무의식의 간극에 의해 중단된) 별개의 흐름들 속에 있는 경험들은 어떨까? 무엇에 근거하여 우리는 꿈이 없는 수면에 의해 분리되는 두 경험을 하나의 공통된 소유자에게 할당하는가(Dainton 2008, p. xx)? 다리 건너기 문제는 뇌에 기반한 설명을 선호하는 사람들에게는 문제가 아닐지도 모르는데, 왜냐하면 인과적이고 물리적인 관계는 의식의 상실을 메울 수 있기 때문이다. 그러나 데인턴에 따르면, 이는 경험에 기반해 자기에 접근하는 방식을 채택하는 사람들에게는 매우 심각한 문제다(Dainton 2008: 75).

이 문제에서 데인턴의 해결책은 그가 본질적으로 의식적인 자기Essentially Conscious Self(ECS) 테제라고 부르는 것, 다시 말해, 자기는 본질적으로 의식적 개체라는 것 즉 의식을 상실할 수 없고 계속해서 존재할 수 있다는 테제를, 잠재적으로 의식적인 자기Potentially Conscious Self(PCS) 테제를 선호하면서, 즉 자기는 의식적일 수 있는 역량을 갖추고 있는 개체라고 주장하면서 거부하는 것이다. 후자의 견해에서 보면, 자기는 의식적일 수 있는 역량을 보유한다는 가정하에서 의식을 상실할 수 있고 계속해서 존재할 수 있다(Dainton 2008: 79).

데인턴에 따르면, ECS 테제의 지지자들에게는 기본적으로 두 가지 선택지가 있다. 이들은 의식의 흐름 속에 중단이 있다는 점을 부인하면서 정상적인 삶의 과정 동안에는 결코 진정으로 의식을 상실하는 건 아니라는 견해를 택하거나, 아니면 의식의 흐름 속에 사실은 중단이 있다는 점을 수용한 뒤 다음의 두 가지 가능성 중 하나를 택할 수 있다. 이들은 어떻게 자기가 중단들을 가로질러 자신의 통일성을 어느 정도 보유할 수 있는지를 설명하려 하거나, 울며 겨자 먹기로 자기는 우리가 계속

깨어 있어야만 존재하며 꿈이 없는 수면에서 깨어날 때마다 새로운 자기가 태어난다는 견해를 옹호할 수 있다(Dainton 2004: 380–381; 2008: 77–79). 데인턴은 이 모든 선택지가 지지받을 수 없다는 점을 발견하고는 결국 PCS 테제를 옹호하기로 선택한다.

그럼에도, 아니 정확히 말해 나는 자기에 대한 경험적 접근법에 훨씬 동감하기 때문에, 이러한 해결책이 꺼림칙하다. 내가 가지는 우려는 바로 PCS 테제가 경험적 접근법에서 너무나 철저히 동떨어져 있다는 점이다. PCS 테제는 그 실제 경험으로 하여금 중심적 역할을 상실하게 만든다는 걸 데인턴 스스로 인정한다는 점을 생각해보자(Dainton 2008: 112). 그는 의식적 주체의 지속성 조건들은 의식 없는 주체의 지속성 조건들과 같아야 하며(Dainton 2008: 76), PCS 테제의 관점에서 보면 의식적 상태와 의식이 없는 상태 사이의 차이는 비교적 작다고 쓰고 있다(Dainton 2008: 80). 달리 말하면, 나는 데인턴이 제안한 이 해결책이 결국 경험적 접근법의 핵심 통찰 대부분을 버리는 것으로 끝나지는 않을까 우려스럽다. 아울러, 나는 ECS 테제에는 데인턴이 감안하지 못한 몇 가지 자원이 있다고 생각한다. 하지만 이 자원들을 다루기 전에 먼저 게일런 스트로슨의 견해를 검토해보자.

이미 언급했듯이, 스트로슨은 자기가 실재하는지의 여부와 관련된 형이상학적 물음에 답하려 한다면, 자기라고 상정되는 것을 알 필요가 있으리라고 주장했다. 상정된 자기를 확립하려면 자기경험을 살펴보는 게 가장 좋은 선택인데, 왜냐하면 자기경험은 자기 같은 것이 존재한다는 생생한 감각을 맨 먼저 우리에게 줌으로써 물음을 불러일으키는 것이기 때문이다. 따라서 스트로슨이 기꺼이 수긍하듯, 형이상학적 자기 탐구는 현상학적 탐구에 종속되어 있다. 후자는 전자를 제약한다. 어떤 진정한 형태의 자기경험에 근거할 때 자기에게 기인하는 속성들을 자기가 소유하지 않는다고 한다면, 어떤 것도 자기로 간주될 수 없다(Strawson 2000: 40). 보다 구체적으로 말해, 스트로슨은 현상학적 탐구가 몇 가지 방식으로 진행될 수 있다고 주장했다. 한 가지 가능성은 통상적인 인간의 자기경험이 무엇을 수반하는지를 탐구하는 일이다. 또 다른 가능성은 자기경험의 최소 형태를 탐구하는 일이다. 당신이 쓸 수 있는 최소한의 것은 무엇이고 무엇을 여전히 자기(자기에 대한 경험)라고 부를 수 있는가?

스트로슨은 후자의 질문에 주로 관심이 있다. 그가 가끔 진주 목걸이 견해pearl view라 부르는 자신의 결론은, 자기경험은 적어도 세스메트sesmet 경험이라는 것이다. 자기경험을 한다는 것은 적어도 자신을 세스메트(단일한 심적 사물인바 경험의 주체as a subject of experience that is a single mental thing)로 경험한다는 것이다. 이와 달리, 그는 인격성과 행위체, 장기간의 통시적 지속성 같은 문제를 본질적이지 않은 특징이라 여긴다. 이 특징들이 인간의 자기경험에 관한 한 중요할 수도 있겠지만, 어떤 것은 이 특징들을 결여하면서도 여전히 진정한 자기(자기경험)일 수 있다(Strawson 2009: 172). 형이상학적 물음과 관련해, 스트로슨은 자신의 견해가 물질주의적 견해와 완벽하게 양립할 수 있다고 볼 뿐만 아니라, 자기가 얇은 자기, 즉 세스메트를 의미한다면 자기는 실재한다고 여기기도 한다. 보다 항구적인 종류의 인격적 자기에 관해서는, 그는 훨씬 더 회의적이다(Strawson 2000: 44-48).

스트로슨이 초점을 맞추고 있는 얇은 자기에 관해 더 말해야 할 게 있을까? 그는 기본적으로 어떤 경험이든 경험자, 다시 말해 경험의 주체를 수반한다는 견해를 지지한다. 경험은 필연적으로 ~에 대한 경험이다. 경험은 필연적으로 그것이 '무엇과 같음'을 수반하고, 경험적인 그 것이 무엇과 같음은 필연적으로 누군가에게 그것이 무엇과 같음이다 (Strawson 2009: 271). 또는 그의 결론을 빌려 표현해보면, 만약 경험이 존재한다면 주관성이 존재하며, 주관성의 존재는 경험의 주체라는 상태 가 존재한다는 사실을 수반한다(Strawson 2009: 419). 간단히 말해, 경험 이 존재하는 한 경험의 주체 역시 필연적으로 존재한다. 나뭇가지의 구 부러짐이 나뭇가지를 수반하듯, 경험은 경험함이며 경험함은 주체를 수 반한다(Strawson 2011: 260). 중요한 것은, 스트로슨이 이를 개념적이고 형이상학적인 주장으로만 치부하지 않는다는 점이다. 이것은 경험적이거 나 현상학적인 주장이기도 하다. 경험의 주체는 의식적 경험 안에 본질 적으로 현전해 있으면서 살아 있는 어떤 것이다(Strawson 2009: 362). 게 다가 우리는 아주 최소한의 개념을 다루고 있다. 경험의 주체는 거창한 어떤 것이 아니다. 경험의 주체는 경험의 있음을 제외한 그 밖의 모든 것 이 제거될 때 남는 것이라는 의미에서 최소한의 것이다(Strawson 2011: 254). 경험의 주체는 존재적 깊이를 결여한다는 의미에서, 주체는 얇다. 경험의 주체는 가령 그 자체적으로는 도덕적 책임이 있는 행위자일 수 없다. 사실, 자기는 경험이 있는 곳이라면 쥐나 거미 또는 달팽이의 경우 에서조차 어디에나 경험의 주체가 존재해야 한다고 말하는 게 참인 그 같은 것이다. 순전히 자기는 단지 경험의 주체이며 경험은 본질적으로 ~ 에 대한 경험이기 때문이다(Strawson 2009: 276, 401). 이 설명에 따르면, 경험이 없는 일화에서는 물론 어떤 얇은 자기도 존재하지 않는다. 얇은 자기는 경험이 부재할 때는 존재하지 않고 존재할 수도 없다. 얇은 자기 는 필연적으로 경험적인 것이지 한낱 성향적 존재를 가질 수 있는 것이 아니다(Strawson 2011: 260). 나는 이 모든 점에 동의할 수 있다. 그리고 그렇기에 스트로슨이 나와 닮아 있는 데인턴에게 비판을 가하는 점이 흥미롭다. 스트로슨은 다음처럼 썼다.

> 내 입장은 데인턴의 『현상적 자기』에 나타난 그의 입장과 극명한 대조를 이루고 있는데, 왜냐하면 그는 자기나 경험의 주체는 잠재성들의 집합이라고 하며 전적으로 성향적으로 정의하기 때문이다. 그의 견해는 경험의 주체로서의 개체는 현실적으로 어떤 경험도 한 적 없이 존재할 수 있다는 발상과 부합한다. 나는 얇은 주체 개념에 초점을 맞추기에 (오늘날의 대부분의 철학 독자들에게는 덜 자연스럽지만) 현실적으로 그런 경험의 주체는 우주에 존재한 적이 없다고 말할 수밖에 없다. 존재하지만 어떤 경험도 한 적이 없다고 하는 수백만의 데인턴적 경험의 주체 말이다(Strawson 2009: 370).

시간성에 관한 문제는 어떤가? 스트로슨이 반복해서 강조하듯이, 어떤 경험도 순간적일 수 없기 때문에 자기라고 한다면 시간 안에서 연장되어야 한다. 순간이 전혀 시간적 연장을 가지지 않은 것으로 정의된다면 말이다. 결국 모든 얇은 주체는 어느 정도 시간적으로 연장되는 공시적 통일성을 가진다(Strawson 2009: 256, 388). 하지만, 스트로슨은 각각의 별개 경험은 그 자신의 경험자를 가진다고 주장하기도 한다(Strawson 2009: 276). 그는 얇은 주체가 필연적으로 단기적이거나 일시적인 개체여야만 한다고 하는 얇은 주체의 정의 그 자체에는 특별할 게 없다는 점을 인정한다. 그러나 인간의 의식의 흐름상에 수많은 일시적 중단이 있다는 점을 고려하면, 사실상 얇은 주체는 인간의 경우에 있어 단기적일 것이다. 얼마나 수명이 짧은가? 아마 2초에서 3초 사이일 것이

다.**³** 따라서 스트로슨은 결국 자기에 대한 소위 일시성 견해transience view
를 지지한다(Strawson 2009: 9). 인간의 통상적인 생애 동안 동일한 유
기체에는 존재론적으로 단명하는 별개의 수많은 자기가 산다고 할 수도
있다.

　나는 어떤 점에서는 스트로슨의 얇은 자기와 나의 경험적 자기가 대
단히 유사하다고 생각한다. 우리 모두는 혹자가 아주 좁게 잡은 자기개
념이라고 여길 수밖에 없는 경험적 자기개념을 지지한다. 우리 모두는
이러한 자기개념에 관한 한 현상학과 관련이 있다는 점을 지지하며 이
개념을 통해 완수할 수 있는 바에 한계, 즉 스트로슨이 이 개념은 존재
적 깊이를 결여한다고 언급하며 멋지게 잡아내는 한계가 있다는 점을
인정한다.(이는 이 책의 후반부에서 다시금 자세하게 다룰 내용이다.) 그래서
무엇이 다르다는 것인가? 만약 사소한 얼마간의 차이, 즉 술어적인 부
분을 무시한다고 하면, 틀림없이 한 가지 실질적인 차이가 존재할 텐데,
이는 지속성과 일시성의 문제와 관련이 있다.

　스트로슨에 따르면, 이른바 의식의 흐름은 실제로는 일련의 고립된
단기적인 경험적 일화들이다. 이들 각각은 존재론적으로 구별되는 그 자
신의 주체를 가진다(Strawson 2009: 399). 따라서 경험이 중단될 때 얇
은 주체는 생존할 수 없는데, 이 주체는 자신이 주체가 되는 경험이 존재
하지 않는다면 한순간도 존재할 수 없다. 간단히 말해, 새로운 경험이 존
재할 때마다, 새로운 주체 또는 얇은 자기 역시 존재한다. 어떤 주어진
순간에 나¹ 또는 자기가 존재하더라도, 오랫동안 지속되는 자기는 존재
하지 않는다. 오히려 스트로슨이 이를 두고 말하듯이, 나는 끊임없이 완
벽하게 새롭다(Strawson 2009: 247).

　스트로슨이 지적하듯이, 자기의 실재성을 지지하는 이러한 결론이

자기 찬성자들을 만족시킬지는 분명하지 않다. 어쨌든, 그가 마음을 쏟고 있는 자기는 불교가 거부하는 자기는 아니다.

자기 찬성자는 내가 존재한다고 주장하는 자기들이 진정 그 이름을 받을 만한 자격이 있지 않으며, 내가 이런 방식으로 '자기'를 씀으로써 진정으로 그 이름을 받을 만한 자격이 있는 다른 것들이 있다는 사실을 흐린다고 말할 것이다. 자기 반대자는 내가 존재한다고 주장하는 자기들이 그 이름을 받을 만한 자격이 없다고 하는 자기 찬성자들에 동의할 것이며, 내가 이런 방식으로 '자기'를 씀으로써 어떤 것도 그 이름을 받을 만한 자격이 없다는 사실을 흐린다고 말할 것이다. 이게 중요할까? 내 생각으로는, 당치도 않다(Strawson 2009: 5).

한 가지 의문점, 즉 내가 여기서 뒤따를 수 없는 점은 스트로슨의 입장이 시간적으로 지속적이고 항구적인 대상 경험을 비롯해 시간적 경험에 대해 확실하게 설명하는지다. 그렇지만 그 대신 통시성의 문제에 초점을 맞춰보자. 자기에 대한 대부분의 경험적 접근법은 데인턴식의 잠재성에 의지하거나 스트로슨식의 다수의 일시적 자기를 선택하거나인데, 좀더 호소력 있는 또 다른 대안이 가능할까?

스트로슨은 자기성의 세 가지 후보를 구별한다. 두꺼운 전체 생명체가 있고(예를 들어 인간), 전통적인 내적 개체가 있고(다시 말해 어떤 경험도 없을 때 존재할 수 있는 모종의 지속하는 내적 개체라고 여겨지는 주체), 마지막으로 세스메트 즉 어떤 경험도 없을 때는 존재할 수 없는 단기적인 주체가 있다(Strawson 2009: 374). 나는 앞서 개진한 경험적 자기개념이 우리에게 네 번째 선택지를 준다고 제시할 것인데, 이 선택지는 스트로슨의 세스메트와 전통적인 내적 개체 사이 어딘가에 자리한다. 결국, 경험적 자기는 경험이 없을 때 존재할 수 있는, 별도로 존재하는 개체가 아니며, 특정한 경험으로 단순히 환원되지도 않는다. 오히려 경험적 자기는 다수의 변화하는 경험과는 구별해야 하지만, 이 경험이 공유할 수 있는 경험의 1인칭적 특성의 편재하는 차원과 동일시될 수 있다.

내가 지지하는 견해에서 보면, 우리가 의식이 없을 때에는 사실 어떤 경험적 자기도, 즉 1인칭 관점에서 정의되는 것으로서의 어떤 자기도 존재하지 않는다. 그러나 이 점이 경험적 자기의 통시적 동일성과 통시적 통일성이 이른바 의식의 흐름의 중단들(꿈이 없는 수면 또는 혼수상태)에 의해 위협받는다는 걸 필연적으로 함축하지는 않는데, 왜냐하면 이러한 자기의 동일성은 중단됨 없는 경험적 연속성에 근거하거나 의존하지 않기 때문이다. 동일한 경험적 자기가 시간적으로 구별되는 두 경험에 현전하는지는 문제의 이 두 경험이 동일한 나의 것임 또는 나에 대한 것임의 차원에 참여하는지에 달려 있다. 만약 이 경험들이 참여한다면, 이것들은 시간적으로 분산된 자기의식을 공동으로 구성할 수 있다. 따라서 나로서는 현상적 통일성이 "유의미한 시간적 휴지기들로 분리되는 경험들 사이에 성립하지 않는다"는 주장을 왜 받아들여야 하는지 모르겠다 (Bayne 2013: 202). 여기서 결정적인 점은 두 경험 사이의 객관적인 시간적 거리가 아니라, 가령 현재의 회상 작용이 과거의 경험적 일화에 1인칭적으로 접근할 수 있는지의 여부다. 후자의 경우, 두 일화는 동일한 의식의 흐름의 일부다. 의식의 통일성을 깨지 않으며, 경험적 자기의 통일성을 깨지 않는다.

그러면, 일부 사람은 이러한 제안이 어느 정도 상당히 기이한 지속성 조건들을 자기성에 부여한다며 반대할 수도 있다. 경험적 자기는 어떻게 이러한 방식으로 존재하다가 존재하지 않다가 할 수 있는가? 이를테면, 경험적 자기는 어떻게 존재하지 않는 기간에 존속할 수 있는가? 하지만 이 질문들이 제대로 제기된 것인지는 잘 모르겠다. 이들은 경험적 통시성 관련 질문을 적절히 다루려면 3인칭 관점을 통해야 한다고 가정한다. 이들은 의식의 흐름을 어떤 끈에 비유해 생각하며, 꿈이 없는 수면을 이 끈의 끊어짐에 비유한다. 이러한 관점에서 본다면, '그^{the}' 의식의 흐름이 의식이 없는 기간들에 의해 중단되는 불연속적인 일화들의 연쇄 (데인턴은 구분되는 의식의 흐름들의 연쇄에 대해 말하기까지 한다)로 이루어져 있다고 여길 수 있다.[4] 이러한 설정을 감안할 때, 이들 불연속적인 단위체를 연결하는 방식의 문제에 직면할 수 있다. 그리고 스토크스가 지적했듯이, 데인턴이 쓸 수 있는 진정 유일한 선택은 그 방식이 추론적으로 일어난다는 것이다. 다시 말해, t_2와 t_1이 의식이 없는 기간들로 분리되어 있지 않다면 나는 t_2 때의 S2가 t_1 때의 S1과 동일하다는 걸 경험할 수 있는 반면, 간밤에 내가 잠자리에 들었다는 나의 이튿날의 확신은 순수하게 추론적이며 더 이상 경험에 기반을 두지 않는다(Stokes 2014). 그러나 대신 우리가 경험에 기반한 접근법이라면 응당 택해야 할 1인칭 관점을 택한다면, 상황은 상당히 달리 보인다. 1인칭 관점에서 보면, 우리가 기억을 돌이켜 분리된 의식의 흐름을 서로 연결시켜야 하는 것 같지는 않다. 잠에 들었다가 깨어난다는 막연한 느낌이 확실히 존재하긴 해도, 꿈이 없는 수면에 1인칭 관점이 1인칭적으로 부재하지는 않는다 (이와 비슷한 논법에 관해서는 Klawonn 1990b: 103-104를 보라). 의식 없이 연장되는 기간은 존재하지 않으며, 어제 한 경험, 가령 강렬한 부끄러운 경험이나 당황스러운 경험에 접속하는 작용과 오늘 아침 일찍 한 어떤 경험에 접속하는 작용에는 차이가 존재하지 않는다. 두 경우 모두에서, 우리는 통시적으로 통일된 의식과 마주하는 것이다. 어째서 과거와 관련된 회상 분석 때문에 실제 경험에 초점을 두었다가 경험 역능 및 경험 산출 역량으로 그 초점을 옮겨야만 하는지 모르겠다.

나는 통시적인 자기의식이, 비경험적인 (뇌라는) 기체가 기저를 이루면서 존속한다는 증거로 간주될 수 있는지의 문제에 전혀 입장을 밝히지 않았다는 점을 강조해두겠다. 내가 지지하고 있는 자기는 경험적 자기, 즉 1인칭 관점에서 정의되는 것으로서의 자기이며 그 이상도 그 이하도 아니다.

아, 그렇지만 일부는, 그 점은 우리의 경험적 통일성에 대한 경험이 결국 '단지' 현상학적이며 따라서 형이상학이 아무 영향을 미치지 못함을 의미하는 것임에 틀림없다고 말할지도 모르겠다. 그러나 시간을 가로지르는 현상학적 통일성 경험을, 이러한 경험된 통일성이 의식의 진정한 형이상학적 본성에 관한 그 어떤 것도 드러낼 수 없다는 주장을 가지고 논박할 수 있다고 생각한다면, 타당한 그 적용 영역을 벗어나 외양−실재 구별을 이용하는 게 된다. 이는 문제의 그 실재가 어느 정도 사이비적인 마음−독립성의 면에서 정의되는 게 아니라, 경험적 실재의 면에서 이해되어야 한다는 점을 고려할 때 특히 그렇다. 비교를 위해, 현상적 의식의 경우를 검토해보자. 고통 경험은 고통이라는 실재로 충분하다는 걸 누가 부인할 수 있을까? 피코크가 최근 이를 두고 말했듯, 우리는 "의식에 적용되지 않는 조치를 주체에게는 부여하는 이중 잣대를 대지 말아야" 한다(Peacocke 2012: 92).

의식의 통시적 통일성이 인격하부적 수준에서 어떤 그와 짝지어지는 통일성에 의해 지지되지 않는다면, 의식의 통시적 통일성이 망상에 불과하다고 주장하는 것은 당면 과제를 오해하는 것이다. 스트로슨이 지적하듯, 당신의 심적 삶이 그 존재를 일련의 수량적으로 구별되는 뇌들이나 뉴런적 개체들이 계속적으로 존재해온 데 의존했다고 확신하게 되었더라도, 이 점이 통시적으로 지속하는 개체로서의 당신의 자기 감각을 소멸시키지는 않을 것이다(Strawson 2009: 81). 나도 동의한다. 하지만 나라면 시간적으로 연장되고 통일되는 의식의 흐름에 대한 경험은 그 자체로 경험적 자기의 실재적(이자 단순히 망상에 불과한 것이 아닌) 통시성에 대한 경험이라는 점을 덧붙일 것이다. 혹자가 1분 길이의 경험적 연쇄에 정말 20~30개의 형이상학적으로 구별되는 (그러나 질적으로 유사한) 단기적 자기가 포함되어 있다고 어쨌든 고집한다면, 그는 불가피하게 그 자기들의 관계와 관련된 문제에 직면할 것이다. 나는 다음의 제안에 대한 어떤 현실적인 대안도 알지 못한다. 형이상학적으로 말해, 자기들이 서로 독특한 인과적 관계를 맺는 상황에 놓여 있다고 하더라도, 우리는 피차간 내가 당신과 다른 만큼의 서로 다른 자기들을 계속해서 대하고 있는 것이다. 그리고 시인하건대 나는 그 제안이 불합리하다고 생각한다. 그러나 유사성이 동일성과 같은 것이 아님에도 불구하고 의식의 흐름이 모종의 경험적 통일성을 수반한다고 주장하는 설명을, 의식의 흐름이 어떻게든 통시적 자기동일성을 수반한다고 주장하는 설명과 구별할 필요가 있다는 데, 확실히 일부는 반대할지도 모른다. 하지만 나의 대응은 지금의 맥락에서 내린 그 구별이 타당한지 또 유의미한지를 의문시하는 것이다. 내가 보기에 1인칭적 특성에 의해 부여되는 통일성은 내가 보존하기를 갈망하는 경험적 자기동일성 같은 것에 충분하다. 이것이 불충분하다고 여긴다면(칸트의 당구공에 대해 언급해줄 사람이 없었을까?), 나는 당신이 잘못된 동일성을 찾고 있다고 생각한다.[5] 따라서 경험적 자기와 통시적 통일성의 문제 사이의 관계를 논의할 때, 경험적 자기성은 자기경험의 관점에서 정의되어야 한다는 주요 발상을 상기해야 한다. 경험적 자기성의 관점에서 자기경험을 정의하는 게 아니라 말이다.

이렇게 말한다면 해답이 나오지 않은 인격적 동일성의 본성과 관련된 수많은 문제가 틀림없이 남을 것이다. 일화적 기억은 인격적 동일성을 전제하며 자신이 계속해서 존재해왔다는 데 증거를 제공할 뿐이라고 일부는 주장했다. 리드가 쓰고 있듯, 나의 기억은 이 일이 끝났을 뿐만 아니라, 그 일을 내가 했다는 것도 입증한다. 지금 그 일을 기억하는 나 말이다. 만약 그 일을 내가 했다면 나는 그때에 존재했어야 하고, 그때부터 지금까지 계속 존재했어야 한다(Reid 1863: 345). 이와 달리, 인격적 동일성은 내적 의식을 통해 주관적으로 지속되기에 결국 인격적 동일성에 관한 문제는, 인간의 동일성이나 기저를 이루는 실체의 동일성에 관한 문제와 날카롭게 구별되어야 한다고 로크는 급진적으로 생각했다. 이는 그가 "우리가 동일한 사유하는 물체, 즉 동일한 실체인지 그렇지 않은지는 인격적 동일성과 전혀 관련이 없는" 문제라고 주장할 수 있었던 이유다(Locke 1975: 336). 사실, 로크가 이어 말했듯,

그것의 현재의 생각과 행위에 대해 그것이 갖는 의식에 의해서 그것은 지금의 자신에 대해서 자기이고, 그리고 그래서 동일한 의식이 지나간 행위나 다가올 행위까지 확장될 수 있는 한에서 그것은 동일한 자기일 것이다. 시간상 떨어져 있거나 실체가 변화했다고 해서 두 인격이 아닌 것은, 그가 어제와는 다른 옷을 입고 길거나 짧은 잠을 잤다고 해서 그가 두 사람이 아닌 것과 같다. 실체가 행위의 산출에 어떤 기여를 했든, 동일한 의식은 그 시간적으로 떨어진 행위를 동일한 인격에 통합시킨다(Locke 1975: 336).

로크 제안의 급진주의는 감탄할 만하지만, 이것은 많은 이가 설득력이 없다고 여긴 견해다. 예를 들어, 의식은 인격적 동일성에 필연적이지도(내가 과거에 한 행동을 더 이상 기억할 수 없더라도 나는 그 행동에 여전히 책임이 있기 때문이다) 충분하지도 않을 수 있다(실제로는 소크라테스가 한 행위를 내가 내면으로부터 기억하는 것 같다고 해도 나는 소크라테스와 동일한 사람이 아닐 것이기 때문이다)는 주장이 제기되었다.[6] 리드나 로크의 설명을 택하든 아니면 아마 이것들에 대해 현대적으로 개량된 설명을 택하든지를 막론하고, 우리는 기억 상실과 거짓 기억을 비롯한 다양한 기억 장애 사례가 제시하는 도전들 역시 고려해야 한다.

2013년에 자신이 나폴레옹이라고 주장하며 워털루 전투에 참전한 일을 생생하게 기억한다고 진심으로 고집한 어떤 이의 사례를 살펴보자. 이러한 기억이 있다는 걸 자기의 장기적인 통시적 지속성의 증거로 보는 건 터무니없지 않을까? 분명, 당신의 기억은 왜곡될 수 있다. 이 점은 많은 심리학자와 인지과학자가 기억은 현실의 수동적이거나 문자적인 기억이라는 신화를 폐기하도록 촉구하는 이유다. 이 기억은 대니얼 샥터가 말하듯, "마음이라는 사진첩에 저장된 일련의 가족사진"과는 다르다(Schacter 1996: 5). 오류의 일반적인 출처는 손상된 출처기억으로 알려져 있다. 당신은 무언가에 관해 책에서 읽었지만 이제는 개인적으로 겪었다고 기억할 수도 있고, 또는 어떤 경험이 이것을 당신에게 얘기해준 다른 누군가에게 실제로 일어났지만 자신의 경험이라고 기억할 수도 있다. 간단히 말해, 당신은 이전에 어떤 사건을 봤거나 들었거나 경험했던 일을 기억한다는 데에 있어서는 옳지만, 회상의 출처에 관해서는 틀렸다(Lindsay and Johnson 1991; Schacter 1996). 나폴레옹의 패전에 대한 1인칭 회상을 가지고 있다고 주장하고 있는 이 사람은 틀림없이 이전에 워털루 전투에 관한 정보를 습득했을 가능성이 높다. 그에게 일화적 기억이 있다는 건 그가 계속해서, 다시 말해 시간적으로 연장되어 존재한다는 걸 입증한다. 그가 지금 기억하고 있는 정보를 습득했을 당시에 그는 존재했다. 그러나 물론, 그 시기는 아마도 1815년 6월 18일보다 훨씬 뒤일 것이다. 이 같은 착오는 가능할 뿐만 아니라 생각보다 드물지도 않다. 하지만 훨씬 더 극적인 형태의 착오 역시 존재하는데, 여기에는 자발성 작화증과 망상기억이라 알려진 착오가 포함된다(Kopelman 1999). 따라서 사람들은 확실해 보이는 기억을 가질 수 있다. 이들 스스로는 자신들의 삶에서 일어난 사건들을 기억하고 있는 거라고 진심으로 믿지만, 이 사건들은 그들이 이전에 결코 경험해보거나 생각해본 적 없으며 실은 결코 그들에게나 다른 누구에게도 일어난 적이 없다.

일화적 기억이 무오류적이진 않지만, 드레이퍼스가 주장하는 바와 달리(2011: 132) 나는 어떤 경험을 나의 것으로 기억할 때 수반되는 어떤 착오나 왜곡이 필연적으로 존재한다고 생각하진 않는다. 하지만 무경험적 일화들에 경험적 자기가 존재한다는 걸 부인한다면, 분명 이러한 자기의 지속성 조건들이 유기체의 지속성 조건들과 같을 수 없음을 인정하는 게 된다. 지금, 일부는 이에 대한 인정을 노골적인 패배의 시인으로 간주할지도 모르겠다. 결국 우리에게 필요한 바는, 현재 경험을 하고 있는 주체도 한때는 무경험적 태아였으며 언젠가 미래의 어느 시점에는 결국 지속적 식물인간 상태에 처할지도 모른다는 사실에 부합할 수 있는 설명임에 틀림없다. 하지만 이른바 이러한 패배는 제안된 모델이 가진 분명한 장점으로도 해석될 수 있는데, 왜냐하면 세 가지 경우(어떤 생물학적 또는 동물주의적 개념) 모두에 동등하게 적용될 수 있게 맞춰진 자기성 개념은 (최소의) 공통분모, 즉 경험의 역할에 초점을 맞추는 동안 전적으로 결정적인 어떤 부분을 놓친다는 이유로 심히 비난받을 수 있기 때문이다. 간단히 말해, 나는 (비록 경험을 결여하지만, 아마 죽 살아 있는 유기체일) 철학적 좀비에게 적용과 귀속이 가능하기도 한 자기성 개념에 만족하고는 이것으로 임시변통하기를 권하지 않을 것이다.

덴마크 철학자 에리히 클라본은 여러 글에서, 경험의 1인칭적 주어짐 또는, 클라본이 또한 나−차원I-dimension이나 일차적 현존의 차원이라고 부르는 차원이 올바른 (비환원주의적) 인격적 동일성 이론에 가장 중요하다는 생각에 한결같은 지지를 보냈다(Klawonn 1987, 1990a,b, 1991, 1998). 클라본은 내 경험의 장과 이 장이 보유하는 그 모든 일시적인 경험적 내용을 구별해야 한다고 먼저 지적하며, 그런 다음 경험들이 문제의 경험적 장에 계속해서 노출되는 한, 다시 말해 경험들이 자신들의 특정적인 1인칭적 존재의 형태를 보유하는 한 나의 것으로 주어짐이 중단되는 일 없이 또 내가 나의 동일성을 상실하는 일 없이 그 경험들은 내용적으로 완전히 변할 수 있다고 주장한다. 사실, 경험의 주관적 또는 1인칭적 주어짐은 그 경험이 가진 자기성의 필요충분조건이며, 자기는 가변적 경험 체계의 불변적 1인칭적 주어짐으로—그리고 이에 의해 설명되는 의식의 통일성으로—정의될 수 있다고 클라본은 명시적으로 주장한다(Klawonn 1998: 60; 또한 1991: 136을 보라). 클라본은 그런 다음 이러한 틀을 이용함으로써 환원주의적인 (특히 파핏주의적인Parfitian) 인격적 동일성 논의에 비판적으로 개입하며, 나에게 현존하는 현존의 장이 시간을 관통하는 엄격한 자기동일성을 설명할 수 있는 '그 이상의 사실'을 구성한다고 주장한다(1990a: 44, 57; 1990b: 101). 클라본은 내성법을 통한 조사로는 내가 과거의 어떤 사람과 동일한지의 여부를 확정할 수 없는 경우가 있음을 기꺼이 받아들이지만, 나의 통시적 자기동일성은 일차적 현존의 장까지 미친다고 줄곧 주장한다. 설사 1967년에 태어나 단 자하비라고 불렸던 유아와 내가 동일한지를 내가 사실상 확정할 수 없을지라도, 이 점이 그 동일성의 본질과 구성 요소를 바꾸지는 못한다. 그 동일성이 일차적 현존의 장의 엄밀한 수적 동일성, 다시 말해 1인칭적 경험하기의 차원을 획득했다면 말이다(Klawonn 1991: 229, 232; Fasching 2009, 2011; Hart 2009와 비교해보라).

나는 이러한 사고방식에 동감한다. 하지만 혹자는 이것이 자기성에 대한 엄밀한 경험적 접근법을 통해 산출 가능한 바를 뛰어넘는 게 아닌지 의아해할지 모르겠다. 과거 일화를 더 이상 1인칭적으로 돌이키거나 이에 접근할 수 없을 때조차, 현재 의식적 일화의 경험적 자기와 과거 일화의 경험적 자기가 동일적일 수 있다고 고수한다면 말이다. 그렇다고 경험의 주체가 있다가 없다가 하는 정도조차 되지 않는데 (물리적 동일성과는 달리) 확연히 알 수 있는 인격적 동일성의 문제를 논하는 게 말이 된다고 내가 생각하는 것은 아니지만, 결과적으로 나는 경험적 자기개념 그 자체로 통시적 지속성에 관한 모든 유관 문제를 다룰 수 있다거나 해결할 수 있다는 확신은 부족한 편이다. 어쨌든 지금 나의 목표는 클라본보다는 온건하다. 나는 복잡한 인격적 동일성 논의에 개입할 의도가 전혀 없기 때문이다. 나는 이전의 장들에서 경험적 자기성과 전반성적인 (공시적) 자기의식이 밀접하게 연계되어 있다는 견해를 지지한 반면, 이 장에서 내가 세운 목표는 경험적 자기가 최소한의 것이기는 해도, 무시간적이거나 시간적으로 연장되지 않는 건 아니라는 점을 보이려고 통시적 통일성에 초점을 맞추는 것이었다. 그러니 비록 내러티브적으로 연장되는 자기개념을 도입해 통시적 통일성의 문제를 다루었다고 해서, 내가 선호하는 경험적 설명이 통시적 통일성의 문제에 전적으로 범접할 수 없으리라 생각하는 건 잘못된 일일 것이다. 사실상, 내러티브적 역량을 획득한 뒤에라야 시간적으로 구조화되는 자기경험을 향유하게 된다고 주장하는 건 심대한 오도일 것이다. 경험적 자기는 어느 정도 시간적 연장을 가지며, 우리의 전반성적 자기의식은 어느 정도 통시성에 대한 알아차림을 함유하고 있다.

6장
'순수한'과 '빈곤한'

누군가는 이 시점에서 반신반의하겠지만, 내 제안은 후설의 영향을 받은 것이다. 다음에서는 후설 자신의 입장을 어느 정도 밝히기 위해 해석 위주의 탐구를 하기로 하자. 이를 통해 3부에서 논의될 몇몇 주제로 가는 길을 닦게 될 것이기 때문이다.

1. 사유성과 익명성

하지만 나는 후설이 아니라 메를로퐁티로부터 출발할 것이다. 메를로퐁티가 『아동과 타자의 관계』Les Relations avec autrui chez l'enfant에서 지지한 한 설명을 검토하면서 시작해보자. 이것은 그가 소르본 대학에서 강연한 아동심리학 강좌인데, 제목이 가리키는 바와는 달리 메를로퐁티는 원래 사회적 상호작용의 초기 형태와 관련된 다양한 실증적 연구 결과들에 관심이 없다. 오히려, 그는 자기와 타자 사이의 관계에 관한 실질적인 철학적 물음들을 제기하고 답하려 애쓰고 있다. 사실상, 그는 우리가 타자와 관계 맺는 방식의 문제에 만족스러운 해결책을 제시하지 못하는 고전 심리학의 무능력에서 출발하는데, 메를로퐁티에 따르면, 이 무능력은 고전 심리학이 의문시되지도 정당화되지도 않은 특정한 철학적 선입견들에 근거한 채 전적으로 접근한다는 사실에 기인한다. 이것들 중에서 최우선하는 선입견은 경험적 삶은 단 한 사람만이, 즉 이 삶을 소유하는 개인이 직접 접근할 수 있으며(Merleau-Ponty 1964a: 114) 우리가 다른 이의 정신에 접근하는 유일한 방식은 간접적이자 다른 이의 신체적 나타남을 매개한다는 근본적인 가정이다. 나는 당신의 얼굴 표정, 제스처, 행위를 볼 수 있고 그런 뒤 또 이에 근거해 당신이 생각하고 느끼고 의도하는 바를 얼마간의 경험에 미루어 추측할 수 있다(Merleau-Ponty 1964a: 113-114). 고전 심리학은 가시적인 외면성에서 비가시적인 내면성으로의 이전을 유비논증의 방식을 들어 틀에 박히게 설명했지만, 메를로퐁티는 이러한 전략의 태생적인 여러 난점을 날카롭게 지적한다. 그가 제기하는 반대들은 셸러가 『동감의 본질과 형태들Wesen und Formen der Sympathie』에서 수년 일찍 제기한 것들과 아주 유사한데, 나는 2부에서 이 반대들로 돌아갈 것이다. 지금으로서는, 메를로퐁티가 나의 경험적 삶은 나 이외의 누구도 접근할 수 없는 내적 상태들의 연쇄라는 발상을 거부함으로써 자신이 한 비판의 결론을 내린다고만 해도 충분할 것이다. 오히려, 그가 보기에 우리의 경험적 삶은 무엇보다도 세계와 맺는 관계이며 그 경험적 삶은 나 역시 타자의 의식을 발견할 수밖에 없는 세계를 향한 관계 맺는 행위를 통해 존재한다. 메를로퐁티는 "타자에 대한 관점은 내가 그와 나 자신을 이 세계에서 작동 중인 '행동들'로, 즉 우리를 둘러싼 자연세계와 문화세계를 '파악하는' 방식들로 규정하는 순간부터 나에게 열려 있다"고 쓰고 있다(Merleau-Ponty 1964a: 117). 세계로 향해 있는 의식이 나 자신이 되면서 나는 행위하는 타자들과 마주칠수 있으며, 이들의 행위는 나 또한 실행할 수 있는 행위이기 때문에 이행위는 나에게 유의미하다. 메를로퐁티는 결국 우리의 정신 개념을 재규정할 필요가 있음은 물론이고 우리의 신체 이해도 수정해야 한다고 주장한다. 나의 신체적 경험을 통해서 타자의 행동을 전유하고 이해할 수있다면, 전자는 감각들의 총합으로서가 아니라 자세 또는 신체 도식으로서 정의되어야 한다(Merleau-Ponty 1964a: 117). 다음은 메를로퐁티의 말이다.

> 지각될 수 있는 타자는 타자 자신이지 타자 자신에게로 닫혀 있는 '정신'이 아니며 오히려 행동, 즉 세계를 겨냥하는 행동의 체계이기 때문에, 그는 그 자신을 나의 운동 지향에 제공하고 그 '지향적 침해'(후설)를 제공하는데 이로써 나는 그에게 생명을 불어넣고 나는 그에게 스며 있게 된다. 후설은 타자에 대한 지각은 '짝지음 현상'과 같다고 말했다. 이 용어는 결코 은유가 아니다. 타자를 지각할 때, 나의 몸과 그의 몸을 한 쌍으로 만드는 일종의 행위가 초래되면서 이 두 몸은 짝지어진다. 내가 보기만 할 수 있는 이 행동, 나는 얼마쯤 거리를 두고 살고, 그 행동을 나의 것으로 만든다. 즉 그것을 되찾거나 그것을 파악한다. 상호적으로, 나는 내가 스스로 만든 제스처들이 타자의 지향 대상이 될 수 있다는 것을 안다. 나의 지향을 타자의 몸으로 전이하고 또 그의 지향을 나의 몸으로 전이하는 것, 즉 타자에 대한 나의 소외와 나에 대한 그의 소외를 전이하는 것, 이것이 타자에 대한 지각을 가능케 한

다(Merleau-Ponty 1964a: 118).

이 구절에는 곱씹어볼 점이 많다. 이 글은 메를로퐁티가 후설의 설명에 적어도 일부는 실질적으로 동의한다는 것과 문제의 전이가 왜 투사의 형태를 띠지 않는지(이 이유에 관한 더 자세한 설명은 2부에서 하겠다) 설명하는 일이 중대한 과제라는 것을 예시한다. 하지만 나는 여기서 어려운 문제, 즉 방금 따온 이 인용문에 바로 이어 메를로퐁티가 쓴 부분에 초점을 맞추려 한다. 그는 자아와 타자가, 마치 서로가 타자에 대해 절대적으로 독자적인 양 스스로에 대해 절대의식을 소유한다고 전제한다면, 이러한 설명이 결국 가능하지 않을 거라 말한다(Merleau-Ponty 1964a: 119). 이는 물론 메를로퐁티의 다른 글에서도 보게 되는 발상인데, 예를 들어 그는 『지각의 현상학Phénoménologie de la perception』의 유명한 구절에서, "나는 나 자신에 대해 투명하지 않기 때문에, 또 나의 주관성은 그 자신 너머에서 함께 그 몸을 그리기 때문에, 타자들은 명확할 수 있다"라고 언명한다(Merleau-Ponty 2012: 368). 하지만 지금의 지문에서 메를로퐁티는 이 주장의 두 번째 이유에 더 관심이 있다. 미분화된 초기 상태가 존재하며 정신 발생은 바로 아동이 자신과 타자를 다른 존재로 알아차리지 못하는 상태에서 시작한다고 가정하게 되면, 타자에 대한 지각은 이해할 수 있는 게 된다고 그는 이어서 쓰고 있다. 우리는 이러한 초기 상태에서는 어떤 진정한 의사소통이 있다고 말할 수 없다. 의사소통은 의사소통하는 자와 의사소통하는 상대의 구별을 전제한다. 그러나 메를로퐁티는 이어서 셸러를 언급하며 전의사소통 상태가 있을 수 있다고 말하는데, 이 상태에서는 나의 의도가 타자의 신체에 작용하는 동시에 타자의 의도가 나의 몸 전역에서 작용한다(Merleau-Ponty

1964a: 119). 메를로퐁티가 보기에, 이 첫 번째 국면에서는 결과적으로 상대와 마주서는 하나의 개별자가 아니라 익명적 집합체, 미분화된 집단의 삶이 존재한다(Merleau-Ponty 1964a: 119). 그는 후에 『기호들^{Signes}』에서 이를 다음처럼 공식화하게 되었다.

> 상호주관적 삶이 출현하는 데서 오는 고독은 모나드의 고독이 아니다. 이것은 우리를 존재로부터 떼어놓는 익명적 삶이라는 안개일 뿐이다. 그래서 우리와 타자들 사이에 놓인 장벽은 손으로 만져서 알 수 있는 게 아니다. 만약 어떤 틈이 존재한다면, 그것은 나와 다른 사람 사이에 있는 게 아니다. 그것은 우리가 서로 뒤섞여 있는 초생적^{primordial} 일반성과 나 자신-타자들이라는 바로 그 체계 사이에 있다. 상호주관적 삶에 '선행하는' 것은 수량적으로 구별될 수 없다. 왜냐하면 바로 이 수준에는 개별화도 수량적 구별도 존재하지 않기 때문이다(Merleau-Ponty 1964b: 174).

메를로퐁티는 『아동과 타자의 관계』에서 어떻게 초기의 익명적 삶이 점차 분화되는지를 기술한다. 그는 어떻게 아동이 자신의 신체와 타자의 신체가 다른지를 알아차리게 되는지를 기술하면서 특히 아동이 자신의 반사 이미지와 직면하는 일의 중요성을 강조한다.(그리고 이는 3부에서 돌아갈 부분이다.) 아동은 이처럼 거울이 매개된 자기대상화를 통해 자신의 고립성과 분리성을 알아차리게 되며, 이와 상관적으로 타자의 고립성과 분리성을 알아차리게 된다(Merleau-Ponty 1964a: 119). 이러한 견해는 현상학 분야들이 지지할 수 있을 뿐만 아니라, 게슈탈트 심리학과 정신분석학 역시 이와 유사한 통찰에 도달했다고 메를로퐁티는 주장한다.

그는 앙리 왈롱의 연구를 언급하는데, 예를 들어 그는 나와 타자 사이에 초기 혼동이 존재하며 이 둘의 분화는 후속하는 신체의 대상화에 결정적으로 의존한다고 주장했다(Merleau-Ponty 1964a: 120).

아동은 초기에 자신과 타자를 전혀 알아차리지 못하며, 자신과 타자를 고유한 개별자로 의식하는 일은 다만 나중에 도래한다고 메를로퐁티가 얘기하는 경우, 이 주장에는 평가를 어렵게 하는 모호한 점이 있다. 메를로퐁티는 아동이 단지 상대적으로 늦은 단계에서 자신과 타자 사이의 차이를 명시적으로 알아차리게 된다고 주장하고 있는 걸까(자기와 타자는 애초부터 분화되어 있다는 주장과 완벽히 양립 가능한 뒤늦은 알아차림), 아니면 자기와 타자 사이의 바로 그 구별은 공동의 익명성에서 파생되고 이에 뿌리를 둔다는 보다 급진적인 주장을 지지하고 있는 걸까?

소르본 강의와 『기호들』에는 후자, 즉 보다 급진적인 견해를 지지하는 구절들이 있다.

2. 인칭적 나와 순수한 나, 근원적인 나

이제 후설로 옮겨 가보면, 우리는 "자기의식과 타자에 대한 의식은 분리할 수 없다"고 하는 선험성을 지지하는 주장(Husserl 1954: 256 [253]) 또는 같은 글의 조금 뒤에서 다음처럼 말하는 것을 볼 수 있다. "경험하는—일반적으로, (생각하고 가치평가하며, 행위하는) 어떤 자아로서 살아가는—나는 나의 '너thou', 나의 '우리we', 나의 '너희들you'을 가지는 어떤 '나I'일 수밖에 없다"(Husserl 1954: 270 [335-336]). 보다 일반적으로 말해, 후설은 존재의 관계적 양상을 인칭적 나I에게 귀속시킨다(Husserl

1952: 319). 그가 여러 차례 말하듯, 너희들you이 없다면, 너희들에 상대하는 나I 역시 있을 수 없다. 다시 말해, 나는 너희들에 대한 나로서 구성될 뿐이다(Husserl 1973a: 6, 247). 사실 메를로퐁티가 후에 상세하게 논의한 유명한 인용구에서 후설이 쓰고 있듯, "주관성은 바로 상호주관성 내에만 있는 것—구성적으로 기능하는 자아—이다"(Husserl 1954: 175 [172]).

따라서 후설은 인칭적 나I의 기원이 사회적 삶에 있다고 주장한다. 개인들은 능력, 성향, 습관, 관심, 성격 특성, 신념을 가지지만, 개인들이 사회적 진공 상태에서 존재하는 건 아니다. 한 개인으로 존재하는 것은 공동의 지평 안에서 사회화되어 존재하는 것인데, 여기는 자신이 품고 있는 것이 타자로부터 전유되는 곳이다.

인칭성의 기원은 공감과 공감에서 자라나는 그 이상의 **사회적 행위들**에서 발견된다. 인칭성이라 하려면, 주관이 행위의 중심으로 주관 자신을 알아차리게 되는 것으로는 충분하지 않다. 오히려 인칭성은 주관이 타자와 맺는 사회적 관계 속으로 들어갈 때에만 구성된다(Husserl 1973b: 175).

개인으로서의 나의 존재는 따라서 나 자신의 성취가 아니다. 오히려 후설에게 이는 내가 타자와 맺는 '의사소통적 상호엮임'의 결과다(Husserl 1973c: 603; 또한 1973c: 50을 보라).

언뜻 보기에, 후설과 메를로퐁티의 입장 사이에 상당한 의견 일치가 있는 듯 보인다. 사실, 후설의 설명에서도 나I와 너희들you이 공동의 체계를 구성한다고 말하는 게 불합리하지는 않을 것이다. 후설이 『이념들 2^{Ideen II}』에서 말하듯, "우리가 제시한 바에 따르면, 나^I라는 개념과 우리^{we}라는 개념은 관계적이다. 나^I에게는 너^{thou}와 우리, 그리고 '타자' 가 필요하다. 그리고 더욱이 자아(개인으로서의 자아)에는 자아를 끌어당 기는 세계와의 관계가 필요하다. 그러므로 나와 우리, 세계는 함께 묶여 있다"(Husserl 1952: 288). 후설은 내가 우선한다거나 나와 너희들이 그 저 동근원적이라고 말하지 않고, 어떤 경우에는 타자에게 우선성을 부 과하는 듯 보이기까지 하는데, 예를 들어, 『상호주관성 2^{Zur Phänomenologie} ^{der Intersubjektivität II}』에서 따온 다음의 잘 알려진 인용문에서 그는 "타자 가 최초의 인간이다. 내^I가 아니라"라고 말한다(Husserl 1973b: 418).

하지만 이런 식으로 문제를 제시하는 데는 약간의 함정이 있다. 후설 은 몇 가지 상호보완적인 나^I 개념을 사용하는데, 지금껏 내가 논의해온 개념은 가장 근본적인 것은 아니다. 후설이 나^I는 나-너^{I-thou} 관계를 통해 인칭적 나로 변형된다고 쓸 때(Husserl 1973b: 171), 또 동물이 어떤 나-구조를 가지긴 해도 인간과 동물을 구별하는 가능자는 인간만이 인 칭적 나를 가진다는 것이라고 쓸 때(Husserl 1973c: 177), 그는 나라는 것은 토대를 가지는 나라는 점을 분명히 가리키고 있다. 후설에 따르면, 그러나 그렇다면 보다 깊고 근본적인 나의 차원을 구성하는 것은 무엇 이고 또 이러한 나의 차원과 타자들의 차원 사이의 관계는 무엇인가?

잠시 그가 『이념들 2』에서 한 분석을 살펴보자. 거기서 후설은 의식 의 절대적인 개별성을 강조한다. 그는 "어떤 주어진 코기타티오^{cogitatio} 의 순수 자아는 이미 절대적인 개별성을 가지며, 코기타티오 그 자체는 그 자체로 절대적으로 개별적인 것이다. (…) 의식의 흐름 안에서의 겪어 진 경험은 절대적으로 겪어진 경험 소유의 본질을 가진다. 겪어진 경험 은 그 자신 안에 자신의 개별성을 품고 있다"(Husserl 1952: 299-300; 또한 Husserl 2006: 386을 보라)고 썼다. 후설이 쓰고 있듯이, 그가 여기 언급하는 순수 자아는 비밀스럽거나 신비로운 것이 아니라, 경험의 주체에 대한 또 다른 이름일 뿐이다(Husserl 1952: 97). 의식의 흐름은 경험들의 다발에 불과한 게 아니다. 오히려 모든 경험하기는 경험처럼 흘러가지 않는 주체의 경험하기다(Husserl 1952: 103, 277). 순수 자아는 자신의 동일성을 보존하기 때문에, 순수 자아가 거주하고 있고 기능하고 있는 경험들과 구별되어야 하지만, 경험들과 독립적으로는 어떻게 해서도 존재할 수 없고, 또는 경험이 영속적인 흐름에서 서로 번갈아가면서 일어났다 사라진다 해도(Husserl 1952: 98-99; 1974: 363), 순수 자아는 경험과 분리해서는 생각할 수 없다(그리고 그 반대도 마찬가지다). 순수 자아는 초월인데, 후설의 유명한 표현으로는 내재성 속의 초월성이다(Husserl 1976: 123-124).

결과적으로 순수 자아와 인격적 자아를 꼭 하나로 볼 필요는 없다는 것이다.[1] 순수 자아에 상대하는 인격적 자아는 상호주관적으로 구성될 뿐만 아니라, 다양한 유형의 역사성과 개인성에 의해 특징지어진다. 이미 봤듯이, 후설이 보기에 개인으로 존재하려면 나 자신을 향한 타자들의 태도를 전유해야 한다. 하지만 후설은 개인의 발달이, 알고 있든 그렇지 못하든지에 상관없이 타자, 타자의 생각, 타자의 느낌, 타자의 명령에 영향을 받는다고 쓰면서, 후설은 아주 프랑크푸르트학파적인 방식으로, 내가 단순히 타자의 영향에 수동적으로 굴복하지 않고 대신 능동적 입장 취하기Stellungnahme를 통해 그 의견들을 전유하거나 병합한다면 그 의견들은 보다 실질적인 의미에서 나의 것이 된다고도 주장한다. 후설이 합리적 자기책임성이 가능하다고 보고 그렇기에 어떤 자율적 이성이 가능하다고 보는 것은, 바로 자신의 신념을 자신의 소유로 취하고서 스스로

부과한 지침을 따르기 때문만이 아니라(Husserl 1952: 269; Moran 2001: 51과 비교해보라), 또한 그는 나의 결정이 결국 내가 누구인지를 결정하게 되며 나의 개체성이 배어 있고 조화로운 내 생각과 결정의 스타일로 또 통일된 내 행동으로 표현된다고 주장한다(Husserl 1952: 270; 1973b: 196). 마지막으로 후설은 침전물이 축적되고 지속적인 습관이 확립된다면, 순수 자아가 어떻게 역사를 가진 인격적 자아로 발전하는지에 대해서도 얘기한다(Husserl 1952: 151, 265). 달리 표현하면, 순수 자아는 순수하게 형식적인 개별성을 가지는 반면, 보다 구체적인 개체성은 나의 인격적 역사 안에서 또 이를 통해 구성되고, 나의 도덕적이고 지성적인 결정과 확신으로 구성되며, 다양한 사회 집단에 참여하고 또 이와의 동일시를 통해 구성된다. 간단히 말해, 나는 단지 순수하고 형식적인 경험의 주체일 뿐만 아니라 능력, 성향, 관심, 성격 특성, 신념을 가진 개인일 뿐이기도 하므로, 오로지 전자에 초점을 맞추는 것은 추상화에 사로잡히는 일이다(Husserl 1962: 210). 인간의 인격성을 가진 자로서의 내가 누구인지 알려면, 경험의 무한성Unendlichkeit der Erfahrung을 살펴봐야 한다. 후설이 말하듯, 개인은 원리상 무한히 발전할 수 있는 통일체다(Husserl 1973b: 204). 개인은 자기경험과 타자경험 사이의 상호작용에 의해 구성되고 이를 통해 끊임없이 풍부해진다(Husserl 1973a: 432; 1971: 112). 간단히 말해, 그 같은 자기앎을 획득하려면 끊임없이 탐구해야 한다. 이와 달리, 순수 자아, 즉 어떤 성향과 특성 또는 선호도 없는 어떤 자아를 알려면 단 하나의 코기토cogito로 충분할 수 있다. 이 말은 대단히 이상하게 들릴 수 있으며 또 이 때문에 사실 리쾨르는 자신이 명명한 '상처 입은 코기토'를 후설은 인정하지 못했다며 그를 비판했다(Kearney 1984: 27에서 인용). 후설의 주장은, 인간 삶의 풍부함과 복잡함을 인정하지 못함을 증명하는 것으로 독해하기보다는 후에 순수 자아는 어떤 감춰진 내적 풍부함도 담지하지 않는다는 사실에 대한 강조로 또 앞선 진술을 순수 자아의 형식성과 공허성에 방점을 두는 것으로 독해하는 게 훨씬 더 합당하다. 순수 자아는 다소 아주 얇고 좁게 잡은 개념이다. 에디트 슈타인이 한때 말했듯, "순수한 '나'는 깊이를 가지지 않는다"(Stein 2008: 110). 이것은 순수하지만 빈곤하다. 이것은 형식적이라는 의미에서 순수하고, 그 결과 내용에서 빈곤하다(Husserl 1976: 179). 그러나 이 때문에 순수 자아의 존재나 중요성을 부인해서는 안 된다.

후설은 『위기Die Krisis』와 『상호주관성 3』을 비롯한 몇몇 곳에서 가장 근본적인 나의 차원, 즉 Ur-Ich 또는 근원적인 나primal I라는 또 하나의 용어를 도입한다. 이러한 나의 차원을 명시적 타깃으로 삼는 몇 가지 구절을 살펴보자.

초월론적 상호주관성으로 곧바로 뛰어들어 근원적인 '나', 즉 내 에포케의 자아를 건너뛰는 것은 방법론적으로 옳지 않았는데, 이 자아는 그 유일무이성과 인격적 격불변화성을 결코 상실할 수 없기 때문이다(Husserl 1954: 188 [185]).

나는 하나의 자아가 아닌데, 이 자아는 본래 적법하게 자신의 너you, 자신의 우리we, 자신의 공동 주체들의 전체 공동체를 여전히 가지기 때문이다(Husserl 1954: 188 [184]).

에포케를 통해 획득하는 '나'는 (⋯) 실상 애매한 표현에 기대서만 '나'라고 불린다(Husserl 1954: 188 [184]).

이들 인용문에서는 두 가지 문제가 강조된다. 첫째, 문제의 '나'는 통상적인 '나' 개념과 다르다. 둘째, 이러한 나는 인칭적인 나와 같은 방식으로는 타자에게 의존하거나 타자와 관계 맺지 않는다. 이미 봤듯이, 후설이 인칭적인 나를 두고 그 나는 어떤 너에 상대해서만 어떤 나이기 때문에 너가 없다면 나도 없을 것이라고 쓰는 반면(Husserl 1973a: 6, 247), 근원적인 나를 두고는 무의미한 다중화를 배제하는 것이라는 점에서 절대적인 나는 유일무이하다고 쓰고 있는데, 이러한 이유로 그것은 (여럿 가운데) 하나의 자아일 수 없다(Husserl 1973c: 589-590).

지금 직면하는 분명한 문제는 이러한 근원적인 '나'가 정확히 무엇인가 하는 점이다. 이 개념은 지지를 받을 수 있을까, 또 후설이 근원적 자아의 유일무이성과 격불변화성을 고집하는 건 옳을까? 이들 질문에 포괄적으로 답하려면 순수 자아와 근원적인 나 사이의 정확한 관계를 논의하면서, 특히 후설 분석이 띠는 초월론적 철학의 맥락을 숙고해야 할 것이다. 하지만 나는 해석상의 관심사를 괄호 치고 대신 내가 특히 초점을 맞춰 탐구하는 부분과 보다 직접적으로 관련된다고 여기는 특정 측면에 본령을 둘 것이다.

후설이 근원적인 나의 급진적인 단수성에 대해 말하며 복수화 가능성을 부인할 때, 그는 근원적인 나의 형이상학적이거나 실체적인 유일무이성과 격불변화성에 관해 말하고 있는 게 아니라 의식의 고유한 1인칭적 특성을 언급하고 있는 것이다. 예를 들어, 후설의 미출간 연구 원고들을 통해 이러한 해석을 뒷받침하는 게 가능한데, 거기서 그는 '나'는 어떤 복수형의 여지도 없다고 주장한다. 복수형이라는 단어가 원래 의미대로 쓰인다면 말이다. 타자들은 스스로를 나라고 경험하지만, 나는 단지 나 자신을 경험하는 것일 뿐이다. 그들이 아닌 나로서 말이다(Husserl

1932: 127a). 따라서 나는 '그것이 나다^{das bin Ich}'라고 말할 수 있는, 나 자신과 함께하는 두 번째 본을 가지지 않는다. 그런 이유로, '내'가 정확히 나를 의미할 때 나는 하나의 나에 대해 말할 수 없다. 이러한 나는 절대적으로 유일무이하고 개별적이다(Husserl 1932: 138a).[2] 그러나 후설이 또한 분명히 하듯, 근원적인 나의 유일무이성에 초점을 맞추는 방식이 유사하게 유일무이한 근원적인 나의 다중성을 결코 배제하지는 않는다. "유일무이한 나—즉 초월론적인 나, 나 자신의 유일무이성 속에서 '타자'를 유일무이하고 초월론적인 나의 것으로 상정하는 나—는 타자들을 다시 한 번 유일무이하게 상정하는 '타자들'과 같다"고 후설은 쓰고 있다(Husserl 1932: 138b).

내가 이해하기로, 후설이 근원적인 나를 강조하는 것은 의식의 1인칭적 특성을 제대로 다루려는 시도다. 이러한 강조는 내재적이고 '절대적인 개별성'을 지목하려는 시도인데(Husserl 1952: 97과 비교해보라), 이 개체성이 꼭 주체가 타자와 만나고 상호작용하면서 최초로 획득되는 것은 아니다. 간단히 말해, 후설에 따르면 타자를 분석에 도입하지 않고도 자기성과 전반성적 자기의식 그리고 의식의 흐름의 구조 사이의 관계를 형식적으로 분석하는 일은 완벽히 적법하다. 경험적 삶의 고유한 나의 것임^{Meinheit}에 관한 한, 이것은 타자와 어떤 식으로 대비시키지 않고도 특징지어질 수 있는 측면이다(Husserl 1973c: 351). 그러나 후설이 또한 지적하다시피, 우리의 경험적 삶이 선천적으로 개별화되어 있긴 하지만 이는 형식적이고 공허한 종류의 개체성임을 깨달아야 하는데, 이 개체성은 다른 모든 가능한 주체가 동등하게 특징으로 삼는 것이다(Husserl 1973b: 23).

이러한 해석의 이점은 후설이 나중에 아주 드물게 한 근원적인 나에 대한 얘기를, 그가 자기의식의 문제에 지속적으로 몰두하는 일과 연결 짓게 할 수 있다는 데 있다. 이미 언급했듯이, 후설은 경험적 삶에는 자기의식이 편재해 현전한다는 점을 강조했으며 의식의 1인칭적 특성과 자기의식의 시원적 형태, 기본적인 어떤 자기성 감각을 몇 차례나 동일시했다. 근원적인 나 개념을 이러한 방식으로 해석하면 후설 초기의 Urbewusstsein 개념 또는 '근원의식primal consciousness'과 연결 지을 수 있기도 하다.[3] 후설이 1906~1907년에 행한 초기 강의『논리학과 인식론 입문Einleitung in die Logik und Erkenntnistheorie』에서 이미 쓴 근원의식이라는 개념은 어떤 특수한 지향적 경험을 언급하는 게 아니다. 오히려 이 용어는 현행하는 모든 경험의 핵심적인 부분인, 전반성적이고 비대상화적인 자기의식의 편재하는 차원을 지목하는 것이다(Husserl 1984b: 245-247). 사실 이 관점을 좀더 자세히 탐색하려면 너무 멀리까지 가야 하겠지만, '근원의식'이라는 용어가 후설이 한 내적 시간의식의 현상학 강의 핵심 부분에 등장하는 것은 절대 우연이 아니다(Husserl 1966a: 89, 118-120).

근원적인 나에 대한 후설의 논의에서 부각되는 한 가지 중요한 방법론적 문제는 이 차원을 기술하는 데 있어 일상 언어의 특성을 오도할 가능성이 있다는 점과 관련이 있다. 앞서 일부 인용한 핵심 구절에서 후설은 다음처럼 쓰고 있다.

> 에포케를 통해 획득하는 '나'는 (…) 실상 애매한 표현에 기대서만 '나'라고 불린다—비록 그것은 본질적으로 애매한 표현이지만, 내가 반성을 하면서 그것을 명명할 때 나는 그 외에는 어떤 것도 말할 수 없기 때문이다. 에포케를 수행하는 것은 나다(Husserl 1954: 188 [184]).

후설이 여기서 강조하고 있는 바는 근원적인 나라는 개념이 분명 통상적인 일상의 나'라는 개념에서 출발하며, 일상적인 함의가 담긴다면 근원적인 나를 '나'라고 이름 붙이는 것은 오해를 불러올 수 있다는 점이다. 하지만 동시에 그는 계속 '나'라는 용어를 쓰는 것은 꼭 필요하고 피할 수 없다는 점을 강조하기도 한다. 우리에게는 더 나은 용어가 없기도 하고, 후설 또한 이 용어의 경험적 의미를 분명 담고자 한다. 그는 우리 모두에게 철저히 친숙한 어떤 것, 즉 의식의 근본적인 1인칭적 특성을 가리키고 있다. 그렇지만 대개 우리는 일상의 삶에서 그것의 제대로 된 의미를 이해하지 못한다. 자기경험의 기본적 수준을 지목하는 데 이용된다면 '나'라는 용어의 애매모호함에 관한 후설의 반성들은 한층 더 강력한 이유로 나의 것임과 1인칭적 특성 같은 개념들로 이입될 수 있다. 놀랄 것도 없이, 일부 사람들은 '나의 것'이라는 말의 본래 의미는 발달론적으로 말해 '너의 것이 아닌 것'이라고 주장하면서, 내가 '나의 것임'이라는 용어를 쓰는 데 이의를 제기했다. 그리고 이와 유사하게, 2인칭과 3인칭 관점에 상대하지 않고서 1인칭적 특성이나 1인칭적 관점에 대해 말하는 건 전혀 이치에 맞지 않는다는 주장이 제기되었다. 따라서 이런 방식의 논리에서 보면, 두 용어 모두 2인칭적인 사회적 공간이 의미를 부여하는 대비적인 용어다(Hutto 2008: 15). 그러나 나는 후설과 마찬가지로 경험이 가진 기본적인 개체성과 자기현시적 특성을 지칭하는 데 이 용어들을 이용하고 있다. 이 용어들이 혼란을 낳는 이유를 알고 있지만, 마땅한 대안이 떠오르지 않는다.

3. 겪어진 경험의 유아론

앞서 지적했듯이, 자기-타자의 관계에 대한 메를로퐁티의 입장은 소르본 강의에서 표명되듯이 모호한 점이 있다. 그가 아동은 처음에는 자신과 타자 모두를 전혀 알아차리지 못하며, 자신과 타자를 고유한 개별자로 의식하는 일은 나중에나 일어난다고 말할 때, 메를로퐁티는 아동은 자신과 타자의 차이를 상대적으로 늦은 단계에서 명시적으로 알아차리게 될 뿐이라고 단지 주장하고 있는 것일까, 아니면 자기와 타자 사이의 바로 그 구별은 공동의 익명성에서 파생되고 여기에 뿌리를 두고 있다는 보다 급진적인 주장을 지지하고 있는 것일까? 후자의 견해를 지지한다고 해석될 수 있는 구절들이 있다. 이 견해가 실상 메를로퐁티의 입장이라면, 우리는 후설의 견해와의 현저하고 뚜렷한 결별을 대하고 있는 것이다.

하지만, 메를로퐁티의 또 다른 중심 텍스트 『지각의 현상학』의 「타자들과 인간 세계」 장을 짧게 살펴보기로 하자. 그는 거기서 다른 사람에 대한 지각은 성인에게만 문제적이라고 쓰고 있다. 유아는 자신과 타자를 사적인 주체들로 알아차리지 못한다. 메를로퐁티는 상호주관적 세계 같은 것이 가능할 수 있으려면 이러한 유아기의 경험이 필수 불가결한 습득 경험으로 만년까지도 남아야 한다고 하면서 말을 이어간다. 인식하는 데 힘든 노력을 쏟기에 앞서, 즉 타자의 낯선 현존을 이해하기에 앞서, 공통의 기반이 존재해야 한다. 우리 모두는 유년의 세계에서 어느 수준에서 평화롭게 공존했음을 유념해야 한다(Merleau-Ponty 2012: 372). 그러나 그런 뒤 메를로퐁티는 이런 모델이 정말 작동할까를 묻는다. 이는 기본적으로 관점들의 개별성을 버리면서, 즉 자아와 타아를 버리면서 상호주관성의 문제를 풀려는 시도가 아닐까? 만약 지각하는 주체가 익명적이고 지각되는 타자도 그렇다면, 복수의 주체를 이러한 익명적 집합체에 다시 도입하려 시도하는 것은 가망 없는 일이다. 설사 내가 다른 사람의 비탄이나 분노를 그의 행위, 즉 얼굴이나 손에서 지각한다 해도, 다시 말해 설사 내가 어떤 '내적인' 고통이나 분노 경험에 의지하는 일 없이 다른 사람을 이해한다 해도, 다른 사람의 비탄과 분노는 그에게서와 마찬가지로 나에게는 결코 동일한 의미를 띠지 않을 것이다. 나에게 이러한 상황들은 간접현전된다. 그에게 이러한 상황들은 겪어진다(Merleau-Ponty 2012: 372). 그런 뒤 메를로퐁티는 겪어진 경험에 뿌리를 두는 극복할 수 없는 유아론에 대해 말을 이어간다(Merleau-Ponty 2012: 374). 내가 모든 면에서 나 자신의 행위들을 넘어서서 일반성에 매몰되어 있다 하더라도, 나는 그 행위들이 경험되는 자라는 사실에는 변함이 없다. 결국에 그는 "격불변화적 '나'"라고까지 언급한다(Merleau-Ponty 2012: 375). 이 때문에 그의 입장은 후설의 입장과 훨씬 더 가까워진다. 물론, 소르본 강의들은 더 나중이라 더욱 발전된 메를로퐁티의 견해를 나타내는 것이라고 이의를 제기할 수 있다. 그러나 자못 흥미로운 바는, 이 강의들에서 메를로퐁티가 셸러는 타자에 대한 경험을 가능하게 만들기 위해 결국 의식의 개별성을 부인하는 데로 나아갔고 그럼으로써 나와 타자 사이의 바로 그 구별을 붕괴시키는 데로 이어졌던 일종의 범심론을 지지하게 되었다고 주장하는 구절들이 발견된다는 점이다(Merleau-Ponty 2010: 32). 이는 메를로퐁티가 수용할 수 없다고 여기는 결과다. 2부에서 명료해지겠지만, 아마 셸러를 잘못 해석한 데 근거하는 듯 보이는 이러한 비판은 메를로퐁티가 그 후기 강의들에서조차 덜 급진적인 견해를 선호했다거나 아니면 본인이 얼

마나 멀리 갈지를 유예했거나 또는 이에 관해 불분명한 채로 남겨졌다
는 사실을 보여준다.

7장

다차원적
설명

천천히 살펴보자. 나는 앞선 장들을 지나오며 자기성의 최소한의 형태는 경험적 삶의 내장된 특징이라는 생각을 제시하고 지지했다. 나는 일부 열렬한 반실재주의자들의 견해를 검토하는 것으로 시작해 자기성에 대한 최신의 논의 및 개념화는 회의주의자들이 알고 있다고들 하는 것보다 훨씬 더 복잡하고 정교하다고 주장했다. 이들이 부인하려 하는 자기개념은 널리 지지받고 있는 개념이 아니다. 그런 뒤 나는 이어서 보다 최소주의적 자기성 개념을 운용하는 게 가능하고 바람직하며, 따라서 자기-회의주의자들이 거부하고 있는 불변하는 영혼-실체 같은 것이 존재한다는 입장에 서지 않고도 자기에 관해 실재주의자일 수 있다고 주장했다. 보다 구체적으로 말해, 주체가 경험을 한다거나 겪는다는 막연한 느낌이 필연적으로 존재한다고 하는 약한 의미에서, 현상적 의식은 자기의식을 수반한다는 견해를 나는 지지했다. 경험은 경험적 관점이나 견지를 필연적으로 수반하고, 관점적 소유권을 동반하며, 단지 현상적인 '그것이 무엇과 같음'을 말하기보다는 '나에 대해 그것이 무엇과 같음'을 말하는 게 더욱 적확하다. 중요한 것은 경험의 이러한 나에 대한 것임이 어떤 특별한 종류의 나-감각질$^{I-qualia}$을 함의하는 게 아니라는 점이다. 오히려 이것은 경험이 가진 1인칭적 특성이나 1인칭적 현전을 지칭하는데, 즉 우리는 타자의 경험적 삶과는 다른, 자신의 현행하는 경험적 삶에 대한 전반성적 친숙함을 가진다는 사실을 지칭하며 그 반대도 마찬가지다. 그런 뒤 나는 경험의 이러한 특징은 경험적 자기성에 해당하고 이와 동일시될 수 있다고 힘주어 주장했다.

그다음 나는 이 제안의 핵심을 제시하며 다양한 반대를 검토했다. 첫 번째 공격 노선에 따르면, 경험적 삶은 대개든 전적으로든 특별한 몇몇 경우에서든 나에 대한 것임을 결여하는데, 이 때문에 자기성은 경험적 삶에 편재하는 특징일 수 없다. 이 반대의 한 가지 버전에 따르면, 경험의 소유권은 개념적이고 언어적인 자원을 수반하는 메타인지 활동의 소산이다. 나는 이러한 견해가 적절한 반대를 진정 구성한다기보다는 사용된 주관성과 자기의식 개념의 모호한 부분을 이용하므로 결국은 내 입장과 다른 입장을 취하는 것을 목표로 한다고 주장했다. 이 반대의 또 다른 버전에 따르면, 현상적 의식은 철저하게 또 전적으로 세계현전적이다. 나는 이러한 제안이 경험되는 대상의 현상적 특성과 지향적 작용의 현상적 특성 사이의 구별을 간과하므로, 여기에도 비의식적인 지향적 일화와 의식적인 지향적 일화 사이의 차이를 해명해야 하는 난점이 있다고 주장했다. 마지막으로 자기와 의식은 서로 밀접하게 짜여 있다는 견해와 관련된 예외 사례들을 병리학이 제시한다는 주장을 검토하며, 이는 최소주의적 해석을 포기하고서 나에 대한 것임과 자기의식을 내 방식보다 강고하고 팽창적인 방식으로 규정하는 경우에만 해당된다고 나는 주장했다.

　나는 반대들의 첫 번째 방식에 대응하면서 다른 종류의 도전을 이어서 검토했는데, 이 도전은 주관성과 자기성은 구별되어야 하고 이것들의 차이는 유지되어야 한다는 데 근거하는 것이다. 이러한 반대의 한 가지 버전이 주장하듯, 경험은 사실상 자기의식과 관점적 소유권을 특징으로 할 수도 있지만, 이로써 결코 통일된 자기를 상정하는 일이 정당화되지는 않는다. 하지만, 내가 지적했듯이 이러한 비판이 가진 문제는 손쉽게 꽤나 특수한 자기성 정의를 채택한다는 데 있는데, 이는 내가 지지하는 자기성 정의와 중요한 점에서 다르다. 예상할 수 있듯이 이 같은 대응은 또 다른 버전의 반대를 곧바로 불러왔는데, 이 반대는 내가 지지하고 있는 최소주의적 자기성 개념이 지나치게 최소주의적이고 수축적이라는 데 근거한다. 나는 우리의 자기동일성이 특정한 경험적 차원과 단순히 동일시된다기보다는 규범적 합의와 지지에 의해 구성된다는 제안을 어느 정도 자세히 검토하면서, 후자에 어떤 장점이 있든 그 자체로는 성립할 수 없다고 주장했다. 후자는 경험적 접근법이 목표로 삼는 1인칭적 특징을 필연적으로 전제한다. 하지만 궁극적으로는 주안점을 잊어서는 안 된다. 바로 경험적 삶은 그 자체로 또 시작부터 1인칭적 특성과 현전, 즉 전반성적 자기의식과 나에 대한 것임을 특징으로 한다는 점이다. 이 점을 인정한다면 최소주의적 수준의 자기성과 보다 복잡한 수준의 자기성을 구별해야 하는지, 아니면 주체성과 진정한 의미에서의 자기성을 구별해야 하는지의 문제는 덜 중요하다. 이러한 용어 선택의 문제는 정말 중요한 부분이 아니다. 하지만 예상할 수 있듯, 나는 전자의 선택지를 선호한다. 나는 단순히 이 선택지가 체계적으로 옹호할 수 있고 역사상의 전례를 통해 지지된다고 생각하는 게 아니다(6장에서 지적했듯이). 나는 경험적 자기성의 수준을 계속 선호하는 게 문제의 경험적 특징들이 띠는 진정한 중요성을 떠올려주는 데도 도움이 될 거라고 생각한다.

아마 이 단계에서는, 내가 반대되는 주장을 반복했음에도 나의 최소한의 자기성 정의가 결국 너무 형식적이게 되어 더 이상 경험적이지 않게 된다며 이의 제기가 있을지도 모른다. 간단히 말해, 나의 제안은 내가 데인턴의 PCS 테제에 맞서 한 바로 그 반대에 취약하지 않은가? 나는 그렇게 생각하지 않는다. 최소한의 자기는 이 자기가 구조화하는 지향적 작용, 기억, 표현적 행동, 사회적 상호작용으로 또 수동적으로 습득되는 습관, 경향, 연상에 의해 짜이고 맥락화될 수 있다. 그러나 그것은 최소한의 자기 그 자체가 한낱 추상물이라는 말이 아니다. 최소한의 자기의 경험적 실재성을 의문시할 어떤 이유도 없다. 이것은 한낱 잠재성이 아니다.

나는 논의를 하는 동안 자기에 대한 두 가지 서로 다른 접근법을 대비했다. 내러티브적 접근법은 작자권과 합의, 규범성의 중요성을 강조하는 것이고, 경험적 접근법은 소유권과 전반성적 자기의식, 현상성에 더 비중을 두는 것이다.[1] 이러한 대비를 강조하며 무엇이 경험적 자기의 특징인지를 부각하는 데 성공했기를 바란다. 그렇다면 물어야 할 질문은 두 가지 접근법의 하나만으로 만족할 수 있는지 아니면 두 가지 설명이 다 필요한지다. 나는 둘 중에 경험적 접근법이 보다 근본적인 것이라 여기지만, 규범을 우선시하는 설명의 사례로 다룬 내러티브적 접근법이 중요한 부분, 즉 인간의 자기성에 특유할 수도 있는 부분을 포착한다는 점을 기꺼이 인정한다. 우리가 누구인지는 단순히 원초적 사실들이라기보다는, 즉 단순히 발견되기를 기다리는 어떤 것이라기보다는 우리의 자기해석, 즉 우리가 스스로를 누구라고 여기는지의 문제이기도 한다. 하지만 오해를 피하기 위해 나는 내러티브적 자기 설명이 경험적 설명은 포착하지 못하는, 유일하게 인간만이 가능할 측면을 비롯해 자기가 된다는 것의 의미가 가진 측면을 포착한다고 생각하지만, 스트로슨의 일화적 개인들같이 자신의 삶을 정돈된 응집적 내러티브로 알지 못한다면 진정한 인간 자기가 아니라고 말하고 있는 게 아님을 강조해두겠다(Strawson 2004). 하지만 나는 인간의 자기성이 경험적 구성 요소 그 이상이라고 주장할 것이다. (합의, 결정, 책임, 반성 같은 개념과 연결된) 제거할 수 있는 내러티브적 차원이 있기도 하다. 그렇다고 이 차원이 반드시 내러티브적 형태를 띠는 것은 아니다. 그럼에도 중요한 점은 다차원적 설명의 필요를 인정하는 일이다. 우리는 자기성을 사회적으로 구축되는 성취나 생득적이고 문화적으로 불변하는 소여로 보는 견해 사이에서 선택하도록 하는 강요를 받아들여서는 안 된다. 우리가 누구인지는 사실상 발견되는 것 못지않게 만들어지는 것이다. 이는 내가 데인턴이 지지하는 모델보다는 궁극적으로 순수하지 않은 또는 혼성적인, 다면적이고 다층적인 자기 모델을 선호하는 이유이지만(Dainton 2008: 76), 이 얇은 자기 개념이 설사 어떤 형이상학적인 우선성을 갖추고 있다고 하더라도 다른 자기개념들이 배제되는 것은 아님을 스트로슨이 명시적으로 인정하고 나서, 특히 그 시점 이후에 그가 말하곤 했던 바와 내가 선호하는 모델이 아마 좀더 비슷할 것이다(Strawson 2011: 262).

하지만 설상가상으로, 우리는 방금 함께 개관한 두 가지 자기개념이 자기를 남김없이 설명하리라고 가정하는 실수를 저질러서는 안 된다. 예를 들어, 나이서가 상호인격적 자기를 논의할 때 타깃으로 하는 자기의 차원을 생각해보자. 나이서는 이러한 자기 감각은 유아가 타자와 맺는 상호작용과 교환 행위로부터 생겨난다고 주장하면서, 특히 특별한 종류의 자기경험, 즉 타자와 관계할 때의 자기경험에 이 자기 감각을 연관 짓는다(Neisser 1988: 43). 이러한 측면을 지금까지는 사실상 탐색하지 않았지만, 3부에서 심도 있게 초점을 맞춰 탐구할 것이다.

우선은 내가 제안하고 있는 다차원적 모델이 일견 양립 불가능하게 보이는 다양한 입장을 화해시킬 수 있다는 점을 강조해두겠다. 양자의 견해를 포용하는 데 수반되는 양립 불가능성 또는 직접적인 모순이 어째서 거기에는 없을까? 분명 이 두 견해는 자기성의 다양한 측면이나 수준을 타깃으로 삼으며, 최소주의적인 경험적 자기개념은 사회적이고 규범적으로 내장화된 보다 복잡한 자기개념과 온전히 양립 가능하기 때문이다. 가령, 미드의 사례를 보자. 그는 앞서 자기에 대해 사회적인 구성주의적 접근법의 지지자 목록에 들었다. 그가 보기에 우리는 개인적 권리에 의해서가 아니라 서로 관계 맺기 때문에 자기가 된다. 그는 "한 자기가 나타날 때 그 자기는 언제나 또 다른 자기경험을 수반한다. 거기에는 자기경험만 홀로 있을 수는 없다"고 쓰고 있다(Mead 1962: 195). 그런데 미드는 『마음과 자기, 사회Mind, Self and Society』에서 자기와 느낌-의식을 동일시할 경우 단 하나의 자기에 대해 말할 수도 있으며, 윌리엄 제임스 같은 이전 사상가들은 자기의 기반을 재귀적인 정동적 경험에서, 다시 말해 자기느낌을 수반하는 경험에서 찾으려 했음을 인정한다. 심지어 미드는 여기에 어떤 진실한 일면이 있다고 쓰고 있기는 하지만, 이게 모든 걸 말해준다는 점은 부인한다(Mead 1962: 164, 169, 173). 미드에게 자기성의 문제는 근본적으로 어떻게 한 개인이 스스로에게 어떤 대상이 되는 방식을 통해 외부에서 그 자신을 경험적으로 얻을 수 있는지의 문제다. 따라서 미드에게 자기가 되는 것은 궁극적으로는 주체가 되는 것이라기보다 대상이 되는 문제다. 그가 보기에 간접적인 방식으로만, 즉 자신에 대해 타자의 관점을 취함으로써만 자신에게 대상이 될 수 있으므로, 이는 사회 환경 안에서만 일어날 수 있는 일이다(Mead 1962: 138). 간단히 말해, 이것은 "사회적 행위를 하고 그런 뒤 그 자극 때문에 유발되는 타자의 태도를 취하고, 그러면서 교대로 이 반응에 대응하면서 타자에게 영향을 미치는 사회적 과정인데, 이로써 자기가 구성된다"(Mead 1962: 171).

일견 실질적으로 의견이 불일치하는 듯 보여도 이는 종국에는 오히려 '자기'라는 용어를 어떻게 적절하게 운용할 것인가 하는 술어상의 논쟁, 다시 말해 오직 하나의 자기성 개념을 사용해야 한다는 야심을 버리는 순간 해결될 수 있는 논쟁일 가능성이 높다. 이렇게 말하기는 했지만, 자기성의 상이한 수준들 또는 측면들을 구별할 필요가 있음을 인정하는 순간 모든 불일치가 자동으로 해소된다고 하는 건 소박한 상상일 것이다. 메칭거 같은 자기반대자와 자아혐오자는 이 불일치를 분명 고집하는데, 그는 자기와 자기의식에 대한 엄격한 철학적 분석과 과학적 연구는 철학적 현상학의 퇴락한 논쟁들로부터 보호되어야 한다고 강변한다(Metzinger 2011: 294). 게다가 줄곧 현재의 제안과 양립하지 않는 사회적 구성주의의 형태들이 여전히 존재한다. 그 이유에 대해서는 적당한 때에 살펴보기로 하겠다. 내가 서두에서 언급한 말들을 고려하면, 혹자는 사회적으로 구축되는 자기성의 특성에 찬성론을 펴려는 시도는 주로 19세기와 20세기의 일이라는 인상을 받았을 수도 있다. 그러나 물론 이는 맞지 않는데, 왜냐하면 최신 인지과학에서도 구성주의적 경향을 발견할 수 있기 때문이다.

예를 들어, 볼프강 프린츠는 2003년에 쓴 논문에서 "다양한 주관성 담론은 주관성이 사회적으로 구축된다는 점을 지지하고 옹호한다"고 주장했다(Prinz 2003: 515). 자기는 자연적 개체라는 자연주의적 생각에 궁극적으로는 거리를 두고, 대신 자기는 기반이 되고 모태가 되는 사회적이고 문화적인 자원에 의존한다는 견해를 그는 지지한다(Prinz 2012: 35, 182). 사실 그의 설명에 따르면, 자기는 자연적 소여라기보다는 사회문화적인 구축물이다. 자기는 개인의 사회화를 통제하는, 문화적으로 표준화된 틀 안에서 구성된다. 프린츠의 제안에서 주목할 만한 바는 그가 자기개념을 '나임me-ness'의 면에서 명시적으로 규정한다는 점이다. 다시 말해, 그가 사회적 구축물이라고 여기는 자기개념은 내가 여기서 설명해 온 경험적 자기와 아주 유사하다. 결과적으로 프린츠가 지지하는 입장은 아주 급진적이다. 이 급진주의는 주로 자기의 통일성과 지속성은 자연적 사실이 아니라 문화적 규범이라고 주장하는 데서가 아니라, 사회가 매개되는 자기 귀인이 모두 거부당한 인간—가령 유명한 카스파 하우저의 경우처럼—은 "완전히 자기부재적이며 따라서 의식도 가지지 않고" 그러므로 "무의식적 좀비"로 존속할 수 있다는 견해를 지지하는 데서 나타난다(Prinz 2003: 526).

내 생각이긴 하지만, 프린츠는 고차 의식 이론의 한 버전을 지지하면서 현상적 의식은 2차 표상을 조건으로 한다고 가정한다. 그런 다음 관련 2차 표상은 사회적으로 매개된다는 주장을 밝힌다. 주관적 경험을 습득하는 것은 타자들이 자신에게 전가하는 심적 조직체를 전유함으로써다(비슷한 견해로는 Gergely 2007을 보라). 그러나 고차 설명을 받아들인다면 이 사유 방식을 이해할 수는 있겠지만, 만약 이러한 설명을 거부한다면 이는 아주 받아들이기 어렵게 된다. 나도 이를 거부해야 한다고 생각하듯 말이다.

자기의 사회 매개적 특성을 논의할 때 앞선 사회적 구성주의자들의 일부 언급은 자기의 그 밖의 측면을 가리키고 있었던 것인 반면, 프린츠는 나'와 같은 자기성의 동일적 측면에 심도 있게 초점을 맞췄는데, 이 점은 그의 사회적 구성주의가 내 입장과 죽 양립 불가능한 이유이기도 하다. 프린츠는 자기성에 관한 한 철저한 사회적 구성주의는 현상적 의식 역시 사회적으로 구축된다는 바를 옹호해야 한다고 고집할 것이며, 그래서 그는 이러한 견해가 가진 (부조리한) 함의를 분명히 보여준다.

2부

공감적 이해

8장

주관성과
상호주관성

1부에서 나는 경험적 자기개념을 개관하고 옹호했다. 그러면서 자기는 사회적 상호작용을 통해 구조화되고 교섭되며, 모든 자기경험은 상호주관적으로 매개된다고 주장하는 사회적 구성주의에 비판의 표적을 맞췄다. 나는 사실상 우리가 바로 그 시작부터 공적 세계 속에서 타자들과 함께 살아간다는 점에 이의를 제기하고 있는 것은 아니지만, 경험의 나의 것임 또는 나에 대한 것임이 사회적 상호작용에 구성적으로 의존한다는 점은 부인할 것이다. 짧게 말하면, 나는 (최소한의) 자기성과 상호주관성intersubjectivity의 사실상의 공존에 이의를 제기하는 것이 아니라, 이것들의 구성적 상호의존성을 부인하는 것이다. 6장에서 밝혔다시피, 내가 옹호해오고 있는 입장은 여러모로 후설의 전망에 힘입은 것이다. 하지만 더 면밀히 고찰해보면, 우리는 이 점 때문에 잠시 멈춰야 하지 않을까? 상호주관성의 쟁점에 관한 한, 현상학과 특히 후설식 현상학은 고약한 문제들에 직면하는 게 아닐까? 현상학은 주관성에 부단히도 전념

한다는 바로 그 이유로 타자의 문제를 만족스럽게 다룰 수 없다고 악명이 높은 게 아닐까(Habermas 1984를 보라)?

수년간 경험적 자기개념은 어떤 저항에 부딪혀왔다. 이렇게 반대하는 이유가, 기본적 자기성을 구성하는 재귀성이 개인의 마음에 내장된 특징, 즉 타자와 맺는 관계와는 구성적으로 무관한 특징이라고 간주한다면, 직접적으로든 보다 완곡한 방식으로든 데카르트주의의 입장에 서게 되는 것은 아닌지 하는 우려였다고 나는 생각한다. 자기성의 본질을 자기폐쇄적인 고립된 내면성으로 여기는 데카르트주의 말이다(Maclaren 2008을 보라). 내 판단으로는, 이 점이 정확히 경험적 자기개념을 철저히 거부하는 데로 다수를 이끌었으며 이들이 더욱 강경하고 사회적으로 매개된 개념을 채택하게 만들었는데, 이 개념은 자기와 타자의 공동구성을 역설하든지 아니면 우리는 규범성의 공적 공유 공간 속에서 사회화됨으로써 자기성을 구성하는 재귀적 자기관계를 획득할 뿐이라고 주장한다(Rousse 2013).

어느 정도까지는 이 우려를 불식시키기 어렵지 않다. 누차 밝혔듯이, 경험적 자기는 바로 그 경험의 주관성으로 정의되지 경험적 흐름과 무관하게 존재하는 어떤 것이 아니다. 이러한 해석에서 보면, 순수하고 경험 독립적인 경험적 자기는 결코 존재하지 않는다. 그렇다면 자기가 고립되어 있는지, 무세계적인지, 탈신체화되어 있는지의 여부는 경험에 대한 보다 일반적인 설명에 전적으로 의존할 것이다. 나는 앞서 발표한 글들에서 경험이 신체화되고 내장된다는 설명을 옹호해왔다. 하지만 지금 내가 하는 제안이 경험의 본성에 대해 다른 견해를 가진 사람들에게도 어필할 만큼 정중하기를 (또 중립적이기를) 바라는데, 여기에는 내재주의적인 신경 중심적 설명을 더욱 선호하는 자들도 포함된다. 하지만, 의식의 근본적 지향성이나 의식의 세계 내 있음을 강조한다고 해서 경험적 자기개념과 양립 불가능하게 되거나 긴장이 조성되는 일은 결코 없다. 그 때문에, 이 자기개념은 "개별 인간의 인격을 구성하는 맥락, 문화, 환경, 기술의 역할"을 고려하지 않으며 "자기와 마음 그리고 세계의 불가분한 친밀성"을 인정하지 못한다는 이유를 들어 "실제적이고 중심적인데도 아주 얇은 자기개념은 심대한 착오"라고 주장하는 순전한 오류인 것이다(Clark 2003: 139). 가장 현상학적인 경험 설명이 세계알아차림과 자기경험의 통합을 꼭 강조해왔다는 점은 결코 우연이 아니다. 이 점이 가령, 우리의 모든 경험과 모든 반성의 근원에서 그 자신을 즉각 아는 어떤 존재를 발견하게 되는 것은 관찰이나 추론에 의해서가 아니라 그 스스로의 존재와의 직접적인 접촉을 통해서라고 쓰면서(Merleau-Ponty 2012: 390) 동시에 "'내면의 사람'이라는 것은 존재하지 않고, 사람은 세계 안에 그리고 세계를 향해 있으며, 그가 그 자신을 아는 것은 세계 안에서다"라고 메를로퐁티가 쓸 수 있었던 이유다(Merleau-Ponty 2012, p. lxxiv).

누차 지적했듯이, 나는 자기에 대한 다차원적 설명을 선호한다. 나는 전사회적 형태의 자기(경험)로 간주되는 것, 다시 말해 사회적으로 구성되는 게 아닌 자기를 옹호해왔지만, 3부에서는 사회적으로 매개되고 구성되는 형태의 자기(경험)로 간주되는 것을 탐색할 것이다. 2부의 목적은 어떻게 우리는 애초에 타자와 관계하며 또 이해하게 되는지에 관한 언급이 될 것이다. 일부 사람들이 제시했던 바와는 달리 현상적 의식의 중요성에 대한 올바른 이해와 우리는 자신의 경험적 상태에 대한 1인칭적 친숙함을 향유한다는 사실 등이, 타자의 경험적 삶이 직설적인 의미에서 우리에게 나타나거나 현전하거나 주어지지 않는다는 견해와 심적 상태에 대한 2·3인칭적 귀속이 결과적으로 고도의 간접적인 즉 고도의 추론적인 노력이라는 견해 등과 함께 갈 것이라고 나는 생각하지 않는다. 내가 우려하는 바를 더욱 일반적인 용어로 말하면, 주관성이 중요하다는 사실과 의식의 1인칭적 특성을 인정하길 계속 유예한 채, 추론주의적으로 상호주관성을 설명하려는 노력을 병행한다면 이는 아주 우려스러운 일이다. 타자의 심적 상태에 대한 귀속은 최선의 설명으로의 추론에 기반한다는 주장을 따르는 그 추론주의 말이다. 설이 했던 식으로, 블랙홀이나 아원자 입자에 관한 주장을 입증하는 간접적 방법이 "인간과 동물의 주관성 연구 분야의 가설을 입증하는 모델을 제공할지도 모른다"고 제시하는 것은 잘못된 방향으로 일을 시작하는 것이다(Searle 1999: 2074). 나는 당연히 다음에서 경험적 자기개념을 옹호하는 일과 우리가 타자의 주관성을 경험적으로 친숙하게 알 수 있다고 주장하는 일은 결코 상충하지 않는다는 점을 보일 것이다. 또한 나는 경험적 자기개념이 타자 마음의 문제를 만족스럽게 해결하는 길을 가로막기보다는, 사실상 상호주관성을 합리적으로 설명하기 위한 전제 조건이라는 견해를 옹호할 것이다.

그런데, 바로 그 상호주관성 개념의 역사가 비슷한 결론을 시사한다. 'Intersubjektivität'라는 독일 용어가 최초로 요하네스 폴켈트의 1885년 작품에서 산발적으로 나타났고 그런 뒤 제임스 워드가 채택해 1896년에 처음 영어로 사용되었다. 애초에 이 개념은 보편타당한 것, 모두에게 타당한 것, 모든 주관과 무관하게 타당한 것을 기술하는 데 쓰였다. 이어서 이 용어는 과학철학에서 산발적으로 사용되기에 이르렀다. 하지만 처음 상호주관성 개념이 체계적이고 광범하게 철학적으로 논의되고 다뤄진 것은 다름 아닌 후설의 작품에서였다. 후설은 상호주관성과 객관성 사이의 관계에 계속해서 깊은 관심을 가졌지만, 결국은 다수의 주관과 이들 사이에 존재하는 관계를 지시하는 데 상호주관성이란 용어를 사용했다(Husserl 1973a,b,c). 이런 용어 이해는 이후 후대 현상학자들에게 받아들여졌고, 그런 뒤 (슈츠의 작품을 통해) 사회학과 사회이론에 사용되기에 이르렀으며, 사회성, 사회 인지, 상호인격적 이해 등의 관련 용어 옆에 자리매김하게 된다.

하지만 연구를 시작하기 전에, 미리 한 가지 경고해둘 게 있다. 사르트르는 『존재와 무』에서 우리가 유아론에서 벗어나려면 자기와 타자 사이의 관계는 단지 앎이 성립하는 관계의 있음이 아니라 있음의 관계임을 깨닫는 게 중요하리라고 말한다(Sartre 2003: 268). 이 말이 강조한 한 가지 중요한 관심은, 주관들 사이의 인식론적 또는 인지적 관계에만 몰두하는 상호주관성과 사회성에 대한 설명이 상당히 중요한 부분을 놓칠지도 모른다는 것이다. 동시에, 사르트르의 언급은 현상학이 상호주관성에 진정 두드러지게 기여한 바는 어떻게 우리가 타자를 알게 되는지를 탐구하는 데 있는 것이 아니라 자기와 타자가 존재론적으로 (정서적으로 또 규범적으로) 서로 얽혀 있음을 탐색한다는 데 있다고 제시한다.

여기에는 일단의 진실이 있다. 하지만 다음에서 나는 그럼에도 어떻게, 그리고 어느 정도까지 우리는 타자를 경험하고 이해할 수 있는지를 묻는 데 주로 초점을 맞출 것이다. 이런 선택을 한 데에는 몇 가지 이유가 있다. 우선, 나는 경험적 삶의 선천적이고 본질적인 1인칭적 특성을 아무리 강조하더라도 결코 타자경험의 독특성을 인정하고 존중하지 못하게 가로막거나 방해할 수 없다는 점을 보이고자 한다. 둘째로, 이런 타자경험의 강조는 사회적으로 매개된 특별한 종류의 자기(경험)를 결국 도입하고 논의하게 하는데, 이 자기(경험)는 타자경험에 의해 가능한 것이며 자신에 대한 타자의 관점의 내면화를 수반한다. 여기에 초점을 맞추는 데 따른 이점은 이 방식을 통해 심리철학과 인지과학에서 이뤄지는 유사한 논의를 가로질러서 현상학과 사회 인지에 대한 최근의 논의와 건설적으로 서로 교환할 수 있다는 것이다. 내가 다음에서 사회 인지를 언급할 때는 넓은 의미에서 '인지cognition'라는 용어를 사용하고 있다는 점을 마지막으로 덧붙이겠다. 내가 사용하는 '인지'라는 용어는 명제적 앎에 제한되며 지각적이고 정서적인 경험과 대비되는 것이라기보다는 이것들을 아우르고 포함한다.

내가 1부에서 한 비판의 대부분은 타자로부터 자기로 나아간다고 설명하며 타자는 어떤 내사introjection 과정을 통해 구성된다고 주장하는 사회적 구성주의에 맞춰졌지만, 2부에서는 자기로부터 타자로 나아간다고 설명하며 사회 인지와 상호인격적 이해는 우리 자신의 정신적 상태를 타자에게 투사할 수 있는 능력에 결정적으로 달려 있다고 주장하는 투사주의를 비판의 주된 타깃으로 삼을 것이다. 내가 더욱 긍정하는 논지는 상호인격적 이해가 다양한 유형과 형태로 나타나지만, 더욱 복합적인 그 형태는 지각에 근거하며 이론이 매개되지 않은 타자경험으로 이해되는 공감에 의지하고 또 이를 전제한다는 것을 인정하기도 해야 한다는 바일 것이다.

9장

공감과
투사

우리는 어떻게 타자를 알게 되고 또 이해하게 되는가? 사회 인지는 지각적인가, 아니면 본성상 추론적인가? 우리의 타자 이해는 나무, 바위, 구름을 이해하는 것과 원리상 같은가, 아니면 우리가 생명이 없는 대상을 이해하는 것과는 근본적인 방식으로 다른가? 우리는 우리 자신을 유비해서 타자를 이해하는가, 다시 말해 자기이해 작용이 타자에 대한 이해 작용보다 우선하는가, 아니면 자기에 대한 이해와 타자에 대한 이해는, 기본적으로 동일한 인지 메커니즘을 사용하는 것으로서, 동등하게 초생적인가?

근래 수십 년간 수많은 사회 인지 논의가 이른바 마음 이론 논쟁의 체재 안에서 일어났다. '마음 이론theory of mind'이란 용어는 영장류의 지향성에 대한 세미나 논문에서 프리맥과 우드러프가 처음 도입했다.

한 개체가 마음 이론을 가진다고 말할 때, 이는 그 개체가 심적 상태를 그 자신과는 다른 개체(같은 종이든 다른 종이든 마찬가지로)에게 부과한다는 것을 의미한다. 이 같은 추론 체계는, 첫째로 심적 상태는 직접 관찰이 불가하기 때문에, 둘째로 이 체계는 특히 다른 유기체의 행동을 예견하는 데 사용될 수 있기 때문에, 어떤 이론으로 간주되는 것이 적절하다(Premack and Woodruff 1978: 515).

그후 '마음 이론'이라는 어구는 자기와 타자가 심적 상태를 가지고 있다고 생각해 의도, 믿음, 욕구 등의 심적 상태와 같은 측면에서 그 행동을 해석하고 예측하고 설명할 수 있는 우리의 능력을 지시하는 데 사용되어왔다. 이 주장은 타자가 심적 상태를 가지고 있다고 생각하는 것이 예측과 설명을 용이하게 하기 때문에 우리가 이렇듯 귀인을 한다는 것이다. 본래의 추정은, 이 마음 이론을 통해 개체는 이러한 귀인 역량을 가져다주는 어떤 이론을 소유하고 사용하게 된다는 것이다. 결국, 다른 누군가의 (또는 심지어 나 자신의) 심적 상태를 알아차리게 되는 것은 관찰 가능한 행동 일부에 근거해 그 심적 상태를 추론하는 문제이며, 이러한 추론은 적합한 심리 이론이 매개되기 때문이라고 대개는 여겼다는 것이다. '마음 이론'이라고 고안된 용어는 따라서 중립적이지도 무결하지도 않았다.[1] 하지만 초기에 이 논의는 아래와 같은 특정 쟁점을 두고 나뉘게 되었는데 얼마간은 두 가지 견해 사이의 논쟁으로 여겨졌다. 한쪽에는 마음 이론-이론theory-theory of mind이 있고, 다른 한쪽에는 시뮬레이션 마음 이론simulation theory of mind이 있다. 이론-이론에 따르면, 심적 상태는 우리가 마음에 대한 통속적 심리 이론에 기초해서 타자가 가지고 있다고 생각하는 이론적 실체다. 하지만 이론-이론가들은 문제의 이 이론이 암묵적인 것이자 선천적인 마음-읽기 '모듈'이 성숙한 결과였는지(Baron-Cohen 1995), 아니면 명시적인 것이자 통상적인 과학 이론과 동일한 방식으로 습득되었는지(Gopnik and Wellman 1995)를 놓고 의견을 달리했다. 다른 한편, 시뮬레이션 이론가들은 우리의 타자 이해가 본성상 주로 이론적이었다는 점에 동의하지 않으며 우리가 타자의 마음을 이해할 때는 우리 자신의 마음을 어떤 모델로서 사용한다고 주장할 것이다. 이들의 일부는 문제의 시뮬레이션에는 의식적 상상의 발휘와 숙의적 추론의 행사가 수반된다고 주장했고(Goldman 1995), 또 일부는 시뮬레이션은 명시적이긴 하지만 본성상 비추론적이었다고 주장했으며(Gordon 1986), 마지막으로 시뮬레이션은 명시적이거나 의식적이지 않고 오히려 암묵적이며 인격하부적이었다고 주장하는 자들이 있었다(Gallese 2009).

한동안 이론-이론과 시뮬레이션 이론은 어쩔 수 없이 서로 배타적인 이론적 패러다임이었지만, 이 둘이 가장 나은 이론이라는 점에는 다들 동의했다(Stich and Nichols 1995). 하지만 1990년대 중반 이후로 사태는 더욱 복잡해졌다. 논쟁에 참여한 많은 이가 이론-이론과 시뮬레이션 이론의 두 요소를 혼합한 혼성적 접근법을 지지하기 시작한 것이다. 앨빈 골드먼은 이 전략의 주요한 지지자가 되었으며, 숀 니컬스와 스티븐 스티치도 마찬가지였다. 이들의 책 『마음 읽기Mindreading』에서 인용한 다음 구절을 살펴보자.

우리를 포함한 많은 저자는 이 새로운 설명들이 타당한지에 대한 논쟁을 시뮬레이션 이론이든 이론-이론이든 누군가 '이기는' 양자 대결이라고 규정하기 시작했다. 초기 논쟁의 맥락에서는 충분히 이해할 만하지만, 이는 그 이론적 지형을 규정하는 매우 우려스러운 방식이라고 판명 났다. 왜냐하면 이 방식은 어떤 **혼성** 이론이 마음 읽기에 대한 정확한 설명을 제공할 가능성을 무시했기 때문이다(Nichols and Stich 2003: 132).

니컬스와 스티치는 더 나아가 마음 읽기는 단순히 하나의 상황이 아니라 다양한 과정이기 때문에 사실상 혼성 이론이 필요할지도 모른다고 주장했다. 그러니까 이 과정의 일부는 오프라인의 시뮬레이션에 의해, 일부는 니컬스와 스티치가 (모듈이나 유사 이론 정보 기반 중 하나를 떠올리게 하는) '정보 풍부화 과정'이라 부른 것에 의해, 이들 말로 이 두 범주의 어느 하나와도 딱 들어맞지 않았던 과정에 의해 설명될 수도 있다는 것이다.

많은 신경과학자와 심리학자가 비슷한 결론에 도달했다. 사회신경과학이 일으킨 첫 번째 물결은 두 가지 별개의 신경 체계를 떼어놓으려 시도했다는 특징이 있는데, 두 체계 중 하나는 낮은 수준의 신경 공명 메커니즘과 공유 회로를 수반하는 것이고 다른 하나는 더욱 정교한 형태의 심적 상태의 귀인에 관련하는 것이다. 하지만 이 두 가지 신경생물학적 체계는 떼어질 수 있었다는 사실과, 이는 "사회적 정보 처리 과정의 고도로 단순화된 '조각들'(Zaki and Ochsner 2012: 212)"을 타깃으로 하는 실험이자 단순화시킨 자극과 인공적인 자극을 주는 과제를 수반하는 실험을 통해 입증될 수 있다는 사실이, 이 두 가지 시스템이 환경적으로 실로 유효한 사회적 맥락에서도 사실상 떼어졌다는 사실—사회신경과학의 두 번째 물결이 그토록 강조하려 했던—을 함의하는 것은 아니었다.

자연주의적 방법을 쓰는 연구들은, 실로 사회적인 상황들에는 이 체

계들—그리고 이 체계들이 기저를 이루는 과정들—의 동시적 관여
가 요구된다는 점을 시사한다. 이러한 가능성을 통해 이것 아니면 저
것 식의 논변을 버리고서 (⋯) 하나의 체계가 관여할 것 같은지 두 체
계 모두가 관여할 것 같은지 그 상황을 더 잘 식별할 수 있는 '언제 그
리고 어떻게' 식의 접근법으로의 전환을 할 수 있게 된다(Zaki and
Ochsner 2012: 214).

사회적 이해는 하나의 단일한 인지 과정이 아니라 다양한 방식으로
상호작용하는 상이한 능력들의 집합이어서 우리가 타자를 이해하며 그
의미를 알고자 의지하고 사용하는 여러 가지 능력, 기술, 전략을 다루기
위해서는 다방면에 걸친 상보적 설명이 필요하다는 주장이 이제 점점
더 인정받고 있다. 하지만 동시에 사회 인지의 본성에 관한 근본적인 이
견도 계속 이어진다. 이 점을 잘 보여주는 하나의 실례는 공감 연구에서
찾아볼 수 있다.
　최근 몇 년간 공감에 대한 관심과 연구는 증가해왔지만, 공감이 정확
히 무엇인지 그리고 정서 전염, 동작 모방, 정서 공유, 상상적 투사, 관점
취하기, 공감적 고통, 공감적 관심 등과 공감이 어떤 관련이 있고 어떻게
다른지에 관한 명확한 의견 일치는 아직 없다. 공감은 다른 사람의 느낌
을 공유하는 문제인가, 다른 사람을 염려하는 문제인가, 동일한 경험을
하지 않더라도 다른 사람의 경험에 정서적으로 영향을 받는 문제인가?
공감은 나 자신이 다른 사람의 상황에 처해 있다고 상상하는 문제인가,
그 다른 사람의 상황에 처한 또 다른 사람이 된다고 상상하는 문제인가,
단지 다른 사람의 심적 상태를 추론하는 문제인가? 공감은 관찰자가 다
른 사람에게서 탐지하는 그 동일한 정서를 느낀다는 것을 필연적으로 수

반하는가? 공감은 자기와 타자 사이의 차이를 유지하는가, 아니면 폐지하는가? 사람들은 공감과 사회 인지 사이의 관계에 관해 대개 의견을 달리하듯이, 공감에서 일어나는 공유의 역할, 염려의 역할, 상상의 역할에 관해 의견을 달리한다.

일부는 공감의 가장 미발달된 형태가 동작 모방과 정서 전염이라고 본다. 따라서 아이젠버그는 공감과 정서 전염이 그 방향에 있어 고도로 자기도취적이지도 타자지향적이지도 않은 방식으로 그저 타자와 동일한 정서를 느끼는 문제라고 주장한 반면(Eisenberg 1986: 31), 다월은 정서 전염이 공감의 가장 시원적인 형태를 구성하며 모사는 공감의 중심 메커니즘의 하나라고 주장했다(Darwall 1998: 264-266). 마찬가지로 고든도 '안면 공감'을 하나의 과정으로 정의했는데, 이 과정에는 타자의 얼굴 표정을 모사하면서 타자의 정서를 포착하는 경향이 수반된다는 것이다(Gordon 1995: 729; 또한 Hodges and Wegner 1997; Hatfield et al. 2009를 보라). 이와 달리, 또 다른 사람들에게는, 한편으로는 공감 간의 구별과 다른 한편으로는 정서 전염과 공감 간의 구별을 유지시키기 위해 더욱 협소하게 공감을 정의하는 문제가 시급했다(Decety et al. 2008; de Vignemont and Singer 2006). 가령 정서 전염은 '자기중심적'인 데 반해, 공감은 본질적으로 '타자중심적'이라고 주장되어왔다(de Vignemont 2009).

이렇게 의견이 일치하지 않는 점을 고려하면, 공감이 사회 인지에서 하는 역할에 관해 상당한 불일치가 존재한다는 것도 놀랍지 않다. 갈레세는 공감이 "타자와 우리 자신들 사이에 유의미한 관계를 형성하게끔 하는 행동의 모든 측면을 설명할 때는 관련이 있다"고 강변했고, 또 공감은 우리가 직접 경험을 통해 타자를 이해할 수 있게 한다고 주장했다.

마찬가지로, 호프먼도 공감은 "사회적 삶을 가능하게 하는 접착제"라고 주장했다(Hoffman 2001: 3). 이와 달리, 피터 골디는 훨씬 복잡한 공감 모델을 옹호했다. 그의 견해에 따르면, 한 사람이 다른 사람이 처한 상황에 그 다른 사람이 처해 있다는 게 어떨지를 상상하는 시뮬레이션 과정을 거쳐 그 다른 사람의 심적 상태를 이해하는 데 도달하는 때라야 공감이라고 말하는 게 옳다(Goldie 2000). 골디는 더욱 구체적으로 다음처럼 주장한다.

> 공감은 한 사람이 다른 사람의 내러티브(생각, 느낌, 정서)를 중심적으로 상상하는 과정 또는 절차다. 공감에는 세 가지 필요조건이 있다. (…) 첫째, 내가 타자를 나 자신과 구별되는 의식의 한 중심으로 알아차리려면 필요하다. 둘째, 타자가 내가 **실체적으로 규정할 수 있는** 어떤 이가 되려면 공감이 필요하다. 셋째, 타자를 내레이터로서 상상적으로 제정할 수 있는 내러티브를 소유하는 게 필요하다(Goldie 2000: 195).

이 견해에 담긴 하나의 함의는 공감이 많은 철학자와 심리학자의 믿음과 달리 사회적 이해에서 훨씬 소박한 역할을 하게 되리라는 점이다. 사실 골디의 설명에서, 공감이 내가 타자를 나 자신과 구별되는 의식의 한 중심으로 알아차리는 것을 전제한다고 하면, 분명 공감이 맨 먼저 그 같은 알아차림을 부여하는 것일 수 없다. 결과적으로 공감은 우리의 타자 이해에 결코 근본적인 역할을 할 수 없다.

상호인격적 이해에 공감이 어떤 기여를 하는지 추정하는 데 상반되는 영향을 미치는 상충되는 정의가 현재 제안되고 있을 뿐만 아니라, 공감이 타고난 성질의 것인지 아니면 다차원적 구성물인지에 대한 합의도 존재하지 않는다. 후자의 견해를 옹호하는 무리에는 거울 공감과 재구성적 공감을 구별하는 프레데리크 드비뉴몽(de Vignemont 2010)과 기본적 공감과 재연적 공감을 구별하는 카르스텐 슈튀버가 포함되는데, 슈튀버는 이론을 매개하지 않은 채 다른 생명체를 마음이 있는 생명체로 직접 인식할 수 있는 유사 지각 능력의 기저를 이루는 내적 모방 메커니즘으로 기본적 공감을, 타자의 사고 과정을 재연하거나 모방할 수 있는 인지적이고 숙의적인 역량의 사용을 수반하는 것으로 재연적 공감을 각각 정의한다. 이러한 제안들은 철학자들만이 하는 것은 아니다. 가령 앳킨슨은 지각을 매개하는 공감을 더욱 인지적인 공감의 형태와 구별한 반면(Atkinson 2007), 장 데세티와 그 동료들은 다요인적 설명을 옹호하면서 공감은 분리 가능한 구성 요소들에 의지하며 그렇기에 결과적으로 다양한 구조적 기능 장애가 가능한 것이라고 주장했다. 간단히 말해, 정신병질, 자폐증, 자기애적 인격 장애 등에는 공감의 결손 단 하나만 있는 게 아니라는 것이다(Decety et al. 2007: 251).

때론 경쟁적 개념들의 역사적 기원을 고찰해서 조명하고 해명하는 일이 가능하다. 공감 개념은 역사가 길지 않다. 독일어 Einfühlung은 1893년에 철학자 로베르트 피셔가 미학 분야에서 처음 썼지만, 그런 뒤 테오도어 립스가 이어받아 사회 인지 영역에 도입했으며 타자를 마음이 있는 생명체로 이해할 수 있는 기본적인 역량을 지목하는 데 사용했다. 미국 심리학자 에드워드 티치너가 Einfühlung을 '공감empathy'으로 번역했을 때 염두에 뒀던 것이 바로 립스의 개념이었다(Titchener 1909).[2]

공감 개념에는 독특한 철학적 기원이 있지만, 이내 심리학자들이 채택해서 사용했다. 1910년에 4차 실험심리학 회의가 인스부르크에서 개최되었다. 이 회의에서 심리학자 모리츠 가이거는 「공감의 본질과 의미에 대하여 Über das Wesen und die Bedeutung der Einfühlung」라는 제목의 논문을 발표했고 여기서 그는 립스, 지베크, 폴켈트, 비타제크, 그로스 등과 같은 동시대의 심리학자 및 철학자가 어떻게 공감 개념을 사용했는지 아주 신중하게 조사하고 논의했다. 하지만 뒤이어 벌어진 논의 동안 청중의 일원인 프로일라인 마르틴에게 비판을 받았는데, 그는 다음처럼 언급했다.

> 도착했을 때 나는 공감 분야의 실험들에 관한 얘기를 들었으면 했다. 하지만 내가 들은 거라곤 낡은 이론들뿐이었다. 실험 결과에 관한 거라곤 듣지 못했다. 하지만 여기는 철학 협회가 아니다. 이런 이론들을 제시하고자 하는 자들이 이 이론들은 실험을 통해 입증될 수 있는지 아니면 그럴 수 없는지를 보여줄 때가 되었다고 생각한다(Geiger 1911: 66에서 재인용).

물론 철학에 대한 이런 성급함이 마르틴에게서만 보이는 것은 아니다. 공감 논쟁이 근본적인 문제가 풀리지 않은 채 쟁론되는 이유가 철학적 반추가 우월해서, 적절한 과학이 부재해서일 수 있을까? 철학을 한쪽으로 치워놓는다고 해서 문제가 나아질지는 다소 의문스럽지만, 숙고해야 할 바는 공감 개념의 역사적 기원과 맥락이 무엇인지, 또 철학의 전통적인 가정과 입장이 좋든 나쁘든 어느 정도까지 과학 관련 논쟁을 계속해서 만들어내고 이에 영향을 미칠 수 있는지다.

자연스러운 출발점은 립스의 고전적인 기여다. 립스에 따르면, 앎에는 세 가지 변별적 영역—외부 대상에 대한 앎, 자기앎, 타자에 대한 앎—이 있는데 그는 이 영역들이 세 가지 변별적 인지 원천, 즉 지각, 내성, 공감을 가진다고 본다(Lipps 1909: 222). 따라서 립스는 공감이 독자적인^{sui} generis 앎의 양상으로 간주되어야 한다고 아주 단호하게 말한다. 공감은 결코 일종의 유비에 의한 추론의 방식으로는 설명되거나 환원될 수 없다(Lipps 1907a: 697-698, 710). 사실상, 립스는 유비논증을 비판하는 데 상당한 노력을 들였고 그래서 그가 제기한 많은 반대가 나중에 현상학자인 셸러와 메를로퐁티의 글에서 재부상할 수 있었다.

하지만 립스는 공감이 심리학의 (또 사회학의) 핵심 개념이라고 여기는데, 그는 공감을 정확히 무엇이라고 이해하는가? 그는 공감을 어떻게 정의하는가? 아마도 애초에 그가 한 조금 놀라운 주장 중 하나는 공감이 자기대상화를 수반한다는 것이었다(Lipps 1909: 222). 하지만 이 개념의 미학적 기원을 잊어서는 안 된다. 만약 내가 나무나 산을 생명이 있거나 영혼이 있는 것으로 경험한다면, 만약 내가 바람 소리를 듣고서 우울한 소리를 내는 것으로 경험하거나 구름을 보고서 위협적인 것으로 경험한다면, 이런 심리적 내용의 원천은 사실상 나 자신이다(Lipps 1907b: 355). 실제 일어난 일은 내가 나 자신의 부분을 이들 외부 대상에 투사하고 있는 것인데(Lipps 1909: 225, 237), 보다 일반적으로 말해 립스는 이 점이 공감의 본질이라고 본다. 공감을 느끼는 것은 나 자신의 심리적 삶의 일부를 외부 대상에 속하는 것으로 또는 외부 대상 속에서 경험하는 것이다. 공감을 느끼는 것은 우리 자신의 삶을 가지고 외부 대상을 꿰뚫어 보고 뒤덮는 것이다(Lipps 1909: 224).

사회 인지의 경우를 살펴보자. 립스는 표현의 역할을 시종일관 강조하면서, 제스처와 표현이 우리의 정서적 상태를 현시하고 또 표현과 표현되는 것 사이의 관계는 특별하고 독특해서 말하자면 연기가 불을 표상하는 방식과는 아주 다르다고 주장한다(Lipps 1907a: 704-705). 연기와 불이 대개 함께하는 것을 경험할 수 있겠지만, 이 둘이 얼마나 자주 함께 일어나는지와 무관하게 연기와 불 사이의 관계는 표현과 정서 사이에 존재하는 관계와는 항상 다를 것이다. 연기는 불을 현시하거나 표현하지 않는다. 분노가 얼굴 표정에서 현전하는 방식으로 불은 연기 속에서 현전하지 않는다. 타자의 얼굴 표정을 지각할 때, 우리는 즉각 표현된 정서, 즉 기쁨과 두려움을 파악한다. 하지만 이 점이 우리가 실제로 기쁨과 두려움을 지각함을 의미하는 건 아니다. 립스에 따르면 기쁨과 두려움은 지각될 수 없는데, 이 정서들은 외부 세계에서는 발견될 수 없기 때문이다. 우리는 자기경험 덕분에 이 정서들에 대해 직접 알 뿐이다. 즉 달리 말하면, 우리가 경험적으로 유일하게 접근하는 정서는 우리 자신의 것이다. 그래서 우리는 기쁨이나 두려움에 찬 얼굴을 통일된 현상으로 파악하지만, 분석해보면 지각된 게슈탈트와 공동 파악된 정서는 상이한 두 원천에서 발생한다는 점이 드러날 것이다. 시각적 게슈탈트는 외부 세계에서 내게로 오는 반면, 느껴진 정서는 나 자신에게서 끌어내진다. 따라서 나는 나 자신을 지각된 그 얼굴에 투사하고 있기 때문에 그 얼굴은 내게 심리적 의미를 가지게 된다(Lipps 1907a: 714). 하지만 어떻게 이런 일이 일어날 수 있는가?

립스는 그가 공감 본능이라 부르는 것을 언급하며, 더욱 구체적으로는 이것이 두 구성 요소, 즉 모방을 향한 충동과 표현을 향한 충동을 수반한다고 주장한다(Lipps 1907a: 713). 과거에 나는 즐거웠던 적이 있다. 그 당시에 나는 기쁨을 표현하려는 본능적인 경향성을 경험했다. 이 표현은 기쁨의 옆이나 위에 있는 어떤 것이 아니라 느낌의 필수 요소로 경험되었다. 지금 내가 이 표현을 어딘가에서 볼 때 나는 이를 모방하거나 재생하려는 본능적 경향성을 띠며, 그런 다음 이 경향성은 이전에 친밀하게 연결되어 있었던 동일한 느낌을 환기한다(Lipps 1909: 229-230; 1907a: 719). 내가 다시 한 번 이 느낌을 경험할 때, 이는 내가 현재 지각하고 있고 또 투사되게 될 그 표현과 연계될 것이다(Lipps 1907b: 359). 간단히 말하면, 내가 기쁨에 찬 얼굴을 볼 때 나는 기쁨의 표현을 재생할 것이고, 이는 내 안에 있는 기쁨의 느낌을 환기할 것이며, 그런 다음 현재 지각된 얼굴 표정과 함께 주어지는, 이렇게 느껴지는 기쁨은 타자에게서 기인할 것인데, 이로 인해 상호인격적 이해의 한 형태가 가능할 것이다(Lipps 1907a: 717-719).

중요한 것은, 심리적 의미를 우리가 보는 표현에 투사하기만 하는 게 아니라는 점이다. 우리는 이 표현이 사실상 심적 삶을 담고 있다고 또 이 심적 삶은 단지 우리가 부가한 어떤 것이 아니라고 믿는 경향이 있다. 립스에 따르면, 왜 이런지는 더 이상 설명될 수 없는 사실이다. 이는 다만 주어진 것으로 당연하게 여겨져야 한다(Lipps 1907a: 710, 721).

립스의 모델이 가진 한 가지 함의는 내가 타자에 대한 공감적 이해에 이르게 될 수 있는 바에 상당히 엄격한 한계가 존재한다는 점이다. 모방된 표현은, 이전에 나 자신이 문제의 정서 상태를 가진 적이 있었을 경우에 타자의 그 정서 상태와 닮아 있는 나 자신의 어떤 정서 상태를 환기할 수 있을 뿐이다(Lipps 1907a: 718-719). 그러므로 나는 내가 이미 스스로 향유한 적이 있는 경험을 가진 타자의 그러한 경험을 공감적으로 이해할 수 있을 뿐이다. 즉 달리 말하면, 립스의 공감 설명에 따르면 나는 타자 안의 새로운 무엇도, 내가 아직 친숙하지 않은 무엇도, 그곳에 나를 넣어본 적이 없는 무엇도 인식할 수 없다. 결과적으로 립스가 다른 개인은 나 자신의 자아의 증식물이라고, 즉 공감적 자기대상화의 산물 (1907b: 360)이라고 되풀이해서 말하는 것은 결코 놀랄 일이 아니다. 이런 견해가 유독 두드러지게 표현된 곳은 그의 책『윤리학의 근본적 물음들Die ethischen Grundfragen』에서 찾아볼 수 있는데, 여기서 립스는 다음과 같이 썼다.

다른 심리적 개인은 결과적으로 나 자신에 의해 나 자신으로부터 만들어진다. 그의 내적 존재는 나의 내적 존재에 근거해 취해진다. 다른 개인이나 자아는 나 자신을—또는 외부의 물리적 현상에 대한 감각 지각을 통해, 내가 나 자신 안에서 경험한 바를—바로 이 감각적 현상에 투사하고 반영하며 방사한 산물, 즉 나 자신을 이중으로 복제한, 나 자신만의 산물이다(Lipps 1905: 17).

립스의 입장은 결코 한낱 역사적 흥밋거리가 아니다. 그의 입장은 계속 영향력을 미쳐왔으며 현대의 수많은 후계자를 거느린다. 공감 개념이 중심 범주로 재부상한 것이 특히 시뮬레이션주의자 진영 내에서라는 건 놀랄 일도 아니다. 더욱이 시뮬레이션주의자는 오늘날의 공감 이론가에 해당한다고 주장되기까지 했다(Stueber 2006, p. ix). 골드먼은 자신의 책『시뮬레이팅 마인드Simulating Minds』에서 공감 이론을 시뮬레이션 이론과 명시적으로 동일시하면서(Goldman 2006: 11), 마음 읽기는 공감의 확장된 형태라고 말한다(Goldman 2006: 4). 사실 시뮬레이션 이론에 따르면, 마음 읽기의 필요조건은 "타깃에 귀속되는 상태는 귀인자가 바로 그 상태를 예화하고 겪으며 경험하는 결과로서 귀속된다"는 것이다(Goldman and Sripada 2005: 208).

시뮬레이션주의자들은 자신들의 주장을 펼치면서 이제는 잘 알려진 특정 사례에 호소하는 경우가 많았다(Goldman 1992; Gallese and

Goldman 1998). 그 두 사례를 간략히 기술하겠다. 같은 시간에 다른 비행기를 타고 공항을 떠날 예정이었던 크레인 씨와 티스 씨의 첫 번째 상황을 검토해보자. 이들은 같은 리무진을 타고 도시를 떠났는데, 교통체증에 걸려 비행기의 출발 예정 시간보다 30분 늦게 공항에 도착했다. 크레인 씨는 자신이 탈 비행기가 제시간에 이륙했다는 얘기를 들었다. 티스 씨는 자신의 비행기가 연착되어 5분 전에 막 떠났다는 얘기를 들었다. 누가 더 화가 날까? 이 질문을 받은 대부분(96퍼센트)의 사람은 더 화가 난 사람은 티스였을 거라 말할 것이다(Kahneman and Tversky 1982). 어떻게 많은 이가 이 결론에 도달했을까? 일부 이론-이론가들이 제시했듯 이들이 이 둘의 화가 난 상대적 정도를 추론할 수 있게 해줄 통속심리 이론을 갖추고 있어 크레인과 티스 각각의 상황에 이 이론을 적용한 것일까? 그보다는 단순히 일종의 상상적 투사를 사용했을 가능성이 더 높지 않을까? 사람들은 각각의 상황을 자기 마음속에서 떠올리면서 자신들을 크레인과 티스의 처지에 상상적으로 투사했다. 크레인의 상황에 처한 듯 가장하는 것보다 티스의 상황에 처한 듯 가장하는 것이 더 화가 났고, 그래서 사람들은 더 심한 좌절을 티스 씨에게 돌렸다(Goldman 1992: 20).

또 다른 사례를 검토해보자. 당신은 체스 게임에 몰두해 있다. 상대의 다음 수를 예상하려면, 어떻게 해야 하는가? 그럴듯한 한 가지 제안은 체스 두는 사람이 어떤 특정한 상황에서 어떻게 수를 두는지에 관한 어떤 일반론을 따르는 것이 아닌, 그 상황의 '심적 처지'에 처한 듯 가장해서 타자의 마음에 관한 정보를 얻는 것이다. 당신은 당신 자신의 마음을 한 모델로 사용할 수 있고, 타자의 마음을 '반영하거나' '흉내 내는' 데 사용할 수 있다. 해당 경우에서 당신은 당신 자신이 상대의 입장에 처해 있다고 쉽게 상상할 수 있고, 그런 뒤에 두려고 하는 수를 결정한 당신은 상대가 똑같이 하리라고 예상한다(Gallese and Goldman 1998: 496).

물론 누구도 시뮬레이션이 실패할 염려가 없는 방법이라고는 주장하지 않으며, 또 자아중심적 편향을 비롯한 다양한 혼입 요인이 존재할 수도 있다. 당신이 혹시 체스 고수이고 상대가 초심자라면, 본인이 두려고 하는 수를 상대에게 귀속하는 건 어불성설일 것이다. 따라서 시뮬레이션 절차가 성공하려면 귀인자는 자기 자신 특유의 욕망과 믿음을 반드시 격리해야 한다(Goldman 2006: 29). 격리하지 못한다면, 귀인자는 타자를 이해하는 데 도달하지 못한 채 자신이 별개의 상황에서 어떻게 처신했을지를 이해하게 될 뿐일 것이다. 아무튼 이런 복잡한 문제는 상관없다고 치더라도, 많은 이는 이 두 사례를 이론-이론 접근법이 아닌 시뮬레이션 접근법을 지지하는 데 동원해왔다. 사실 골드먼은 격리의 실패와 자아중심적 편향이 만연해 있다는 사실이 시뮬레이션 이론을 지지한다고 주장한다. 왜냐하면 대부분 실패와 편향에 따른 재앙은 확실히 마음 읽기가 시뮬레이션을 통해 진행될 때 일어나기 때문이다(Goldman 2012).

하지만 좀더 고찰해보면, 이 두 사례는 상당히 불충분하다. 우리의 타자 이해에 다양한 모습과 형태가 있다는 것은 명백하다. 어떤 하나의 모델이 그 다양성 전체를 제대로 다룰 순 없더라도, 핵심 설명과 기본 모델이 되고자 하는 모든 설명은 적어도 일상의 원형적 상황들을 포착할 수 있어야 한다. 하지만 우리가 마주치는 그 같은 상호인격적 이해를 어떻게 두 가지 사례가 대표하겠는가? 크레인 씨와 티스 씨의 사례에서, 당신은 어떤 이야기를 전해 듣고 그런 다음 결과를 예상하라고 요구

받고 있다. 그러면 이번에는, 각색되어 동떨어진 시나리오를 실생활에서 마주칠 법한 이야기로 바꾼 버전을 검토해보자. 당신은 공항의 탑승 카운터에 근무하던 중에 갑작스레 카운터로 다투듯 달려 들어오는 두 사람을 보게 된다. 두 사람이 카운터에 도착하자 이들은 크레인 씨와 티스 씨이며 그들의 비행기가 떠났다는 게 밝혀진다. 크레인은 차분하고 안정되어 있지만 티스는 몹시 긴장되어 보이는데, 티스에게 5분 전에 비행기가 막 떠났다고 알려주자 폭언을 하기 시작한다. 이 시점에서 누가 가장 화가 났는지 평가하라고 당신에게 묻는다면, 의심의 여지 없이 티스라고 말할 것이다. 헌데 정교한 시뮬레이션에 기초해 당신이 이런 결론에 도달했다고 제시하는 게 얼마나 타당할까?

체스 사례도 비슷한 방식으로 쉽게 바뀔 수 있다. 상대를 마주보면서 다음 수가 어디에 놓일지를 알아내려 골몰하는 동안에, 상대가 갑자기 "사기꾼!"이라고 외치면서 체스 판의 모든 말을 손으로 치워버려 당신을 깜짝 놀라게 했다. 이때 상대가 뛸 듯이 기뻐하기보다는, 말하자면 낙담하고 화가 났다는 걸 결정하기 위해 당신 자신을 상대의 처지에 대입해 상상해봐야 한다고 주장하는 게 얼마나 타당할까?

고전 사례들 및 실험의 대다수는 이야기의 주인공이 어떻게 반응할지에 대한 피험자의 예상을 시험하려 했다(Mar 2011). 이들 사례와 실험은 생태학적으로 타당한 실생활의 상황을 거의 고려하지 않았다. 하지만 유력한 사회 인지 이론이라면 우리가 타자와 맺는 대면 마주침을 설명할 수 있어야 한다. 그러나 정말 가장과 상상적 투사가 이러한 기본적 수준에서 결정적 역할을 담당할까? 비트겐슈타인이 언급한 적이 있듯, "그대는 그의 얼굴에 찬 분노를 알기 위해 그대 자신을 들여다보는가?" (Wittgenstein 1980: §927)

보다 최근의 연구에서, 골드먼은 마음 읽기에 대한 설명은 감각, 느낌, 정서를 포함하는 심적 상태의 전체 범위를 포괄할 수 있어야 한다고 인정한다. 이 설명은 믿음 귀속의 문제만을 다루어서는 안 된다(Goldman 2006: 20). 정확히 이러한 이유로 이제 골드먼은 자신이 낮은 수준의 마음 읽기라 부르는 것과 높은 수준의 마음 읽기라 부르는 것을 구별하고 (Goldman 2006: 43), 타자들의 얼굴 표정에 기초해 공포, 분노, 혐오 등의 기본 정서를 그 타자들에게 귀인할 수 있는 단순하고, 원초적이며, 자동적인 능력의 존재를 인정할 필요가 있다고 주장한다(Goldman and Sripada 2005).

어떻게 우리는 이 같은 기본적 '마음 읽기'를, 즉 누군가의 얼굴을 어떤 정서를 표현하는 것으로 인식할 수 있는 우리의 능력을 해명할 수 있을까? 골드먼이 검토한 하나의 모델은 이른바 역ⁿ시뮬레이션 모델이다. 일부 경험적 연구는 분노, 혐오, 공포와 같은 이른바 기본 정서에 대한 표현이 문화교차적이고 보편적임을 제시한다. 물론 이 표현들을 어떻게 공적으로 다룰지에 관해서는 문화마다 특정한 규칙이 존재하지만 말이다(Ekman 2003: 4, 10, 58). 선천적 맹인들조차 이러한 얼굴 표정을 나타낸다는 사실(Matsumoto and Willingham 2009)은 기본 정서의 표현이 생득적이라는 결론을 지지한다. 얼굴 표정이 담긴 그림을 보여주면 관찰자 안면 근육 조직의 내현적이고 미세한 활성화를 낳을 수 있는데, 이 안면 근육 조직은 제시된 얼굴을 모방한다. 결국, 수의적이든 불수의적이든 어떤 사람의 안면 근육 조직의 변화가 상응하는 정서적 상태를 낳을 수 있음을 시사하는 실체적 증거가 존재한다는 것이다(Niedenthal 2007; Laird 2007).

이러한 증거들을 고려하면, 다음과 같은 모델이 머리에 떠오른다. 표정이 담긴 대상의 얼굴을 볼 때, 관찰자는 관찰된 얼굴 표정을 불수의적으로 흉내 낸다. 그 결과 관찰자 자신의 안면 근육 조직에 초래된 변화는 상응하는 정서를 낳는 구심성 신경 회로를 활성화한다. 그래서 이 정서는 그 타깃의 정서 유형에 따라 분류되며 결국 관찰되고 있는 얼굴을 가진 타깃에게 귀인된다(Goldman 2006: 127).

립스의 모델과 견주어 보면, 이 제안에는 한 가지 분명한 이점이 있다. 이 모델은 우리 자신의 과거 경험에 의지하거나 이를 요구하지 않는다. 오히려 이 결합은 태생적이다. 원리상, 타자의 얼굴 표정을 관찰하면 나에게 새로운 정서, 다시 말해 이전에는 느껴본 적 없는 정서가 생길 수도 있다. 하지만 이 안은 다른 난점에 직면한다. 한 가지 분명한 문제점은 1단계에서 2단계로 전이하는 과정과 관계가 있다. 자신의 정서를 경험하고 분류하는 데서 동일한 종류의 정서를 다른 사람에게 귀인하는 데로 어떻게 나아갈 수 있는가? 뒤에서 이 물음들로 돌아가겠지만, 얼굴 기반 정서 인식은 역시뮬레이션을 통해 설명될 수 있다는 주장을 의심할 만한 이유가 있다는 점은 이미 명확할 것이다. 확실히 역시뮬레이션은 얼굴 기반 정서 인식에 충분한 듯 보이지 않기 때문이다. 역시뮬레이션이 필요한가? 물론 이것에도 의문이 제기되었다. 왜냐하면 주요 증상이 안면마비인 선천성 뫼비우스 증후군을 가진 몇몇 사람도 타자의 정서적 표현을 인식할 수 있기 때문이다(Calder et al. 2000; Bate et al. 2013). 그런데 이러한 발견은 립스에게도 문제를 제기하며, 정서 인식은 안면 모방에 달려 있고 이에 의해 가능하다는 제안에도 분명 불리한 것으로 여겨진다(Atkinson 2007; Goldman 2006: 208).

골드먼은 이러한 난점을 감안해 결국 색다른 모델을 채택하는데, 그는 여기에 비매개적 공명 모델unmediated resonance model이라는 이름을 붙인다(Goldman 2006: 132). 이 모델은 상호인격적 반영메커니즘과, 동일한 신경 기질이 자신의 정서를 경험할 때와 타자의 정서를 인식할 때 모두 활성화된다는 것을 피력한다. 그래서 이 모델은 타깃의 정서적 표현에 대한 지각이 자신에게 있는 동종 정서의 신경 기질 활성화를 직접 촉발하고 이로 인해 일종의 비매개적 매칭 과정이 만들어지며, 이러한 과정이 안면 모방의 필요성을 상쇄하고 안면 모방의 피드백을 우회한다고 제안한다(Goldman 2006: 128; 또한 Iacoboni 2009: 111을 보라).[3] 짝하는 결핍이 존재한다는 사실은, 즉 특정 정서 경험에 장애가 있으면 타자의 그 동일한 정서를 인식하는 데 선택적 결핍이 올 수 있다고 하는 신경병리학적 사례들은, 정서 귀인에 정서 경험이 필요하다는 발상에 더 많은 힘을 보탠다고 여겨져왔다(Goldman 2006: 110; Keysers 2011: 44).[4] 하지만 몇 가지 점을 주의할 필요가 있을 것이다. 비록 뇌의 특정 영역 손상이 자기와 타자 모두에 대한 정서 귀인을 방해할 수도 있지만, 이 손상들이 짝지어져 있다는 사실, 즉 바로 그 동일 뇌 영역이 두 과정 모두에 수반된다는 사실이 시뮬레이션이 수반된다거나 1인칭 정서 경험과 3인칭 정서 귀속 사이에 직접적인 인과 고리가 존재한다는 걸 입증하지는 않는다. 또 다른 가능성은 1인칭 정서 경험과 3인칭 정서 귀속 모두가 인과적으로 선행하는 일단의 과정들에 의해 가능하게 된다는 것이다(Atkinson 2007: 366). 나의 어떤 정서를 너에게 귀속하려면 내가 바로 그 동종 정서를 너에게 귀속하기 직전에 내가 그 정서를 경험할 필요가 있다는 주장과, 동일한 신경 기질이 1인칭 정서 경험과 타자에 대한 동종 정서의 3인칭 귀속 모두를 보조한다는 주장 사이에는 결정적 차이가 존재한다. 후자의 주장은 상당히 취약하다.[5]

뒤에 상호인격적 반영메커니즘의 문제로 돌아가 좀더 논의를 하겠지만, 고려해야 할 한 가지 의문은 왜 이러한 낮은 수준의 반영이 시뮬레이션의 한 형태로 간주되어야 하는지다. 낮은 수준의 반영은 어떤 가장 상태도 수반하지 않는다. 하지만 골드먼의 견해에서 가장 상태는 시뮬레이션에 본질적이지 않다. 오히려 가장 상태는 높은 수준의 마음 읽기 형태에서만 발견된다. 그의 견해에 따르면, 어떤 유의미한 면에서, 어떤 과정 P가 P를 복사하고 복제하며 또는 P와 유사하다면 이 P는 또 다른 과정 P의 시뮬레이션으로 불릴 수 있다(Goldman 2006: 36). 어떤 면에서 기본적으로 모든 점이 또 다른 모든 점과 유사하다고 가정하면, '유의미한'이 의미하는 바를 특정하는 게 분명 중요하다. 한 가지 해석에 따르면, 유의미하다는 것은 그 과정들을 하나의 시뮬레이션으로 만드는, 타깃과 귀인자에게 속하는 정서들의 매칭이 존재한다는 말이다(Goldman and Sripada 2005: 208). 더 구체적으로 말하면, 다른 사람의 정서적 표현에 대한 관찰이 나 자신의 해당 정서 경험을 자동적으로 촉발하고 그런 뒤 이 1인칭적 경험이 나의 3인칭 정서를 그 타자에게로 귀속할 수 있는 근거 역할을 한다고 골드먼은 제시한다. 그가 혐오 표현을 논의하는 맥락에서 쓰고 있듯이, "혐오 표현을 3인칭 혐오 귀인을 위한 인과적 근거로서 이용하고 있다는 점이 바로 그 증거다"(Goldman 2006: 137). 결과적으로, 골드먼이 이 전체 과정을 시뮬레이션+투사로 명명하는 게 더 적절하다고 생각하고서(Goldman 2006: 40) 자신의 설명과 우리가 립스에게서 발견한 설명이 서로 구조적으로 유사하다고 확신하는 것도 우연의 일치는 아니다. 골드먼이 투사를 "자신의 상태를 다른 누군가의 상태 탓으로 돌리는 작용"이라고 명시적으로 정의한다는 점(Goldman 2006: 40) 그리고 "심리적 관점에서 볼 때 '다른 인간'은 나 자신의 증식물이다"(Lipps 1900: 418)라고 립스가 단언하는 점을 살펴볼 때, 우리가 시뮬레이션주의를 따른다면 궁극적으로는 우리의 진정한 타자 이해를 가로막는 자아중심적 곤경에 갇혀버리지는 않을지 우려할 수도 있다.

골드먼만이 립스의 것과 유사한 설명을 선호하는 것은 결코 아니다. 이 점은 이아코보니와 갈레세에게도 역시 해당되는데, 이 둘은 공감이 내적 모방의 한 형태라는 립스의 발상을 언급하면서 이를 지지한다(Gallese 2003a: 519; Iacoboni 2007: 314).

하지만 골드먼의 공감 논의와 갈레세의 것 사이의 현저한 차이 하나는 후자의 공감 논의가 이 개념의 역사적 기원에 더 큰 관심을 둔다는 점이다. 골드먼은 이 논쟁을 해석하면서 라일과 비트겐슈타인까지 50년을 대략적으로 되짚는다. 그렇지만 그는 시뮬레이션주의와 관련된 주제가 립스와 딜타이 같은 그보다 이전의 이론가에게서도 드문드문 찾아볼 수 있다는 점을 확실히 인정한다(Goldman 2006: 18). 하지만 골드먼의 개관에는 현상학에서 찾아볼 수 있는 공감 논의에 대한 언급이 유독 빠져 있다. 나는 이 대목에서 후설과 메를로퐁티의 의미심장하고 실질적인 기여는 물론이고, 에디트 슈타인의『공감의 문제에 관하여Zum Problem der Einfühlung』, 거위치의『환경세계에서의 사람과 사람의 관계Die mitmenschlichen Begegnungen in der Milieuwelt』, 셸러의『동감의 본질과 형태들Wesen und Formen der Sympathie』, 슈츠의『사회적 의미의 세계 구성Der sinnhafte Aufbau der sozialen Welt』 등과 같은 더 구체적인 작업이 떠오른다. 이와 달리 갈레세는 립스의 내적 모방 논의뿐만 아니라, 슈타인의 공감 설명과 후설 및 메를로퐁티의 상호주관성 이해를 호의적으로 언급한다(Gallese 2001). 더욱이 갈레세는 자신의 신체화된 시뮬레이션 개념이 현상학의 제안에 가까운 데다 더욱 발전한 형태라고 드러내놓고 말한다(Gallese et al. 2004: 397; 또한 Iacoboni 2007도 참조).(뒤에서 더 자세히 논의한다.)

후설 지도의 1918년도 베르크손 관련 박사학위 논문의 폴란드어 번역본에 부기한 각주에서, 로만 인가르덴은 다음과 같이 말한다.

이 논문을 쓸 당시에 이른바 '공감'에 관련된 논의가 광범위하게 일어났는데, 이 개념은 가령 테오도어 립스처럼 미학을 심리학화하는 독일 미학자들이 제안했던 것이다. M. 가이거와 막스 셸러, 에디트 슈타인 등과 같은 일군의 현상학자에다 나중에는 후설도 이 논의에 참여해, 자신의 심리적 상태를 낯선 신체에 행하는 일종의 투사로 간주되던 고전적 '공감' 이론은 폐기되고 신체적 표현에서 나타나는 것으로서의 심리적 상태에 대한 특별한 종류의 지각이라는 이론으로 대체될 수밖에 없었음은 점점 더 분명해졌다(Ingarden 1994: 170-171).

인가르덴이 쓴 이 구절은 내적 모방의 면에서 내린 립스의 공감 정의와 뒤이은 현상학의 분석을 구별해야 할 필요를 강조한다. 립스의 유비 논증 비판은 후대 현상학자들 사이에서 동의를 얻었던 반면, 이들은 대체로 립스의 확신에 찬 설명은 강하게 비판했다. 곧 보겠지만, 현상학자들은 독특하고 다층화된 공감의 지향적 구조 분석을 제공하는데, 이 분석은 공감을 반영, 모사, 모방, 정서 전염, 상상적 투사, 추론적 귀인의 면에서 설명하려는 최근의 시도와 자못 현저하게 다르다. 데닛은 여러 차례 고전 현상학을 자기현상학, 즉 타자의 정신적 삶에 관심을 두지 않는 현상학의 하나로 정의했지만(Dennett 1987: 153-154), 사실상 고전 현상학은 실로 많은 부분 타자현상학에 관여했다. 현상학적 분석이 특별한 관심을 얻게 될 한 가지 이유는, 바로 현상학적 분석이 단호하게 의식의

1인칭적 특성에 전념하면서 타자의 주어짐에 관한 특징적인 점을 강조하고 존중하기 때문이다.

10장
공감의
현상학

1. 현상학적 의혹

거위치는 자신이 1931년에 쓴 교수 자격 논문『환경세계에서의 사람과 사람의 관계』에서 유비논증을 노골적으로 비판하면서도, 립스의 공감 이론이 이와 동일 계통 이론의 하나라고 주장한다(Gurwitsch 1979: 20). 엄밀히 말해 립스의 공감 이론은, 지각한다고 말할 만한 모든 것은 물리적 성질과 안면 근육의 일그러짐과 같은 그 성질의 변화이며 이 지각 입력 정보는 심리적으로는 무의미하다라는, 기본적이면서도 의구심이 드는 가정을 그럼에도 받아들인다. 립스에 따르면 자신이 마음을 가진 또 다른 생명체와 마주치고 있음을 알게 되는 것은 바로 자신의 사례에 근거해 아는 바를 가지고 지각적으로 주어지는 것에 생명을 불어넣는 방법밖에는 없다. 입력 정보에 근거해 기쁨과 행복함 같은 심적 상태를 타자에게 실제적으로 귀속하는 데로 이동하려면 자신의 내적 경험위에 그려보는 방법뿐이다.

하지만 이게 정말 타당할까? 말하자면 지각적으로 주어지는 것, 즉 문제의 표현적 현상이 이미 우리가 타자의 심적 삶에 어느 정도 접근하게끔 한다는 견해를 고려하지도, 궁극적으로는 지지하지도 말아야 할까(Gurwitsch 1979: 32, 56)? 거위치는 더 나아가 립스의 본능에의 호소는 분석이 할 일을 제쳐놓는다는 점에서 불충분하다고 말한다(Gurwitsch 1979: 20). 유사한 비판을 슈타인과 후설에게서 찾아볼 수 있는데, 이들은 립스의 본능에의 의지는 "과학적 탐구의 파산"에 해당하며(Stein 2008: 41), "현상학적 무지의 도피처"로 간주된다(Husserl 1973a: 24)고 각각 주장한다. 하지만 이들의 가장 체계적인 분석은 (내적) 모방이 공감의 기초를 구성한다는 립스의 주장을 향하고 있다.

먼저, 이런 이론은 설명해야 할 바를 설명하지 않는다. 관찰된 표현이 이를 모방하려는 충동을 내게 야기하며 표현과 경험 사이가 이렇듯 밀접하게 결합되어 있기 때문에 그 연합된 정서를 나 스스로 경험하게 된다고 가정해보자. 이 가정은 왜 특정 경험이 내게 일어나는지를 설명할지는 모르나, 어떻게 내가 타자를 이해하게 되는지에 대한 설명은 제공하지 않는다. 자기 자신이 행복한 것과 남이 행복하다고 믿는 것은 전혀 다른 두 가지 사태다(Gurwitsch 1979: 24-25). 전자의 상태는 그 자체로 이 느낌의 기원에 관한 앎을 수반하지도 나 자신의 느낌과 타자의 느낌 사이의 유사성에 관한 앎을 수반하지도 않는다. 타자의 정서적 상태가 나 자신의 정서적 상태의 원인일지는 모르나, 우리가 사회적 이해에 대해 일말이라도 말할 수 있으려면 타자의 정서적 상태는 지향적 대상이기도 해야 한다(Stein 2008: 22-24). 립스의 설명은 결국 공감, 다시 말해 마음이 있는 타자의 삶에 대한 경험으로 이해되는 공감을 해명하는 것보다는 '운동 모방'이나 '정서 전염' 같은 걸 다루는 것으로 조정되는 편이 낫다.[1] 그러므로 슈타인이 말하듯, 설명되어야 할 현상과 실제 설명되는 현상 사이의 괴리가 존재하는 것이다(Stein 2008: 24).

물론 립스는 공감이 두 단계를 수반한다는 점에 확실히 동의했다. 즉 모방과 투사다. 내가 타자의 표현을 지각하면 상당히 매개적인 방식으로 내게 어떤 느낌이 환기될 것이고, 그런 뒤 이 느낌은 투사를 통해 그 타자에게 귀인된다. 하지만 투사에 호소하는 것은 문제를 푸는 게 아니라 오히려 문제를 악화시키는데, 립스는 결코 투사의 인식론적 합법성을 정당화한 적이 없기 때문이다. 립스 자신은 공감 내 투사와 애니미즘 내 투사 사이의 유사성을 지적했지만, 셸러가 말하듯 립스의 이론은 정당화된 투사와 정당화되지 않은 투사 사이의 차이를 여전히 설명할 수 없다(Scheler 2008: 241). 이 후자의 비판에서 알 수 있듯, 셸러의 연구 목적은 그저 기술적인 것만이 아니다. 한낱 우리가 사실상 타자를 경험하는 방식처럼 보이는 바를 기술하는 문제만이 아닌 것이다. 셸러는 우리의 타자 이해가 경험적으로 정당화될 수 있는지 하는 인식론적 문제에 역시 관심을 둔다.

결국 현상학자들은 공감적 이해는 모방으로 충분하다는 제안을 일축할 뿐만 아니라, 모방이 필요한지도 의문시한다. 어떤 대상을 포착하기 위해서 마음이 왜 그 마음의 대상과 같게 되어야 하는가? 립스의 설명에 따르면, 나 자신이 타인의 것과 동일한 고통이나 행복을 경험하더라도 나는 그 고통이나 행복을 다른 사람에게 귀속할 수 있을 뿐이다. 사실, 모방이 어떤 설명을 위한 목적에 쓸모가 있으려면 나 자신이 느낀 고통이나 기쁨이 타자의 고통이나 기쁨에 대한 나의 의식적 인식에 뒤이어 일어나지 않고 먼저 일어나야 한다. 하지만 셸러가 쓰고 있듯이, 우리는 개가 꼬리를 흔드는 걸 보고 만나서 반가워서 그렇다고 이해할 수도 있지만, 이렇게 이해하기 위해 이 표현을 모방할 필요는 거의 없을 것이다(Scheler 2008: 11). 실로, 우리가 모방할 수 없는 표현은 이해할 수 없지 않을까? 예컨대, 우리가 안면 마비를 앓는다면 어떨까? 게다가 겁에 질린 내 아이를 이해하려면 스스로 겁에 질려야 한다거나, 나를 공격하는 사람의 얼굴에서 분노를 인식하려면 나 또한 격분해야 한다고 주장하는 게 얼마나 타당할까(Husserl 1973a: 188)? 격분한 낯선 사람과 만나 스스로도 격분하게 될 수도 있겠지만, 낯선 사람의 정서에 대한 우리의 이해는 반대 반응, 즉 공포감을 이끌어낼 수도 있다. 하지만 어떤 경우든 우리의 정서적 반응은 바로 그것, 즉 어떤 반응이다. 우리가 타자에게서 지각하는 정서가 우리 자신의 신체에 정서적 공명과 행위 경향을 유발해서 이런 반응이 타자를 이해하는 방식에 반영되고 영향을 미친다는 것은 당연한 일이겠지만, 우리가 타자의 정서를 이해하려면 바로 그 정서를 우리 자신이 가져야 한다는 견해를 인정하는 것과 옹호하는 것 사이에는 결정적 차이가 있다.

현상학자들이 제안한 다양한 긍정적 공감 설명을 더욱 확장해 논의하기에 앞서 술어에 관한 얘기를 먼저 해야겠다. 이들 모두가 하나같이 이 용어를 기꺼워하는 것은 아니기 때문이다.

셸러에 따르면 우리는 타자에 대한 기본적이고 직접적인 경험적 접근을 향유하지만(곧 이 말의 의미를 부연할 것이다), 유감스럽게도 그는 이러한 이해의 기본적 형태를 언급할 때 하나의 용어만을 고수하진 않는다. 차라리 그는 Nachfühlen(느낌의 재생산reproduction of feeligs), Nachleben(경험의 재생산reproduction of experience), Nacherleben(경험의 시각화visualizing of experience), Fremdwahrnehmung(다른 마음들에 대한 지각perception of other minds) 등의 용어를 쓴다(Scheler 2008: 9, 238). 이들의 경우에서 표준 영어 번역이 꼭 이상적이라고 할 순 없겠지만, 셸러 역시 불가피한 혼동을 야기한 데 책임이 있다. 어떻게 느낌의 재생산과 타자 마음에 대한 지각이 동일한 한 현상을 언급하는 것일 수 있겠는가? 뒤에서 보게 되겠지만, 셸러는 타자의 정서적 경험에 대한 이해는 해당 정서를 모방하거나 재생산하는 데 근거한다는 견해를 거부하는데, 그렇다면 왜 셸러는 스스로 Nachfühlen과 같은 용어를 사용하는가? 하지만 누군가 타자의 정서적 경험을 이해하려면 그 스스로가 그와 동일한 정서를 가질 필요가 있다는 견해를 셸러가 단호히 거부한다는 점은 여전히 사실이다(Scheler 2008: 9–10). 더 나은 용어가 없기에, 나는 셸러가 우리의 기본적인 타자 경험에 대해 말할 때마다 언급해온 바를 담아내는 최선의 방식으로 '공감empathy'을 쓰기로 결정했다. 공교롭게도 셸러 자신은 독일어 Einfühlung을 좀체 사용하지 않고 립스를 비판할 때에나 상당히 멸시하는 투로 자주 사용한다. 하지만 셸러의 유보는 그가 투사적 공감 이론을 단호히 거부하는 데 주된 이유가 있으며(2008, p. xlviii), 이는 동시대 다른 현상학자들이 그의 이론을 공감 이론이라고 언급한 점이 말해주고 있다(Husserl 1950: 173).

후설의 경우, 그가 선호한 용어는 단순히 Fremderfahrung이었으나 특히 후기의 글에서 Einfühlung이라는 용어를 빈번히 사용했다. 더욱이 어떤 경우에는 Einfühlung이라는 용어에 내놓고 거리낌을 표현한다. 1914~1915년에 쓴 원고에서 후설은 Einfühlung을 '잘못된 표현'이라 부르는데, 그의 견해에서는 이 용어가 자신의 자기를 또 다른 신체로 투사하는 것을 가리키는지 아니면 오히려 또 다른 신체화된 자기와의 실제적인 마주침을 가리키는지 여전히 불분명하기 때문이다(Husserl

1973a: 335~339). 따라서 많은 이가 이 용어를 경계해온 한 가지 이유는 자신이 투사주의적 입장에 서는 듯 보이기 때문인 게 분명하다.

끝으로 슈타인에게 눈을 돌려보자. 그녀는 타자정향적 지향성의 한 형태로 공감을 정의하며, 특히 이 용어가 가질 수 있는 다른 모든 전통적 함의는 무시하라고 한다(Stein 2008: 14). 슈타인은 셸러의 공감 논쟁이 슈타인이 공감이라고 부르는 것을 향해 있지 않은 것은 바로 이런 이유라고 쓰고 있다(Stein 2008: 30).

나는 슈타인의 권고를 따르며, 뒤에서 셸러, 후설, 슈타인, 슈츠의 공감 설명을 언급할 때 우리가 어떻게 타자를 경험하는지에 대한 그들의 설명을 제각각 언급할 것이다.

2. 셸러

셸러의 저작 『동감의 본질과 형태들』(1923)은 정서적 삶을 현상학적으로 탐구한 사례로 자주 목록에 오른다. 하지만 이 저작은 다양한 정서적 현상에 대한 자세한 분석을 제시했다는 점 외에도, 상호주관성과 사회 인지의 현상학에 중요한 기여를 했다고 평가받을 만하다. 우리가 타자의 마음을 이해하는 방식의 문제가 인문학의 근본 문제라고 셸러가 애초부터 말하는 것도 우연은 아니다. 이것은 역사학, 심리학, 사회학 등의 과학적 위상을 적절하게 결정하려면 반드시 해결되어야 할 문제다 (Scheler 2008, pp. xlviii~xlix).[2]

셸러에게 사회적 이해는 원래 이론적 문제가 아니다. 그의 설명은 사회적 이해의 경험적이고 정서적인 특성을 강조하려는 시도다. 그가 논의한 몇몇 사례를 살펴보기로 하자.

먼저 당신이 한 우는 아이의 얼굴을 본다고 가정할 때, 우는 아이의 얼굴을 불편함이나 고통을 표현하는 것으로 보지 않고 단지 안면 근육의 특정한 일그러짐으로 보는, 다시 말해 정서를 표현하는 것으로 보지 않는 상황을 검토해보자. 당신이 아무 염려나 연민을 가지지 않고, 즉 무관심한 채로 동일한 얼굴을 정서를 표현하는 것으로 보는 상황과 이 (병리학적) 사례를 비교해보라. 그리고 마지막으로 당신이, 예를 들어 이 아이에게 연민을 느껴 정서적으로 반응하는 상황을 검토해보라. 셸러에게 마지막 상황은 동감sympathy(Mitgefühl)의 사례로 간주된다. 하지만 동감을 느끼려면, 즉 괴로워하는 누군가를 염려스러워하려면 먼저 타자가 실로 괴로워한다는 것을 깨닫거나 인식해야 한다. 그러므로 내가 애초에 누군가가 고통에 차 있다는 것을 아는 것은 동정이나 동감을 통해서가 아니다. 내가 그에게 동감을 느끼려면 오히려 내가 알게 되는 타자의 고통이 이미 내게 어떻게든 주어져야 하고, 이미 나에게 이해되어야 한다(Scheler 2008: 8). 셸러가 다양한 용어를 써가며 지목하는 바가 사전 인지적 이해를 제공하는데, 여기에는 Nachfühlen이 포함되며 뒤에서 나는 이를 '공감'으로 제시할 것이다. 공감은 타자에 대한 기본적인 지각 기반 이해와 관련이 있지만, 동감에는 정서적 반응이 부가된다.

이제, 공감과 동감 사이의 차이를 강조하는 것 외에도, 셸러가 든 사례의 요점은 누군가의 곤경에 무관심하면서 그에게 공감할 수 있음을 상기시키기도 한다(Scheler 2008: 8-9, 14; 또한 Darwall 1998: 261을 보라). A가 B에게 아무런 동정이나 연민을 느끼지 않은 채 B가 무엇을 겪고 있는지를 이해한다는 의미로 A가 B에 공감한다 해서 셸러의 견해가 모순되는 일은 결코 없다(Scheler 2008: 8). 남의 불행에 대한 쾌감

schadenfreude을 느끼는 사람, 숙련된 심문관, 사디스트를 잠시 떠올려보라. 대중을 조종하고 착취하려 하면 고도의 공감적 감수성이 도움이 될지도 모른다.[3] 이것은 학대의 전제 조건이기도 한데, 왜냐하면 학대에는 타자의 고통과 괴로움에 대한 알아차림이 필요하기 때문이다. 그래서 공감적 감수성은 타자의 고통에 대한 병리학적 무감각과 날카롭게 구별되어야 한다(2008: 14). 이에 더해, 셸러는 동감이 긍정적인 도덕 가치를 반드시 가지는 것은 아니라고 주장하기도 한다. 동감은 정서적 반응의 특성과 상황에 의존한다. 만약 내가 너의 기쁨에 슬픔을 느끼거나, 너의 비탄을 고소해하거나, 다른 누군가의 괴로움에 즐거워하는 너에 대해 반색한다면, 나는 무관심한 채로 있는 게 아니다. 나는 정서적으로 반응하고 있지만, 이는 부정적인 도덕 가치의 방식에서다(2008: 5-6, 133).

셸러가 공감과 동감을 구별하는 것이 너무 인위적이라며 반대할 수도 있다. 가장 기본적인 형태의 사회 인지는 정서적으로 중립적이며 모든 정서적 반응은 이차적인 단계에서 부가되는 것일 뿐이라는 것은 사실일까? 모든 정상적인 상호인격적 이해는 정서적 반응성을 수반하며, 둔마된 정동은 특정 병리학적 사례에서나 나타날 뿐이라고 주장하는 게 더 정확하지 않을까? 셸러의 구별을 반대하는 데에도 일말의 진실이 있다고는 생각하지만, 이런 의견과 셸러의 견해를 병립시키는 방식으로도 셸러를 이해할 수 있다고 나는 생각한다. 우리의 공감적 타자 이해가 우리에게 정서적 영향을 미치지 않는 일은 거의 없겠지만, 즉 타자의 괴로움을 볼 때 우리는 그 타자를 돌보고 보살피려 하는 자연스러운 경향―하지만 억압되고 무효화될 수 있는 경향―을 가진다는 것조차 사실이겠지만, 던져야 할 질문은 타자의 표현을 인식하고 이해할 수 있는 우리의 바로 그 역량이 이 정서적 반응에 의해 가능해지고 조건 지어지는지다.

이제 두 번째 사례군을 검토해보자. 당신은 바에 들어가 유쾌한 분위기에 휩싸일 수도 있고, 장례 행렬과 마주쳐 기분이 가라앉을 수도 있다. '정서 전염Gefühlsansteckung'으로 알려진 것 특유의 특징은 해당 정서에 당신이 말 그대로 물든다는 것이다(Scheler 2008: 15). 해당 정서가 당신에게 전이되고, 당신 자신의 정서가 된다. 정서 전염에 있어 당신이 감염된 느낌은 현상학적으로 다른 사람에게 속하는 것으로 주어지는 것이 아니라, 당신 자신의 것으로 주어진다. 타자에게 돌아가는 것은 그 인과적 기원뿐이다(2008: 37). 사실, 타자의 공포나 유쾌한 기분에 의해 전염될 때 당신은 타자를 서로 분리된 개별자라고 알아차리지 못했을 수조차 있다. 그런데 이 모든 것이 정확히 정서 전염을 공감 및 동감과 구별 짓는 요소다. 셸러는 이 양자가 자기의식뿐만 아니라 자기와 타자 사이의 분리감도 전제한다고 본다(2008: 23, 64). 동감과 공감 양자에 있어, 그 초점은 타자, 즉 타자의 생각과 느낌에 놓여 있으며 자기와 타자의 거리는 유지되고 지켜진다.[4] 다른 사람에게 미안함을 느끼는 것은 다른 이로서의 타자에게 미안해하는 것이다. 동감이 타자와의 융합 같은 것을 수반한다고 제시하는 것은 동감을 에고이즘으로 변환하는 것이다. 이는 또한 셸러가, 공감에는 공감자 자신이 상응하는 정서를 가질 필요가 있다는 제안(2008: 42)과 공감에는 필연적으로 상상이 수반되며 내가 타자의 입장에 처한다면 어떨지 상상해볼 필요가 있다는 제안(2008: 39)을 모두 거부할 뿐만 아니라, 가령 동감과 연민compassion의 존재는 궁극적으로 모든 개체의 형이상학적 통일성의 증거가 된다(2008: 51, 54)고 하는 쇼펜하우어의 형이상학적 이론 같은 것도 거부하는 이유다.

우리는 다른 개인들에 관해서는 물론이고 이들의 지향적 대상에 관해서도 전혀 모른 채 다른 사람의 느낌에, 즉 즐거움과 두려움에 전염될 수 있다. 이 점이 셸러가 '정서 공유Mitfühlen'라 명명하는 것과 정서 전염을 하나로 보아서는 안 되는 이유다. 커플이 영화를 즐기는 상황을 상상해보라. 이들은 자신이 영화를 지각하고 즐길 뿐만 아니라 타자도 함께 영화에 주의를 기울이며 즐기고 있음을 공감적으로 경험하는데, 이는 이들 자신의 즐거움의 구조와 질에 영향을 미치는 경험이다. A가 B의 눈을 통해 영화를 보는 것은 아니지만, B의 봄과 즐거움은 A가 영화에 대해 하는 경험의 일부다(반대의 경우도 마찬가지다). 간단히 말하면, 개인들이 어떤 정서를 공유할 때 이들이 경험하는 바는 서로가 서로에 대해 맺는 관계와도 무관하지 않다. 우리는 서로 무관하다기보다는, 구성적으로 상호의존적인 경험 즉 주관들이 서로 맺는 상호관계 덕분에야 할 수 있는 경험을 대하고 있는 것이다. 간단히 말해, 정서 공유에는 유사성뿐만 아니라 차이의 보존, 상당한 상호간 이해가 필요하며 또 수반된다. 정서 공유는 결과적으로 정서 전염과 다를뿐더러, 공감 그 이상의 것이기도 하다. 그 명칭이 나타내듯 정서 공유는 공감이 제공하는 이해에 상호 공유와 공동 조절이 부가된 것이다. 한 커플과 이들의 친구가 서로 상호 작용하는 상황과 위의 상황을 대비해보라. (아마 영화가 어처구니없다고 생각하거나 기분이 나빠서) 이 친구는 자신은 즐겁지 않은데도 커플의 즐거움을 지각할 수도 있다. 이 경우, 그 친구는 즐거움을 그 자신의 것으로 경험하지 않으면서도 커플의 즐거움에 공감적으로 향해 있을 수 있다. 커플의 즐거움과 이 즐거움에 대한 친구의 공감적 이해는 분명 질적으로 다를 것이며 구별될 것이다(Scheler 2008: 12-13, 37).

이제 셸러의 견해에서 보면, 공감은 그저 다른 누군가가 겪고 있는 어떤 경험을 지성적으로 판단하는 문제가 아니다. 말하자면 이건 사실이다라는 등의 한낱 사고에 불과한 게 아니다. 오히려, 셸러는 우리가 공감적으로 타자의 마음을 경험할 수 있다는 견해를 옹호한다(Scheler 2008: 10). 셸러가 '타자지각Fremdwahrnehmung'에 대해 반복해 말하고 또 자신의 이론을 "타자 마음에 대한 지각 이론"(2008: 220)이라고까지 부르는 것은 우연이 아니다. 그는 전거locus classicus로 간주되어야 할 구절에서 다음과 같이 쓰고 있다.

> 왜냐하면 우리는 다른 사람의 웃음에서 기쁨을, 눈물에서 슬픔과 고통을, 붉어진 얼굴에서 부끄러움을, 내민 손에서 간청을, 애정 어린 눈빛에서 사랑을, 꽉 다문 입에서 분노를, 움켜쥔 주먹에서 위협을, 말소리에서 생각의 취지를 우리 스스로 직접 친밀하게 알 수 있다고 확실히 믿기 때문이다. 지각은 단순히 '물리적 감각들의 복합체'일 뿐이라는 사실에 미루어, 지각은 이러한 일들을 할 수 없기 때문에 이것은 '지각'이 아니라고 그리고 다른 사람의 마음에 대한 어떤 감각도 이러한 원천에 근거하는 어떤 자극도 존재하지 않는 게 확실하다고 내게 말한다면, 나는 그에게 미심쩍은 이론들로부터 벗어나서 현상학적 사실들에 몰두하라고 애원할 것이다(2008: 260).

셸러에게 공감은 내가 다른 주관을 경험할 수 있게 하는 것이다. 공감은 문자 그대로 타자의 경험이 내게 전이되는 일도, 내가 타자에게서 지각하는 그 경험을 내가 겪는 일도 수반하지 않는다. 오히려 공감적으로 경험한다는 것, 이를테면 다른 사람의 정서를 공감적으로 경험하는 것은 당신이 당신 자신의 것으로서 그 정서를 경험하는 방식과는 필연적으로 다르다. 이를테면 마치 외자식을 잃어버린 부모나 살고자 몸부림치는 익수자에게 공감할 수 있는 능력은 이러한 시련을 스스로 겪어본 적이 있는지에 달려 있을 뿐만 아니라 심지어 과거의 바로 그 경험을 실제적으로 재생산하는 일을 수반할 수 있다는 등, 공감이 타자에게서 비롯하는 단서와 자신의 유사한 과거 경험이 직접 연합하는 데 근거한다는 제안을 셸러는 결과적으로 거부하는 것이다. 그가 보기에 이러한 제안이 간과하는 바는 직접 유효한 표현적 현상에서 우리가 할 수 있는 다른 사람의 마음 상태에 대한 파악의 정도다. 설령 당신에게 자녀가 없더라도, 아들을 잃어 비탄에 빠져 있는 커플과 함께 있다면 당신은 이 상실감이 어떨지 이해할 수 있을 것이다. 더욱이 그러한 재생산은 불필요할 뿐만 아니라, 필요했다 하더라도 이는 통찰의 근원이 아니라 오류의 원천일 것이다. 재생산은 개인적 고통과 자아중심적 경향을 야기하기 때문이다(2008: 46-47).[5]

또한 셸러는 공감자가 공감된 경험의 기본 요소들을 1인칭적으로 적어도 친숙하게 안 적이 있어야 한다는 의견을 일축한다. 그가 지적하듯이, 이러한 제안은 경험이 원자론적인 심적 입자들로 이루어진다고 잘못 생각하는 것일 뿐 아니라 이러한 요소들에 기초해 이해한 경험을 재구조화하는 일에 어떻게 사후적으로 착수해야 하는지 전혀 불분명한 채로 남겨둔다. 최종 결과에 대한 이해가 선행하지 않는다면, 무엇이 이런 조합을 인도할 수 있을까(Scheler 2008: 47)? 셸러의 비판에서 가장 중요한 점은 공감에는 공감자와 그 타깃 사이의 유의미한 유사성이 필요하다는 주장이 포함된 모든 설명에 맞서 이의를 제기한다는 것이다. 분명히 던져야 할 질문은 유의미하게 유사하다고 간주하려면 얼마나 매치가 되어야 하는지다. 내가 에어데일테리어 종의 개를 잃어버려 괴로워한 적이 있거나 담석산통 발작을 겪어본 적이 있는 경우에만 두 살 된 에어데

일테리어의 죽음으로 괴로워하는 누군가에게 또는 동일한 강도를 가진 유사한 발작으로 고통받는 누군가에게 공감할 수 있다고 주장하는 것은 설득력이 거의 없다. 이와 달리, 내게 마음이 있다고 전제할 때 내가 마음이 있는 생명체에게만 공감할 수 있다고 주장하는 것은 대단히 타당한 듯 보이기도, 상당히 사소해 보이기도 한다. 모방 기반의 공감 설명이 타당하면서도 사소하지 않은 것을 말하는 것이려면, 이 설명은 위의 두 극단적 사례 사이 어딘가에 입장을 정해야 한다. 문제는 그곳이 어디냐 하는 것이다. 공감자는 정확히 동일한 종류의 정서나 감각, 이를테면 굴욕이나 메스꺼움을 느껴야 (또는 느꼈거나 원리상 느낄 수 있어야) 하는가? 공감자가 동일한 정서 계열의 하나를 1인칭적으로 친숙하게 알고 있다면 충분할까? 아니면 공감자가 단순히 동일한 종류의 유발성을 가진 정서를 경험한 적이 있다면 (또는 원리상 경험할 수 있다면) 충분할 수 있을까? 요구가 덜 구체적일수록 설명의 타당성은 더 증가하게 된다. 하지만 분명한 것은 이러한 타당성의 증가는 설명력의 감소를 동반한다는 점이다.

어쨌든 셸러에게 있어 이 문제는 분명하다. 그는 어딘가에서 이해의 한계는 우리가 내재적으로 할 수 있는 경험의 범위에 의해 제한될지 모른다고 언급한 적이 있지만(Scheler 2008: 46), 우리 스스로가 과거에 겪은 적 있는 타자의 경험만을 이해할 수 있다는 것은 단호히 부인한다.[6] 그에게 이러한 주장은 결국 우리는 새로운 것을 결코 이해할 수 없고 오직 이전에 경험한 것만을 이해할 수 있게 된다는 주장만큼 가치가 없다. 사실, 투사적 공감 이론이 가진 하나의 문제는 정확히 이 이론이 우리를 우리 자신의 마음속에 가둔다는 것이다. 투사적 공감 이론은 공감이 지닌 진정하고 진실한 자기초월성, 바로 공감적 이해가 우리 삶을 확장해 자신의 현실 경험의 한계 너머로 우리를 데려간다는 사실을 제대로 다루지 못한다(2008: 46, 49).

셸러가 타자의 마음에 대한 시각화와 지각적 접근 가능성을 강조하긴 해도, 개인의 경험적 삶의 모든 측면에 타자가 똑같이 접근할 수 있다고 주장하는 것은 아니라는 점을 깨닫는 게 중요하다. 몇몇 경우에서 우리는 타자의 경험을 직감으로 알 수 있지만, 셸러의 설명에 따르면 중요한 한계도 일부 존재한다.

이 한계의 하나가 신체적 감각이다(Scheler 2008: 255). 나는 다른 이와 동일한 종류의 두통이나 신장통을 앓을 수 있지만, 그 사람의 구체적인 고통이나, 이를테면 그의 미각을 완전히 지각할 순 없다. 이 해명이 중요한 이유는 이 점이 셸러를 뻔한 반대로부터 자유롭게 하기 때문이다. 저녁을 즐기고 있는 한 남성이나 일하고 있는 한 여성을 관찰하는 경우를 생각해보자. 셸러의 모델에서 봤을 때 내가 직접 친숙하게 아는 것은 이를테면 훈제 연어의 특정한 맛이나 통증 감각의 특수함이 아니라 오히려 즐거움 혹은 고통이라는 일반 상태다. 따라서 셸러는 다른 사람(또는 동물)이 겪고 있는 특정한 감각을 이해할 수 있는 유일한 길은 재생산을 통해서라고 인정하기까지 한다. 간단히 말하면, 나는 한 아이나 박쥐 한 마리가 기진맥진해 있는 것을 알 수 있지만, 파파야 주스가 어떤 맛인지 알려면 내가 직접 이 주스를 맛봐야 한다(2008: 48).

나는 타자의 자동적이고 불수의적인 표현에서 그에 관한 무언가를 알 수 있지만, 셸러는 특히 신체적 표현에 얽매이지 않는 마음의 차원들이 존재하기 때문에 이 앎이 우리를 데려가는 범위의 정도에 한계는 있다고 주장하기도 한다. 그가 "타자의 정신적 존재"라 부르는 것, 즉 타자 인격성의 본질을 파악하고 싶다면, 우리는 의사소통에 기대야 한다. 더 구체적으로 말하면, 셸러는 다른 사람의 분명한 인지적 활동, 즉 그의 생각은 이 타자가 자신을 드러내고 알리기를 결심할 때까지 보이지 않고 감춰져 있을 것이라고 주장한다(Scheler 2008: 102, 225). 이 점이 언어가 사회적 이해의 고도화된 형태에 본질적인 이유다. 그러나 그렇다 해도, 여전히 타자에게는 언표할 수 없는 어떤 면이 존재할 것이다. 셸러에 따르면, 자유롭게 의사소통하려는 의지를 가지고 행위하더라도 완전히 드러낼 수 없는 인격성의 절대적으로 내밀한 영역이 존재한다(2008: 66, 219).[7]

정서 전염, 공감, 동감, 정서 공유 사이의 차이에 대한 셸러의 탐구는 인격적 수준에 한정된다. 그는 사회 인지가 수반될 수도 있는 다양한 인격하부적 메커니즘에는 관심이 없다. 그가 경쟁 이론들에 맞서 주로 반대한 바는 이 이론들은 현상학적으로 불충분하며 우리의 현실 경험을 제대로 다룰 수 없다는 것인 듯 보인다. 여기에 근거하면, 그의 기획이 오로지 기술적이라고 결론짓는 게 당연할 수도 있다. 그의 기획은 어떻게 우리가 타자의 마음을 경험하는지를 기술하려는 것이긴 해도, 이런 경험이 신뢰할 수 있는지에 관한 인식론적 물음을 다루지 않는다. 하지만 이 점은 오해다. 셸러는 유비논증에 대한 보다 체계적인 비판을 제공할 뿐만 아니라, 궁극적으로는 어째서 우리의 경험적 삶을 현시하는 경험이라고 얘기될 수 있는지를 이해 가능하게 해줄 표현과 경험의 본성에 대한 설명도 제공하려 시도한다. 타자의 표현을 지각한다는 것으로 어떻게 타자의 심리적 상태를 경험한다고 할 수 있는가? 또 그럼으로써 어떻게 타자에 대한 이해가 경험적으로 정당화될 수 있는가?

유비논쟁이 풀어야 할 문제는 무엇인가? 타자 마음의 문제를 물어야 한다. 왜 애당초 문제가 될 수밖에 없는가? 내가 직접 접근할 수 있다고 알려진 유일한 마음은 나 자신의 마음이기 때문이다. 이와 달리, 내가 다른 사람의 마음에 접근하는 것은 항상 그의 신체적 행동을 매개한다. 그래서 어떻게 다른 사람의 신체에 대한 지각이 내게 그의 마음에 관한 정보를 제공할 수 있다는 말인가? 제시된 해결책은 다음과 같다. 나 자신의 경우에 나는 나의 신체가 인과적으로 영향을 받을 때 내가 경험을 한다는 것을 관찰할 수 있는데, 마찬가지로 나는 이 경험이 대개는 특정 행위들을 야기한다는 것을 관찰할 수 있다. 나는 타자의 신체가 영향을 받아서 유사한 방식으로 행위한다는 것을 관찰할 수 있고, 그러므로 나 스스로 하는 것과 유사한 경험과 타자의 신체 행위가 결부되어 있다고 유비해서 추론한다. 나 자신의 경우에, 뜨거운 물에 데면 격렬한 고통의 느낌이 일어난다. 그런 뒤 이 경험은 비명을 지른다라는 아주 뚜렷한 행동을 야기한다. 나는 타자의 신체가 뜨거운 물에 데어 비명을 지르는 것을 관찰할 때, 거의 틀림없이 그도 고통을 느끼고 있다고 가정한다. 따라서 유비논증은 최선의 설명으로의 추론으로 이해될 수 있는데, 이 추론이 우리를 관찰된 공적 행동에서 감춰진 심적 원인으로 데려가는 것이다. 이러한 추론이 내게 타자에 관한 의심할 여지 없는 앎을 제공하지 않더라도, 또 타자의 마음을 실제 경험할 수 있게 하지 않더라도, 적어도 이 추론은 타자 마음의 존재를 부인하기보다는 믿을 만한 더 많은 이유를 준다.

셸러에 따르면, 유비논증은 우리의 타자 이해가 본성상 추론적이라고 주장하기 때문에 인지적으로 너무 큰 노력을 요하는 설명을 채택하는 것이다. 유아들은 태어날 때부터 얼굴 표정에 민감하고 반응적이다. 하지만 유아가, 타자의 미소의 시각적 나타남을 자신이 기쁠 때 스스로 짓는 얼굴 움직임과 비교하고 그런 뒤 자신이 느낀 즐거움을 타자 신체의 비가시적 내면성에 투사한다고 제시하는 것은 심리학적으로 볼 때 믿기 어렵다. 더욱이 이 논증은 나 자신의 신체가 나에게 주어지는 방식이 타자의 신체가 나에게 주어지는 방식과 유사함을 가정한다. 하지만 내게 내수용적이고 고유수용적으로 느껴지는 것으로서의 나 자신의 신체는 내게 시각적으로 나타나는 것으로서의 타자의 신체와 조목조목 일치하지 않는다. 사실, 이를테면 나의 웃음 또는 비명과 다른 사람의 웃음 또는 비명 사이의 유사성을 찾아내려면, 더욱 전반적인 관점을 채택할 필요가 있다. 나는 신체 제스처를 표현적 현상으로, 기쁨이나 고통의 현전으로, 단순히 물리적 움직임이 아닌 것으로 파악해야 한다. 하지만 유비논증이 성공하는 데 이런 이해가 필요하다면, 이 논증은 규명되어야 할 바를 분명 전제하는 것이다(Scheler 2008: 240; 또한 Gurwitsch 1979: 14, 18; Merleau-Ponty 2012: 368을 보라).

또한 셸러는 고전 유비논증에서 작동 중인 전제 두 가지를 의문시한다. 첫째, 이 논증은 나의 출발점이 나 자신의 의식이라고 가정한다. 이 의식은 맨 먼저 아주 직접적이고 무매개적으로 내게 주어지는 것이며, 이런 순수하게 심적인 자기경험이 타자 인식에 선행해서 이를 가능하게 하는 것으로 여겨진다. 우리는 우리 자신을 잘 알고 있고, 그렇기에 우리가 이미 우리 자신 안에서 발견하는 바를 우리가 알지 못하는 타자에게 투사한다. 그런데 이미 지적했듯이, 이 점은 이미 우리가 우리 스스로 경험한 적이 있는 타자의 심리적 상태를 이해할 수 있을 뿐임을 함의한다. 둘째, 이 논증은 결코 우리가 다른 사람의 마음에 직접 접근할 수 없다고 가정하는 것이기도 하다. 우리는 결코 다른 이의 생각이나 느낌을 경험할 수 없다. 실제로 우리에게 주어지는 바, 즉 그의 신체적 행동에 근거해 그의 생각이나 느낌이 존재하리라고 추론할 뿐이다. 이 두 가정이 빈

틈없이 명확해 보일 수 있음에도, 셸러는 이를 둘 다 거부했다. 그가 지적하듯이, 우리는 실제로 주어지는 것에 주의를 기울여야 한다. 가능적으로 주어질 수 있는 것을 일부 이론이 지목하도록 내버려두지 말고 말이다(Scheler 2008: 244). 셸러의 견해에서 보면, 유비논증은 자기경험에 수반되는 난점을 과소평가하고 타자경험에 수반되는 난점을 과대평가한다(2008: 244-246). 우리는 타자에 관해 직접 지각될 수 있는 것을 무시해서도, 우리 자신의 자기경험의 신체화되고 내장화된 본성을 인정하지 않아서도 안 된다. 결과적으로 셸러는, 자신의 일차적 자기친숙지가 순수하게 심적이고 고립적인 본성을 가진다는 점을 부인한다. 마치 자신의 일차적 자기친숙지가 자신의 표현적 움직임과 행위에 대한 자신의 경험보다 선행했다는 양, 또 이것이 타자와는 고립된 채 일어났던 것인 양 말이다. 그는 이러한 일차적 자기친숙지를 한낱 허구로 여긴다(2008: 252). 또한 그는 상호주관적 이해가 1단계는 의미 없는 행동에 대한 지각이고 2단계는 심리적 의미에 대한 지성 기반의 귀인이라는 2단계 과정 주장에 심각한 문제가 있다고 주장한다. 오히려, 우리는 대면 마주침에서 한낱 신체나 순수한 영혼이 아니라, 신체화된 마음이라는 통일체에 직면한다. 셸러는 '표현적 통일체Ausdruckseinheit'에 대해 말하며 행동은 심리물리적으로 분화되지 않는 개념이라고 주장한다. 이 통일체가 분할되고 그런 뒤 '내부적' 또는 '외부적'으로 우리의 관심이 나아가는 것은 추상화 과정을 겪고 난, 오직 사후적인 것이다(2008: 218, 261).

후에 사르트르와 레비나스가 더 자세히 논의한 내용의 전조로서, 셸러는 이를테면 나는 다른 사람의 눈 색깔이 뭔지 말할 수 있기 훨씬 전에 그 사람의 시선이 표현하는 바에서 적개심이나 사랑을 경험한다고 썼다(Scheler 2008: 244). 사실 셸러의 설명에 따르면, 우리의 일차적 앎의 본성은 표현적 현상에 대한 앎이며 가장 근본적인 지각의 형태는 심리물리적으로 분화되지 않는 표현에 대한 지각이다. 그는 신생아가 표정이 있는 얼굴과 인간의 목소리에 선취적인 관심을 보인다는 데서 이 주장이 확증된다는 사실을 발견한다. 이 살아 있는 세계에 대한 앎은 생명이 없는 기계적 세계에 대한 우리의 앎에 선행하는 것으로 여겨진다. 그래서 우리가 무생물들을 먼저 보고 난 뒤에 심적 구성 요소를 사후적으로 부가해서 이것들을 생명화한다는 것은 셸러에게 사실이 아니다. 오히려 먼저 우리는 모든 것을 표현적인 것으로 보고, 그런 뒤 탈생명화 과정을 거친다. 그가 말하듯, 배움은 '영혼화ensouling(Beseelung)'가 아닌 '탈영혼화de-souling(Entseelung)'의 문제다(2008: 239). 심지어 셸러는 자신이 표현의 보편적 문법이라 부른 것의 존재를 상정하는데, 이를 통해 그것이 낚인 물고기든 날개가 부러진 새든 적어도 어느 정도까지는 다른 종의 표현을 이해하게 된다고 한다(2008: 11, 82).

타자의 마음에 대한 지각 이론을 옹호할 때 그리고 우리가 타자의 마음에 접근하는 데는 항상 추론이 매개된다는 제안을 거부할 때, 셸러는 단순히 결과적으로 심리학적인 논지를 피력하고 있는 게 아니다. 그는 단지 심리적으로는 마치 우리가 타자의 마음에 즉각적으로 접근하는 양 보인다고 주장하는 게 아니다. 다시 말해, 이는 다양한 무의식적 추론이 이러한 심리적 즉각성을 가능하게 하고 보조한다는 주장과 별다른 어려움 없이 양립할 수 있다는 발언이 아니다. 셸러가 인식론적 주장을 하고 있는 것도 결코 아니다. 그는 우리가 타자와 맺는 마주침에서 모든 심리적 속성이 결여된 신체적이고 행동적인 외면성이 가장 먼저라는 견해에 반대하는 것이다. 행동주의자와 데카르트주의자 모두가 옹호해온 이 견해에 따르면, 행동은 그 자체로 고찰해봤을 때 표현적이지도 유의미하지도 않다. 주어지는 모든 것은 물리적 성질과 그 변화다. 환한 얼굴을 보는 것은 안면 근육의 어떤 특징적인 일그러짐을 보는 것이다. 하지만, 셸러가 강변하듯, 이러한 설명은 우리에게 행동에 대해서뿐만 아니라 마음에 대해서도 왜곡된 그림을 제시한다. 행동을 기술하기 위해 우리가 심리학 용어를 쓰는 것도 행동을 텅 빈 움직임이라는 관점에서 기술하는 데 어려움을 겪는 것도 우연은 아니다. 대부분의 경우에서, 하나의 현상을 심리적 국면과 행동적 국면으로 말끔하게 나누는 일은 매우 힘들(고 부자연스러울) 것이다. 고통의 신음, 웃음, 악수, 포옹에 대해 생각해보라. 그의 견해에서 보면, 정동적이고 정서적인 상태는 단순히 주관적 경험의 성질이 아니다. 오히려, 표현이 되면서 이 상태는 다른 사람에게 가시적이게 된다. 사실 그럼으로써만 이 상태는 우리 자신에 대해서도 온전한 가시성을 획득하는데, 왜냐하면 정서적 표현의 억압은 필연적으로 느껴지는 정서 특성의 축소를 야기할 것이기 때문이다. 자신의 정서를 온전히 느끼려면 스스로 그 정서를 표현해야 한다는 사실은 우리가 자기경험과 타자경험 사이의 차이를 과장해서는 안 될 또 다른 이유다.

기술적인 우회를 통해 마음이 있는 타자의 삶에 안전하게 접근하려 하는 대신 셸러는 결국 주어진 것을 새롭게 이해해야 한다고 주장한다. 표현적 현상의 영역이 일차적 자료 또는 지각의 시원적 층으로 받아들여진다면, 타자의 마음에 대한 접근은 더 이상 그 같은 문제를 일으키지 않을 것이다.

3. 후설과 슈타인

3.1 평생 몰두한 문제

에디트 슈타인은 후설에게 배우려고 1913년에 괴팅겐에 도착했다. 결국 후설은 슈타인의 박사 지도교수가 되었으며 공감이라는 연구 주제를 그녀에게 제안했다. 슈타인은 1916년에 박사학위 논문『공감의 문제에 관하여Zum Problem der Einfühlung』를 제출했는데, 이 논문은 공감을 가장 간명하게 현상학적으로 분석한 설명으로 남아 있다. 슈타인의 분석과 후설의 설명 사이에는 겹치는 지점이 많지만, 전자는 간결한 매력이 있다.

슈타인과 달리, 후설의 공감 연구는 몇몇 선별된 출판물, 이를테면『이념들 2』나『데카르트적 명상Cartesianische Meditationen』에 그치지 않는다. 오히려 면밀한 대부분의 논의는 후설전집Husserliana 13~15권, 즉 상호주관성의 현상학에 대한 세 권의 책에 담긴 연구 원고들에서 찾아볼 수 있다. 세 원고의 작성 기간은 1905년에서 1937년에 걸쳐 있는데, 이 시기를 보면 공감은 후설이 철학자로서 그의 경력 대부분에 걸쳐 연구한 주제였음을 분명히 알 수 있다. 그러므로 그의 다른 저작의 상당수가 공감에 대한 언급과 반성을 담고 있는 것은 놀랍지 않다. 여기에는『위기』『형식논리학과 선험논리학Formale und transzendentale Logik』『현상학적 심리학Phänomenologische Psychologie』등의 저작이나, 더욱 최근에 출간된『철학 입문Einleitung in die Philosophie』『윤리학 입문Einleitung in die Ethik』『초월론적 관념론Transzendentaler Idealismus』『생활세계Die Lebenswelt』등 후설전집의 책 그리고 좀더 놀랍게도,『논리 연구Logische Untersuchungen』와『이념들 1』등의 저작까지 포함된다.

후설이 계속해서 이 주제에 몰두해 있었고 특히 중요하게 여겼다는 점은, 1928~1929년 겨울학기에 행한 그의 마지막 강의에서 "강의와 실습을 통한 공감의 현상학"이라는 이름으로 이를 다루었다는 사실에서 알 수 있다. 하지만 물론 후설이 꾸준히 이 주제로 돌아가려 했다는 사실은 이것이 그에게 계속 문제로 남았으며 (그의 마음속에서) 완전히 만족스럽고 분명한 해결책에 도달할 수 없었음을 나타내는 것이기도 하다. 이러한 이유로, 내 논의의 목표와 범위를 제한하고자 한다. 장 하나로 후설의 공감 이론을 모조리 분석하기는 불가능하다. 사실 단일한 정합적 이론이 존재하지 않을 수조차 있다. 후설은 수년에 걸쳐 다양한 방향을 뒤쫓았기 때문이다. 나는 주로 탁월하거나 유망한 발상과 주제에 초점을 맞출 것이다.

이 점이 내가 피력해야 할 첫 번째 예비적 요소다. 두 번째는 부가적인 제약과 관련이 있다. 다른 지면에서 주장했듯, 후설이 상호주관성에 보이는 주된 흥미는 초월론적인 철학적 관심에서 시작되었다(Zahavi 1996). 그가 초월론적 철학에 몰두하는 모습은 공감 분석에도 나타난다는 점을 명심해야 한다. 이 점이 『데카르트적 명상』 §62에서 후설이 이 문제의 실로 초월론적인 차원, 즉 상호주관성이 바로 객관성의 구성에 수반된다는 사실을 간과했다고 셸러를 비판한 이유다. 더 정확히 말하면, 그가 말하듯 구성적 현상학만이 공감의 문제를 제대로 공식화하고 다루며 해결할 수 있을 것이다(Husserl 1950: 173). 이에 따라 공감 이론은 기대할 수 있는 것보다 훨씬 많은 함의를 지니며, 현실을 초월론적으로 설명하는 데 영향을 미친다(Husserl 1973c: 5). 문제의 이러한 차원이 중요할 수도 있지만, 나는 다음에서 이를 대체로 무시할 것이다. 나는 어떻게 우리가 타자를 경험하게 되는가 하는 더욱 협소한 물음에 초점을 맞출 것이다. 슈타인이 이 주제의 초월론적 국면을 인정했지만, 그녀가 『공감의 문제에 관하여』에서 주로 맞춘 초점 또한 마찬가지로 제한적이다.

3.2 공감과 지각

후설은 『현상학적 심리학』에서 다음과 같이 썼다. "낯선fremde 자아로 인도하는 자신의 자아의 지향성이 소위 공감이라는 것이다"(Husserl 1962: 321; 번역 수정). 이는 슈타인의 견해이기도 한데, 그녀는 공감이 변별적이고 구체적인 정서라기보다는 다른 경험 주체로 향하는 지향성의 독자적인sui generis 형태에 대한 명칭이라고 반복해서 주장한다(Stein 2008: 4, 68). 따라서 슈타인에게 공감은 아주 일반적으로 또 다른 의식에 대한 경험을 지칭하기 위해 선택된 용어다(Stein 2008: 10). 공감은 우리가 다른 주관과 그 경험을 이해하기 위한 기본적인 인지적 원천이며, 더욱 복잡한 사회 인지가 공감에 의지하고 또 이를 전제한다(Stein 2008: pp. v, 4).

후설과 슈타인이 계속 몰두해온 되풀이되는 물음의 하나는 공감의 지향적 구조를 어떻게 이해할지였다. 후설의 표준 모델에서 보면, 우리는 대상을 지향하는 기호적, 회화적, 지각적 방식을 구별해야 한다. 예컨대, 나는 한 번도 후지산을 본 적이 없어도 후지산에 관해 말할 수 있다, 나는 후지산의 상세한 그림을 볼 수 있다, 나는 후지산을 직접 지각할 수 있다. 마찬가지의 예로, 나는 열기구를 타고 비행하는 것이 얼마나 환상적일지에 관해 얘기할 수 있다, 나는 이에 관한 텔레비전 프로그램을 볼 수 있다, 나는 직접 비행을 시도할 수 있다, 같은 구별이다. 후설에게, 대상을 지향하는 이 상이한 방식들은 관련이 없지 않다. 이와는 달리, 대상 지향의 양상들은 가능한 한 직접적이고 원본적이며 최적으로 우리에게 그 대상을 부여할 수 있는 능력에 따라 순위가 매겨진다는 의미에서, 이 양상들 사이에는 엄격한 위계적 관계가 존재한다. 이 대상은 더 또는 덜 직접적으로 경험될 수 있는데, 다시 말해 더 현전할 수도 덜 현전할 수도 있다. 대상이 지향될 수 있는 가장 낮고 공허한 방식은 기호적 작용이다. 이 (언어적) 작용은 확실히 지시성을 가지지만, 이와는 별개로 대상은 결코 살이 입혀진 방식으로 주어지지 않는다. 회화적 작용은 어떤 직관적인 내용을 가지지만, 기호적 작용처럼 간접적으로 대상을 지향한다. 기호적 작용이 우연적 표상(언어 기호)을 통해 대상을 지향하는 반면, 회화적 작용은 어떤 관점에서 본 대상과 어떤 유사성이 있는 표상(회화)을 통해 대상을 지향한다. 하지만 우리에게 대상을 직접 부여하는 것은 오직 현실적 지각뿐이다. 이것이 우리에게 대상 그 자체를 신체적 현존leibhaftig으로 또는 후설이 말하듯 몸소in propria persona 현전하는 유일한 지향 유형이다. 그렇다면 곤란한 물음은, 이러한 분류 안에서 공감은 어디에 자리해야 하는가다. 후설의 답은 그의 경력을 통틀어 꽤나 일관성이 있다. 끊임없이 심대하게 주저하는 모습을 내보이는 답이긴 해도 말이다. 이미 『논리 연구』에서 그는 공통적 말하기common speech가 우리에게 다른 사람의 내적 경험에 대한 지각물이 있음을 보증한다고 썼다. 즉 말하자면, 우리는 다른 사람의 분노나 고통을 본다. 그런 뒤 이어서 그는, 이러한 얘기가 어느 정도로는 옳다고 말한다. 화자가 특정한 내적 경험들을 말하는 것을 청자가 들을 때 청자는 이 경험들 그 자체를 지각하기도 하지만, 그다음 후설이 덧붙이듯, 이 청자는 이 경험에 대한 내적 지각을 가지는 것이 아니라 외적 지각만을 가진다(Husserl 1984a:

41). 그래서 한편으로 후설은 나의 타자경험이 타자 그 자신을 파악한다는 의미에서 유사 지각적 특성을 가진다고 주장한다. 다른 한편으로, 그는 또한 타자의 신체가 몸소 내게 직관적으로 주어진다고는 해도 이는 타자의 경험의 경우에는 해당되지 않는다고 말하기도 한다. 타자의 경험은 나 자신의 경험처럼 동일한 원본적 방식으로는 결코 내게 주어질 수 없기 때문이다. 타자의 경험에 나는 내적 의식을 통해 접근할 수 없다. 오히려, 타자의 경험은 통각의 특수한 형태를 통해 간접현전되거나, 다른 술어를 사용하면, 공동지향되며 어떤 공동현존에 의해 특징지어진다(Husserl 1952: 198; 1973a: 27; 2002b: 107).

후설과 마찬가지로 슈타인은 공감과 지각을 비교하고 대조한다. 공감은 그 대상, 즉 공감된 경험을 우리에게 원본적으로 주지 않는다는 점에서 지각과 같지 않다. 내가 타자에게 공감하는 때 알아차리는 바의 주어짐과 타자가 경험하고 있는 바의 주어짐 사이에는 항상 그리고 필연적으로 차이가 존재한다. 이를테면 타자의 정서를 경험하는 것은 결과적으로 당신이 당신 자신의 것으로서 그 정서를 경험할 방식과 다르다. 이 점은 슈타인이 공감은 타자에게서 지각하는 정서를 우리 스스로 겪을 수밖에 없도록 만든다는 주장을 거부하는 이유이기도 하다. 공감은 타자의 경험을 우리 자신의 마음으로 전이하는 일을 사실상 수반하지 않는다. 오히려, 공감의 독특한 점은 바로 공감된 경험이 나 자신에게가 아닌 타자에게 위치해 있다는 것이다. 하지만 공감이 우리에게 그 대상을 원본적으로 주는 건 아니라서 지각과는 다르지만 그 대상, 이를테면 공감된 고통이나 괴로움이 직접 무매개적이고 비추론적으로 마치 지금 여기에 현전하듯 주어진다는 한에서 공감은 지각과 유사하다(Stein 2008: 5). 예를 들어 한 친구가 자신의 어머니가 돌아가신 일을 얘기해서 그의 괴로움을 알아차리게 되는 상황을 생각해보자. 이것은 어떤 종류의 알아차림인가? 나는 그의 셔츠 색깔을 보는 것과 동일한 방식으로 그 괴로움을 보지 않는다. 오히려, 나는 고통에 찬 그의 안색'에서' 그 괴로움을 본다(2008: 5). 슈타인의 설명에 따르면, 이러한 더욱 복잡한 작용이 이 표현에서 표현되는 바를 공동포착co-apprehension할 수 있게 하는데, 여전히 이 작용은 지각의 한 형태로 불릴 만하다. 왜인가? 내게는 이 괴로움에 대한 1인칭 경험이 결여되어 있지만—이 괴로움은 나의 괴로움으로 주어지지 않는다—그럼에도 나는 상상하거나 추론하는 게 아니라 친구의 괴로움을 경험함이 사실이기 때문이다. 슈타인은 따라서 직접 파악함 없이 지향하는 보다 인지적인 타자의 경험에 대한 이해와 공감을 대조한다. 예를 들어, 만약 누군가 내게 편지를 써서 친구가 슬펐다고 알려줬다면 이러한 일이 일어날 수 있다. 그러면 나는 이 정보에 기초해서 친구의 마음 상태를 파악할 수 있지만, 그의 슬픔은 내게 지각을 통해서는 주어지지 않을 것이다(2008: 92). 이러한 경우 우리는 간접적 타자 이해를 대하고 있는 것일 수 있는데, 이는 파생적인 것이며 타자의 경험에 대한 더욱 기본적인 경험적 파악으로서 이해되는 공감을 소급해 지시하는 것이다(2008: 20, 26). 슈타인의 견해에서 봤을 때 유비논증을 지지하는 자들이 무시하는 것이 바로 이러한 경험적 주어짐의 가능성이다. 우리가 때로 추론적 추리의 일종을 사용한다는 것을 슈타인이 꼭 거부하는 것은 아니지만, 그녀의 관점에서 추론적 추리는 타자의 심적 상태에 대한 어느 정도 개연적인 앎을 제공할 뿐 타자의 마음에 대한 경험은 결코 주지 않는다(2008: 29).[8]

어떻게 결론을 내려야 할까? 공감은 타자의 경험을 내가 직접 경험할 수 있게 하는가, 아니면 공감은 필연적으로 간접적이며 매개적인가?

이는 특히 후설이 계속해서 고심한 물음들이다. 그는 어떤 대목에서는 꽤나 분명하다. 공감은 변별적이고 직접적인 종류의 실증적 경험으로서, 이는 공감하는 자아가 타자의 의식을 경험할 수 있게 하는 것이라고 그는 썼다(Husserl 1973a: 187). 『이념들 2』에서는 다음처럼 정식화했다. "타자가 육체적 신체의 심리물리적인 병합물로 경험될 수 있다는 의미에서 공감은 매개적 경험이 아니라, 그보다는 타자에 대한 비매개적 경험이다"(Husserl 1952: 375; 번역 수정). 또한 공감은 타자가 내게 현전—지각적으로 현전—할 수 있게(Husserl 1973c: 514) 하는 것이며 그 타자는 공감을 통해 내게 원본적으로 주어진다고 후설은 주장한다. 내가 보는 것은 기호나 단순한 유사물이 아닌, 타자이기 때문이다(Husserl 1973b: 385; 1993: 182; 1950: 153; 1973c: 506). 후설은 이와 비슷한 맥락에서 어떻게 타자가 공감을 통해 나에 대한 것임Für-mich-sein으로 주어지는지, 또 어떻게 그 주어짐이 지각의 한 형태로 간주되는지 말한다(Husserl 1973c: 641). 내가 다른 사람과 이야기를 하는 경우, 우리가 또 다른 사람을 우리 자신의 눈으로 보는 경우에는, 직접적인 접촉 즉 직접적으로 경험되는 인격적 관계가 존재한다. 우리는 그 타자를 한낱 신체로서가 아닌, 사람으로 '본다'(Husserl 1952: 375). 실로, 후설은 낯선 주관성에 대해 말하면서 다음과 같이 쓰고 있다.

> 이러한 공감적 현전의 원본적 형태로 주어질 때 낯선 주관성은 추론될 뿐 경험되지 않는다고 말하는 것은 난센스일 것이다. 왜냐하면 낯선 주관에 관한 모든 가설은 이미 이 주관에 대한 '지각'을 낯선 것으로 전제하기 때문이고, 공감이 바로 이러한 지각이기 때문이다(Husserl 1973b: 352).

후설은 『이념들 2』와 다른 곳에서 우리가 타자를 향해 취하는 상이한 두 가지 태도를 구별하는데, 이는 자연주의적 태도와 인격주의적 태도다. 자연주의적 태도에서 보면, 타자는 2중 단계로 합성 개체로서 주어진다. 첫째, 타자의 신체는 물질적 통일체로 우리에게 주어지며, 이 물질적 대상에 기능적으로 의존하고 위치한다. 이때 타자의 경험적 삶은 토대를 가지는 어떤 층으로 상정되는 것이다. 그런 뒤 후설은 과학에 널리 퍼진 이 태도와 우리의 일상적 태도이자 그가 더욱 근본적이라고 여기는 태도인 인격주의적 태도를 비교한다. 인격주의적 태도에서 보면 타자는 외부적으로 서로 얽히거나 인과적으로 관련된 두 개체의 한 합성물과 같은 방식이 아니라, 처음부터 한 사람과 같은 통일된 방식으로 주어진다(Husserl 1952: 228). 인격주의적 태도로 타자와 마주칠 때 즉 타자가 춤추고, 웃고, 논의하는 것을 볼 때, 우리는 두 실체의 한 결합을 보는 게 아니라 하나의 표현적 통일체를 본다. 나는 단순한 신체를 보는 게 아니며, 신체를 통해 부속된 마음을 지향하는 것도 아니다. 나는 한 인간을 본다. 더 구체적으로 말하면, 후설은 어떻게 타자의 마음 상태 즉 그의 생각, 느낌, 욕구가 제스처, 억양, 얼굴 표정 속에서 직관적으로 현전하는지에 대해 말하는 것이다. 실로 타자의 표현성은 애초에 심리적 의미로 물들어 있는데, 후설에 따르면 이 심리적 의미를 이해하고 파악할 수 있게 하는 것이 바로 공감이다(1952: 244). 그에 따라 후설은 공감적 포착이 2단계 절차를 수반해야 한다는 발상을 아주 분명히 거부하는데, 이 절차에 따르면 타자는 먼저 통상적인 물리적 대상으로 지각되고 그런 뒤 오직 두 번째 단계에서 투사의 일종을 통해 마음이나 정신이 부여되어 있는 것으로 지각된다(1952: 240).

공감의 지각적 또는 직관적 특성에 관한 주장을 강화하기 위해, 후설은 때때로 공감에서 발견되는 현전과 간접현전 사이의 상호작용과 통상적인 대상 지각에서 발견되는 현전과 간접현전 사이의 조합을 비교한다. 내가 대상, 가령 소파를 지각할 때, 이 대상은 결코 자신의 전체성으로 주어지지 않고 항상 어떤 제한된 일면이나 음영으로 불완전하게 주어진다. 따라서 직관적으로 주어지는 바는 가장 완벽한 지각에서조차 앞면, 뒷면, 아랫면, 안쪽 면을 포괄하는 전체 소파가 결코 아니다. 그렇다 해도 내 지각의 대상은 소파이지 시각적으로 나타나는 일면이 아니다. 그러므로 우리의 지각적 의식은 대상 그 자체를 파악하려고 직관적으로 주어지는 일면을 끊임없이 초월한다는 사실을 그 특징으로 한다. 말하자면, 지각되는 대상의 일부만 직관적으로 주어지더라도, 지각은 완전한 대상 의식을 우리에게 마련해주는 것이다(Husserl 1973d: 49-50). 왜 우리는 주어지는 것 이상을 본다고 할 수 있는지, 왜 지각은 부재 속의 현존을 수반한다고 할 수 있는지에 대한 후설의 해명은 잘 알려져 있다. 그는 대상의 현전하는 일면에 대한 우리의 직관적 의식에는 부재하는, 대상의 일면들의 지평에 대한 지향적 의식이 수반된다고 주장한다. 간단히 말해, 현전되는 일면의 의미는 대상의 부재하는 일면과 맺는 관계에 의존하며, 우리의 알아차림이 직관적으로 주어지는 바에 한정된다면 어떤 지각적 대상 알아차림도 가능하지 않을 것이다.

충분하지 않게 나타나는 대상의 확정은 공동 포착된다. 하지만 이 결정은 '감각할 수 있게 된 것'이 아닌, 즉 감각 가능한 것을 통해, 다시 말해 감각의 재료를 통해 현전되는 것이 아니다. 확정이 공동 포착되는 것임은 자명하다. 그렇지 않으면 우리는 눈앞의 어떤 대상도 전혀 가질 수 없기 때문이다. 그렇다고 한 면조차 가질 수 없는 것은 아닌데, 왜냐하면 이것이 실로 대상으로 유일하게 통하는 한 면일 수 있기 때문이다(Husserl 1973d: 55).

그 본래의 의미에 따르면, 그것[지각]은 예기적이며—예기Vorgriff는 공동지향되는 어떤 것과 관련이 있다—이러한 근본적인 방식, 즉 심지어 지각을 통해 그 자체로 주어지는 바로 그것의 내용에서조차 더 면밀히 검토해보면 예기의 요소가 존재한다. 사실상, 지각의 어떤 것도 순수하게 또 충전적으로 지각되지 않는다(Husserl 1959: 45).

달리 말하면, 지각이 대상 지각이려면, 우리는 직관적으로 주어지는 바로 그것을 초월해야 하며 또 부재하는 일면들을 어떤 간접현전으로 가져오면서 이 부재하는 일면들을 공동지향해야 하는데, 이 점이 모든 지각이 후설의 말로 Hinausdeutung을, 즉 해석의 요소를 수반하는 이유다(Husserl 1962: 183; 1966b: 19). 하지만 중요한 것은, 대상 지각이 현전과 간접현전의 이러한 융합을 수반한다 하더라도 여전히 우리가 지각하는 것은 단지 직관적으로 나타나는 앞면이 아니라 대상 그 자체라고 우리가 계속해서 말한다는 점이다(Husserl 1973a: 26; 1950: 151). 더욱이, 현전되는 것과 간접현전되는 것은 분리되어 주어지지 않으며 어떤 추론에 의해 통일되지 않는다. 이는 우리의 타자 경험에도 아마 틀림없이 해당할 것이다(Husserl 1973b: 332). 간단히 말하면, 통상적인 지각조차 통각을 수반한다는 점을 후설이 강조한다는 게 중요하다. 따라서 공감도 통각을 수반한다는 사실은 그것 자체로 공감의 경험적이고 직관적인 특성을 부정하는 논거가 결코 아니다.

물론, 이 점은 공감과 대상 지각 사이에 중대한 차이점이 또한 존재하지 않는다고 말하는 게 아니다. 후설에 따르면, 나는 얼굴을 맞댄 타자와 타자가 겪고 있는 바를 분명 내가 보지 않는 어떤 대상의 뒷면보다 훨씬 더 생생하게 파악한다는 것은 말할 것도 없다(Husserl 1973b: 486). 하지만 더 중요한 것은 부재해서 단지 간접현전되는 대상의 일면들은 차례차례, 즉 필요한 움직임이 수행되면 원본적으로 내게 현전할 수 있지만, 이러한 일은 결코 타자의 경험에서는 일어날 수 없다는 점이다(Husserl 1950: 139). 이 점은 중요한 단서인데, 이는 타자 지각과 대상 지각을 비교하는 데 따른 한계점을 지적하는 것이다. 공감은 우리가 타자의 경험적 삶을 알 수 있게 하는 것이다. 즉 후설은 1909년의 글에서 이렇게 썼다. "공감이 낯선 의식의 현전 양상으로 간주되면 모든 난제가 사라진다"(Husserl 1973a: 20). 하지만 후설은 때로 공감이 타자에 대한 지각에 해당한다고 주장하는 한편, 다른 사람의 정신적 삶에 대한 가장 완벽한 지각조차 자기지각의 원본성을 결여한다고 역설하기도 한다. 이것은 공감된 경험 그 자체를 그 원본적으로 현존하는 채로 우리에게 줄 수 없다(Husserl 1973a: 347, 440; 1974: 389; 1952: 199–200; 1950: 139). 후설은 가끔 다른 사람의 심리적 삶은 원리상 직접적 지각으로는 접근할 수 없다고 주장하기까지 한다(Husserl 1966b: 240).

지금껏 밝혔듯이, 후설의 설명에는 긴장감과 불확실함이 존재한다. 하지만 나는 후설의 상이한 주장을 다소 재공식화해서 화해시키는 게 가능하다고 본다. 그가 공감은 본성상 간접적이라고 이따금 주장하는 것은, 우리가 직접 타자를 경험적으로 이해한다고 주장하게 되면 우리가 우리 자신의 의식에 대해 가지는 것처럼 다른 사람의 의식에 대해 동일한 종류의 1인칭적 친숙지를 가진다고, 다시 말해 다른 사람의 심적 상태가 직접 우리에게 주어질 수 있는 유일한 길은 우리가 그 심적 상태에 처하는 것이리라고 주장하는 게 될까 분명 우려했기 때문이다. 하지만 그게 사실이라면, 타자의 경험은 우리 자신의 경험이 될 것이며 더 이상 타자의 경험으로 남지 않을 것이다(Husserl 1973c: 12). 그러나 잘못된 이해로 결국 이러한 우려가 생긴 것 같다. 이는 직접성에 해당하는 유일한 표준 잣대가 존재하며, 자신의 심적 삶에 대한 직접적인 접근이 측정되어야 할 그 밖의 것에 대한 표준을 구성한다고 가정하는 것이다. 그런데 후설은 다른 맥락들에서, 우리가 한 영역에 입각해 내놓은 요구 사항들을 이런 요구 사항들이 원리상 실현될 수 없는 다른 영역에 전가하는 것은 받아들일 수 없는 부분임을 신중하게 지적한다. 특정 소여 방식과 인지 방식의 본질적 특징으로서 간주되어야 할 부분을 결함으로 취급하는 일은 반의미적이라고 그는 주장한다(Husserl 1976: 176, 321). 그리고 심지어는 자기지각이든 외부적 대상 지각이든 어느 한쪽의 표준과 비교하여 공감을 평가하는 건 실수일 거라 강조하는 대목들도 있다. 공감에는 그 자체의 원본성, 그 자체의 충족과 확증, 그 자체의 성공과 실패의 기준이 있다(Husserl 1954: 189; 2003: 65, 122; 1973b: 352, 385; 1973a: 225).

우리가 그런 통찰을 가져온다면 경험적 친숙지를 1인칭 친숙지로 한정하고 동일시하는 실수를 범하지 않고도 심리 상태에 대한 1인칭 친숙지와 3인칭 친숙지 사이의 차이를 존중할 수 있다. 한 가지 이상의 방식으로 마음을 경험하는 게 가능하다고 주장한다면 어떨까? 아마도, 다른 사람이 고통에 몸부림치는 걸 보는 것보다 그가 고통에 처해 있다는 사실을 아는 더 이상의 직접적인 방식은 결코 없을 것이다. 후설은 이 주제에 대해 우리의 기대만큼 분명하고 일관되지는 않지만, 아래와 같은 『제일철학 2Erste Philosophie II』의 두 인용문이 분명히 보여주다시피, 나는 이러한 제안이 그의 사고방식과 부합하지 않을 수 있다고 생각하지 않는다.

> 낯선 살아 있는 신체에 대한 지각은 오히려, 우리가 말해야만 하다시피, 그 자체의 본질에 의거해 원본적 해석을 거친 지각이다. (…) 낯선 살아 있는 신체의 파악에 부수되는 공간-대상 지각과 해석적 고려는, 표현적 이해처럼, 단순한 외부적 지각 및 이미 토대를 갖는 자신의 살아 있는 신체에 대한 지각과 비교하여, 그 자체가 경험의 기본적 형태로서 여전히 지각으로 지정되어야 마땅한 것이다(Husserl 1959: 63).

> 지나간 것은 기억을 통해서만 지나간 것으로 원본적으로 주어질 수 있고 미래에 다가올 것은 기대를 통해서만 다가올 것으로 원본적으로 주어질 수 있듯이, 낯선 것은 공감을 통해 낯선 것으로 원본적으로 주어질 수 있다. 이러한 의미에서 원본적 주어짐은 경험과 동일하다(Husserl 1959: 176).

더 나아가, 후설이 반복해서 강조하듯, 타자의 마음에 대한 나의 경험적 친숙지가 나 자신의 마음에 대한 나의 1인칭 친숙지(그리고 타자 자신의 마음에 대한 타자 그 자신의 경험적 친숙지)와 다르다는 사실은 결점이나 단점이 아니다. 이와 달리 이 사실은 구성적인 차이다. 우리가 경험하는 마음이 다른 마음이라고 주장할 수 있는 것은 바로 이러한 차이, 이러한 비대칭성 때문이다. 후설이 지적하듯이, 만약 내가 타자의 의식에 마치 나 자신에게 하듯 동일하게 접근했다면, 타자는 타자이길 그칠 것이며 대신 나의 일부가 될 것이다(Husserl 1950: 139). 게다가 후설이 반복해서 강조하듯이, 나는 타자의 경험의 1인칭적 특성에 접근할 수 없는데도, 타자가 이 1인칭적 특성을 경험하는 바를 있는 그대로 나는 경험하지 않는데도, 타자의 경험에는 내가 파악하고 있는 것보다 더 많은 것이 존재한다는 사실이 내게 돌출해서 알려진다(Husserl 1950: 144; 1973c: 631). 그 이상을 요구하기 위해, 내가 타자 자신이 하는 것과 동일한 방식으로 그의 느낌이나 생각을 경험하는 경우에야 나는 유일하게 진정한 타자 경험을 할 수 있을 것이라고 주장한다면 난센스일 것이며, 타자의 주어짐에 관한 변별적이고 고유한 지점을 존중할 수 없을 것이다.

셸러의 견해와 후설 및 슈타인의 견해 사이의 관계를 어떻게 비교하고 평가해야 할까? 후설과 슈타인은 우리가 내적 경험이나 직관을 통해 우리 자신의 경험뿐만 아니라 다른 사람의 경험도 경험할 수 있다는 셸러의 주장에 강력하게 반대한다(Scheler 2008: 242; Stein 2008: 30-32; Husserl 1984a: 41). 이 둘은 분명 셸러가 이 같은 주장을 하면서 자신들이 자기경험과 타자경험 사이의 본질적 차이로 여기는 바를 경시하고, 그럼으로써 혼합과 혼동을 야기한다고 우려한다. 하지만 이 특정 논쟁은 실제보다 과장된 측면이 있다. 우선, 셸러는 나의 것이든 타자의 것이든 가리지 않고 정신적인 것을 파악하는 작용으로서 특히 내적 직관을 정의한다(Scheler 2008: 249). 이 정의는 그 자체로 나 자신의 경험과 타자의 경험 사이에 있는 차이를 무시하는 것과 관련이 없다. 그리고 사실상, 슈타인은 이 정의 그 자체는 자신의 공감 설명과 양립할 수 있다고 인정한다. 둘째로, 셸러는 사실 타자의 심적 상태 일부의 가시성과 지각 가능성을 강조하지만, 이미 언급했듯이 다른 사람이 절대 접근할 수 없는 타자의 차원들이 존재한다고도 반복해서 역설한다. 하지만 『동감의 본질과 형태들』에서 따온 아래 구절에서 셸러는 다음과 같이 말한다.

경험의 당면한 흐름은 나의 것과 너의 것으로 분화되어 있지 않은데, 이 흐름은 서로 뒤섞이고 구별되지 않는 우리 자신의 경험과 타자의 경험 모두를 실제로 보유하고 있다. 이 흐름 내에는 언제나 안정적인 소용돌이가 점진적으로 형성되고 있는데, 이 소용돌이가 천천히 이 흐름의 추가적 요소들을 자신의 궤도로 더욱 끌어들이고 그럼으로써 연속적으로 또 아주 점진적으로 별개의 개인들이 동일화되게 된다 (Scheler 2008: 246).

이 인용문은 자기와 타자의 분화가 파생적이고 토대를 갖는 것이며, 이 분화는 경험의 어떤 미분화된 층 같은 것에 근거할지도 모른다고 제시한다. 이 설명이 옳다면, 한 진영의 셸러와 다른 한 진영의 후설 및 슈타인이 벌인 논쟁은 실제보다 과장된 측면이 있다는 제안에 불리한 강력한 증거가 될 수 있다. 하지만, 바로 이어지는 인용문을 검토해보자.

그러나 이 과정의 본질적 고리는 단순히 다음과 같은 사실들이다. (1) 모든 경험은 **일반적으로 자기에게 속하고**, 그러므로 일반적인 의미에서 경험이 주어지는 어떤 경우든 자기 또한 주어진다. (2) 이 자기는 (이러한 경험이 충전적으로 주어지는 한에서) 모든 경험에 현전하는, 필연적으로 **개별적인 자기**이며, 그렇기에 자기와 타자 사이의 상호연결성에 의해 일차적으로 구성되는 것이 아니다. (3) **일반적인 의미에서 '나'와 '너 Thou'가 존재한다.** 그러나 우리 자신의 소유든 다른 것의 소유든, 어떤 개별적 자기가 주어진 경험을 소유하는지는 직접적으로 현전되는 것으로서의 경험에서 필연적으로 명백한 것은 아니다(Scheler 2008: 246).

이 구절은 셸러가 개별화되기 이전의 경험의 근본적인 층이 존재한다는 견해를 옹호할 것이라는 주장을 조금도 뒷받침해주지 않는다. 물론 이 구절은 셸러가 경험의 미분화된 흐름을 언급한 것을 정확히 어떻게 해석해야 할지에 대한 물음을 여전히 얼마간 열어놓고 있다. 여기선 더 이상 논의할 수 없지만 언급은 해두어야 할 하나의 가능성은 작자권과 소유권 사이의 구별을 이용하며, 본질적인 이유로 경험은 언제나 소유되는 채로 남지만, 경험에 분명한 작자는 없을 수도 있다고 주장하는 것이다.[9]

3.3 짝지음과 유비 전이

우리가 공감을 통해 직접적이고 경험적인 타자 이해를 향유한다고 주장하는 것은 후설의 셸러 주장 비난처럼(Husserl 1973b: 335), 우리가 공감을 일차적이자 분석 불가능한 원초적 사실로 간주해야 한다는 말이 아니다. 다른 말로, 즉 A. D. 스미스식으로 말하면, 후설은 공감에 호소해서 우리의 타자알아차림을 설명하려 하지 않는다. 오히려 이 용어는 어떤 완수에 대한 칭호이며, 후설 스스로 부여하는 과제는 어떻게 공감이 지향성을 통해 성취될 수 있는지를 해명하는 일이다(Smith 2003: 213). 앞으로 보게 되듯이, 후설은 탐구를 통해 결국 공감하는 주체 자신의 신체적 자기경험의 역할을 강조하는 데로 나아갔다.

이미 봤듯이, 후설의 반복되는 발상의 하나는 우리가 다른 주관성을 공감적으로 이해하는 일은 통각이나 해석의 요소를 수반한다는 것인데, 그러면서도 후설은 또한 문제의 통각이 사고 작용도 추론의 일종도 아니라는 점을 단호히 주장한다(Husserl 1973c: 15; 1950: 141). 때로 그는 이 과정이 자신이 유비 전이라 부르는 것을 수반한다고 말하는데, 짝지음coupling 또는 짝맺음pairing(paarung)이라는 중심 개념이 도입되는 게 바로 이 맥락에서다(Husserl 1973c: 15).

짝지음이란 무엇인가? 후설의 일반적인 지향성 설명에 따르면, 이해의 패턴은 어떤 침전 과정을 통해 점진적으로 확립되고, 그럼으로써 이 이해의 패턴이 사후적 경험에 영향을 미치게 된다(Husserl 1966b: 186). 내가 과거에 익힌 바는 나를 그대로 내버려두지 않는다. 이것은 내가 전에 경험한 바를 (완전히 암묵적인 방식으로) 내게 상기시킴으로써 새로운 대상에 대한 나의 이해와 해석을 형성한다. 간단히 말해, x에 대한 나의 현재 이해는 유사한 어떤 것에 대한 나의 이전 경험에 의해 도움을 받을 것이며(Husserl 1973a: 345) 궁극적으로 모든 통각적 연결, 즉 모든 이해는 과거 경험과 맺는 이러한 유비적 고리에 의지한다고 말할 수도 있을 것이다(Husserl 1950: 141). 예를 들어보면, 한번 가위의 기능을 익힌 아이가 그다음에 어떤 가위를 본다면 이 아이는 즉각 그 기능을 포착할 것이다. 아이는 어떤 추론을 수행하거나 처음 본 그 가위를 명시적으로 생각하고 회상하지 않아도 그렇게 할 것이다. 후설에 따르면, 새로운 가위를 같은 가위로 포착하는 것에는 수동적으로 확립되는 원본 가위에 대한 연합적 지시가 함유되어 있다(Husserl 1950: 141). 마찬가지로, 난생처음 구아바를 보고 만진다고 가정해보자. 다음번 구아바를 볼 때, 그 촉감의 특성에 대한 이전의 친숙함이 새로운 이 과일을 경험하는 데 스밀 것이다. 그런 뒤 또한 새로운 구아바를 우연히 맛보게 되면, 이 새로운 경험이 다음에는 이 새로운 과일을 포착하고 회상하는 데 영향을 미칠 것이다. 이들 사례와 공감의 관련성은 직접적인 듯 보인다. 내가 다른 사람과 마주칠 때, 나의 자기경험은 순수하게 수동적인 방식으로 타자로 전이되는 의미의 저장소 역할을 할 것이다. 이로 인해, 현상적 통일체가 확립된다. 우리는 여전히 분리되어 있고 다른데도, 한 쌍으로, 비슷하게, 서로 짝지어 포착된다(Husserl 1985: 225). 다시 말해, 짝지음 또는 짝맺음은 결코 융합을 수반하지 않는다. 후설은 다음처럼 쓰고 있다.

가장 특유한 점과 밀접하게 관련된 바는 자아와 타아가 항상 그리고 필연적으로 원본적 '짝맺음'으로 주어진다는 여건이다. (…) 먼저 '짝맺음'이라는 것(또는 복수성의 형성이라는 것)의 본질적 본성을 해명해보자. 짝맺음은 '동일성'의 수동적 종합과 달리, '연합'으로 지칭되는 그 수동적 종합의 시원적 형태다. 짝지음의 연합의 규정적 특징은, 가장 원초적인 경우에서 두 데이터는 의식의 통일체에 직관적으로 그리고 부각되는 채로 주어지며 이러한 토대 위에다—본질적으로, 이미 수순한 수동성 안에서(그러므로 이 둘이 인지되든 인지되지 않든 상관없이)—상호 별개로 나타나는 데이터로서의 이 둘은 유사성의 통일체를 현상학적으로 정초하고 따라서 항상 정확히 하나의 짝으로 구성된다는 점이다(Husserl 1950: 142).

타아는 자아를 지시한다—그리고 그 반대도 마찬가지다(Husserl 1973b: 530). 자아가 타아를 지시한다는 점이 중요하다. 짝지음의 과정으로 일어나는 의미의 전이는 한쪽 방향으로만 일어나지 않는다. 우리는 상호간의 전이를 다루고 있는데(Husserl 1973c: 252), 후설은 『데카르트적 명상』에서 이를 두고 '의미의 상호전이'가 존재한다고 말한다(Husserl 1950: 142; Merleau-Ponty 1964a: 118과 비교해보라).[10] 타자를 이해하게 될 때에 나는 나 자신의 경우에 근거해 아는 바에 기대지만, 타자와의 마주침에서 내 자신의 자기경험이 변경되기도 한다. 사실상, 후설은 그뿐만 아니라 자기와 타자 모두가 '타자의 의미'로 중첩되는 '상호자각'에 대해서까지 얘기하고(Husserl 1950: 142), 그럼으로써 상호간의 전이는 동시적으로 일어난다고 제시한다. 따라서 후설은 모든 짝지음은 상호적이기 때문에 나의 타자 이해는 또한 "나 자신의 정신적 삶의 유사성과 차이성을 드러낸다"는 점을 아주 명시적으로 강조한다(Husserl 1950: 149). 의미의 전이가 쌍방적이라는 사실, 즉 짝지음으로 인해 나 스스로는 할 수 없었던 경험을 소유하게 된다는 사실은, 나는 궁극적으로 내가 나 자신에게 넣은 적이 있었던 것만을 발견한다고 하는, 투사라는 단순한 형식을 다루어야 한다는 제안에 반대하는 의견을 말하는 것이다. 투사의 함의는, 공감은 우리가 진정한 초월성과 마주칠 수 있게 하며 우리의 공감된 의식은 그 자체를 초월해서, 후설이 말하듯이, 완전히 새로운 종류의 타자성에 직면한다고 반복해서 역설하는 바에 반한다(Husserl 1973b: 8–9, 442). 그만큼 공감은 실로 유사성을 획득하는 문제라기보다는 차이를 음미하는 문제라고 할 수도 있을 것이다(Ratcliffe 2014).

후설은 투사 의견에 대한 단호함 때문에 자신의 평소 주장대로, 유비가 과연 근본적인 역할을 하는지의 문제를 제기한다. 결국, 그가 인정하듯 유비하는 과정은 진정 새로운 어떤 것을 파악하도록 이끌지는 않는다(Husserl 1952: 168). 그는 1914~1915년경에 쓴 한 텍스트에서 "실은 어떤 공감[11]도 일어나지 않는다. (…) 어떤 추론 작용 같은 것도, 유비적 추론도, 유비에 의한 전이도 일어나지 않는다. (…) 오히려, 낯선 정신적 삶에 대한 '통각'이 지체 없이 일어난다"고 쓰고 있다(Husserl 1973a: 338–339). 또한 후설은 시뮬레이션 이론의 한 버전으로 간주될 수도 있는 이론을 비판하면서, 분노하는 타자를 이해하려면 나 스스로 분노를 경험해야 하고 또 나 자신의 분노는 타자의 분노에 대한 유사물로 얼마간 기능해야 한다고 주장하는 것은 난센스라고 강력히 말한다. 공감이 자기 자신의 재생산물이나 재복제물의 일종이 아닌 것은 확실하다 (Husserl 1973a: 188; 1973b: 525). 타자를 경험하는 것은 상상에서 일어날 법한, 자기 자신을 변형시켜 경험하는 것과 같지 않다. 이런 상상적 변형으로는 타자와의 마주침을 할 수 없고 오직 나 자신과 다르게 마주할 뿐이다(Husserl 1973c: 314). 게다가 타자가 처한 상황이 어떨지, 타자가 겪고 있는 상황이 무엇인지를 우리가 가끔 상상하는 건 사실이지만 모든 공감 작용이 이런 상상을 수반한다고 주장하는 것은 확실히 설득력이 없다. 우리가 타자를 공감적으로 이해할 때 우리는 즉각적으로 그리고 대개는 상상적 묘사 없이 그렇게 하며, 타자의 경험을 정말 상상적으로 묘사하는 상황들에서 우리는 그것을 확실히 예외로 여긴다 (Husserl 1973a: 188).

간헐적으로 이런 의혹을 제기하면서도, 후설은 대체로 유비의 중요성을 강조한다. 가령 내가 다른 사람의 신체를 살아 있는 신체로 통각하는 경우, 그의 설명에 따르면 나는 나 자신의 자기경험에 대한 재현전에 기대 이를 수반하는 유비적 통각을 대하고 있는 것이다(Husserl 1973a: 251). 사실상, 타자에 대한 포착이 재현전을 수반하는 한 자기경험에 대한 재현전은 필연적으로 본래적 현전을 소급해서 가리키는데, 이 본래적 현전은 나 자신의 직접적 자기경험에 의해 구성된다(Husserl 1973a: 288). 후설이 여러 텍스트에서 말하듯, 주관성은 나의 자기경험에 힘입어 내게 초생적으로 현전하고, 그런 뒤에야 통각을 통해 타자에게로 이어진다(Husserl 1962: 242; 1950: 140; 1959: 62; 1973b: 295). 그 정도로 신체적 자기경험은 신체화된 타자 지각에 필요한 토대를 구성한다(1973a:

333). 그렇지만 후설은 문제의 자기경험이 시간적으로 선행하지 않아도 된다고도 지적한다(Husserl 1950: 150). 더욱이, 작동할 필요가 있는 이 자기경험은 경험의 통로이지 경험의 종결이 아니다(Husserl 1973b: 468). 이는 우리 둘을 능동적으로 비교하는 문제도 나의 신체가 우선 주의의 대상이 되어야 한다는 것도 아니다. 이는 자기주어짐의 어떤 형태가 반드시 존재해야 한다는 것으로, 그렇지 않으면 어떤 의미의 전이도 일어날 수 없다(Husserl 1973a: 336).

하지만 후설은 이 단계에서 우려의 목소리를 낸다. 설령 내가 항상 신체적 자기경험을 향유함이 사실이라도, 유비적 포착이나 통각적 의미의 전이를 유발할 수 있는 유일한 것은 아마 저기에 있는 신체와 나 자신의 신체 사이에서 지각되는 유사성일 것이다(Husserl 1950: 140). 그러나 내가 타자의 신체를 지각하는 것과 동일한 방식을 통해 나 자신의 신체를 본래 관찰한다는 것은 전혀 사실이 아니다. 본래부터, 나의 신체적 주관성은 내가 세계를 경험하는 통로로서 나에게 주어진다. 나는 나 자신의 살아 있는 신체를 공간적 대상으로 지각하지 않는다. 하지만 필요한 것은 바로 이것이 아닐까(Husserl 1973a: 344; 1973c: 661)? 게다가 간혹 후설은 타자를 통해서만, 다시 말해 나 자신의 신체에 대해 타자의 관점을 채택함으로써만 나 자신의 살아 있는 신체와 외부적으로 나타나는 나의 신체 사이의 동일성에 대해 배운다고 주장하는 것 같다(Husserl 1973a: 420). 그가 1921년에 쓴 한 텍스트에서 말하다시피, 나 자신의 신체를 대상으로 또 물리적 사물로 포착하는 것은 매개적 경험이자 2차적 경험이다. 이는 내가 타자를 통해야만 획득하는 포착이다(Husserl 1973b: 61; 또한 1973b: 63, 238, 322를 보라). 그러나 이 점이 옳다면, 그의 논변은 악순환에 빠져 결국 실패한 듯 보일 수 있다.

하지만 후설은 스스로 몇 가지 타개책을 제시한다. 그가 『데카르트적 명상』에서 주로 추구하는 한 가지 방법은 바로 타자의 신체의 나타남이나 자신의 신체의 가능한 나타남을 상기시킨다는 것이다. 즉 나 자신의 신체가 저기에 나타난다면 어떻게 보일지를 내게 상기시킨다는 것이다(Husserl 1950: 146). 하지만 때로 그는 자신의 신체가 어떻게 보일지를 상상해야 하는 바로 그 자신에게 의존한다는 점 때문에 이 설명이 불충분함을 스스로 깨달은 듯 보이기도 한다(Husserl 1973b: 522; Overgaard 2003과 비교해보라). 더욱 유망한 접근법은, 신체의 철저한 대상화는 상호주관적으로 매개되는 것일 수도 있지만, 나의 살아 있는 신체 역시 그리고 이미 바로 그 시작부터 끊임없이 그 자체를 외면화하고 있다고, 또 이 외면성은 나 자신의 신체적 자기경험의 통합적 요소로 함께 주어진다고 통찰하는 것이다(Husserl 1973b: 491). 따라서 후설의 현상학적 신체 분석에서 빈번히 강조되는 문제의 하나는 신체 특유의 양면성이다. 나의 신체는 어떤 내면성으로, 구조로, 감각 작용의 차원으로 내게 주어지지만, 시각적이고 촉각적으로 나타나는 외면성으로 주어지기도 한다. 그리고 외면성의 경험, 즉 나 자신의 자기경험이 자기성과 타자성 사이의 이 놀라운 상호작용에 의해 특징지어진다는 사실은, 후설에 따르면, 확실히 공감이 가능하려면 반드시 있어야 할 요소의 하나다(Husserl 1952: 165–166; 1973c: 652; 1959: 62; 1973b: 457; 1973a: 263). 이와 비슷한 맥락에서 슈타인은 내적 신체 지각과 외적 신체 지각 사이의 융합이 나 자신의 경우에서 이미 일어난다고 쓰고 있다.[12] 내가 손발을 움직일 때, 나는 손발을 운동감각적으로 알아차릴 뿐 아니라 또한 움직임의 외수용성의 지각과 촉감적 지각을 가질 수 있다. 간단히 말하면, 내가 유사하게 구성되는 타자의 신체를 감각적으로 공감할 수 있는 것은 나 자신의 신체가 물리적 신체로 또 살아 있는 신체로 동시에 주어지기 때문이다. 그 자체로 어떤 살아 있는 신체도 가지지 않는 순수한 나¹는 결과적으로 생명을 가진 다른 살아 있는 신체를 지각하고 이해할 수 없을 것이다(Stein 2008: 99). 따라서 메를로퐁티가 나중에 주장하곤 했던 바와 마찬가지로, 후설과 슈타인은 어떻게 우리의 타자 이해가 가능한지를 알 수 있으려면 신체화를 제대로 설명하는 것이 결정적이라고 여긴다. 더욱이 자신의 신체와 다른 사람의 신체가 서로 닮은꼴이라고 말할 때, 우리는 타자의 신체가 유사하게 행동하기도 한다는 점을 잊어서는 안 된다. 타자의 신체는 유사한 방식으로 움직이고 행위하며(Husserl 1973b: 280; 1973a: 289) 내가 타자의 신체를 또 다른 주관적 신체로 계속 경험하려면 내가 타자의 계속적이고 조화로운 행동을 경험하는 데 의존해야 한다(Husserl 1950: 144). 유사한 시각적 현존보다 짝지음에 있어 더욱 중요한 것은 따라서 나 자신의 지향적 행동 및 표현적 움직임과 타자의 지향적 행동 및 표현적 움직임 사이의 상호관계 그리고 이 둘의 상보성일지도 모른다. A. D. 스미스도『데카르트적 명상』을 분석하며 지적하듯, 공감의 뿌리에 놓여 있을 수 있는 것은 타자가 반응하는 데 따라 기본적으로 감응하는 능력이다. 타자는 생명이 없는 대상은 하지 않는 방식으로 당신과 당신의 행위에 반응한다(Smith 2003: 243, 248).

후설의 다양한 진술을 어떻게 조화시켜야 할까? 한편으로 그는 불분명한 의미의 전이와 유비의 역할을 강조한다. 다른 한편으로 그는 이것이 타당한지 의문시하고, 투사가 전적으로 중심적인 역할을 한다는 것을 거부하며 타자의 초월성을 반복해서 강조한다.

이 문제에 대한 후설의 생각을 적어도 어느 정도까지 일치시킬 하나의 방법은 다음과 같다. 나 자신의 살아 있는 신체의 원본적 주어짐, 즉

'Urleib' 말하자면 근원적 신체가 타자의 신체를 경험하는 모든 경우에 기준점과 고정점이 된다고 후설이 강변할 때 그리고 모든 통각은 의미의 어떤 규범이나 표준을 규정하는 기원을 가지며 이 원규범이 타자를 경험하는 모든 경우에 토대가 된다고 그가 주장할 때(Husserl 1973a: 57; 1973b: 125–126), 우리는 원규범 개념을 상당히 다른 두 방식으로 이해할 수도 있다. 어느 쪽이든, 내가 타자를 이해할 때 의존하고 기대는 모태의 일종으로 원규범을 이해할 수 있다. 이러한 독해에서 보면, 후설은 주관이 내면의 법정에서 먼저 파악되고 그런 뒤 대략 성공적으로 타자에게 투사하고 부과하는 어떤 정신성 감각에 의거해 타자를 파악한다고 주장하는 셈이다. 하지만 내가 훨씬 더 유망하다고 여기는 또 다른 가능성은, 문제의 자기경험을 타자가 타자로 경험될 수 있는 데 기초가 되는 꼭 필요한 포장지로 간주하는 것이다. 타자는 남에 의지하지 않고 하나의 자기일 수 있지만, 타자는 나 자신의 자기경험과 관계하고 상대해서 나에게 타자로 나타날 수 있을 뿐이다. 그러나 이 경우에서 나의 자기경험은 모델이나 모태를 구성하는 게 아니다. 오히려, 나의 자기경험은 바로 타자의 차이성과 초월성이 타자 자체를 드러낼 수 있다는 바에 기대고 있는 것이다. 달리 말하면, 후설은 설사 공감이 기본적으로 자기 자신을 타자에게 투사하는 문제라도 되는 양 (신체적) 자기경험이 타자경험의 전제 조건이라고 강력히 말하곤 했지만, 자기경험은 타자경험의 필요 조건이라고 (또 자기경험이 부재하면 결코 타자경험은 없을 것이라고) 주장하는 것과 자기경험은 어쨌든 타자경험의 모델 역할을 한다고 주장하는 것 사이에는 결정적 차이가 존재한다. 이미 지적했듯이, 나는 후설이 후자의 견해를 견지한다고 생각하지 않는다.

3.4 공감의 대상과 수준

지금까지 분석해온 바는 공감이 후설과 슈타인 모두에게 단일 개념이고, 공감의 대상이 타자의 주관이라고 제시하는 듯 보인다. 이 두 가정은 수정되어야 한다.

슈타인은 공감 탐구를 진행하는 과정에서 다양한 성취의 수준Vollzugsstufen을 구별한다(Stein 2008: 19). 먼저 나는 타자의 얼굴에 띤 의심이나 의기양양함에 직면할 수 있고, 타자의 표현을 막연하고 상대적으로 공허하게 이해할 수 있다. 그러나 그런 뒤에 이를 좀더 이해하려 한다면, 즉 그 특성을 해명하려 한다면, 나는 더 이상 타자의 경험적 상태를 어떤 대상으로서는 대면하지 않을 것이다. 오히려, 그것의 지향성이 나를 앞으로 견인할 것이며 나는 그 지향적 대상으로 향할 것이다. 내가 이 명료화 과정을 성취하고 나서도 나는 다시 타자의 경험을 어떤 대상으로 대면하지만, 이때는 이해가 보다 증가하게 된다. 예를 들어, 우는 아이와 우연히 만나는 상황을 생각해보자. 왜 이 아이가 속상한지 알기 전일지라도 공감은 당신이 이 아이의 괴로움을 알아챌 수 있게 할 것이다. 그러나 당신의 공감이 더욱 깊어진다면, 공감은 아이를 속상하게 한 것이 무엇인지 이해하려 할 것이다. 마침내, 당신은 이 정서의 대상을 파악한 뒤 다시 아이에게로 향하지만, 이때는 아이의 괴로움을 더 잘(더욱 충실하게) 이해하게 된다. 내가 아이의 괴로움의 지향적 견인력을 따르고 가령 부재하는 엄마에게로 향할 때조차, 이 괴로움은 특유한 방식으로 내게 주어진다. 괴로움은 상상된 괴로움으로는 물론 나 자신의 괴로움으로도, 기억된 괴로움으로도 느껴지지 않는다. 그렇기는커녕 철두철미하게 타자의 괴로움으로, 즉 타자에 의해 겪어지는 괴로움으로 내게 주어진다(Stein 2008: 10). 이 점이 바로 공감의 고유하고 독특한 면이고,

슈타인이 공감을 독자적인 경험의 일종으로 계속해서 분류하는 이유다 (Stein 2008: 10).

군데군데에서, 슈타인은 공감의 다양한 수준 또는 단계를 설명하면서 궁극적으로는 다소간 상이한 설명들을 또한 언표한다. 첫째, 나는 타자의 기쁨의 표현을 지각한다. 후속 조치로 나는 나 자신을 타자의 자리에 집어넣고, 타자의 안색과 더불어 이미 내게 공허하게 공동으로 주어진 그 경험을 수행한 뒤 결국 표현에 도달하게 되는 그것을 경험한다 (Stein 2008: 93). 그녀는 더 나아가, 내가 타자의 경험을 공감적으로 완수할 수 있는 정도는 나 자신의 경험적 삶에 의존한다고 주장한다. 나 자신의 인격적 구조에서 파생되는 타자에 대한 그러한 경험들은 완수될 수 있다. 설사 사실상 이 경험들이 내가 아직 겪어보지 못한 경험들일지라도 말이다. 우리 각자의 구조들 사이에 거대한 차이가 존재할 때, 나는 공감적으로는 지향되지만 공허하게 주어지는 경험은 완수할 수 없을 수도 있다. 나는 나 자신과 다른 연령대와 성별의 사람들에게 확실히 공감할 수 있고, 사람이 아닌 일부 동물에게도 공감할 수 있다. 그러나 내가 인간 유형에서 벗어날수록 공감의 완수에 있어서는 더 공허해지고 더 부족해질 것이다(Stein 2008: 66; Scheler 2008: 48과 비교해보라). 하지만 그러고 나서 슈타인이 분명히 밝히듯이, 나 자신의 경험적 삶의 구체적인 내용에 대한 이러한 의존성은 완수의 범위나 정도에만 관계한다. 더 구체적인 타자의 경험의 현전을 획득하려면 나 자신의 경험적 삶이 가진 구체적인 내용에 의존할 필요가 있다(Stein 2008: 128-129). 더욱 중요한 것은, 슈타인은 어떤 곳에서도 그 특유의 타자정향적 태도를 공감에 부여하는 것이 상상적 재연이라고 말한 적이 없다는 점이다. 다시 말하면, 어떤 곳에서도 그녀는 공감이 상상에 의해 환원될 수 있다거나 해명될 수 있다고 말한 바 없다. 어쨌든, 누군가는 대개 더 낮은 수준의 단계에 만족한 채로 있을 수도 있기 때문에, 그가 다른 사람에게 공감한다고 해서 이 다양한 단계 모두를 필연적으로 겪는 것은 아니다(Stein 2008: 10).

후설로 넘어가보면, 그도 공감의 다양한 수준을 구별한다는 것을 알 수 있다. 공감의 가장 근본적인 형태는 지각을 통해 주어지는 신체를 살아 있는 신체로, 다시 말해 가장 근본적으로는 감각하는 신체로 파악할 수 있게 하는 능력이다(Husserl 1973a: 66, 70, 435~436). 후설은 이러한 형태의 감각적 공감을 동물적 통각 또는 동물성의 경험이라고도 부르는데, 이는 수동적이고 연합적으로 일어난다(Husserl 1973a: 455, 475~476). 그런 뒤 후설은 이런 가장 기본적이자 근본적인 종류의 공감을 신체적 표현으로 표현되는 것들 즉 믿음, 결정, 태도를 이해하는 데 그 목적이 있는 더욱 능동적인 형태의 공감과 대비한다(Husserl 1973a: 435).[13] 후설은 1931~1932년에 쓴 원고에서 훨씬 더 많은 수준의 공감을 다룬다. 공감의 첫 번째 수준은 타자의 살아 있는 신체를 감각하고 지각하는 것으로 포착하는 일이다. 두 번째 수준은 타자를 물리적으로 행위하는, 즉 무언가를 옮기고, 밀고, 나르는 것으로 파악하는 일이다. 세 번째 수준은 이를 뛰어넘어 행위의 목적성에 주의를 기울여 이를 포착하는 단계인데, 가령 타자가 달리는 모습을 회피로 이해하는 것이다(Husserl 1973c: 435). 몇몇 사례에서 후설은 훨씬 더 멀리 나아가 낯선 전통을 전유하는 데 수반되는 공감의 종류에 대해 말하기도 한다(Husserl 1973c: 436; 2006: 372~373).

달리 말하면, 후설이 첫 번째 수준의 공감이 짝지음, 즉 자타의 신체적 유사성에 기초한, 자기와 타자의 수동적이고 불수의적인 연합적 결합에 의해 구성된다고 주장하곤 하지만 그는 이것이 최초의, 원초적인 수준일 뿐이라고 주장하려 하며 이것이 상호인격적 이해 범위의 전부에 해당한다는 주장에는 결코 동의한 적이 없다. 상호인격적 이해는 의사소통 행위로만 그 정점에 도달한다. 따라서 표현은 수의적일 수도 있으며 의사소통 목적에 소용될 수도 있다는 점을 간과해서는 안 된다. 내가 어떤 명제를 주장할 때, 나는 어떤 믿음을 표현하는 것이기도 하고 그러므로 나의 마음 상태도 드러나는 것이다. 후설은 잘 알려진 구절에서 다음과 같이 언급한다.

> 라이프니츠는 모나드에 창이 없다고 말했다. 하지만 내가 생각하기로 모든 심리적 모나드에는 무한히 많은 창이 있다—즉, 살아 있는 낯선 신체를 진정으로 이해하는 모든 지각은 이러한 창이다. 그리고 "친애하는 벗이여, 부탁하네"라고 말할 때마다, 친구가 이해심을 보이며 내게 반응하면, 우리의 열린 창을 통해 나—나의 나 작용an I-act of my I은 나의 친구의 나I로 옮겨 가고 그 반대도 마찬가지다. 상호간 동기 부여를 통해 우리 사이에 진정한 통일체가 확립됐다—그렇다, 진정한 통일체가 실로 확립됐다(Husserl 1973a: 473).

공감의 진정한 대상과 관련된 문제에 대해 말하자면, 후설은 공감할 때 내가 대개는 타자를 어떤 대상으로 주제화한다는 것을 부인한다.[14] 오히려, 타자를 공감적으로 이해할 때 말하자면 나는 타자의 경험에 동조하며, 그 경험의 대상에 주의를 기울인다(Husserl 2003: 617; 1973c: 427, 513).[15] 타자는 결국 그저 경험의 한 중핵으로 내게 주어지는 게 아니라 정향성의 한 중심으로, 즉 세계를 바라보는 한 관점으로 주어짐을 강조하는 게 중요하다. 타자는 결국 고립되어서나 순수하게 내게 주어지지 않는다. 오히려 타자는 지향적인 것으로, 즉 나와 마찬가지의 세계로 향해 있고 타자의 세계로 향해 있는 것으로 주어지며, 그에 대해 거기에 존재하는 대상은 타자와 함께 주어진다(Husserl 1973b: 140, 287; 1973a: 411; 1952: 168; 1950: 154; Stein 2008: 69와 비교해보라). 물론, 이 점은 우리의 타자 지각이 우리의 통상적 대상 지각과 그토록 다른 이유의 하나다. 타자가 눈앞에 나타나는 순간, 내가 세계와 맺는 관계는 변할 것이다. 왜냐하면 타자는 이 타자를 새로운 지시의 중심으로 소급해 지시하는, 의미로 가득한 맥락 또는 어떤 상황 속에서 매번 나에게 주어지기 때문이다. 세계가 타자에 대해 가지는 의미는 세계가 나에 대해 가지는 의미에 영향을 미친다. 나의 타자 포착과 더불어 공동으로 주어지는 낯선 세계관점은 내가 타자를 포착하는 방식에 따라 분명 변한다. 타자가 앞을 보지 못한다면, 나는 세계에 대한 타자의 시각적 관점을 공동포착하지 않을 것이다. 다시 말해, 나의 공감이 자아중심적 편향 때문에 길을 잃지 않는다면 말이다(Stein 2008: 70, 72-73). 하지만 일반적으로 내가 세계를 바라보는 관점은 나의 공감적 타자 이해로 풍부해질 것이다. 슈타인과 후설은 이에 따라 타자경험과 공유된 세계의 구성 사이의 상호관계를 강조하고, 또한 발달심리학의 개념을 써서 이를 바꾸어 말하면, 이 둘에게 공감과 사회적 참조는 밀접하게 연결되어 있는 것이다.

후설은 다른 사람에 대한 경험이 타자의 경험 일부의 타당성에 대한 수용을 필연적으로 수반한다고 본다. 적어도 다른 사람의 살아 있는 신체에 대한 나의 경험은 내가 외부적으로 지각하는 바로 그 동일한 신체 또한 그 타자에 의해 겪어진다는 점을 필연적으로 전제하는데(Husserl 1973c: 158-159; 1973a: 252; 1973b: 83), 후설이 타자의 신체를 최초의 상호주관적 자료로, 즉 복수의 주관이 접근하는 최초의 대상으로 간주하는 이유는 바로 이 때문이다(Husserl 1973b: 110). 그는 『상호주관성 2^{Zur} Phänomenologie der Intersubjektivität II』에서 다음과 같이 말한다.

> 왜냐하면 타자들이 나에 대해 거기에 존재하는 것으로 있다는 데 의거하는, 타자들에 대한 내 경험의 타당성 안에, 나에 대한 타자들의 경험의 공동타당성이 이미 포함되어 있기 때문이다. 그의 살아 있는 신체는 존재하는 것으로서 내가 직접 지각하는 물리적 신체일 뿐만 아니라 어떤 살아 있는 신체이기도 하다는 점은, 타자는 자신의 살아 있는 신체를 내가 지각하는 바로 그 동일한 신체로서 가진다는 지각에 대한 공동수용을 포함하고 있으며, 이는 타자의 주변 세계를 내가 경험하는 것과 물질적으로 동일한 그 주변 세계로 지각한다는 공동수용에 대해서도 마찬가지다. 나는 타자들이 경험하는 이들의 경험적 삶도 아울러서 공동정립하지 않고는 타자들을 정립할 수 없다—다시 말해, 공동수용을 통해, 내가 이들을 경험하는 자로서 현전화한다는 사실을 정립하지 않고는 말이다. 이 같은 타자 정립은 나는 보다 원본적으로 나 자신을 경험한다는 사실을 내가 수용하는 것과 마찬가지 방식으로 일어난다(Husserl 1973b: 388; Merleau-Ponty 2012: 369와 비교해보라).

이는 후설 자신이 객관성의 구성을 설명하며 의지하곤 했던 발상인데, 그는 거기서 대상의 의미와 타당성에 대한 나의 경험은, 타자가 나와 동일한 대상을 경험한다는 사실을 깨닫는 순간 변한다는 견해를 옹호하기 때문이다(Zahavi 1996을 보라).

하지만 동시에 후설과 슈타인 모두는 나는 타자가 지향하는 바의 일부일 수 있다는 점을 인정하는데, 이 점이 이 맥락에서는 특히 중요하다. 그래서 다시 말하면, 내가 타자들을 경험할 때 나는 이들을 단지 세계 내의 심리물리적인 대상들로 경험하지 않는다. 오히려 나는 이들을 나 자신을 포함해 세계의 대상들을 경험하는 주체들로 경험한다(Husserl 1973c: 4–5; 1952: 169; 1950: 158). 사실 나는 확실히 타자를 경험하면서 나 자신을 새롭게 경험하는 데 이르게 될 수 있다. 나 자신을 향해 있는 공감적 작용을 내가 공감적으로 이해하는 반복적 또는 재귀적인 공감 과정을 통해 나는 나 자신에 대해 소외하는 태도를 채택할 수 있게 되고 그럼으로써 타자가 나를 보는 듯 나 자신을 볼 수 있게 된다고 슈타인은 쓰고 있다. 그 정도로 공감은 자기앎의 중요한 원천으로 기능할 수 있다(Stein 2008: 130; 또한 Husserl 1950: 149를 보라). 마찬가지로, 후설은 나의 자기경험과 나에게 공감하는 어떤 공감된 주체에 대한 나의 경험이 동시에 일어나는 경우를 고차 공감의 경우라고 말한다(Husserl 1973b: 315). 그는 내가 나 자신을 인간으로 경험하게 되는 것은 나 자신을 타자에 의해 보여지는 자로 간접적으로 경험함으로써 즉 이러한 자기경험이 매개되는 과정을 통해서라고 주장한다(Husserl 1952: 167–169; 1973c: 13, 665). 어째서 이 과정이 중요한가? 뒤이어 후설이 지적하듯, 나는 타자와 무관하게 나 자신에 대해서 나인 것이 아니기 때문이다. 타자도 나와 무관하지 않다. 모든 사람은 자신에 대해서 그리고 동시에 타자에 대해서 서로에게 불가분한 존재로 있다. 후설은 이따금 공감이 한 자아가 직접 그 자신을 타자 속에 반영하는 상황을 수반한다고 말한다(Husserl 1973c: 7; 1973b: 300). 그러나 추가적인 분석(물론 이 분석은 자신의 짝지음 설명과 궤를 같이한다)에 기초해 보면 그는 1930년대에 쓴 원고에서, 우리는 무력한 반영kraftlose Spiegelung을 대하고 있는 게 아니라 자기와 타자의 존재가 서로에 대한 존재라는 것, 다시 말해 이 둘이 구성적으로 서로 짜여 있음을 대하고 있다고 마침내 결론짓는다(Husserl 1973c: 191, 194). 이는 3부에서 추가로 탐색할 주제들이다.

4. 슈츠

상호주관성과 사회성에 대한 현상학적 분석은 분명 후설과 슈타인의 공헌으로 막을 내린 것이 아니다. 하이데거, 사르트르, 메를로퐁티, 레비나스에게서 찾아볼 수 있는 그 풍부한 분석을 논의한다면, 이 지점에서 너무 멀리 우회하게 될 것이다(아니면 Zahavi 1996, 2001, 2002, 2007b를 보라). 대신 여기서는 그다지 많이는 알려지지 않은 인물에 초점을 맞출 텐데, 그가 상호인격적 이해 분석에 한 공헌은 최근 몇 년간 부당하게 등한시되어왔다. 그는 바로 슈츠다. 슈츠의 설명에 관해 특히 흥미로운 바는, 그는 대면 마주침의 근본적이고 환원 불가능한 특성을 인정하면서 동시에 상호인격적 이해의 다질성heterogeneity을 강조한다는 점이다. 상호인격적 이해는 수많은 형태와 형식으로 이루어져 있으며, 이 다양성과 복잡성을 제대로 다루려면 공감이 전달하는 바를 뛰어넘어야 한다.

1932년에 출간된 책『사회적 의미의 세계 구성Der sinnhafte Aufbau der sozialen Welt』에서 슈츠는 셸러와 카르납이 두 가지 극단적 입장을 보인다고 여기고는 이 둘을 거부한다. 슈츠의 독해에서 보면, 전자는 내가 나 자신에 대해 하는 만큼 직접적으로 타자를 체험하는 데 이를 수 있다고 주장하는 것인 반면, 후자는 아마 우리는 타자의 마음을 결코 어떻게든 경험할 수 없고 다만 물리적 대상을 경험할 뿐이라고 주장하는 것 같다

(Schutz 1967: 20-21). 이와 달리, 슈츠는 우리가 경험적으로 타자의 심리적 삶을 친숙하게 안다는 견해를 옹호하지만, 타자경험이 타자의 완전한 자기현존을 통해 직관적으로 우리에게 주어진다는 점은 부인한다. 슈츠의 견해에 따르면, 타자의 신체는 단순한 물리적 대상이 아니라 타자의 경험적 삶을 드러내는 표현의 장이다(Schutz 1967: 22). 하지만 그가 신체를 단순히 어떤 표현의 장이라고 계속 말한다면 이는 너무 모호한 방식으로 얘기하는 것이다. 이것은 타자의 외부적 행동이 그의 주관적 경험을 나타낸다는 사실을 지시하는 것일 수도 있고, 아니면 주관이 어떤 방식으로 행위해서 '무언가를 일부러 표현하려 애쓴다'는 사실을 지시하는 것일 수도 있다. 그리고 슈츠가 지적하듯, 첫 번째 의미의 표현에 해당하는 많은 사태—예를 들어, 화가 나 붉어지는 얼굴—는 두 번째 의미에서는 결코 표현이 아닌 듯 보인다. 따라서 가령 나무꾼이 도끼질을 통해 나무를 잘라 쓰러뜨리려는 자신의 욕망을 일부러 표현하고 있다고 말하는 것은 맞지 않을 것인데, 왜냐하면 표현되는 바로 그것이 수신자에 대한 메시지로서 의도될 때라야 우리는 두 번째 의미의 표현에 대해 말할 수 있기 때문이다(Schutz 1967: 22-23). 자신이 표현의 두 유형을 구별하는 데 기초해(슈츠는 이러한 구별을 후설의 『논리 연구 1』에서 따온다; Husserl 1984a: 31-32를 보라) 슈츠는 더 나아가 우리가 자신이 (어떤 의사소통적 의도도 결여하는) "표현적 움직임"이라 부르는 것과 (의사소통적 의도를 포함하는) "표현적 행위"라 부르는 것을 구별해야 한다고 주장하며(Schutz 1967: 116) 또 타자에 대한 우리의 직접적인 접근의 사례를 제시할 때 표현적 움직임에만 배타적으로 초점을 맞췄다는 이유로 그는 셸러를 비난한다.[16] 일하고 있는 나무꾼의 사례를 다시 든다면, 어느 정도까지는 우리가 나무꾼의 애쓰는 경험을 도끼를 휘두르는 것으

로 지각한다고 말할 수도 있다는 점을 슈츠는 인정하겠지만, 왜 나무꾼이 그가 하고 있는 그 방식대로 행위하는지를 틀림없이 직접 직관할 수 있다고 한다면 비웃을 것이다(Schutz 1967: 23–24). 유사하게, 슈츠의 견해에서 기쁨, 슬픔, 고통, 부끄러움, 애원, 사랑, 분노와 같은 타자의 의식이 띠는 특정 양상이 우리에게 직접적이고 비추론적으로 주어진다고 말하는 것은 허용할 수 있지만, 우리가 이런 표면적 태도들을 직관할 수 있다는 사실로부터 왜 타자가 그렇게 느끼는지도 직접 친숙하게 안다는 결론이 뒤따라 나온다는 것을 그는 부인한다. 그러나 우리가 타자(의 심리적 삶)를 이해한다고 말할 때의 그 의미는, 바로 타자가 무엇을 하려는지, 타자는 왜 자신이 하고 있는 바를 행하고 있는지, 그것이 타자에게 무엇을 의미하는지다. 간단히 말해, 상호인격적 이해는 타자의 행위, 행위의 이유와 의미 그리고 동기에 대한 이해를 결정적으로 수반한다. 그리고 이러한 측면들을 밝히려면 표현적 움직임과 행위를 단순히 관찰하는 것으로는 충분하지 않다. 우리는 해석에 기대기도 해야 하며 고도로 구조화된 의미의 맥락에 의지하기도 해야 한다(Schutz 1967: 23–24). 타자를 이해하려 시도할 때 우리는 때로 상상, 기억 또는 이론적 앎에 기댄다는 점을 슈츠는 인정한다. 예를 들어, 우리는 타자의 행위 목적을 알아내려고 시도할 수 있고 그러면서 이를 완수하기 위해 우리가 어떤 노력을 기울여야 할지 또 우리가 어떤 경험을 겪게 될지를 상상할 수 있다. 아니면 과거에 유사한 목적을 실현하려 했을 때 겪었던 바를 기억하고 상기하는 데 기댈 수도 있다(Schutz 1967: 114). 마지막으로, 해당 행위와 관련된 일반적인 앎을 이용할 수 있고 그러면서 그 원인과 동기를 추론하려 애쓸 수도 있다(Schutz 1967: 175). 하지만 슈츠가 강조하듯, 방금 약술한 이 전략들은 우리가 주로 사후에, 다시 말해 우리가 이해하려 하는 사람이 우리가 직접 지각하고 상호작용하고 있는 자가 아닌 상황에서 사용하는 것들이다. 슈츠에 따르면, 직접 지각하고 상호작용하고 있는 상황의 경우, 다시 말해 대면 마주침에는 구체적인 우리-관계we-relationship와 우리 각각의 의식 흐름이 서로에게 즉각 영향을 미치면서 연동되는 공유된 동기부여적 맥락이 존재하며, 이런 상황에는 이론과 상상 또는 과거 경험에 배타적으로 의존하지 않는 타자 이해의 한 형태가 존재한다(Schutz 1967: 115, 157, 172-175). 타자의 행위 이유를 이해하는 일에 있어서는, 우리가 타자의 그 이유와 동기를 이해하려 애쓸 때, 우리가 다른 사람을 또 다른 행위자로 지각한다고 해서 어떤 개체가 구체적인 상황 바깥에 존재한다고 여겨서는 결코 안 되며 오히려 행위자의 의도를 밝혀주는 실용적인 맥락 내에 있는 어떤 행위자라고 여겨야 함을 명심해야 한다. 가령 내가 축구장에서 당신이 축구공을 향해 뛰어가고 있는 것을 본다면, 당신의 의도에 대한 이해는 축구공과 축구장 그리고 이 둘이 유발하는 행위를 또한 보고 알 수 있다는 사실에 의해 분명 촉진된다. 게다가 대면 마주침에는 시간적 차원이 존재한다. 슈츠가 말하다시피, 우리는 함께 늙어간다(Schutz 1967: 163, 172). 그리고 우리가 어떤 표현적 움직임이나 행위 전과 다음에 무엇이 오는지를 경험한다는 사실은 분명 우리의 이해를 높이기도 한다. 표현적 현상이 일어나는 것은 바로 이러한 공통되고 주로 실용적인 상황 내에서다. 내가 동료와 함께 일하거나 대화할 때, 그 동료는 머리를 흔들거나 이맛살을 찌푸릴 수도 있다. 그러나 이런 얼굴 표정과 신체적 제스처는 명료하지 않다. 이것들은 심리적 상태를 단순하게 일률적으로 드러내지 않는다. 각각의 사람에게는 서로 다른 얼굴 표정과 습관이 있다. 하지만 이는 좀처럼 문제가 되지 않는데, 왜냐하면 우리는 표현만 외따로 마주치는 게 아니기 때문이다. 표현은 항상 주어진 어떤 맥락에서 나타나는데, 이 맥락에 대한 이해와 무엇이 전과 후에 오는지에 대한 이해가 그 표현을 이해하는 데 도움이 된다(Gurwitsch 1979: 114; Sartre 2003: 371). 마지막으로, 슈츠가 지적하듯 내가 누군가와 직접 상호작용할 때, 그의 경험에 관한 추정이 입증됐는지 부정됐는지 물어볼 기회가 유일하게 있다(Schutz 1967: 140, 174). 가령 누군가가 영문 모를 방식으로 행위하고 있다면 더 많은 정보를 얻을 가장 쉬운 방법은 초연하게 이론을 세우거나 마음속으로 시뮬레이션을 하는 것이 아니라 대화술을 써서 그 사람에게 해명을 요구하는 것이다.

구체적인 타자 이해는 실제로 관여하고 관계 맺는 데 달려 있다고까지 역설하는 슈츠의 논증 방식을 납득하려면, 그의 술어와 분류법을 자세히 살펴봐야 한다. 슈츠는 후설의 중심적 발상을 채택하고 변경하면서 '다른 자기에 대한 일반이론'에 대해 말하고, 그럼으로써 타자가 존재하고 지속하며 의식적으로 주관적 경험을 겪는다는 우리의 근본적 확신을 나타낸다(Schutz 1967: 145). 그는 '타자정향other-orientation' (Fremdeinstellung)의 측면에서 이러한 태도에 대해 말하기도 한다. 타자정향의 특히 중요한 사례는 슈츠가 '너-정향thou-orientation'(Dueinstellung)이라 부르는 것이다(Schutz 1967: 146, 163). 이것은 타자가 신체적으로 공동현전하며 즉각 심리물리적 통일체로 주어지는 지향성의 한 형태다. 게다가 너-정향은 타자의 생생한 실재함으로 향해 있다. 이것은 타자의 성격 특성과 신념 또는 지금 일어나는 경험에 대한 어떤 알아차림과도 관련이 없다. 따라서 나는 순수한 너-정향을 통해 타자의 본질Sosein이 아닌 타자의 현존재Dasein를 파악한다. 다시 말해, 너-정향은 타자의 현존에 대한 알아차림을 내게 주지만 타자의 마음에서 무슨 일이 일

어나고 있는지에 대한 구체적인 알아차림은 조금도 주지 않는다.[17] 슈츠
는 순수한 너-정향이 제한적 개념임을 강조한다. 우리는 실제 삶에서
항상 자신의 인격적 특질과 특성을 가진 실제 사람을 경험한다. 따라서
일상생활의 너-정향은 순수한 너-정향이 아니라 현실화되고 결정된
너-정향이다. 이것은 항상 타자에 관한 앎으로 채색된다(Schutz 1967:
162-164).

너-정향은 상호적일 수도 일방적일 수도 있다. 너-정향이 타자 측
과 어떤 상호관계를 맺지 않은 채 존재한다면, 즉 내가 비밀리에 누군가
를 관찰하고 있다면, 이는 일방적인 것이다. 하지만 두 사람이 상호간에
서로를 정향하고 있을 때, 말하자면 내가 너-정향하고 있는 타자도 나
를 너-정향하고 있음을 내가 확인할 때, 1인칭 관점을 취하기 위해 나
는 슈츠가 말하는 우리-관계 또는 생생한 사회적 관계를 맺는다(Schutz
1967: 157). 다시 말하면, 순수한 우리-관계는 형식상의 제한적 개념이
다. 일상생활에서 우리-관계는 항상 구체화되고 맥락화되며(Schutz 167:
164), 다양한 수많은 형식을 취할 수 있다. 예를 들어, 동료는 다양한 친
밀도와 강도로 경험될 수 있다.

내가 지금껏 언급하지 않은 슈츠 이론의 한 가지 중요한 측면은 사
회세계의 다질성과 관련된 그의 주장과 관계가 있다. 사회세계는 다중
적인 방식으로 구조화된다. 서로 관련시켜 얘기하면, 상호인격적 이해
는 일원화된 현상이 아니다. 상호인격적 이해는 해당 타자가 신체적으로
현전하는지 아니면 반대로 시간이나 공간적으로 분리되어 있는지에 따
라 그 성격이 다르다. 간단히 말해, 상호인격적 이해는 타자가 우리의 공
재자, 동시대자, 선행자, 후속자의 세계 중 어디에 속하는지에 따라, 또
는 슈츠의 원어를 사용해 말하면, 타자가 우리의 직접세계Umwelt, 동시세

계Mitwelt, 선세계Vorwelt, 후세계Folgewelt 중 어디에 속하는지에 따라 결정된다(Schutz 1967: 14). 지금까지는 오로지 우리의 직접세계에서 이루어지는 사회적 관계에 초점을 맞춰왔지만, 이는 너무 협소하고 제한적이다. 이런 방식은 틀림없이 중심적이고 근본적이긴 해도 사회세계의 작은 부분을 드러낼 뿐이다. 그러나 내가 이전에 얼굴을 맞대고 만났지만 지금은 외국에 사는 사람들, 또는 내가 지금 사용하고 있는 공산품을 생산한 사람들에게 의지할 수 있고 관계를 맺을 수 있는 것과 마찬가지로, 구체적인 개인으로가 아니라 어떤 역할과 기능으로 규정되는 사회적 공간상의 요소로 아는 존재의 사람들, 즉 세금공무원이나 철도 경비대 또는 나 이전에 살았던 사람들, 다시 말해 나는 영향을 미칠 위치에 있지 않지만 내게 계속 영향을 미칠 수 있는 선세계의 일원을 이해하고 이들과 상호작용할 수 있기도 하다(Schutz 1967: 142-143). 따라서 슈츠는 사회세계의 다층적 성격을 반복해서 강조하며 현상학적 사회학의 중요한 과제 하나는 이 다양한 층을 신중하게 분석해내는 것이라고 주장한다.

우리가 우리의 동시대자, 즉 우리가 같은 때에 공존하기 때문에 내가 직접 경험할 수 있는 자들이지만 내가 직접 접하는 주변에 존재하지 않기 때문에 사실상은 직접 경험할 수 없는 자들과 관계 맺는 방식을 자세히 살펴보기로 하자. 대면 관계는 설사 아주 평상적인 것, 이를테면 기차에서 낯선 이와 마주치는 우연일지라도, 직접적으로 타자를 경험하는 일을 수반하는 반면, 동시대자들에 대한 나의 이해는 정의상 간접적이고 추론적이며 비인격적인데, 하지만 그렇지 않다면 그 성격상 크게 다를 수 있다(Schutz 1967: 177, 181). 예를 들어, 직접 경험의 범위 밖으로 막 나간 가까운 내 친구와 나의 관계 그리고 그에 대한 나의 이해를, 집배원 또는 지금 쓰고 있는 연필을 만든 익명의 생산자와 나의 관

계 그리고 이들에 대한 나의 이해와 비교해보라. 이들이 모두 나의 동시
세계에 속한다 할지라도, 이들에 대한 나의 이해는 서로 극적으로 다르
다. 어쨌거나 나는 내 친구에 관해 아주 친밀한 앎을 지닐 순 있지만 동
시대자로서의 그에 대한 나의 이해는 대면 마주침의 직접성과 선술어적
성격을 여전히 결여한다(Schutz 1967: 178, 183). 이는 항상 사회세계에
대한 나의 일반적인 앎에 기대는 해석학적 판단에 근거할 것이다. 슈츠
는 내가 나의 동시대자를 이해하고 그와 상호작용할 때 내 태도의 정향
이 전환하는 실례를 보여주기 위해 그들-정향they-orientation이라는 용어
를 도입한다(Schutz 1967: 183). 타자의 의식은 표현적 움직임이나 표현적
행위 속에서 현출하기 때문에 내가 타자의 의식의 생생한 현존을 직접
알아차리는 너-지향이 항상 전형성의 구조에 의해 형성되고 틀 지어지
는 데 비해, 나의 동시대인에 대한 나의 이해는 항상 형식상 일반적이다
(Schutz 1967: 181, 184). 내가 한 동시대인을 이해할 때는 그를 고유한 인
간으로 여기지 않는다. 오히려 나는 그를 어떤 전형의 예화로 개념화하
며, 개별적 특징과 변화는 무시한다. 이 점은 심지어 내 가까운 친구들에
게도 적용되는데, 이들과 나의 관계는 이들이 계속해서 동질적이고 그대
로 유지될 것이라 추정하면서 수행되기 때문이다(Schutz 1967: 182, 184).
슈츠는 다음으로 성격학적 이념형과 습관적 이념형을 구별한다. 성격학
적 이념형은 성격과 기질의 측면에서—N과 같은 사람은 이러이러한 상
황에 직면할 때 이러이러한 방식으로 행동한다는 식으로—타자를 전형
화하며 내가 과거에 직접 경험해본 동시대자와 나의 관계에 일반화된 바
로 그 전형이다. 이와 달리, 습관적 이념형은 사회적 기능과 역할의 측면
에서 타자를 이념화하므로 더욱 익명적인 종류에 대한 것이다(Schutz
1967: 196). 예를 들어, 내가 편지를 부칠 때 일어나는 사회적 이해를 고

찰해보자. 편지를 부칠 때 나는 나의 동시대자들의 일부, 즉 집배원과 관련해서 내가 내리는 추정에 따라 행위한다. 나는 이들이 주소를 읽고서 편지를 수취인에게 전할 것이라고 추정한다. 나는 이들을 개인적으로 모르며 특수한 개인으로 생각하지 않지만, 나는 내 방식으로 행동하면서 이념형으로서, 특정 기능의 소지자로서의 이들과 관계한다. 슈츠가 이를 두고 말하듯, 내가 그들-정향하고 있을 때 나는 동료에 대응하는 '전형들'을 가진다(Schutz 1967: 185). 그리고 이 사회적 과정이 작동하려면, 물론 집배원도 특수한 개인으로서가 아닌 전형적 고객으로서 나와 관계해야 한다. 우리는 상호간 그들-정향을 취하면서 서로를 그들 중 하나로 생각한다(Schutz 1967: 202). 따라서 전형화(와 유형화)는 일상의 예측 가능성을 촉진한다.

일상생활에서 우리는 직접세계와 동시세계 사이를 끊임없이 오가며, 슈츠가 지적하듯 한 세계에서 다른 세계로 변하는 것에는 아무 문제도 없다. 이는 우리가 항상 지금 여기를 초월하는 의미의 맥락 내에서 우리 자신의 행동과 타자의 행동을 해석하기 때문이다. 그러한 의미에서 우리의 관계가 직접적인지 아니면 간접적인지 하는 문제에 얽힌 협소한 관심은 다소 학문적인 활동이다(Schutz 1967: 178). 이념형의 사용이 동시대자의 세계(또는 선행자나 후속자의 세계)로 제한되지 않는다는 점을 고려하면 더욱 그렇다. 우리가 습득하는 이념형은 우리 앎을 비축하는 부분이 되며 대면 상호작용에도 영향을 미치기 시작한다. 다시 말해, 이념형은 결국 직접적인 사회적 경험의 세계에서조차 해석학적 도식의 역할을 하게 된다(Schutz 1967: 185).

슈츠는 대면 마주침이 그 다른 모든 형태의 상호인격적 이해를 전제한다는 의미에서, 기본적인 것이라고 여긴다(Schutz 1967: 162). 따라서 슈츠는 타자의 신체적 현존에 대한 경험이 상상적 투사, 기억, 이론적 앎에 기대는 그 어떤 타자 이해보다 선행하고 더욱 근본적이라고 주장하곤 했다. 이미 우리가 마음이 있는 생명체와 마주하고 있다는 걸 확신하지만, 해당 표현적 현상을 정확히 어떻게 해석해야 할지에 관해 다만 불확실할 때에야, 우리는 상상적 투사 등의 전략을 사용하기 시작한다. 우리가 타자가 마음이 있는 경험하는 주체였다고 이미 확신하지 않았다면, 다른 사람이 한 행위의 의미를 조사하기 시작하지 않을 것이고 그 행위를 예측하거나 설명하려 시도하지 않을 것이다. 그러나 슈츠는 대면 마주침이 근본적이라 여기면서도, 어느 정도의 선명한 한계를 가진다고 계속해서 강조한다. 우리가 적절한 사회적 관계를 발전시키려 한다면, 즉 더 깊은 수준의 상호인격적 이해에 도달하려 한다면, 직접 이용할 수 있는 바의 범위를 넘어서야 한다(Schutz 1967: 168). 대개 우리는 앎의 전체 축적분을 타자와 맺는 마주침에 가지고 오는데, 여기에는 보다 일반적인 종류의 앎뿐만 아니라 흔히 문제의 특정 사람과 관련된 앎, 즉 그의 습관, 관심사 등에 대한 앎도 포함된다(Schutz 1967: 169). 우리의 타자 이해는 결코 진공 상태에서 일어나지 않음을 깨닫는 게 실로 중요하다. 우리의 타자 이해는 스냅 사진의 포맷을 띠지 않는다.

5. 현상학적 제안

9장에서 지적했듯이, 현재는 공감이 무엇인지에 관한 합의가 거의 없다. 오히려 최근의 논쟁에서는 다수의 모순된 정의가 발견된다. 배털리(2011)는 몇 가지 의지할 만한 선택지의 지도를 그려볼 한 가지 꽤 유용

한 방식을 선사했다. 그녀가 재구성한 바에 따르면, 주요한 세 가지 입장
은 다음과 같다.

1. 일부는 공감을 심적 상태의 공유로 이해하는데, 여기서 공유는 공
   감자와 대상이 대략 동일한 심적 상태의 유형을 반드시 가져야 한
   다는 의미로 쓰인다.[18] 이 설명에 따르면, 공감은 타자에 관한 앎을
   수반하지 않는다. 공감은 타자가 문제의 심적 상태를 가지고 있음
   을 알 필요가 없다. 전염과 모방의 다양한 형태는 결국 공감의 가장
   중요한 사례로 간주된다.
2. 다른 이들은 공감에 공유와 앎이 필요하다고 주장한다. 따라서 공
   감자의 심적 상태와 타깃의 것 사이에 매치가 존재하는 것으로는
   충분하지 않다. 공감자는 반드시 심적 상태를 타깃에게 인지적으로
   부과하거나 귀속하기도 해야 한다. 이 설명에 따라 공감에 어느 정
   도 인지적 파악과 어느 정도 자기-타자의 분화를 필요로 하는 한,
   모방과 전염 같은 낮은 수준의 시뮬레이션은 배제된다.
3. 마지막으로, 인지적 차원을 강조하는 자들이 있다. 이들은 공감이
   공유를 요하지 않고, 그 과정이 이론적이거나 추론적인 정도에 상
   관없이 타자의 심적 상태를 알게 하는 모든 과정과 관련이 있다고
   주장한다.

공감이 다른 것과 구별되는 어떤 완수를 나타내는 명칭이라면 즉 단
순히 정서 전염이든 추론적 마음 읽기든 어느 쪽으로 함몰되지 않고 독
특한 사회적 이해의 종류를 구성해야만 한다면, 1번과 3번을 멀리하는
게 바람직해 보인다. 그렇다면 2번을 채택해야 할까?

이 두 번째 선택지를 현실화하려는 복잡한 시도, 즉 드비뷰몽, 싱어, 자코브가 다양한 출판물을 통해 옹호해온 설명을 자세히 살펴보도록 하자. 이들의 관점에서 보면, 공감에는 공감자와 타깃에게 동형의 정동적(정서적 또는 감각적) 상태가 필요하다. 다시 말해, 상호인격적 유사성 제약이 공감의 경우에 적용된다. 게다가, 이들은 공감이 획득되려면 충족되어야 할 다른 수많은 조건을 명기한다. 약간 상이한 몇 안 되는 정의가 현재 쓰이고 있지만, 자코브(2011)가 주장하는 최근의 정의에만 초점을 맞춰보자.

(i) **정동성 조건** 타깃과 공감자는 어떤 정동적 상태 또는 타자를 경험하고 있어야 한다.

(ii) **상호인격적 유사성 관계 조건** 타깃의 경험 s와 공감자의 경험 s*이 어떤 유사성 관계에 있어야 한다. (예를 들어, 둘 다 어떤 종류의 고통이나 공포를 경험해야 한다.)

(iii) **인과 경로 조건** 공감자가 정동적 상태 s*에 처해 있음은 타깃이 정동적 상태 s에 처해 있으므로 발생한다.

(iv) **귀속 조건** 공감자가 적합한 정동적 상태를 타깃에게 귀속시키지 않는 한 공감적 이해가 없을 수 있다.

(v) **염려 조건** 공감자는 타깃의 정동적 삶에 마음을 써야 한다(Jacob 2011: 523).[19]

다른 다양한 제안과 달리, 이 설명에는 공감의 다양한 종류 또는 수준을 구별하려는 시도도 없고 공감의 직접적 또는 비추론적 성격을 언급하는 어떤 대목도 없다. 오히려 이 설명의 초점은 정확히 공감의 정동적 본성에 놓여 있다. 사실, 드비뉴몽과 자코브는 정동성 조건은 이들이 정동적 마음 읽기라고도 칭하는 공감을 표준적 마음 읽기와 구별할 수 있게 하는 것이라고 명시적으로 주장한다(de Vignemont and Jacob 2012: 305). 그래서 이 설명에 따르면 다른 사람의 의도나 믿음에 공감하는 것은 불가능할 뿐만 아니라, 타자가 느끼고 있는 것을 스스로 느끼지 않고 이를 이해하려 한다면 또한 그 타자에게 공감하고 있는 것이 아니다. 두 번째 조건은 공감과 동감을 구별하는 것이라고 여겨지는 반면, 세 번째 조건의 기능은 무관한 두 개인이 우연히 조건 (i), (ii)를 충족하는 경우와 공감을 구별할 수 있게 하는 것이다. 네 번째 조건이 충족되면 전염 과정이 일으키는 대리 경험과 공감을 구별할 수 있다. 다섯 번째 조건은 조금 난해할 수 있는데, 결국 염려의 측면에서 공감을 정의하는 것은 공감과 동감 사이의 구별을 희미하게 만드는 듯 보인다. 그러나 염려 조건을 덧붙이는 것은, 공감은 다른 사람의 경험을 알아차리는 기본 반응이라기보다는 이와는 반대로 맥락적 요인들에 의한 하향식 조정에 종속되어 있다는 사실을 잡아내기 위해서 불가피하다고 자코브는 주장한다(Jacob 2011: 8). 드비뉴몽과 자코브는 더 나아가 이 다섯 가지 조건이 공감, 동감, 정서 전염, 표준적인 마음 읽기 간의 구별을 체계적으로 설명할 수 있게 한다고 제안한다(De Vignemont and Jacob 2012: 307).

공감과 동감을 구별하는 제안을 검토해보겠다. 친구가 두려워하는 것을 보고는 그로 인해 슬픔을 느낀다고 가정해보자. 현재의 도식에서 보면 이 일은 공감이라기보다는 동감의 사례여야 하며, 정말 동감을 기술하는 가장 자연스러운 방식인 것처럼 보인다. 하지만 이 일이 이런 방식으로 분류되어야 하는 이유가 두 사람이 서로 다른 정동적 상태에 처해 있다는 사실 때문인지는 의문의 여지가 있다. 친구가 슬퍼하는 것을 보고 그로 인해 슬픔을 느끼는 경우는 어떨까? 이제 상호인격적 유사성 관계 조건이 충족되어 다른 조건들 역시 충족될 가능성이 크며, 이 제안에 따르면 이 일은 더 이상 동감의 사례가 될 수 없고 대신 공감의 사례가 되어야 한다. 그러나 그렇다면 정말 좀 이상해 보인다. 주장하는 바에 따르면, 두 경우는 내가 다른 사람의 곤경을 향해 슬픔을 느끼고 걱정한다는 점에서 유사하다고 할 수 있다. 그리고 그렇지 않았다면 분명한 동감적 걱정의 사례였을 경우가, 단지 우리가 타깃 주관의 정서를 변화시킨다는 이유로, 그 대신 공감하는 사례가 된다고 제시하는 게 정말 타당할까?

아주 흔히 있는 현상은 한 사람이 어떤 정서(가령 분노)를 표현하고 다른 사람이 이를 보고는 상이한 유형의 정서(가령 두려움)로 반응하는 것이다. 그러나 이런 사례는 제안된 분류 도식상에 딱 맞는 자리가 없다. 상호인격적 유사성 필요조건을 충족시키는 데 있어, 이 사례는 공감의 사례로도 정서 전염의 사례로도 간주될 수 없다. 뿐만 아니라 동감의 사례로도 간주될 수 없다. 보통 겁에 질린 사람은 분노를 표출하는 사람에 대해 걱정하지 않을 것이다. 그래서 가능한 유일의 선택지는 이 일을, 가령 누군가가 아스피린을 요구한다는 사실에 근거해 그 사람이 통증에 시달리고 있다고 추론하는 일과 동등하게 차가운 마음 읽기의 사례나 인지적 관점 취하기의 사례로 분류하는 것이다. 달리 말하면, 내가 다른 누군가의 분노에 두려움으로 반응한다면 이는 인지적 관점 취하기다. 그러나 내가 분노로 반응한다면, 즉 다른 조건들이 충족된다면, 나는 공감하고 있는 것이다. 그러나 이게 정말 설득력이 있을까?

지난 몇 년간, 자코브는 입장을 조금씩 변경해왔다. 2011년에 발표한 논문에서 자코브는 두 개인 모두가 어떤 고통이나 두려움 같은 정서를 경험해야 한다고 쓰면서 유사성 조건을 예시했다. 이와 달리 2012년에 쓴 논문에서 드비뉴몽과 자코브는 더욱 구체적으로, 유사성 조건은 정동적 상태들의 특성과 내용이 반드시 유사해야 함을 수반한다고 지체 없이 주장한다(2012: 305). 유사성 조건이 충족되기 위해 내용의 유사성이 요구된다면, 이전에 언급한 반대는 분명 요점을 벗어난다. X가 Y에게 화가 났고 그 결과 Y가 X에게 화가 났다면 두 개인은 유사한 정동적 상태들에 처해 있을 수도 있지만, 이들 분노 각각의 대상이 아주 상이하다는 점을 고려하면 유사성 필요조건은 충족되지 않으며 우리는 (직관에 반하는) 공감 사례에 직면하고 있지 않다(Dullstein 2012).

이런 변주(또는 해명)가 그 제안을 구해내기에 충분할까? 처음 든 걱정은, 이런 변주나 해명이 가령 자녀가 무엇 때문에 슬퍼했고, 두려워했고, 분노했고, 기뻐했는지 부모가 몰랐다면 이 부모가 자녀의 슬픔, 두려움, 분노, 기쁨에 공감하는 것이 불가능할 수 있음을 함축한다는 점이다. 그것이 정말 타당할까? 또 다른 걱정은 드비뉴몽과 자코브의 분류 도식이 기본적인 정서 인식 사례와 보다 복잡한 믿음 귀속 사례 사이의 구별을 흐릿하게 하며 이 두 사례를 표준적 마음 읽기 사례로 범주화하도록 강제하는 듯 보인다는 점이다. 더욱이, 이들은 명시적으로 공감을 특별한 종류의 3인칭 마음 읽기로 여기는데(de Vignemont and Jacob 2012: 310), 이런 마음 읽기는 표준적 마음 읽기보다 더 복잡하고 덜 직접적이다(de Vignemont 2010: 292; de Vignemont and Singer 2006: 439). 결국 공감은 반드시 다섯 가지 필요조건을 충족시켜야 하는 반면, 더욱 단순하고 아마 더욱 광범위한 표준적 마음 읽기는 하나의 필요조건—한 심적 상태를 다른 심적 상태에 귀인하는 것—만 충족시켜도 된다(de Vignemont and Jacob 2012: 307). 따라서 이 점은 분명 아주 중요한데,

이들의 제안에서 보면 애초에 공감은 다른 사람의 심적 상태에 대한 알아차림을 확립하는 게 아니다. 오히려, 순조롭게 시작하기 위해서 공감에는 타자의 심적 삶에 대한 선험적 이해가 필요하고, 그렇게 되면 타자의 느낌에 대한 이해가 향상 가능하다고들 한다. 자, 지난 세월 동안 공감은 다양한 방식으로 정의되어왔고 그래서 주로 공감적 고통의 경우가 사례가 되는 상당히 협소한 부류의 현상을 지칭하기 위해 드비뉴몽과 자코브가 이 용어를 남겨두려 한다면, 이들은 물론 그렇게 할 수 있다. 그러나 지금까지 밝혔다시피, 이러한 용법은 초기 공감 이론가들이 이 용어를 도입하고 사용했던 방식과는 급격하게 다르다. 사실, 그저 방금 약술한 공감 설명과 보다 이전에 논의한 현상학적 공감 설명이 명칭 외에는 공통점이 거의 없다는 점은 명백하다. 우리는 동일한 현상에 대한 모순된 두 가지 설명을 다루고 있는 게 아니라, 두 가지 아주 판이한 현상에 대한 설명들을 다루고 있다.

확실히 셸러, 슈타인, 후설, 슈츠가 모든 점에서 의견의 일치를 보는 것은 아닌 것 같지만, 내 생각으로, 여전히 별개의 현상학적 공감 설명이라고 말해도 정당할 이들 각각의 이론 사이에도 겹치는 부분은 여전히 충분히 존재한다. 현상학자들은 공감에 시뮬레이션+투사 절차가 수반된다는 주장에 합심해서 반대한다. 이들 모두는 공감이 다른 사람의 견해에 대한 상상적 각색이나 아니면 최소한 내적 모방의 어떤 형태를 중점적으로 수반하는 투사적 과정이라는 점을 부인한다(Goldman 2006: 40; Stueber 2006: 15, 28과 비교해보라). 골드먼의 견해에 맞닥뜨렸다면, 현상학자들은 이러한 설명이 공감과 다른 종류의 상호인격적 이해를 융합하며, 궁극적으로는 잘못 태어난 데카르트적 유산 탓으로 우리가 타자의 마음을 정말 경험할 수 있다는 사실을 등한시한다고 주장했을 것이다. 더 구체적으로 말하면, 우리가 현상학적 전통에서 발견하는 바는 배틀리의 목록에는 포함되지 않는 네 번째 선택지임에 거의 틀림없다. 현상학자들에게 공감은 분명 어떤 심적 상태를 다른 심적 상태에 추상적으로 귀속하는 문제가 아니다. 우리는 사자를 생각하는 것, 사자를 상상하는 것, 사자를 보는 것 사이의 차이를 존중해야 하듯, 마찬가지로 아담의 괴로움이나 곤혹스러움을 생각하는 것, 아담이 괴로워하거나 곤혹스러워하는 것이 어떨지 상상하는 것, 직접적 대면 마주침으로 그의 괴로움과 곤혹스러움을 공감을 통해 친숙하게 하는 것 사이의 차이를 존중해야 한다. 후자의 경우에서 우리가 아담의 경험적 삶을 친숙하게 아는 것에는 그가 없을 때 그에 관해 가질 수 있는 그 어떤 믿음과도 공유하지 않는 직접성과 즉시성이 있다. 더욱이 이러한 공감적 친숙지는 이 용어가 가진 어떤 직설적인 의미에서, 공유를 전제하거나 수반하지 않는다. 당신의 친구가 그 자신의 아내를 사랑하는 것을 공감적으로 이해하는 일은 당신이 친구의 아내를 사랑하는 일과 아주 다르다. 여기에는 친구의 아내에 대한 친구의 사랑을 당신이 공유할 필요가 없다. 마찬가지로, 당신은 동료가 승진 통보를 받을 때 그의 기쁨을 공감적으로 파악할 수도 있다. 설사 그 소식을 듣고서 개인적으로는 분하게 여겼을지라도 말이다. 당신이 그의 기쁨을 공유하지 않는다는 사실, 즉 당신이 아주 상이한 정서를 느끼고 있다는 사실은 이것이 공감 사례가 되는 데 어떤 영향도 미치지 않는다. 다시 말해 이 사실은 그의 기쁨에 대한 알아차림을 성격상 한낱 추론적이거나 상상적인 것으로 만들지 않는다. 게다가 공감은 흔히 일방적이다. 공감은 확실히 상호적이지 않아도 된다. 하지만 공감은 진정한 의미에서의 공유를 위한 분명한 필요조건임에 틀림없다(이는 경험적 공유 개념이 우리-지향성을 논의하는 맥락에서 훨씬 더 적절할 수도 있는 이유이기도 하다. 15장을 보라). 당신이 나의 경험 중 하나를 공유하고 있음을 (알아차린다는 것을) 부인하면서, 나는 당신의 경험 중 하나를 공유하고 있음을 (알아차린다고) 주장하는 것은 그다지 타당해 보이지 않는다.

현상학자들 가운데 누구도 우리는 정동적 상태만 공감할 수 있다는 주장을 받아들이지 않을 것이다. 오히려 이들은 다른 사람의 표현, 표현적 행동, 의미 있는 행위를 통해 그가 가진 마음의 삶에 접근할 수 있는 우리의 일반적 능력을 지칭하는 데 공감을 사용할 것이다. 이들의 설명에 따르면, 타자의 인지적, 정동적, 능동적 경험, 이를테면 타자의 믿음, 지각, 느낌, 열정, 의지, 욕구, 의도 등에 공감하는 것이 가능하다. 공감은 타자의 신체화된 마음에 대한 경험, 즉 자기경험과 타자경험 사이의 차이를 제거하지 않고서 이 비대칭성을 필연적으로, 그리고 존속하는 실존적 사실로 여기는 경험이다. 공감하는 경험은 1인칭적으로 주어지는 반면, 공감되는 경험은 공감자에게 1인칭적으로 주어지지 않는다. 사실상 공감이, 타자의 경험들이 그 자신들을 나의 것이 아닌 타자 자신의 것으로 드러낼 수 있게 하는 타자정향적 지향성과 별개의 형태라고 고집하는 것은 공감의 독특한 점을 놓치는 일이다(Husserl 1959: 176). 결과적으로 우리는 소유되지 않는 경험에 공감할 수 없다. 공감되는 경험은 다른 사람에게 속하는 것으로 주어진다. 이 공감되는 경험은 그 다른 사람이 1인칭적으로 겪는 것으로 주어진다. 이 정도로 현상학적 공감 분석은 의식의 1인칭적 특성에 초점을 맞추며 이를 존중하는 현상학적 전통과 완전히 합치한다. 사실, 현상학적 공감 설명과 로빈슨과 잭이 말하는 '현상적 입장'을 채택하는 것 사이에는 어떤 친연성이 있을 수도 있다. 현상적 입장은 타자를 (단순히 지향적 상태의 체계로서가 아닌) 현상적 경험의 소재로 간주하며 타자의 현상적 상태의 질적이고 기호적인 특성을 어느 정도 음미하는 일을 수반한다(Robbins and Jack 2006: 69–70). 게다가 현상학적 제안에 따르면, 공감은 다양한 형태를 띠고 다양한 단계나 수준에 이르며 특별한 종류의 경험적 이해에 해당하는데, 후설식 술어를 사용하면 공감은 직관적인 실현, 확정, 만족을 다른 사람의 심적 삶을 지향하거나 이에 관해 판단하는 보다 간접적 또는 기호적인 방식에 제공하는 것이다. 우리는 공감이 특별한 종류의 친숙지를 제공한다는 말로 이점을 표현할 수도 있다. 공감은 표준적인 1인칭 친숙지가 아니라 오히려 독특한 타자친숙지다. 하지만 중요한 점은 공감이 특별한 종류의 이해를 제공할 수 있다고 말할 때 이는 공감이 완전하거나 깊은 이해를 제공한다고 제시하려는 의도는 아니라는 데 있다. 완전하거나 깊은 이해를 획득하려면 이론적 추론과 상상적 시뮬레이션이 어쩌면 정말 필요할지도 모른다. 아니, 이 접근의 특수함은 공감이 기본적이고 직관적이라는 사실에 기인한다. 다시 말해, 공감되는 경험은 지금 여기에 존재하는 것으로 직접 주어진다.

현상학적 제안의 한 가지 함의(와 한계)는 공감의 직관적 특성을 중요한 부분으로 부각하고 강조하면서 또한 공감을 얼굴 맞댐에 기반한 상호인격적 마주침의 형태에 한정한다는 점이다. 중요한 것은, 이 말이 공감은 2항 관계에 필연적으로 한정된다는 것을 의미하지는 않는다는 점이다. 어떤 집단, 가령 비탄에 빠진 가족에 공감하는 것은 당연히 가능할 수 있다. 하지만 다른 여러 설명에 따르면, 그리고 이는 흔히들 하는 말이 반영된 것이기도 한데, 우리는 현재하지 않는 개인이나 집단에 공감할 수 있을뿐더러 허구의 문학적 인물에게까지 공감할 수 있다는 것은 틀림없이 말이 된다. 현상학자들에게 이러한 용어 사용은 어디까지

나 파생적인 것으로 여겨져야 한다. 게다가 가령 코펜하겐에 사는 사람이 2011년에 동일본 대지진과 쓰나미로 충격을 받은 이들에게 공감을 느꼈다는 취지로 말한다면 공감과 동감 사이의 구별뿐만 아니라, 지각에 기반해 타자의 마음을 직접 친숙하게 아는 것으로 이해되는 공감과 상상적 투사나 이론적 추론의 일종 사이의 구별을 흐릿하게 만들 수 있다는 점에서 문제의 소지가 있다. 따라서 지금 하는 제안이 공감 그 자체가 윤리적으로 유의미하고 연민과 기본적으로 동등하다는 생각을 지지하거나 이에 부합하지 않는다는 점 또한 분명 간과해서는 안 된다.

최근의 공감 논쟁에서 몇 가지 가능한 선택지를 언급해보면, 거울 공감, 동작 공감, 정동적 공감, 지각 매개적 공감, 재연적 공감, 인지적 공감을 구별하는 것을 볼 수 있다. 지금껏 밝혔다시피, 모두가 수용하는 공감 정의에 이르기가 그토록 계속 어려운 이유는 이 개념을 아주 상이한 현상들을 지목하는 데 사용해오고 있기 때문이다. 마찬가지 이유로, 공감이 정말 무엇인지 최종적으로 결정하려는 시도의 진정한 타당성이 불분명하다. 혹자는 공감을, 가령 친사회적 행동이나 아주 특수한 종류의 상상적 관점 취하기와 동일시하기보다는, 이 용어의 전통적 용례(이미 언급했듯이, 이는 립스가 타자에 대한 이해를 지칭하는 일반적 용어로서 도입한 것이다)를 고수해야 함을 입증할 수도 있겠지만, 이러한 전략이 특별히 생산적이거나 이해에 도움이 될 수 있을지는 자명하지 않다. 따라서 내가 생각하기로, 현상학적 공감 설명을 올바른 설명이라고 홍보하기보다는 사회 인지와 상호인격적 이해 각각에 대한 최근의 논쟁은 통합되어야 한다 등의 여러 중요한 통찰을 현상학적 공감 분석이 담고 있다고 판결 내리는 것이 합당하다. 사실, 공감 개념의 다의적 성격(과 모든 현상학자가 이 용어의 사용에 똑같이 기꺼워하지 않았다는 사실도)을 고려하면, 심지어 공감이란 용어를 그저 폐기하고 대신 그 연구 결과를 사회 인지라는 보다 일반적인 분야에 대한 기여로 제시하는 것이 낫겠다고 생각할지도 모르겠다. 분명 그렇게 할 수도 있지만, 이런 움직임에 저항하는 이유 하나가 있다. 립스와 후설 그리고 그 많은 다른 이가 우리의 외부 대상에 대한 앎, 자기앎, 타자에 대한 앎 사이의 환원 불가능한 차이를 존중하라고 충고했을 때, 나는 이들이 그 이유를 제대로 짚었다고 생각한다. 계속해서 공감 개념(가령 사회 지각 개념이 아니라)을 사용하고 채용한다면, 우리가 그 지점을 명심하는 데 도움이 될지도 모른다.

11장

공감과
사회 인지

근래 많은 사람은 이론-이론과 시뮬레이션 이론이 기본적인 대면 관여를 비롯한, 사회적 상호작용들의 중심 형태를 정확히 이해하는 데 결국 장애가 되는, 결정적이지만 의심스러운 여러 가정을 공유하며 그래서 함께 다양한 대안을 숙고해야 한다고 제시했다. 주류의 설명에 맞서 감행된 철학적 논증과 반대의 대부분에는 현상학적 유산이 있다(Thompson 2001; Gallagher 2005; Zahavi 2005; Gallagher 2007; Overgaard 2007; Ratcliffe 2007; Gallagher and Zahavi 2008; Zahavi 2008; Fuchs and De Jaegher 2009). 이 비판적 관점들은 상세한 점에서는 서로 다르지만, 후설, 하이데거, 메를로퐁티, 셸러와 같은 사상가에게서 발견되는 광범위한 상호주관성 탐구는 이론-이론과 시뮬레이션 이론 모두의 핵심 가정에 직접 도전하는, 사회 인지의 본성과 관련된 고도로 명민한 통찰을 보유하고 있다고 주장한다는 점에서 일관된다. 최근 몇 년 사이에 이러한 주장은 커리(2008), 허슈바크(2008), 스폴딩(2010),

자코브(2011), 라벨(2012) 등의 저자가 한 여러 가지 반대에 부딪혔다. 하지만 이 논쟁을 조감해보면, 당사자들이 어느 정도 동문서답하고 있다는 인상을 피하기 어렵다. 이 불일치의 일부는 서로 다른 데 몰두하며 이 용어를 사용하고 이해하고 있다는 사실에 분명 기반하고 있다. 게다가 그 다양한 이론이 모두 동일한 설명 주제를 언급하고 있는지도 결코 분명치 않다. 다음에서 나는 이 다양한 설명의 장점과 단점을 평가하며 사회 인지의 본성을 일반적으로 논의하는 데 목적을 두지 않을 것이다. 오히려 나는 최근의 현상학적 공감 설명에 대한 논의와 이에 대한 반대의 일부에 초점을 맞출 것이다. 이런 방식으로 현상학의 제안이 정확히 무엇을 수반하지를 한층 더 밝히고자 한다.

1. 거울 뉴런과 신체화된 시뮬레이션

8장에서 언급했듯이, 최근 몇 년간 사회 인지 이론은 감각과 정서를 비롯한 심적 상태 전반을 담당할 수 있어야 하지 단순히 믿음 귀속의 문제만을 언급해서는 안 된다는 사실에 대한 강조가 증가하고 있다(Goldman 2006: 20). 이 때문에 일부 시뮬레이션주의자는 공감을 두 종류로 구별해야 한다고 주장해왔다. 따라서 앞서 언급했듯이, 슈튀버는 자신이, 타자의 사고 과정을 재연하거나 모방할 수 있는 인지적이고 숙의적 능력의 사용을 수반하는 것이라고 정의하는 재연적 공감과, 다른 생명체를 마음이 있는 생명체로 직접 인식하게 하는, 이론이 매개된 유사 지각적 능력에 기저가 되는 어떤 내적 모방의 메커니즘이라고 정의하는 보다 기본적인 공감을 구별한다(Stueber 2006: 20−21). 이른바 거울 뉴런의 발견이 낮은 수준의 공감 형태가 존재한다는 데 신빙성을 더해주는 것이라 해석해온 사회신경과학으로 눈을 돌려보면, 이와 관련된 분립을 또한 찾아볼 수 있다(Gallese et al. 2004; Goldman 2006). 이러한 실증적 연구의 결과를 자세히 살펴보자.

복잡한 사회에서 살아남고 성공하려면, 타자들을 인식하고 이해하며 반응할 수 있어야 한다. 그러나 어떻게 그것을 완수하는가? 하나의 모델에 따르면, 다른 사람에게 귀인하는 심적 상태는, 물리학자가 관찰 가능한 현상을 예측하고 설명하기 위해 전자와 쿼크에 호소하는 것과 같은 방식으로 행동을 설명하고 예측하는 데 동원하는 관찰 불가능한 이론적 상정물이다. 하지만 갈레세에 따르면, 최근 신경생물학에서 낸 연구 결과는, 타자를 지향적 행위자로 이해하는 역량은 언어학적이고 심리주의적인 다양한 능력보다 더욱 원초적인 원천, 다시 말해 거울 뉴런과 관련된 원천에 기대고 있을지 모른다는 점을 제시한다(Gallese and Goldman 1998; Gallese 2001: 34; 2009: 522). 그 결과로 사회적 이해는 추상적 사고와 명제적 규칙에 의존한다기보다는 '운동조절기관'에 의해 촉진되고 궁극적으로는 여기에 뿌리를 둔다고 제안되어왔다(Keysers 2011: 17).

1990년대 초반에 리촐라티와 갈레세, 포가시는 짧은 꼬리 원숭이의 전운동피질에 있는 일군의 뉴런은 이 원숭이가 특정 행위를 수행할 때, 가령 어떤 대상을 손으로 잡을 때뿐만 아니라, 다른 원숭이든 인간이든 간에 동일한 목표 지향적 행위를 수행하는 다른 개체를 관찰했을 때도 발화했음을 발견했다(Gallese 2001: 35). 후속 연구는 관련 활동이 보이든지 들리든지 관계없이 거울 뉴런이 발화함을 보였다. 목표를 달성하는 데 필요한 운동 활동은 움직임이 비표준적으로 잇달아 일어날 때조차 거울 뉴런이 발화하며, 그럼으로써 거울 뉴런의 활동은 단지 특정 움직임들에 대한 반응이 아님이 입증되었다. 거울 뉴런의 존재는 그후 fMRI(기능적 자기공명영상)와 TMS(경두개자기자극)의 연구와 단일세포 기록에 의해 확증되었다. 지금은 인간의 뇌 안에 거울 뉴런 체계가 존재함을 입증하는 훌륭한 증거도 있다(Rizzolatti and Craighero 2004).

갈레세와 그 동료들은 이러한 연구 결과를 참작해서 행위 관찰, 특히 행위 이해는 행위 시뮬레이션을 함축한다고 제안했다(Gallese 2001: 37). 우리가 어떤 행위를 관찰할 때, 우리의 운동 체계는 관찰하고 있는 바로 그 동일한 행위를 실행하고 있었던 듯 활동적이게 되는데, 다시 말해 우리는 그 행위를 시뮬레이션한다. 그리고 우리가 관찰된 행동을 지향적인 것으로, 즉 마음이 추동한 것으로 이해할 수 있는 능력은 정확히 관찰자와 관찰된 것 사이의 이러한 고리에 의존한다. 그 행위를 이해하려면, 시각적 정보가 눈앞에 나타나는 것으로는 불충분하다. 오히려, 관찰자의 운동 도식이 수반되어야 한다. 다시 말해, 관찰자가 '원리상 관찰자에게는 의미가 없는' 관찰된 움직임을 '관찰자 자신이 이해할 수 있는 어떤 것으로' 번역하려면, 관찰자 자기 자신 내부의 (거울 뉴런이 제공한) 동작 앎에 의지해야 한다(Gallese 2009: 520-521). 나는 타자의 행위를 이해하는데, 왜냐하면 그 행위는 내가 스스로 수행할 수 있는 어떤 행위이기 때문이다. 이와 달리, 타자의 관찰된 행동이 관찰자 자신의 운동 레퍼토리와 매치될 수 없다면 그 행동의 목적은 드러나고 이해될 수 없다(Gallese 2001: 36).

갈레세는 단지 행위 이해가 거울 공명 메커니즘에 의지한다고 주장하고 있는 게 아니다. 그는 궁극적으로 행위 이해와 의도의 귀인, 정서와 감각에 대한 인식을 비롯한 모든 종류의 상호인격적 관계가 자동적이고 무의식적인 신체화된 시뮬레이션 절차에 의지한다고 주장한다(Gallese 2003a: 517). 우리가 행위를 실행하거나 정서와 감각을 주관적으로 경험할 때 내생적으로 활성화되는 바로 그 동일한 신경 기질이 우리가 다른 사람의 행위를 관찰하거나 정서와 감각을 경험할 때 내생적으로 활성화된다. 우리가 타자의 정서와 감각을 인식하면 그 결과로 우리가 바로 그 상태의 정서와 감각을 경험할 때 우리 스스로 이용할 수 있는 동일한 뇌 영역이 활성화한다. 고통에 처한 다른 사람을 관찰하면 주관적 고통 경험에 관련된 다수의 동일한 영역이 활성화하는데, 이 영역에는 문측전대 상피질과 소뇌가 포함된다(Singer et al. 2004). 타자가 혐오를 경험하는 것을 관찰하면 주관적 혐오 느낌에 관련된 뇌섬엽 등의 영역이 활성화한다(Wicker et al. 2003). 그리고 타자가 공포를 경험하는 것을 관찰하면 편도체 등의 영역이 활성화하는데, 이 영역은 주관적 공포 경험에도 관련된다. 그래서 우리가 누군가와 마주쳐서 그의 행위나 드러나는 정서 또는 감각을 관찰할 때 이것들을 보기만 하는 게 아니다. 우리가 타자로부터 받아들이는 감각 정보뿐만 아니라, 타자의 행위와 정서, 감각과 결부된 타자의 신체 상태의 내부적 재현도 우리에게 환기되는데, 이는 마치 우리가 유사한 행위를 하거나 유사한 정서 또는 감각을 경험하고 있는 것과 같다. 주관의 뇌가 타깃의 뇌 활동을 복제하고 그럼으로써 두 개의 뇌 사이에 다리가 놓이기 때문에, 혹자는 결과적으로 신경 시뮬레이션 같은 것에 대해 말할지도 모른다. 이러한 연구 결과는 거울 뉴런의 소재를 전운동 피질에서만 배타적으로 찾기보다는, 또 동일한 행위에 대한 관찰과 실행에 단지 반응하는 전운동 피질로 거울 뉴런을 정의하기보다는, 이러한 최근의 발견들로 인해, '거울 뉴런 체계' 또는 훨씬 더 광범위하고 널리 퍼져 있는 '공유된 신경회로'나 '뉴런 공명 메커니즘'에 대한 보다 넓은 정의를 채택하고 이것들에 대해 말하는 게 관행화되었는데, 이 셋을 통해 우리는 타자의 행위와 정서를 대리적으로 공유할 수 있게 된다. 반영은 자연발생적으로 일어나며 노력이 가미된 관점 취하기가 전혀 필요하지 않다. 반영은 자동적이며 비술어적이고 비추론적인데, 이는 반영을 통해 타자에 대한 직접적인 경험적 이해가 가능하다고 갈레세가 주장하는 이유로서, 이러한 이해는 인지적 조작이나 개념적 추리에 의지하지 않는 것이다(Gallese et al. 2004: 396).

이미 언급했듯이, 갈레세는 초기의 공감 논의에 관심이 있었으며 립스의 내적 모방 논의뿐만 아니라 슈타인의 설명 그리고 후설과 메를로퐁티의 상호주관성 이해를 호의적으로 언급한다(Gallese 2001: 43-44). 실제로 갈레세는 자신의 신체화된 시뮬레이션 개념이 현상학의 제안에 가까우며 이보다 더 발전된 형태라고 아주 명시적으로 주장한다(Gallese et al. 2004: 397; 또한 Iacoboni 2009를 보라). 갈레세는 더욱 구체적으로 메를로퐁티의 상호신체성intercorporeity 개념을 사용하는데, 이것은 메를로퐁티가 지향적으로 유의미한 감각운동 행동들의 상호 공명을 지칭하려고 취한 개념이다(Gallese 2009: 523). 하지만 그는 또한 『이념들 2』와 『데카르트적 명상』에 있는 후설의 공감 논의를 언급하고 또 후설의 짝지음 개념을 사용하는데, 그는 짝지음 개념을 "신체 수준에서 자기-타자의 동일성이 발생하는 상호주관적 의미의 전이를 가능하게 한다"는 발상을 예증하는 것으로 간주한다(Gallese 2003b: 175; Gallese 2005: 39; 2008: 774; Iacoboni 2009: 265와 비교해보라).

갈레세와 마찬가지로, 이아코보니는 어떻게 사회적 이해가 일어나는지에 관한 전통 데카르트주의의 가정은 물론이고 보다 최근의 인지주의의 가정을 의문시하는 방식을 취하면서 거울 뉴런 활동이 자기와 타자를 연결한다고 주장해왔다. 우리는 타자를 이해하려고 복잡한 추론을 하거나 까다로운 알고리즘을 실행하지 않아도 된다. 오히려 그 일은 거울 뉴런에 의해 이미 완수되어 있다(Iacoboni 2009: 7). 타자를 이해하는 것은 결과적으로 흔히 생각하는 것보다 훨씬 쉽다. 우리의 뇌는 마술 묘기에 일체 의지하지 않고도 거울 뉴런의 간단한 생리학적 속성 덕분에, 다시 말해 반영과 시뮬레이션 신경 메커니즘을 사용해서 타자의 마음에 접근할 수 있다(Iacoboni 2009: 264). 그러나 이아코보니가 지적하듯 거울 뉴런의 기능은 공유된 환경에서 다른 사람과 상호작용하는 행위자를 다루고 있는 경우에만 타당할 뿐인데, 이 환경은 (행위-지각, 주관-세계, 내적-외적 등의) 고전적인 이분법이 사라진 곳이다. 이아코보니에 따르면, 이러한 견해는 실존적 현상학의 주제들을 연상시키는데, 이 점이 그가 자신의 기획을 "실존적 신경과학" 또는 "신경생리학적 현상학"으로 이름 붙인 이유다(Iacoboni 2007: 319; 2009: 17). 사실, 이아코보니에게 거울 뉴런은 복잡한 형태의 사회 인지와 사회적 상호작용에 대한 타당한 신경생리학적 해명을 역사상 최초로 제공했을 뿐만 아니라 (Iacoboni 2009: 5) 거울 뉴런은 또한, 그의 말대로 "실존적 현상학자들이 내내 옳았던" 이유를 설명하는 것인 듯 보인다(Iacoboni 2009: 262).[1]

요컨대, 신체화된 시뮬레이션에 따르면, 사회 인지는 보통 타자의 심적 삶을 모사하고 모방하거나 시뮬레이션하려는 시도를 수반한다. 그러나 골드먼이 발전시켜온 표준적인 시뮬레이션 이론 설명과는 달리, 신체화된 시뮬레이션주의자들은 주로 시뮬레이션을 자동적, 무의식적, 전언어적, 비메타표상적인 것으로 간주하려 한다. 이들의 견해에서 보면, 상호신체성은 명제적 태도를 타자에게 명시적으로 귀인하는 그 어떤 일보다도 더욱 근본적이며, 우리가 타자에 관해 직접적으로 수집하는 앎의 주된 원천으로 계속해서 남는다(Gallese 2009: 524).

이런 주장을 어떻게 평가해야 할까? 신체화된 시뮬레이션 개념이 현상학적 공감 설명과 노선을 같이하는가? 전자가 더욱 발전된 형태에 해당하고 심지어 후자에 대한 과학적 입증일지 모른다고 할 수 있는가? 사실 이는 수많은 저자가 도달한 결론이었다.

- 장뤼크 프티는 1999년에 쓴 초기 논문에서 현상학을 손쉽게 실증적으로 확증하려는 시도를 경계하면서도 거울 뉴런의 발견이 "우리의 공감적 타자 경험은 타자가 수행한 움직임을 내부적으로 모방하는 것이다"라는 후설의 견해를 충분히 정당화한다고 주장한다(Petit 1999: 241).

- 에번 톰프슨은 2001년에 발표한 논문에서 "거울 뉴런의 발견은 우리의 공감적 타자 경험이" 다양한 추론적 과정이 아닌 "타자와의 '짝지음' 또는 '짝맺음'에 의존한다는 후설의 입장을 지지한다"고 제시한다(Thompson 2001: 9).

- 디터 로마어는 2006년에 쓴 논문에서 "거울 뉴런의 신경학적 발견은 현상학적 상호주관성 이론에 대단히 중요하다"고 주장한다 (Lohmar 2006: 5).

- 마지막으로 딱 하나의 사례만 더 언급해보면, 헬레나 데프레스터는 2008년에 쓴 논문에서 거울 뉴런 가설의 핵심을 다음처럼 후설식 용어로 번역하기는 어려운 일이 아니라 쓰고 있다. "타자의 신체에 대한 시각적 지각은 우리 자신의 운동감각적 재현으로 지도화되는데, 말하자면 그 **물체**Körper는 **신체**Leib로 지도화된다(그리고 후자의 위상을 입는다). 이러한 동일시 덕분에 타자 이해가 일어난다"(De

Preester 2008: 139).

나는 좀더 신중할 것이다. 갈레세와 이아코보니가 립스와 현상학자들을 얼마간 구별하지 않고 언급한다는 사실은 우리를 멈칫하게 만들 것이다. 립스는 대개 내적 모방의 측면에서 공감에 대해 얘기하는 것이 확실한데, 지금껏 밝혔듯이 그의 설명은 정도의 차이는 있지만 현상학자 모두가 거리를 둔 것이다. 하지만 궁극적으로 신체화된 시뮬레이션이 현상학적 제안과 노선을 같이하는지의 문제는 너무 복잡해서 간단히 예, 아니오로 답할 수 없다.

한편으로는 두드러진 유사점이 정말 존재하는 듯 보인다. 후설에게 가장 기본적인 공감의 형태는 자기와 타자의 짝지음을 수반하는 형태다. 문제의 짝지음은 행위함과 표현적 신체 사이에서 일어나고, 양상 간 매칭 역량에 의지하며, 수의적으로 개시되거나 숙의 또는 반성의 결과로는 발생하지 않는다는 의미에서 수동적이다. 톰프슨이 올바로 지적하듯이, 이러한 "현상학적인 공감의 신체적 기반 개념은, 감각운동과 정동적 수준에서 자기와 타자를 연결하는 짝지음 메커니즘에 대한 심리학적이고 신경생리학적인 일련의 증거가 증가하고 있다고 언급하면서, 마음의 과학과 이어질 수 있다"(Thompson 2007: 393). 사실 후설과 슈타인은 타자의 신체 움직임을 내가 지각할 때, 이는 마치 내가 저쪽에 있는 것 같고 마치 내가 손발을 움직이고 있는 것 같다고 쓰고 있다(Husserl 1973c: 642; 1952: 164; Stein 2008: 65). 나 자신의 운동감각적 체계는 타자의 움직이는 신체에 대한 나의 지각과 타자의 미래 움직임에 대한 나의 예기에 영향을 받는다(Husserl 1973b: 527; 1973c: 642). 그러나 후설 역시 조심스럽게 첨언하듯이, 내가 나 자신 안에서 경험하는 것을 타자에게 투사함이 여기에는 수반되지 않는다(Husserl 1973a: 311). 마찬가지로, 슈타인은 내가 운동 공감의 과정을 거쳐 타자의 움직임과 감각을 느끼게 될 수 있다고 하더라도, 이 감각과 움직임은 타자에게 속하는 것으로 주어지며, 나 자신의 감각과 대비해 정확히 그 자체로 두드러지게 된다(Stein 2008: 65).

잠시 메를로퐁티로 옮겨 가보면 유사점을 또한 찾아볼 수 있는데, 그는 지성주의적 분석이 왜곡해온 타자경험을 반드시 회복시켜야 한다고 주장한다(Merleau-Ponty 2012: 191). 메를로퐁티는, 분노의 제스처를 지각할 때 우리는 분노 그 자체를 지각하고 있는 것이지 한낱 심리적으로 의미 없는 행동을 지각하고 있는 게 아니라고 주장하곤 하지만, 그 제스처의 의미가 카펫의 색깔과 같은 방식으로 지각된다는 점은 부인한다. 타자의 제스처는 지향적 대상을 가리키고, 나는 제스처 너머를 바라보면서가 아니라 제스처가 강조하는 세계의 부분에 주의를 기울이면서 제스처의 의미를 이해한다(Merleau-Ponty 2012: 191-192). 표현적 행동을 이해하려면 그 행동이 관찰 가능해야 하고, 또는 메를로퐁티가 이를 두고 말하듯, "제스처 이해는 나의 의도와 다른 사람의 제스처 사이의 상호관계 그리고 나의 제스처와 다른 사람의 행동에서 읽힐 수 있는 의도 사이의 상호관계를 통해 달성된다. 모든 것은 다른 사람의 의도가 나의 신체에 거주했던 듯, 또는 나의 의도가 그의 신체에 거주했던 듯 일어난다"(Merleau-Ponty 2012: 190-191). 나는 세계 안에서 행위할 수 있는 어떤 역량으로 나 자신의 신체를 경험하고, 나는 동일한 세계를 다루는 어떤 익숙한 방식으로 타자의 신체를 지각한다. 궁극적으로, 메를로퐁티는 후설과 마찬가지로 어떻게 우리가 타자를 이해하게 되는지를 이해할 수 있게 만들려면 제대로 된 신체화 설명이 결정적이며, 타자 마음의 문제는 의식을 세계 안에 신체화된 것으로 또 내장화된 것으로 이해하는 순간 그리 큰 문제가 안 된다고 주장하곤 했다(Merleau-Ponty 1964b: 175; 2012: 366-367).

하지만 다른 한편으로, 현상학적 공감 설명과 신체화된 시뮬레이션 이론 사이의 몇몇 중요한 차이에 결국 해당하는 바를 간과해서는 안 된다.

첫째로, 우리가 봤듯이 후설은 공감(과 상호인격적 이해)의 다양한 수준을 구별할 필요가 있음을 아주 분명히 밝힌다. 그리고 그는 공감의 첫번째 수준이 신체적 유사성에 기초하는 자기와 타자의 수동적이고 불수의적인 연합적 결합으로 구성된다고 주장하곤 했지만, 이것이 상호인격적 이해의 전체 범위에 해당한다는 주장에는 결코 동의하지 않을 것이다. 하지만 신체화된 시뮬레이션의 지지자들에게 눈을 돌려보면, 그 설명 범위에 관한 약간 모순되는 견해를 발견할 수 있다. 거울 공명 메커니즘이 얼마만큼 설명할 수 있을까? 라마찬드란의 전망처럼 DNA의 발견이 생물학에 한 일을 이것이 심리학에 할까(Ramachandran 2000)? 이것은 타자의 움직임과 행위에 대한 이해에서부터 타자의 정서와 감각과 의도에 대한 이해까지 걸쳐 있는 사회 인지의 모든 국면을 어느 정도 설명할 수 있을까, 아니면 단지 상호인격적 이해를 위한 토대를 타깃으로 삼는 것일까?

여기서 에마 보그와 피에르 자코브가 일부 신체화된 시뮬레이션 지지자의 부풀려진 주장으로 여겨 비판해온 바를 검토해보면 유익한 정보를 얻을 수 있다. 보그(2007)와 자코브(2008)는 거울 뉴런이 다른 행위자의 운동 의도를 해독하는 데 도움을 줄 수 있을지는 모르지만, 그 행위자의 사전 의도를 결정하는 데는 도움을 줄 수 없다고 주장한다. 거울 뉴런은 그 지각된 움직임이 목표 지향적 행위임을 이해하는 데, 다시 말해 파악하는 데 도움을 줄 순 있지만, 왜 그 행위가 일어났는지는 얘기해줄 수 없다.[2] 이 같은 비판에 대응해, 갈레세는 타자의 의도를 결정하는 것이 무엇을 의미하는지에 대한 좁게 잡은 의견을 옹호했으며, 주어진 어떤 행위가 어떤 이유에서 실행되었는지를 결정하는 것은 아직은 실행되지 않았지만 뒤이어 곧 일어날 법한 행위의 목적을 간파하는 것에 해당할 수 있다고 주장했다(Gallese 2007a: 661-662). 그러나 설사 이것을 받아들이고 또 한 걸음 더 나아가 거울 뉴런이 의도의 간파에 수반된다는 주장을 수용한다고 하더라도, 타자의 행위, 다시 말해 타자가 무엇을 하려는지, 왜 타자는 그 자신이 하고 있는 일을 하고 있는지, 이것이 타자 자신에게 무엇을 의미하는지 등을 온전히 이해한다고 할 수 있으려면 분명 훨씬 더 많은 것이 마련되어 있어야 한다. 게다가 내가 타자의 행위나 정서적 표현을 이해하는 데 지각-행위 매칭 체계의 도움을 받는다는 것이 사실이라 하더라도, 다른 사람이 부재할 때 그 사람에 관해 짐작하는 수많은 사례가 분명 존재한다. 내가 사랑하는 사람에게 프러포즈하기 전에 그녀의 기분을 예상하려, 또는 학생들이 강의실을 떠나고 나서 오랜 뒤에 그들이 내 강의를 어떻게 평가할지 짐작하려, 또는 어떤 생일 선물이 아픈 동료에게 가장 희망이 되는 선물일지 숙고하려, 또는 내가 이전에 운전 강사와 나눈 대화에서 그의 의도를 잘못 이해했다는 반성에 기대어 자각하려는 등의 노력을 할 수도 있다. 활용할 어떤 지각적 단서도, 즉 타자의 얼굴 표정, 음색, 움직임, 자세에 접근할 어떤 방법도 없는 이러한 경우들에, 거울 뉴런이 큰 도움이 될지는 의심스럽다. 결과적으로 거울 뉴런 가정의 타당성은 이른바 그 설명 범위에 반비례해서 증가한다. 좀더 온건한 주장을 채택하는 게 보다 현명한 것일 수 있을 뿐 아니라—그리고 사실상, 갈레세는 곳에 따라서는 신체화된 시뮬레이션을 강조한다고 해서 보다 복잡한 인지적 정신화 기술의 필요 가능성을 배제하는 것은 결코 아니며 이 둘이 상호간에 배타적이지 않다는 점을 명시적으로 인정한다(Gallese 2007b: 10)—이렇게 하는 게 이 제안과 현상학적 설명 사이의 양립 가능성도 증대시킬 수 있다.

둘째로, 갈레세는 거울 뉴런 체계가 타자를 직접 경험적으로 이해하게 한다고 아주 명시적으로 주장한다(Gallese 2007b: 9). 하지만 동시에 그는 명시적이고 반복적으로 시뮬레이션 이론에 동조하며, 립스처럼 공감을 내적 모방의 한 형태로 여긴다(Gallese 2003a: 519). 그러나 여기에는 어떤 긴장이 있지 않은가? 정확히 우리는 타자의 심리적 삶을 경험적으로 친숙하게 알지 못한다는 가정을 전제한 내적 모방에 의존하고 이를 언급하는 게 아닌가? 우리가 심리학적으로 무의미한 지각적 입력 정보에서 심적 상태를 타자에게 귀속시키는 출력 정보로 도약하려면 내부적 시뮬레이션에 의지해야 한다고 립스가 주장한 것은, 분명 그가 다른 사람의 심적 상태를 관찰 불가능하고 본질적으로 비가시적이라고 여기기 때문이 아니었나? 간단히 말해, 우리가 우리 자신에게서 나온 정보를 가지고 필요한 출력 정보를 산출하기 위해 입력 정보를 보완하려면 내부적 시뮬레이션이 필요하다고 가정하지 않나? 이는 갈레세의 견해처럼 보이기도 하는데, 왜냐하면 그가 쓰고 있듯이—"원리상 관찰자에게는 의미가 없는"—관찰된 움직임을 '관찰자가 이해할 수 있는 어떤 것'(Gallese 2009: 520-521)으로 번역하려면 관찰자는—거울 뉴런이 제공하는—자기 자신의 내부적 운동 앎에 의지해야 하기 때문이다. 우리는 또 다른 거울 뉴런 이론가들에게서도 비슷한 주장을 발견할 수 있다. 예를 들면, 카이저스는 우리가 보는 것은 우리 자신의 행위에 연결됨으로써 그 의미를 획득한다고 주장했다. "한번 누군가가 초콜릿을 집어 입에 가져가는 것을 보고서 그렇게 할 수 있는 나 자신의 능력에 연결시키면, 내가 보는 것은 의미가 없는 추상적인 인상이길 멈춘다"(Keysers 2011: 10). 이렇듯 강력한 주장을 할 필요가 있는지 의문을 가질 수도 있다. 타자의 행위를 해석하는 데 나 자신의 운동 레퍼토리에 기대지 않는다면 타자의 행위는 내게 무의미한 채로 남아 있다고 말하는 것과 유사성 및 마치 나와 같은 친숙함을 간파한다면 보다 빠르게, 노력을 덜 들이고서 이해를 촉진할 수 있다고 말하는 것 사이에는 중요한 차이가 존재한다. 마찬가지로 제스처나 얼굴 표정의 심리적 의미는 그 어떤 시각적 체계를 사용해서도 간단히 건져낼 수 없으며 단순한 지각적 예리함보다는 더 많은 것이 필요하다고 주장하는 것과 보이는 것은 그 심리적 의미를 어떤 투사 과정을 통해 보는 자로부터 받는다고 주장하는 것 사이에는 중대한 차이가 존재한다. 흥미롭게도 메를로퐁티는 『지각의 현상학』에서 자기로부터 타자에게로 이어지는 방향을 주로 강조한 듯 보이는 반면, 『아동과 타자의 관계』라는 텍스트에서는 그 반대 방향을 강조하면서 어떻게 내가 타자의 행위를 통해 나 자신의 가능한 신체 활동의 주제들을 발견하는지에 대해 말한다(Merleau-Ponty 1964a: 117). 따라서 때로는 메를로퐁티가 반영과 매치의 중요성을 역설하고 있는 듯 들릴지 모르겠지만, 다른 곳에서 그는 분명 상보성이 중요함을 강조하고 있다. 예를 들면, 다음과 같은 경우들에 해당한다. 그가 나 자신의 신체와 타자의 신체 사이에 성립하는 내부적 관계를 언급할 때와 타자는 그 체계의 완성으로서 나타나며 "타자의 신체와 나 자신의 신체는 단일한 전체로서 단일한 현상의 두 측면을 가진다"고 주장할 때다(Merleau-Ponty 2012: 370). 따라서, 메를로퐁티의 방식대로, 자기와 타자를 "완벽한 상호관계를 맺는 협업자"(2012: 370)로서 언급하는 것은 사회 인지에로의 접근법을 제시하는 일인데, 이 사회 인지는 타자의 행위와의 마주침이 단지 타자의 행위에 대한 한낱 복제나 시뮬레이션을 야기하는 것이라기보다는 타자의 행위를 그 이상의 상보적 행위를 위한 행동 유도성으로서 취하는 역동적인 반응을 유발하는 것이다(Gallagher and Miyahara 2012를 보라). 메를로퐁티가 염두에 둔 것을 잡아내려면, 사회 인지를 반영보다는 춤추기에 비유하는 것이 결과적으로 더 나을지 모른다. 어쨌든 신체화된 시뮬레이션 접근법이 고전적인 현상학적 공감 설명과의 연결을 강조하기를 바란다면, 립스식의 투사적 공감 모델과는 더욱 확실히 거리를 둬야 한다.

셋째로, 그리고 이에 바로 이어, 우리는 후설이 되풀이해서 타자의 타자임otherness과 타자성alterity을 강조하고 존중함을 발견한다.[3] 이 점은 또한 후설 자신이, 자기와 타자 사이의 관계를 개념화하는 최선의 길은 반영의 관점에 서는 것이라는 발상과 거리를 둔 이유의 일부다. 하지만 우리가 보기도 했다시피, 또 다른 이유는 그가 반영을 너무 정적인 개념으로 간주한다는 것이다. 반영은 자기와 타자 사이의 역동적이고 변증법적인 상호엮임을 잡아내지 못한다. 이에 대한 후설의 견해는, 거울 뉴런 이론가들이 반영의 중요성을 꾸준히 강조한 것과는 분명 긴장 관계에 있는 것 같다. 하지만 거울 은유는 대상과 관찰자 사이에 정확한 매치가 존재함을 암시하고 그럼으로써 개별적 차이를 무시하게 만들게 된다는 이유를 들어 갈레세가 거울 은유 그 자체의 오도 가능성을 시인했음은 주목할 필요가 있다(Gallese 2009: 531). 그럼에도 거울 뉴런 이론가들이 빈번히 모방과 공유의 중심성을 강조하고 또한 거울 뉴런이 "정서 전염에서 관찰되는 소박한 형태의 공감적 공명에 결정적이다"라고 주장하는 한(Iacoboni 2011: 46), 공감의 타자 중심적 특성에 충분히 초점을 맞추고 있는지 의문이 들 수밖에 없다. 카이저스가 내놓은 설명에는 확실히 이러한 초점이 부재하는 듯 보이는데, 그는 거울 뉴런의 반영이 "타자를 우리의 일부로" 만들고(Keysers 2011: 6), 타자와 자기 사이의 고전적인 분할은 "이 과정에서 모호해져 서로 침투할 수 있게" 되며(Keysers 2011: 16), 거울 체계는 관찰자 자신의 경험을 자신이 관찰하는 사태에 투사하는 방식을 따르기에 "다른 유기체가 자신과 다를 수도 있다는 사실을 깨닫게 하는 데 확실히 도움이 되지 않는다"고 주장하기 때문이다 (Keysers 2011: 55). 이에 반해, 갈레세는 모방과 자기-타자의 동일성이 상호인격적 이해를 설명하는 데 사실은 도움이 되지 않음을 명시적으로 인정하는데, 왜냐하면 정서 전염의 경우에 요구되는 바와 달리, 차이 또한 존재해야 하기 때문이다. 다시 말해, 타자는 반드시 자신의 타자성의 특성을 보존해야 한다(Gallese 2007b: 11; 2009: 527).

넷째로, 그리고 가장 중요하게는, 현상학적 공감 설명과 거울 공명 메커니즘의 측면에서 공감을 설명하려는 시도를 어쨌든 비교하려 한다면 (거울 뉴런 이론가들이 이따금 이러한 구별을 무시하고 전반성적이고 경험 기반의 것일 뿐만 아니라 무의식적이고 자동적인 것 양자의 특성 모두로 신체화된 시뮬레이션을 특징지음에도 불구하고; Gallese 2003a: 521; 2007b: 10) 우리가 인격적 수준과 인격하부적 수준 각각을 대상으로 삼아 설명하고 있다는 점을 잊어서는 안 되며, 너무 순진해서 간결한 동형성을 믿는 것이 아니라면 이러한 설명들이 직접적인 방식으로는 결코 비교될 수 없다는 점을 명심해야 한다. 마찬가지 이유로, 거울 뉴런의 발견이 현상학적 설명을 입증했다거나 후자가 거울 뉴런 가설을 지지한다고 주장하지 않는 게 최선일지 모른다. 더욱 신중하고 보다 조심스러운 주장은, 거울 뉴런을 비롯한 여타의 신경과학적 발견에 대한 연구는, 공감적 짝지음의 기저가 될 수도 있고 또 어째서 공감적 짝지음이 "미스터리하거나 심지어는 불가능한 것일 필요가 없는"(Ratcliffe 2006: 336)지를 보여줄 수도 있는 일부 메커니즘을 해명함으로써 현상학적 기술을 보완할 수 있다는 것이다.

이제 마지막 의견이다. 나의 설명과, 현상학적 제안과 거울 공명 가설 사이에 주목할 만한 유사점이 존재한다는 최종적인 결론을 뛰어넘고자 한다면, 이는 계속해서 여러 풀리지 않는 문제를 남길 것이다. 이러한 유사점이 존재한다는 것으로, 예를 들어 후설의 현상학적 설명이―일부 후설 옹호자의 주장과 반대로―정말 시뮬레이션 이론의 한 버전임을 입증할 수 있을까, 아니면 반대하는 것, 즉 갈레세의 신체화된 시뮬레이션 개념이 사실상 어쨌든 시뮬레이션주의의 한 형태임을 부인하는 것이 바른 결론일까? 스티치와 니컬스는 1997년에 발표한 논문에서, "시뮬레이션 이론의 지지자들이 '시뮬레이션'이라는 꼬리표를 붙인 이론과 과정 그리고 메커니즘 간에 분기하는 지점이 너무 커서 이 용어 자체는 전혀 쓸모없게 되었기 때문에" '시뮬레이션'이라는 용어는 폐기되어야 한다고 썼다(Stich and Nichols 1997: 299). 그 이후로 이 의견이 유일하게 타당하다고 인정받아왔다. 다양한 시뮬레이션 이론이 현재 제시되고 있는 데다, 여기에 갈레세, 이아코보니, 골드먼, 토마셀로, 힐, 미첼, 고든 같은 인물의 제안이 포함되어 있음을 고려할 때, 진정 통일된 연구 프로그램을 찾아내기는 어렵다. 사실 주된 공통점은 간혹 정신화 능력의 뿌리에 놓여 있는 바가 일종의 이론이라는 주장을 입 모아 거부하는 데 있는 것 같다. 달리 말하면, 시뮬레이션 이론이 약간 포괄적 용어 즉, 상당히 상이한 여러 입장을 대변하는 명칭인 이유는 아마도 이론―이론과 시뮬레이션 이론이 최적의 두 가지 선택지가 된다는 주장을 대부분이 애초에 수용했다는 데 있을 것이다. 그러니 당신이 이론-이론가가 아니라면 시뮬레이션 이론을 지지해야 했다. 이 강제 선택이 잘못된 선택이라는 이유로 거부되는 순간 즉, 다른 대안이 실현 가능함을 깨닫게 되는 순간, 애초의 분할을 재고할 필요가 있을 수도 있고, 심지어 신체화된 시뮬레이션주의를 포함해서 애초에 시뮬레이션주의자로 명칭을 붙인 입장을 재분류할 필요가 있을지도 모른다.[4]

이 마지막 말이 우리에게 알려주듯, 이론적 모델들 및 가령 상호주관성 등에 대한 개념화 방식은 우리가 실증적 발견을 해석하는 데 분명 영향을 미친다. 우리가 공감과 거울 뉴런 사이의 관계 및 현상학과 신경과학 사이의 관계를 논의할 때, 또 배경에 숨어 있던 문제 즉 자연화된 현상학이 실현 가능한지와 바람직한지의 문제를 평가할 때 잊어서는 안 되는 것이 바로 이 점이다(Gallagher 1997; Zahavi 2004b, 2010b; Ratcliffe 2006; Gallagher and Zahavi 2008).

2. 맥락의 역할

공감이 우리에게 타자에 대한 '직접적인 경험적 이해'의 일종을 제공한다는 제안은, 맥락적 요인은 공감에 영향을 미친다는, 또 공감은 하향식 조정의 영향을 받기 쉬워서 사전의 앎과 경험에 의해 조정되고 영향을 받을 수 있다는 반대 제안에 부딪혔다. 이 모든 점을 고려한다면, 공감은 간접적 과정으로 간주되어야 한다(de Vignemont and Singer 2006: 437). 실례로, 얼굴 기반 정서 인식처럼 단순해 보이는 예를 한번 들어보자. 우리는 정서가 지향적인 것임을 잊어서는 안 된다. 정서는 무언가에 관한 것이며, 정서 이해는 단순히 정서 표현에 주의를 기울이는 것으로는 충분치 않다. 정서가 무엇에 관한 것인지를 결정하려면 또한 그 맥락을 살펴볼 필요가 있다. 더욱이 심리학 실험실 밖에서는 표현만 단독으로 마주치는 일은 거의 없다. 타자와 마주칠 때 우리는 공유된 세계에서 그와 마주치며 피차간 이해는 특정 맥락과 상황에서 일어난다. 표현적 현상이 일어나는 것은 바로 이러한 공통되고 주로 실용적인 상황 안에서다(Gurwitsch 1979: 114; Sartre 2003: 371). 동료와 함께 일하거나 대화할 때, 그 동료는 머리를 흔들거나 이맛살을 찌푸릴 수도 있다. 그러나 이런 얼굴 표정과 신체적 제스처는 명료하지가 않다. 이것들은 심리적 상태를 단순하게 혹은 일률적으로 드러내지 않는다. '동일한' 표현은 다양한 상황에서 다양한 의미를 띤다. 예를 들어, 우리는 화가 나서, 부끄러워서, 애를 써서 얼굴이 붉어질 수 있다. 하지만 이런 경우는 거의 문제를 일으키지 않는데, 왜냐하면 우리는 표현만을 별개로 마주치지 않기 때문이다(Gurwitsch 1979: 35-36, 95, 106; Barrett et al. 2011). 표현은 주어진 맥락 안에서 일어나고 우리는 맥락, 즉 무엇이 전후에 오는지를 이해하며, 붉어진 얼굴이 부끄러움이나 분노를 의미하는지 아니면 물리적으로 애를 써서인지 이해하게 된다. 그러나 이게 사실이라면, 즉 다양한 정서적 표현을 식별하기 위해 정말 맥락적 단서를 숙고할 필요가 있다면, 우리는 공감적 이해가 직접적이고 이론이 매개되지 않은 친숙지의 한 형태라는 주장을 재고해야 한다(Jacob 2011: 538).

그러나 어떤 것이 직접적이면서 그와 동시에 맥락적으로 주어진다는 건 정말 불가능할까? 아마 틀림없이 이 모두는 '직접적'임이 무엇을 의미하는지에 달려 있다. 시각의 예를 검토해보자. 시각은 대개 직접 경험의 전형으로 간주된다. 나는 베네수엘라 카나이마 국립공원의 천사폭포에 관해 읽을 수 있고, 천사폭포의 사진을 면밀히 살펴볼 수 있으며, 장관을 이루고 있는 천사폭포를 보고 경험할 수 있다. 대부분이 설명하기로, 후자의 친숙지가 두 전자보다 더욱 직접적이다. 그러나—이는 예를 들어 많은 게슈탈트 심리학자의 오래된 통찰이다—어떤 대상을 지각할 때 우리는 지각장 안에서 그 대상을 지각한다. 우리는 그 대상을 특수한 배경 안에서 의식하며, 대상이 우리에게 주어지는 방식은 맥락적 단서, 즉 대상과 함께 주어지는 바에 영향을 받는다. 그런데 이 사실이 지각적 대상은 직접 주어진다는 주장을 부정하는가, 아니면 어떤 것이 직접적이면서도 그와 동시에 맥락적으로 주어진다는 게 가능한가? 다른 예를 검토해보자. 당신은 1982년산 샤토 마고 와인을 즐기면서 앉아 있다. 당신은 와인 감정사로서 습득하고 연마한 기술 덕분에 초심자가 감지할 수 없는 풍미와 향취를 탐지해서 식별할 수 있다. 그것이 당신으로 하여금 해당 와인에 간접적으로 접근하게 만드는가? 마지막으로, 투관침이라 부르는 어떤 기구의 예를 검토해보자. 어떤 것을 투관침으로 보려면 많은 배경지식이 필요하다. 하이데거식 표현을 쓰면, 도구적 맥락성의 전체 네트워크가 준비되어야 한다. 그러나 이 점이 그 투관침을 본질적으로 관찰 불가능하고 이론적으로 상정된 구축물로 바꿔놓는가? 이 점이 말 그대로 투관침을 지각한다고 할 수 없는 일을 수반하는가? 이 점이 가령 블랙홀이나 아원자 입자를 상정하는 것과 마찬가지의 방식으로 투관침에 간접적으로 접근하게 하는가? 아니면 관련 배경지식을 소유하기 때문에 우리가 하는 방식으로 투관침을 볼 수 있게 된다고 도리어 말해야 하는가?[5]

어쩌면 맥락이 심지어 대상 지각의 가장 기본적인 국면에도 수반된다는 점을 허용하면서도 이 점이 지각적 지향성의 직접적 성격을 위태롭게 하지는 않음을 인정하는 이가 있을 수도 있다. 시각에 아무 문제가 없어도 계속해서 투관침을 투관침으로 볼 수 없는 이도 존재하기 때문에, 이는 실제로 투관침을 투관침으로 이해할 수 있게 하는 것은 그게 무엇이든 간에 지각적 예리함 그 이상의 것이어야 함을 증명하는 사실이라는 데에는 여전히 반대하면서도 말이다. 아니면, 안면인식장애의 예는 어떤가? 확실히 안면인식장애는 안과학적 장애라기보다는 신경학적 장애다. 내가 여기서 지각 철학의 영역에서 볼 수 있는 복잡한 논의에 참여할 수 없지만, 기본적으로 지각을 감각 정보의 수동적 수용과 동일시하는 해석, 즉 지각에 대한 과도하게 제한적인 해석을 피해야 한다고는 제안할 수 있다. 이러한 제한적인 해석을 감안하면, 시간적으로 연장된 대상은 말할 것도 없고 우리가 어쨌든 통일된 대상을 지각한다고 말할 수나 있을지 의문스럽다(10장의 3.2절을 보라).

어쨌든, 있더라도 많지 않은 직접적인, 어떤 근본적인 형태의 사회 인지가 존재한다는 주장을 할 때에는, 현상학자들은 해당 사회적 이해가 배경지식, 맥락적 단서, 과거의 경험에 의해 영향을 받고 풍부해진다는 것을 부인할 것이다. 이는 단지 사회 인지가 간접적임을 증명하는 것이며 사회 인지의 직접적인 특성에 대한 모든 강조는 단순히 '직접적'이란 용어의 오용과 관련될 뿐이라고 비판자들은 주장할지 모른다. 이에 대한 답변으로서, 먼저 비판자들의 주장이 사실이라고 치면 이 논쟁은 주로 용어상의 문제일 수 있음을 지적해두겠다. 그리고 우리의 통상적인 타자 이해가 맥락적임을 사실로 받아들이는 것으로써는 현상학의 제안이 간단히 거부되지 않음을 분명히 밝혀야 한다. 왜냐하면 현상학의 제안이 논박되고 있는 게 아니기 때문이다. 하지만 둘째로, 내가 생각하기에 우리에게는 '직접적'이 무엇을 의미하는지에 대한 어떤 확립된 견해도 결코 없다는 점을 인정해야 한다. 나는 '직접적'과 '맥락적'이 서로 대조된다고 간주하기보다는 대신 '직접적'과 '간접적' 즉 '매개적' 사이의 차이에 초점을 맞추는 것이 훨씬 유의미하다고 생각한다. 간접적 작용의 예시는 알프스산맥의 마테호른의 사진을 지각하는 덕분에 이 산을 아는 경우일 것이다. 이와 달리, 어떤 (전부는 아니고 단지 몇몇) 경우에서, 타자의 심리적 상태에 대한 포착은, 그 상태가 나의 일차적인 지향적 대상이라는 의미에서는, 직접적이라고 할 수 있다. 말하자면, 어떤 것도 방해하지 않으며 또 마치 내가 첫 번째로는 그 상태와 아주 다른 어떤 매개물로 향하고 그런 뒤에라야 두 번째로 그 상태를 타깃으로 삼는 방식도 아니다. 더욱이, 그래서 중요한 것은, 이 상태가 실제 나에게 현전하는 것으로 경험되고 그럼으로써 문제의 이 경험이, 예를 들면 찢긴 편지를 받아서 타자가 속상해한다고 추리한다거나, 주변에 십여 개의 빈 맥주병이 있어 타자가 취해 있다고 추론한다거나, 내가 그런 대우를 받는다면 몹시 화가 날 것이기에 타자도 분명 격분해 있을 것이라고 결론 내리는 것과는 아주 달라진다는 점이다. 나는 이 모든 사례가 사회 인지의 간접적 형태를 구성한다고, 또 가령 타자의 얼굴 표현에 나타난 기쁨이나 두려움을 인식하는 것도 간접적이라고 고집하는 것은 중요한 구별을 흐릿하게 만든다고 간주한다.

타자의 심적 상태를 직접 친숙하게 알 수 있다는 주장에 대한 꾸준한 반대의 하나는 이러한 주장이 단지 불합리하다는 것인데, 왜냐하면 이 주장은 우리가 자신의 마음에 하는 것과 동일하게는 타자의 마음에 접근할 수 없다는 사실을 간과하기 때문이라고 한다(de Vignemont 2010: 284). 달리 표현하면, 타자 이해에 대한 설명이 어쨌든 설득력이 있으려면 자기경험과 타자경험 사이의 비대칭성을 존중해야 한다는 것이다. 나는 나 자신의 경험적 삶을 1인칭적으로 친숙하게 아는 반면, 타자의 마음에 1인칭적으로는 접근할 수 없다는 사실을 존중해야 한다는 것이다. 10장 3.2절에서 이미 지적했듯이, 문제는 다만 이러한 반대가 자기 자신의 심적 상태에 대한 직접적인 접근을 모델로 삼아 다른 사람의 심적 상태에 대한 직접적인 접근을 해석한다는 데 있다. 마치 전자가 직접성의 황금기준을 구성한다는 양 말이다. 그러나 보다 직접적인 앎의 형태와 대조될 수 있을 경우와 아마 고통에 찬 몸부림을 보는 것보다 다른 사람의 고통을 아는 보다 직접적인 방식이 존재하지 않는 경우라야, 간접적인 앎을 말하는 게 이치에 맞다. 반면에, 그의 옆에 빈 물 잔과 함께 진통제 한 병이 놓여 있는 것을 알고는 그가 아팠다고 결론을 내리는 것은 간접적으로 또는 추론의 방식으로 아는 사례다(Bennett and Hacker 2003: 89, 93).

타자 마음의 문제가 끈질기게 제기되는 이유는 타자의 심적 삶에 접근할 수 있는지에 관한 모순된 직관들을 우리가 지니고 있기 때문이다. 한편으로는 타자의 느낌과 생각이 그 표현과 행위에서 현시된다고 주장하는 데에는 옳은 구석이 있다. 여러 상황에서 우리는 정말 타자의 마음을 직접, 실용적으로 이해한다. 우리는 타자의 분노, 기쁨, 초조함이나 결연함을 공감적으로 파악한다. 우리는 분노 등이 있다고 추론하지 않아도 된다. 다른 한편으로, 다른 사람의 심적 삶은 어떤 점에서는 접근할 수 없다는 데카르트적 생각에도 옳은 구석이 있는 것 같다. 타자가 산란하고, 화가 나 있고, 딱 보기에 분명 따분해한다는 걸 의심할 이유가 없는 상황들이 있고, 또 타자의 정확한 마음 상태를 알 실마리가 전혀 없는 또 다른 상황들도 있다. 타자의 심적 삶이 본질적으로 접근 불가능하다고 주장하는 것은 옳지 않은 듯 보이지만, 모든 것이 보이도록 열려 있다고 주장하는 것도 틀린 듯 보인다. 쇠렌 오우에르고르가 말하듯, 과제는 이 두 직관의 하나를 포기하는 게 아니라 이 둘을 조화시키는 것이다(Overgaard 2005). 내가 보기에, 현상학자들이 극복하려는 것은 정확히 이 과제다.

나는 타자를 경험할 수 있고, 그 결과로서 배타적으로 추론, 모방, 투사에 의지하거나 사용하지 않아도 된다고 내가 주장할 때 이는 타자가 스스로를 경험하는 것과 정확히 같은 방식으로 내가 타자를 경험할 수 있다는 사실을 수반하는 게 아니다. 심리적 상태를 3인칭적으로 친숙하게 아는 것은 1인칭적으로 친숙하게 아는 것과 다르다. 그러나 경험적 친숙지를 1인칭 친숙지로 한정하거나 이와 동일시하는 실수를 범해서는 안 된다. 한 가지 이상의 방식으로 마음을 경험하는 게 가능하다. 비트겐슈타인이 말한 적이 있듯이, "나의 생각은 [타자에게] 감춰져 있는 게 아니라, 나의 생각이 내게 열려 있는 것과는 다른 방식으로 그에게 바로 열려 있다"(Wittgenstein 1992: 34-35). 그러니 접근 방식이 다른 것을 두고 확실성의 정도가 다르다고 혼동하는 실수를 범해서는 안 된다. 비트겐슈타인이 다시 한 번 지적하듯, 다른 사람의 심적 상태와 관련해 불확실성이 내게 없더라도(말하자면, 내가 고통에 몸부림치는 자동차 사고 피해자를 관찰하는 경우), 그것이 그 사람의 심적 상태를 나의 상태로 만들지는 않을 것이다(Wittgenstein 1982: §963). 게다가 우리는 각각의 친숙지 유형들이 그 자체의 강점과 약점을 가진다는 사실과, 1인칭 친숙지는 특권적임을 그리고 1인칭 친숙지에 가능한 한 가깝게 근접하는 것이 2인칭과 3인칭 친숙지의 내적 열망임을 가정하는 경우에나 후자가 전자에 미치지 못한다고 할 수 있다는 사실을 인정해야 한다(Moran 2001: 157). 내가 타자의 마음에 경험적으로 접근하고 이 마음을 친숙하게 아는 것과 내가 내 자신의 마음을 1인칭적으로 친숙하게 아는 것에 차이가 있다는 사실은 단언컨대 결함이나 단점이 아니다. 오히려 이는 구성적인 차이다. 우리가 경험하는 마음이 다른 마음이라고 주장할 수 있는 것은 바로 이 차이, 즉 바로 이 대칭성 때문이다. 사실상, 우리는 신체적이고 행동적인 표현들을 이 표현들을 초월하는 어떤 경험적 삶을 표현하는 것으로 경험한다고 말할 때, 가장 중요한 지점을 보다 정확하게 잡아낼 수 있다. 말하자면, 우리가 파악하고 있는 것 그 이상의 것이 타자의 마음에 필연적으로 존재하지만, 이 점이 우리의 이해를 비경험적인 것으로 만들지는 않는다.

혹자는 이를 두고 중대한 철학적 과제에 대한 용어상의 해결책에 지나지 않는다고 여길지도 모른다. 우리가 타자의 지향적이고 표현적인 행동에서 그의 심리적 상태를 직관할 때는 언제나 직접적 접근이라는 개념, 다시 말해 다른 사람의 심리적 상태를 직접 친숙하게 안다고 말할 자격을 주는 바로 그 개념을 사회 인지 분야 내에서 위축시켜 운용해야 한다는 조건을 단지 내세우는 것으로써 자신들이 타자 마음의 문제를 해결할 수 있다고 현상학자들은 잘못 생각한다. 나는 이러한 반대가 정당화될 수 있다고 생각하지 않지만, 현재로서 나의 주된 관심은, 다른 사람의 심리적 상태를 직접 경험적으로 친숙하게 알 수 있다는 주장은, '마치 나의 것인 양'은 다른 사람의 상태에 접근하지 못한다고 하는 중요한 지점과 긴장 관계에 있지 않음을 강조하는 것이다. 물론 자기귀속과 타자귀속 사이, 즉 1인칭 관점과 3인칭 관점 사이의 차이는 존중해야 한다. 그러나 나 자신의 경험만이 나에게 주어지며 타자의 행동은 나로부터 그 자신의 경험을 보호해 바로 그 경험의 존재를 가설적으로 만든다는 잘못된 견해를 불러오는 방식의 존중은 피해야 한다(Avramides

2001: 187).

 내가 타자의 목소리에서 떨림을, 또는 행위에서 집중과 노력을 공감적으로 파악할 때, 나는 또 다른 주관성을 경험하고 있는 것이지 단지 상상하고 시뮬레이션하고 이론화하고 있는 게 아니다. 하지만 우리가 타자의 심리적 삶을 실제 경험할 수 있고 그럭저럭 한낱 추론이나 상상적 투사로 메울 필요가 없다고 하는 사실은, 모든 게 보이도록 열려 있다는 말이 아니다. 후설이 지적하다시피 타자 지각은 항상 부분적이며 항상 수정에 열려 있다(Husserl 1973a: 225). 사실, 표현되지 않은 내면성의 가늠할 수 없는 지평이 항상 존재할 것이며(Husserl 2005: 70), 타자에 대한 완벽한 앎은 언제까지나 불가능한 채로 남을 것이다.[6] 경험적 직접성이 무오류성이나 철저함을 담보하는 것은 아니다. 다른 사람의 마음은 가장 깊이 간직한 생각과 느낌에 직접적으로, 노력을 기울이지 않은 채, 오류의 가능성 없이 완벽하게 접근하는 그러한 방식으로는 결코 드러나지 않는다. 그러나 물론, 이를 주장하고 있는 것은 아니다. 더욱이 타자의 마음에 대한 직접적인 친숙지는 아주 제한적인 것일지 모른다. 나는 동료가 기분이 나쁘다는 것을 직접 직관할 수도 있지만, 그가 피곤한지, 불편한지, 우울한지 계속해서 확신하지 못할 수도 있다. 실은, '뭔가 잘못됐다'고 알아차리고서 그 이상으로 탐색하려는 동기가 부여될 수도 있겠지만, 그 정서의 정체를 밝히는 데는 철저히 실패할 수 있다. 실은, 어떨 때 타자에 대한 우리의 직접적인 친숙지는 타자의 존재함만을 가까스로 인식하는 데 한정될 수도 있다. 우리는 타자의 마음이 현존해 있음을 직접 지각하지만, 그 마음과 관련된 그 이상의 어떤 것도 식별하는 데는 실패한다(Duddington 1918: 168). 기만당하는 것도 분명 가능하다. 타자의 표현이 우리를 기만할 수 있지만, 기만의 가능성 때문에, 가령 얼굴에 드러난 바가 사실 진실할 때에도 타자의 얼굴에 띤 즐거움을 보는 것이 방해받는다는 주장은 분명 정당화될 수 없다(Green 2007: 126).

이 지점에서 몇몇 현상학적 분석에서 발굴해낼 수 있는 삼중의 구별을 검토하는 게 유익할 수 있다. 한편으로 우리는 타자의 심성을 공감적으로 파악할 수 있는 능력, 다시 말해 처음 다른 사람이 마음을 가지고 있음을 경험하게 되는 일과 다른 사람의 특정한 심적 상태를 결정할 수 있는 능력을 구별해야 한다. 다른 한편으로 우리는 다른 사람의 현행하는 경험적 일화를 경험할 수 있는 능력과 그 사람의 과거와 미래의 심적 상태와 행동에 관해 추리할 수 있는 능력을 구별해야 한다. 이 상이한 성취들을 그 자체that, 그 내용what, 그 이유why에 대한 파악 작용이라고 이름을 붙이겠다. 우선, 일상에서 우리는 많은 경우에 타자가 우리를 좋아하는지 그렇지 않은지, 우리를 신뢰하는지 그렇지 않은지, 매력을 느끼는지 그렇지 않은지를 궁금해한다는 사실을 고찰해보자. 우리는 타자가 진실한지 기만적인지, 탐욕이 그 동기인지 관대함이 그 동기인지를 궁금해한다. 우리는 애초에 타자에게 마음이 있는지는 좀체 궁금해하지 않는다. 사실 이 점은 다른 사람의 행위의 의미를 묻기 시작할 때 당연시되는 것일 뿐만 아니라 특정 심적 상태의 타자 귀속과 관련해 우리가 가지는 확신이라면 상이한 확신의 정도와 무관하게 또한 확실한 것이다. 타자에 관해 쉽게 접근할 수 없는 많은 부분이 존재하지만, 즉 우리는 타자의 특정한 믿음이나 의도에 관해 불확실할 수도 있지만, 이 불확실성이 타자의 바로 그 심성을 의문시하게 하지는 않는다. 언젠가 거위치가 썼듯이, 평상시에 우리는 거리에서 만나거나 대화하고 있는 사람을 진짜 사람으로 간주할지 아니면 단지 자동인형으로 간주할지를 선택하는 상황에 결코 직면하지 않는다. 그런 뒤 그는 다음처럼 묻는다. 널리 확증된

과학적 가설에 대한 우리의 신뢰를 훨씬 능가하는 이런 뿌리깊은 확실성은 어디에서 나오는가(Gurwitsch 1979: 10–11)? 더 나아가 내용과 이유의 문제 사이의 구별을 고찰해보자. 한 사람이 경험하거나 행하고 있는 내용을 결정하는 것은 한 가지다. 말하자면, 슬픈지, 화가 나 있는지, 컵을 잡으려 손을 뻗고 있는지. 그러나 공감이 한 사람이 경험하거나 행위하고 있는 내용(의 일부)을 직접 파악할 수 있게 할 수는 있지만, 이러한 일 그 자체가 왜 누군가가 슬픈지, 화가 났는지, 문제의 그 행위를 수행하는지에 대한 이해를 제공하지는 않을 것이다. 현상학적 제안에 따르면, 공감은 타자의 마음에 대한 경험적 친숙지에 해당한다. 우리는 공감의 중요성을 인정해야 하지만, 모방의 중요성을 인정할 필요도 있다. 공감(과 맥락에 대한 즉각적인 감수성)이 우리를 데려갈 수 있는 범위에는 한계가 있다. 우리의 일상적 타자 이해는 또 다른 원천들에도 의지한다. 왜 누군가는 그 자신이 느끼는 방식으로 느끼고 있는지 또는 왜 그는 그 자신이 행위하는 방식으로 행위하고 있는지를 밝혀내려 한다면, 보다 큰 사회적, 문화적, 역사적 맥락을 고려해서 공감이 제공하는 바들을 넘어서야 할 수도 있다.

아주 평범한 사례로 까꿍 놀이를 검토해보자. 부모가 손으로 얼굴을 가린 뒤 불쑥 보이도록 나타나면 아이는 소리치며 즐거워할 것이다. 그러나 왜 아이가 그토록 열렬하게 반응하는지, 즉 왜 이런 단순한 놀이를 아주 재미있고 흥미롭게 여기는지를 진정으로 이해하려 한다면 아이의 인지적이고 정서적인 레퍼토리에 관한 우리의 상상력과 이론적 앎에 의지해야 할 수도 있겠지만(Bruner and Sherwood 1976), 아이의 심성에 대한 우리의 감수성 또는 아이의 즐거움에 대한 우리의 이해가 그만큼 이론화와 시뮬레이션 양쪽 모두 또는 한쪽에 의존하는지는 불분명하다.

이러한 구별을 통해 분명히 밝히고자 하는 바는, 현상학자들은 시뮬레이션주의자와 이론-이론가들의 것과 어느 정도 동일한 문제들 즉 어떻게 우리가 타자의 특정 마음 상태를 결정하고 또 어떻게 이 심적 상태가 이 사람의 과거와 미래의 심적 상태 및 행동과 맺는 관계를 이해하게 되는지 하는 물음들에 관심이 있을 뿐만 아니라, 다소 다른 문제, 즉 어떻게 우리가 애초에 다른 사람이 마음을 가지고 있음을 이해하게 되는지의 문제에도 관심이 있다는 것이다. 메를로퐁티가 언젠가 말했듯이, 직접적인 지각이 실패한다면 타자를 알려 할 때 유비적 추리에 기대야 할지도 모르지만, "유비적 추리는 내게 타자의 존재함에 관해서는 알려주지 않을 것이다"(Merleau-Ponty 2012: 368). 많은 현상학자의 포부는 바로 다양한 형태의 유비적 추론을 비롯한 타자 마음의 문제를 해결하려는 전통적인 시도들이 실패해왔다는 것을 보여주면서(Gurwitsch 1979: 1-33), 바로 이 문제와 이따금씩 제기된 회의론은 결함이 있는 정신성 개념을 전제로 한다고 주장하는 것이었다(Merleau-Ponty 1964a: 114).

흥미롭지만 어쩌면 약간 혼란스럽기도 한 점은, 현상학자들이 관심의 두 유형을 다룰 때에, 공감이 여기에 어떤 역할을 한다고 여겨왔다는 것이다. 내가 후설과 슈타인의 탐구를 분석한 바로는, 이들은 공감이 연속성을 띠면서 작동한다고 여겼다. 그 등급의 한쪽 끝에서는, 공감이 타자의 심성에 대한 기본적인 감수성으로 이해된다. 하지만 공감은 직접적인 친숙지를 우리에게 제공할 수 있고, 공감을 통해 타자의 심리적 삶의 더욱 구체적인 특성을 파악할 수 있다.[7]

상호인격적 이해는 여러 가지 모습과 형태로 나타나며, 단 하나의 모델이 전체의 다양함을 제대로 다룰 수 없다. 따라서 우리의 타자 이해가 이를테면, 직접적인 공감적 이해의 문제, 상상적 투사의 문제, 유비적 추리의 문제, 최선의 설명으로의 추론의 문제 중 하나에 속할 뿐이라고 주장한 모든 이론을 경계해야 한다. 우리가 타자를 이해하고 알기 위해 의지하고 사용하는 다양한 능력과 기술, 전략을 발견하려면 상호보완적인 다중의 설명이 필요하다. 우리는 개인적 역사나 성격 특성의 측면에서 타자를 이해할 수도 있고, 유형화를 사용할 수도 있고, 귀납적 일반화에 근거해 예측할 수도 있는데, 즉 해당 타자에 관해 아는 게 거의 없다면 우리가 하는 방식대로 타자가 행위하리라 기대하면서 자기에 근거해 단순히 예측할 수도 있다(Andrews 2009). 내가 논의해온 현상학 관련 저자들은 사회 인지의 모든 형태가 공감으로 설명될 수 있다고 주장하고 있는 게 아니다. 이들은 우리가 타자를 이해하려 할 때는 경우에 따라서, 상상과 기억, 이론적 앎에 의지한다는 걸 부인하고 있지 않다. 사실상, 이들은 우리가 타자의 온전한 심리적 삶을 정말 이해하고자 한다면, 즉 무엇을 타자가 하려는지, 왜 그는 자신이 하고 있는 바를 행위하고 있는지, 그 일이 그에게 무엇을 의미하는지 정말 알고자 한다면, 대면 상호작용과 신체화된 관여에 협소하게 초점을 맞추는 걸 넘어서야 한다. 간단히 말해, 이들 중 누구도 우리가 더 깊은 수준의 상호인격적 이해를 달성하려 한다면 직접적으로 이용할 수 있는 것을 넘어서야 함을 논박하고 있지 않다. 이러한 견해를 수용해도 정확히 어디에다 선을 그을지 하는 문제가 남는다. 어떤 경우에 그리고 얼마나 자주 상상과 추론에 기반한 마음 읽기에 기대야 하는가, 또 언제 사회적 이해의 더욱 직접적인 형태가 충족되는가? 이것을 판단하는 것보다 더 중요한 점은 후자가 전자의 전제 조건인지의 문제, 다시 말해 그 순조로운 시작을 위해 이론에—또는 시뮬레이션에—기반한 마음 읽기가 사회적 이해의 더욱 직접적인 형태를 필연적으로 전제하는지의 문제. 이 점이 현상학적 공감 설명이 주장하고 있는 바이자 내가 지지하고 있는 견해다. 상호인격적 이해의 토대는 분리된 믿음 귀속이 아니라 생명성과 행위체, 정서적 표현성을 감지하는 훨씬 더 근본적인 감수성에서 발견될 수 있다.

3. 비가시성 주장

타자는 마음이 있는 것으로 우리에게 주어지며, 우리는 이 과정에서 어떤 의식적 노력을 쏟지 않아도 그의 심적 상태를 대개는 알아차리게 된다는 점을 인정해보자. 그렇다고 할 때, 하지만 이러한 기술을 통해 사물이 정상적 주관처럼 보이는 방식을 잡아낼 수는 있을지 모르겠지만, 여전히 궁극적으로는 막연하다며 이의를 제기할 수 있다. 왜냐하면 이 기술은 우리로 하여금 타자의 심적 상태를 알아차리게 하는 근본적으로 상이한 메커니즘 모델들과 공존할 수 있기 때문이다(McNeill 2012). 달리 말하면, 경험적 수준에서의 직접적인 모든 타자 이해는 인격하부적 수준에서 진행되는 다양한 인지 과정에 의해 가능하게 된다는 주장이 있을 수도 있다. 현상학은 사물들이 보이는 방식 그 자체에 관심을 두는 반면, 인지과학은 실제 기저 메커니즘을 다룬다. 그래서 인격적 수준과 인격하부적 수준 사이의 즉각적인 이질동형을 믿을 만큼 순진하지 않다면, 전자의 기술이 후자의 탐구와 일정 부분 관련성이 있어야 한다고 생각할 이유가 전혀 없다. 이는 스폴딩이 신봉하는 견해로서, 그는 다음처럼 쓰고 있다. "이론-이론과 시뮬레이션 이론 사이에 벌어진 마음 읽기 논쟁은 사회 인지를 담당하는 마음 읽기의 구조 및 인격하부적 과정에 관한 논쟁이다. 어느 쪽 설명도 통상적인 상호작용의 과정에 대한 현상학적 견해의 입장에 서 있지는 않다"(Spaulding 2010: 131). 이와 다소 유사한 주장이 자코브에 의해 제기되었는데, 그는 이른바 "소박한 현상학적 논변"은 성공적이지 않으며 궁극적으로는 너무 순진하게 무의식적 과정을 내성을 통해 밝혀내고 드러낼 수 있는 능력에 대한 믿음에 의지한다고 주장했다(Jacob 2011: 526).[8]

소박한 현상학적 논변이란 무엇인가? 이것은 기본적으로 다음과 같다. 만약 시뮬레이션 또는 이론화가 명시적이며(다시 말해, 의식적 과정이며), 타자를 이해하는 기본 방식이고, 그럼으로써 일상의 사회 인지에 편재한다면, 우리는 타자의 심적 상태에 관해 의식적으로 시뮬레이션할 때나 이론화할 때 겪는 상이한 단계들을 어느 정도 알아차려야 한다. 확실히, 왜 누군가가 어떤 방식으로 행위하거나 반응하고 있는지를 이해하려 할 때, 우리는 명시적으로 우리 자신을 타깃의 입장에 대입하거나 이론 기반 추론을 수행하려 노력할 수 있지만, 타자를 마음이 있는 생명체로 이해할 때는 빠짐없이 우리가 이 두 방법 중 하나(또는 둘 다)를 수행한다는 주장은 경험적 증거에 의해 뒷받침되지 않는다(Gallagher 2007). 자, 이에 대해 자코브는, 이 논변이 많은 오해의 소지를 담은 채 암묵적-명시적 구별을 사용하기 때문에 신빙성이 떨어진다고 언급한다. 자코브에 따르면, 마음 이론 논쟁 내의 용법에 따른 암묵적과 명시적의 구별은 인지 과제들에 적용되는데, 이 과제는 언어 사용을 통하는 명시적 방식으로 수행될 수도 있고 아니면 언어를 사용하지 않는 암묵적 방식으로 수행될 수도 있다. 그리고 이 두 경우 모두에서 우리는 그 상태, 작동, 계산이 의식적 알아차림의 범위를 넘어서 있는 인지적인 간편 추론법을 대하고 있는 것이다.

하지만 모든 이론-이론가와 시뮬레이션주의자가 스폴딩과 자코브의 평가에 동의하진 않을 것이다. 골드먼이 의식적으로 이용과 접근이 가능한 어떤 과정을 언급하고 있었다면 모를까, 그가 내성적 증거를 시뮬레이션 이론을 지지하는 자명한 논거로서 쓸 수 있다고 호소하는 것은 전혀 앞뒤가 맞지 않는다(Goldman 1995: 82; 2006: 147). 웨이츠와 미첼의 주장들도 마찬가진데, 이들은 시뮬레이션이 "다른 사람의 심적 상태와 동일하게 현행하는 심적 상태를 지각자가 경험하는 대리적 반응을 수반한다"고 주장한다(Waytz and Mitchell 2011: 197). 자코브의 동료이자 공동 연구자 중 두 명이 규정한 암묵적과 명시적에 대한 다음과 같은 정의도 검토해보자.

> 시뮬레이션은 타자의 심적 상태와 과정에 대한 명시적, 의식적인 상상적 재연으로 여겨질 수 있다. 시뮬레이션은 자동적으로 펼쳐지며 의식적 통제 없는 인격하부적 과정으로 여겨질 수 있다. 다시 말해 시뮬레이션은 암묵적이고 명시적인 시뮬레이션의 혼성체로 생각될 수 있다. (…) 우리는 (…) 시뮬레이션이 상호인격적 정신화의 근원 형태라고 믿으며, 명시적이고 암묵적인 과정의 혼성체가 명시적인 심적 시뮬레이션의 근거 역할을 하는 인격하부적인 신경적 시뮬레이션을 동반한다고 여기는 것이 최선이라 믿는다(Jeannerod and Pacherie 2004: 128-129).

따라서 일부 시뮬레이션주의자는 시뮬레이션에 대해 말할 때 의식적 과정을 분명 염두에 두고 있다. 일부 이론-이론가들이 이론에 관해 말하는 방식에 있어서도 마찬가지다. 적어도 이는, 앨리슨 고프닉이 동일한 인지 과정이 과학적 진보와 아동의 타자 마음 이해의 발달 모두를 담당한다고, 또 과학적 지식의 습득과 행위자의 심적 상태의 면에서 그 행동을 해석하는 아동의 능력 사이에는 현저한 유사성이 존재한다고 주장할 때의 그녀를 이해할 수 있는 자연스러운 방식일 것이다(Gopnik 1996: 169).

그러나 스폴딩이 신봉하는 견해에는 보다 근본적인 문제가 있다. 이론-이론과 시뮬레이션 이론이 탐구한 인격하부적 메커니즘은 무언가를 설명해야 하는 메커니즘이다. 무엇이 피설명항인가? 궁극적으로, 여러 가지 인격적 수준의 사회 인지와 상호작용 전부다. 만약 피설명항을 잘못 규정한다면, 즉 그 상이한 측면에 대해 신중하게 기술—이러한 기술은 현상학이 제공할 수 있는 것들이다—하지 않는다면, 관련 인격하부적 메커니즘을 찾아내고 식별하기는 상당히 어려울 것이다. 이 점이 아마 시뮬레이션 이론과 이론-이론의 여러 지지자가 어김없이 반대 결론을 채택한 이유이기도 하다. 이들은 현상학적 기술이 인지과학과 무관하다고 주장하지 않고, 오히려 이들 스스로 선호하는 이론이 바로 현상학적 결론을 제대로 다룰 수 있다고 주장한다.

따라서 최근에는, 심적 상태에 대한 직접적 접근 가능성과 가시성을 기꺼이 수용하는 시뮬레이션주의자들과 이론-이론가들을 볼 수 있지만, 이러한 것들은 자신들의 입장에서도 처리될 수 있다고 단순히 주장하는 정도일 것이다. 예를 들어, 커리는 공감이 시뮬레이션에 기반한다는 견해를 주장하면서도 우리는 말 그대로 타자의 정서를 본다고 계속 강변해도 결코 모순이 없다고 주장했다. 그의 설명에 따르면, 시뮬레이션은 시각적 체계에 직접 입력하는 정보를 제공함으로써 다양한 속성을 현출하게 하는 시각적 경험에 기여하게 된다. 그런 뒤 그가 강조하듯, 이들 속성은 "시각적 경험 그 자체로 내게 주어진다"(Currie 2011: 90).

이와 관련해 제인 라벨이 이론-이론을 지지하며 반응을 내놓았다. 라벨은 시각적 체계를 통해 빛의 속성을 단순히 감지하는 일이 필요하긴 해도, 인식론적 의미에서 봄을 이루기에는 충분하지 않다고 애초에 주장한다. 누군가가 가령, 차를 지각적으로 경험하려면, 자신의 지각적 체계가 빛 정보를 수집하는 것으로는 충분치 않다. 추가적인 앎이 부가되어야 하며, 또 문제의 부가라는 것은 무의식적으로 일어나는 것으로서 추론적인 과정이다(Lavelle 2012: 222). 이 설명에 따르면, 모든 종류의 인식론적 지각, 즉 어떤 것을 어떤 것으로 지각하는 모든 일에는 이론이 필요하며 이론에 의해 가능하다. 그런 뒤, 두 번째 단계에서 라벨은 이론적 앎은 자신의 지각 내용에 영향을 미칠 수 있을 뿐만 아니라(엑스레이 사진의 흐릿함을 보는 것 대 암을 보는 것) 이론적 앎은 애초에는 관찰할 수 없던 것을 관찰 가능하게 할 수 있다. 이론과 관찰 사이의 관계에 관련된 과학철학의 논쟁에 의지하면서, 라벨은 결국 이론적 개체는 필연적으로 관찰할 수 없으며 눈으로 볼 수 없다고 생각하는 오류를 범하지 않는 게 중요하다고 주장한다. 중성미자와 같은 일부 이론적 개체는 사실상 관찰 불가능하다. 우리는 중성미자를 관찰할 수 없다. 관찰 가능한 효과에 기초해 그 존재를 추론할 수 있을 뿐이다. 대상포진과 같은 다른 이론적 개체는 사실상 관찰 가능하다. 다만 '대상포진'이라는 용어의 의미는 바이러스에 관한 더 광범위한 믿음의 네트워크 내에서 차지하는 이 용어의 역할 그리고 대상포진의 효과와 원인을 이해함으로써 파악할 수 있다. 그 정도로 대상포진은 이론적 용어지만, 올바른 이론을 보유한다면 병에 걸린 피부에서 관찰될 수 있는 것이기도 하다. 따라서 이론적 개체가 꼭 관찰 불가능한 것일 필요는 없다. 그렇지만—그리고 물론 이 점이 결정적이다—이론적 개체는 이론을 결여하는 이들에게 존재할 것이다. 라벨에 따르면, 중심 문제는 그렇다면, "심적 상태가 대상포진과 마찬가지로 이론적 개체인지, 또는 중성미자에 보다 가까운 것인지다"(Lavelle 2012: 228). 만약 심적 상태가 이론적 개체라면, 우리가 누군가의 움직임과 얼굴 표정을 관찰해서 올바른 마음 이론으로 정보를 받을 때 실로 그의 의도나 정서를 본다고 할 수 있을 것이다. 만약 심적 상태가 중성미자에 보다 가깝다면, 우리는 오직 움직임과 표현을 볼 수 있을 뿐이기에 이 가시적인 효과에서 이 효과의 기저 원인인 관찰 불가능한 심적 상태를 얻으려면 추론을 사용할 필요가 있을 것이다. 하지만, 양자의 경우에서 심적 상태 개념들에 대한 이해는 이 개념들이 이론 내에서 차지하는 위치에 대한 앎에 의존해야 한다. 따라서, 그 개념들은 어떤 직접적 친숙지로부터가 아닌, 스스로가 내장화된 이론으로부터 스스로의 의미를 취득하는 것으로 여겨진다.

이론적 개체가 꼭 관찰 불가능한 것은 아니라고 주장한다는 점에서는 라벨이 옳으며, 또 시뮬레이션 이론과 이론-이론이 비가시성 주장의 입장의 편에, 다시 말해 타자의 심적 상태가 관찰 불가능하다고 주장하는 입장의 편에 꼭 서 있는 것은 아니라고 주장할 때 라벨과 커리가 옳을 수도 있겠지만, 이론-이론과 시뮬레이션 이론 모두를 지지하는 주요 인물들이 타자의 마음은 사실상 근본적으로 비가시적 특징을 가진다고 오랫동안 일상적으로 가정해왔다는 점은 부인할 수 없다. 타자의 마음은 숨겨져 감춰진 채로 있고, 그래서 우리가 이론적 추론이나 내부적 시뮬레이션에 의지하고 또 이를 사용해야 하는 것은 바로—흔히 "본질적으로 관찰 불가능한 구성물"로 기술되는(Mitchell 2008)—타자의 심적 상태를 직접 친숙하게 알지 못하기 때문이다. 이와 같은 견해의 편에 서지 않으면서, 줄기차게 내부적 모방과 투사, 귀추적 추론에 호소하는 것은 말이 안 된다. 사실상,『사회심리학 핸드북The Handbook of Social Psychology』에 실린 마음 지각을 연구하는 장에서 에플리와 웨이츠가 반복해서 진술하듯이, 타자의 심적 상태는 관찰 불가능하고 본질적으로 비가시적이며, 사람들이 접근할 수 있는 타자에 관한 모든 정보가 사람들 스스로의 추론에 근거해야 하는 것은 바로 사람들은 타자의 심적 상태에 관한 직접적인 정보를 결여하기 때문이다. 사람들은 관찰 가능한 행동에서 관찰 불가능한 심적 상태로 도약, 즉 시뮬레이션이나 이론적 추론을 사용해서 도약해야 한다(Epley and Waytz 2009: 499, 505, 518). 간단히 말해, 이론-이론과 시뮬레이션 이론은 대체로 어떤 근본적인 배경 가정, 즉 타자의 마음은 감춰져 있다는 생각을 공유해왔는데, 이 때문에 이들은 사회 인지 이론이 직면하는 주요한 도전을, 우리가 이러한 감춰진 심적 개체나 과정을 공적으로 관찰 가능한 특정 신체에 귀속시키기 시작하는 방법과 이유에 대한 문제라고 간주한 것이다.

이러한 생각이 성행해왔음을 예증하기는 어렵지 않다. 여기에 몇 가지 인용문이 있다.

인간 마음의 가장 중요한 힘은 마음 그 자체와 타자의 마음을 상상하고 생각하는 것이다. 타자의 심적 상태(그리고 실로 우리 자신의 심적 상태)는 감각으로부터 완전히 감춰져 있기 때문에 이러한 심적 상태는 매번 추론될 수 있을 뿐이다(Leslie 1987: 139).

정상적인 인간은 자신의 세계 모든 곳을 물감으로 '그릴' 뿐만 아니라, 믿음, 의도, 느낌, 희망, 욕구, 가장을 자신의 사회적 세계의 행위자에게 '그려넣기'도 한다. 어떤 인간도 생각과 믿음 또는 의도를 본 적이 없다는 사실에도 불구하고 정상적인 인간이라면 이렇게 한다(Tooby and Cosmides 1995, p. xvii).

심적 상태와 이 심적 상태를 보유하는 마음은 직접 관찰되어야 하는 것이 아니라 관찰자에 의해 추론되어야 하는, 필연적으로 관찰 불가능한 구성물이다(Johnson 2000: 22).

대개 비가시성 테제는 해당 분석이 시작되는 바로 처음부터 어떤 논거도 없이 단언되며 분명 뒤이은 접근 방식에 동기를 부여하는 역할을 한다. 추가적으로 세 가지 인용문으로 이 점을 입증할 수 있다. 레베카 색스와 동료들은 다음과 같이 논문을 시작한다.

행동주의자들이 말하는 바와는 달리, 정상적인 성인은 목표와 생각, 느낌과 같은 관찰 불가능한 내부적 심적 상태를 또 다른 이에게 (그리고 스스로에게) 귀인하며, 또 행동을 설명하고 예측하는 데 이것들을 사용한다. 행위의 심적 원인에 관해 추리하는 인간의 이러한 역량은 마음 이론으로 불린다(Saxe et al. 2004: 87).

마찬가지로, 『마음 읽기』의 초반에서 니컬스와 스티치는 진술한다.

마음 읽기의 발달을 연구하는 동기는 마음 읽기에 연루된 중심 개념들, 예를 들어 믿음, 욕구, 의도가 관찰 불가능한 상태를 지칭하는 대단히 정교한 개념들이라는 사실에서 비롯한다(Nichols and Stich 2003: 4).

이언 애펄리의 『마인드리더Mindreaders』 바로 첫 페이지에서는 다음과 같이 쓰고 있다.

마음 읽기는 신비스럽다. 타자의 마음을 아는 게 정말 어떻게 가능한 지에 관한 진실한 개념적 퍼즐이 존재하기 때문이다. 가장 확실한 것 은, 우리는 다른 사람이 아는 것, 원하는 것, 의도하는 것, 믿는 것에 직접 접근할 수는 없지만, 그들이 행하고 말하는 바에 기초해서 이들 심적 상태를 추론은 해야 한다는 점이다(Apperly 2011: 1).

내가 이 진술들을 독해한 바에 따르면, 이는 명제적 태도의 비가시성 을 주장하는 것일 뿐만 아니라, 이 점은 우리의 심리적 삶에도, 다시 말 해 우리의 욕구, 느낌, 의도 등을 포함하는 우리의 모든 심적 상태에 해 당한다고도 주장하는 것이다. 심적 상태는 모두 감춰져서 보이지 않는 다. 심지어 타자의 마음에 대한 접근 불가능성으로 인해 주어진 생명체 가 마음을 보유하고 있는지는 전혀 답변할 수 없는 문제가 된다(Gray and Schein 2012: 407). 그러나 이러한 가정이 정말 믿을 만할까? 심적 상태(심적 상태 전부든 타자에게 속하는 심적 상태만이든)가 비가시적 구성 물이며, 우리가 마음이 있는 생명체로서의 타자와 관여하는 것은 애초 에(또는 심지어 전적으로) 이런 감춰진 심적 상태를 타자에게 귀인하는 문 제라는 게 정말 사실일까? 내가 볼 수 있는 모든 것은 타자의 땀, 붉어 진 얼굴, 주름 잡힌 이마, 격하게 움직이는 팔, 둥글게 내민 입술, 꽉 쥔 주먹, 떠는 모습이지만, 그의 두려움, 당혹감, 욕구, 좌절은 볼 수 없다는 게 정말 사실일까? 눈물을 흘리는 사람과 마주쳤을 때 나는 먼저 그의 눈에서 흐르는 액체 방울들과 안면 근육의 일그러짐, 어그러진 소리를 지각하고, 그런 뒤에라야 후속 단계로 그 사람이 비통해한다는 것을 깨닫게 된다는 게 정말 사실일까? 이는 분명 현상학적 공감 설명이 문제를 제기하고 있는 가정이다.

이론-이론이 꼭 이러한 견해의 편에 서는 것은 아니며, 또 가시성은 이론에 의해 가능한 만큼 이론-이론이 사실상 심적 상태의 가시성을 지지할 수 있다고 주장하는 부분에 있어서는 라벨이 옳을 수는 있겠지만, 이러한 조치는 이론-이론의 본래 신조에서 상당히 현저하게 이탈한 것으로 여겨질 것이다. 프리맥과 우드러프가 자신들의 세미나 자료에서, 정확히 심적 상태는 직접 관찰 가능하지 않기 때문에 심적 상태를 자기와 타자에게 귀속하려면 추론 체계, 다시 말해 자신들이 말한 마음 이론이 필요하다고 강조하는 것은 우연이 아니다(Premack and Woodruff 1978: 515).

다음의 세 가지 설명을 비교해보라. 첫 번째 설명은 우리가 타자의 심적 상태를 매번 직접적이고 즉각적으로 친숙하게 알 수 있음을 부인한다. 우리가 접근할 수 있는 모든 것은 단지 행동이며, 심적 상태를 타자에게 귀속시키는 그 모든 일은 관찰 불가능한 개체를 상정함으로써 경험적으로 주어진 것을 근본적으로 초월하는 최선의 설명으로의 추론을 수반할 것이다. 두 번째 설명은 무엇이 직접적으로 이용 가능한 것인지를 파악하고 식별하려면 배경지식이 필요하다고 주장한다. 세 번째 설명은 우리가 다른 사람의 심적 상태를 직접 친숙하게 아는 것은 다양한 인격하부적 추론 과정 때문이라고 주장한다. 나는 이들 설명 사이의 친연성을 강조하기보다는 이것들의 결정적 차이(그렇다고 마지막 설명이 앞의 두 설명과 양립 가능함을 부인하는 것은 아니다)를 인식해야 한다고 생각한다. 현상학의 제안이 대항하고 반대하고 있는 것은 주로 세 가지 설명 중 첫 번째 것이다(Zahavi 2005를 보라).

하지만 라벨의 설명에서조차 심적 상태를 관찰할 수 있으려면 적절한 이론을 습득해야 한다고 한다. 입력 정보와 출력 정보 사이에는 여전히 인식론적 간격이 존재하며 어떤 간격은 이론적 앎이 메워야 한다. 우리는 오랜 시간에 걸쳐 타자의 마음을 읽는 데 전문가가 된다. 우리가 보는 것은 실제로는 복잡한 이론적 과정의 결과물인데도, 이런 전문 기술을 성취했기 때문에, 사물을 단번에 보는 경향이 있다. 우리는 축적된 이론적 앎에 의지하지만 우리의 전문 기술은 우리가 추론 과정을 알아차리지 못하게 하며 우리의 이해가 즉각적이고 비추론적이라고 믿게 한다(Gopnik 1993). 우리가 표현적 행동의 일부 형태와 일부 표현을 학습 과정을 통해 이해하게 된다는 것은 의심의 여지 없이 사실이다.(전자가 이론 습득의 측면에서 기술되어야 하는지에 관해 의심을 품을 수도 있겠지만 말이다.) 낯선 언어 또는 아주 특이하거나 성문화된 표현 형태를 이해하게 되는 일은 분명 그 후보가 된다. 그렇지만 문제는, 이론과 전문 기술이 아직 습득되지 않았고 그 결과로 타자의 모든 심적 상태를 관찰할 수 없고 해독할 수 없는 데 처하는 발달 단계를 우리가 필연적으로 거치는지다. 우리의 언어 이해와 비교하면서 다시 검토해보자. 우리가 필요한 기술을 습득하기 이전에는 문자화된 단어와 문장은 말 그대로 무의미하다. 우리가 그러한 기술을 습득한 이후에는 단어와 문장이 유의미한 것으로 지각된다. 그러나 이 같은 발달 단계를 타자와의 상호작용에서 정말 발견할 수 있는가—어느 쪽이 라벨 설명의 함의처럼 보이는가?

여러 해석에 따르면, 마음 이론을 소유하고 심적 상태를 타자에게 귀인할 수 있음은 타자(와 나 자신)의 심적 상태에 관한 믿음을 소유하는지의 문제이고, 따라서 상위표상과 2차 지향성을 수반하는지의 문제다.

한동안, 틀린 믿음을 타자에게 귀속시킬 능력이 마음 이론의 습득에서 결정적인 이정표로 여겨졌다. 논리는 다음처럼 거칠게 나아갔다. 유아가 틀린 믿음을 타자(와 자신)에게 귀속시키려면, 믿음이 현실세계의 사건과 상황과는 다를 수도 있고 따라서 구별될 수도 있음을 이해할 수 있어야 한다. 유아가 어떤 사람은 틀린 믿음을 가졌다고 아는 것은 결과적으로 유아가 세계와 마음 사이, 즉 현실과 현실에 관한 믿음 사이의 구별을 음미할 수 있으며, 그럼으로써 마음 이론을 소유하고 있다는 강렬한 증거를 제공한다. 그래서 표준적인 틀린 믿음 과제를 통과할 수 없었으며 그럼으로써 마음 이론을 결여하는 개인들은 마음맹이자 타자를 마음이 있는 생명체로 경험할 수 없었다고 주장했던 것도 놀랄 일은 아니다(Carruthers 1996b: 262; Frith and Happé 1999: 1, 7; Baron-Cohen 1989).[9]

하지만 오늘날, 틀린 믿음 과제를 통과할 수 있는 능력이 중요한 이정표가 될 수 있다 하더라도 다른 사람의 행동과 분리되어서 반성적으로 예측할 수 있는 우리의 능력을 타깃으로 하는 이러한 과제가 통상적인 사회적 이해의 밑받침을 이루는 심리적 능력 같은 것을 측정하는 데 유달리 유용한지는 매우 의심스럽다는 점이 널리 인정받고 있다(Gallagher 2005). 짧게 말하면, 틀린 믿음을 타자에게 귀인할 수 있는 능력은 확실히 사회적 이해에서 어떤 역할을 하지만, 이 능력은 타자를 마음이 있는 존재로 경험할 수 있게 하는 우리의 기본적인 역량의 밑받침을 이루는 어떤 능력과는 완전히 다른 것 같다. 후속 연구가 보여줬듯이, 표준적인 틀린 믿음 과제보다 훨씬 앞서 아동이 풀 수 있는 수많은 타자 믿음 과제가 존재할 뿐만 아니라, 아동이 (틀린) 믿음을 알 수 있기 전에 다른 사람의 지각, 주의, 욕구, 의도, 정서를 어느 정도 이해한다는 충분한 증거가 존재하기도 한다. 사실상, 아동이 당신의 특정 믿음 내용을 궁금하게 여기기 시작하기 훨씬 이전에 사회 동료로서 당신과 상호작용해왔고 당신을 그렇게 대해왔다.

예를 들어, 치브러가 논의한 발견들을 검토해보자. 치브러는 2010년에 쓴 논문에서, 유아는 다른 사람들의 의사소통 의도가 무엇인지 특정할 수 있기 훨씬 이전에 이들이 의사소통할 의도를 가지고 자신에게 말을 걸고 있음을 인식할 수 있다고, 다시 말해 유아는 의사소통 의도의 내용에 접근할 수 있기 이전에 의사소통 의도의 현존을 감지한다고 주장한다(Csibra 2010: 143). 그는 이 선천적 능력을 의사소통 기술 발달의 결정적 자원으로 간주하고, 그런 뒤 신생아조차 식별할 수 있는 것이자 유아가 의사소통 작용의 수신자임을 구체적으로 보여주는 세 가지 자극, 즉 눈 맞춤, '모성어', 순서 교대의 수반성을 조명한다(Csibra 2010: 144). 이미 신생아는 (눈이 감겼거나 시선을 돌린 얼굴보다는) 자신과 눈이 마주친 얼굴 보기를 선호한다. 눈 맞춤과 꼭 마찬가지로, '모성어'의 운율은 유아에게 자신이 발화의 수신자임을 내비치며 이러한 자극의 원천을 향한 선호 정향과 긍정적 정동을 유발한다(Csibra 2010: 148). 하지만 가장 중요한 것은 우리가 순서 교대의 수반성에서 발견하는 상호작용적 반응성과 상보성일 것이다. 머리와 트레바던이 자신들의 가장 유명한 1985년의 연구에서 밝혔듯이, 유아는 진행 중인 상호작용 그 자체의 수반적 구조에 아주 민감하다. 이들은 실험을 설정할 때, 엄마들과 6~8주 된 유아들을 다른 방에 두면서도 이중의 CCTV로 계속 접촉하게 했다. 따라서 서로는 상대의 실물 크기 비디오 영상에 나타난 얼굴 전체를 보고 들었다. 비디오 상영이 '생방송'이었던 한에서, 상호작용은 정상적으로 진행됐다. 하지만 이 상호작용의 처음 1분은 비디오테이프에 녹화

됐고, 그런 뒤 엄마들이 담긴 테이프는 되감아 유아들의 스크린에서 재생되었다. 이 유아들은 방금 전에 자신이 봤던 것과 동일한 엄마와 동일한 제스처, 동일한 애정 표현을 봤지만, 반응은 극적으로 변했다. 유아들은 초반의 실시간 상호작용에는 행복해하며 능동적으로 참여했지만, 곧 엄마의 영상을 외면하면서 힘들고 괴로움에 찬 기색을 내보이고 찡그린 표정 등을 지었다. 테이프가 재생되는 동안 유아들의 괴로움은 분명 엄마들의 반응과 자신들의 반응 사이에 보이는 일종의 불일치에 의해 생겼다. 다시 말해, 유아들은 상호작용의 부조화를 간파할 수 있었을 뿐만 아니라, 무작위적 자극보다 이러한 상호작용이 수반되는 구조를 선호하기도 한다(Murray and Trevarthen 1985).

유아는 아주 초기부터 생명이 있는 대상과 생명이 없는 대상을 식별할 수 있고 생물체의 움직임과 비생물체의 움직임을 구별할 수 있다(Reid and Striano 2007). 눈 맞춤과 얼굴 표정도 유아에게는 다른 무엇보다 중요하다. 유아기의 사회 인지적 발달에 대한 연구를 개관하고 요약하는 논문에서, 필리프 로샤와 트리샤 스트리아노는 유아가 사회적 자극에 대한 본질적으로 선천적인 감수성을 내보이고, 생후 약 2개월부터 작동하는 초기 형태의 상호주관성을 이미 갖는데 여기서 유아는 타자와 경험을 공유하고 상호관계함을 느끼며(Rochat and Striano 1999: 4), "유아와 돌보는 이 사이의 교호적 상호작용에서 일어나는 정동과 느낌과 정서의 반향"은 "마음 이론을 비롯한 보다 진전된 사회 인지의 발달에 필수 요소"라고 결론짓는다(Rochat and Striano 1999: 8). 병리학의 몇몇 형태를 제외하면, 유아가 무의미한 행동에 직면한다고 하는 초기 단계는 없다. 오히려 유아에게는 타자의 표현적 행동을 알게 되고 여기에 반응할 수 있는 선천적이고 자동적이며 전반성적인 능력이 장착되어 있다. 유아는 엄마에게 그 자체의 1인칭적 특성을 가진 마음이 있음을 물론 아직 인식할 순 없지만, 유아가 엄마를 알아차리는 한에 있어서는 엄마를 공갈 젖꼭지나 베개와는 다른 존재로 알아차린다. 이 차이가 정확히 무엇으로 이루어져 있는지 아동이 이해하기까지는 당연히 오랜 시간이 걸리겠지만, 그것들이 서로 다르다는 것을 인식하지 못하는 한, 자신이 하는 방식으로 엄마에게 행동하지 않을 것이다.

언뜻 보아도 이러한 연구 결과는 사회 인지가 철저히 이론 매개적이라는 주장과 조화를 이루기 어렵다. 그러나 이론−이론가가 이런 도전을 우회할 수 있는 길은 이론에 대해 별난 설명법을 채택하는 것이다. 이 설명법은 마음 이론이 과학이론과 동일한 방식으로 습득되며 또 아동은 경험을 통해 연이어 유입되는 자료에 비추어 능동적으로 이론들을 구축하고 개정해나가는 작은 과학자라고 주장하기보다는,[10] 통속심리 이론의 핵심은 탑재되어 있고 진화적 유산의 일부로서 선천적으로 주어지며 또 마음 이론은 인격하부적 수준에서 작동한다고 주장할 수 있을 것이다.

하지만 이러한 조치에 그 자체의 난점이 없지는 않다. 첫째로, 인격하부적 메커니즘이 정말 이론화라는 이름에 걸맞은 절차를 수반하는가? 인격적 수준의 이론화와 인격하부적 수준의 이론화 각각은, 의식적 경험과 관계하는 방식에서 주된 차이를 보이는 이질동형적 과정이라고 단순히 가정하는 오류를 피하는 게 결정적이다.[11] 이론화라는 용어가 인격적 수준의 과정을 함의한다고 하면 이 용어의 의미는 상대적으로 이해하기 쉽지만, 인격하부적 과정을 함의하는 용어로 쓴다면 이 과정이 편재한다는 주장의 타당성을 더해줄지는 몰라도, 그 대가로 이 용어의 의미는 심히 모호해질 것이다.

둘째로 우리는 모든 인식론적 봄, 즉 어떤 것을 어떤 것으로 보려면 이론이 어째서 필요한지 라베르의 주장을 이미 봤다. 이러한 주장이 가진 분명한 문제는 소위 무차별 반대를 피하기 아주 어렵다는 점이다(Blackburn 1995). 팬케이크를 팬케이크로 보거나 문고리를 문고리로 보는 등, 거의 모든 일이 이론적이고 이론 매개적인 것인 게 된다. 얼마나 비체계적이고 비구조적인지를 불문하고 어떤 배경지식이든지 하나의 이론에 해당하는 것으로 여겨지며(Jackson 1999: 93), 그 결과로 이론 개념은 희석되어 아주 공허하게 된다.[12] 이것이 정말로 파산의 신호는 아니지 않을까 하고 물론 의심할 수도 있겠지만, 만약 파산이 아니라고 하더라도 이 신호가 타자의 마음에 접근하는 것이 주변 대상들에 접근하는 것보다 더 이상 유별날 것이 없다는 함의임에는 분명하다(Dretske 1973). 우리가 타자의 의도와 정서를 파악하는 것은 레몬과 드라이버를 지각하는 것과 마찬가지로 직접적(간접적)일 것이다. 이러한 제안의 이점이 무엇이든 간에, 마음 이론이 해결책을 제공해야 했던 문제에 대한 애초의 공식에서 벗어나 상당히 멀리 와버렸다는 점을 다시 밝혀둘 필요가 있다. 애초에 왜 사회 인지가 이론적 추론을 수반한다고 상정되었는가? 전형적인 해명은, 어떤 인지적 성취, 즉 심리적으로 무의미하다고 여겨진—물리적 성질과 그 변화, 가령 안면 근육의 일그러짐에 대한 지각과 같은—입력 정보에서 출력 정보로의 이동 즉 심적 상태, 가령 기쁨이나 슬픔의 타자에로의 귀속을 설명하려면 우리에게 이러한 과정이 필요하다는 것이었다. 짧게 말하면, 요구되는 출력 정보를 창출하기 위해 그 이외의 곳으로부터 비롯하는 정보를 가지고 입력 정보를 보완하려면 이 과정들이 필요했다는 것이다. 인격적 수준의 설명 버전을 채택했는지 아니면 인격하부적 수준의 설명 버전을 채택했는지에 따라 인지적 단계의 위상에 관한 의견들은 달랐지만, 모든 경우에서 피설명항에 관해서는 의견의 일치가 있었다. 이와 달리, 만약 한낱 행동에 대한 지각에서부터 감춰진 심적 상태의 귀인으로의 이동은 결코 존재하지 않으며, 오히려 행동을 애초부터 마음이 있는 것으로 지각함을 인정한다면, 우리는 소위 표준적인 마음 이론 입장의 견해에서 벗어난 것일 뿐만 아니라 피설명항을 변경한 것이기도 하다. 이러한 변화는 이론-이론 선호적 메커니즘의 설명력에 전혀 영향을 미칠 수 없다고 한다면, 이는 피설명항과 설명항의 관계에 대한 상당히 특이한 견해를 지지하는 게 된다. 만약 현상학적 분석이, 지각을 통해 관찰되는 표현적 현상은 이미 심리적 의미로 가득 차 있고 또 이것이 피설명항의 일부라고 우리에게 말한다면, 존재하지도 않은 간극 잇기를 자임하는 메커니즘을, 다시 말해 마음 없는 신체에 대한 지각에 근거해 추론함을 수반하든 아니면 자신의 경험을 이러한 마음 없는 신체에 투사함을 수반하든 하는 과정을 상정하는 일을 재고해야 할 것이다.

다른 사람의 혐오 표정에 대한 공감적 이해는 어떤 것을 정원용 의자라고 지각적으로 이해하는 것과 마찬가지로 이론적이라는 주장과(그 반대의 경우도 똑같다), 상징적 표상에 대한 규칙 기반 조작을 수반하는 등의 다양한 인격하부적 인지 과정이 이 두 지각을 가능하게 하고 이 두 지각의 밑받침을 이룬다는 주장은 마음 이론 논쟁의 핵심 특성을 좌우하는 그 이상의 역할을 한다. 이러한 인격하부적인 인지 과정의 존재함이 직접적인 공감적 이해를 말하는 현상학적 발상의 반대 근거라고 해석하는 것은, 또한 현상학의 주장이 가진 본질을 잘못 이해하는 것이다. 현상학적 공감 설명은 공감이 다양한 인격하부적 메커니즘이나 무의식적 과정을 통해 가능하다는 견해를 거부하려 애쓰지는 않는다.(지각철학의 직접적 실재론이 인과적 중개자의 존재를 꼭 반대하지는 않듯이 말이다.)

공감이 타자의 마음에 대한 직접적인 접근을 수반한다고 말하는 것은 지향적 대상과 지향성의 보다 일반적인 구조에 관한 주장을 하는 일이다. 이미 지적했듯이, 직접성과 맥락성이 서로를 배척하는 선택지라는 생각은 오산이다. 혹자는 마음이 있는 생명체로서의 타자와 교섭하는 일은 일차적이고 근본적으로 감춰진 심적 상태를 그 타자에게 귀인하는 문제라는 견해를 지지하지 않고도, 우리의 전형적인 타자 이해가 맥락적인 것임을 인정할 수 있다. 마찬가지로, 직접성과 복잡성이 필연적으로 대립한다는 생각도 오산이다. 타자의 특정 심적 상태를 직접 친숙하게 알 수 있다는 말이, 결과적으로 이러한 직접적 포착을 가능하게 하는 과정은 필연적으로 단순해야 한다는 주장에 해당하는 것은 아니다.[13] 결정적인 지점인데, '직접적'이라는 용어의 핵심은, 나의 대상 포착, 즉 타자의 심적 상태가 나의 일차적인 지향적 대상이라는 것이다. 타자의 심적 상태는 내가 마주하고 있는 상태 그 자체이고, 아무런 방해물도 존재하지 않으며, 그 상태는 내게 실제로 현전하는 것으로 경험된다. 공감을 다른 것 즉 보다 간접적인 형태의 사회 인지와 구별하는 것이 바로 이 점이다.

후설이 『논리 연구』에서 숙고한 바를 연상시키는 방식으로 드레츠케는 대화를 통해 주고받는 말들이 다른 사람의 두려움, 분노, 좌절감, 당혹감은 눈으로 볼 수 있는 것이라는 사실을 시사한다고 지적했다. 어쨌든 우리는 흔히 타자의 눈에서 분노를, 커져가는 두려움이나 좌절감을, 당혹감을 볼 수 있다고 그는 말한다(Dretske 1973: 36). 하지만 드레츠케에 따르면, 누군가가 행복해하거나 흥미 있어하거나 짜증 나 있거나 지루해한다는 사태를 볼 수 있다는 주장과, 다른 누군가의 행복과 흥미와 짜증과 지루함을 볼 수 있다는 주장을 구별하는 게 중요하다. 어쨌든,

느낌과 생각은 그 자체가 눈에 보이는 것은 아닐지 몰라도, 느낌과 생각은 우리가 독특한 방식으로 볼 수 있도록 그 사람의 그러한 부분들을 변화시킬 수 있고, 그럼으로써 행복함 등의 사태의 현존을 쉽게 식별할 수 있게 된다. 따라서 우리가 대상 그 자체(메리의 행복)를 보기 때문에 어떤 것이 사실임(가령 메리는 행복하다)을 직접 볼 수 있다는 주장과, 대상 그 자체를 보지는 않지만 다른 것(가령 메리의 안색과 입 모양 등)을 보기 때문에 어떤 것이 사실임을 볼 수 있다는 주장을 구별해야 한다. 드레츠케에 따르면, 우리는 후자의 주장을 지지하고 전자를 거부해야 한다. 그러나 그의 설명이 타자가 분노하고, 우울하고, 불안하고, 산만하다는 것을 우리가 볼 수 있다고 말해도 무방하게끔 만들기는 하나, 그의 제안은 "한 사람의 마음을 구성하는 요소들은 그 정확한 존재론적 위상(상태, 일화, 과정, 사건)이 무엇이든지 간에, 타자가 볼 수 없는 요소들이라고 하는 논변을 지체 없이" 가정하기 때문에 궁극적으로는 비가시성 주장의 편에 계속해서 서는 것이다(Dretske 1973: 37).

4. 행동주의의 유령

이 시점에서, 다른 사람의 의도나 정서에 대한 이해는 그 타자의 목표 지향적이고 표현적인 행동에 대한 관찰을 통해 정보를 받을 수 있고 영향을 받을 수 있다며 반론을 제기할 수도 있지만, 우리는 결과와 원인을 구별할 필요가 있다. 표현적 행동은 기저를 이루는 심적 상태에 의해 야기되며, 전자는 후자를 구성하지 않는다(Jacob 2011: 531). 짧게 말하면, 타자의 신체적 행동이 그 행동의 의도와 정서를 구성할 때라야 그 타자의 의도나 정서를 직접 파악한다고 말할 수 있다. 만약 그 신체적 행동이 행동의 의도와 정서를 구성하지 않는다면, 그럴 때는 전자를 지각함으로써 후자를 지각할 수 없음이 분명하다. 그러나 그 신체적 행동이 행동의 의도와 정서를 구성한다면, 이 제안은 기본적으로 (받아들일 수 없는) 행동주의의 한 형태에 해당한다(Jacob 2011: 531).

언뜻 봐도, 현상학의 영향을 받은 이와 같은 제안을 행동주의라고 비난하는 것에는 상당히 이상한 구석이 있다. 어쨌든, 현상학적 의식 접근의 독특한 특징은 주관성의 중요성과 의식의 1인칭적 특성을 되풀이해 강조하는 것이었다. 어떤 현상학자도 정신 관련 용어나 개념이 행동 관련 개념으로 번역되든가 제거되든가 해야 한다는 주장을 수용한 적이 없다. 따라서 나는 중심적인 문제를 달리 풀어서 말할 것이다. 자코브의 주장과는 달리, 문제는 신체적 표현성이 우리의 심적 삶을 남김없이 드러내는지의 여부가 아니라고 나는 생각한다. 오히려 논란의 핵심은 신체적 표현성이 내재적인 심리적 의미를 가지는지, 아니면 이 심리적 의미가 무엇이든 간에 이것이 파생된 것인지와 관련이 있다. 자코브는 신체적 표현성이 그 모든 심리적 의미를 배타적으로 소유하는 것은 이 신체적 표현성이 숨겨진 다양한 심적 상태와 맺는 어떤 인과적 관계를 대리한다는 사실 덕분이라고 생각하는 것 같다. 이는 현상학자들에 의해 반박되고 있는 바인데, 현상학자들은 행동주의자들이 선호했던 이 빈약한 행동 해석에 저항한다(Leudar and Costall 2004: 603).

어쨌든, 행동주의자의 제안에서 심적 상태를 행동 또는 행동 성향으로 환원하거나 이와 동일시한 적이 있었던 것은 분명 아니다. 마음에는 공적으로 접근 가능한 행동적 나타남보다 많은 것이 있다―그리고 이는 복잡한 추상적 믿음뿐만 아니라, 단순한 의지와 기본 정서의 경우에도 마찬가지다. 그러나 어떤 주어진 주관의 심적 상태의 일부 측면은 타자가 직접 접근할 수 없다는 사실에 근거해, 어떤 주어진 주관의 심적 상태의 어떤 측면도 타자가 직접 접근할 수 없다고 추론할 수는 없다. 설사 공감적으로 접근할 수 없는 다른 사람의 심적 상태의 측면이 있다고 하더라도, 공감적으로 그 사람의 심적 상태를 파악할 수 있다고 말하는 것은 전적으로 합당하다. 따라서 우리는 타자의 정서나 의도를 공감적으로 이해할 수 있다는 주장과 타자의 정서나 의도의 모든 측면을 공감적으로 이해할 수 있다는 주장을 하나로 봐서는 안 된다. 이 점은 덧붙여 말하자면 통상적 대상 지각에도 해당한다. 어떤 탁자를 보는 것과 이 탁자 전체를 보는 것 사이에는 차이가 존재한다. 탁자의 모든 부분과 속성을 볼 순 없다 하더라도 나는 한 탁자를 볼 수 있다.

마음과 탁자의 사례 사이에는 결정적인 비유비성이 있다며 이의를 제기할 수도 있다. 탁자의 모든 부분을 볼 순 없다 하더라도 내가 탁자를 볼 수 있다는 것은 참이지만, 내가 이 탁자를 보려면 탁자의 그 특징적인 부분을 계속해서 충분히 봐야 한다. 그리고 문제는 심적 상태들의 특징, 즉 그 현상적 특성을 진정으로 정의하고 분별하는 일에는 타자가 항상 접근할 수 없으리라는 것이다. 하지만 이러한 추리 과정에 저항해야 하는 데에는 다양한 이유가 있다. 먼저, 한 주관의 경험의 현상적 특성이 다른 이에게 전적으로 출입 금지라는 것은 결코 분명한 사실이 아니며, 물론 이 점은 셸러가 가장 소리 높여 추진해온 요점이다. 다른 사람의 분노, 탈진, 좌절, 감탄, 기쁨을 공감적으로 파악할 때, 나는 이 타자가 어떤 심적 상태에 처해 있음을 그저 마음속에 새기거나 탐지하고 있는 게 아니다. 그가 그 상태에 처해 있음이 어떠할지에 관해 아무런 실마리도 가지지 못한 채로 말이다. 내가 다른 사람의 기쁨에 공감할 때

드는 어떤 기분은 내가 다른 사람의 탈진에 공감할 때 드는 기분과 아주 다르다. 그리고 내가 공감적으로 파악할 수 있는 바에 한계가 있을 때조차(나는 구두약을 맛보는 게 어떨지 공감적으로 파악할 수 없다), 타자의 경험의 어떤 차원은 내가 접근할 수 있는 채로 남을 수도 있다. 예를 들어, 나는 이 경험의 강렬함 또는 이 경험이 즐거운지 불쾌한지를 포착할 수 있다. 둘째로, 우리가 의욕적이고 정동적인 다양한 상태에 대한 이해, 즉 무언가를 욕구하거나 두려워하고, 분노하고, 부끄러워하고, 질투하는 게 의미하는 바에 대한 이해에는 그 상태들의 신체적이고 표현적이며 행동적인 측면에 대한 언급이 아주 자연스럽게 포함되어 있으며 그래서 앞서 말한 현상들을 정의하라는 요구를 받을 때, 단순히 이 상태들의 현상적 특성에만 초점을 맞춰서 언급을 하는 것은 아주 이상할 것이다. 사실, 최근의 유력한 접근법에 따르면, 정서는 구성 요소적 과정이며 여기에는 주관적 느낌, 표현적 운동 행동, 인지적 평가, 생체적 각성, 행위 준비 상태가 포함되어 있다(Niedenthal et al. 2006: 6-7). 물론, 어떤 것이 정의가 되려면 필요충분조건에 정확히 초점을 맞춰야 한다거나 또 가장 행위와 금욕적 억제를 통해 표현적 행동은 필요하지도 충분하지도 않음이 드러났다고 응수할 수 있다. 그러나 확실히 이러한 경우들은 일반적이기보다는 예외적인 상황이다. 단지 왜 이러한 경우들만 가지고 표현적이고 지향적인 행동이 내재적인 심리적 의미를 결여한다고 결론지어야 하는지 참 이해하기 어렵다.[14] 게다가 기저를 이루는 가정은, 즉 표현되지 않은 경험도 표현된 경험과 똑같다는, 다시 말해 경험은 심지어 신체적이고 언어적으로 표현되지 않더라도 정확히 변함없이 유지될 것이라는 가정은 경험적 증거에 의해 도전받고 있지 않은가? 많은 연구는 주관이 특정 얼굴 표정이나 자세를 취하도록 유도될 때, 이 주관이 상응하는 정서를 경험함을 증명한다. 마찬가지로, 사람들의 신체적 표현성을 억제할 때 이들은 감소된 정서적 경험을 보고한다. 따라서 이른바 안면 피드백 가설에 따르면, 얼굴 표정들이 상응하는 정서적 경험을 일으킬 수도 있는 것처럼 얼굴 표정들은 이미 존재하는 정서의 강도에 영향을 미치고 이를 조절할 수 있다(Niedenthal 2007; Laird 2007). 결과적으로 정서의 표현적 측면을 억제하거나 제거하는 것은 정서적 경험 그 자체의 현상적 특성을 변화시키는 것처럼 보인다.

슈타인은 자신의 박사 논문에서 표현되지 않은 정서는 불완전한 정서라고 썼다(Stein 2008: 57). 그녀는 정서 표현을 정서의 경험적 외현화라고 말했으며 정서와 표현은 "자연적 통일체를 형성하고"(Stein 2008: 87) "인과적이지는 않은, 본성과 의미에 의한 관계를 맺고 있다"(Stein 2008: 59)고 주장했다. 메를로퐁티 역시 심적 현상과 행동 사이에 성립하는 표현적 관계는 한낱 우발적인 인과적 연결의 그것보다 더 강고하다는 견해를 옹호하는데, 그는 1948년 한 텍스트에서 다음처럼 썼다.

이러저러한 이유로 나에게 몹시 짜증이 난 누군가의 면전에 있다고 상상해보라. 대화 상대가 분노하고 있고 나는 그가 공격적으로 말하고 몸짓을 하며 소리를 지르면서 자신의 분노를 표현하고 있음을 알아차린다. 그러나 어디에 이 분노가 있는가? 사람들은 이 분노가 대화 상대의 마음 안에 있다고 말할 것이다. 이것이 의미하는 바가 전적으로 명료한 것은 아니다. 왜냐하면 상대방의 제스처, 말, 신체에서 분리되는 그의 겉모습에서 식별되는 바로서의 악의와 잔인함을 나는 상상할 수 없기 때문이다. 이러한 일은 어떤 초세속적인 영역, 즉 분노한 사람의 신체는 도달할 수 없는 어떤 성소에서 일어나지 않는다. 분노가 발발하는 곳은 바로 여기에, 이 방에, 이 방의 이쪽에 있다. 분노가 펼쳐지는 곳은 그와 나 사이에 있는 공간에 있다. 상대방의 분노의 장소가 그의 얼굴이라는 의미가, 눈물이 그의 눈에서 흘러내릴 수 있다거나 찡그린 얼굴이 입을 굳게 만들 수 있다는 의미와 곧바로 동일하지는 않음을 나는 받아들일 수 있다. 하지만 분노는 그에게 거주하며 창백하거나 붉어진 볼과 충혈된 눈 그리고 씩씩거리는 목소리의 표면에서 드러나 꽃피운다(Merleau-Ponty 2004: 83-84).

이러한 발상은 결코 현상학적 전통에 선 철학자들만의 것이 아니라, 그 시대의 다른 사상가들에게서도 찾아볼 수 있다. 예를 들어, 카시러는 『상징형식의 철학』에서 표현적 현상에 대한 이해는 시원적이며 감각적 현상에 대한 이해나 고유한 대상에 대한 이해보다 더욱 기본적이라는 견해를 지지한다(Cassirer 1957: 63, 65). 카시러에 따르면 셸러의 위대한 성취는 유비 이론과 투사적 공감 이론 모두 현상학과 관련해 약점이 있음을 보여줬다는 데 있다. 이 두 이론은 표현적 차원이 진정으로 본원적인 현상임을 제대로 평가하지 못했다. 그런데 표현적 차원을 놓친다면 내적 경험의 세계로 들어가는 모든 접근로가 차단되게 된다. 이는 우리를 너thou의 영역으로 인도할 수 있는 다리를 끊는 일이다. 실제로 카시러는 계속해서 다음처럼 썼다.

표현의 **일차적** 기능을, 지성적인 것이든 미적인 것이든 간에, 다른 고차의 기능들로 대신하려는 그 어떤 시도도 불충분한 대체물들을 불러올 뿐인데, 이 대체물로는 결코 그 요구 사항을 달성할 수 없다. 이러한 고차의 기능들은 절대적으로 본원적인 형태의 표현에 대한 경험의 일차적 층을 이미 전제하는 한에서만 영향을 미칠 수 있다(Cassirer 1957: 87).

카시러는 표현이라는 현상을 해석이라는 사후적 작용에 의존하게 하는 모든 이론을 경계하라고 한다. 이러한 설명은 사실 자료의 순서를 역전시키고 있다. 이 설명은 지각을 투사 작용으로 나중에 되살리려고 먼저 지각을 단순한 감각적 내용물들의 복합체로 만들면서 없애버린다(Cassirer 1957: 65). 우리가 해야 할 일은 조사의 순서와 방향을 역전시키는 것이다.

어떤 논리적 추론 과정이나 미적 투사 과정에 의해 물리적인 것이 정신적인 것으로 **되는지를** 묻는 대신, 사물에 대한 지각이 아니라 순수하게 표현에 대한 지각인 지점 그리고 그럼으로써 안이자 바깥인 지점으로 돌아와서 지각을 따라가야 한다(Cassirer 1957: 84; 번역 수정).

일부 표현과 신체적 움직임은 애초부터 심리적으로 유의미하고 사회적으로 도드라짐을 부인한다면, 즉 매컬러가 말한 '행동 거부 심리주의'를 채택한다면(McCulloch 2003: 94), 우리는 또한 다양한 버전의 타자 마음의 문제에 직면할 것이다. 한 버전은 다음과 같다. 행동 그 자체가 심리적으로 무의미하다면, 행동이 눈송이가 떨어지는 것이나 바람이 불어 모빌이 이동하는 것처럼 순전히 물리적 분석의 측면에서 충분히 해명될 수 있다면, 무엇이 우리에게 행동을 심리적으로 설명하도록 동기 부여를 할 수 있을까? 그리고 한편으로는 관찰된 행동에 기초해 기저를 이루는 심적 상태를 추론하고 다른 한편으로는 행동의 의미를 알기 위해 기저를 이루는 심적 상태에 호소한다면, 순환성에 빠지지 않을까 (Malle 2005: 27)? 다른 버전은 이른바 타자 마음에 대한 개념적 문제일 것이다. 만약 나의 경험이 그 일차적 사례에서 순수하게 심적인 본성에 대한 것이라면, 다시 말해, 내가 심적 상태를 타자에게 귀속시키는 일은 타자의 신체적 행동에만 오로지 기반한다고 하면서도 내가 (일부) 심리적 상태를 자기귀속시키는 데는 나의 신체적 행동이 본질적으로 중요한 부분이 아니라고 한다면, 사실상 우리가 같은 유형의 상태를 자기와 타자에게 귀속하고 있는지는 무엇이 보장할 수 있을까? 우리는 매번 상이한 주체들에게 동등하게 적용할 수 있는 진정으로 일반적인 마음 개념을 어떻게 소유하게 될 수 있을까(Merleau-Ponty 2012: 391; Davidson 2001: 207; Avramides 2001: 135, 224)? 외현적 행동에서 내현적인 내적 상태로 이동하며 추론하는 게 타당하다는 주장을 가지고 마음의 문제를 풀려 하기보다, 사실상 좀더 유망한 전략은 회의론적 소여 개념을 거부하는 것일 수 있다.

표현과 표현적 현상은 복잡한 주제이며, 보다 충분한 설명이 되려면 내가 여기서 제시할 수 있는 것보다 훨씬 더 상세한 연구가 필요할 것이다. 이렇게 자동적이고 불수의적인 표현을 연구하는 데에만 한정하고 제한하는 것은 실수임을 한 번만 더 강조하겠다. 표준적인 정의에서 보면, 표현이라는 것은 얼굴 표정, 제스처, 신체 자세, 발화 등의 언어적이고 비언어적인 행동을 지칭하는 것으로서 이는 심적 상태가 타자에게 알려지고 나타나며 타자에게 전해진다는 데 의거한다(Niedenthal et al. 2006: 116). 결과적으로, 일상의 상호작용 대부분은 의사소통의 목적을 위한 수의적 표현을 수반한다는 점과 표현의 자연스러운 형식이 가진 의사소통적 효용성은, 양식화되고 극화되며 그 밖의 방법으로 변양됨으로써 자양을 얻을 수 있을 뿐만 아니라, 바로 그 표현적이면서 경험적인 레퍼토리는 이러한 관습들을 통해 또한 극적으로 확장될 수 있다는 점을 잊어서는 안 된다.

수의적이고 관습적인 표현을 담기 위해서 연구의 초점을 변경하는 순간, 우리의 생각, 느낌, 의도를 충분히 표현하는 데 실패할 수도 있다는 점을 분명 변수로 넣을 필요가 있다. 그러나 만약 우리가 성공한다면, 우리는 그러한 상태를 드러내 보여서 타자가 여기에 접근할 수 있도록 만든다. 하지만 중요한 점은, 이 상태들은 필수 배경지식을 소유하는 자들만이 접근하고 이해할 수 있으리라는 것이다. 그래서 이러한 관습적 표현을 사용하면 접근 가능성의 새로운 형태가 용인될 수도 있겠지만, 이는 이미 상호인격적 이해의 기본적이거나 시원적인 유형에 관한 언급에서 벗어나는 일이다.

지금까지 밝혔듯이, 나는 모든 것이 보이도록 열려 있다 또는 타자는 완전히 투명하다는 주장을 지지하는 게 아니다. 나는 타자의 심적 삶의 모든 측면을 직접 접근할 수 있다고 주장하고 있는 게 아닐뿐더러, 타자의 심적 상태의 일부 측면은 직접 친숙하게 알 수 있다는 현상학의 제안을 최신의 사회 인지 연구가 진지하게 받아들여야 한다고 생각하지도 않는다. 봐왔듯이, 이러한 견해는 행동주의의 입장에 서는 것이라 논란의 소지가 많다는 주장이 있었다(Jacob 2011: 531). 나는 이 비판이 옳다고 생각하지 않는다. 게다가 나는 이 견해가 비판자들이 실감하는 것보다 훨씬 광범위하게 퍼져 있다고 생각한다. 최근 여러 다양한 전통에 기반한 많은 철학자가 이와 유사한 발상을 품고 있으며(Rudd 2003; Overgaard 2005; Cassam 2007; Green 2007; Newen and Schlicht 2009; Smith 2010; Stout 2010) 또한 사회 인지가 세 가지 형태를 띤다는 마이클 토마셀로의 제안에 관심을 보인다. 우리는 타자를 (1) 생명이 있는 존재로, (2) 지향적 행위자로, (3) 정신적 행위자로 이해할 수 있다. 토마셀로의 견해에 따르면, 이러한 3분할의 개체발생적 관련성은 직선적이다. 유아는 생명이 있는 존재와 생명이 없는 존재를 태어날 때부터 구별할 수 있지만, 공동주의, 시선 좇기, 공동 참여, 모방 학습 등의 현상이 입증하다시피, 생후 약 9~12개월부터 지향성을 목표지향적 행동이란 의미에서 감지할 수 있다. 그리고 약 네다섯 살에 유아는 타자를 자신과 다를 수도 있는 믿음을 소유한 정신적 행위자로 알아차리게 된다. 토마셀로의 견해에 비추어볼 때, 왜 마지막 단계가 훨씬 더 오래 걸릴까? 한편으로, 그는 표현적 행동의 다양한 역할에 주목한다. 타자의 생명성은 타자의 행동에서 직접 표현되는 반면, 지향성은 행위에서 표현되기도 하지만 동시에 다소간 행위와 분리되어 있다. 왜냐하면 때때로 지향성은 표현되지 않은 채로 남을 수 있고 또는 다른 방식으로 표현될 수 있기 때문이다. 마지막으로, 생각과 믿음의 경우는 자연스러운 행동적 표현을 전적으로 결여할 수도 있는데(Tomasello 1999: 179), 이 점이 생각과 믿음을 파악하기 훨씬 더 어렵게 만든다. 여기서, 혹자는 토마셀로의 용어 선택(지향적 행위자와 정신적 행위자를 구분하는 것은, 이 구분이 목표 지향적 행위에는 의식적 마음 상태가 담겨 있지 않고 생각과 믿음에는 지향성이 존재하지 않는다는 점을 모두 시사할 수도 있다는 점에서 문제적이다)은 물론이고 그가 제안한 발달론적 시간 구조(예를 들어, Onishi and Baillargeon 2005와 비교해보라)라는 말도 확실히 의문시할 수는 있겠지만, 유아가 타자의 표현적 행동을 알게 되고 이에 반응할 수 있는 선천적이고 자동적이며 전반성적인 능력(아마 정서적 표현에 대한 감수성을 포함하는)에 그가 초점을 맞추는 부분이라든지, 사회적 이해의 여러 수준을 구별하는 부분은 여기서 지지하는 견해와 완전히 양립할 수 있을 것 같다. 다른 한편으로, 사회 인지의 보다 진전된 형태는 장기간에 걸친 실생활의 사회적 상호작용에 좌우되기 때문에 그만큼 늦게 나타난다고 토마셀로는 주장한다(Tomasello 1999: 198). 아동이 다른 사람은 세계에 관해 자신의 믿음과 다른 믿음을 갖는다는 것을 이해하려면 이견과 오해, 해명 요구를 통해서든 아니면 반성적 대화를 통해서든 사람들의 상이한 관점이 분명히 드러나게 되는 담화에 참여해야 한다(Tomasello 1999: 176, 182). 베른하르트 발덴펠스가 일찍이 언급했듯이, 대화는 본성상 다중심주의적이다. 내가 대화를 하고 있을 때 타자는 나를 언급하고 있고, 또 나는 따라서 동시에 관점의 복수성을 통해 현실을 경험하고 있다. 이러한 동시성 경험은 내가 상상적으로 타자의 관점을 채택할 수 있는 능력과 다르며 이에 선행한다(Waldenfels 1971: 203). 자, 우리의 타자 이해는 점진적으로 보다 정교해진다는 사실과 타자만큼 쉽게 접근할 수 없는 마음의 차원이 존재한다는 사실을 지적한다는 점에서 토마셀로는 확실히 옳다. 게다가, 이러한 발달 과정의 문화적이고 사회적 차원을 지적하고 있다는 점에서도 옳다. 사회 인지가 보다 정교한 형태를 띠는 것은 특정한 선천적 인지 모듈이 자동적으로 성숙해서가 아니라, 이 능력이 점점 복잡해지는 형태의 사회적 상호작용과 나란히 발달해서라고 여기는 게 타당해 보인다.

이러한 연구 결과에서 도출할 수 있는 결론은, 사회 인지는 여러 가지 형태로 나타나며 일부는 아주 어릴 때부터 존재한다는 것이다. 사실 단 하나의 메커니즘이나 과정을 사용해서 사회 인지에 관한 모든 것을 설명하려는 시도는, 니컬스와 스티치의 말처럼 둥근 나무못을 비대칭 사다리꼴 구멍에 억지로 끼워 넣으려는 시도와 약간 비슷한 면이 있다

(Nichols and Stich 2003: 101). 따라서 우리는 단일체적 접근법을 경계 해야 하는데, 이 접근법은 해당 이론이 설명할 수 없는 사회 인지의 형태 들을 무시하는 경향이 있기 때문이다.

몇몇 발견을 보다 인색한 방식으로, 다시 말해 소위 어떤 마음 읽기 역량도 유아에게 귀속시키지 않는 방식으로 설명하는 게 가능할지에 관 한 논쟁이 갑자기 생겨났다는 것은 놀랄 일이 아니다. 아마도 유아는 관 찰 불가능한 심적 상태에 관해 정말 추리를 하고 있는 게 아니라, 단지 행동 읽기에 능숙한 것일지도 모른다. 다시 말해, 관찰 가능한 행동에 민 감하고 이러한 행동에 관해 추리할 수 있는 것이다(가령, 특정 결과를 예 측하고 예견할 수 있게 하는 방식으로 말이다)(Apperly 2011: 151). 하지만, 유아가 정말 마음 읽기를 하고 있는지 아니면 단지 행동 읽기를 하고 있 는지에 관한 이 논쟁에는 상호주관성, 사회적 이해, 타자정향적 지향성 모두가 결국은 순수하게 내적이고 사적인 상태, 다시 말해 유의미한 행 위와 표현적 행동에서는 볼 수 없는 상태에 대한 언급을 필연적으로 수 반하는 모종의 마음 읽기에 의존한다는 가정이 전제되어 있는 것 같다. 이러한 정신성 개념을 감안하면, 아동이 상대적으로 늦은 단계에서라 야 이 역량을 터득할 수 있으리라고 믿을 만한 충분한 이유가 있다. 그러 나 분명하고 결정적인 문제는 왜 처음부터 이런 협소한 정신주의적 마음 이해를 채택하고 싶을까 하는 것이다. 현상학자들은 일반적으로 타자를 이해하는 문제와 상호주관성의 문제에 있어 신체화된 접근법을 취해왔 다. 타자의 신체 그 자체는 다른 모든 물리적 개체와 전혀 다르게 현전하 고, 따라서 우리가 타자의 신체적 현전을 지각하는 일은 통상적인 물리 적 대상을 지각하는 일과 같지 않음을 인정하는 것으로부터 우리는 시 작한다.

흥미로운 것은, 현상학적 공감 설명에 대한 비판을 제시하면서 자코브가 어떤 행위자의 의도적 행동이나 표현적 행동은 그 행위자의 움직임을 야기한 의도나 정서를 "배반한다"고 말할 수 있다고 쓴 부분이다 (Jacob 2011: 534). 이 맥락에서 '배반하다'라는 용어를 쓰는 것은, 가령 참가자의 실룩이는 눈이 그의 초조함을 배반한다고 말하는 게 가능할 수도 있는 포커 놀이를 사회적 이해의 전형적인 사례로 간주해야 한다는 인상을 불러일으킨다. 마찬가지로, 비명 행동이 진짜 고통을 배반한다고 해서 마취하지 않은 수술대 위 환자의 비명이 한낱 행동이고 진짜 고통과 엄격히 구별되어야 한다고 말할 수 있을까? 아니면 엄마의 포옹은 엄마의 애정과 엄격히 구별되어야 한다고 해서 엄마의 포옹이 엄마의 애정을 배반한다고 말할 수 있을까? 찌푸린 얼굴, 키스, 웃음 등의 현상을 심리적인 측면과 행동적인 측면으로 깔끔히 나누는 게 정말 말이 될까? 돌봄은 단순히 애정의 인과적 결과라기보다는 애정을 구현하는 게 아닐까? 애정은 눈에 보이게 드러나는 게 다가 아니라는 점에 기꺼이 동의할 수 있겠지만, 동시에 전적으로 눈에 보이지 않은 채로 있는 애정은 다소 불완전하다고도 주장할 수 있다.

행동 읽기와 마음 읽기라는 이분법을 넘어서는 데로 우리를 데려가 (Sinigaglia 2008) 궁극적으로는 읽기 이미지 전체를 필요 없게 만든다면, 우리의 탐색 경로에 더 많은 행운이 따를 것으로 나는 생각한다. 그 이분법을 넘어선다면 과제의 성격이 달라질 것이다. 이제 결정적인 문제는, 눈에 보이지만 마음 없는 행동과 눈에 보이진 않지만 신체와 분리된 정신성 사이의 간격을 어떻게 이을지가 아니라, 지각에 토대를 둔 초기 형태의 공감과 보다 정교한 형태의 상호인격적 이해 사이의 고리를 어떻게 이해할지다. 이 고리를 이해하는 일 그 자체가 수많은 도전을 상정할 수도 있겠지만, 심리철학의 용어를 빌려 말하자면, 이 도전은 사회 인지의 어려운 문제가 아니라 쉬운 문제에 속할 것이다. 메를로퐁티가 말하다시피, 타자가 근본적으로 외래적인 정신으로서 이해되기보다 세계 안에서 의도적으로 행동하는 존재로서 일차적으로 이해된다면, 즉 그녀가 우리를 둘러싸는 세계를 의도하고 파악하는 어떤 방식으로서 일차적으로 이해된다면, 내가 어떻게 타자를 이해하게 되는지 아는 문제를 푸는 어려움은 무한히 작아진다(Merleau‒Ponty 1964a: 117).

12장

주관성과
타자성

책의 2부에서 나는 공감 고찰이 자기-타자의 관계에 빛을 던져줄 수 있고, 중요한 통찰은 고전 현상학적 탐구에서 발견될 것이라고 주장했다. 끝으로, 1부에서 논의된 주제와 연결되는 선행 논의의 함의 일부를 언급하고 내 분석의 중요한 한계를 조명하겠다.

내가 초기의 현상학적 공감 탐구를 조사하는 일차적 목표는, 공감이라는 용어의 정의 방식과 사용 방식을 설정함으로써 술어상의 논쟁에 기여하기 위해서가 아니라 오히려 이 탐구에서 얻을 수 있는 몇몇 통찰—최근의 사회 인지 논의와 여전히 관련되어 있는 통찰—을 지적하기 위함이었다. 여기에는 상호인격적 이해의 다면적 성격을 역설하는 일, 타자의 심성에 대한 우리의 기본적 감수성을 인정하는 일, 그리고 물론 우리가 타자의 경험을 직접 친숙하게 알 수 있는 범위를 조명하는 일이 포함될 수 있다. 이 점들을 수용하는 일이 현존 이론들의 전면적인 개편을 필연적으로 야기할지는 논쟁의 여지가 있지만, 설사 개편되지 않는다고 해도, 그 수용만으로도 사회 인지의 전형적 사례일 것으로 간주되던 예들을 재고하는 데는 물론이고 몇몇 실증적 발견을 새롭고 다채롭게 해석하는 데도 동기 부여가 될 것이다.

분명히 밝혔다시피, 내가 누구인지는 동시에 내게 무엇이 중요한지의 문제이기도 하며 그래서 나 자신의 자기이해와 무관하게 정해질 수 없다는 일반적인 발상에 나는 어느 정도 동감한다. 그러나 나는 이 접근법이 홀로 설 수 있다고 생각하지 않는다. 여기에는 1인칭 관점을 보다 공정하게 다루는 설명이 보충될 필요가 있다. 이 점이 내러티브주의자가 지지하는 자기개념보다는 더욱 시원적이고 근본적인 자기개념―내러티브적 구조에 기대서는 잡아낼 수 없는 어떤 개념―을 의무적으로 운용해야 하는 이유다. 이와 상응하는 조치로, 나는 내러티브적 접근법이 놓칠 수밖에 없는, 타자가 된다는 게 무엇을 의미하는지의 결정적 차원이 존재한다고도 생각한다. 이 점은 샤프를 복기함으로써 설명될 수 있다. 샤프에게, 인간의 삶은 이야기들에 휘말려드는 삶이다. 인간의 삶은 이 이야기들을 떠나서는 아무것도 아니며 이러한 이야기만이 자기 자신과 타자에게 접근할 수 있게 한다(Schapp 2004: 123, 126, 136, 160). 더욱 구체적으로, 그는 타자와 관련된 본질적인 것은 타자의 이야기라고 주장한다. 살과 피가 있는 타자와의 마주침, 즉 구체적인 대면 마주침은 중요한 어떤 것도 부가하지 않는다. 즉 내러티브 너머로 데려가지 않는다. 사실상, 은유를 계속하면, 얼굴은 또한 이야기들을 말해주며 얼굴을 맞대고 누군가를 만나는 것은 책을 읽는 것과 같다고 샤프는 주장한다. 우리가 다른 사람을 아는 것은 바로 우리가 이 이야기들을 알 때다. 누군가를 몸소 알거나 만나는 것은 단지 새로운 이야기들과 마주치는 것 또는 확증된 옛 이야기들을 가지는 것이다(Schapp 2004: 105-106). 이 접근법은 소위 타자성에 대한 순치馴致라고들 하는 것을 수반한다는 이유로 비판받을 수도 있다. 당신은 내러티브들로 잡혀질 수 있는 그것으로 타자를 환원한다. 그러나 이 접근법은 그 때문에 타자가 정확히, 우리가 그에게 행사하는 그 모든 내러티브에 저항하고 이를 뛰어넘는 타자성을 그 특징으로 한다는 점을 깨닫지 못한다.

분명히 물어야 할 질문은 내러티브적 접근법의 이 두 한계 사이에 체계적인 고리가 존재하는지다. 답은 간단해 보인다. 타자가 어떤 초월성의 차원을 그 특징으로 하는 이유, 즉 타자가 어떤 타자인 이유는 바로 그 또는 그녀가 그 또는 그녀 자신의 대체 불가능한 1인칭 관점을 가지는 경험적 자기이기도 하기 때문이다. 사실, 의식의 1인칭적 특성에 대한, 다시 말해 경험의 나에 대해 있음에 대한 강력한 지지는 합리적인 상호주관성 설명을 가로막거나 방해하는 것이 아니라, 이러한 모든 설명의 필수 요건이라고 나는 생각한다.

일부는, 상호주관성의 문제를 해결하고 위협적인 유아론을 피할 수 있는 유일한 길은 자기와 타자의 차이를 하나의 토대를 가지면서 파생된 차이, 즉 미분화된 익명적 삶에서 발생하는 차이로 개념화하는 것이라고 주장해왔다. 그러나 지금껏 밝혔듯이 이 '해결책'은 상호주관성의 문제를 해결하는 게 아니라 없애버린다. 자기와 타자 사이의 모든 구별에 선행하는 근본적 익명성에 대해 이야기하는 것은, 명료해져야 할 그것, 즉 주관성들 사이의 관계로 이해되는 상호주관성을 불분명하게 한다. 이러한 근본적 익명성의 수준에는 개체성도 자기성도 존재하지 않고, 어떤 분화나 타자성이나 초월성도 존재하지 않으며, 결과적으로 주관성의 여지도 상호주관성의 여지도 존재하지 않는다. 달리 말하면, 근본적 익명성 테제는 우리의 자기소여적 주관 개념을 위협할 뿐 아니라 환원 불가능한 타자 개념도 위협한다. 따라서 경험적 삶의 내재적이고 본질적인 개체성에 대한 강조는 만족스러운 상호주관성 설명에 대한 방해가 아니라, 자기와 타자 사이의 관계와 차이를 이해시키는 데 필요한 선결 조건으로 여겨져야 한다. 고전적인 공감 설명과 보다 최근의 공감 설명 모두에서 반복되는 발상은, 공감이 자기와 타자 사이의 분리감을 전제한다는 것, 즉 자기-타자 사이의 분화의 극복이나 제거가 아니라 보존을 전제한다는 것이었다. 사실 우리가 봐왔듯이, 현상학자들에게 공감은 뚜렷한 자기초월성, 즉 결정적으로 타자인 것과의 직면을 수반하는 지향성의 한 형태로서 정확히 정의된다. 이러한 사고방식의 기본적 전제는 의식에 대해 자아론적 설명을 지지하는 것이다. 그러한 까닭에 절대적으로 비자아론적인 의식 설명은 설득력 있게 공감(그리고 나아가 연민)을 설명할 수 없다는 이유로 비난을 받을 수도 있으며, 이러한 비자아론적 의식 설명에는 불교의 다양한 무아설이 분명 포함될 것이다. 그 실례로 다음의 두 진술을 비교해보자.

깨달은 자는 한 치의 치우침도 없이 모든 유정에게 자애와 연민을 평등하게 드러낸다. 그러나 만약 나의 고통과 당신의 고통에 심대한 차이가 **존재한다면**—만약 경험적 차이일 뿐이라면—우리는 이를 어떻게 해야 이해할 수 있을까? 사실상, 우리 사이에 심대한 차이가 존재한다면, 어떻게 해야 내가 누군가의 고통을 나의 것이나 당신의 것이 아닌, 바로 **누군가**의 고통으로 볼 수 있을까? 이를 이해하려면, 우리는 깨달은 자로서 나는 심각한 의미에서, 더 이상 누군가를 '나'로 여기지 않는다고 가정해야 한다. 나는 더 이상 나 자신을 나 자신**으로서** 경험하지 않고 익명적인 '누군가'로 경험할 것이다(Fink 2012: 295).

그러므로 동감은 쇼펜하우어와 폰하르트만이 주장하듯 개인들이 본질적으로 동일하다는 걸 증명하는 게 아니라, 개인 간의 순수한 본질적 **차이**를 전제하는 것이다. (…) 우리가 봤듯이, 진정한 동감의 바로 그 임무가 다른 개인의 동등한 위상을 그 자체**로서** 포착함으로써 유아론적 환상을 소멸시키는 데 있다면, 이와 동시에 동감은 단지 기능들인바 어떤 제3자일 뿐이지 우리 중 누구도 진정 존재하지 않는다는 사실에 대한 흐릿한 지각일 수 없다(Scheler 2008: 65-66; 번역 수정).

이 시점에서 내가 셸러의 편을 드는 이유는 앞선 논의에서 밝혔다. 자기성과 공감 사이의 관계는—그리고 현상학적 공감 설명의 핵심 교의를 멋지게 공식화한 표현은—셸러에게서 인용한 다른 글에서 찾아볼 수 있다. 덧붙여 말하면 이것은 후설과 슈타인, 슈츠 모두가 아무런 거리낌 없이 받아들일 수 있는 글이다.

우리가 어떤 자기를 알아차리지 않고는 어떤 경험을 알아차릴 수 없다는 점은, 직관할 수 있는, 개체와 경험 사이의 내재적 연결에 직접 근거를 두고 있다. (…) 다른 사람이—우리 자신과 마찬가지로—결코 우리에게 주어질 수 없는 절대 개인적인 사적 영역을 가진다는 것은 이 사실의 당연한 귀결이다. 그러나 '경험'의 발생은 표현적 현상에서—게다가 추론을 통해서가 아니라 시원적인 '지각'의 하나로 직접—우리에게 주어진다. 우리가 부끄러움과 기쁨을 지각하는 것은 붉어진 얼굴과 웃음소리에서다. "우리의 유일한 일차적 자료는 신체다"라는 말은 완전히 잘못됐다. 이는 의사나 과학자에게서만, 다시 말해 예를 들면 표현적 현상을 인공적으로 추출하는 사람에게만 사실인데, 이 표현적 현상은 전적으로 시원적인 주어짐이다(Scheler 2008: 9-10).

하지만 10장 1절에서 짧게 언급했듯이, 표현성과 공감에 초점을 맞추는 입장이 현상학에서 전혀 논란을 일으키지 않는 것은 아니다. 가령 하이데거는 이 입장에 강력하게 의구심을 보이는데, 그는 공감에 기초해 상호주관성을 이해하려 한다면 자기의 본성을 심각하게 오인하는 입장에 계속해서 서게 될 것이라고 주장한다.

이 단어[공감]가 적어도 의미를 보유할 수 있는 것은, 오로지 먼저 '내'가 자아 권역에 있고 난 이후에 다른 자아 권역으로 들어가야 한다는 가정 때문이다. 이 '나'는 처음으로 갑자기 나온 것이 아닌데 (…) 왜냐하면 이것이 이미 바깥에 있기 때문이고 또한 이것은 타자에게 갑자기 들어간 것도 아닌데 왜냐하면 이것은 이미 타자를 바깥에서 만나기 때문이다(Heidegger 2001: 145).

이러한 개념 이해에 따르면, 공감 개념은 어떻게 하나의 (고립된) 주관이 다른 (고립된) 주관과 마주치고 이해할 수 있는지를 해명할 목적으로 도입되는 것이다. 설사 공감적 접근법이 유비논증과 같은 실수를 범하지 않는다 해도, 어떤 투사주의적 경향에서 자유로울 수 있다 해도, 이 접근법은 상호주관성의 본성을 여전히 잘못 해석하고 있다. 왜냐하면 공감적 접근법은 먼저 상호주관성을 개인들 사이의 주제적 마주침으로 여기는데, 이 마주침에서 우리가 타자의 내적 정서나 경험을 파악하려 시도한다고 하기 때문이다.(이러한 함의는 특히 독일어 Einfühlung에서 자명하다.) 하이데거가 지적하듯이, 타자의 경험을 주제적으로 파악하려는 바로 그 시도는 일반적인 것이 아니라 이례적인 일이다. 평범한 상황에서 우리는 공동 세계에서 함께 참여하며, 그런대로 서로를 이해한다. 사실, 세계 내 존재로서의 우리는 끊임없이 타자들에게 의존하며, 타자들과의 공존이 우리의 일상 활동에 공동함의되어 있다. 하이데거는 현존재는 동일한 원본성을 가지면서도 존재론적 필연성에 의해 세계 내의 개체들 곁에 있음Sein bei이자 다른 현존재와 더불어 있음Mitsein이며(Heidegger 1975: 394), 이는 타자가 사실상 현전하는지 여부와 무관하게 사실이라고까지 주장한다. 영향력 있는 현상학적 정신의학자 루트비히 빈스방거는 이를 두고 다음처럼 말한다.

> 이러한 존재론적 연관을 제시함으로써, 하이데거는 공감의 문제, 낯선 것을 낯선 그대로 지각하는 문제, '낯선 나'를 구성하는 문제' 등등에 관한 문헌 전체를 역사의 권역으로 유배했다. 왜냐하면 후자 문제들에 대한 증거 제공과 해명은 항상 그 증거와 설명에 이미 전제되어 있기 때문이다. 전제 그 자체는 설명될 수도 입증될 수도 없고, 오히려 존재론적으로-현상학적으로 '개시'될 수 있을 뿐이다(Binswanger 1953: 66).

거위치도 비슷한 의구심을 나타낸다. 그는 표현적 현상의 중요성을 선뜻 인정하지만, 셸러가 자신의 접근법에서 너무 한쪽으로 치우쳤다는 이유를 들어 그를 비판하고, 그런 뒤 표현적 현상의 영역은, 무엇 때문에 우리가 다른 인간을 인간으로서 마주칠 수 있게 되는지를 이해하려 하는 경우, 고찰해야 할 유일한 차원도 일차적 차원도 아니라고 주장한다(Gurwitsch 1979: 33). 그의 견해에 따르면, 우리는 타자를 맨 먼저 그리고 통상적으로 인지의 주제적 대상으로서 마주치는 게 아니다. 오히려 우리는 일상이 펼쳐지는 세계 안에서 타자와 마주친다. 아니 더 정확히는 세계의 상황 안에서 타자와 마주치며, 우리가 서로 함께하고 이해하는 방식은 당면한 상황에 좌우되는 의미 안에서 공동결정된다 (Gurwitsch 1979: 35–36, 95, 106). 예를 들어, 거위치는 두 명의 노동자가 자갈을 깔아 길을 내는 상황을 분석했다. 이 작업 상황에서, 한 노동자가 돌을 깨서 바닥에 놓는 동안 다른 노동자는 돌을 간다. 각 노동자는 자신의 행위와 처신 안에서 노동자와 관계를 맺고 있다. 한 노동자가 다른 노동자를 이해할 때, 문제의 이러한 이해는 숨겨진 어떤 심적 사건들을 파악하는 일을 수반하지 않는다. 타자의 마음 문제는 결코 존재하지 않는다. 고립된 자아가 어떻게 다른 고립된 자아에게 접근하는지 하는 문제는 결코 존재하지 않는다. 오히려 이 두 노동자는 공동의 상황에서 하는 역할 덕분에 서로를 이해한다(Gurwitsch 1979: 104, 108, 112).

하이데거와 거위치는 상호주관적 이해가 사회적이고 문화적으로 내장되어 있음을 강조한다. 하지만 어떤 이유에서 상호주관적 이해에 공감과 대면 마주침이 각각 유관하고 중요하다고 계속 주장하지만, 우리의 전형적인 타자 이해가 맥락적임을 왜 인정할 수 없는지는—예를 들어, 슈츠가 그랬듯이—전혀 분명하지 않다. 더욱이 공감에 매진하는 현상학자들은 공감을 우리가 타자의 내적 영역으로 비집고 나아가는 어떤 과정으로서 여기지 않을뿐더러, 공감이 본질적으로 차단되어 있는 두 개의 내면성 사이에 다리를 놓는 것과 같은 문제라고도 여기지 않는다. 이와 달리 슈타인과 후설이 강조한 바에 따르면, 내가 타자를 공감적으로 이해할 때, 타자는 경험을 가진 순수한 한 원자핵으로서가 아니라 지향성을 가진 한 중심으로, 즉 나 역시 거주하고 있는 바로 이 세계를 다르게 바라보는 한 관점으로 나에게 주어진다. 그녀의 지향성은 타자인 그녀를 고립된 대상으로 직면하게 하지 않고 나를 끌어당겨 나로 하여금 그녀 세계의 대상에 함께 주의를 기울이게 할 것이다. 추후에 메를로퐁티는 이를 두고 말했다. "나의 시선이 어떤 행위를 하는 살아 있는 신체 위로 떨어지자 이 신체를 둘러싸고 있는 주변 대상들은 즉각 의미의 새로운 층을 입는다. 이 대상들은 더 이상 도구적인 것에 지나지 않는 게 아니라, 동반해서 행위할 수 있는 것이다"(Merleau-Ponty 2012: 369). 동시에, 하이데거 자신의 접근법은 몇몇 중대한 한계에 직면하는 듯 보인다. 사르트르가 앞에서 지적했듯이, 대면 마주침을 경시하거나 무시하면서도 우리 일상의 서로 더불어 있음은 익명성과 대체 가능성이 그 특징이라고 할 정도로 강조하는 것은—하이데거가 말하듯, "타자는 자신의 곁에 있는 자이지만, 자기 자신과 거의 구별되지 않는 자다"(Heidegger 1986: 118)—진짜 문제와 상호주관성 간의 연결점, 즉 근본적인 타자성과의 마주침 및 직면을 놓치는 것이다.[1] 이와 같은 비판을 현존재는 본질적으로 더불어 있음으로 특징지어진다는 하이데거의 주장에도 적용할 수 있는데, 이 주장은 우리가 타자와 맺는 본래적인 관계를 '정면 대립'이 아닌 '비스듬한 상호의존'으로 해석하는 것이기 때문이다(Sartre 2003: 270). 사르트르에 따르면, 상호주관성을 설득력 있게 설명하려면 자기와 타자 사이의 환원 불가능한 차이, 즉 타자의 초월성을 존중해야 한다. 사르트르에 따르면, 자기와 타자의 유사성, 미분화성, 사전 상호연결성을 강조함으로써 이 둘 사이의 간극을 이으려 한다면, 결국은 유아론과 다름없는 일원론에 빠질 위험에 끊임없이 처하게 된다.

그러나 사르트르의 비판은 여기서 멈추지 않는다. 현상학적 공감 이론가들은 결정적 과제가 공감의 구체적인 지향적 구조를 분석하는 것이라고 여겨 타자의 초월성과 타자성을 보존하는 방식으로 타자를 경험하는 게 어느 정도까지 가능한지를 탐구한 반면, 사르트르는 이러한 방식이 잘못되었다고 여겨 그 대신 조사의 방향을 역전시킬 것을 제안했다. 사르트르에 따르면, 내가 지각하는 타자와 나를 지각하는 타자를 구별하는 게 매우 중요하다. 다시 말해, 대상으로서의 타자와 주관으로서의 타자를 구별하는 게 결정적이다. 다른 사람과 만난다는 데에서 참으로 독특한 지점은, 이 만남 때문에 나를 지각하고 대상화할 수 있는 누군가와 내가 마주치고 있다는 데 있다. 타자는 정확히 내가 그 면전에서 어떤 대상으로서 나타날 수 있는 어떤 자다. 따라서, 사르트르는 공감의 한 구체적 대상으로서의 타자에 초점을 맞추지 않고 보다 본래적이고 진정한 상호주관적 관계는 타자의 대상이 되는 경험에서 찾을 수 있다고 주장한다. 이러한 방식으로만 타자는 어떤 주관으로 온전히 또는 순전하게 현전할 수 있다. 타자의 본래적 현전 그 자체는 그러므로 "나를 바라보는 자로서의" 타자의 현전이다(Sartre 2003: 293; 2003: 280, 294과 비교해보라). 사르트르가 행한 타자의 타자성과 초월성에 대한 조명은 이후에 레비나스에 의해 급진화되었는데, 그도 상호주관성의 문제를 일차적으로는 근본적인 타자성과 마주치는 문제로 여겼다. 레비나스는 (공감을 비롯한) 지향성의 어떤 형태가 이러한 마주침을 항상 가능하게 할 수 있다는 점을 명시적으로 거부했다. 레비나스에게 지향성은 대상화의 과정이며, 지향성만이 타자를 타자가 아닌 어떤 것으로, 즉 어떤 대상으로 환원함으로써 우리로 하여금 타자를 만나게 하는 것이다. 따라서 레비나스는 타자와의 진정한 마주침은 개념화 또는 범주화될 수 없는 그것과의 마주침이라고 주장했다. "타자를 소유하고 파악하며 알 수 있다면 그것은 타자가 아닐 것이다"(Levinas 1987: 90). 타자와의 진정한 마주침은 형언할 수 없고 근본적인 외면성과의 마주침이다. 타자는 내 힘이 미치는 어떤 것에 의해서도 좌우되지 않고, 모든 체계, 맥락, 지평과 무관하게 외부로부터 그 자신을 현현적 방문이나 현현적 계시로서 제공할 수 있을 뿐이다(Levinas 1979: 65). 레비나스는 더 나아가 어떤 독특한 조치를 통해, 타자와의 진정한 마주침은 지각적이거나 인식론적이라기보다 본성상 윤리적이라고 주장했다(Levinas 1979: 47).

사르트르와 레비나스 각각의 상호주관성 설명이 아무런 문제없이 받아들여진 것은 아니다. 한 가지 공통된 반대는 나는 결코 고립된 채로 타자와 마주치는 게 아니라, 항상 어떤 맥락 안에서 타자와 마주친다는 주장이다. 나는 시작과 방향을 가지는 역사라는 상황적 체재 안에서 타자를 만난다. 아울러, 사르트르가 타자와의 마주침을 지나치게 대립적으로—타자를 대상화한다는 것이든 타자에 의해 대상화된다는 것이든—성격 규정한 것도 자주 지적받았다(Zahavi 2002를 보라). 그러나 사르트르와 레비나스가 그들로서는 상호인격적 공존의 어떤 특징을 놓치고 있다고 얘기될 수 있을지 모르지만, 나는 이들이 타자와의 마주침에 관한 중요한 부분을 잘 조명하고 있다고도 생각한다. 이러한 점은 하이데거의 설명에 다소 부족한 특징이자 주로 투사와 모방에 기대 상호인격적 이해를 해석하려는 자들이 대체로 무시한 특징일 뿐만 아니라, 이 맥락에서 가장 중요한 점은 나 자신의 선행 공감 연구에서 충분히 제대로 다루지 못한 중요한 부분이기도 하다는 것이다. 상호주관성은 주관들 사이의 어떤 관계, 주관-주관의 관계다. 그러나 주관으로서의 다른 사람과 내가 관계 맺는 것은 그 또는 그녀 자신의 1인칭 관점을 가진 누군가와 내가 관계 맺는 것이다. 경험하는 주체로서의 타자와 마주칠 때 우리는 타자를 그 자체로서 마주치며, 이는 주체가 세계에 대한 관점을 가질 뿐만 아니라 우리에 대한 관점도 가진다는 것을 의미한다.

여기가 바로 앞서 언급한 의구심이 놓이는 지점이다. 슈츠의 일방적 너-정향과 상호적 너-정향 사이의 구별을 빌리면, 이전 논의는 주로 전자에 초점을 맞춰온 것으로 거기서 공감적 타자 이해는 타자 부분과의 어떤 교환도 없이 일어난다. 그러나 이는 자기-타자 관계에 관해 심히 결정적인 부분을 확실히 놓치는 것 같다. 크리스 프리스를 인용해보자.

> 우리가 서로 얼굴을 맞대고 마주칠 때 의사소통은 나에게서 당신에게로 가는 일방적 과정이 아니다. 당신이 나에게 반응하는 방식은 내가 당신에게 반응하는 방식을 바꾼다. 이것이 의사소통 고리다. (…) 이는 내가 물리적 세계와 상호작용하는 것과 아주 다르다. 물리적 세계는 내가 그것을 해석하려는 데에 전적으로 무관심하다. 그러나 두 사람이 얼굴을 맞대고 상호작용할 때, 이들의 의미 교환은 협동적 모험이다. 이 흐름은 결코 일방적이기만 하지 않다(Frith 2007: 175).

따라서 우리는 발달된 상호주관성의 현상 및 사회적 삶에는 공감 분석을 통해 다룰 수 있는 것보다 훨씬 더 많은 것이 있음을 인정해야 한다. 이는 거의 모든 현상학자가 인정한 바이지만(Zahavi 2001), 선행 연구는 광범위하게 상호주관성의 현상학을 목표로 삼은 적이 없었다. 오히려 내가 공감에 초점을 맞춘 것은 세 가지 다른 우려에 자극을 받았기 때문이다. 맨 먼저, 경험적 자기 설명을 지지한다고 해서 타자의 경험적 삶을 직접 친숙하게 알 가능성을 부인하는 게 아님을 보여주고 싶었다. 경험적 자기 설명을 지지한다고 해서 고도로 매개적인 추론주의적 사회 이해 설명의 입장에 서는 것은 아니다. 사실상 이와는 정반대인데, 나는 경험적 삶의 선천적이고 본질적인 1인칭적 특성을 강조하는 것이 타자경험의 독특함을 올바로 이해시키는 선결조건이라고 주장해왔기 때문이다. 둘째로, 공감에 초점을 맞춤으로써, 현상학적 전통의 통찰이 어떻게 최근의 사회 인지 논의에 기여하고 이를 풍부하게 할 수 있는지 보여주려는 목적으로(그 역도 마찬가지다) 이 논의에 건설적으로 관여하는 게 가능했다. 셋째이자 아마 가장 중요한 것은, 타자와의 주제적 마주침이 결코 상호주관성의 역할과 기여를 다 보여주는 건 아니라는 의미에서 보면 공감에 초점을 맞추는 것으로는 한계가 있을 수도 있지만, 이는 후속 연구, 즉 순환적 공감을 수반하는 사회적으로 매개된 자기(자기경험)의 특수한 형태 연구를 위한 필수 발판으로 남는다는 점이다. 달리 말하면, 타자와의 주제적 대면 마주침을 강조하며 3부의 길을 닦아왔는데, 이는 사회적 대상으로서의 자기에 대한 몇몇 분석을 제공할 것이다. 이 광대한 주제를 포괄적으로 연구하는 일은 결단코 불가능하겠지만, 뒤의 연구는 계속해서 상호인격적 자기의 차원(상호인격적 자기의 차원은 구성적으로 타자에게 의존적이어서 경험적 자기를 뛰어넘게 하지만, 그럼에도 내러티브적으로 확장된 자기와는 반드시 구별되어야 한다)을 조명하게 해줄 것이며 여기에는 또한 자기-타자의 상호의존성의 상호간 형태에 관한 일단의 결론이 포함된다.

3부

상호인격적
자기

13장

사회적 대상으로서의 자기

1. 신경과학적 난제

1장에서 다뤘던 주제로 돌아오는 것으로 연구의 마지막 부분을 시작해보자. 앞서 지적했듯이, 자기 탐구는 더 이상 철학자의 특권이 아니다. 신경과학을 비롯한 아주 다양한 실증 학문의 연구자들이 현재 자기의 발달, 구조, 기능, 병리를 탐구하고 있다. 신경과학이 밝힌 자기 연구 목표가 자기의 신경 상관물을 식별해서 위치를 찾는 일이었다는 건 놀랄 일도 아니다. 「자기는 특별한가? 실험심리학과 인지신경과학에서 든 증거에 대한 비판적 검토 Is Self Special? A Critical Review of Evidence from Experimental Psychology and Cognitive Neuroscience」라는 제하의 개관 논문에서 두 명의 신경과학자 질리핸과 패라는 신경과학이 최근 제안한 다양한 제안을 논의했다. 이들의 결론은, 다양한 연구자가 아주 상이한 뇌 영역들을 증거로 들었다는 점에서 다소 실망스럽다는 것이었다(Gillihan and

Farah 2005).

이러한 합의의 부재를 어떻게 설명할 수 있을까? 1부에서 도출한 성과는, 만족스러운 자기 설명은 자기의 다면적 특성을 인정해야 한다는 것이었다. 자기는 다차원적이고 복잡한 현상이므로 그 복잡성을 제대로 다루려면 보완적인 다양한 설명이 통합되어야 한다. 이러한 상황을 염두에 두고서, 현재 이론적 논쟁에 보완적이자 경쟁적인 자기개념이 다양하게 공존함을 고려하면, 각각이 어떤 자기개념을 운용하고 있는지 또 왜 저 자기개념이 아니라 바로 이 자기개념을 출발점 삼는지를 동시에 해명하지 않고는 자기의 신경 상관물이 발견되는 뇌 영역을 논의하는 것은 큰 의미가 없다. 사실 질리핸과 패라가 밝힌 합의 부재의 이유는, 바로 다양한 실험주의자가 상이한 자기개념을 운용한다는 데 있을 수 있다. 또 다른 이유는, 바로 대개 각자 사용하고 있는 그 자기개념을 명시적으로 논의해서 해명하고 있지 않다는 데 있다. 사실, 클라인의 말을 인용하면, "대부분의 연구자는 이 난제들을" '자기'라는 용어에 익숙한 "자신들의 독자들에게 의지함으로써" 회피한다. 하지만 이 익숙함은 오랜 세월 몸에 밴 알음알이에서 비롯한 친숙함인데 이 때문에 저자의 언급을 본인이 안다는 (내 의견으로는 잘못된) 확신을 가지게 되는 것이다(Klein 2010: 173). 그러나 이들이 사용하는 개념이 명료치 않다면 제기하는 문제가 명료치 않을 것이며, 문제에 답을 제공해야 할 목적의 실험 설계 역시 명료치 않게 될 것이다. 다음에서 나는 신경과학적 안면 자기인식 연구를 자세히 살펴봄으로써 예를 들어가면서 이러한 판단을 입증할 것이다. 이 연구를 특별히 선택한 동기는, 자기 연구에 관한 한 학제적 협력이 필요한 이유를 분명히 입증할 수 있다는 데뿐만 아니라, 이 연구가 3부의 주된 주제를 향해 더 멀리 나아가게 인도할 주제를 소개할 것이라는 데 있다. 바로 사회적으로 매개되고 구성되는 자기(자기경험) 말이다. 보다 구체적으로 말하면, 나는 안면 자기인식이 예증하는 자기경험이 알려진 만큼 사회적으로 빈곤하지 않다고 주장할 것이다.

2. 안면 자기인식과 거울

「뇌 안의 어디가 자기인가?Where in the Brain Is the Self?」「나는 어디에 있는가? 자기와 타자의 신경학적 상관물Where Am I? The Neurological Correlates of Self and Other」, 『거울에 비친 얼굴: 어떻게 우리는 우리가 누구인지 아는가The Face in the Mirror: How We Know Who We Are』 등의 논문과 책에서 키난(과 동료들)이 행한 자기의 신경상의 위치 탐색은 안면 자기인식 연구로 이어졌다. 이 연구의 가정은, 우리가 자기 자신의 얼굴을 인식할 때 (우리가 다른 친숙한 얼굴을 인식할 때 일어나는 활동과 비교해서) 더욱 확연한 활동을 보이는 뇌 영역들이 존재한다면, 뇌의 각 영역은 자기의 신경 상관물을 반드시 구성한다거나, 아니면 적어도 자기의 신경적 상관물의 중심 부분이어야 한다는 것이었다. 키난이 보고한 반복되는 연구 결과는 자기얼굴 인식 때의 우측 전두엽 편측성 활성화이며—친숙한 얼굴의 경우와 비교할 때 자기얼굴의 경우에는 두 배 이상의 활동이 있었다(Feinbergand and Keenan 2005: 673)—키난은 이 실증적 증거가 자신이 명명한 '자기알아차림의 우뇌 모델'을 지지하는 것이라고 주장했다(Platek et al. 2004: 119). 이런저런 인쇄물을 읽을 때, 실제 작동 중인 자기와 자기알아차림 개념 모두가 거의 완전히 부재하게 되는 상황에 즉각 당면하게 된다. 그런데 『거울에 비친 얼굴』에서는 어떤 개념이 준비되어 있을 수도 있음이 인정되며, 또 자기알아차림은 고차 의식이나 메타 인지에 해당한다고 제안된다(Keenan et al. 2003, pp. xi, xx, 54, 57). 하지만, 이와 동시에, 의식은 또한 자기알아차림의 동의어로 사용될 수도 있다고 말한다(Keenan et al. 2003, pp. xix, xxi). 곧 보게 되다시피, 이러한 개념들은 아주 문제가 많다.

먼저 제기할 물음은 자기얼굴 인식이 그토록 중요하게 여겨지는 이유다. 어째서 이것이 자기에 관한 중요한 점을 말해줄 수 있을까? 키난의 안면 자기인식 연구가, 발달심리학과 비교심리학 내에서 오래되었지만 여전히 아주 유력한 패러다임, 즉 자기알아차림이 존재함을 시험하기 위해 아동, 침팬지, 코끼리, 돌고래, 가장 최근에는 까치를 거울 자기인식 과제의 피험 대상으로 삼으려는 시도에 빚을 지고 있음은 쉽게 알 수 있다. 사실 키난은 여기에 빚을 졌다고 명시적으로 인정하며, 그 근거로 고든 갤럽이 그 이론적 체재를 제공할 목적으로 특히 1970년과 1982년에 출판한 고전적인 논문을 들고 있다(Platek et al. 2004: 114).

지금까지도 유명한 갤럽의 실험에서, 열흘간 거울에 노출되었고 그럼으로써 거울의 비추는 특성에 익숙해진 침팬지들은 진정되었으며, 또 의식이 없는 동안 한쪽 눈썹의 윗부분과 반대쪽 귀에 무향의 염료로 표시를 남겼다. 우리로 돌아가 완전히 회복된 침팬지들은 표시된 부분에 대한 어떤 자발적 손짓 행동을 설명할 목적으로 30분 동안 관찰되었다. 그런 뒤 거울을 다시 들여왔으며 침팬지들은 표시 지향적 행동을 위한 관찰을 받았다. 갤럽은 표시 지향적 행동의 발생 건수는 마취 후 거울이 없는 기간의 한 차례에서, 거울을 다시 들여온 시기에는 네 차례에서 열 차례까지 일어났다고 보고한다(Gallup 1970). 갤럽의 해석에 따르면, 거울 표시 시험의 통과는 거울 자기인식을 증명하며 그럼으로써 개념적인 자기알아차림이 존재한다는 실증적이고 사용 가능한 증거를 제공한다 (Gallup 1977: 337). 더욱 구체적으로 말해, 갤럽에게 거울 자기인식 시험을 성공적으로 통과하고 반영의 근원을 자기 자신으로 올바르게 해석하는 데 필요한 선결 조건은, 해당 생명체가 '자기개념'을 소유하고 있는가다(Gallup 1970: 87).

갤럽의 견해에 따르면, 거울 자기인식은 관찰자와 관찰 대상 사이의 완벽한 매치를 증명한다. 그는 이를 두고 "거울 영상 시뮬레이션의 독특한 특징은 관찰자의 정체성과 거울에 비친 그 반영체가 필연적으로 동일하다는 데 있다"고 말한다(Gallup 1977: 334). 갤럽의 설명에 따르면, 결국 거울 노출 때문에 자기의식이 발생하는 것이 아님을 강조하는 게 중요하다. 오히려 관찰자와 그 반영체 사이의 동일성을 올바로 추론할 수 있는 역량은, 관찰하는 유기체가 자기동일성 감각을 이미 소유하고 있다는 것을 전제한다. 갤럽이 이를 두고 말하길, 거울은 관찰하는 생명체가 이미 알고 있는 바를 해명하는 수단을 나타내는 것일 뿐이다.

갤럽은 거울 자기인식과 자기알아차림 사이의 고리를 단순히 역설한 게 아니다. 하지만 그는 그러면서도 거울 표시 시험의 통과는 의식의 소유 여부에 시금석이 되는 시험이라고 여겼다. 갤럽은 「자기알아차림과 영장류 마음의 출현Self-Awareness and the Emergence of Mind in Primates」이라는 논문에서 의식은 양방향적이라고 주장했다. 이 특성은 세계의 사물들을 향해 바깥으로 주의를 기울이게 할 뿐만 아니라, 자기 자신의 심적 상태를 향해 안쪽으로 주의를 기울이고 감찰하게 하기도 한다. 의식은 그 정도까지 알아차림과 자기알아차림 모두를 담당하고 포함한다(Gallup 1982: 242). 이러한 주장은 「마음은 우리 이외의 종에도 존재할까?Do Minds Exist in Species Other than Our Own?」라는 논문에서 한층 발전되었는데,

갤럽은 여기서 의식적 경험은 필연적으로 자기알아차림을 전제하므로 자기 자신의 심적 상태를 감찰할 수 있는 이 능력이 없는 생명체는 의식적 마음 역시 결여한다고 주장했다. 알아차리고 있음을 알아차리는 것이든, 알아차리고 있음을 알아차리지 못하는 것이든 둘 중 하나이며, 후자는 의식이 없는 상태에 해당한다(Gallup 1985: 638). 갤럽은 이러한 사고방식에 기초해, 대부분의 유기체는 거울 자기인식을 통과할 수 있는 능력이 입증하는 자기알아차림의 출현 이전에도 의식적이고 마음이 있는 양 행동하지만, 이들에게는 마음이 없다고 결론을 내렸다. 이들은 의식적 경험을 결여하며, 의식적이지 않은 감각이나 고통 등을 소유할 뿐이다(Gallup 1982: 242; 1985: 638). 일부는 자기알아차림을 입증하는 증거의 부재가 자기알아차림이 부재하는 증거는 결코 아니라고 반대할 수도 있지만, 갤럽은 동일한 논리가 산타클로스와 이빨 요정에도 적용된다고 주장하며 이러한 우려를 주저 없이 비웃었다(Gallup 1985: 632).

갤럽이 숙고한 바는 현재 진행 중인 마음 이론 논쟁과 분명 관계가 있다. 이 점은 갤럽이 마음의 소유(와 자기 자신의 심적 상태를 감찰할 수 있는 능력)를, 타자의 심적 상태를 추론할 수 있고 심적 상태를 타자에게 귀속시킬 수 있는 능력과 연결시켰던 구절들에 나타나 있기도 하다. 그는 심적 상태를 타자에게 귀속시킬 수 있는 능력은 귀속을 하는 개체 쪽에서 이러한 심적 상태를 감찰할 수 있는 역량을 전제한다고 주장하며 (그 정도로 타자경험은 반성적 자기경험에 달려 있다)(Gallup 1982: 243), 결과적으로는 그는 전자의 능력이 존재한다면 후자의 역량도 존재한다는 증거로 쓸 수 있다고 논증했다(Gallup 1985: 634).

키난이 이러한 견해를 명시적으로 지지하는 것은 아니더라도, 그가 내린 정의는 같은 방향을 가리키는 듯 보인다. 자기알아차림을 반성적 메타인지의 관점에서 정의했기 때문에, 또 의식은 이러한 자기알아차림과 동의어라고 말했기 때문에, 이러한 반성적 메타인지가 불가능한 생명체에게는 또한 의식도 없다는 것은 당연한 귀결이다. 키난은 자신이 애초에 내린 정의로 인해, 생명체는 자기 자신의 심적 상태를 반성할 수 있는 능력을 가질 때라야 의식적 경험을 향유한다는 데 의거하는, 논란이 많은 고차표상적 의식 설명의 입장에 서게 된다.

아마 키난은 이러한 주장을 꺼릴 것이다. 적어도 이러한 것들은 그가 명시적으로 이끌어내고 지지하는 함의가 아니다. 그러니 그의 핵심 주장으로 되돌아가보자. 키난은 거울 자기인식을 통과할 수 있는 능력은 자기알아차림의 역량을 입증하는 것이라고 반복해서 주장한다. 그런데 이 상관관계는 얼마나 강력해야 하는가? 그가 강력해야 한다는 주장을 채택한다는 점은 거의 의심할 나위 없는데, 이는 이 사안에 대한 갤럽의 견해와도 일치할 것이다. 이러한 이유로 키난은 거울 시험의 통과는 자기알아차림의 모든 지표와 깊은 상관관계가 있다고, 또 거울 자기인식의 부재는 다른 자기알아차림적 행동의 부재와 상관관계가 있다고 주장한다(Keenan et al. 2003: 22).[1] 하지만 키난 자신의 연구 결과가 정말 이 주장을 지지하는지는 분명치 않다. 키난도 논의하는 사례로서, '거울 징후'로 알려진 망상적 동일시 오류 증상으로 고통받는 사람들의 사례를 들어보자. 전형적으로는 거울에 비친 타자를 인식할 역량을 보유하고 있음에도, 이 망상에 시달리는 사람들은 거울에 비친 자신을 잘못 동일시한다(Postal 2005). 그 결과 이들은 거울 자기인식 시험을 통과할 수 없으며, 이러한 능력의 부재 이유는 자기인식의 문제와 구체적으로 관련이 있지 단순히 안면인식장애의 어떤 형태에서 기인하는 게 아니다. 키난을 진지하게 받아들인다면 이 같은 사람들은 자기알아차림과 자기반성 역량 역시 결여할 테지만, 사실은 그렇지 않다.

　보다 중요한 것은, 시각적 표상과 자신의 얼굴을 동일시할 수 있는 능력이 자기알아차림 특유의 중심적 또는 근본적 형태를 구성해야 한다는 발상에 대한 아주 일반적인 반대 의견을 제시하는 게 어렵지 않다는 점이다. 안면 자기인식이 자기알아차림의 어떤 형태가 존재한다는 사실을 증명할 수 있을지는 모르지만, 자기 자신의 얼굴을 인식하는 데 실패한다고 해서 자기알아차림의 모든 형태가 부재함이 증명되지는 않는다. 달리 말하면, 안면 자기인식이 없더라도 자기알아차림의 (덜 정교한) 형태가 있을 수도 있다. 사실 내가 보기에 갤럽과 키난의 거울 시험 해석이 맞닥뜨린 한 가지 결정적인 문제는, 이들 모두가 지나치게 협소하고 제한적인 자기경험 정의를 사용하기 때문에 자기경험이 진정 얼마나 복잡하고 다채로운지를 과소평가한다는 점이다. 주관이 경험을 가지는 것 같은 막연한 느낌이 존재한다고 하는 약한 의미에서, 다시 말해 현상적 의식의 1인칭적 특성은 낮은 수준의 자기의식의 형태에 해당한다고 하는 약한 의미에서, 현상적 의식이 자기의식을 수반할 수도 있다는 가능성을 이들은 고려하지 못할 뿐만 아니라(2장과 비교해보라), 갤럽의 명시적인 결론은 거울 자기인식 과제를 통과할 수 없는 유아와 동물들에게 경험을, 다시 말해 현상적 특성을 띠는 심적 일화를 귀속시킬 수 있는지에 극적인 (그리고 심히 직관에 반하는) 영향을 미친다. 고차 표상 이론을 해석하는 한 방식에 따르면 갤럽의 견해는 이해할 만한 것이긴 하지만, 그는 이 견해를 지지하는 이론적 논증을 결코 제공하지 않으며 고차표상적 의식 설명은 어쨌든 최근 몇 년간 날로 늘어나는 비판에 시달리고 있다(Zahavi 2004a, 2005; Kriegel and Williford 2006). 게다가, 갤럽과 키난은 모두, 거울 자기인식 과제 통과 훨씬 이전에, 조직화되고 환경적으로 내장되어 있는 개체로서의 자신에 대한 감각을 가질 수 있고 그래서 지각과 행위를 통해 스스로에 대한 초기적 신체화된 감각을 가질 수 있다는 가능성을 무시하는 것 같다. 수많은 발달심리학자가 지적했듯이, 출생 직후부터 유아는 남과 상호작용하며 자기에게 속하는 것과 자신과는 다른 사람에게 속하는 것을 이미 식별한다(Rochat 2001: 30–31, 41). 분명 물어야 할 질문은, 자신의 신체적 움직임과 자세에 대한 고유수용적 알아차림이 부재할 때에도, 자신의 신체적 움직임과 거울 이미지 사이의 교차 양상적 매치 및 시간적 수반성에 의지하는 것으로 추정되는, 자신의 거울 이미지에 대한 인식 능력이 있는지다. 신체적 자기알아차림이 없다면, 거울에 비친 자신을 인식하는 게 훨씬 더 힘들지 않을까? 이 신체적 자기알아차림이 그 근본적인 필요조건을 구성한다고 주장하는 이들까지 있다. 예를 들어, 미첼은 거울 자기인식에는 자기 자신의 신체에 대한 운동감각적 감각(주관적 자기알아차림), 운동감각과 시각을 매치시킬 수 있는 역량, 거울 대응에 대한 이해가 단지 필요하다고 주장했다(Mitchell 1997a: 31; 1997b: 41). 마찬가지로, 캐서린 러블랜드는 거울 자기인식은 자기성과 관련된 어떤 것에 대한 이해가 아니라 반사면의 속성에 대한 이해와 더 많은 관련이 있을 수도 있다고 주장했다(Loveland 1986). 만약 그렇다면, 거울 자기인식에는 내성의 역량이 필요하다는 갤럽과 키난의 주장은 분명 설득력이 없을 것이다. 그렇지 않더라도, 갤럽과 키난의 주장은 어쨌든 의심스럽다. 왜냐하면 미첼이 언급하듯이, 한 생명체가 거울에 비친 그 자신을 인식할 때, 어떤 심적 상태가 담당하고 있는지는 아주 불확실하기 때문이다(Mitchell 1997a: 23). 마지막으로, 표시지향적 행동이 거울 자기인식의 증거라는 주장에는 논의의 여지가 없지 않다. 엄마의 코에 있는 어떤 표시를 목격하고 나서 일부 아동이 자기 자신의 코를 만진다는 사실은, 거울 과제의 통과가 긍정 오류일 수도 있다는 점을 보여준다(Mitchell 1993: 304).

이 모두가 거울 자기인식이 중요치 않음을 말하는 것은 아니다. 그렇지만 문제는 키난과 그 이전의 갤럽이 이 시험의 참된 의미를 깨달았는지다. 이미 언급했듯이, 갤럽은 관찰자와 관찰 대상 사이의 완벽한 매치를 증명하는 데 거울 자기인식을 썼다. 이를 두고 그는 "거울-이미지 시뮬레이션의 고유한 특징은 관찰자의 정체와 거울에 비친 그 반영체가 필연적으로 동일하다는 데 있다"(Gallup 1977: 334)고 말했다. 이에 덧붙여 그는 사회적 반응성과 자기지향적 거울 행동이 구별됨을 반복해서 강조했고, 자신의 거울 이미지를 인식할 때는 이 이미지에 대한 그 자신의 사회적 반응이 중단되었다고 주장했다(Gallup 1970: 86). 이게 정말 옳을까?

갤럽에게 거울 자기인식은 놀라울 정도로 일차원적이다. 생명체는 이 과제를 완수할 수도 그렇지 못할 수도 있다. 그는 이 시험을 통과할 수 있는 생명체들의 거울 경험에 추가적인 차이를 부여하려는 어떤 시도도 하지 않는다. 다시 말해, 갤럽의 설명에 따르면 인간이 겪는 거울 자기경험과 침팬지가 겪는 거울 자기경험 사이에는 유의미한 차이가 없다. 하지만 발달론적 관점에서 보면 거울 자기경험은 정점의 순간에 해당하는 게 아니라, 지속적이고 다층적인 경험임을 간과해서는 안 된다(O'Neill 1989: 70; Rochat 2003). 사실, 유아가 거울에 보이는 행동과 정동적 반응이 눈에 띄게 극적인 변화를 겪는다는 사실을 인식하는 게 특히 중요하다(Amsterdam 1968, 1972; Tomasello 1999). 뷸라 앰스터댐이 자신의 고전적 연구에서 보고했듯이, 세 가지 주요한 발달상의 시기가 24개월과 3세 사이에 펼쳐진다. 첫 번째 시기에는 반사 이미지를 향한 주로 사교적 행동 특징을 보인다. 3개월과 12개월 사이의 유아는 자신의 이미지를 놀이 친구로 다루는 경향이 있다. 이 같은 행동은 시험된 85퍼센트가 넘는 유아에게서 발견되었다. 13개월쯤에 두 번째 시기가 시작되는데, 이 시기 동안에는 90퍼센트의 유아에게 위축 행동의 현저한 증가가 나타났다. 유아는 울거나 거울로부터 숨거나 거울에서 시선을 회피하곤 했다. 앰스터댐은 약 20개월부터 이 시기의 말경까지는 75퍼센트의 아동이 거울을 마주했을 때 당혹해하고 수줍어하는 신호를 드러내기 시작했다고도 보고했다. 마지막으로, 두 번째 해의 말경에 세 번째 시기가 시작되는데, 이 시기에 아동은 거울 자기인식 시험을 통과할 수 있다. 이러한 변화는 이 아동 발달의 초기 동안 일어나는 인지적 진전과 정동적 진전 사이에 복잡한 상호작용이 있음을 드러낸다(Amsterdam and Levitt 1980). 온전히 거울 자기경험의 중요성과 의미를 이해하고 평가하려면 이러한 변화들이 해명되어야 한다.

거울 자기경험의 복잡한 본성을 밝혀내는 일을 착수하기 위해 6장에서 언급한 메를로퐁티의 긴 에세이 『아동과 타자의 관계』로 돌아가보자. 그때 봤듯이, 메를로퐁티는 어떻게 우리가 타자와 관계 맺고 이해하는지의 문제를 제대로 해결하려면, 전통적인 정신과 신체 개념을 재정의해야 한다고 주장한다. 그런 뒤 거울 자기경험을 분석하기 시작하면서 그가 거울(과 그 밖의 반사면)이 아동 스스로 획득할 수 있는 것과는 아주 다른 자신의 신체의 시각적 현전을 아동에게 제공한다고 주장하는 것은 바로 이 맥락에서다(Merleau-Ponty 1964a: 125). 따라서 거울은 단순히 잉여 정보를 제공하는 게 아니다. 즉 거울은 단지 이미 소유된 앎을 복제하는 게 아니다. 지금까지 이 아동은 자신의 얼굴이나 신체 전체의 시각적 게슈탈트를 본 적이 없다. 거울은 아동이 자신의 얼굴 특징을 지각하게 할 뿐만 아니라 거울은 내수용적, 고유수용적, 외수용적으로 입수 가능한 자원과는 아주 다른 방식으로 자기 자신의 신체적 통일체를 파악할 수 있게도 한다(Merleau-Ponty 1964a: 119, 126). 메를로퐁티는 애초에 신체의 이 새로운 통일적 나타남이 대상화에 기대고 있다고 말하면서, 자신의 반사 이미지와의 마주침이 아동으로 하여금 자신의 또렷한 윤곽이 그려진 대상으로서의 신체를 부여함으로써 자신의 고립성과 분리성을 어떻게 알아차릴 수 있게 하는지를 기술한다(Merleau-Ponty 1964a: 119). 그런 다음, 메를로퐁티는 이 대상화를 보다 신중하게 탐구하는 일에 착수한다. 이 아동이 반영 이미지를 자신으로 인식하는 것은 이 아동이 스스로의 관망자가 되는 것이다. 이는 타자가 마찬가지로 이 아동에게 채택할 수 있는 관점이나 견지를 아동 스스로가 채택하는 것이다. 이것은—그리고 여기에서는 여러 발달론적 단계를 메를로퐁티의 방식보다 더욱 신중하게 구별할 필요가 있을 수도 있다—자신이 스스로에게 그리고 타자에게도 보일 수 있음을 인식하는 것이다(Merleau-Ponty 1964a: 136). 간단히 말해, 거울은 아동으로 하여금 타자에 의해 보이듯 자신을 볼 수 있게 하며, 자신이 타자에게 거울 속 모습과 동일한 시각적 나타남으로 주어진다는 사실을 명시적으로 자각하도록 할 수 있다. 메를로퐁티는 다음처럼 썼다.

> 이 이미지는 자신에 대한 앎을 가능하게 하는 동시에 일종의 소외를 가능하게 한다. 나는 더 이상 나 스스로 즉각적으로 내가 무엇이라고 느낀 것이 아니다. 나는 거울이 제공하는 바로 그 나 자신의 이미지다. 라캉 박사의 용어를 쓰면, 나는 나의 공간적 이미지에 "포착되고, 포박당한다". 그러자 곧 나는 스스로 끊임없이 관념적, 허구적, 또는 상

상적 나를 지시하기 위해 살아 있는 나의 실재성을 떠나는데, 이 중에서 반사 이미지는 최초의 윤곽이다. 이러한 의미에서 나는 나 자신에게서 뜯겨져 나가고, 거울에 비친 이 이미지는 내게 다른 사람들을 위한 한층 더 심각한 소외를 준비시키는데, 이는 타자에 의한 소외가 될 것이다. 타자는 오직 거울에 보이는 이미지와 상사한 나의 외면적 이미지만을 가지기 때문이다. 따라서 타자는 거울보다 훨씬 더 확실하게 나의 즉각적인 내면성으로부터 나를 떼어낼 것이다(Merleau-Ponty 1964a: 136).

주도적 발상을 풀어보자. 메를로퐁티의 핵심 주장은 거울 자기경험이 자기앎의 곤혹스러운 형태를 예증한다는 것이다. 거울에 비친 자기 자신을 인식하는 것은 여기 있는 느껴지는 나와 거기 있는 지각되는 나에 대한 동일시를 수반할 뿐만 아니라, 오히려, 더욱 중요한 것은, 이 때문에 느껴지는 내가 타자에 의해 목격될 수 있는 외면적 차원을 가진다는 자각이 새벽처럼 오면서 동요되기 시작한다는 것이다(Merleau-Ponty 1964a: 129, 140). 간단히 말해, 거울 자기경험의 결정적이면서도 동요시키는 영향 때문에 내가 거울 이미지를 나 자신과 성공적으로 동일시하게 되는 게 아니다. 오히려 여기서 성패를 쥐는 문제는 내가 상호주관적 공간 안에 존재한다는 자각이다. 나는 타자에게 노출되어 있고 타자는 나를 볼 수 있다. 내가 보는 거울에 비친 얼굴은 내가 타자와 상호작용을 할 때 타자가 보는 얼굴이기도 하다는 것을 숙고해보라. 사실상, 사람들이 인상 관리를 하느라 거울 앞에서 아주 많은 시간을 보내는 이유는 바로 얼굴의 높은 사회적 유발성 때문이다. 거울에 비친 나 자신을 볼 때, 나는 타자가 나를 보듯 나를 보고 있다. 나는 내가 타자에게 제시하는 겉모습에 직면한다. 사실 나는 타자가 나를 보듯이 나 자신을 보고 있을 뿐만 아니라, 내가 어떤 타자인 듯 나 자신을 보고 있기도 하다. 즉 다시 말해 나는 나 자신을 소외시켜 바라보는 관점을 채택하고 있다.[2] 거울 자기경험의 수수께끼 같고 기묘한 특성은 바로 자기와 타자가 이렇듯 서로 섞이는 데서 기인한다. 내가 거울에서 보는 건 나지만, 내가 보는 그 나는 즉각적인 경험을 통해 아는 나처럼 조금도 다름없이 친숙하지도 즉각적이지도 않다. 내가 거울에서 보는 나는 떨어져 있고, 또 그렇지만 가깝다. 그것은 다른 사람처럼 느껴지고, 또 나로 느껴지기도 한다. 필리프 로샤에 따르면, "거울 속의 자신을 검사해서 거기에 있는 게 '나'라고 인식하는 것은 '탈신체 경험'이다"(Rochat 2010: 334). 반사 이미지가 사실 어떤 다른 사람처럼 보일 수도 있겠지만, 이것은 나와 끊을 수 없는 고리를 유지한다. 나는 이러한 외면성에서 벗어날 수 없다. 이것은 내가 거울을 들여다볼 때마다 나타나기 때문이다. 유아가 처음 자신의 반사 이미지를 볼 때 애초의 즐거움이 경계심과 당혹감으로 대체되는 이유에 대한 한 가지 해명은, 이러한 보다 복잡하고 보다 양면적인 형태의 자기경험은 친숙한 것과 낯선 것이 기묘하게 혼합된 채로 출현하기 때문이라는 것이다.

이 주장을 옹호하려면 더 많은 것이 얘기되어야 한다. 특히, 인간이 거울 자기인식에 성공한 경우와 인간이 아닌 동물이 성공한 경우 사이의 관계에 대한 숙고가 있어야 한다. 하지만 이 두 경우가 동일시될 수 있는지, 침팬지나 까치의 거울 자기인식이 아동의 시험 통과가 증명하는 인지적이고 정동적인 자기의식과 일치하는지는 결코 분명치 않다 (Rochat and Zahavi 2011). 지금 내가 부인하려는 건, 자신의 얼굴의 시각적 표상을 인식하는 일이 자기의식을 예증하고 이것의 토대가 되는 사례라는 주장과, 흔히들 말하는 것처럼 아동의 경우에서 자기의식이 사회적으로 또 문화적으로 빈곤하다는 주장이다. 자기경험의 시원적이고 기본적인 유형에 해당하는 것이 결코 아니라, 즉 자기동일성이 이미 존재한다고 단순히 확증하는 것이 결코 아니라, 자신의 반사 이미지에 대한 인식은 상당히 정교한 유형의 매개적 자기인식으로서, 거리와 분리를 가로지르며 일어나는 것이다. 게다가 갤럽이 주장하는 바와 달리, 자신의 거울 이미지를 인식할 때 인간은 이 이미지에 사회적으로 반응하기를 그만두지 않는다(Gallup 1970: 86). 자신의 이미지처럼 명백히 단순해 보이는 것을 인식하는 일조차 자기와 타자를 단지 대비하는 일보다 더욱 복잡하다. 이 인식은 자기 자신을 대상화해서 전유하는 일을 수반하며, 따라서 여기에는 자신을 대상으로서 경험함과 자기 자신을 주관으로서 경험함 사이의 불가결한 긴장이 따른다(Legrand 2007). 이것은 타자와의 상호작용 와중에 사람들이 자신을 경험하고 전개하는 방식은 훨씬 더 복합적이라는 사실을 보여주는 특수한 사례에 불과하다.

로샤와 브로시 그리고 그 동료들이 한 흥미진진한 두 편의 연구는 이러한 해석을 지지한다. 한 연구에서, 이들은 극명히 다른 문화적, 사회경제적인 맥락(미국 중산층, 케냐 시골, 피지, 그레나다, 페루 시골, 캐나다)에서 성장해온 18개월에서 72개월 된 200명 이상의 아동이 보인 고전적인 거울 표시 시험에 대한 반응을 비교했다. 이들은 반응에 대한 차이가 현저하다는 점을 발견했다. 시골 및 보다 전통적인 위치에 있는 아동들은 전형적으로 얼어붙고 가라앉으며 회피하는 채로 자신의 반사 이미지를 마주하면서 표시를 유의미하게 덜 만지거나 덜 제거하는 모습을 보였다. 예를 들면, 케냐의 시골 마을에 사는 82명의 아동으로 구성된 한 표본 집단에서는 두 명만이 자신의 얼굴에서 발견한 표시를 만지거나 제거하면서 거울 시험을 통과했다(Broesch et al. 2011: 1022). 저자들은 이 아동들이 십중팔구 거울에 비친 반사 이미지가 자신들임을 알아차렸지만 어떻게 반응해야 할지 확신이 서지 않아서 예상치 못한 표시를 만지거나 제거할 엄두가 나지 않았던 것이라고 주장한다. 이 주장이 옳다면, 이는 표시 시험 통과의 실패가 부정 오류일 수도 있다는 점을 보여줄 뿐만 아니라, 자신의 행동을 억제함으로써 시험에 '통과한' 아동들이 특별한 종류의 자기의식을, 즉 자신들 주변의 어른들과 관련해서 자신의 동일성에 대한 알아차림을 소유하리라는 점도 제시할 수 있다(Broesch et al. 2011: 1026). 아동의 거울 자기경험과 거울 표시 시험 통과 능력이 규범적 압력과 사회적 순응에 의존하는 정도는 또 다른 연구에서 추가로 입증되었는데, 이 연구에서 생후 14개월에서 52개월 된 아동 86명의 자기인식은 두 가지 상이한 사회적 맥락에서 시행한 거울 표시 시험을 통해 평가되었다. 아동의 얼굴에만 표시가 되어 있거나 아니면 시험할 동안 아동 주변의 실험자와 모든 어른의 이마에도 동일한 표시가 있었다. 아동의 얼굴에만 표시가 되어 있었을 때는 표시를 만지거나 제거해서 거울 시험에 통과한 아동들이 훨씬 많았다. 한편 아동을 둘러싼 모두에게 표시가 되어 있었을 경우 아동은 이마에 붙은 표시(노란 포스트잇 스티커)를 만지고 제거하는 데 더욱 주저하는 모습을 유의미하게 보였고, 가끔은 시험실에 수립된 사회적 규범에 순응하려는 듯 보이는 시도로 그 스티커를 제자리에 갖다 놓았다. 이 연구 결과는 거울 자기경험 발달의 사회정서적 요인을 예증하는 것이기도 하다. 아동이 거울에서 외현적인 자기인식을 드러내기 시작할 때, 이것이 단지 자신의 신체화된 자기와만 관련되는 경우는 거의 없고, 타자가 자신을 어떻게 지각하고 평가할지와도 관련된다. 짧게 말하면, 대체적인 발달 아동의 거울 자기경험은 아동이 사회적 주변 환경을 알아차리든 말든 상관없이 발달하는 게 아니라, 자기표현과 공적인 겉모습을 사회적으로 알아차리고 이와 관계 맺는 일을 포함하고 있다(Rochat et al. 2012: 1496; 또한 주 1을 보라). 안면 자기인식 시험은 결과적으로 자기 그 자체를 시험하는 게 아니라, 자기의 아주 특수한 차원, 즉 사회적 대상으로서의 자기를 시험하고 캐묻는 일이다. 표준적 해석은 이러한 구도와 한계를 충분히 숙고하지 않았다.

이러한 비판에 제기할 수 있는 한 가지 반대는 다음과 같다. 갤럽과 키난이 쿨리와 미드의 연구를 가끔 긍정적으로 언급하는 대목이 보이는데(Gallup 1977: 335; Keenan et al. 2003: 41), 쿨리와 미드는 사회적 대상으로서의 자기를 명시적이고 지속적으로 논의했다. 쿨리는 인간의 자기는 상호인격적 개체이자 그 자체로 타자와 맺는 사회적 상호관계에 의존적이라고 주장한 것으로 유명하다. 이와 비슷한 맥락에서 미드는, 앞서 언급했듯이 우리는 (자신에게 한 대상이 된다는 의미에서) 간접적인 방식, 즉 자신을 향해 타자의 태도를 취하면서 유일하게 자기의식적이게 될 수 있는데 이는 사회적 환경 안에서만 일어날 수 있다고 주장했다(Mead 1962: 138). 쿨리-미드의 가설을 지지하면서 갤럽은 광범위한 노출 이후에도 거울 상황에서 자기지향적 행동을 보여주지 못했던, 고립된 채 사육된 침팬지 연구를 언급하기까지 했다. 사회적 경험의 중요성을 보여주는 추가적인 시험으로서, 자기인식적 반응이 나타나기 시작한 시기 이후의 원시 침팬지 두 마리에게 3개월의 집단 경험이 주어졌다. 이 시험은 침팬지가 자신과는 다른 타자의 견지에서 스스로를 볼 수 있는 기회라고 갤럽은 제시했다(Gallup 1977: 336). 결과적으로 키난의 연구는 갤럽의 연구에 빚을 지고 있는 반면, 갤럽 자신의 자기인식 설명은 훨씬 이전의 미드와 쿨리의 발상에 정확히 영향을 받았다는 사실에 주목해야 한다(Gallup et al. 1971; Gallup 1975, 1983을 보라). 하지만 보다 자세히 검토해보면 갤럽의 미드와 쿨리 언급은 아주 혼란스러운데, 왜냐하면 갤럽 자신의 설명은 이들의 견해를 단호히 반박하기 때문이다 (세심한 분석이 필요하면 Mitchell 1997a를 보라). 쿨리와 미드는 자기에 대한 앎이 타자에 대한 앎을 전제한다고, 또 자기개념은 자신을 향해 다른 사람의 관점을 취하는 데서 파생된다고 주장한 반면(Cooley 1912: 246; Mead 1962: 138), 갤럽과 키난은 타자에 대한 앎이 자기에 대한 앎 및 발전된 자기개념을 전제한다는 견해를 지지한다. 갤럽은 심적 상태를 타자에게 귀속시킬 수 있는 능력은 귀속을 행하는 그 개인의 편에서 이러한 상태를 감찰할 역량을 전제한다고 쓴 반면(Gallup 1982: 243), 내가 다른 사람의 심적 상태를 예측하거나 추론할 수 있는 것은 내가 나 자신의 생각을 알기 때문이라고 키난은 주장한다(Keenan et al. 2003: 78).

지금까지 밝혀졌듯이, 신경과학적 안면 자기인식 연구는 긴 (그리고 부분적으로 왜곡된) 역사를 가진 이론적 체재에 기대고 있다. 신경과학 그 자체의 원칙—실험 설계를 구체화해왔고 실증적 연구 결과를 해석하는 데 계속 영향을 미치는—에 입각해 의식과 자기알아차림, 자기 등의 중심 개념을 충실히 반성하고 분석해보면, 이 개념들은 불충분하며 많은 방면에서 논란이 되는 테제들에 분명 연루되어 있다. 자기인식과 자기경험의 신경적 상관물에 대한 신경과학적 연구에는 신중한 개념적 분석의 요구가 불필요한 게 아니라, 꼭 필요하다. 자기와 자기의식은 복잡하기 때문에 학제적 협력—이론적 분석과 실증적 조사 사이의 분할을 가로지르는 협력—을 피할 수 없다. 철학이 됐든 신경과학이 됐든 단 하나의 학문 분야만이 자기 탐구에 독점권을 가져야 한다고 생각한다면, 오만과 무지를 표현하는 게 될 뿐이다.

여러 출판물에서, 키난과 그 동료들은 뇌에서 자기의 위치를 정하는 연구가 여러 세기에 걸쳐 의식 연구의 목적이었고(Feinberg and Keenan 2005: 661) 이 문제는 여전히 풀리지 않는 과학과 철학, 심리학의 미스터리라고 주장한다(Keenan et al. 2003: 99). 하지만 「뇌 안의 어디가 자기인가?」라는 논문에서 저자들은, 뇌의 모듈들은 고립된 채로 존재하지 않아서 뇌의 전부를 봐야 한다는 점을 인정할 뿐만 아니라, 자기는 우반구에 거주한다는 보다 강력한 주장을 하기보다는, 우반구는 자기의 어떤 측면에 대해 지배적이라는 보다 온건한 주장을 채택하는 게 더욱 적절하고 옳을 수 있다는 점을 수긍함으로써, 애초의 주장을 신중히 변경한다(Feinberg and Keenan 2005: 673, 675). 확실히 동의하는 바다. 자기의 신경 상관물 연구를 뇌 안에서 자기의 위치를 찾으려는 시도라고 설명하기보다는, 자기인식과 자기경험을 가능하게 하는 신경 구조와 메커니즘 연구라고 명명하는 편이 훨씬 낫다. 전자의 주장은 범주 오류나 다름없다(이 점에서 나는 이 외에는 의견이 맞지 않는 데닛과 해커 같은 철학자의 편을 들 것이다. Dennett 1992; Bennett and Hacker 2003). 이 때문에 "뇌 안의 어디가 자기인가?"라는 물음의 답은 "어디도 아니다"일 수밖에 없다. 자기는 뇌 안의 어디에도 없다는 말은 "아무도 자기였거나 자기를 가진 적이 없다"는 말이 아니다(Metzinger 2003: 1). 우리는 자기의 실재성을 부인하지 않고도, 자기가 뇌 안에서 위치를 찾을 수 있는 그러한 물건이라는 걸 부인할 수 있다.

14장

수치심

여러 표준적 해석에 따르면, 수치심은 전적으로 자기를 수반하고 타깃으로 삼는 정서다. 수치심이 들 때, 자기는 전반적인 평가절하에 영향을 받는다. 자기는 결함이 있다고, 불쾌하다고, 비난받는다고 느낀다. 그러나 우리가 수치심을 느낀다는 사실은 자기의 본성에 관해 무엇을 말해주는가? 수치심은 자기개념concept of self, (실패한) 자기이상, 비판적인 자기 평가의 역량 등이 있음을 증명하는가, 아니면 오히려 일부가 제시했듯이 자기는 얼마간 사회적으로 구성된다는 사실을 드러내는가(Calhoun 2004: 145)? 수치심은 본래 자기의식적 정서로 분류되어야 하는가, 아니면 오히려 독특한 사회적 정서인가, 또는 이 양자택일에 오도된 부분이 있는가? 나는 이 장에서 이 물음들을 탐색해서 궁극적으로는 수치심 같은 복잡한 정서를 자세히 연구하는 일이 우리의 자기이해에 중요한 측면을 더할 수 있고, 또 내가 1부에서 논의한 두 가지 개념인 최소주의적인 경험적 자기개념과 내러티브적으로 확장된 보다 풍부한 자기개념을 잇는 데 도움을 줄 수 있다고 제시할 것이다.

1. 수치심과 자기의식

정서는 여러 가지 상이한 모습과 형태로 나타난다. 정서 연구는 소위
폴 에크먼의 기본적 여섯 가지—기쁨, 두려움, 슬픔, 놀람, 분노, 혐오—
를 탐구하는 데 많은 시간을 쏟았다(Ekman 2003). 이들 정서는 인간 발
달상에서 초기에 출현하고, 생물학적 근거와 특징적인 얼굴 표정을 가지
며, 문화적으로 보편적이라고들 한다. 하지만 이 기본적 또는 일차적 정
서들이 우리의 정서적 삶의 풍부함을 남김없이 보여주는 것은 아니다.
당혹감, 시기심, 수치심, 죄책감, 자부심, 질투심, 회한, 감사 같은 보다 복
잡한 정서들을 생각해보라. 마이클 루이스에 따르면, 다양한 정서를 분
류하는 유용한 방법은 자기의식적 정서와 비자기의식적 정서 사이의 구
별을 활용하는 것이다. 일차적 정서는 그렇지 않지만, 보다 복잡한 정서
는 자기의식을 수반한다(Lewis 2007: 136). 루이스의 설명에 따르면, 후
자의 정서군은 정교한 인지적 과정을 수반하고, 이 정서 모두는 자기반
성을 거쳐 일어나며 또한 자기개념을 수반하고 이를 필요로 한다. 따라
서 이러한 정서를 경험하는 데 필요한 발달상의 조건은 아동이 자기개
념 또는 자기표상을 소유하고 있어야 한다는 것이며, 루이스에 따르면
이는 다만 생후 18개월쯤부터 일어난다. 루이스는 자기의식적 정서를 다
시 두 군으로 구별한다. 두 군은 자기노출과 객관적 자기의식, 다시 말해
자기반성을 수반하는데, 첫 번째는 비평가적 노출을 수반하는 반면, 두
번째는 자기노출과 자기평가 모두를 수반한다. 첫 번째 군은 18개월쯤

출현하고 당혹감과 시기심 등의 정서를 포함한다. 두 번째 군은 36개월 쯤 출현한다. 이 정서군에는 수치심과 죄책감이 포함되며 기준, 규칙, 목표를 전유하고 내면화할 수 있는 능력과 이 기준들에 비춰 행동을 평가하고 비교할 수 있는 능력이 요구된다(Lewis 2007: 135).

　루이스가 자기의식이나 자기알아차림에 대해 말할 때, 그가 정확히 염두에 둔 바는 무엇인가? 루이스는 주관적 자기알아차림과 객관적 자기알아차림 사이의 구별을 다룬다. 그의 설명에 따르면, 가장 단순한 시스템부터 가장 복잡한 시스템까지 살아 있는 모든 시스템은 스스로를 조절하고 감찰한다. 그가 제시하는 일부 예는 신체가 혈액 안의 이산화탄소 수준을 추적하는 방식 또는 T세포가 스스로를 낯선 단백질과 구별하는 방식과 관련이 있다(Lewis 2003: 279). 루이스는 이러한 자기조절과 자기-타자의 분화에는 일정 정도의 주관적 자기알아차림이 필요하다고 보지만, 우리는 여기서 의식적이지 않은 채로 남는 자기알아차림을 다루고 있다(Lewis 1992: 16, 27).[1]

　살아 있는 모든 시스템은 주관적 자기알아차림을 소유한다. 극소수만이 객관적 자기알아차림의 수준을 획득하는데, 이것은 훨씬 고등한 표상적 복잡성을 함의한다. 그런데 이 수준이 획득되는 순간 경험과 정서는 의식적이게 된다. 경험과 정서가 우리에게 또는 우리에 대한 무언가가 되는 것은 오직 이 순간부터다. 따라서 루이스의 설명에 따르면, 우리가 스스로를 의식적으로 반성할 때라야, 즉 우리가 주의를 안쪽으로 향해서 주의의 대상이 되는 자신의 심적 상태에 내적으로 주의를 기울일 때라야 그 심적 상태는 의식적이게 된다(Lewis 1992: 29). 루이스는 이러한 생각을 다음의 사례를 들어 예증한다. 큰 소음 때문에 내가 놀랄 수 있다. 하지만 나는 이 놀람의 상태를 반성하는 경우에만 이 상태를 의식적으로 경험한다. 반성 이전에는 놀람은 의식적이지 않은 채로 남는다. 루이스는 발달론적 견지에 서서 고찰하며 객관적 자기의식의 출현 이전에, 다시 말해 유아가 자기개념과 객관적 자기표상을 발전시키기 전에 정서적 상태를 가질 수도 있지만, 이 상태는 조금도 의식적이지 않다고 주장한다(Lewis 2004: 273-274). 다른 어떤 의식적 경험도 가지지 못하는 것처럼 말이다.

인지적 역량이 증가함에 따라 객관적 자기알아차림이 가능하게 되는데, 루이스에 따르면, 그래서 당혹감, 공감, 시기심 등의 자기의식적 정서 또한 가능하게 된다. 기준, 규칙, 목표를 훨씬 더 세련되게 인지적으로 포착하는 일을 동반할 때 자부심, 죄책감, 수치심 등의 자기의식적인 평가적 정서가 가능하게 되는데, 루이스는 기준에 미치지 못한 실패, 실패로 인한 느낌, 실패가 자기를 손상시키리라는 믿음 등을 경험할 때 유발되는 강렬한 부정적 정서로서 자기의식적인 평가적 정서를 정의하며 결론을 맺는다. 그는 공적 실패의 문제가 당혹감의 정서와 관련이 있다고 여기지만, 수치심, 죄책감, 자부심 등의 정서는 당혹감과 관련이 없다고 주장한다(Lewis 1998: 127).

반면, 이번에는 롬 하레가 제안한 수치심 설명을 검토해보자. 짧게 말해, 하레는 당혹감은 내가 한 일이 관습과 예의상 관례를 어겼다는 것을 타자가 알아차리게 됨을 계기로 생겨나는 반면, 수치심은 내가 한 일이 도덕적으로 위반이었다는 것을 타자가 알아차리게 됨을 계기로 생겨난다고 주장했다(Harré 1990: 199).

나는 하레의 두 제안 모두에 문제가 있다고 생각한다. 당혹감이 수치심보다 충격과 고통이 덜하다는 데, 즉 당혹감이 중요한 개인적 가치의 위배보다는 (앞 지퍼가 열려서, 배에서 꼬르륵 소리가 크게 나서, 어울리지 않는 옷을 입어서 등의) 곤란한 사회적 노출과 분명 더욱 관련이 있다는 데 기꺼이 동의를 보낼 순 있지만, 하레의 이러한 정의와 말끔한 구별은 불충분하다. 그는 당면한 관중이 있어야 한다는 점을 너무 많이 강조할 뿐만 아니라—혼자 있을 때는 부끄러움을 느낄 수 없다는 양, 즉 탄로가 났기 때문에 겨우 수치스럽게 느낀다는 양—그가 내린 도덕적 위반과 관습 위배 사이의 날카로운 구별 역시 의문의 여지가 많다. 예를 들어, 저코비가 보고한 다음의 짤막한 이야기를 검토해보자. 한 소년이 급우와 함께 견학을 갔다가 돌아오는 기차에 있었다. 소년은 급성 설사병에 걸렸지만 화장실이 사용 중이라 결국 바지에—반 전체가 눈치채고 놀렸다는 게 중요하다—싸고 말았다(Jacoby 1994: 7). 저코비가 이어서 설명함에 따라 이 일화는 이 아이에게 아주 트라우마적 상황으로 드러났고, 어른이 되어서도 이 일에 극심한 영향을 받았다. 이 경험을 당혹감의 순간적 느낌으로 분류하는 것은 잘못된 일로 보이며, 다른 한편으로 이를 도덕적 허물로 분류하는 것도 가할 법하지 않다. 우리는 도덕적 위반을 부끄러워할 수 있긴 하지만, 윤리와 아무 상관없는 사태도 물론 부끄러워할 수 있다. 사실 수치심은 꼭 고의로 한 일로 인해 초래되는 것은 아니다. 물리적 무능력이나 태생 또는 피부색을 부끄럽게 느낄 수 있다. 따라서, 수치심과 당혹감을 각각 도덕적 가치의 위반과 사회적 관습의 위배와 연결시키기보다는(이는 사람에 따라 동일한 사건을 수치스럽게 느낄 수도 있고 아니면 당혹스럽게 느낄 수도 있다는 사실에 정면으로 도전하는 시도이기도 하다), 애초에 보다 타당한 구획 기준은, 당혹감이 아니라 수치심을 자부심이나 자존감의 전반적 저하에 대한 그리고 개인적 결점과 결함에 대한 고통스러운 알아차림과 연결시키는 그러한 기준이라고 나는 생각한다. 이는 게일런 스트로슨의 의견과도 잘 맞아떨어질 것이다. 과

거의 당혹감은 쉽게 자신에 관한 재미난 이야깃거리가 될 수 있지만, 과거의 수치심과 굴욕감은 그럴 수 있긴 하나 좀체 그렇게 되지는 않는다 (Strawson 1994).[2]

루이스의 설명에 관해서는 이의를 제기할 수 있는 점이 많다. 예를 들어 그가 내린 일차적 정서와 이차적 정서 사이의 구별을 검토해보자. 루이스는 다음과 같이 쓰고 있다.

> 나는 정서들을 자기의 역할과 관련지어 분류할 수 있다고 생각한다. 두려움, 기쁨, 혐오, 놀람, 분노, 슬픔, 흥미가 유발되는 데에는 내성이나 자기참조가 필요하지 않다. 그러므로 이 정서들을 한 세트로 간주해보자. 질투심, 시기심, 공감, 당혹감, 수치심, 자부심, 죄책감이 유발되는 데에는 내성이나 자기참조가 정말 필요하다. 이 정서들은 또 다른 세트를 이룬다. (…) 따라서, 나는 일차적 정서와 이차적 정서 사이의 차이는 이차적 정서가 자기참조를 수반한다는 데 있다고 제안한다. 이차적 정서는 **자기의식적 정서**로 불릴 것이다. 수치심은 자기의식적 정서다 (Lewis 1992: 19-20).

일차적 정서는 자기의식적이지 않으며, 자기참조를 결여한다는 게 사실일까? 나는 이 주장이 적어도 두 가지 방식으로 논박될 수 있다고 생각한다. 첫 번째 방식은 전반성적 자기의식 개념을 지지하는 것이다. 내 생각대로 이 개념을 지지한다면, 복잡한 정서들에서 자기의식적 정서를 선별해내는 일은 타당하지 않다. 어떤 주관이 1인칭적으로 정서를 경험하는 한, 모든 정서는 자기의식적이기 때문이다. 물론 루이스는 이 주관이 적어도 정서를 반성의 대상으로 삼은 이후에도 두려움과 분노, 기쁨

등의 정서를 의식적으로 경험하지 않는다는 데는 반대할 수도 있다. 이러한 주장을 펼치며, 즉 객관적 자기의식이 현상적 의식의 전제 조건이라 여기면서 그는 고차 표상적 기술을 결여하는 동물과 유아는 현상적 특성을 동반하는 경험 또한 결여할 것이라는 견해를 지지하는 입장에 선다. 동물과 유아가 고통, 소진감, 좌절감 등을 경험하는 일 같은 건 없을 것이다. 그만이 이러한 견해를 견지하는 건 아니지만—이미 봤듯이, 갤럽과 캐러더스도 이러한 견해를 공유한다—이 견해에는 권할 만한 점이 거의 없다.

루이스식 구별에 이의를 제기하는 두 번째 방식은 정서가—지각이나 인지보다 훨씬 더 두드러진 방식으로—자기수반적이라고 주장하는 것이다. 우리는 자신에게 문제가 되는 것에, 마음을 쓰는 것에, 무관심하지 않은 것에 정서적으로 반응한다는 점을 고찰해보자. 그러한 의미에서 보면 정서는 무엇이 중요하고, 유의미하고, 가치 있고, 자신과 유관한지에 대한 평가를 수반한다고 주장할 수 있다. 이는 단지 죄책감과 수치심이나 자부심 같은 복잡한 정서뿐만 아니라, 기쁨, 혐오, 분노, 두려움 같은 정서에도 분명 사실이다. 이 점이 옳더라도, 이게 주장하는 바는 분노와 두려움 등의 정서 그리고 수치심과 후회 등의 정서 사이에 유의미한 차이가 없다는 것은 아닐 것이다. 관련한 차이가, 정서가 자기의식적 또는 자기수반적인지 아니면 그렇지 않은지와 상관이 있는지는 좀 의심스러울 것이다.

하지만 그렇다면 어디서 이 차이를 찾아야 할까? 꽤 분명한 한 가지 가능성은 자기가 이러한 정서들의 일부에서 주의의 초점이기 때문이든 또는 이 정서들의 일부가 좀더 특별한 의미에서 자기구성적이기 때문이든, 서로 다른 정서는 서로 다른 방식으로 자기수반적이라고 주장하는 것일 수 있다.

루이스의 저서 『수치심: 노출된 자기Shame: The Exposed Self』의 제목을 다시 한 번 검토해보자. 다음은 루이스가 부제를 설명하는 방식이다. "이 책의 부제는 노출된 자기다. 노출된 자기는 무엇이며 누구에게 노출되는 것인가? 자기는 스스로에게 노출된다. 다시 말해 우리는 스스로를 볼 수 있다. 자기반성할 수 있는 자기는 인간 특유의 것이다"(Lewis 1992: 36). 짧게 말해, 루이스는 문제의 노출을 스스로에게 노출됨으로 정의한다. 다시 말해, 그가 노출된 자기에 대해 말할 때 그는 우리의 자기반성 역량을 언급하고 있는 것이다. 그러나 이는 중요한 점을 놓치는 게 아닐까? 반면에 다음과 같은 다윈의 언급과 비교해보자. "이것은 우리 자신의 겉모습을 단순히 반성하는 행위가 아니라 타자가 우리를 어떻게 생각하는지를 생각하는 것인데, 이게 얼굴을 달아오르게 한다"(Darwin 2009 [1872]: 345). 오로지 개인 자신의 부정적 자기 진단에만 초점을 맞추는 루이스식 수치심 정의 방식의 문제점은, 이 방식이 자기 실망이나 자기 비판과 같은 그 밖의 부정적 자기평가와 수치심을 구별해내기 어렵게 된다는 데 있다. 이렇듯 자신에 대한 가시성을 조명하는 데 따른 또 다른 문제점은, 수치심의 중요한 유형, 즉 자신이 표방하는 자기와 타자가 지각하는 방식 사이의 괴리가 드러나면서 공적으로 나타나는 겉모습과 사회적 자기정체성의 위축과 평가절하로 초래되는 수치심의 한 종류를 간과하는 듯 보인다는 것이다. 어떻게 수치심을 설명하든, 어째서 사적으로는 사소한 단점으로 인식되고 용인되는 개인적 결점이 공적으로 노출되는 바로 그 순간 수치스럽다고 느껴질 수 있는지를 해명해야 한다.

그러나 루이스와 하레에 대한 나의 비판은 반대 방향을 가리키는 것 같다. 나는 당면한 관중이 필요함을 과장한다는 이유로 하레를, 또 사회성이 중요함을 경시한다는 이유로 루이스를 각각 비난한다. 이 비판들을 어떻게 아우를 수 있을까? 계속해서 현상학이 수치심을 바라보는 몇 가지 대안적 견해를 검토해보자.

2. 여러 가지 수치심

2장에서 봤듯이, 사르트르는 두 유형의 자기의식을 서로 구별한다. 전반성적 자기의식과 반성적 자기의식이다. 전반성적 자기의식은 반성적 자기의식과 무관하게 만연할 수 있기 때문에 우선성이 있는 반면, 반성적 자기의식은 항상 전반성적 자기의식을 전제한다. 사르트르는『존재와 무』의 3부에서 상호주관적으로 매개되는 자기의식의 세 번째 유형이 존재한다고, 다시 말해 이 유형이 다른 유형의 가능조건이라고 즉각 주장하기까지 하며 문제를 복잡하게 만든다. 사르트르는 엄격히 대자적인 채로 남아 있으면서도, 다시 말해 전반성적 자기의식을 그 특징으로 하면서도, 아주 상이한 유형의 존재론적 구조를 나타내는 의식의 양상들이 존재한다고 주장한다. 보다 구체적으로 말해, 그는 나의 것이지만 그럼에도 나에 대한 것임이 없는 나의 있음인바 어떤 있음을 나에게 드러내는 의식의 양상들이 존재한다며 다소 수수께끼 같은 주장을 한다(Sartre 2003: 245). 사르트르가 말한 의미를 더 잘 이해하기 위해 그 자신이 소개하는 사례, 즉 수치심의 느낌을 검토해보자.

사르트르에 따르면, 수치심은 지향적 의식의 한 형태다. 이것은 어떤 것에 대한 수치스러운 포착이고, 이 어떤 것은 바로 나 자신이다. 나는 나인 게 부끄러우며, 또 그만큼 수치심은 또한 자기관계를 예증한다. 하지만 사르트르가 지적하는 바에 따르면, 수치심은 일차적으로 또 원본적으로 반성 현상이 아니다. 나는 나의 실패를 반성하며 그 결과로 수치심을 느낄 수 있지만, 수치심의 느낌을 반성할 수도 있는 것처럼 반성에 들어가기에 앞서 수치심을 느낄 수 있다. 그의 말에 따르면 수치심은 원래 "아무런 담론적 준비도 없이 머리부터 발끝까지 관통해 흐르는 즉각적인 전율이다"(Sartre 2003: 246). 사실상 그리고 보다 중요한 점은, 그 일차적 형태에 있어 수치심은 내가 나 스스로 반성을 통해 단순히 유발할 수 있는 어떤 느낌이 아니라는 것이다. 오히려 수치심은 타자 앞에 있는 자신에 대한 수치심이다(Sartre 2003: 246, 312). 수치심은 타자의 개입을 전제하는데, 왜냐하면 타자는 내가 그 앞에서 부끄러워하는 자이고, 그리고 보다 중요하게는 내가 부끄러워하는 그것은 나의 타자와의 마주침에서 그리고 이를 통해서만 구성되기 때문이다. 따라서 수치심은 자기관계를 예증하기도 하지만, 사르트르의 설명에 따르면, 우리는 본질적으로 매개적인 자기관계의 형태를 대하고 있는 것인데, 이 관계에서 타자는 나와 나 자신 사이의 매개자로서 존재한다. 달리 말하면, 부정적 자기평가를 수반하는 일차적으로 자기반성적 정서인 것이 아니라, 수치심은 사르트르에게 우리의 관계성, 즉 우리의 타자들에 대해 있음을 드러내는 정서다. 사르트르는 결과적으로, 수치심이 단순히 자기의식적 정서일 뿐이라거나 단순히 사회적 정서일 뿐이라는 주장 모두를 부인한다. 그의 설명에 따르면, 수치심은 둘 다다.

수치심을 통해 통제되고 있지 않음을 또 나의 토대는 나 자신의 바깥에 있음을 나는 알아차리게 된다. 타자의 시선은 내가 나를 지배하는 것이 아니라는, 또 바로 그 순간 나는 무력하다는 진실을 수여한다

(Sartre 2003: 260). 따라서, 사르트르에 따르면, 수치심을 느끼는 것은 타자의 평가를 인식하고 수용하는 것이다. 설사 아무리 잠깐 동안일지라도 말이다. 이것은 타자가 쳐다보고 있고 판단하고 있는 대상과 동일시하는 것이다(Sartre 2003: 246, 287, 290). 게다가, 사르트르는 타자의 평가가 긍정적인지 그렇지 않은지는 문제가 안 된다고 여긴다. 수치심을 유발하는 것은 바로 이 대상화이기 때문이다. 그는 다음과 같이 쓰고 있다.

> 순수한 수치심은 이러저러한 죄책감의 대상이 있다는 느낌이 아니라 대개 **어떤** 대상이 있다는 느낌이다. 다시 말해, 나 **자신**이 타자에 대해 이렇게 격하되고, 고정되며, 종속되어 있음을 인식하는 느낌이다. 수치심은 **본래적 추락**의 느낌인데, 이는 내가 이러저러한 특별한 잘못을 저질렀다는 사실 때문이 아니라 내가 단지 사물들 한가운데의 세계로 추락했다는 그리고 나라는 존재가 되기 위해서는 타자라는 매개가 필요하다는 사실 때문이다(Sartre 2003: 312).

수치심을 느끼면서 나는 타자를 주체로서 인식하고 이 주체를 통해 대상성을 획득한다. 그런데 사르트르의 견해에서 보면, 이러한 인식은 상당히 독특한 형태를 띤다. 어떤 대상의 자기동일성을 타자가 내게 부여하는 경험을 내가 함—타자의 시선은 나의 자유를 돌같이 만들며 나를 고정된 일련의 확증으로 환원한다. 즉 나는 타자가 나를 보는 방식이고 그것에 지나지 않는다—에도 불구하고, 이 대상의 정확한 본성은 항상 나의 파악을 벗어날 것이다. 나는 타자가 나를 평가하는 방식을 확신을 가지고 통제할 수도 알 수도 없다. 왜일까? 부분적으로는, 나는 근본적으로 타자의 견해를 채택할 수 없기 때문이다. 나는 타자처럼 나 자신을 무자비하게 대상화할 수 없는데, 내게는 이에 필요한 자기거리가 없기 때문이다. 그래서 수치심의 느낌을 통해 나는 타자에 대해 존재하고 타자는 나를 볼 수 있다는 사실이 드러남에도 불구하고, 즉 수치심의 느낌을 통해 나는 (부분적으로) 타자에 의해 구성되고 내 존재의 차원은 타자가 내게 제공하는 차원이라는 사실이 드러남에도 불구하고, 사르트르에 따르면, 타자가 할 수 있는 이 같은 방식으로 내가 알거나 직관할 수 없는 것이 바로 나 자신의 차원이다. 따라서 사르트르가 나의 타자들에 대해 있음을 존재의 탈자적이고 외부적 차원으로 부르고, 또 타자와의 마주침에 의해 일어나는 존재적 소외에 대해 말하는 것은 전혀 놀랄 일이 아니다(Sartre 2003: 286, 292, 320).

사르트르의 수치심 분석이 가장 잘 알려진 현상학적 설명이긴 해도, 그의 분석은 최초의 설명도 아니고 가장 광범위한 설명도 아니다. 에르빈 슈트라우스는 1933년에 「역사적 문제로서의 수치심Die Scham als historiologisches Problem」이라는 짧지만 도발적인 논문을 발표했고, 막스 셸러는 이보다 20년 먼저 「수치심과 수치스러움에 대하여Über Scham und Schamgefühl」라는 긴 에세이를 썼다.[3] 슈트라우스와 셸러를 살펴보는 이유는, 이 둘 모두가 사르트르의 분석을 증보시키는 것은 물론이거니와 이의도 제기한다는 데 있다. 게다가 지난 몇 년간 셸러의 설명은 부흥할 조짐을 보였는데, 예를 들어 누스바움(2004)과 데오나 등(2011)이 쓴 최근의 책들에서 셸러는 긍정적인 평가를 받았다.

슈트라우스와 셸러 사이의 공통점 한 가지는 이들 모두가 다양한 수치심 유형을 서로 구별할 필요가 있음을 강조한다는 점이다. 슈트라우스는 거의 전적으로 honte에 초점을 맞추지만, 프랑스어는 honte와

pudeur를 구별하는 반면, 독일어는 Schande와 Scham을 구별한다. 양자의 의미는 『옥스퍼드 영어사전』의 shame이라는 표제어에서 찾아볼 수 있기도 하다. 『옥스퍼드 영어사전』은 자신의 행동을 치욕스럽거나 불명예스럽다고 의식하는 데서 일어나는 고통스러운 정서를 우리의 수치심에 대한 감각과, 다시 말해 부적절하거나 불명예스러운 것에 대한 우리의 지각과 구별한다. 셸러와 슈트라우스는 수치심이 우리가 삶에서 제거를 그 목표로 삼아야 할 그 자체로 부정적이고 억압적인 정서라는 견해에 반론을 제기하며(Schneider 1987과 비교해보라), 또 이들은 탱니와 디어링이 수치심의 특징을 "상호인격적 행동에 부정적인 영향을 미치는 극히 고통스럽고 불쾌한 느낌이다"(2002: 3)라고 일반적으로 묘사하는 데 결국 동의하지 않을 것이다. 슈트라우스는 친밀감의 경계선에 대한 감수성과 존중을 수반하는 방어적 형태의 수치심과 사회적 위신의 유지와 보다 관련이 있는 은닉된 형태의 수치심을 자신의 견지에서 구별한다(Straus 1966: 220). 슈트라우스가 방어적 형태의 수치심을 말할 때 염두에 뒀음직한 바를 예시할 목적으로, 공개적으로 드러나는 당신의 삶에 관해 시시콜콜한 것까지 정통해 있어 부끄럽다고 느끼는 상황을 검토해보자. 당신은 관중이 비판적으로 반응하지 않더라도 단지 노출 그 자체로 인해 부끄럽다고 느낄 수 있다. 볼노는 동일한 현상을 다루면서, 수치심과 우리 자신의 가장 사적이고 내밀한 핵심을 공개적인 정밀 조사가 초래할지 모를 침해로부터 방어하려는 욕구를 연결시킨다(Bollnow 2009: 67, 91).

셸러는 수치심의 느낌이 경우에 따라서는 즐거울 수 있다고 생각할 뿐만 아니라, 보다 중요하게는 수치심을 느낄 수 있는 감수성과 역량이 윤리적으로 가치가 있다고 여겨 수치심을 양심의 출현과 연결시킨다—

그가 지적하듯, 『창세기』가 수치심을 선과 악을 구별하는 앎에 명시적으로 관련시키는 것은 우연이 아니다(Scheler 1957: 142). 수치심의 즐거운 성질에 관한 셸러의 첫 번째 요점은 자신이 만들었지만 슈트라우스와도 일치하는 구별법과 연결되어 있다. 셸러는 자신의 견해에서, 사랑스러운 온기를 그 특징으로 하는 얼굴이 붉어진 처녀의 예기하고 방어하는 수치심과 후회하는 수치심Schamreue의 고통스러운 경험, 즉 가슴을 후비는 듯한 날카로움과 자기 증오로 가득한 화끈거리는 수치심을 구별한다(Scheler 1957: 140). 두 번째 요점에 대해 말하면, 셸러는 우리가 무언가를 부끄러워할 때 그 수치심 반응은 이 부끄러워하는 상황이 벌어지기에 앞서 존재하던 규범적 약속을 감안해 나타나야 한다고 주장한다(Scheler 1957: 100). 수치심의 느낌은 바로 계속 지지해온 가치와 실제 상황 사이의 불일치 때문에 일어난다. 사실 수치스러운 상황에 대한 공포인 수치심 불안은 존엄성의 보호자로 여겨질 수도 있다. 이것은 우리(와 타자가) 존엄성이 결여된 행동을 해 수치스러운 상황에 처하는 걸 경계하게 한다.[4] 플라톤이 『법률Laws』에서 지적했듯이, 수치심은 어떤 사람이 불명예스러운 일을 하지 못하게 방지하고 억제할 것이다(Plato 1961: 647a). 사실 바로 몰염치라는 개념은 수치심 감각의 소유는 도덕적 미덕이며, 이 수치심 감각이 없다면 정상적인 생활을 할 수 있는 성격적 특성을 갖추지 못한다고 제시한다. 수치심은 도덕성 발달을 내재적으로 저해하기보다는, 간단히 말해, 이에 건설적인 역할을 할 수도 있다. 왜냐하면 수치심은 사회적 순응성을 촉진하면서 사회화에 도움을 줄 수 있으며, 자기 만족을 와해할 수 있고, 자기이해를 수정할 수 있으며, 종국에는 내 삶의 방식을 새롭게 방향 설정하도록 동기를 부여할 수 있기 때문이다(Steinbock 2014).[5] 셸러는 이에 덧붙여 수치심의 현행은 어떤 자존감과 자부심이 있음을 입증한다고 주장한다. 자신의 가치에 대한 기대가 어긋나 수치심을 불러올 수 있는 것은 오직 스스로 가치 있기를 기대하기 때문이다(Scheler 1957: 141; 또한 Taylor 1985: 80-81; Nussbaum 2004: 184를 보라).

셸러는 수치심이 본질적으로 자기수반적 정서라는 생각에 동의를 하곤 했지만, 수치심이 부득이 타자를 수반하는, 본질적으로 사회적 정서라는 주장에는 명시적으로 거부를 표한다. 셸러는 그 대신 꼭 타자가 현존할 때 느낄 수 있는 수치심만큼 근본적인 수치심의 자기정향적 형태가 존재한다고 말하면서, 수치심의 핵심 특징은 이것이 한쪽의 정신적인 고등 가치 그리고 다른 한쪽의 동물적 본성과 육체적 욕구 사이에 균열이나 불일치가 존재하는 증거가 된다고 주장한다(Scheler 1957: 68, 78). 이 점은 셸러가 수치심이 신이나 동물이 가질 수 없는 분명 인간의 정서라고 주장하는 이유이기도 하다. 그의 견해에 따르면 수치심은 인간의 근본적 정서인데, 이것이 인간의 조건을 특징짓는다(Scheler 1957: 67, 91). 보다 최근에 누스바움은 이러한 견해를 철저히 구명하면서 수치심은 특정한 사회적 가치 체계 안에서 무엇이 규범적인지를 알아차리게 되기 이전의 그 현장에 있으며, 한쪽에 있는 우리의 열망과 이상, 그리고 다른 한쪽에 있는 우리의 유한성과 무력함에 대한 자각 사이의 긴장과 가장 근본적으로 관련되어 있다고 주장했다. 수치심은 우리의 약점, 결함, 단점이 드러나고 내보이게 되는 데 따른 정서적 반응으로서(Nussbaum 2004: 173), 어떤 특정한 사회적 표준에 대한 학습에 선행한다. 비록 무엇이 수치스러워할 만한 경우인지에 대한 다양한 견해를 가르침으로써 수치심 경험을 다양하게 구체화할 여지를 사회들이 가지지 않는 것은 분명 아니지만 말이다(Nussbaum 2004: 173, 185).

수치심이 흔히 발가벗음과 결부되어왔고 '수치심'이란 단어의 어원이 '가리다cover'를 의미하는 고대 고지 독일어Old High German scama와 게르만어 전신의 skem까지 거슬러 올라갈 수 있다는 발상이 전혀 무의미한 것은 아니다. 마찬가지로 생식기에 해당하는 그리스어 aidoia는 수치심에 해당하는 그리스어의 하나인 aidos와 관련이 있다(Nussbaum 2004: 182; 또한 Konstan 2003을 보라). 혹자는 음순에 해당하는 덴마크어 skamlæber가 말 그대로 수치스러운 입술을 의미하듯 수치심에 해당하는 독일어 Scham도 생식기를 지칭한다고 첨언할지도 모르겠다. 셸러에 따르면, 발가벗음이 전통적으로 수치심과 결부되어온 이유 중 하나는, 즉 우리가 성기를 가리려 노력하는 이유 중 하나는 성기가 바로 동물성, 필멸성, 빈곤을 상징한다는 데 있다(Scheler 1957: 75). 아프거나 나이가 드는 경우처럼 신체 기능의 통제 상실이, 배변을 하는 동안 남이 지켜본다는 걸 알아차려 수치심이 유발되는 경우처럼 얼마나 수치스럽게 느껴질지를 생각해보라. 사르트르가 후에 주장하곤 했듯, 벌거벗은 상태에 처하는 걸 질색하며 두려워하는 것은 본래적 수치심의 상징적 징후다. 신체는 우리가 대상일 때는 무방비 상태가 됨을 상징한다. 옷의 착용은 대상 상태를 감추려는 시도다. 이것은 보이지 않으면서 볼 권리를 주장하는 것이다. 다시 말해 순수한 주관이 되는 것이다(Sartre 2003: 312).

3. 마음 안의 타자들

이 지점에서, 타자가 어떤 역할을 하는지 보다 분명히 해둘 필요가 있다. 자신에 관한 나쁜 평판이 타자에게 노출되는 상황에서만 수치심이 일어난다고 주장하는 것은 설득력이 없다. 혼자일 때도 확실히 수치심을 느낄 수 있다. 다시 말해, 수치심에는 당면한 관찰자나 관중이 필요하지 않다. 설사 어떤 일이 영원히 비밀로 유지되더라도 그 일이 부끄럽다고 느낄 수 있다. 그것은 타자에 대한 참조가 비본질적임을, 또 수치심 설명은 그 사회적 차원을 생략할 수 있음을 의미하는가? 너무 서두르진 말자. 비사회적 수치심의 사례들이라고 하는 몇 가지를 검토해보겠다.

1. 당신에게는 선천성 얼굴 추상이 있으며 당신은 거울에서 자신을 볼 때 수치심을 느낀다.

2. 당신은 해서는 안 된다고 믿는 어떤 일을 했다.(또는 해야만 한다고 믿는 어떤 일을 해내지 못했다.) 이러한 상황이 있은 이후, 당신은 실로 부끄러움을 느낄 수 있다. 당신은 문제의 특정 행위를 한 데에 죄책감을 느낄 수도 있지만, 단지 이러한 일을 할 수도(또는 해내지 못할 수도) 있었던 사람이라는 데 부끄러움을 느낄 수도 있다.[6]

3. 과거의 자신에 견주어 봤을 때 지금의 모습에 부끄러움을 느낀다. 다시 말해, 당신은 당신의 역량에 부응하지 못하는 데에, 즉 당신의 잠재력을 배신한 데에 부끄러움을 느낀다.

4. 당신은 다시는 술에 손대지 않기로 확고한 결정을 내렸다. 그런데 순간적으로 마음이 약해져 충동을 못 이기고는 폭음을 해서 결국은 의식을 잃는다. 인사불성이 될 때 자기 통제력을 상실한 데, 즉 비천한 본능이라 여기는 충동에 굴복한 데 부끄러움을 느낀다.

5. 당신은 동료 집단과 함께 있다. 이들은 정치적 이슈를 논의하기 시작해 당신이 강력하게 반대하는 인종차별주의적 합의를 금세 도출한다. 하지만 당신은 조롱받거나 배척받지 않을까 하는 수치심 불안

때문에 반대 의견을 표현하지 못한다. 하지만, 그후 혼자일 때 스스로의 비겁한 태도 때문에 아주 부끄럽다.

이들 사례는 수치심의 느낌에는 당면한 관찰자가 필요하지 않다는 걸 입증한다. 하지만 이것을 사르트르가 부인하곤 했던 건 전혀 아니다. 사르트르가 든 유명한 예로, 열쇠 구멍으로 지켜보고 있다가 갑자기 뒤에서 발소리를 듣는, 훔쳐보는 사람의 사례를 잠깐 검토해보자. 그는 자신에게 밀려오는 압도적인 수치심에 몸을 떨지만, 자세를 바로 하고 복도를 내려다보자 틀린 경보였다는 걸 알아차린다. 거기엔 아무도 없다 (Sartre 2003: 301). 이에 대한 사르트르의 해석은 어쨌든 수치심은 내가 스스로 획득한다는 게 아니다. 오히려 그는 수치심의 느낌은 내게 주관으로서의 타자를 주목시키며 주관으로서의 타자가 부재할 때조차 현전할 수 있다고 주장한다. 이러한 분석의 찬부 각각에는 다양한 이유가 있다.[7] 우선은 사르트르가 혼자일 때도 수치심을 느낄 수 있다는 점을 인정한다는 걸 먼저 강조하려고 한다. 뿐만 아니라 버나드 윌리엄스가 지적했듯이, 상상된 타자의 중요성을 간과하는 것은 정말 어리석은 일이다 (Williams 1993: 82).[8] 수치심을 경험하는 주관이 타자가 없이 물리적으로 혼자인 많은 경우에, 그 또는 그녀는 타자의 관점을 내면화했을 것이다. 그 또는 그녀는 타자를 염두에 둘 것이다(Rochat 2009). 게다가 수치심의 독특한 특성에는 타자는 그렇게 하지 않았으리라는 또는 그렇지 않았으리라는 확신이 대개 포함되어 있다. 그 누구도 성공할 수 없고 아무도 당신이 성공하리라 기대하지 않는 어떤 과제에 실패하는 게 수치심을 낳을 가능성이 더 적다. 상상된 타자는 결과적으로 비판적 관찰자로 형상화될 수 있을 뿐만 아니라, 대조 지점이나 비교 지점으로 형상화될 수도 있다. 그 좋은 예로 첫 번째 사례를 검토해보자. 거울을 볼 때 수치심을 느끼는 외형에 손상이 있는 사람이 혼자 있더라도, 문제의 수치심 경험이 스스로 외형 손상을 낙인으로, 즉 그 또는 그녀를 정상 상태에서 제외하는 요인으로 여긴다는 사실과 연결되어 있다고 해석하는 게 자연스러울 것이라 생각한다.

이러한 추리 방식에 반대하는 주장은 가브리엘 테일러, 쥘리앵 데오나와 파브리스 테로니의 여러 글에서 찾아볼 수 있다. 테일러는 자신의 책 『자부심과 수치심 그리고 죄책감: 자기평가의 정서Pride, Shame, and Guilt: Emotions of Self-Assessment』 첫머리에서 사르트르의 수치심 설명은 한정된 사례 범위만을 다룬다는 점에서 너무 단순주의적이라고 주장한다(Taylor 1985: 59). 사르트르의 분석이 이른바 수치심 정서군의 일원들인 수치심, 당혹감, 굴욕감 등을 보다 세심하게 구별했다면 득을 볼 수 있었을 것이라고 생각하는 것과 마찬가지로, 나는 어느 정도 이러한 평가에 동의할 수 있다. 테일러에 따르면, 수치심은 행위자가 바라보는 그 자신 또는 그녀 자신의 관점 전환—특히 행위자가 지금까지 그 자신에게 내린 가정과 행위자보다 거리를 둔 관찰자가 제공한 관점 사이의 부정적 불일치를 자각하게 하는 전환—과 결정적인 관련이 있다(Taylor 1985: 66). 테일러에 따르면, 이러한 전환은 보통 다른 사람의 주의 대상이거나 그럴 수 있음을 자각하는 데서 일어난다. 하지만, 사르트르와 대조적으로 테일러에게 타자는 이러한 전환에 필요한 수단일 뿐이다. 이러한 부정적 판단—그리고 테일러에게 수치심은 반성적 자기평가에 해당한다는 점에서 상당히 세련된 자기의식의 유형이다(Taylor 1985: 67)—은 자신의 입장이 어떠한지 또는 관찰자의 관점에서 어떻게 보일 수 있는지를 자각하는 데서 일어나긴 해도, 최종적인 자기정향적 판단은 이러한 관점과 어떠한 관련도 없다. 최종적 판단은 오직 자기 자신과 관련이 있다. 절대적으로 모욕을 당한 자라고 해도 비단 구체적인 관찰자나 관중만이 관련되어 있는 건 아니다(Taylor 1985: 68). 테일러는 이 점이 수치심과 당혹감 사이에 놓인 중요한 차이의 하나를 지적한다고 본다. 당혹감을 느낄 때, 그 초점은 행위자가 타자에게 나타나는 겉모습에, 즉 행위자가 어떤 주어진 상황에서 주는 인상에 맞춰져 있다. 어떻게 보일까 하는 염려는 항상 타자를 마주하는 우리 자신의 입장을 동반한다는 점을 고려하면, 당혹감은 수치심보다는 사회적 정서다. 그러나 테일러에 따르면, 이 점이 당혹감을 덜 고통스럽고 충격적인 경험으로 만드는 것이기도 하다. 염려의 초점이 단지 어떤 주어진 관중을 마주하는 구체적 맥락에서 스스로가 어떻게 나타날지에 맞춰져 있다는 점을 고려하면, 당혹감은 상황과 맥락이 변하면서 경감될 수 있다. 하지만 수치심은 절대적인 실패, 즉 개인 전체에 대한 부정적 판단과 관련이 있는데, 이는 수치심이 수치심을 유발하는 상황이 변했거나 사라진 이후까지도 보통 지속되는 이유다(Taylor 1985: 70-76).

테일러가 분석을 진행하는 동안 사회적 차원이 덜 명료한 수치심의 사례를 지적할 수는 있지만, 즉 그녀는 사르트르의 모델이 쉽사리 들어맞지 않는 반례를 내놓을 수는 있지만—예를 들어, 현재 작품이 자신의 이전 창작물이 선보인 질에 못 미치기 때문에 수치스럽게 느끼는 예술가를 언급하면서(Taylor 1985: 58)—그러한 사례들 자체가 사르트르의 설명이 수치심의 핵심 유형을 포착하지 못했음을 보여주는 것은 아니다. 사실, 나는 테일러의 모델의 문제는 그녀가 사르트르와 똑같은 실수를 저지르면서도 별 차이가 없는 설명을 한다는 데 있다고 생각한다.

이어서 이러한 비판을 보다 상세하게 제기하기 전에, 먼저 데오나와 테로니의 반대도 검토해보자. 데오나와 테로니는 사회적 정서에 대한 다양한 정의를 신중하게 구별해야 한다고 강변한다. (1) 수치심의 대상은 다른 누군가든 자신의 사회적 지위든 간에 명확하게 사회적이라고 주장하는가, (2) 수치심에 수반되는 가치는 타자와의 접촉으로 획득된다고 주장하는가, (3) 수치심에는 항상 바깥에서 자신을 바라보는 관점을 취하는 일이 필요하다고 주장하는가, (4) 수치심은 항상 사회적 맥락에서 일어난다고 주장하는가? 데오나와 테로니는 기본적으로 이들 제안 모두를 거부한다. 이들의 견해에서 보면, 우리가 수치심을 느낄 때, 당면해 있거나 상상된 관중이 항상 존재한다는 주장은 받아들이기 정말 어렵다. 이들의 견해에서는 수치심이 사회적 지위가 위협받는다는 걸 인식하는 일이나 사회적 이미지를 관리하는 일과 항상 연결되어 있다는 주장도 옳지 않다(Deonna and Teroni 2009: 39; 2011). 이들이 말하는 '피상적 수치심'에 한정하면 이 점이 사실일 수도 있지만, 이들이 명명한 '깊은 수치심'은, 예를 들어 자신의 도덕 위배적 행위를 반성할 때 타자의 평가와 전혀 무관하게 개인적 실패로 인해 느끼는 수치심이다(Deonna and Teroni 2011: 201). 구체적이고도 극단적인 예로, 허친슨이 논의한 사례를 검토해보자. 이 사례는 잔악한 행위를 저지른 레오파드와 관련이 있다. 몇 년 뒤, 레오파드는 감옥에서 인터뷰를 하며 자신이 얼마나 깊은 수치심을 느끼게 되었는지 자세히 이야기한다. 이 일로 자신의 동지에게 조롱과 조소를 샀지만 말이다(Hutchinson 2008: 141-143). 사실 레오파드의 수치심이 그의 동지가 내린 부정적 평가 때문이라고 설명하는 건 얼토당토않을 것이다. 차후에 데오나와 테로니는 수치심에 수반되는 가치는 사회적으로 획득될 수도 있다는 점을 인정하면서도 이 점이 수치심은 본질적으로 사회적 정서라는 주장을 충분히 뒷받침하기 어려울 거라고 말하는데, 왜냐하면 그 밖의 비사회적 정서에 수반되는 가치의 획득도 마찬가지로 사회적이기 때문이다(Deonna and Teroni 2011: 195). 마지막으로, 데오나와 테로니는 관점 변화의 문제를 제기한다. 이들이 말하길, 완전히 몰두하는 일을 부끄러워하기란 불가능하다. 그러한 의미에서 수치심은 평가자의 비판적 관점을 수반한다. 그러나 이들은 평가자가 다른 사람이어야 한다거나 관점의 전환이 타자에 의해 동기 부여가 되어야 한다는 점은 부인한다. 오히려 관점의 전환은 단지 무반성적 행위자에서 반성적 평가자로 전환되는 문제인데, 이 점에서 이들은 루이스의 견해에 근접한다(Deonna and Teroni 2011: 203).

이들의 확실한 제안은 무엇인가? 이들의 견해에 따르면, 수치심은 자기 자신을 부정적으로 평가하는 태도를 수반한다. 수치심은 자신이 따르는 가치와 자신의 부끄러움이 그 예시가 되는 (부정)가치 사이의 충돌을 알아차리는 게 동기가 된다(Deonna and Teroni 2011: 206). 그 결과 이들은 다음과 같이 수치심을 정의할 것을 제안한다.

> 수치심은 그가 존재하거나 행위하는 방식이 스스로 본보기가 되고자 하는 가치와 너무도 불화해 그 가치를 따를 자격을 박탈당하는 듯 보인다는 것을 그 주관이 알아차리는 것이다. 다시 말해 그가 최소 수준에서조차 그 가치의 귀감이 될 수 없음을 지각하는 것이다(Deonna and Teroni 2009: 46).

보다 구체적으로 말하면, 이들은 다음 세 가지 조건이 만족되어야만 주관이 수치심을 느낀다고 주장한다.

[1] 자기 관련 가치의 정반대편에 있는 가치의 본보기가 되는 특성을 떠게 되거나 행위를 취하게 된다. [2] 이를 이 특별한 가치 요구에 관한 독특한 무능력을 지시하는 것으로 이해한다. [3] 이러한 무능력은 이 가치를 심지어 최소한으로 예시하는 그 무능력을 이룬다는 의미에서 독특하다(Deonna et al. 2011: 103).

이들 다양한 반대와 비사회적 정의를 어떻게 평가해야 할까? 처음 든 우려는 데오나와 테로니가 제시한 정의는 주로 아주 정교하고 자기정향적인, 판단과 관련된 형태의 수치심을 타깃으로 한다는 점에서 인지적으로 너무 많은 요구를 하는 듯 보인다는 것이다. 이 정의는 전반성적 수치심은 물론이고, 유아의 수치심도 배제할 것이다. 또 자기 관련 가치를 예시하는 데 실패할 때보다, 자기 관련 결함을 예시할 때 수치심이 더 할 것이라는 우려가 든다. 다시 말해, 수치심을 유도하는 것은 이상적 자기와의 거리감이 아니라, 바라지 않는 자기와의 가까움이다(Lindsay-Hartz et al. 1995: 277; Gilbert 1998: 19).

테일러, 데오나와 테로니는 가능한 모든 경우를 포괄하는 수치심 정의를 제시하는 데 관심이 많다. 이는 물론 어느 정도까지는 전적으로 훌륭한 시도이지만, 이런 식으로 초점을 맞춘다면 또한 너무 획일적인 정서 묘사를 제시할 위험을 무릅쓰게 된다. 이는 중요한 구별을 묵과하게 만드는 정의를 제공할 수 있다. 어느 누가 수치심이 다면적 현상임을 부인할 수 있을지 의심스럽지만, 이미 봤듯이, 일부는 한발 더 나아가 환원 불가능한 다양한 형태의 수치심을 구별할 필요가 있다고 주장한다. 일부는 아래처럼 수치심을 구별할 것인데, 유력한 몇 가지 후보만 언급하면 다음과 같다. 불명예의 수치심과 분별력의 수치심, 은닉된 수치심과 방어적 수치심, 자연스러운 수치심과 도덕적 수치심, 시기 수치심과 수치심 질투심, 신체적 수치심과 정신적 수치심(예를 들어, Ausubel 1955: 382; Bollnow 2009: 55-57; Smith et al. 2002: 157; Gilbert 2003: 1215; Rawls 1972: 444를 보라). 아울러 수치심이 서로 관련된 정서군에 속한다는 사실을 잊어서는 안 된다. 경계가 다소 흐릿해지는 사례를 드는 것은 어렵지 않다. 동일한 사건이 사람에 따라 굴욕스럽게, 수치스럽게, 당혹스럽게 느껴질 수 있다는 사실은 일을 어렵게 만든다. 결국, 수전 밀러가 수치심이나 당혹감 같은 개념은 문이나 탁자 같은 개념이 대상에 적용되듯 수월하게 경험에 적용되진 않기 때문에, 수치심 연구를 절대적으로 명료하고 잘 구획된 경험의 범주 연구라고 가정하지 않는 게 상책일 수 있다고 주장하는 한, 나는 그녀가 전적으로 옳다고 생각한다(Miller 1985: 28).

나는 이러한 상황을 고려해 명쾌한 수치심 정의를 제공하는, 대담하지만 어쩌면 지나치게 야심찬 과제를 수행하진 않을 것인데, 이 과제는 수치심의 필요충분 특징을 특정하는 일이다. 나는 지금부터 좀더 온건하게 목표 설정을 할 것이다. 나는 비사회적 수치심의 유형이 존재한다는 걸 반증하려 하기보다, 아마 보다 원형적인, 비사회적 용어로는 충분히 이해될 수 없는 또 다른 수치심의 형태가 존재하기에, 비사회적 용어로 수치심을 정의하려는 시도는 결과적으로 아주 중요한 부분을 틀림없이 놓치리라고 주로 주장할 것이다. 그리고 주로 불명예스러운 수치심에 초점을 맞출 텐데, 우선 다음의 다섯 가지 상황을 검토해보자.

1. 당신은 최신 논문을 쓸 때 거의 알려지지 않았고 최근에 작고한 학자의 에세이에서 광범위하게 구절을 사용한다. 당신은 논문이 출간

된 후 당신을 표절로 갑자기 고소한 공개 회의에 참석한다. 당신은 단호하게 이를 부인하지만, 당신의 학과 천적인 고소인은 반박할 수 없는 증거를 제출한다.

2. 당신은 한물간 옷을 입고 고등학교 파티에 나타나 새로운 급우들에게 멸시를 받는다.

3. 당신은 구직 신청을 하며 꼭 취직이 되리라 친구에게 허풍을 떨고 있었지만, 구직 인터뷰를 한 뒤 친구들과 어울리는 동안 임명 위원회로부터 그 일에 결코 적임자가 아니라는 통보를 받는다.

4. 당신은 다섯 살 난 말썽쟁이 딸과 실랑이를 하다 끝내 참지 못하고 딸을 손바닥으로 때린다. 곧바로 죄책감을 느끼지만, 그런 뒤 유아원 원장이 이 장면을 보고 있었음을 알게 된다.

5. 당신은 새로 로맨틱한 관계를 시작했다. 당신은 얼마 뒤 친밀해졌다 싶을 때 성적 선호를 밝힌다. 이 사실을 털어놓자 상대가 의아한 시선으로 쳐다본다.[9]

이 다섯 가지 상황을 검토해보고 이들이 어떤 사람들에게 수치심 (가령 당혹감이 아니라) 경험을 일으킬 공산이 있다는 점을 인정한다면, 구체적인 타자는 해당 정서를 일으키는 데 아주 우발적 요인이며—그 정서의 발생에 기껏해야 한낱 기폭제이며—바로 그 동일한 수치심 경험이 혼자 있는 환경에서 일어날 가능성이 있다고 주장하는 게 얼마나 타당할까? 나는 이러한 제안이 타당하다고는 조금도 생각하지 않는다.[10] 나는 우리가 우리 자신에 대해 옳니 그르니 할 수 있고 그 결과 수치심을 느낄 수 있다는 걸 부인하는 게 아니라, 후회 같은 자기반성적 수치심 및 그에 따른 자기실망감과 자기비참감, 심지어 자기혐오감에는 타자의 면전에서 경험할 수 있는 압도적인 수치심의 느낌과는 다소 다른 지향적 구조와 현상성이 있다고 생각하는 것이다.[11] 후자의 경우에는 노출과 취약성의 느낌이 강화되어 존재하고, 이에 동반해 숨고 사라지고 싶고, 보이지 않게 되고 싶으며, 쥐구멍에라도 들어가고 싶은 바람이 존재한다. 전형적인 초점의 축소 역시 존재한다. 당신은 그 같은 수치심에 시달리는 동안 주위 상황의 세세한 부분에 신중하게 주의를 기울일 수 없다. 오히려, 세계는 사라져가고 자기는 드러난 채로 서 있다. 사르트르는 분석을 통해, 타자의 시선이 나의 상황 통제를 방해하는 방식을 강조한다(Sartre 2003: 289). 나는 그저 신체적으로 존재하는 게 아니라, 즉 그저 나의 다양한 기투에 몰입해 확신을 갖고 주위 상황과 상호작용하는 게 아니라, 나의 신체적 현사실성과 노출을 고통스럽게 알아차리게 된다. 사실 격렬한 수치심 경험은 신체 마비 따위를 일으킬 수도 있다. 행동적 수치심 현시―구부정한 자세, 고개를 떨구며 시선 회피하기, 얼굴 감싸기―는 또한 이 정서의 구심성을 강력히 표현한다. 수치심 경험은 자기에 대한 경험이지만, 이것은 우리에게 떠맡겨진 자기에 대한 경험이다. 우리가 원하든 원치 않든 우리는 주목을 받는다. 이는 우리를 압도하며 애당초 거의 회피할 수도 달아날 수도 통제할 수도 없는 것이다. 니체는 이를 두고 『서광Morgenröte』에서 다음처럼 말한다.

갑자기 수치심에 사로잡힐 때면 "나는 세상의 한가운데다!"라는 느낌이 아주 강하게 일어난다. 그러고는 마치 밀려드는 파도의 한가운데에서 갈팡질팡하듯 서서 사방에서 응시하고 꿰뚫어 보는 커다란 눈에 앞이 흐려지는 것 같은 기분을 느낀다(Nietzsche 1997: 166).

이 같은 수치심은 정상적인 시간 흐름을 방해하기도 한다. 후회하는 자기반성적 수치심은 회고적이자 과거지향적인 반면, 그리고 수치심 불안—어쨌든 현행하는 느낌이라기보다 성향에 가까운—은 대체로 예기적이자 미래지향적인 반면, 내가 지금 초점을 맞추고 있는 상호인격적 수치심 경험은 '얼어붙은 지금'의 관점에서 특징지어지는 게 가장 적절할 것이다(Karlsson and Sjöberg 2009: 353). 미래는 사라지고 주관은 현재의 순간에 고정된다. 수치심을 느낄 때 나는 현사실성에 갇힌 듯, (미래의 가능성을 가진 자가 아니라, 즉 다르게 될 수 있는 자가 아니라) 나라는 존재를 돌이킬 수 없게 되어버린 듯, (사유성privacy을 보호받지 못한 채) 절대적인 빛에 무방비로 조명되는 듯 나 자신을 경험한다(Sartre 2003: 286, 312). 죄책감은 타자에게 미치는 부정적 영향에 주로 초점이 맞춰져 있고, 행동을 원상태로 돌리려는 바람을 포함하며, 수복 행위에 동기 부여를 할 수도 있는 반면, 격심한 상호인격적 수치심의 느낌은 미래의 구원 가능성을 탐색할 여지를 남기지 않는다.

이미 언급했듯이, 수치심은 (당혹감과 달리) 절대적인 비하의 느낌을 수반하는데 그렇다고 저하감에 비단 구체적인 관찰자나 관중이 관련되는 건 아니라고 테일러는 주장했다. 구체적인 타자와 마주해 당혹감을 느낄 수 있는 반면, 다시 말해 당혹감은 구체적인 타자와 관련이 있으며 당혹감을 피해 편안함을 찾을 수 있고 심지어 이를 친구나 당혹감의 상대에게 농담 삼아 얘기할 수도 있는 반면, 수치심 경험은 이와 다르다. 수치심은 의사소통하기 어려울 뿐만 아니라,[12] (동정과 위로를 얻으려고) 수치심을 타자에게 누설하려는 의향이 우리에게는 없다. 더욱이 비록 수치심은 구체적인 타자와 마주침으로써 유발된다고 하지만, 우리가 그 또는 그녀와 대면할 때 수치스럽기만 한 것은 아니다. 우리의 타자와의 관계는 영향을 받는다. 그만큼, 수치심은 당혹감보다 훨씬 더 고립된 경험인 것이다. 하지만 이를 (테일러의 해석일 수 있는) 타자가 결코 중요한 역할을 하지 않는다는 사실의 증거로 간주하는 대신, 수치심이 단순히 자존 감과 자신감의 전반적인 저하만을 수반한다기보다는 우리가 일반적으로 타자와 맺는 관계와 유대에 영향을 미치고 이것들을 바꾸는 방식에 그 본질적 특징이 있기도 하다고 주장하는 게 보다 타당하다고 나는 생각한다. 게다가 곧 보게 되다시피, 타자는 다름 아닌 정서 발달에 결정적인 역할을 수행할 수 있다.

▎4. 기준과 평가

▎사르트르는 자신의 분석에서, 시선이 미치는 영향을 조명한다. 그런데 그 바라봄의 본성은 엄청나게 다양할 수 있다. 사르트르의 지적처럼, 훔쳐보는 자의 바라봄은, 의학적 촉진이 부드러운 어루만짐과 다른 것처럼, 연인들이 교환하는 바라봄과 다르다(Straus 1966: 219). 사르트르의 분석은 결국 다소 일방적이라는 이유로 비판받을 수 있다. 하지만 보다 중요한 점은, 수치심이 타자의 바라봄에 의해서 촉발될 수 있을 뿐만 아니라 고의적인 간과에 의해서 촉발될 수도 있다는 데 있다. 악셀 호네트는 그의 흥미진진한 '비가시성' 연구에서 다양한 고의적 비지각 행위를 논의한다. 이 행위는

파티에 참석한 지인을 맞이하는 걸 깜빡한 데서 드러나는 무해한 부주의에서, 집주인이 사교상 무익하다고 여겨 청소부를 마주할 때 못 본

체하는 아무 생각 없는 무시를 거쳐, 행위를 당한 흑인이 굴욕을 주는 신호로밖에 이해할 수 없는 노골적인 '못 본 척하기'에 이르기까지 다양하다(Honneth 2001: 112).

호네트는 아동으로 하여금 자신이 주의와 헌신의 수혜자임을 알게 할 애정 어린 미소, 펼친 손, 자애로운 끄덕임과 같은 다양한 얼굴 표정이 존재함을 제시하는 유아기 연구를 증거로 든 다음, 아동은 이러한 전언어적 표현의 수혜자가 되면서 사회적으로 가시적이게 된다고 주장한다. 이와 달리, 고의적 비지각은 어떤 사람을 비가시적으로 만들면서 그 사람에 대한 인식을 부인하는 것이다(Honneth 2001). 우리가 타자에게 간과되고 무시당하기 때문에 부끄럽게 느낄 수 있다는 사실은 수치심과 이러한 인식 욕구 및 지각된 부재 인식 사이에 어느 정도 유의미한 관계가 있음을 제시한다. 최근 정신분석학에서는 이론화를 통해, 수치심은 호혜성 승인이 부재하는 데 따른 반응이라고 제안했다(Ikonen and Rechardt 1993: 100).[13] 만약 그렇다면, 이 사실은 수치심을 상호인격적 삶의 바로 그 핵심에 자리매김하게 할 것이다. 당혹감은 원치 않고 달갑지 않은 주목을 받는 느낌을 대개 수반하는 반면, 수치심은 사회적 인식 그 자체의 상실과 더 관련 있다. 벨레먼이 언급하듯이, "당혹감의 주체는 자신의 얼굴에 달걀이 놓여 있다고 느끼는 반면 수치심의 주체는 얼굴의 상실을 느낀다—이 차이는 정확히 조롱의 타깃이 나타나 있는지, 사회적 상호작용의 타깃이 전혀 나타나 있지 않은지에 있다"(Velleman 2001: 49). 타자의 비웃음은 당혹감을 불러일으킬 수 있고 타자의 분노나 분개는 죄책감을 불러일으킬 수 있는 반면, 경멸과 거부는 수치심을 야기할 가능성이 더 많다—적어도 우리가 해당 사람들을 존중하고 이들의 호혜적 존중을 바란다면 말이다.

아리스토텔레스는 『수사학Rhetoric』에서 우리가 그 면전에서 수치심을 느끼는 사람들은 우리에 대한 이들의 의견이 우리에게 중요한 자들이다 (Aristotle 1984: 1384a25)라고 썼다. 관중의 정체가 상관없는 경우는 드물다. 자신의 연인에게 노출되는 약점이 있다는 것은, 불안전하다고 또는 사랑을 받고 있지 못하다고 느끼는 사람들이 있는 데서 노출되는 약점이 있다는 것과는 아주 다르다. 목격자가 가까운 가족 구성원, 즉 당신이 속한 사회 관계망의 일부인 한 사람인지 아니면 전적으로 낯선 사람인지가(특히 문제의 그 사람도 당신이 누구인지 모른다면 말이다) 중요할 뿐만 아니라, 계층과 사회적 위상도 한몫을 할 수 있다. 당신이 대중 앞에서 한 수준 이하의 공연은, 당신보다 사회적 위상이 낮은 사람이 아니라 높은 사람에게 들통난다면 더욱 수치스럽게 경험될 것이다. 예를 들어, 피아니스트가 어떤 곡을 혼자 연습하다 실수하는 상황과 작곡가가 참석한 공개 연주회에서 실수하는 상황을 비교해보자. 그런데, 힐레 란드위어가 언급하듯이, 목격자의 위상과 권위가 수치심 경험의 강도에 변화를 가져온다. 그 목격자가 당신의 능력을 기대하고 높이 평가하며 당신의 실수를 눈치챌 수 있는 자격이 충분하다면, 그녀가 있음으로 인해 수치심의 특성과 강도가 변할 수도 있는 것이다. 설령 그녀가 당신보다 능력이 떨어지고 낮은 사회적 위상에 처해 있다고 하더라도 말이다 (Landweer 1999: 94).

우리가 봤듯이, 사르트르는 수치심이 무엇보다도 타자 면전에 있는 자신에 대한 수치이며 여기에는 타자의 평가에 대한 수용이 수반된다고 주장했다(Sartre 2003: 246, 287). 이렇게 평가의 수용이 수반됨을 강조하는 것은 칼손과 셰베리가 낸 의견과도 부합하는데, 즉 너무나 원치 않지만, 수치심을 통해 드러나는 그것은 그럼에도 불구하고 자신에 관한 진실을 드러내는 것으로서 경험된다고 이들은 주장했다(2009: 350).

하지만 여러 저자가 이러한 주장을 반박하는데, 이들은 수치심의 타율적 특성을 강조한다. 존 데이는, 예를 들어 "수치심의 주체가 그 판단을 수용하지 않으며 그래서 자신은 다르게 판단을 내리지만 자신을 비판하거나 조롱하는 데 대한 반응으로도 수치심이 느껴짐을 인정해야 한다"고 주장한다(Deigh 1983: 233; Wollheim 1999: 152와 비교해보라). 체셔 캘훈은 나와 도덕적 실천을 공유하는 자들 앞에서 부끄럽게 느끼는 게 도덕적 성숙성의 표지라고 주장하기까지 한다. 내가 이들의 도덕적 비판에 동의하지 않을 때조차 말이다(Calhoun 2004: 129). 캘훈은 이런 식으로 주장하며 "성숙한 행위자는 자신의 눈을 통해서만, 그리고 오직 자신이 자율적으로 설정한 기준에 미치지 못하기 때문에 수치심을 느낀다"고 주장하는 자들을 비판한다(Calhoun 2004: 129).

이처럼 자율적과 타율적이란 개념을 사용하는 게 설명의 목적에 부합하는지는 분명치 않다. 내가 사르트르의 편에 서서, 관련된 평가를 수용할 때라야 수치심을 느낀다고 주장할 경우, 자신이 자율적으로 설정한 기준에 미치지 못할 때라야 수치심을 느낀다고 제시하고 있는 건 분명 아니다. 타자와 완전히 무관하게 설정된다는 의미에서 그 기준의 설정이 자율적인가 하는 물음은 적절치 않고(월시를 인용해보면, "인간이 자신의 동료와 전적으로 고립되어 행위한다고 가정하거나, 결코 다른 사람과의 유대관계에 영향을 받지 않은 순수한 마음을 담아 행위한다고 생각하는 것은 순진무구한 태도다"; Walsh 1970: 8), 수치심의 느낌이 기준의 기원과는 상관없이 그러한 기준의 지지를 수반하는가 하고 묻는 게 적절하다. 간단히 말해, 진짜 핵심은 타자가 어떤 외부적 기준을 주관에게 부과할 수 있는지의 여부에 관한 게 아니라—이 점은 어떤 이도 논박하기 어렵다—주관이 수치심을 느끼려면 타자의 평가를 지지할 필요가 있는지의 여부에 관한 의견 충돌이다. 여기서 캘훈은 더 나아가 "수치스럽게 만드는 힘을 수치스럽게 만드는 자의 평가에 대한 행위자의 지지에서 찾는 전략을 짠다면, 그 특징이 사회성인 수치심의 특성을 포착하는 데 어려움을 겪을 것이다"라고 주장하는데(2004: 135), 왜냐하면 이러한 전략은 궁극적으로 "우리가 그 앞에서 수치심을 느끼는 타자를 우리 자신의 거울로 환원하기 때문이다"(2004: 129). 하지만 왜 우리가 이러한 추리를 수용해야 하는가? 타자의 평가의 내면화는 새로운 기준의 수용을 수반하는 것일 수도 있지 않은가? 만약 그렇다면, 이는 타자를 자신의 거울로 만드는 문제가 전혀 아니다.

한편, 우리는 타자의 평가와 기저 가치를 보다 신중하게 구별할 필요가 있다. 다음 사례를 검토해보자. 물에 빠진 소녀를 구한 뒤 인공호흡을 할 때, 기회를 틈타 소녀를 이용한다며 행인들이 당신을 비난한다. 당신은 양심에 부끄럽지 않기에 이 평가를 수용하지 않지만, 당신은 기저 가치를 공유한다. 무방비 상태의 소녀를 성적으로 착취하는 것은 잘못된 일이다. 카스텔프란키와 포지에 따르면, 이 경우 당신은 자신 앞에서 부끄럽게 느끼는 일 없이 남들의 눈에서 부끄럽게 느낄 것이다(Castelfranchi and Poggi 1990: 238). 이같이 말하는 게 설득력이 있을까? 남들의 눈에서는 부끄러워하지만 자신의 눈에서는 부끄러워하지 않는 수치심의 사례에 대해 말하는 게 정말 말이 될까? 당사자는 그렇지 않을 때 그 당사자가 마땅히 부끄러워해야 한다고 남들이 생각하는 일은 분명 가능하지만, 그것은 카스텔프란키와 포지가 염두에 둔 바가 아니다. 재차 말하는데 오히려, 자신의 눈에서는 수치심을 느끼는 일 없이 수치심을 느낄 수도 있다고 이들은 생각한다. 나는 이러한 제안에 다소 회의적인 입장이다. 나는 이 문제의 사례를 수치심이 아닌 당혹감을 수반하는 사례로 해석하는 게 보다 정확하리라 생각한다.

왜일까? 무엇보다도 수치심이 당혹감과 달리 자기에게 결함이 있다는 느낌을 수반하고 자존감의 전반적 저하와 연결되어 있다고 생각하기 때문이며, 또 해당 상황―타자의 평가를 공유하지 않으며 그 평가가 틀렸다고 인식하는―이 어떤 저하를 야기하리라고 생각하지 않기 때문이다. 또 다른 이유는 다음과 같을 것이다. 볼노가 말했듯이, 당혹감은 타자에 대한 불확실성과 관련이 있는데, 이 때문에 당신은 혼자일 때 당혹스럽게 느끼지 않는다. 중요한 것은, 이러한 불확실성, 즉 이 당혹감의 느낌은 당신이 대개는 성가신 방해물로 느끼는 어떤 것, 즉 한쪽에 치워놓고 버려버리고 싶은 어떤 것이다. 반대로 수치심은 다르다. 수치심은 고통스럽긴 해도 거슬리며 제약하는 것으로 느껴지지는 않고 오히려 복종하지 않으면 안 되고 존중받아야 하는 어떤 것으로 느껴진다(Bollnow 2009 [1947]: 66, 69). 나는 카스텔프란키와 포지가 묘사한 상황이 이러한 느낌을 야기하리라고는 믿지 않는다.

아마 일부는 이렇게 평가를 내린 데 반대하며 이 상황이 실제로 수치심을 유발할 수 있다고 고집할지 모른다. 나는 몇몇 상황에서는 사실 그럴 수 있다는 데 동의하지만, 그렇더라도 수치심의 느낌은 여전히 타자의 평가를 수용하는 데 좌우될 것이기 때문에 이것은 카스텔프란키와 포지의 해석을 뒷받침할 수 없을 것이다. 어떻게 그게 사실일 수 있을까? 그럼, 당신이 인공호흡을 하려는 사이 소녀의 아름다움에 끌려 그녀에게 매력을 느꼈고, 심지어 잠깐 동안이나마 그 입술이 관능적이라 생각했다고 가정해보자. 그게 사실이었다면, 행인의 비난으로 인해 부끄러움을 느꼈을 수도 있으리라는 생각이 든다. 이는 당사자의 마음에 의심의 씨를 뿌릴 것이다. 어쨌든 비난이 수반될 부정적 요소가 어쩌면 있었을까? 이러한 해석을 성립시키기 위해 이 이야기를 약간 변형해 검토해보자. 이 여성을 구하려면 목숨을 걸어야 한다. 왜냐하면 당신은 정말 수영에 서투르기 때문이다. 그녀를 안전한 곳으로 데려오기 위해 고군분투하고서 인공호흡을 시작하려던 차에 행인들은 그녀의 소중한 것을 강탈할 목적으로 상황을 악용하려 한다는 이유를 들어 당신을 비난한다. 이경우, 이러한 비난은 너무 터무니없어서 비난받는 자가 이를 수용할 가능성은 거의 없으므로, 결과적으로 나는 이게 수치심을 유발할 수 있다는 주장을 정말 믿기 어렵다. 오히려 보다 있음직한 반응은 격한 분노일 것이다.

이와 비교해 다음 사례를 검토해보자. 몇몇 나라에서는 여성이 니캅이라는 베일을 쓰는 걸 당연시해서, 그렇게 하지 않으면 가차 없이 반감을 산다. 철저하게 세속적인 여성이자 반감을 갖는 남들을 결코 존중하지 않았던 여성에게 이러한 반감이 수치심을 유발할 가능성이 아주 크다고는 생각하지 않는다. 하지만 그녀가 남들을 존중했다면 어떨까. 이들의 인식이 그녀에게 중요했다면 어떨까? 그렇다면 그녀가 그들의 반감에 맞닥뜨릴 때 부끄럽게 느끼지 않을 수 있을까? 또 이 점이 캘훈의 견해를 뒷받침할 수 있는 건 아닐까? 그러리라 확신할 순 없다. 관련 기준을 거부하고 그 평가에 동의하지 않음에도 불구하고 당사자가 부끄럽게 느낄 수 있음을 입증하는 것으로 이러한 상황을 이해하기보다는, 그 여성이 수치심을 느낄 수도 있는 이유에 대한 보다 유력한 설명은 그녀가 자신이 존중했던 사람들에게 불쾌감을 주고 있었음을 깨달았다는 데 있을 것이라 나는 생각한다. 그 부분이 그녀가 수용했던 평가다.

일부는 계속 고집할지도 모르겠지만, 당사자가 관련 기준을 거부하고, 그 평가에 동의하지 않으며, 평가자를 경시함에도 불구하고 부끄럽게 느낄 수 있는 상황은 없지 않을까? 수치심과 굴욕감 사이의 관계를 검토해보자. 굴욕감은 대개 정체성의 항구적 변화가 아닌 지위의 일시적 변경—낮아지거나 강등된 입장에 놓이는—을 수반한다. 굴욕감은 대개 당신 스스로가 어떤 것을 하고 있기 때문이 아니라, 다른 누군가가 당신에게 무언가를 하고 있기 때문에 일어난다. 그러한 의미에서, 굴욕감은 보통 다른 행위자, 즉 당신을 압도할 힘을 가진 자를 필요로 한다. 누군가에게 굴욕감을 주는 것은 해당 사람을 단언해서 어느새 그에게 특수한 형태의 통제력을 행사하는 것이다. 왜냐하면 그 사람의 자존감과 자기평가를 조종하려 하기 때문이다. 이 점이 핵심인데, 사실 굴욕당하고 있는 그 사람은 대개 굴욕적 상태로 인해, 자신의 정체성을 오염되지 않게 지키는 데 곤란을 느낄지 모른다. 그는 원치 않는 정체성에 더럽혀지고 이를 떠안은 듯 느낄 수 있고, 그 자신을 비난하기 시작하며 이 상태에 책임을 느끼기까지 할 수도 있다. 이러한 경우에는 수치심도 뒤따를 것이다(Miller 1985: 44). 이는 내가 생각하기에, 성적 학대를 받은 사람이 수치심을 느끼는 이유의 일부일 것이다. 이들은 분명 희생자이며 가해자가 아닌데도 말이다.[14] 어떤 경우에는 굴욕감과 수치심이 분리될 수 있다. 몇몇 문화권에서는 더 낮은 지위에 있는 사람에 의해 동등하게 취급받는 게 굴욕적일 수도 있는데, 당신이 이 일로 굴욕감을 느낄 수 있긴 해도 이는 당신이 그 평가를 수용한다는 사실을 수반하지는 않는다. 이는 내가 수치심의 필수 특징이라 여기는 자존감의 전반적인 저하로 이어지지 않는다. 이 일의 문학적 사례로 마크 트웨인이 쓴 왕자와 거지 이야기를 검토해보자. 에드워드 왕자가 거지 톰과 신분을 바꿨을 때, 그는 분명 자신의 자기평가와 남들이 자신을 지각하는 방식 사이에서 벌어지는 충돌에 누구이 직면한다. 남들이 그를 평가하는 방식은 왕자의 자기평가보다 훨씬 부정적이고 경멸적이지만, 이러한 긴장이 수치심을 유발하진 않는다. 왜 유발하지 않는가? 에드워드 자신의 자기평가는 남들이 자신을 지각하는 방식으로는 조금도 위협받거나 약화되지 않기 때문이다. 남들은 그를 거지로 대할 수도 있겠지만, 그는 자신이 왕족의 혈통이란 걸 알고 있다. 에드워드는 남들의 평가를 수용할 때라야 수치심을 경험할 수 있다. 사람들은 자신이 수치심을 느낄 만하고 그 수치심이 마땅하다고 (물론, 경우에 따라서는 아주 그릇되게) 믿는 반면, 이들이 꼭 스스로가 굴욕을 받을 만하다고 믿는 건 아니다. 이 점은 대개 굴욕감이 유해하고 불공정한 타자에 대한 주목을 수반하는 이유이자, 복수의 욕망을 동반할 수도 있는 이유이기도 하다(Gilbert 1998).

5. 발달상의 고려 사항

이 시점에서, 발달상의 수치심 발현과 관련된 문제로 되돌아가보자. 이미 봤듯이, 루이스는 아동이 세 살 후반쯤 될 때라야 수치심이 출현한다고 주장한다. 그의 설명에 따르면, 세 살 난 아동에게 수치심이 일어나려면 객관적 자기의식과 자기개념을 소유해야 한다. 이 아동은 기준, 규칙, 목표를 인식하고 전유하며 내면화할 수 있는 능력과 자신의 행동을 이러한 기준에 빗대어 평가하고 비교할 수 있는 능력을 또한 가져야 한다(Lewis 2007: 135). 징크와 네벤은 이와 다소 비슷한 견해를 지지하는데, 이들은 수치심에는 구성적 요소로서의 미니 이론이 필요하며 이 미니 이론에는 자기개념, 인지적 상황 평가, 일반적인 사회적 규범은 물론이고 개인들 간의 구체적인 사회적 관계에 관한 믿음 그리고 미래와 관련된 기대나 희망이 포함된다고 주장한다(Zinck and Newen 2008: 14). 이와 달리, 셸러는 수치심이 출생 이후부터 초기 형태로 나타난다고 주장하는데(1957: 107) 이와 유사한 견해는 여러 정신분석학적 설명에서 찾아볼 수 있다(Broucek 1991; Nathanson 1994). 정확히 얼마나 일찍 수치심이 출현하는지를 확정하는 일은 우리의 당면한 목적에 그다지 중요하지 않다. 오히려 유의미한 물음은 수치심이 정말 자기개념의 소유를 전제하는지의 여부, 더 적절하게 말하자면 수치심이 공감 및 타자의 평가적 관점에 반응하는 감수성을 전제할 수도 있는지에 관한 것이다.

루이스는 후자가 사실이 아니라고 부인할 뿐만 아니라 이러한 감수성은 그 자체로 자기개념의 소유에 의존적이라고 주장하기도 한다. 사실 루이스는 공감과 정서 공유를 비롯해 초기 형태의 타자알아차림을 명시적으로 부인하는데, 왜냐하면 이 셋의 초기 형태는 모두 유아에게는 없는 것, 즉 자기와 타자의 개념적 구별을 전제하기 때문이다(Lewis 1987: 431). 루이스가 이러한 의존성에 찬성 의견을 말하는 유일한 사람은 아니다. 도리스 비쇼프쾰러도 자신의 연구에서 수치심과 공감을 자기개념의 소유에 연결시키려 했다. 그 주장의 논거는 무엇인가? 비쇼프쾰러는 공감이 자기와 타자 사이의 분화를 유지하고 있기 때문에 정서 전염과 구별된다는 주장을 관례적으로 따른다. 그녀의 설명에 따르면, 공감에는 (공감을 보다 분리된 인지적 관점 취하기와 다르게 만드는) 공감자가 그 타깃의 정서를 대리적으로 공유하는 일이 필요하지만, 해당 정서는 항상 그 타자의 소유라는 특성을 보유한다. 공감은 타자중심적이다(Doris Bischof-Köhler 2012: 41). 비쇼프쾰러에 의탁해 이러한 자기와 타자 사이의 구별이 공감이 성립하는 데 필요한 조건의 하나라고 본다면, 공감의 필요조건에는 자기개념의 소유 역시 전제되어야 한다. 왜냐하면 개인은 자기개념에 힘입어 자신을 타자와 분리되고 구별되는 존재로 알아차리기 때문이다. 비쇼프쾰러가 이해하는 자기개념이란 정확히 무엇일까? 그녀는 자기개념이 우리 자신을 대상으로 파악하는 개념적 앎을 가리키는 것이라 본다. 보다 정확히 말해, 자기개념을 소유한다는 것은 자기 자신을 대상화할 수 있는 능력 그리고 외향적으로 자신의 겉모습, 즉 자신의 외면성을 자기 자신(의 일부)으로 인식할 수 있는 능력을 가진다는 것이다(Bischof-Köhler 1991: 254). 유아는 이렇게 자기대상화를 할 수 있기 이전에 확실히 주관적 자기경험을 소유하겠지만(그리고 여기서 비쇼프쾰러가 지지하는 견해는 루이스보다는 급진적이지 않다), 유아에게 자기와 타자를 심리적으로 식별할 능력은 없을 것이다. 유아는 여전히 타자를 구별되고 분리된 경험의 주체로 알아차리지 못할 것이고, 그러므로 계속해서 정서 전염에 빠질 것이다(Bischof-Köhler 1991: 254, 260). 비쇼프쾰러의 설명에 따르면, 공감에는 결국 대상화하는 특별한 종류의 자기인식이 필요하다. 이는 이러한 자기대상화에 대한 정서적 반응으로 간주될 수 있는 수치심의 경우에도 적용되고(Bischof-Köhler 1989: 165) 또 부수적으로는 거울 자기인식의 경우에도 적용되는데, 이 때문에 비쇼프쾰러는 공감의 출현과 거울 자기인식 과제의 통과 능력 사이에 즉각적인 상관관계가 존재한다고 주장한다. 따라서 결국에는, 자기개념의 소유가 공감, 수치심, 거울 자기인식 등의 결정적 전제 조건으로 판가름 나는 것이다.[15]

　이러한 견해들이 도전을 겪지 않은 건 아니다. 다수의 저자가 개념적 자기앎의 소유뿐만 아니라 자기개념의 소유도, 상호주관성의 전제 조건이기보다는 사회적 상호작용을 전제한다고 주장해왔다. 예를 들어, 토마셀로와 홉슨이 주장하듯, 개념은 무엇을 골랐든 하나 이상의 사례를 일반화할 수 있고 이에 적용할 수 있는 것이다. 자기개념을 배운다는 것은 이것을 자기 자신과 타자에게 적용하는 일을 배운다는 걸 의미한다. 이는 자기와 타자 사이의 유사성을 아는 것이다(Hobson et al. 2006: 132). 우리는 자신의 경험을 음미하기만 할 뿐 이 유사성에는 주목하지 않는다. 오히려, 유아가 자신을 타자처럼, 즉 타자들 가운데 하나처럼 알게 되고 그럼으로써 진정한 자기개념을 소유하게 되는 것은 유아 자신을 타자로 바라보는 관점을 취하거나 채택하면서다(Tomasello 1993: 181). 따라서 4단계 발달 궤적—(1) 나는 안다, (2) 나는 내가 안다는 것을 안다, (3) 나는 당신이 안다는 것을 안다, (4) 나는 당신이 내가 안다는 것을 안다는 것을 안다—을 지지하는 루이스와 달리, 홉슨과 토마셀로는 유아가 반성적으로 자기 자신을 어떤 대상으로 간주하기 이전에 타자와 관계 맺으며 자기 자신을 알아차린다고 주장할 뿐만 아니라 자기개념은 사회적 이해와 상호주관성의 전제 조건이 아닌 문화적 학습의 산물이자 상호주관성에서 발생하는 것이라 단언하기도 한다. 유아는 결과적으로 이러한 자기개념을 장차 형성할 수 있는 특별한 방식으로 사회적 또는 상호인격적인 유일한 생명체다(Tomasello 1993: 174; Hobson et al. 2006: 132-133).**16** 보다 구체적으로 말하면, 토마셀로와 홉슨은, 문화적으로 변용된 형태의 인지는 타자의 관점을 통한 개인의 이해 능력을 그 특징으로 한다는 테제를 개진했다(Tomasello 1993, 2001; Hobson 1993, 2002). 관점 취하기의 유연성—동일한 사항에 대해 동시에 복수의 관점을 채택할 수 있는 능력—이 증가할수록 보다 복잡한 이해가 가능할 뿐만 아니라, 자신에 대해 타자의 관점을 내면화할수록 결국 자신의 행동과 인지를 비판적으로 감찰할 수 있는 능력 또한 생겨나게 된다. 간단히 말

해, 우리는 타자의 관점을 채택함으로써 비판적 자기질문self-questioning
을 가능하게 하는 충분한 자기 거리를 획득할 수 있다(Tomasello 1999:
172, 198; Hobson 2002).

많은 부분은 아마도 자기개념과 개념적 자기앎이 정확히 무엇에 해
당한다고 간주하는지에 달려 있을 것이다. 토마셀로와 홉슨은 비쇼프
쾰러보다는 부담이 큰 정의를 선택하는 것처럼 보이며, 그래서 가장 안
전한 전략은 분화 모델이 필요하다고 다시 주장하는 것일지도 모른다.
필리프 로샤는 유아가 대상과 상호작용하면서, 또 스스로 행위한 개념
적 결과를 탐색하면서, 자신이 가진 생명성의 느낌을 외면화하는 과정
에 이미 관여하며 이 과정은 자기 대상화로 해석될 수 있다고 주장하는
데(Rochat 1995: 62), 그러므로 비쇼프쾰러를 따른다면, 이는 초기적 자
기개념화로 해석될 수도 있다. 하지만 그런 뒤 로샤가 이어서 말하듯이,
사회적 상호작용으로부터 유래하는 자기 대상화와 비교할 때 이 과정이
기여하는 바는 아마 미미할 것이다(Rochat 1995: 64).

그런데 이러한 독특한 형태의 사회 매개적 자기경험을 할 수 있는, 언
어 습득 전 아동은 어떤 종류의 타자경험을 소유하는가? 일정 부분 관
련이 있는 발달 연구를 살펴보자.

트레바던이 이자적인dyadic, 정동이 부여된 교환 및 다른 사람과의 상
호작용에 참여할 수 있는 유아의 능력을 지시하기 위해 도입한 '일차 상
호주관성' 개념을 검토해보자(Trevarthen 1979). 이미 언급했듯이, 유아
는 출생 이후부터 줄곧 눈맞춤에 민감하다. 신생아는 눈을 감은 얼굴에
비해 눈을 뜬 얼굴을 더 오래 더 자주 쳐다본다(Farroni et al. 2002). 유
아는 심지어 아주 초기에도 (너무 많은) 주의에 부정적으로 반응할 수
있고, 벗어나려는 시도가 실패한다면 고통스러운 반응도 보일 것이다

(Stern 1985). 장시간 눈맞춤은 대단히 강력한 자극이다―그리고 이는 분명 성인기에도 여전히 그렇다. 유아는 생후 2~3개월이 될 때 미소를 짓고 옹알이를 하며 다른 사람과 원형대화에 참여하기 시작할 것이며, 상대방과 나누는 의사소통의 시기와 강도에 변화를 줄 수 있는 역량을 선보일 것이다. 이러한 초기적 상호작용의 목적은 서로 정동적으로 공명하고 있는 참여자들과의 상호작용 그 자체인 것 같다. 얼마 뒤에, 유아는 트레바던이 말하는 '이차 상호주관성'에 들어갈 것이다. 유아는 이제 세계에서 벌어지는 사건들 그리고 사람들과 행위들을 알아차릴 뿐만 아니라, 이 둘을 결합할 수 있다―어떻게 다른 사람이 세계와 상호작용을 하는지 그리고 점차적으로, 어떻게 남들은 이 유아 자신이 관계를 맺고 있는 세계의 동일한 부분에 주의를 기울일 수 있는지 알아차리기 위해서 말이다(Trevarthen and Hubley 1978). 삼자적 공동주의의 출현은 대개 성숙한 인간이 보이는 사회 인지 발달과 사회적 상호작용 발달의 전조로 여겨진다. 이것은 언어 습득에 중요한 역할을 하는 반면(유아가 새로운 단어를 배우려면 성인이 그 단어를 쓸 때 초점을 맞추고 있는 어떤 것을 이해해야 한다), 언어 그 자체는 훨씬 더 정교하고 세련된 형태의 공동주의를 가능하게 한다. 생각 공유 말이다.

그런데 공동주의는 정확히 무엇인가? 공동주의는 단지 무관한 두 사람이 동시에 동일한 사물을 바라보는 문제도 아니고, 개와 염소, 까마귀에게서 관찰되는 현상인 한 사람의 시선이 다른 사람의 주의에 인과적으로 영향을 미친다는 것이라기에도 만족스럽지 않다는 합의가 널리 퍼져 있다. 공동주의가 일어나려면, 두 사람(또는 그 이상)의 주의의 초점이 단지 동시에 운영되는 것으로는 안 된다. 주의의 초점이 공유된다는 의미에서 공동적이어야 한다. 다시 말해, 함께 주의를 기울이고 있음을 알아차려야 한다. 이 점이 공동주의를 우리 자신이 할 수 있는 그 어떤 경험과도 아주 다르게 만든다. 전형적인 공동주의의 사례에는 아동이 타자에게 수동적으로 주의를 기울이고 있는 경우뿐만 아니라, 유아가 서술적 몸짓으로 가리키는 행동을 하며 자신의 주의의 초점을 공유하도록 다른 사람을 능동적으로 끌어들이는 경우도 포함된다. 어떤 경우든 유아는 대개 성인과 대상을 번갈아 쳐다보고는 공동주의가 실현됐는지를 확인하려 그 성인의 얼굴에서 나온 반응을 사용할 것이다. 중요한 점은 주의의 공동성이 단순히 시선이 왔다 갔다 하는 데서 나타나는 게 아니라, 예를 들어 아는 듯한 미소에서 표현되는 정동의 공유로 나타난다는 것이다. 어떤 이는 상호인격적으로 조정된 정동적 상태가 공동성을 확립하는 데 발달상 중추 역할을 할 수 있다고 제안했다(Hobson and Hobson 2011: 116). 또 다른 이는 공동주의가 의사소통적 상호작용의 한 형태라고 제안했다. 이러한 제안에서 보면 공동주의는, 예를 들어 유의미한 봄의 형태(다시 말해 이것은 언어적일 필요가 없다)를 띨 수 있는 의사소통, 즉 상호적으로 경험되는 사건이 진정 공동의 것으로 변하는 의사소통이다(Carpenter and Liebal 2011: 168).

공동주의가 얼마나 일찍 발휘되는지를 두고 여전히 논란이 많다. 사회적 참조, 모방 학습 등에 착수할 수 있는 능력의 증대가 입증하듯, 대개는 유아가 생후 약 9~10개월 될 때라야 타자의 주의를 알아차리기 시작한다고 한다. 하지만 바수데비 레디가 지적했듯, 공동주의와 사회적 참조를 예시할 때 성인과 유아 모두에게서 공간상 분리되어 있는 대상을 수반하는 삼각 분할에 초점을 맞춰온 경향이 있었다. 그러나 이 때문에 다른 다양한 형태의 공동주의를 간과할 수도 있는데, 여기에는 공동주의의 대상이 다른 사람들인 형태, 우리 신체에 가까이 있는 대상들인 형태, 우리 신체 일부가 그 대상들이 되는 형태, 그리고 단순하지만 가장 중심적으로는 타자가 주의를 기울이는 대상이 유아 그 자신이 되는 상황인 형태가 포함된다(Reddy 2008: 97-98). 레디가 지적하듯이, 만약 유아가 생의 첫해 끝 무렵쯤에야 타자의 주의를 알아차리기 시작했다면, 도대체 왜 훨씬 일찍, 즉 생후 2~3개월부터 타자와의 복잡한 대면 교환에 관여하는 것일까? 다른 사람이 자신에게 주의를 기울이고 있다는 알아차림을 후자가 수반하지 않는다면, 이게 의미하는 바는 무엇일까(Reddy 2008: 91)?[17] 레디에 따르면, 유아는 타자의 주의가 자신에게 향해 있을 때 이것을 애초에 그리고 우선 먼저 알아차리며—레디는 이를 어느 누구라도 매번 할 법한 가장 강력한 주의 경험이라 여긴다—면전에 있는 대상이든 손에 쥔 대상이든 몸의 중심에서 멀리 있는 대상이든 간에, 세계에 있는 다른 사물들에 향해 있을 때는 나중에야 타자의 주의를 알아차리게 된다고 주장한다(Reddy 2008: 92, 98). 레디의 견해에 따르면, 유아는 결과적으로 생후 2~4개월 무렵부터 타자의 주의에 대한 확장된 알아차림을 내보인다. 유아는 타자의 주의에 흥미와 즐거움 또는 괴로움을 보이며 반응하고, 입으로 소리를 내며 타자의 주의를 환기시키며, 가령 무표정 실험이 입증하듯 대면 상호작용을 지속하고 조절하려는 목적에서 사람들이 자신과 능동적으로 작용하기를 기대하는 것 같다. 그 실험에서 성인은 처음에는 정상적으로 대면 상호작용을 하며 유아에게 관여한다. 그다음으로 성인은 반응을 보이지 않게 되면서 고정된 표정(무표정)을 짓는 기간이 이어진다. 그런 뒤 무표정 에피소드에는 일반적으로 정상적인 대면 상호작용의 기간이 추가적으로 이어진다. 생후 2개월밖에 안 된 어린 유아는 굳은 무표정 반응을 나타낸다. 유아는 이렇듯 사회적 상호작용이 가로막히는 데 민감하며, 미소를 짓고 옹알이를 하며 몸짓을 하면서 사회적 상대를 다시 사로잡으려 할 뿐만 아니라, 끌어들이는 데 실패할 때면 눈맞춤을 회피면서 괴로움을 드러낸다(Tronick et al. 1978). 이러한 연구 결과에 대한 일반적인 해석에 따르면, 유아는 충분히 강력한 정서적 반응을 불러일으킬 정도로 타자의 시선을 중요하게 지각할 뿐만 아니라, 대면 상호작용이 이어질 방식과 사회적 상대가 보일 적절한 상호작용적 반응의 성질을 예상하기도 한다(Rochat and Striano 1999). 레디가 유아는 유아기 후반에 접어들어서야 타자의 주의를 발견한다는 입장을 거부하며, 그 대신 타자의 주의를 유아기 초반부터 줄곧 정서적으로 경험하고 있다고 주장하는 것은 부분적으로 이러한 연구 결과들 때문이다(Reddy 2008: 144).

공동주의가 개시되는 시점을 생후 2~3개월로 확정하든 9~12개월로 확정하든, 즉 이자적 공동주의(간혹 상호주의로 불리는)와 삼자적 공동주의 사이의 관계를 어떻게 보든지와 무관하게, 공동주의 연구들은 사회 인지 논쟁과 분명한 관련이 있다. 한 예로, 이 연구들은 발달상 공동주의의 개시와 관련된 보다 보수적인 일부 추정치에 의문을 제기한다. 결국, 생후 2개월밖에 안 된 유아도 타자의 주의와 정동에 분명한 반응을 나타내며 상대의 일부 심리적 (한낱 행동적이기보다는) 속성에 반응을 보인다는 것이다. 그렇다고 이 사실이 유아가 이미 타자의 관점에 대한 반성적이거나 개념적인 이해를 향유하고 있다는 말은 물론 아니다. 그러나 바레시와 무어가 이를 두고 말했듯이, 유아는 주의 개념을 이해하기 시작하기 전에 타자의 주의를 사회적 상호작용을 위한 특정 유형의 행동 유도성으로 경험할 수 있는 것처럼, 경험의 공유가 무엇인지 이해하기 전에 공유하는 경험을 한다(Barresi and Moore 1993: 513). 마찬가지로, 타자의 관점을 채택할 수 있는 유아의 능력이 먼저 일어나므로 이 능력을 상이한 관점을 대조하고 비교할 수 있는 보다 정교한 능력과 하나로 봐서는 안 된다(Moll and Meltzoff 2012: 394).

공동주의 연구는 우리가 많은 경우 대상과 사건을 타자와 공유하며 그를 이해하게 된다고 제시한다. 몰과 그의 동료들은, 성인에 의해 직접 다뤄지고 성인의 행위에 연루되어 있는 공동참여 상황 속의 유아는 다른 상황에서는 할 수 없었을 뭔가를 배우고 재주를 선보이는 일을 할 수 있다고 주장했다(Moll et al. 2007: 883). 한쪽에서만 보이는 거울 뒤에 위치한 관찰자 A는, 자신(A)이 해석하려고 노력하는 자들(B)과 상호작용하는 어떤 이(C)와 동등한 위상에 있다는 가정에 분명 의문을 불러온다(Butterfill 2013과 비교해보라). 사실, 유아는 "감정에 좌우되지 않으면서 외부에서 관찰하는 '그는' 또는 '그녀는'을 통해서"가 아니라 "상호작용하고 또 공동의 목표 및 공유된 주의와 연계된 협업 활동에 참여하는 '당신은'을 통해서" 사회 세계를 배우게 된다는 제안이 있었다(Moll and Meltzoff 2012: 398). 덧붙여 말하면, 이 점은 예전에 후설과 슈타인이 한 주장과 잘 들어맞을 수 있는데, 이들은 타자 경험과 공유된 세계의 구성 사이의 상호관계를 강조했을 뿐만 아니라, 우리의 공감적 타자 경험은 타자의 지향적 대상에 대한 공동주의를 전형적으로 수반한다고 주장하기도 했다(10장 3.4절을 보라). 이는 슈츠의 생각과도 맥을 같이하는데, 우리-관계는 의식 각각의 흐름이 서로 맞물리는 어떤 맥락의 공유를 수반한다고 또 이러한 상황에서 우리는 이론이나 상상에 근거하지 않는 타자 이해의 한 형태를 향유할 수 있다고 그는 주장했다(10장 4절을 보라). 사실, 타자의 관점이 공동주의자로서의 당신에게 나타나는데도 어째서 타자의 관점을 이해하려고 추론력이나 상상력을 꼭 발휘해야만 할까(Roessler 2005: 231)?

드라기로렌츠와 동료들이 루이스의 일차적(기본적) 정서와 이차적(자기의식적) 정서 설명에 이의를 제기했고, 또 생후 일 년 사이에 질투심과 부끄러움 같은 정서의 출현을 시사하는 증거를 부주의하게 묵살했다며 그를 비판한 건 이러한 연구 결과를 어느 정도 고려한 것이다. 이들의 견해에 따르면, 루이스의 묵살 행위는 적절한 실증적 연구 결과에 기반한 게 아니라, 자기경험과 상호주관성 양자가 나중에야 출현한다고 선험적으로 가정한 데 근거한 것이다(Draghi-Lorenz et al. 2001). 이는 발달상의 변화와 성숙이 실재함을 부인하는 게 아니다. 아동은 어린 유아보다 풍부하고 정교한 세련된 삶을 산다. 이렇듯 보다 복잡한 경험에 선행하는 발달상의 전조가 존재한다는 걸 인정하는 게 중요하다. 수줍음, 당혹감, 부끄러움 같은 정서와 어리광, 뽐내기, 놀리기 행위의 출현은 생후 첫해 사이에 유아가 자신을 타자의 평가 대상으로 느끼며 그 평가가 자신에게 중요하다는 걸 보여준다(Tomasello 1999: 90; Hobson 2002: 82; Reddy 2008: 126-127, 137, 143). 자기의식적 정서들이 자기개념을 전제하고 반성적 자기평가를 수반한다기보다, 즉 문제의 정서들을 자기의식적 정서라고 부르기보다, 이들 정서를 자기-타자의식적 정서들이라고 명명하는 편이 사실상 나을지 모른다. 왜냐하면 이 정서들은 우리로 하여금 어떤 관계적 존재를 알아차리게 하기 때문이다. 이것들은 타자와 관계하는 자기self-in-relation-to-the-other와 관련이 있다(Reddy 2008: 145). 발달상 일차적 형태를 띠는 것을 볼 때, 이 정서들은 자기의 노출적 본성을 드러내는 정서다. 타자의 주의 대상으로서의 자기의 가시성이 이 정서들을 조절한다. 이러한 설명은, 내 견해로는 루이스가 제공한 설명보다 훨씬 더 적절하긴 해도 자기의 노출적 본성이 무엇인지를 이해하는 일과는 분명 완전히 다르다.

6. 수치스러운 자기

정확하고 명쾌한 수치심 정의가 없긴 하지만, 내가 시작하면서 제기한 다음과 같은 물음은 앞선 분석에서 해명한 바로써 충분히 응답이 되었다. 수치심을 느낀다는 사실이 자기의 본성에 관해 우리에게 말하는 바는 무엇인가? 어떤 종류의 자기가 수치심에 영향을 받는가?

나는 1부에서 최소주의적 자기개념을 지지하며 경험적 자기가 근본적인 역할을 한다고 주장했다. 한편, 나는 이렇게 자기개념을 설명하는 데에는 한계가 있다고 강조하기도 했다. 이것은 얇은 자기성 개념으로, 깊이가 없는 자기다. 수치심 논의를 이렇듯 확장시켜 구명하는 이유는, 바로 경험적 자기개념의 한계를 예증하려는 데 있다. 수치심은 우리의 노출성, 취약성, 가시성을 증명하며 또 은폐와 개시, 사회성과 소외, 분리와 상호 의존, 차이와 상호 연결 같은 문제와 긴밀하게 관계되어 있다. 수치스러운 자기는 단순히 경험적인 핵심 자기가 아니다. 좀더 정확히 말하자면, 수치스러워할 수 있는 자기는 최소주의적인 경험적 자기보다 더 복잡한 (그리고 난해한) 자기다.

앞에서 언급했듯이, 데오나와 테로니는 피상적 수치심과 깊은 수치심 사이의 구별을 운용하고(2011: 201) 오직 전자가 우리의 사회적 정체성과 관련이 있다고 주장한다. 이러한 용어 선택이야말로 이들이 우리 존재의 내적 핵심, 즉 우리의 진정한 정체성을 전사회적 또는 비사회적인 것으로 여기는 반면, 정체성의 사회적 차원을 오직 얄팍한 것, 즉 단순히 겉모습의 문제로 생각한다는 걸 강력히 암시한다. 이들은 이처럼 주장하면서 다음 구절에 표명된 견해에 가깝게 다가서고 있다.

곤경에 처해 있고 삶에 몹시 지쳐 있을 때, 자신 앞에 있을 때보다 남들 앞에 있을 때 더 부끄럽다면 결국은 이래저래 다른 사람들의 노예가 될 것이다. 자신 앞에서보다 남들 앞에서 더욱 부끄럽다는 것, 더군다나 존재보다 외견이 더욱 부끄럽다는 것은 어떤 것인가(Kierkegaard 1993: 53)?

자칫하면 이러한 견해에서, 우리의 진짜 진정한 자기, 다시 말해 우리가 진정 누구인지를 발견하고자 희망한다면 사회적 질서와 임의적인 사회적 정체성은 외면해야 한다는 주장으로 이어질 수 있다. 나는 사회적 구성주의를 비판하지만, 내가 경험적 자기를 지지한다고 해서 그러한 낭만적인 발상의 편에 서는 것은 결코 아니라는 점이 지금쯤은 명백해졌기를 간절히 바란다. 나는 전사회적인 자기성의 핵심 차원이 존재한다는 입장을 견지하지만, 깊은 수치심을 좌우하는 것이 경험적 자기개념이라는 데는 동의하지 않는다.

미드를 살펴보면 문제가 한층 더 명료해질지 모르겠다. 이전에 언급했듯이, 미드에 따르면, 우리는 개인적 권리로써가 아닌 서로가 맺는 관계 덕분에 자기가 된다. 미드에게 자기성의 문제는 원래 어떻게 한 개인이 그 자신에 대해 대상이 되게끔 경험적으로 그 자신 밖으로 나갈 수 있는지의 문제다. 그의 견해에서 볼 때 자신에 대해 간접적으로만, 즉 자신을 향해 타자의 태도를 취하면서만 어떤 대상이 될 수 있는데, 이는 사회적 환경 안에서만 일어날 수 있는 일이다(Mead 1962: 138). 미드는 나아가 개인이 자신을 향해 타자의 태도를 취하면 자기의식뿐만 아니라 자기 비판, 자기 통제, 자기 통합 역시 가능하게 된다고 주장한다. 미드가 쓰고 있듯이, 개인은 자기 자신을 향해 타자의 태도를 취함으로써 "객관적 전체로서의 자기 자신을 그 자신의 경험적 범위 안으로 데려간다. 그럼으로써 그는 일관되고 정합적이며 조직화된 단일한 인격을 형성하기 위해 자기가 가진 다양한 측면을 의식적으로 통합하고 통일시킬 수 있다"(Mead 1962: 309).

우리는 사르트르의 수치심 분석에서 관련 생각을 발견했다. 사르트르에게, 수치심은 내가 타자에 대해 존재하고 타자에게 보일 수 있다는 걸 내게 드러낸다. 또한 사르트르는 나의 타자에 대해 있음의 특징을 존재의 탈자적이고 외부적인 차원으로 간주하며, 내가 타자와 마주치며 야기되는 존재적 소외에 대해 말한다. 타자의 시선은 내가 나의 신체를 타자들의 관점과 관련된 어떤 것으로 알아차리게 한다. 이 점이 사르트르가 나의 신체를, 모든 면에서 나를 벗어나는 어떤 것으로 또 나의 가장 친밀한 '내부'의 지각적 '외부'로 말하는 이유다(Sartre 2003: 375). 타자의 관점에서 나 자신을 포착하는 것은 세계의 한가운데서 보여지는 나 자신으로, 즉 내가 선택한 적이 없는 속성과 결정을 가진 사물들 가운데의 한 사물로 포착하는 것이다. 타자의 시선은 나를 세계의 시간과 공간으로 떠밀친다. 나는 더 이상 나 자신에게 세계의 시공간적인 중심으로 주어지지 않는다. 나는 더 이상 그냥 여기에 있는 게 아니라, 문 옆에 있거나, 소파에 앉아 있다. 나는 더 이상 그냥 지금에 있는 게 아니라, 약속에 너무 늦었다(Sartre 2003: 287, 291, 451, 544).

하지만 사르트르가 이 같은 생각을 품은 첫 번째 현상학자는 아니었다. 후설은 이따금 특별하고 대단히 중요한 형태의 자기의식에 주의를 환기시킨다. 즉, 이는 내가 나 자신을 경험하듯 타자를 경험하는 일을 수반하는 형태의 자기의식이다. 후설에 따르면, 나의 간접적 타자 경험이 나의 자기경험과 동시에 일어나는 이러한 순환적 공감 사례는 내가 타자의 눈으로 나 자신을 보는 상황으로 기술될 수 있다(Husserl 1959: 136-137). 타자가 나에게 주어질 수 있는 것과 동일한 방식으로 내가 타자에게 주어질 수 있음을 깨달을 때, 다시 말해 나 자신이 타자에게 또 다른 타자임을 깨달을 때, 나의 자기 포착은 그에 따라 변형된다. 내가 타자를 나를 포착하는 자로서 포착하며 나 자신이 타자에게 타자라고 간주할 때라야, 내가 타자를 포착해서 타자도 나를 한 사람으로서 알아차리는 동일한 개체임을 알아차리게 되는 것과 같은 방식으로, 나는 나 자신을 포착한다(Husserl 1954: 256; 1973b: 78). 따라서 후설에게 한 사람으로 존재하는 것은 공동의 지평 안에서 사회화된 채로 존재하는 것인데, 여기서 자신이 자기 자신에 대해 담지하고 있는 것은 타자들로부터 전유되는 것이다(Husserl 1973b: 175; 1954: 315; 1952: 204-205; 1973c: 177, 603). 후설은 간혹 두 유형의 소외적 자기 포착을 구별한다. 다른 주관을 통해 나는 나 자신을 사람들 가운데의 한 사람으로서 포착하는 법을 배울 수 있는데, 다시 말해 나 자신을 향해 인격주의적 태도를 취하는 법을 배울 수 있다. 한편, 나는 나 자신을 대상들 사이에 있는, 인과적으로 결정되는 대상으로서 이해하는 법 역시 배울 수 있는데, 다시 말해 나 자신을 향해 자연주의적 태도를 취하는 법을 배울 수도 있는 것이다. 나 자신을 대상화해서 바라보는 타자의 관점을 가정함으로써, 나는 나 자신을 한 사람 또는 인간 모두로, 다시 말해 인문학과 사회과학에서 연구하는 사회화된 주관으로 그리고 한 정신 또는 심리물리학적인 개체로, 다시 말해 자연과학에서 연구하는 자연화된 주관으로 파악하는 법을 배운다(Husserl 1959: 71; 1952: 142-143, 174-175). 이러한 태도들의 어느 쪽도 즉각 접근할 수 있는 게 아니다. 이 둘은 타자에 의해 야기되는, 자기 자신을 향한 근본적인 태도의 변화를 수반한다. 3인칭 관점에 근거해 나 자신을 문화적이고 자연적인 속성의 담지자로서 파악하도록 가르치는 것은 타자다. 후설이 말했듯, 나는 나 자신의 상호주관적 실재 형태를 직접 경험할 수 없고, 공감을 통해 매개될 수 있을 뿐이다. 그런 뒤 후설은 공감이 자기소외를 야기한다고 첨언한다(Husserl 1952: 90, 111, 200; 1973a: 342, 462; 1973b: 418; 1973c: 19, 589, 634).

나는 미드와 사르트르, 후설이 모든 점에서 생각이 일치할 거라 주장하고 있는 게 아니다. 사실 이들 사이의 한 가지 중요한 차이는, 미드가 의식과 자기의식을 날카롭게 구별하며 자기의식이 출현하기에 앞서 우리는 느낌과 감각을 우리 자신의 것이 아닌 환경의 일부로 경험한다고까지 주장하는 반면(Mead 1962: 171), 후설과 사르트르는 모두 우리의 경험적 삶이 바로 그 출발부터 시원적 형태의 자기의식에 의해 특징지어진다고 주장하곤 했다는 점이다. 그런데, 이런 중요한 차이에도, 이들 세 명 모두는 자기(의식)의 어떤 형태들은 타자에게 구성적으로 의존한다는 점을 어느 정도 부각시키고 있다. 이들은 모두, 우리 자신을 향한 타자의 태도를 우리가 알아차리고, 그런 뒤 우리가 이 태도를 채택하는 것이 우리 자신을 자기로 발달시키는 데 기여하는 극적인 방식에 주목한다.

다시 한 번, 경험적 자기개념과 내러티브적 자기개념 사이의 구별을 검토해보자. 우리는 각 척도의 끝에 놓인 두 개념을 다루고 있다는 점을 명확히 해둘 필요가 있다. 한편에서 우리는 1인칭 관점의 측면에서 현실화하려 노력하는, 자기에 대한 최소한의 견해를 갖고 있다. 다른 한편에서 우리는 문화와 역사 안에 자기를 확고히 위치시키는, 규범의 지도를 받는 훨씬 풍부한 개념을 갖고 있다. 최소한의 자기개념은 우리의 경험적 삶이 가진 중요하지만 전사회적 측면을 잡아내는 반면 내러티브적 개념은 그 사회적 차원을 가장 확실히 담지하고 있는데, 이는 언어의 역할을 강조하기 때문이다. 이들 두 개념 사이의 차이를 고려하면, 발달상의 궤적에 관해 궁금해하는 건 자연스러운 일이다. 어떻게 우리는 한 개념에서 다른 개념으로 이동하는가? 경험적 자기개념과 내러티브적 자기개념은 보완이 필요하다고 답하는 게 가능한데, 이는 자기가 형성되고 발달하는 데 직접 영향을 미치는 사회성의 전언어적 형태를 감안하는 것이다. 보다 구체적으로 말해, 나라면 우리 자신을 향해 타자의 태도를 경험하고 나서 뒤이어 그 태도를 취하는 것은, 다시 말해 타자를 통해 우리 자신을 이해하게 되는 것은 자기성의 새로운 차원을 구성하는 데 기여한다고 제안할 것이다. 이 새로운 차원은 아직 완전히 발달한 내러티브적으로 확장된 자기에 해당하는 건 아니지만, 경험적 자기 너머로 우리를 데려간다.[18] 자기-타자의식적 정서들의 전체 범위가 관련이 되는 것은 바로 이 맥락 안에서다. 우리가 이 정서들을 연구하면, 울릭 나이서를 따라 소위 상호인격적 자기, 다시 말해 타자와 관계 맺고 상호작용하는 자기를 탐색할 수 있게 된다(Neisser 1991: 203-204). 경험적 자기와 달리 상호인격적 자기는 분명 사회적으로 구성되는 자기다. 우리는 타자와 상호작용하고 정서적으로 반응하는 자신을 경험하면서뿐만 아니라, 타자가 자신을 바라보는 관점을 경험하고 내면화하면서도 우리라는 사회적 자기가 된다. 이러한 상호인격적 자기는 보다 규범적으로 풍부해지고 통시적으로 확장된 내러티브적 자기가 차후 발달하는 데 중요한 선구자가 되면서 이에 반영되기도 할 것이며, 앞서 논의한 두 가지 자기의 차원을 잇는 중요한 다리 역할을 할 수 있다. 뿐만 아니라, 이는 매우 중요한 점인데, 여기에 1인칭 관점과 공감 역량의 소유를 비롯해 상호인격적 자기가 전제되는 결정적 이유가 있다(그리고 이 점은 이 책의 구조에 분명 반영되어 있다).

이제 수치심이라는 주제로 다시 돌아가면, 나의 주장은 수치심이 상호인격적 자기성이 가능하려면 필요한 조건이라는 게 아니고, 어떤 이유로 수치심 경험을 하지 못하는 주관은 상호인격적 자기로 발달하지 못하리라는 것이다. 또한 나는 밝혀져야 할 바, 즉 수많은 수치심 경험이 문화와 관련해 깃들어 있고 내러티브적 역량을 전제한다는 점을 부인하고 있는 게 아니다. 하지만 수치심은 발달상의 일차적 형태에서 보면, 특정한 사회적 기준의 학습에 선행한다. 이는 노출적이고 사회적인 자기의 (비)가시성을 드러내는 일이 바로 자기의식적 정서를 증명하는 유력한 예다. 이 점은 내가 "수치심의 특징은 특별한 종류의 인격내적 평가, 즉 주관이 그 자신에게 취하는 평가적 관점이 존재한다는 데 있다"(Deonna et al. 2011: 135)는 주장을 반박할 수 있는 이유이기도 하다. 나는 수치스러운 자기가 그 자신에게로 다시 던져진다는 사실에 단순히 초점을 맞춰 수치심의 특징을 잡아낼 수 있다고 생각하지 않는다. 자이틀러가 지적하듯이, 또 내 생각으로는, 이 점이 본질적 통찰에 해당한다. "부끄러운 자기는 전적으로 자기현전적인" 동시에 "그 자신을 빗겨나" 있다(Seidler 2001: 25-26). 나는 이 점이 또한 사르트르의 기본 생각이라고 여긴다. 사르트르는 수치심이 존재적 소외를 수반한다고 간주한다. 나는 여기에 동의할 수 있다—적어도 수치심이 자기 자신을 바라보는 관점의 결정적 변화에 해당하는 것이라고 이해한다면 말이다. 어떤 경우들에서는, 소외하는 권력은 다른 주관이며, 평가하는 타자의 시선에 직면할 때 우리의 전반성적 수치심 느낌에 대해 사르트르가 기술했던 바가 그 사례다. 다른 경우에 수치심 느낌은 우리가 자신에 대해 옳니 그르니 할 때 일어난다. 그런데 이 경우에도 또한 노출과 자기소외의 형태, 즉 일종의 자기 관찰과 자기 거리두기가 존재한다. 달리 말하면, 타자의 면전에서의 수치심 경험은 전반성적으로 일어날 수 있다. 이는 외래적 관점이 공동현전하기 때문이다. 혼자 있을 때 수치심 경험은 보다 반성적인 형태를 띠는데, 외래적 관점은 반성적 자기 거리두기의 형태를 통해 제공되어야 하기 때문이다.

나는 결과적으로 수치심이 타자성의 중요한 구성 요소를 담고 있다고 주장할 것이다.[19] 이는 수치심 경험이 타자의 평가에 대한 반응으로 일어나는 경우들에서 명백하지만, 심지어는 과거로 향해 있는 자기반성적 수치심과 미래로 향해 있는 수치심 불안도 이러한 측면을 담고 있다. 이 점은 자기 거리두기 및 관련 관점의 이중화 때문이기도 하거니와, 타자가 우리 자신의 기준을 발전시키고 형성하는 데 영향을 미치기 때문이기도 하다. 그만큼, 이러한 관점은 정서를 구조화하는 역할을 하는데 설사 타자의 평가적 관점이 현사실적으로 현전하거나 명시적으로 상상되지 않더라도 그렇다(Landweer 1999: 57, 67). 그런데 보다 중요한 점은, 자신의 기준을 충족시키는 데 실패할 때 당신이 느낄지 모르는 그 같은 수치심은 그 어떤 방식으로도 사회적으로 매개되지 않는다는 주장이 있을 수는 있겠지만(체면을 잃어가고 있기 때문에 수치스럽게만 느낄 뿐이라거나 아니면 다른 사람의 평가가 매번 우리를 수치스럽게 하는 요소인 것 같지는 않다), 우리는 인격내적 수치심과 상호인격적 수치심 사이의 관계와 관련된 문제를 간과해서는 안 된다. 나는 후자가 전자로 환원될 수 있다거나 후자는 전자에 기반해서 설명될 수 있다는 주장을 거부해왔을 뿐만 아니라, 인격내적 수치심은 상호인격적 수치심에 후속한다고(또 이에 좌우된다고) 주장할 것이다. 나로 하여금 자존감의 축소를 야기할 수 있는 이 같은 비판적 자기평가에 필요한 자기 거리를 결국 확보할 수 있게 하는 것은, 타자의 주의에 대한 나의 공감적 알아차림 그리고 그 낯선 관점에 대한 나의 그 사후적 내면화다. 사르트르가 쓰고 있듯이, "수치심에서 파생된 어떤 복잡한 형태들이 반성적 수준에서 나타날 수 있지만, 수치심은 본래 반성의 현상이 아니다. 사실 홀로 종교적 수치심 수행을 통해 획득할 수 있는 결과가 무엇이든, 그 일차적 구조에서 이는 누군가의 앞에서의 수치심이다"(Sartre 2003: 245). 간단히 말해, 나는 원형적 수치심 경험이 자기경험의 타자매개적 형태를 보여주는 생생한 예를 제공한다고 생각하며 그리고 이 점이 수치심에서 발견하는 자기관계가 루이스와 데오나 그리고 테로니의 주장처럼 자기충족적이고 내향적이라는 데 이의를 제기할 수 있는 이유다.

이러한 주장이 타당한지를 좀더 탐색하는 한 가지 분명한 길은 자폐증을 앓는 개인들의 수치심을 살펴보는 것일 수 있다. 자폐증의 사회적 장애를 고려하면, 즉 자폐증 환자가 자신이 타자에게 보이는 방식에 무관심함을 고려하면, 다시 말해 자신이 타자의 마음에 나타난다고 생각하기 어렵다는 걸 고려하면, 정상적인 수치심 경험을 결여하리라 예상할 수 있을 것이다. 불행하게도, 지금껏 이 주제에 대해 극소수의 체계적 연구만이 이뤄졌다. 하지만, 2006년에 한 연구에서 홉슨과 그 동료들은 자폐증을 앓는 어린 아동의 부모에게 자식이 수치심을 보였는지 질문했다. 이들의 연구 결과에 따르면, 통제집단의 아동 대다수와 달리, 자폐증을 가진 어떤 아동도 분명한 수치심을 나타낸다는 보고가 없었다. 자폐증을 앓는 아동 중 소수만이 약간 모호한 수치심의 조짐을 보인다는 보고가 있었지만, 다음 사례가 예증하듯이, 이러한 잠정적 사례에서 부모가 정말 죄책감이 아닌 수치심을 보고하고 있었는지는 다소 불확실하기까지 하다.

그래요, 아들이 잘못된 행동을 했을 때는 그 사실을 숨기려 하며 말해요. "엄마는 날 야단칠 거잖아, 엄마는 날 야단칠 거잖아." (…) 무슨 일을 저질렀을 때는 관련된 벌이 있을 거라고 알아요. 제 생각으론, 아들이 실제로 한 일보다는 그 결과를 더 무서워하는 것 같아요, 제 생각은 그래요(Hobson et al. 2006: 66).

(사회적 자기의 여러 다른 양상에 대한 말이 아니라) 수치심의 다양한 얼굴에 관해서는 할 말이 훨씬 많다. 보다 포괄적으로 설명하려면, 예를 들어 발달상의 궤적(얼마나 일찍 수치심이 출현하는가? 수치심이 존재한다면, 유아의 수치심은 성인의 수치심과 얼마나 유사한가? 수치심은 독립과 상호의존이란 문제로 고심하는 청소년기와 그 밖의 인생 시기에서 어떤 역할을 하는가?), 성격 특성과의 관계(자기확신과 수치심 취약성 사이의 고리는 무엇인가?), 문화적 특수성(수치심 유발 상황과 바로 그 수치심 경험 그리고 가능한 대처 전략은 문화에 따라 어느 정도까지 달라지는가?) 등에 대한 추가적인 조사가 필요할 것이다. 수치심과 같은 정서들은 기본 정서들보다 더 문화특정적이라는 점과, 문화적 관점이 실로 이 정서들의 복잡성을 온전히 이해하는 데 불가결하리라는 점은 아주 중요하다.[20]

15장

너와 나
그리고 우리

1995년에 쓴 논문에서, 멜초프와 무어는 유아기의 자기 위상에 대한 역사적으로 유력한 두 가지 견해와 거리를 뒀다. 첫 번째, 즉 피아제의 견해에 따르면, 자기와 타자 사이에 초기 교량은 존재하지 않는다. 오히려 아동은 비교적 후기 단계에서야 분리된 개체로서 타자의 존재를 발견하게 된다. 두 번째, 즉 사회적 구성주의의 견해에 따르면, 유아는 애초에 자기가 없다가 사회적 상호작용을 통해서야 자기성을 획득하게 된다(Meltzoff and Moore 1995: 88). 멜초프와 무어가 제시한 대안은 내가 앞선 장들에서 제시한 견해와 눈에 띄게 유사하며 심지어는 나의 주된 요점 중 하나의 간결한 요약 역할을 할 수도 있다.

신생아는 사람들과의 첫 번째 상호작용에서 선천적인 구조를 이끌어내며, 그럼에도 다른 개인과의 상호작용은 자기개념을 심대하게 바꿔놓는다. 자기발달 이론의 도전은 이러한 선천적인 구조와 이것이 뒤이어 재조직화되는 방식을 특정하는 것이다. 발달 이론의 결점은 신생아를 잘못 규정한다는 데 있다. 발달을 무시하는 선천성 모델은 사물, 심지어 우리 자신까지 새롭게 개념화할 수 있는 인간의 역량을 놓친다(Meltzoff and Moore 1995: 88).

마무리하는 이 장에서, 다시 요약하고 반복하면서 추가적인 얘기는 하지 않을 것이다. 오히려, 전망을 하는 것으로 끝을 맺을 것이다. 자기와 타자가 관계 맺고 서로 엮이는 바에는 내가 이전 장들에서 다루었던 내용보다 훨씬 많은 것이 있다. 내가 전개한 기본 체재가 우리we의 구조를 해명하는 데 어떻게 소용될 수 있을지 숙고하는 것으로 결론을 짓겠다.

사회적 존재론 논쟁에서 여전히 논쟁적인 문제는 우리의 위상과 관련이 있다. 우리-지향성의 주체는 누구인가? 제시할 수 있는 답변들을 훑어볼 때, 우리와 1인칭 복수에 대한 설명이, 자기와 1인칭 단수에 대한 설명에 대개는 의존한다는 사실이 놀라움으로 다가와서는 안 될 것이다.

예를 들어, 인격적 정체성은 통일된 1인칭 관점의 문제라기보다는 규범적 약속의 문제라는 데 근거하는 인격적 정체성에 대한 규범적 설명을 검토해보자. 내가 규범적 원칙들을 나의 것으로 만들고 그럼으로써 어떤 자가 되려는지 결정하는 일은, 이 원칙들이 나의 의지를 다스리는 것을 허용할 때, 즉 이 원칙들을 지지하고 받아들이며 긍정할 때다. 캐럴 로베인이 말하다시피, "개인적 합리성을 정의하는 규범적 요구 조건에 맞춰 살아야 한다는 약속이 존재하는 곳이라면, 개인적 인격이 존재하는 것이다"(Rovane 2012: 20). 로베인은 자발주의적인 인격적 정체성 개념을 지지하는데, 이는 숙의를 통해 경계를 지음으로써 자신의 정체성을 결정하는 것은 합리적 행위자에 달려 있다는 견해를 따른다. 그녀의 견해에서, 결과적으로 합리적 행위자가 자신 고유의 관점을 가지게 되고 그럼으로써 자신의 정체성을 확보하게 되는 것은 판단과 행동의 규범적 기반이 되는 어떤 태도를 취하기를 스스로 약속함으로써, 즉 자신이 부과한 지침대로 삶을 살아감으로써다. 중요한 점은, 이러한 약속들은 인간 집단 내에서도 일어날 수 있고 그렇기에 "그러한 모든 인간으로 구성되는 한 집단 인격"을 불러오게 된다고 로베인은 본다는 것이다(Rovane 2012: 21). 전유의 정체성 구성 작용은 다양한 경계 내에서 일어날 수 있고 또 일어날지 모르기 때문에, 로베인의 규범적 설명은 따라서 집단 인격성의 가능성을 수반하고 그럼으로써 다양한 규모의 인격들을 불러오게 된다. 개인 참여자들의 지향적 노력을 통해 새로운 집단 정체성이 구축될 수 있는데, 이는 어떤 개인적 인격처럼 대우를 받을 수 있고 받아야 하는 집단 정체성이다. 사실상, 한 집단은 통상적인 개인적 인격에 준하는 고유한 윤리적 의미를 소유한다고 로베인은 주장한다(Rovane 2012: 29).

우리^{we}로 가는 이 규범적 길은 여러 선택지의 하나다. 다른 길은 설 방식의 방법론적 개인주의다. 설의 견해에, 마음의 조각들로 이루어진 집단마음 같은 건 없다. 오히려, 우리−지향성을 비롯해 모든 지향성은 개인의 마음에 위치해야 한다. 따라서 사람들이 어떤 지향을 공유할 때라도 각 개인은 자신의 지향을 가지며 그 어떤 의미에서도 참여자들이 공유하는 하나의 (개항) 지향 같은 건 없다. 이러한 제안에서 보면, 우리−지향성은 어떤 공유된 단일한 지향적 상태가 아니라 어떤 특별한 형태를 띤다는 측면에서 볼 때 지극히 통상적인 지향성의 드러남과는 다른 여러 개인적 상태를 수반한다. 따라서 설은, 우리−지향성은 우리가 지향한다는 형태를 동반하는 한 개인의 마음 안에 있는 어떤 지향이며 다른 행위자가 존재하지 않는다고 해도 한 개인은 우리-지향을 할 수 있다고 주장했다. 설은 결과적으로 유아론적 우리-지향성을 용인하고 그래서 개인이 통 속의 뇌에 불과하더라도 우리-지향성을 소유할 수도 있다고 고집해왔다(Searle 2002: 96).

설이 일반적으로는 로베인보다 현상적 의식에 더 관심이 있을 수도 있겠지만, 그렇다고 그의 설명과 그가 선호하는 방법론적 개인주의가 필연적으로 현상학적 전통의 견해와 노선을 같이한다는 것은 아니다.『사회적 실재의 구성The Construction of Social Reality』의 서문에서 설은 위대한 20세기 초반의 '철학자 겸 사회학자'에게는 우리-지향성 관련 문제와 씨름할 적절한 도구, 특히 충분히 전개된 지향성 이론이 없었다고 썼다(Searle 1995, p. xii). 설은 베버, 짐멜, 뒤르켐의 연구를 언급하지만, 1932년에 박사학위 논문『사회적 의미의 세계 구성』을 쓴 슈츠가 단순히 그 논문 제목 이상으로 자신의 기획과 친연성이 있음을 깜빡한다. 우리가 슈츠에게서 발견하는 바와 슈츠를 포함하는 현상학적 전통은 지향성과 상호주관성에 대한 아주 정교한 분석일 뿐만 아니라, 우리-지향성 및 우리-지향성의 사회적 실재의 구성에 대한 기여를 타깃으로 하는 연구이기도 하다. 숙고해야 할 분명한 문제는, 설식의 경험적 1인칭 기반을 놓지 않는 방식보다, 다시 말해 로베인식의 아주 규범적인 설명이 되지 않으면서 더욱 관계적인 방식으로 우리에 대한 설명을 제공할 수 있는지다.

데이비드 카의 연구를 검토해보자.「우리는 생각한다, 고로 존재한다: 1인칭 복수의 지향성Cogitamus Ergo Sumus: Intentionality of the First-Person Plural」이라는 논문에서, 카는 집단을 집합적 주체라고 말하는 게 합당한지 묻는다. 그의 답은 긍정적이며, 그는 현상학이 이러한 판정을 지지할 것임을 제시한다. 예를 들어, 아들과 내가 여행에서 돌아와 때마침 서로의 친구를 보고 내가 "우리는 그걸 봤어! 우리가 고슴도치를 발견했다고!"라며 소리치는 경우처럼, 어떤 경험 또는 행위를 자신 또는 당신에게 귀속시키지 않고 우리에게, 다시 말해 어떤 우리we에 귀속시키는 사례를 들어보자. 이러한 경우, 고슴도치를 본 경험은 나의 경험으로만 내게 주어지는 게 아니라, 우리의 것으로도 주어진다. 소리치는 행위는 나의 행위로만 내게 주어지는 게 아니라 우리의 행위로 주어진다.

수많은 1인칭 복수 용법이 존재한다는 것은 널리 인정되는 사실이다. 경우에 따라, "우리가 고슴도치를 봤어"라는 언표는 공통의 대상을 함축하는 것에 지나지 않을 수도 있다. 서로 다른 때나, 서로가 있는지 몰랐지만 심지어 같은 때라도 우리 각각이 고슴도치를 봤다면, 우리는 아무런 손실 없이 "우리는 고슴도치를 봤어"를 "나는 고슴도치를 봤고 너는 고슴도치를 봤어"로 대체할 수 있다. 그러나 다른 경우에, 우리는 집단의 일체감과 소속감을 표현하려고 '우리'라고 말한다. 만약 우리가 고슴도치를 함께 발견했고, 우리 각각이 남도 고슴도치를 보고 있었다는 걸 알아차렸을 때, 배분적인 표현을 쓴다면 중요한 무언가를 상실할 것이다. '우리'라고 쓰는 데에는 공통의 대상이 있었다는 사실 그 이상의 것을 잡아내려는 의도가 있었기 때문이다. 우리는 고슴도치를 함께 발견했으며, 내가 고슴도치를 내 아들의 눈으로 본 건 아니더라도, 아들이 고슴도치를 본 일은 내 고슴도치 경험의 일부가 된다. 그리고 카가 분명히 말하듯이, 이 같은 합성적 경험을 하는 것은 나뿐만이 아니다. 내 아들도 이처럼 경험한다. 따라서 우리 각각은 여러 관점을 일거에 통합하고 망라하는 복합적인 경험을 한다. 이러한 복합적인 경험은 한 유형의 주체, 복수의 주체, 우리에게 귀인될 수 있을 뿐이다. 이 경험은 단 하나의 개인에게 귀인될 수 없다. 중요한 것은, 그게 불가능한 이유가 바로 그 개인은 직접 취할 수 없는 위상과 관점을 이 경험이 통합하기 때문이라는 점이다(Carr 1986a: 526). 이게 중요한데, 왜냐하면 카는 (복수성과 차이성의 보존과 인정까지를 필연적으로 수반하는) 이 점에 기대어 우리we와 보다 큰 규모의 나I 사이의 구별을 분명히 강조하기 때문이다(Carr 1986a: 532).

카의 설명에 따르면, 우리는 타자와 함께 존재하는 독특한 방식, 즉 독특한 사회적 존재 형태를 명명하는 것이다. 결과적으로 그리고 매우 중요한 것은 우리가 밖으로부터 관찰되는 어떤 개인이 아니라 오히려 나의 소속감과 참여 덕분에 내가 안으로부터 경험하는 어떤 것이란 점이다. 우리-관점을 취한다고 해서, 1인칭 관점을 버리는 게 아니다. 그 단수형을 복수 형태로 바꿀 뿐이다. 다음으로 카는 1인칭 복수 또는 우리-주체를 숙고한다면, 사회적 존재와 행위를 완전히 새롭게 기술하는 길을 열 수 있다고 강조한다. 사회 집단의 경험과 행위는 더 이상 3인칭 현상으로 간주될 필요 없이, 바로 참여자의 관점에 근거해 숙고될 수 있다(Carr 1986a: 530). 따라서 객관적 집단의 일원임과 우리의 일부임을 구별하는 게 중요하다. 사람은 알든 관심이 있든 상관없이, 태어나면서 (바로) 어떤 집단(가족, 학급, 국가, 민족성 등)의 일원이 될 수 있다. 마치 외부인이 해당 사안에 대한 당사자의 견해와는 전혀 무관하게 한 사람을 어떤 집단의 일원으로 분류할 수 있듯 말이다. 그러나 이 같은 집단 소속감은 우리에 해당하지 않는다. 우리가 출현하려면, 그 일원이 집단에 일체감을 가지고 참여해야 한다. 중요한 점은 서로를 향한 (그리고 그 자신들을 향한) 일원들의 태도다(Carr 1986b: 161). 이렇게 말한다고 해서, 우리에 일체감을 갖고 참여하는 일이 항상 자발적으로 일어난다는 건 결코 아니다. 요점은, 이러한 일이 단지 관련 당사자들의 자기이해와 1인칭 관점을 건너뛰는 게 아니라, 중요한 방식으로 이에 연루되게 만든다는 데 있다.

카에게 우리-지향성은 상관적이자 환원 불가능하다고 말하면서 그의 설명을 요약할 수 있겠다. 이러한 설명에서, 우리-지향성은 (어떤 개인이든 어떤 집단마음이든 간에) 단일한 소유자를 가지지 않고, 오히려 참여하는 개인들의 상호작용에 의해 출현하고 유지된다. 다시 말해, 우리-지향성은 필연적으로 복수의 소유권을 가진다. 이것은 개인들의 지향들과 무관하게 존재할 수 없고, 그렇다고 개인들의 지향들로 환원될 수도 없다. 나는 설과 로베인의 제안보다 이러한 제안에 더 마음이 끌리지만, 이세 가지 설명이 결정짓거나 다루지 않은 중요한 부분, 즉 우리-지향성의 인지적이고 정동적인 전제와 관련된 문제가 꽤 많이 남아 있다. 한때, 설은 우리-지향성의 핵심 전제가 "생물학상 시원적으로 다른 사람을 공유된 지향성의 후보로 느끼는 감각"임을 인정했다(Searle 1990: 415). 카역시 개인은 경험자 공동체의 일원이 됨으로써 우리-주체의 목록에 기입될 수 있으며, 여기에는 해당 집단에 대한 어느 정도의 일체감이 필요하다고 제시한다. 그러나 얼마간 타자와 일체감을 느끼고 또 공유하는일 모두 또는 어느 한쪽이 우리-지향성에 필요하다면, 우리-지향성은어떤 종류의 타자알아차림을 전제하는 것인가? 이는 설도 카도 (그 점에대해서는 로베인 또한) 다루지 않는 문제다.

현시점에서는, 2부와 3부의 논의에 편승하는 게 수월하다. 먼저 공동주의에 대한 발달론적 연구를 검토해보자. 어린 아동은 경험의 주체들이 분리되어 있다고 인식하지 못하며, 주체들이 심적 상태를 파악할 때는 나와 너you로 분해할 수 없는 미분화된 우리we가 수반된다는 주장이한때 있었다. 만약 타자의 심리적 속성에 대한 유아의 이해에 가령, 자신의 견해와 타자의 견해 사이에 어떠한 분기의 여지도 남겨주지 않는다는 식의 의미가 담겨 있다면, 로슬러가 지적했다시피, 초기의 공동주의 상호작용은 직접적인 반대 증거가 될 것인데, 왜냐하면 서술적 몸짓의 중요한 점은 타인의 주의 초점을 자신의 것에 맞춰 가져오게 한다는 것이기 때문이다(Roessler 2005: 247).

다음으로 정서 전염, 공감, 경험 공유 사이의 구별을 검토해보자. 앞의 둘은 어떤 우리-관점을 구성하거나 이에 해당하지 않는 반면, 경험 공유는 우리가 쫓고 있는 바에 우리를 가까이 데려갈지도 모른다. 이미 봤듯이, 공감이 공유를 수반한다는 견해를 거부하는 데에는 합당한 이유가 있다. 그런데 경험 공유의 경우도 타당할까? 산토가 최근 제안한 몇몇 용어를 써보면, 경험 공유에는 통합성뿐만 아니라 복수성도 필요하다(Szanto 2015). 공유는 융합이나, 병합된 통일성과 아무 관련이 없다.[1] 공유는 복수의 주체를 수반하지만, 단순한 총합이나 집합 이상의 것을 또한 수반한다. 또한 특별한 종류의 통합이 존재해야 한다. 경험 공유는 단순히 개체적 경험 더하기 상호간의 앎이 아니며 오히려, 우리가 찾는 바는 개인의 경험이 공동으로 조절되고 구성적으로 함께 묶이는, 다시 말해 개체들 서로가 상호관계를 맺으면서야 경험하는 어떤 상황이다. 이밖에도 함께함의 느낌(Walther 1923: 33), 다시 말해 서로에 대한 일종의 일체감이 어느 정도 필요해 보이기도 한다.[2]

경험 공유는 타자 이해가 구성 요소로 필요하고 차이성과 복수성의 보존을 수반하기 때문에, 정서 전염과는 확연히 다르다. 한편, 경험 공유는 바로 공동조절과 상호성이라는 이유로 공감과도 다르다. 친구와 내가 함께 영화를 즐기고 있는 상황을 검토해보자. 우리는 각각 영화를 지각하고 즐기고 있을 뿐만 아니라, 상대가 공동으로 영화에 주의를 기울이며 즐기고 있다는 것을 공감적으로 경험하기도 하는데, 이는 우리 자신의 즐거움의 구조와 질에 영향을 미친다. 슈츠가 쓰고 있듯, 그렇다면 우리는 "우리의 공동의 의식 흐름 안에서" 살고 있는 것이다(Schutz 1967: 167). 슈츠가 여기서 염두에 두는 바는, 이러한 상황에서 우리 각자의 의식의 흐름은 형이상학적 융합을 수반하는 게 아니라, 우리 각자의 경험 각각이 서로 관여하며 채색될 정도로 연동된다는 사실이다(Schutz 1967: 167, 180).

이러한 아주 성급한 발언에서 도출할 만한 것은 우리-지향성이 자기의식과 타자의식 모두를 전제하고 수반하는 듯 보인다는 점이다. 이 점은 우리we가 시원적이고 무조건적인 현상이라는 데 근거한 제안과 대조를 이룬다. 하지만, 말하려는 바는 우리-관점이 자기와 타자 사이의 차이를 폐지한다기보다 보유한다는 점이다. 우리의 출현을 가능하게 하기 위해 자기와 타자 사이에서 획득해야 하는 관계를 더 잘 이해할 필요가 있다. 마지막 제안, 즉 엄밀한 의미의 우리-지향성은 고유한 종류의 상호성을 수반하기도 한다는 제안을 하겠는데, 이 상호성에는 소위 2인칭 관점을 취할 수 있는 능력이 요구된다.

슈츠의 너-정향 논의를 떠올려보자. 슈츠가 한 일방적인 '사회적 관찰'과 대면 마주침의 상호적 얽힘 사이의 구별은(Schutz 1967: 165-166, 173) 2인칭 관점의 본성에 관해 사회 인지 논쟁에서 최근 벌어지고 있는 논의들을 선취하는 것이다. 이미 언급했듯이, 지난 몇 년 동안 마음 이론 내의 지배적인 두 가지 주류 입장, 즉 (다양한 버전의) 이론-이론과 (다양한 버전의) 시뮬레이션 이론이 사회 인지의 근본적 형태를 한 치의 남김도 없이 잡아내는지에 관한 논쟁이 진행 중이다. 이들 전통적 입장 모두의 한계는 이 둘이 1인칭 관점이든 (이는 시뮬레이션 이론의 한 가지 버전일 것이다) 3인칭 관점이든 (이는 이론-이론일 것이다) 하나를 특권시하는 것이며, 우리에게는 2인칭 관점을 명시적인 주제로 삼는 어떤 이론이 필요하다는 주장이 때로 제기되었다. 하지만 정확히 1인칭 관점이 무엇인지에 관한 꽤 많은 의견 대립이 여전히 존재한다. 한 가지 유력한 설명은 『행동 및 뇌과학Behavioral and Brain Sciences』에 실린 실바흐와 그 동료들의 표지 논문에서 찾아볼 수 있다. 이들에 따르면, 2인칭 관점은 (타자와 거리를 두고 단순히 관찰하는 게 아니라) 타자와 직접적으로 상호작용하며 정서적으로 맞물리는 문제와 관련이 있다. 따라서, 2인칭 관점은 소위 '방관적 입장'과 대조를 이룬다(Schilbach et al. 2013). 하지만 실바흐와 동료들의 논문에서 충분히 강조되지 않은 한 가지 측면은 상호성의 역할이다. 아마 2인칭 관점이 가진 가장 독특한 특징은 행위 부분도, 타자와 맞물리며 상호작용한 결과로 타자의 심적 상태를 알아차린다는 사실도 아닌, 오히려 상호적 관계일 것이다(de Bruin et al. 2012; Fuchs 2013). 2인칭 관점이 너you와 나me의 관계를 수반한다고 주장할 수 있을 것인데, 여기서 너로서의 너와 관계한다는 사실이 가진 독특한 특징은 너 역시 나에 대해 2인칭 관점을 가진다는 것, 다시 말해 너는 나를 너의 너로 취한다는 것이다. 그만큼 단 하나의 너는 존재할 수 없다. 적어도 두 개는 항상 존재해야 한다. 짧게 말하면, 2인칭 관점을 취하는 것은, 내가 타자를 알아차림과 동시에 직접목적격을 통해 암묵적으로, 타자의 주목을 받고 타자에 의해 다뤄지는 것으로서의 나 자신을 알아차리는 주체-주체(너-나) 관계에 연루되는 것이다(Husserl 1973b: 211).[3]

이것의 함의는, 슈츠가 사회적 관찰을 일방적인 너-정향으로 언급하는 것은 잘못이리라는 점이다. 단순히 누군가에 주의를 기울이면서 그 사람을 지목하는 것은, 즉 단순히 의식을 내가 직접 경험하는 누군가에게 귀인하는 것은, 슈츠가 말하고 있는 바와는 달리 아직 너-정향에 관계하는 것이 아니다. 타자 쪽과의 상호작용이 존재하지 않는다면 어떤 너-정향도 존재할 수 없기 때문이다.

이제 이러한 발상은 확실히 좀더 구체화될 필요가 있다. 그러나 나의 제안은 우리를 더 잘 이해하려면 너를 세심히 살펴야 한다는 것인데, 왜냐하면 2인칭 단수는 1인칭 복수를 이해하는 데 결정적일 수 있기 때문이다. 2인칭 관점을 취하는 것과 다른 이와 맺는 너-관계에 참가하는 것은 동시에 너 자신의 자기경험을 변경하고 풍부하게 하는 것이다. 그러나 이는 정확히 필요조건의 하나다. 우리-경험에 가담하고 참여하려면, 통상적인 자기경험만으로 만족해서는 안 된다. 또한 단순히 당신도 해낼 수 있는 행위에 연루되어 있는 타자를 관찰하는 것으로 충분하지 않다. 당신에게 필요한 것은 어떤 자기소외 설명―당신과 타자의 거리를 줄이면서 더욱 가깝게 만들어줄―이다. 당신이 타자를 경험하는 것과 같은 방식으로 당신 자신을 경험할 수 있으려면, 당신은 당신을 바라보는 타자의 관점을 경험할 필요가, 즉 타자는 당신을 알아차리는 존재라고 알아차리며 타자의 눈으로 당신 자신을 볼 필요가 있다. 그 일이 일어날 때, 당신은 당신 자신을 타자의 한 명으로, 아니 더 정확히 말해 우리의 한명으로 알아차리게 될 수 있다. 이러한 후자의 자기경험은 당신의 전반성적 자기의식을 대체하지 않으며, 이것을 보완한다.

이미 지적했듯이, 이는 전통 현상학과 완전히 무관한 발상이 아니다. 슈츠에게서 인용한 다음 글을 검토해보자.

> 나는 나의 동료에 대한 타자-정향에 착수하는데, 그도 교대로 나를 정향한다. 즉각 그리고 동시에, 나는 그가 그의 입장에서 그를 향한 나의 주의를 알아차린다는 사실을 파악한다. 이러한 경우들에서, 나, 너,

우리는 사회적 관계성 그 자체 안에 살고 있는 것이며 이 사실은 나의 동료를 향해 있는, 생생하게 작용하는 지향성 덕분이다. 나, 너, 우리는 이 방법으로 서로가 서로에게 정향하는 상태라는 어떤 특별한 주의의 변경을 거치면서 한 순간에서 다음 순간으로 운반된다. 그렇기 때문에 우리가 살고 있는 사회적 관계성은 내가 타자-정향함으로써 겪어지는 주의의 변경을 통해서 구성되는데, 왜냐하면 나는 타자-정향 안에서 교대로 나를 정향하는 자로서 동료의 바로 그 생생한 실재성을 즉각 그리고 직접 파악하기 때문이다(Schutz 1967: 156-157).

슈츠는 또한 우리-관계는 대면 상황 안에서 반성적으로 가능한 게 아니라, 전반성적으로 겪어지는 것이라고 주장한다(Schutz 1967: 170). 우리의 관계와 우리가 함께 가지는 경험에 관해 생각하고 주제적으로 관찰하려면, 서로에게서 물러나 대면 관계에서 벗어나야 한다(Schutz 1967: 167). 후설로 가보면, 다양한 연구 원고에서 그는 내가 타자 쪽으로 돌아서서 말을 걸기 시작하는 바로 그 순간, 중대한 일 즉 공감을 넘어서는 어떤 일이 일어난다고 주장한다. 후설이 말하다시피, 내가 타자에게 영향을 미치려 하자 그 타자가 자신이 말을 건네받고 있다는 걸 알아차리고는 화답할 때, 의사소통 작용을 대하고 있는 것인데, 이를 통해 보다 높은 상호인격적 통일체, 즉 우리가 수립되며 또 세계는 진정으로 사회적인 세계라는 특성을 획득한다(Husserl 1973c: 472; 1952: 192-194). 후설은 결과적으로 의사소통과 대화의 중심적 역할을 강조하며, 또한 이 역할이 우리의 출현과 관계할 때는 상호성이 중요함을 조명한다. 몇몇 텍스트에서 후설은 자신에 대해 타자의 관점을 취함으로써 발생하는 특별한 형태의 자기의식에 주목한다. 내가 타자를 통해 반성되는 이러한 유형의 자기 포착은 복잡하고 간접적인 지향적 구조를 그 특징으로 한다고 간혹 후설이 단언하는 것은 전혀 놀랄 일이 아니다. 그런데 그가 또한 분명히 밝히듯이, 그런 뒤에야 나는 처음으로 그리고 진정한 의미에서, 어떤 타자를 마주 대하는 내가 되고, 그럼으로써 '우리'라고 말할 수 있는 위치에 놓이게 된다(Husserl 1952: 242, 250). 이 과정에 대한 후설의 묘사가, 지나치게 복잡하게 들릴지 모르겠지만, 발달상 후기에서야 일어나는 과정을 대하고 있는지는 분명치 않다. 즉 달리 말하면, 가장 진전된 형태의 2인칭 관점 취하기는 발달상의 전조를 가진다는 사실을 잊어서는 안 될 것이다. '~과 동일시하기' 과정은 아주 초기에 작동하면서 '자기-타자의 연결성뿐만 아니라 분화성이라는 극성들을 동반하는 사회적 경험을' 구조화함으로써 인간 발달에 중추적 역할을 담당한다고 피터 홉슨은 수년간 주장했다(Hobson 2008: 386). 공동 저술한 논문에서, 해당 과정이 다음처럼 덧붙여 기술된다. "누군가와 동일시하는 것은 그 누군가의 관점이나 입장에 근거해서 그 타자의 행위 및 태도와 관계를 맺는 것인데, 이는 타자의 자기 및 타자의 세계에 대한 타자 자신의 정향에 어떤 사람이 동화되는 방식이고 그래서 이 정향은 그 사람 자신의 심리적 레퍼토리의 특징이 되는 방식이다"(Hobson and Hobson 2007: 415). 중요한 것은, 홉슨도 동일시하기에 정동의 공유하기가 결정적 요소로 수반된다고 여기고, 또 어린 유아와 타자의 정동적 엮임이 이미 이 둘에게 유사성과 차이성, 즉 연결성과 분화성의 상호작용을 아우르는 상호인격적 경험을 부여한다고 주장한다는 점이다(Hobson 2007: 270, cf. Reddy 2008).

내가 제안하는 설명에 따르면, 우리(경험)는 자기(경험) 또는 타자(경험)에 선행하거나 이와 동근원적이지 않다. 오히려, 우리-지향성의 원형적 형태는 공감과 공동주의에 기반하며 여기에는 특별한 상호적 2인칭 관점이 필요하다. 자기-타자의 분화성, 즉 자기와 타자 사이의 구별은 따라서 우리의 출현에 선행하며 우리 안에 유지된다. 이는 환원주의적 주장이 아님을 강조해두자. 후자가 전자로 환원될 수 있다거나 후자가 너-나 관계의 분석을 통해 남김없이 해명될 수 있다고 주장하는 게 아니다. 단지 너-나 관계가 필수 구성 요소라고 주장하는 것이다.

사실 서로에 대해 있음Füreinandersein과 서로 더불어 있음Miteinandersein을 구별하는 게 중요할 수도 있다. 너-나 관계는 이자적일 수 있는 반면 우리는 일반적으로 삼자적 구조를 수반하는데, 여기서 그 초점은 공유된 대상이나 계획에 맞춰져 있다. 아직 (또는 더 이상) 우리가 현전하지 않는, 격렬한 언어적 의견 충돌이나 논쟁 등의 강렬한 너-나 상호작용의 경우가 존재할 수 있을 뿐만 아니라 타자에게 너무 많은 주의를 기울이는 것은 심지어 더욱 유화적인 상황에서도, 공유된 관점을 방해할 수도 있다. 함께 영화를 즐기고 있는 연인은 이것의 훌륭한 실례 역할을 할 수 있다. 이들의 주의의 초점은 영화에 맞춰져 있지, 서로에 맞춰져 있지 않다. 따라서 우리는 대개 반성적으로 주제화되기 전에 행위와 경험에서 전반성적으로 현전하고 겪어진다(Schmid 2005: 99). 이는 경험의 공유가 타자에 대한 어떤 알아차림과 무관하다거나 이에 선행한다고 말하는 게 아니다. 슈미트도 제시하고 있듯 말이다(Schmid 2005: 138). 의식을 주제적 또는 초점적 의식과 동일시하는 실수를 범해서는 안 된다. 결국, 설사 내가 여자친구를 주제적으로 알아차리지 않더라도 나는 그녀를 계속해서 알아차릴 수 있으며, 어떤 형태가 됐든 타자알아차림이 전적으로 부재한다면 공유된 경험 개념이 성립하기란 극히 어렵다고 볼 수 있다.

하지만, 지금까지 나는 대면 상호작용에서 출현하고 타자를 별개의 개체로 알아차리는 일을 수반하는 이 같은 우리^{we}에 초점을 맞춰오고 있다. 그러나 또한 이는 바로 지금, 바로 여기에 국한되는, 상당히 일시적인 유형의 우리일 뿐임을 인정해야 한다. 한편에서는 훨씬 더 비인격적이고 익명적이며 언어 매개적인 우리-지향성을 발견할 수 있다. 예를 들어, 한 물리학자가 결코 자신은 직접 유럽 원자핵 공동연구소^{CERN}의 실험에 참여하지 않았지만 "우리가 마침내 힉스 보손과 같은 입자를 발견했어"라고 선언하는 경우나 총살 집행대에 오른 저항운동가가 "우리가 너희를 무찌를 거다"라고 소리치며 자신의 사후에 봉기할 집단과 일체시하는 경우를 생각해보자. 다양한 일체시 과정이 이러한 형태의 우리-지향성에 어떤 역할을 하는지 그리고 이러한 보다 비인격적인 형태의 우리-지향성이 아마 보다 기본적이고 근본적인 형태일 대면 기반의 우리-지향성에 기생하는지 아니면 이러한 비인격적인 형태의 우리-지향성이 자체의 원본성과 환원 불가능성을 가지는지를 여기서 결정하는 게 중요할 것이다.[4] 다른 한편에는, 내가 초점을 맞춰온 형태보다 더 시원적인 형태의 우리-지향성이 존재한다는 주장이 있다. 예를 들어, 행위자들이 동일한 지각적 단서와 운동 절차에 이끌려 단일한 협응적 개체로 행위하기 시작할 때처럼, 어떤 타자정향적 지향성이나 공동 계획과도 전혀 무관하게 일어나는 형태의 행위 협응을 검토해보자. 떠오르는 사례는 청중들이 일제히 박수를 치는 경우, 보행자들이 보조를 맞춰 같은 걸음걸이로 걷게 되는 경우, 두 사람이 의자를 흔들 때 흔드는 주기가 불수의적으로 동기화되는 경우다(Knoblich et al. 2011). 이러한 창발적 행위 협응을 우리-지향성의 한 형태로 여긴다면, 이러한 협응이 앞에서 제시한 방식으로 분석될 수 있을지는 의문이다. 따라서 하나의 선택지는 보다 최소주의적 형태의 우리-지향성을 도입해서 다루는 것일 수 있다. 내게 꽤 더욱 매력적으로 다가오는 다른 선택지는 창발적 행위 협응이 사실상 아주 초보적인 것일지 모른다고 인정하면서도 이것은 진정한 공유보다는 운동 모방 및 운동 전염과 더욱 공통점이 있는데 이 때문에 창발적 행위 협응이 결국 우리-경험의 진정한 사례에 해당하거나 이를 구성하지 않는다고 강변하는 것이다.

수치심의 경우에서처럼, 우리에 관해서는 얘기할 점이 너무 많다. 예를 들어, 터너와 그의 동료들이 제시한 "자기를 '나' 대신 '우리'로 범주화하고 소속된 타자(들)를 다르다기보다는 유사하다고 간주하는 곳은 바로, 집단 간의 차이가 집단 내의 차이보다 더 크다고 지각되는 경향이 있는 곳이다"라는 주장을 검토해보자(Turner et al. 1994: 457). 간단히 말해, 그들they의 역할은 무엇인가? 또 외집단의 일원과 대조집단에 직면할 때, 어느 정도까지 자신을 우리we의 일부로, 즉 우리us의 한 명으로 경험하는 경향성이 증가하는가? 이는 여기서는 이 이상 쫓을 수 없는 중요한 문제들이지만, 그럼에도 우리에 대한 이 짧은 마지막 논의가 자기와 타자에 대한 앞선 연구의 이론적 유용성을 보여주는 좋은 예가 되었으면 한다. 나는 사회 인지와 사회적 존재론 분야들에서 도출한 성과가 심리 철학 내의 어떤 기본적 가정들에 압박을 가할 수 있다고 주장하는 자들에게 동의할 것이다. 가령 후자가 진정한 우리-현상의 존재와 공존할 수 없다고 판명이 난다면, 전자의 분야들이 낸 연구 결과는 마음과 자기에 대한 과도하게 유아론적이고 탈신체화된 어떤 설명들을 수정하거나 심지어 거부하게 만들 수도 있다. 나는 이 점에 동의하지만, 우리we에 대한 만족스러운 설명을 전개하기 위해 나아가야 할 길이 주관, 주관성, 나I, 너you, 나me, 자기, 타자 등의 개념을 죄다 폐기하는 데 있다는 제안은 거부할 것이다. 이는 속담에서 말하듯 목욕물을 버리려다 아이까지 버리는 일일 뿐만 아니라 이른바 극복하려 노력하고 있었던 바로 그 데카르트적 주관 개념에 빠져드는 일이기도 하다.

1장

1_ 나이서가 전통적인 내적 자아 개념과 명시적으로 거리를 둔다는 점을 주지하는 게 중요하다. 그가 분명히 밝히듯, 그가 언급하고 있는 다섯 가지 자기는 일종의 뇌 속 난쟁이 homunculi도 아니다. 그의 설명에 따르면, 자기는 사람(또는 뇌)의 특별한 내적 부위가 아니라, 오히려 특수한 관점에서 바라본 사람 전체다(Neisser 1993: 3-4).

2장

1_ '내재적'이라는 용어를 택한 것은 이 견해와 고차적 자기의식 설명 또는 반성에 기반한 자기의식 설명 간 차이를 강조할 의도밖에 없다는 점을 강조해두겠다. 아울러 여기서 자기의식은 두 심적 상태 사이의 관계라는 측면에서 사용되는 것이다. 이 용어에는 자신 이외의 것들과는 완전히 독립적인 경험의 특징에 대한 것임을 나타내고자 하는 의도가 없다. 자기의식은 경험의 내재적 특징이라고 말한다고 해서 문제의 (자기의식적) 경험이 지향적이고 세계정향적이기도 하다는 것을 부인하는 것이 아니다.

2_ 관련 주장은 다른 현상학자들에게서도 찾아볼 수 있다. 예를 들어 슈타인(2000: 17, 100), 메를로퐁티(2012: 424, 450), 앙리(1963: 581-585)를 보라. 보다 광범위한 논의는 자하비(1999)를 보라.

3_ 다음에서 나는 두 개념을 동의어로 쓸 것이다.

4_ 크리걸은 비대상화적 자기의식 개념을 명시적으로 검토하고 거부했다. 그는 어떤 동기로 이런 조치를 취했을까? 부분적으로는, 유익한 환원주의적 설명을 제공하려 했기 때문이다. 그는 방법론적인 이유들로 인해 조사를 시작할 때에는 어떤 것에 대한 원시주의적인 설명을 채택해서는 안 된다고 하는 일리 있는 주장을 한다. 그럼에도 개연성 있는 대안들이 실패한다면, 물론 결국 받아들일 수밖에는 없지만 말이다(Kriegel 2009: 102). 궁극적으로 보면 그는 경험의 주관적 성격은 일종의 자기원인적sui generis인 내재적 불빛이라는 것을 따르는 견해를 거부하며(Kriegel 2009: 102), 대신 자신의 신브렌타노주의적 자기표상주의를 제시한다. 하지만, 크리걸 자신은 자기표상주의 그 자체로는 주관성을 설명하기에 불충분하다는 것을 인정한다는 데 주목해야 한다. 자기참조적 문장의 존재나 기능상 동등한 좀비의 가능성이 그 적절한 반례에 해당할지도 모르겠다. 이 반론들을 회피하려고 크리걸은 결국 비파생적, 특정적, 본질적 자기표상만이 의식을 설명하기에 충분하다는 견해를 택하게 된다(Kriegel 2009: 162). 자기표상이 충분히 특정적이고 본질적이려면 충족되어야 할 필요조건을 명확히 말하면서 그는 주관이 자신의 의식적 상태들과 맺는 인식론적 관계는 특별하며(Kriegel 2009: 106), 내적 알아차림과 그 알아차려지는 것 사이의 관계는 표상 작용과 표상되는 것 사이의 표준적 관계보다 훨씬 더 밀접하다는 점을 인정한다(Kriegel 2009: 107-108). 이 모델이 작동하는 데 소용되는 이 모든 자격을 도입해야 하기 때문에, 크리걸은 관련 자기표상 유형이 아주 특이한 대상알아차림 형태에 해당한다는 점을 인정한다. 그런데 이 시점에서, 누군가는 매우 특이한 형태의 대상알아차림과 비대상화적 형태의 알아차림 사이의 차이가 그렇게까지 실질적인지 의아해할 수도 있다.

5_ 내가 여기서 그리고 뒤에서 자기의 형이상학에 관해 말할 때는 자기성이 존재하는지와 실재하는지 하는 문제를 언급하고 있는 것임을 강조해두겠다. 나는 궁극적으로 어떤 "것들"로 자기가 이루어지는지에는 관심이 없으며, 현상학적 자기 연구가 그 자체로 후자의 문제를 풀 수 있다고 제시하고 있는 것도 아니다.

6_ 이 같은 비대칭성의 존재 관련 주장과, 연관되지만 보다 강한 오류 불가능성(만약 x가 자신이 ~을 하고 있다고 믿는다면, 그는 사실상 ~을 하고 있다) 관련 또는 시비 불가능성(만약 x가 자신이 ~을 하고 있다고 믿는다면, 그것은 타자에 의해 착오로 비춰질 수 없다) 관련 주장들을 하나로 보지 않는 게 중요하다.

7_ 내가 '자기맴'이라는 용어를 쓸 때, 자기고시성self-intimation이 어떤 현상적 상태에 처해 있는 주체는 또한 자신이 그 상태에 처해 있다고 자동적으로 믿는다고 하는 주장에 해당하는 것이라면, 이 용어가 자기친밀성과 대조를 이루는 것으로 여겨져서는 안 된다(Byrne 2012: 166과 비교해보라). 어떤 현상적 상태가 당신에게 막연한 느낌으로 필연적

으로 알려지지 않는다면 그 상태에 처해 있을 수 있다고 나는 생각하지 않지만, 그 관련 믿음을 필연적으로 불러일으키지 않고도 이 일이 일어나는 것은 가능하다고 생각한다.

3장

1_ 혹자는 드레이퍼스의 설명에 담긴 모종의 긴장감을 감지할 수 있다. 한편으로, 그는 무심적 대처를 예증할 때 흔히 이스라엘의 일급 전투기 조종사와 올림픽 선수나 체스 명인 같은 전문가를 언급하지만, 자신이 하는 설명의 미덕 중 하나는 이 설명이 언어 사용 이전의 유아와 고등 동물에게도 있는 비개념적 대처 기술을 설명할 수 있는 점이라고 주장하기도 한다. 이 긴장감은 결국 드레이퍼스가 주의를 환기시키려고 하는 무심적 대처란 개념이 더 이상 어떤 역할도 하지 못하는 것인지—기술이 처음 습득되었을 때 개념이 역할을 했음에도—아니면 오히려 기술적 대처는 개념적 합리성보다—그리고 궁극적으로는 개념적 합리성의 기반을 구성하는—더욱 기본적이라고 보다 급진적으로 주장하려고 하는 것인지의 문제와 관련이 있다. 나는 그가 양자를 주장하려 한다고 여기지만, 체스 경기나 항공술에서 취한 사례를 보다 급진적인 주장을 지지하는 데 사용하는 것은 문제가 있다.

2_ 이러한 입장은 불가피하게 다음과 같은 물음을 불러온다. 무심적 대처가 완전히 무의식적이라면, 드레이퍼스가 되풀이해서 말하듯, 어떻게 무심적 대처의 현상학에 대해 의미 있는 말을 할 수 있을까? 각자가 생각하는 현상학이 어떤 것인가에 달려 있다는 반박도 물론 가능하다. 드레이퍼스가 한때 데닛의 타자현상학은 후설과 사르트르 현상학의 개선된 형태이자 더 나은 대안일 수도 있다고 제시한 일도 아마 우연은 아닐 것이다(Dreyfus and Kelly 2007: 47).

3_ 셰어 자신이 이러한 견해를 명시적으로 지지한 건 아니지만, 확실히 다른 이들은 현상적 의식에 사유와 개념, 언어가 필요하다는 생각을 옹호해왔다. 예를 들어, 『언어와 사유, 의식Language, Thought and Consciousness』에 보이는 피터 캐러더스의 입장을 검토해보자. 그는 경험이 무엇과 같은지 또는 경험의 현상적 느낌에 대해 얘기하면서 주관적 경험의 그러한 측면들을 규정하려 한다. 그러나 경험의 주관적 측면들을 얘기한다고 해서 주관이 이용할 수 있는 측면들을 얘기하는 건 아니다. 캐러더스에 따르면, 이것이 의미하는 바는 그 측면들은 주관이 알아차리는 상태들이어야 하므로, 여기에는 일정 정도의 자기알아차림이 틀림없이 수반된다는 것이다. 사실 캐러더스에 따르면 여기에는 자신의 심적 상태를 반성하고 생각하고 개념화할 수 있는 능력이 필요하다(Carruthers 1996a: 155, 157). 그는 이같이 개념과 관련된 필요조건을 감안해 마음 이론을 소유하는 생명체만이 의식적 경험을 향유하거나 현상적 느낌을 동반한 심적 상태를 가질 수 있다고 주장한다(Carruthers

1996a: 158). 결국 그는 대부분의 동물과 3세 이하의 아동, 자폐증을 앓는 개인은 주관성을 결여하며 죽 자신의 심적 상태의 존재를 알아채지 못한다는 견해를 견지한다. 이들은 현상적으로 의식적인 심적 상태를 결여할 것이므로, 고통이나 즐거움을 느끼는 일 같은 건 없을 것이다(Carruthers 1996b: 262; 1998: 216; 2000: 203). 캐러더스의 입장이 극단적일 수도 있겠지만, 그만이 이러한 주장을 견지하는 건 아니다.

4_ 게르게이가 이와 관련된 주장을 지지하는데, 그는 주관적 자기 감각의 사회적 기원을 명시적으로 옹호한다(Gergely 2007: 71). 그 설명의 특별한 점을 자세히 설명하지는 않겠지만, 기본적인 발상은 "자신의 일차적인 정동적 자기 상태에 대한 주관적 감각과 알아차림의 발달을 가능하게 하는 것은, 유아에게 맞춰진, 애착 환경의 우발적인 사회적 반응을 통해, 외부적으로 소급 '반영되는' 또는 '반성되는' 현행하는 내부적 상태에 대한 경험이다"라는 것이다(Gergely 2007: 60). 달리 말하면, 양육자가 정서 반영 행동에 종사하고 있을 때 유아는 이 행동 표현에 의도적으로 지시된 바를 탐색하면서 주의를 유아 자신에게 향할 것이다. 이 방식을 통해, 일차적인 정서 상태들에 인지적으로 접근할 수 있게 하는 표상들을 확립함으로써, 세심한 양육자는 유아 자신의 그 정서 상태들의 존재에 관해 유아를 가르칠 수 있다(Gergely 2007: 68, 81). 어떤 의미에서, 주관적 경험의 획득을 야기하는 주관적 경험을 유아가 이미 소유하고 있다는 양 양육자가 행동한다는 것은 사실이다. 그것은 부모들이 아동들을 본래 상태보다 더 복잡한, 궁극적으로 그렇게 될 존재로 다루기 때문이다. 그래서 게르게이는 내성을 통해 볼 수 있는 주관적 자기의 구축은 애착 환경을 통해 일어난다고 결론지을 수 있는 것이다.

5_ 이 논쟁이 약간 헷갈리는 이유는 '재귀적reflexive'과 '재귀성reflexivity'이라는 용어가 상충되게 쓰인다는 데 있다. 대부분의 저자가 '반성reflection'이라는 용어를 거의 동일하게 쓰는 반면, '재귀성reflexivity'이라는 용어는 결코 명확하지 않고 일부는 사실상 완전히 다른 현상을 지목하는 데 쓴다. 일부는 '재귀적reflexive'과 '반성적reflective'을 동의어로 쓴다. 다른 이들은 '재귀성reflexivity'이라는 용어를 전반성적 차원을 지목하는 데 쓴다—그리고 이러한 용례는 분명 혼란스러운데, 왜냐하면 반성reflection은 독일어에서 Reflexion으로 불리기 때문이다. 예를 들어 이 용례는 모한티에게서 찾아볼 수 있는데 그는 재귀성reflexivity을 의식의 전반성적 투명성으로 규정하므로, 자신이 고차의 지향적 작용이라 여기는 반성reflection과 구별한다(Mohanty 1972: 159, 164, 168). 보다 최근에 시겔은 재귀성reflexivity은 자동적인 것, 불수의적인 것, 반영reflex 같은 것과 관련이 있는 반면 반성reflection은 대개 의도적이고 고의적인 것(의식과 의식의 내용 사이에 거리를 확보할 수 있기도 한 것)으로 간주된다고 주장했다. 따라서 그가 보기에 두 용어는 별개의 두 가지 자기참조의 형태

를 나타내는데, 하나는 수동적이고 하나는 능동적이다(Seigel 2005: 12-13). 나는 시겔의 언급이 도움이 되긴 하지만 궁극적으로는 이 문제에 대해 어떤 합의도 나올 것 같지 않다. 어느 정도는 각자가 이 용어의 모호함을 알아야 한다.

6_ 우도 티엘이 자신의 권위 있는 연구 『근대 초기의 주체: 데카르트에서 흄까지의 자기의 식과 인격적 동일성The Early Modern Subject: Self-Consciousness and Personal Identity from Descartes to Hume』에서 지적하듯이, 영어식 용어 '의식' 또는 '의식하다'는 각자가 다른 이 와 공유하는 어떤 것에 대한 지각 또는 앎을 의미했다. 그러나 17세기 무렵, 이 의미는 더 이상 표준적인 의미가 아니었다. 오히려 그리스어 syneidesis와 라틴어 conscientia처럼, '의식'은 '다른 이와 함께 알다'에서 '자신이 어떤 것을 알다'로 변했다. 이것은 자기관계적 의미에서 이해되게 됐다(Thiel 2011: 8).

7_ 타이는 우리가 경험의 '느낌'을 직접적으로 알아차린다는 점을 부인하면서도, 외부 성 질에 대한 알아차림에 근거해 자신의 경험의 현상적 성격을 추론한다는 입장의 편에 본인 이 서 있다는 점 역시 부인한다. 그의 의견으로는 어떤 추리도 수반되지 않고, 그 결과 추 론도 없다(Tye 2003: 33). 오히려 그는 "내성은 신뢰할 만한데, 이는 (지각적 감각의 경우에 있어) 외부 성질에 대한 알아차림을 입력물로 취해서는 한 상태가 어떤 현상적 특성을 현전 하고 있다고 하는 알아차림을 출력물로서 산출하는 과정"이라고 여긴다(Tye 2003: 38). 하 지만 지적했듯이, 표준적 정의에서 보면 이러한 견해는 바로 추론주의적 정의에 해당한다 (Aydede 2003: 62).

8_ 타이는 최근 발표된 글에서 현상적 성격은 표상적 내용과 같다는 주장을 더 이상 지지 하지 않고 있다. 이러한 변화가 초래된 한 가지는 이유는 환각 사례에 있다. 타이가 주장하 듯, 진실한 경험과 환각적 경험은 결코 동일한 표상적 내용을 공유하진 않지만, 몇몇 진실 한 경험과 환각적 경험은 동일한 현상적 성격을 가진다. 따라서 후자는 전자와 단순히 동 일시될 수 없다. 그러나 이러한 심경의 변화에도 계속해서 타이는 확고하게 투명성 주장의 편에 선다(Tye 2009, p. xiii).

9_ 투명성 견해를 지지하는 일부 지지자가 '무경험no experience' 가설, 다시 말해 애초 에 경험이란 존재하지 않는다는 견해를 진지하게 검토했다는 것은 확실히 우연이 아니다 (Byrne 2009: 434-435를 보라).

4장

1_ 알바하리가 자기의 비구축성을 부인함에도, 이 비구축성을 관찰의식에 귀속시킨다는 점을 검토해보자. 그녀가 언젠가 말했듯, "알아차림은 이것이 존재한다고 일컬어지는 방식

으로 존재한다는 것이 밝혀져야 한다. 알아차림은 통일되고 간단없지만 직접적인 관찰로는 불가지한 관찰 작용의 현존으로서 존재한다고 일컬어진다. 현상학은 의식의 대상에 빚진 바가 없다고 일컬어지는 것이다시피, 알아차림은, 이것이 만약 존재한다면, 생각, 정서, 지각처럼 관점적으로 소유 가능한 대상들의 내용에 의해서는 일말도 구축되지 않는 것으로 존재해야 한다. 만약 알아차림 같은 것이 그 자신의 존재를, (비구축적) 알아차림 그 자체가 아닌 앞서의 대상-내용에 빚을 지고 있다고 드러난다면, 그 사실은 알아차림을 구축된 것이며 망상에 불과한 것으로 만들고 그럼으로써 독립적인 실재성을 결여하는 것으로 만들 것이다"(Albahari 2006: 162). 이 말은 알아차림을 존재론적으로 독립적인 영역으로 간주하는 입장의 편에 선다고 하는 것처럼 보인다. 하지만, 애초에 누가 왜 의식에 대한 이러한 견해를 지지하고자 할지 나는 잘 모르겠다. 알바하리의 관찰의식 개념에 대한 현상학적 의견이 추가적으로 필요하면 파싱(2011)을 보라.

2_ 말할 필요도 없이, 경험은 근본적으로 무아적이라는 주장과, 자기의 해체나 소멸은 우리가 획득하도록 노력할 수 있는 (그리고 노력해야 하는) 궁극적인 상태라는 주장 사이에는 상당히 중요한 차이가 있다.

3_ 대부분은 아마 우리가 어떤 것이 대상이 된다고 얘기할 때의 바로 그 의미에 의지할 것이다. 전형적으로 현상학자들은 대상이 특정한 방식으로 나타나는 어떤 것이라고 정의한다. 보다 구체적으로 말해, x가 대상이 된다는 것은 x가 x에 대한 주관적 경험에 마주해서 있거나 그 앞에 서 있는 어떤 것으로 나타난다는 것이다(독일어 Gegenstand와 비교해 보라). 이와 달리, 자기는 대상이라는 주장을 강고하게 지지하는 게일런 스트로슨은 상당히 다른 정의를 채택한다. 그는 "대상이 된다는 것은(만약 대상들이 존재한다면) 단지 '강력한 통일체'가 된다는 것이다"라고 쓰고 있다(Strawson 2009: 298).

4_ 피터 골디는 예외다. 그는 내러티브적 자기와 내러티브적 자기 감각을 명확하게 구별하고, 또 자신에 대해 생각하는 특유한 내러티브적 방식의 존재는 인정하면서도, 내러티브적 자기개념은 변별할 필요가 없다고 본다(Goldie 2012: 117–121). 하지만 보다 온건한 이 제안의 한계는 우리의 자기해석과 자기이해가 우리의 자기동일성, 다시 말해 우리의 정체성에 영향을 미치는 정도를 간과할 위험이 있다는 데 있다.

5_ 섹트먼은 2001년에 발표된 논문에서 자신이 통시적 동일성에 본질적이라 여기는 그 같은 정서적 연결을 공감적 접근이라 명확하게 이름 붙인다. 2부에서 밝혀지듯, 나는 이러한 명명이 '공감'이라는 개념을 상당히 부적절하게 쓴 용례라고 생각한다.

6_ 하나의 경험은 내가 이 경험에 관한 이야기를 하는 때라야 소유되게 된다는 주장은 1인칭 대명사에 기댄 많은 고전적인 자기참조 분석의 간접적 도전을 받았는데, 이들 분석은

한정적 기술을 통해서는 '나I'('나me' '나의 것mine')를 속속들이 대체할 수 없으며 우리는 완전한 기억상실을 앓을 때조차 자신을 성공적으로 참조할 수도 있다는 것을 보여주었다(Zahavi 1999을 보라).

7_ 데이비드 카는 일찍이 이러한 견해의 한 버전을 지지했는데, 어떻게 경험과 행위가 잘 들어맞을지 즉 정합적인 삶의 이야기를 이룰지를 염려하려면 경험과 행위가 이미 나의 것으로 주어져야 한다는 점을 그는 인정하지만, 그런 뒤 이러한 통일성은 자기성의 필요조건일 뿐 충분조건은 아니라고 주장한다(Carr 1986b: 97).

8_ 동물과 유아의 원형주관성과 언어를 전수받은 인간의 본격적인 주관성 사이에 공통점이 없다고 고수한다면(주관성의 내용에 관한 것도 아니고, 그 양상이나 형태에 관한 것도 아니다), 즉 경험의 자기개시적 특성과 우리의 개념화된 자기의식 사이에 공통점이 없다고 고수한다면, 어떻게 유아가 본격적인 주관성으로 변형될 수 있는지를 설명해야 할 것이다. 어떻게 이러한 변형이 가능하고 또 일어나는가? 우리는 유아의 비개념적 감수 능력과 성인의 개념화된 마음 사이에 메울 수 없는 이원론을 가져오는 2단계 설명을 해서는 안 된다. 다시 말해, 어느 정도 발달상의 연속성을 허용해야 한다. 이 둘 간의 차이도 해명할 수 있어야 한다. 그 차이가 이 둘 사이의 발달상의 연속성을 완전히 이해할 수 없게 만들지는 않지만 말이다.

5장

1_ 나중에 사르트르가 이와 아주 유사한 견해를 지지했다. 사르트르가 에세이 『자아의 초월성La Transcendance de l'Égo』의 첫머리에서 지적하다시피, 많은 철학자는 자아를 통일화의 형식적 원리로 여겼다. '내가 생각한다'가 각각의 내 생각들을 동반할 수도 있기 때문에 우리 의식은 통일화된다고 많은 이가 주장했다(Sartre 1957: 34, 37). 그러나 이 주장이 진짜 사실일까, 아니면 오히려 생각들의 종합적 통일성 덕분에 가능해지는 게 '내가 생각한다'일까? 달리 말하면, 자아는 통일화된 의식의 조건이라기보다 하나의 표현일까? 사르트르 자신의 견해는 분명하다. 그의 설명에 따르면, 의식의 흐름의 본성에는 개별화의 외부적 원리가 필요하지 않은데, 이것은 그 자체로 개별화되기 때문이다. 의식은 통일화의 어떤 초월적 원리도 필요하지 않은데, 이것은 그 자체로 유동적 통일체이기 때문이다(Sartre 1957: 38-40).

2_ 앞서 봤듯이, 데인턴은 한 경험이 나의 것으로 경험되는지를 설명하기 위해 어느 정도 원초적인 소유권 성질로 이해되는 나의 것임mineness이 필요하다는 점을 부인한다(Dainton 2008: 242-243). 데인턴이 지지하는 일단계의 단순한 경험 개념을 고려해보면,

왜 우리는 항상 자신의 경험을 알아차리는지를 설명하기 위해 그러한 성질을 상정할 필요가 없다. 오히려 경험은 내재적으로 의식적인 항목들이며, 그 자체로 자신의 알아차림으로 들어가는 데 어떤 추가적인 도움도 필요하지 않다. 그는 이 점이 내 견해에 대한 반대를 구성한다고 여기지만, 나는 이 후자의 주장들에 진심으로 동의하기 때문에 의견이 불일치하는 부분은 술어적인 문제임에 틀림없다. 어떤 것은 자기가 되지 않고도 (아주 낮은 수준의 경험적 역량을 띠면서) 계속 존속할 수도 있다고 하는 반론에 대한 데인턴의 응답이 아마도 이런 문제에 해당하는 것 같다. 그가 말하듯이, '자기'가 단순히 '의식의 주체'를 의미하는 것이라면, 다시 말해, 최소한의 자기개념을 운용하는 것이라면, 이 제안은 무의미하다. 하지만, 데인턴이 그런 뒤 언급하듯, 자신 스스로를 자기로서 알아차릴 수 있는 존재를 자기와 동일시하는 이들이 있으며, 그는 자기알아차림이 다양한 형태로 나타난다는 점을 인정하면서도 최소한의 감수 능력 수준으로까지 축소된다면 관심을 줄 만큼의 자기알아차림의 역량은 없을 것이라고 생각한다(Dainton 2004: 388). 이를 받아들여야 할지 나는 모르겠다. 최소한의 자기개념은 전혀 관심을 줄 만큼의 자기가 아니라는 주장을 마찬가지로 철저히 반박할 수도 있다—그리고 물론 여러 사람이 그렇게 했다. 간단히 말해, 내 생각으로는, 최소한의 자기개념은 최소한의 자기알아차림 감각과 밀접한 관련이 있으며, 전자를 받아들인다면 특히나 데인턴처럼 후자를 거부할 이유가 없다. 경험은 자기현전적이라는 견해를 옹호하면서 말이다. 사실상 그가 경험은 자기현전적이라는 개념을 지지한다는 점을 고려하면, 경험은 최소한이면서 비반성적인 자기의식에 의해 특징지어진다는 발상을 왜 그렇게 반대하는지 이해하기 어렵다(Dainton 2008: 242).

3_ 스트로슨은 정확히 얼마나 연장되는지는 미결 문제이며 고려할 수 있는 그 밖의 가능한 대안들로는 $1/1.855 \times 10^{-43}$초(플랑크 시간), 1ms, 25ms, 500ms, 일생 동안, 또는 영원 동안일 수 있다고 결국은 생각한다(Strawson 2009: 398).

4_ 반면에, 서로가 나란히 정렬되어 있는 일련의 구별되는 의식적 상태들 또는 그러한 상태들로 된 하나의 묶음으로서 의식의 흐름을 개념화하려는 어떤 시도든 위에서 내려다보는 태도, 즉 말하자면 일거에 모든 것을 취하려 하는 하향 전망을 전제한다고 하는 『의식에 직접 주어진 것들에 관한 시론Essai sur les données immédiates de la conscience』의 베르크손 주장과 비교해보라. 베르크손에게, 개념과 범주에 의존해 의식에 접근하는 방식은 의식을 다른 것과 구별하며 의식에 고유한 겪어지는 시간에 왜곡을 가하는 것이다(Bergson 1910: 91, 98-99).

5_ 비교를 위해, 후설이 1921년에 쓴 텍스트에서 한 언급을 검토해보자. 거기서 그는 자아는 회상을 통해 그 자신의 지속을 파악한다고 주장한다. 자아는 또한 자아가 과거 경험의

주체였음을 파악한다. 하지만 그렇게 말한 다음 덧붙이다시피, 자아의 동일성과 지속성은 통상적인 지속 개체의 동일성과는 근본적으로 다르다. 음tone을 검토해보자. 음의 동일성은 음이 한 순간에서 다음 순간까지 지속한다는 사실과 연관되어 있다. 음은 말하자면, 시간적 뻗음을 가진다. 중단, 즉 침묵의 순간이 있다면, 그 음의 수적 동일성은 찢어질 것이고 그래서 우리는 그 대신 질적으로 동일적인 두 음을 가질 것이다. 후설은 이 같은 것이 자아의 경우에도 해당한다는 주장을 명시적으로 부인한다(Husserl 1973b: 42-43).

6_ 광범위한 논의가 필요하면 티엘(2011)을 보라.

6장

1_ 우리는 후설의 순수 자아 개념과 초월론적 자아 개념 역시 구별해야 한다. 하지만 일부 해석자들은 이 개념들을 통용해서 사용한다. 초월론적인 철학적 관점을 채택하거나 받아들이지 않고도 후설이 순수 자아라고 부르는 것을 논의하고 지지하는 게 가능할 뿐만 아니라, 초월론적 자아를 온전히 숙고하는 일, 다시 말해 구성적 차원으로서의 주관을 온전히 숙고하는 일은 순수 자아에 대한 것보다 훨씬 더 광범위해야 한다.

2_ 1907년에 쓴 글에서 립스는 이와 다소 유사한 논지를 편다. "나는 나 자신에 대해 즉각적으로 알 수 있을 뿐이다. 나는 '나의 자기my self'라기보다는 '나 자신myself'이라고 말한다. 내가 '나의' 자기에 대해 말한다면, 나는 다른 자기들을 전제하는 것이다. 따라서 내가 본원적으로 알고 있는, 즉 타자들에 관해 알기 이전에 알고 있는 자기는 '나의' 자기가 아니다. 또한 그것은 '하나의a' 자기 또는 '이this' 자기도 아니다. '하나의' 자기는 수많은 자기 중의 자기이며, '이' 자기는 다른 개별적 자기들에 상대하는 개별적 자기이기 때문이다. 내가 본원적으로 알고 있는 자기는 단순히 '나I'다. 실체적인 것이 아니라 1인칭 대명사로서의 '나'인 것이다. 타자의 나I의 것이 내 앞에 서 있을 때, 그런 뒤 이것이 나의 나I, 이 나I, 하나의 나I, 간단히 말해 개별적인 나I가 된다"(Lipps 1907a: 694). 또한, (케니의 잘 알려진 비판에도 불구하고) 자기들에 대해 얘기하는 것보다 어떤 자기나 그 자기에 대해 얘기하는 것이 덜 어색해 보인다는 사실을 검토해보자. 이 개념을 복수형으로 만들고 싶다면, 자기와 타자들에 대해 얘기하는 것이 보다 자연스러울 것이다.

3_ 타구치의 논의가 탁월하긴 하지만 양자의 관련성은 놓친 듯 보인다(Taguchi 2006).

7장

1_ 이 대비 때문에 내러티브적 자기가 비경험적이라고 여겨져서는 안 된다. 하지만 대부분의 설명은 내러티브적 자기는 성취의 결과이지 경험적 삶의 내재적 특징이 아니라고 한다.

9장

1_ 동일한 역량을 가리키는 데 자주 사용되는 또 다른 용어, 즉 '마음 읽기mind-reading'에 관해서도 비슷한 말을 할 수 있다. 이 용어 그 자체는 그 역량이 본성상 이론적이라고 말하는 것은 아니지만, 이것은 우리가 새겨진 비문에 근거해서 의미를 파악하는 방식과 유사한 태도로 신체적 행동에 근거해서 심적 상태를 식별하게 된다는 것을 여전히 암시한다 (Apperly 2011: 4를 참조). 어쩌면 편향적일 수 있는 전제지만, 마음 읽기는 우리가 대본을 읽는 방법을 배울 필요가 있듯 습득할 필요가 있는 기술임이 분명하다. 쓰인 낱말과 문장은 유아에게 의미론적 의미가 전혀 없다. 타자의 행위와 표현은 마음 읽기 기술을 습득하기 이전의 유아에게 마찬가지로 무의미한가? 이러한 의구심을 고려하면, 내가 이 용어를 사용하는 자들의 입장을 기술하고 있을 때나, 추론적 이론화 또는 상상적 투사에 기반하는 사회적 이해의 형태들을 명시적으로 언급하고 있을 때만 나는 다음에서 '마음 읽기'라는 용어를 사용할 것이다.

2_ 흥미롭게도, 동감sympathy 개념이 더 오래되었다. 흄과 애덤 스미스는 오늘날 대다수가 공감empathy이라고 지칭할 것을 가리키는 데 이 개념을 사용했다. 사실상 흄과 스미스의 개념 차이는 최근의 의견 차이와 닮아 있기도 하다. 흄은 타자의 경향과 정조를 받아들이게 하는 자연적이고 자동적인 정서적 공명 과정으로 동감을 생각하는 듯 보이지만(Hume 2000: 236), 스미스는 상상적 관점 취하기의 일종을 수반하는 것으로 여겼는데, 이는 우리가 우리 자신을 타자의 입장에 놓는 것이다(Smith 2002: 11). 이 두 설명은 최근 낮은 수준의 공감 대 높은 수준의 공감 논의를 앞서는 것이다. 그런데, 흄의 『인간 본성론A Treatise of Human Nature』을 독일어로 번역한 사람이 바로 립스였기 때문에 그는 흄의 설명에 영향을 받았을지도 모른다.

3_ 그런데 모든 거울 뉴런 이론가가 역시뮬레이션과 비매개적 공명 사이의 골드먼적 선명한 구별을 받아들일 수 있는지는 분명하지 않다. 카이저스에 따르면, 가령 거울 뉴런은 사회적 상호작용을 통해 구체화되고 형성되며 변화된다. 그의 해석에 따르면, 부모가 아동 자신의 얼굴 표정을 모방하기 때문에 아동은 얼굴 표정에 대한 공유 회로를 발전시킬 수 있을 뿐이다(Keysers 2011: 68).

4_ 흥미롭게도, 해당 환자들은 관련 정서에 대한 이론적 이해는 결여하지 않았다. 이들은 그 정서를 유발할 수 있는 시나리오들을 완전히 정상적으로 기술할 수 있었다. 하지만 이들이 이러한 지적인 지식은 결여하지 않았어도, 정서나 기분에 대한 얼굴 표정(과 자세 표현)을 인식하는 능력에는 많은 결함이 있었다(Goldman 2006: 128-129, 133).

5_ 비교를 위해 색채 실인증cerebral achromatopsia의 사례를 검토해보자. 배측 후두피질의

손상은 색각의 완전한 상실을 야기해 환자들이 세상을 회색 음영으로 보게 할 수 있다. 색스가 논의한 유명한 사례를 보면, 이 색각의 상실은 환자의 시각적 이미지에도 영향을 미쳤다(Sacks 1995: 5). 결과적으로 짝하는 결핍이 존재한 것이다. 이 환자는 색깔을 볼 수도 상상할 수도 없었다. 하지만 이로부터 어떤 결론을 도출해야 할까? 색깔 지각이 색깔 상상을 전제한다고 제안하는 것보다는, 색깔에 대한 지각과 상상은 동일한 신경 메커니즘에 의해 가능하다고, 마음 안에서 색깔의 내부적 산출이 있고, 그런 뒤 외부로 또 세상의 대상들로 투사된다고 제시하는 게 보다 합당해 보인다.

10장

1_ 슈타인은 또한 공감Einfühlung과 정서적 동일시Einsfühlung를 하나로 봤다는 이유로, 다시 말해 공감이 관찰자와 관찰 대상의 완벽한 동일시를 수반하는 것으로 간주했다는 이유로 립스를 비판했다고 알려져 있다(Stein 2008: 16). 그러나 보다 최근에 와서, 슈튀버는 슈타인의 이 구체적인 비판이 립스를 너무 야박하게 해석한 데 기대고 있다고 주장했다(Stueber 2006: 8).

2_ 이 책은 본래 1913년에 『동감 감정 및 사랑과 마음의 현상학과 이론에 대하여Zur Phäno-menologie und Theorie der Sympathiegefühle und von Liebe und Hass』라는 제하로 출간되었지만, 셸러는 두 번째 판의 이름을 바꿨고, 실질적으로 재작업하면서 분량을 두 배로 늘렸다.

3_ 인류학적 공감 연구는, (인도-태평양, 라틴 아메리카, 캐나다 북부를 포함하는) 세계 여러 지역 사람들은 적들이 자신들의 취약점을 간파해 해를 끼치는 데 공감을 이용할지도 모른다는 만연한 두려움 때문에 얼굴을 감추려 애쓴다고, 다시 말해 느낌이나 생각을 표현하지 않으려 애쓴다고 보고한다(Hollan 2012).

4_ 셸러는 또한 정서적 동일시라는 개념을 도입하는데, 이것은 그가 정서 전염의 제한적 사례로 여기는 것이다. 여기서 이것은 무의식적이고 불수의적으로 자신의 것으로 취해지는 또 다른 이에 대한 단지 구체적인 느낌일 뿐만 아니라 오히려 다른 자아는 자신의 자기와 동일시된다(2008: 18). 셸러는 공감과 동감은 이 정서적 동일시와 근본적으로 다르다고 반복해서 또 명료하게 단언함에도, 자신의 『동감의 본질과 형태들』1923년판에서는 변화를 보여 정서적 동일시는 공감의 전제 조건이라고 주장하기도 한다(2008: 96). 물론, 전염, 모방, 모사를 수반하는 다양한 과정과 공감이 구별되어야 함을 강변한다고 해서 어떤 점에서는 전자가 후자에 의지하고 의존할 수도 있음을 배제하는 건 아니다. 그렇지만 설령 그것이 사실이라 해도, 후자를 통해서는 여전히 전자의 변별적 특징을 설명할 수 없다는 이 논의에는 아무런 영향이 없을 것이다.

5_ 삶에서 어떤 사건을 경험해본 적이 있다면 유사한 삶의 경험을 겪는 다른 사람에게 보다 많은 통찰을 건네줄 수 있다는 믿음이 널리 퍼져 있지만, 이는 근거 없는 믿음일지도 모른다. 실증적 연구는 출산과 부모의 이혼 등과 같은 유사한 삶의 경험을 한 사람들이 동일한 상황에서 어떻게 느낄지 결정하는 데 있어 이러한 경험이 없는 이들과 비교해 매번 더 일치하지는 않음을 제시한다(Hodges 2005).

6_ 친구의 엄마가 죽었다는 얘기를 들은 네 살 난 소년이 다음처럼 엄숙하게 말한 사례를 검토해보라. "있잖아, 보니가 크면 사람들이 엄마 얘기를 물어볼 텐데, 그러면 걔는 '모르겠어'라고 말할 수밖에 없을 거야. 근데 말이야, 그럴 걸 생각하면 눈물이 나"(Radke-Yarrow et al. 1983: 493).

7_ 그럼에도 어떤 경우에 셸러는 사랑은 타자의 개인성의 본질에 우리를 가장 가깝게 데려갈 수 있는 것이라고 제시한다. 그가 말하곤 했다시피, 본능은 우리를 보지 못하게 하고 사랑은 우리를 볼 수 있게 한다(2008: 157). 이 주장을 이해할 수 있는 방식은 사랑하는 이의 치환 불가능성과 대체 불가능성을 생각해보는 것이다. 누군가를 사랑한다면, 당신은 사랑하는 이에게서 우연히 발견되고 예화되는 속성들의 특정 집합을 단지 사랑하는 게 아니다. 오히려, 이 때문에 진정한 사랑으로 간주되면, 당신은 아마도 그나 그녀의 속성이 변했다 할지라도 그 사람을 계속 사랑해야 할 것이다. 마찬가지로, 당신의 사랑은 다른 누군가의 속성의 동일한 집합과 단순히 마주치는 것으로는 만족되지 않을 것이다.

8_ 이와 유사한 유비논증 비판은 카시러의 『상징형식의 철학Philosophie der symbolischen Formen』에서 찾아볼 수 있다. "'다른 자아'에 대한 우리의 확실성이 일련의 실증적 관찰과 귀납적 추론에 근거한다면—이것이 우리가 자신의 신체나 그 비슷한 것들에서 지각하는 것과 동일한 표현적 움직임이 다른 물리적 신체에서도 나타나는 것 같다는 추정과, 동일한 원인은 항상 동일한 결과와 상응해야 한다는 추정에 근거한다면—이 부족한 근거를 가지고 어떤 결론에 대해 상상하기는 어려울 것이다. 전체적으로나 세부적으로나 이 추론은 꼼꼼히 따져보면 완전히 취약하다는 게 입증된다. 한 예를 든다면, 잘 알려진 논리 원칙으로, 동일한 결과는 아주 다양한 원인에 의해 산출될 수 있기 때문에, 우리가 같은 원인에서 같은 결과를 유비할 수는 있을지라도, 역으로 같은 결과에서 같은 원인을 유비하는 건 가능하지 않다. 하지만 이 반대는 논외로 한다고 쳐도, 이 같은 추론은 한낱 가능성에 지나지 않는, 잘해야 잠정적인 가정의 근거를 제공할 수 있을 것이다. (⋯) 삶의 현실은 자신의 존재 권역에 제한되지 않는다는 확실성은 그 자체로 순수하게 담론적인 인지이자 더욱이 아주 의문스러운 기원과 가치를 가지는 것이다"(Cassirer 1957: 82-83).

9_ 이러한 해석은 우리는 우리가 읽었거나 들었던 타자의 생각을 우리 자신의 것으로 종종

재생산한다고 말한 바와 또한 들어맞을 수도 있겠다(Scheler 2008: 245).

10_ 또한 토이니센의 보다 비판적인 독해(1977: 62)는 물론, 야마구치의 응답(1982: 87)도 보라.

11_ 이 텍스트를 통해 보면, 후설은 여기서 'empathy'라는 용어를 상상적 전치 같은 것을 지목하는 데 쓰고 있음이 분명하다.

12_ 이는 나중에 메를로퐁티가 그 이상으로 발전시킨 발상이다. 그가 어느 곳에서 쓰고 있 듯이, "나는 '촉각의 주어짐'을 '시각의 언어'로 번역하지도 않으며, 그 반대로도 하지 않는 다. 나는 내 신체의 부분들을 하나씩 조합하지 않는다. 오히려, 이러한 번역과 조합은 나에 게서 일거에 달성된다. 이것들은 나의 신체 그 자체다"(Merleau-Ponty 2012: 151; 또한 2012: 368을 보라).

13_ 1920년경에 쓴 텍스트들에는 이 특정 쟁점에 대한 어떤 망설임이 보인다. 이 텍스트들 에서, 후설은 때로 가장 기초적인 형태의 공감을 진정하지 않은uneigentliche 형태의 공감으 로 지목하며 이를 진정한 공감eigentliche Einfühlung과 대조하는데, 이것은 보다 능동적인 종류의 것이다(Husserl 1973a: 438, 457). 그러나 몇몇 경우에 그는 또한 공감이라는 명칭 을 진정한 공감을 위해 남겨두고 대신 보다 기초적인 형태의 동물적 통각을 공감에 선행하 는 구성적 수준이라고 규정하는 편이 더 나을지 의문시한다(Husserl 1973a: 475). 후설의 짝지음에 대한 후속 설명을 고려하면, 나는 그가 궁극적으로는 첫 번째 대안을 채택했다고 결론지어야 한다고 생각한다.

14_ 이와 달리, 후설에 따르면 동감, 염려, 연민Mitleid에 있어 일차적 대상은 타자 그 자신 이지 타자의 괴로움의 대상이 아니다. 따라서 내 동감의 지향적 대상과 타자의 괴로움의 지향적 대상은 다르다. 후설이 든 사례를 보면, 만약 타자가 어머니가 돌아가신 사실에 슬 퍼한다면 나 역시 이에 슬퍼하며, 그가 슬퍼한다는 사실에 슬퍼한다. 그러나 나의 일차적 대상은 그의 슬픔이다. 그의 어머니의 죽음 역시 나를 슬프게 하는 어떤 것임은 오직 사후 적인 것일 뿐이며 그것에 의존적인 것이다(Husserl 1973b: 189-190; Snow 2000: 66과 비교해보라). 좀더 일반적으로 말해, 후설은 공감과 동감 사이의 구별을 강조한다.(그가 이 둘을 정서 전염과 구별하는 것과 마찬가지로 말이다.) 공감은 이해의 한 형태인 반면, 동감 은 염려와 관심을 수반하는 것이다(Husserl 2004: 194).

15_ 이게 사실이라면, 데프레스터는 자신의 주장을 수정해야 할 것이다. 그는 2008년 논 문에서 메를로퐁티와 후설의 짝지음 설명 사이에 다음과 같은 유의미한 차이가 있다고 주 장한다. 후설에게 자아와 타아 사이를 매개하는 용어는 신체적 유사성인 반면, 메를로퐁 티에게는 자아와 타아가 똑같이 향해 있는, 지향되는 행위의 대상이다. 데프레스터는 타자

의 행위를 내가 이해하게 되는 것은 동일한 지향적 대상을 가짐으로써 또 동일한 목적을 성취하려 노력함으로써라는 견해를 결과적으로 메를로퐁티만이 견지한다고 주장한다(De Preester 2008: 136-137).

16_ 셸러의 상호주관성 이론에 대한 슈츠의 평가를 더 보려면 슈츠(1962: 150-179)를 참조. 후설의 설명에 대한 슈츠의 평가는 시간을 거치면서 변했다. 후설은 잘 알려진 대로 상호주관성의 문제에는 초월론적 분석이 요구된다고 여겼다. 애초에는 슈츠도 이 부분을 따랐지만, 나중에 가서는 마음을 바꿨다. 이러한 전환을 보여주는 생생한 예시로, 다음의 두 진술을 검토해보자. 1932년 4월 26일자로 후설에게 보낸 편지에서, 슈츠는 "따라서 저는 당신이 초월론적 주관성의 문제를 발전시킨 데서 아주 오랫동안 저를 괴롭혀온 사회학의 거의 모든 문제를 풀 열쇠를 찾았습니다"라고 쓰고 있다(Husserl 1994: 482). 그 뒤에, 많이 논의되기도 했던 1957년 논문에서, 슈츠는 다음처럼 쓰고 있다. "하지만, 초월론적인 구성적 분석이 아니라, 이러한 생활세계의 존재론만이 모든 사회과학의 기초인 상호주관성의 본질적 관계성을 해명할 수 있다고 확실히 얘기할 수 있습니다"(Schutz 1975: 82). 이 쟁점에 대한 추가적인 논의가 필요하면 자하비(1996)를 보라.

17_ 상호주관성의 토대는, 다른 사람의 구체적 성격이 확증되는 그러한 보다 실질적인 인식 형태를 위한 토대의 문턱 아래에 놓여 있으면서 이 토대를 제공하는 존재 인식의 한 형태라고 호네트는 쓰고 있는데(Honneth 2008: 51, 90), 이와 흥미로운 수렴점을 보여준다.

18_ 나중에 주장하겠지만, 이것은 궁극적으로는 '공유'라는 용어를 쓰는 아주 문제적인 방식이다.

19_ 이 설명과 약간 다른 버전은 드비뉴몽과 싱어(2006), 드비뉴몽과 자코브(2012)에서 찾아볼 수 있다.

11장

1_ 간과하지 말아야 할 중요한 주장은, 이아코보니의 설명에서 거울 뉴런은 처음부터 이미 만들어진 것이 아니라는 것이다. 오히려, 거울 뉴런은 자기와 타자 사이의 상호작용에 의해 구체화되고 형성되며 변경된다(Iacoboni 2009: 134). 만약 거울 뉴런이 애초에 자기와 타자 사이의 유의미한 상호작용을 가능하게 해주리라 여겨지는 것이라면 이 주장은 혼란스러울 수도 있지만, 이아코보니는 일부 거울 뉴런은 태어났을 때에 이미 나타나 있다고도 주장한다(Iacoboni 2009: 155). 그렇게 보면, 짐작건대 이 선천적인 거울 뉴런이 뒤이은 발달의 기초를 구성하는 것 같다.

2_ 크리스티나 베키오는 최근의 연구를 통해 의도치 않게 이 주장에 도전했다. 베키오에 따

르면, 다양한 의도는 움직임의 운동학적 패턴에 영향을 미친다. 예를 들면, 사과를 잡으려고 손을 내밀고 사과를 잡는 특정 방식은 사과를 가지고 이어서 무엇을 할 건지에 달려 있다(가령 먹든 누군가에게 던지든 아니면 건네든). 더욱이 관찰자는 시각적 운동학상의 이러한 차이들을 감지하며 단지 이 차이들에 기초해 행위자의 후속 행위를 예상할 수 있다(Becchio et al. 2012).

3_ 이 화제에 대한 자세한 내용이 필요하면, 데리다(1967); 반덴펠스(1989); 자하비(1999)를 보라.

4_ 이러한 일이 이미 일어났을 수도 있다. 2012년에 쓴 논문에서, 라벨은 갈레세를 사회 인지에 대한 직접 지각 접근법의 옹호자로 분류한다(Lavelle 2012: 214).

5_ 초심자들에게, 투관침은 내부에 배관이 있고 정맥, 동맥, 골수, 체강 등에 삽입하도록 고안되어 있는 날카로운 세 면을 가진 배관외과용 도구다.

6_ 이러한 앎에는 우선 타자의 개인적 역사성에 대한 완전한 통찰을 소유하는 게 필요할 것이고, 또 이 역사성은 내가 부분적으로만 항상 드러낼 수 있는 것이다. 마찬가지로, 그 점에 있어서 나는 나 자신의 것 일부만을 드러낼 수 있는데, 이는 나 자신의 자기앎도 또한 부분적인 것으로 남게 될 이유다(Husserl 1973c: 631-632).

7_ 좀 전에 한 세 갈래의 구분은, 공감이 하향식 조정에 영향을 받기 쉬워서 사전의 앎, 경험, 맥락에 의해 조정되고 영향을 받을 수 있다는 주장과 관련이 있다. 이러한 주장은 그 자체that, 그 내용what, 그 이유why의 측면을 염두에 둔 것일까? 한 연구에 따르면, 약물 중독 때문에 에이즈에 걸린 개인들과 비교할 때, 참가자들은 수혈 때문에 에이즈에 걸린 개인들의 고통에 유의미하게 더욱 민감했다(Decety et al. 2010). 또 다른 연구는 (여성들이 아니라) 남성들의 경우, 이전에 일련의 죄수의 딜레마 게임에서 자신들을 부당하게 대우한 선수들이 고통스러워하는 것을 봤을 때는 전측대상피질과 전측뇌섬엽에서 공감적 활동이 나타나지 않는다는 것을 발견했다(Singer et al. 2006). 이 두 연구는 주로 우리가 타자의 고통에 영향을 받는지 또 그 정도가 얼마만큼인지의 문제를 다루고 있는 듯하다. 내가 이해한 바로는, 이 연구들은 타자가 의식적인지를 파악할 수 있는 우리의 역량과는 어떤 관련도 없다.

8_ 현상학적 철학이 사회 인지 분야에 주요하게 기여한 연구들은 그런데도 신중한 내성적 데이터의 모음집에 포함된 적이 없었다. 현상학 전통의 모든 주요 인물이, 자신들이 이용하는 방법이 내성법임을 정면으로 또 분명하게 부정했다는 것도 우연은 아닌 것이다(Gurwitsch 1966: 89-106; Husserl 1952: 38; 1984b: 201-216; Heidegger 1993: 11-17; Merleau-Ponty 2012: 59; Zahavi 2007c를 보라).

9_ 많은 이론-이론가가 타자의 믿음과 경험을 알게 되는 방식과 동일한 방식으로 자신의 믿음과 현행 심적 상태를 알게 된다고 명시적으로 주장했음을 기억하는 게 중요하다. 두 경우 모두에서, 동일한 인지적 메커니즘, 즉 동일한 마음 읽기 과정이 사용되고 있다(Gopnik 1993; Carruthers and Smith 1996). 이 견해에 대한 비판이 필요하면, 니컬스와 스티치(2003), 자하비(2005)를 보라.

10_ 고프닉과 웰먼은 3세 아동의 마음 이해와 4세 아동의 마음 이해 사이에서 일어나는 이행을 코페르니쿠스의 지동설과 케플러의 타원 궤도 발견 사이의 이행에 비교한다(Gopnik and Wellman 1995: 242).

11_ 인격하부적 반영 과정을 명명하는 데 '시뮬레이션'이라는 용어를 사용하는 것과 관련해 이와 다소 유사한 반대를 제기할 수 있다. 타자의 특정 정서를 인식하면, 동종의 정서를 자신이 경험할 때 활성화하는 동일한 뇌 부위가 활성화되기 때문에, 3인칭 정서 귀인은 타깃과 귀인자의 정서 매칭을 수반한다는, 대개는 확신에 찬 이 주장을 검토해보자. 분노, 행복, 슬픔, 공포, 혐오 등 인격적 수준의 용어를 비의식적인 인격하부적 메커니즘에 적용하는 게, 또 특정 신경 활동의 현존은—경험과 행동을 통해 나타나는 특징적인 모습이 부재할 때조차—충분히 해당 정서의 증표에 해당한다고 주장하는 게 정말 타당할까? 반면에, 만약 특정한 비의식적 과정의 현존은 충분조건이 아니라 단지 필요조건과 가능조건이라면, 신경 활동이 매치한다는 단순한 이유로 인해 타깃과 귀인자의 정서 매칭에 대해 말하는 게 더 이상 합당하지 않을 것이고 그러므로 더 이상 시뮬레이션에 대해 말하는 게 자연스럽지 않을 것이다.

12_ 이는 또한 일부 이론-이론가가 그야말로 이를 악물고 이론에 대한 훨씬 강력한 정의를 수용한 이유다. 보테릴은, 예를 들어, 모든 이론은 반사실적 투사를 비롯해 설명력과 예측력을 필연적으로 수반한다고 주장했다. 그는 또한 관찰 불가능한 개체를 도입하는 문제와 개념을 암묵적인 것으로서 정의하는 문제가 다시 제기되어야 한다고 언급한다. 적은 수의 일반 원칙들 내에서의 정보 통합을 통해 인지 경제성을 산출함이 이론의 특징이라고 주장하는 것으로 결론짓는다(Botterill 1996: 107-109).

13_ 이에 대한 예시는 후설의 지각적 지향성 분석에서 찾아볼 수 있다. 후설은 지각적 지향성이 직접적이라고 주장하지만, 그의 분석은 또한 이것이 다수의 복잡한 운동감각적이고 시간적인 과정들을 수반하며 또 이 과정들에 의해 가능함을 보여준다.

14_ 덧붙여, 추가적인 구별이 필요하다는 주장이 있을지도 모르겠다. 미첼 그린은, "괴로워함 없이 괴로움을 표현하는" 자는 "자신의 괴로움을 표현함 없이 괴로움을 표현하는 연기를 행하고 있는 것이다"라고 주장하는 반면(Green 2007: 26), 오우에르고르는 분리해서

설명하는 입장을 옹호하면서 "진짜로 자신의 분노를 분출하는 사람과 분노하는 척하는 사람 사이의 차이는, 전자의 경우 분노에 찬 행동 더하기 분노의 느낌이 존재하는 반면 후자의 경우에는 그 행동(아니 좀더 정확히 말하면, 가령 기만 의도가 더해진 행동)만이 존재한다는 데 있지 않다고 주장했다. 오히려, 두 행동이 바깥에서 보는 사람은 구별할 수 없는 움직임을 위한 움직임이라고 하더라도, 이 둘은 다른 부류의 과정이다. 한 경우에서, 이 가시적인 행동은 한 인간이 이 세계를 분노하게 하는 것으로서 맞닥뜨리게 되는 일이다. 다른 경우에서는 그렇지 않다"(Overgaard 2012: 476).

12장

1_ 사르트르의 하이데거 비판에 대한 보다 상세한 논의가 필요하면, 자하비(1996)를 보라.

13장

1_ 덧붙여 말하자면, 키난은 자신의 설명이 심히 배런코언, 프리스, 하페 등의 자폐증 연구자들의 마음 이론 접근법과 궤를 같이한다고 보며, 그는 실증적 발견들은 자폐증을 앓는 개인들의 자기알아차림 결여를 지적한다고 명시적으로 쓰고 있다(Keenan et al. 2003: 209). 이를 지지하면서, 키난은 자폐증을 앓는 아동들은 거울 시험을 통과하는 데 어려움을 겪음을 지적하는 이전 연구를 언급한다(Spiker and Ricks 1984). 사실상, 해당 연구는 검사를 받은 아동들의 69퍼센트가 거울 자기인식의 증거를 제시했음을 보고했으며 1984년에 행한 또 다른 연구는 다음처럼 결론지었다. "자폐증 아동들은 자기인식에 있어 특별한 결함을 보이지 않는다. 상대적으로 어린 나이에서조차, 연구된 대부분의 자폐증 아동은 거울 이미지 과제에서 자기인식의 분명한 증거를 보였다"(Dawson and McKissick 1984: 392). 보다 최근의 연구도—자폐증을 앓는 아동들이 거울 자기인식 과제를 통과할 수 있는 역량과 관련해—이와 유사한 결론에 도달한다(Reddy et al. 2010). 하지만 눈에 띄는 점과 짧게 되짚어볼 점은, 거울 시험을 통과한 그 자폐증 아동들은 정서적 표현에 중립적이며 정상적인 아동들에게는 너무도 전형적인 수줍어한다든지 당황스러워하는 기색을 좀처럼 내보이지 않는 경향이 있다는 것이다. 피터 홉슨이 쓰고 있다시피, 이들은 스스로가 다른 사람의 평가의 잠재적 대상이 될 수 있다는 감각을 결여하는 것 같다. 사실, 이들이 빨간 딱지(또는 노란색 스티커)를 떼어버린 것은 다른 사람에게 어떻게 보일지에 대한 우려 때문은 아닌 것 같다(Hobson 1990: 174; 2002: 89; Hobson et al. 2006: 42).
2_ 자신의 거울 이미지에 대한 인식은 공감을 전제한다고 후설과 슈타인 모두가 주장하는 점은 주목할 만하다(Husserl 1952: 148; 1973b: 509; Stein 2008: 71).

14장

1_ 아마 루이스가 의식적이지 않은 주관적 자기알아차림이 아니라, 비의식적 자기조절과 자기분화에 대해 얘기했다면 더 좋았을 것이다. 백혈구가 주관적 자기알아차림을 소유한다는 생각은 다소 납득하기 어렵다.

2_ 스트로슨이 그 뒤에 지적했듯이, 아동들의 수치심은 드문 예외일 것이다. 회상해보면 그런 사소한 일들이 그 당시에는 수치스럽게 느껴질 수 있다는 점을 즐겁게 생각할 수도 있지 않을까? 하지만, 그러한 과거의 수치스러웠던 경험과 관련해 미소를 지을 수 있으려면 더 이상 과거의 자기와 강력하게 동일시하지 않아야 하는 것 같다.

3_ 사르트르와 셸러와 더불어, 레비나스 역시 이른 시기에 수치심의 문제를 언급한 현상학의 주요한 또 하나의 인물이다. 그의 첫 번째 분석은 『탈출에 관해서De l'vasion』라는 이름의 텍스트로 1935년에 출간되었다. 1961년에 레비나스는 후기 작품 『전체성과 무한Totalité et infini』에서, 수치심은 나와 나의 부당하고 독단적인 자유를 의문에 들게 함으로써 나의 평온을 중단하고 방해하는 타자와 윤리적으로 마주치는 데에 대한 반응이라고 주장했다 (Levinas 1979: 83-84).

4_ 다음의 예가 이를 입증할 것이다. 당신은 기차에 탑승해 있고 화장실을 찾고 있다. 화장실을 발견하고는 들어갈 때, 문을 잠그는 걸 깜빡한 게 틀림없는 할머니가 이미 화장실을 쓰고 있음을 발견한다. 만약 당신이 수치심 감각을 소유하고 있다면, 당신은 즉각 후회할 뿐만 아니라 또한 그녀가 나올 때 다시 마주치는 경험을 당하지 않게 해주려고 다른 화장실을 찾을 것이다.

5_ 설사 수치심 불안이 사회화 과정에서 역할을 할 수 있다고는 해도, 이것은 또한 진취성을 죽임으로써 분명 약화될 수 있다. 만약 내가 어떤 것도 하지 않는다면, 나는 잠재적으로 수치스러운 일에 노출될 위험을 무릅쓰지 않아도 된다. 마찬가지로, 이른바 성적 학대를 당한 일부 아동이 느끼는 유독성 수치심에는 어떤 긍정적인 점도 찾아보기 어렵다.

6_ 널리 퍼진 관습에 따르면, 수치심과 죄책감 사이의 차이는 전자는 단점에 관한 것인 반면 후자는 나쁜 행위에 관한 것이라는 데 있다고 한다. 죄책감에서, 그 초점은 자기의 구체적 행위에 놓여 있는 반면, 수치심의 초점은 자기 그 자체에 놓여 있다. 하지만, 수치심과 죄책감이 구별되어야 함을 고집하는 것은 물론, 이 둘이 함께 일어날 수 있음을 부인하는 것은 아니다.

7_ 외관은 단지 나의 원본적인 타자에 대해 있음이 그 구체적인 원인이라고(Sartre 2003: 441), 타자는 그것을 통해 내가 대상이 되는 모든 곳에 현전한다고, 타자와의 이 근본적 관계가 구체적인 타자에 대한 나의 개별적 경험의 가능 조건이라고 사르트르가 주장을 개진

할 때(이 때문에 개별적 타자와의 구체적인 마주침은 나의 근본적인 타자에 대해 있음의 한낱 경험적 변주로 기술되는 것이다)(Sartre 2003: 303-304), 더불어 있음에 대한 하이데거의 설명에서 비판하고 있었던 바로 그 같은 선험론을 그가 환기시킨다는 이유로 그를 비난하지 않기는 어렵다(보다 광범위한 논의가 필요하면, Zahavi 1996: 114-117을 보라). 보다 일반적으로 말해, 사르트르의 상호주관적 분석에서 가치 있는 많은 통찰을 발굴할 수 있지만, 동의하지 못할 점들도 상당히 많다. 여기에는 타자와의 마주침에 대한 사르트르의 지나치게 부정적인 평가와 정의도 포함될 것이다. 결국, 사르트르에게, 수치심은 다른 여럿 가운데서 단지 하나의 정서가 아니라, 우리가 타자와 맺는 관계를 가장 잘 포착하고 가장 근본적으로 특징짓는 정서다.

8_ 윌리엄스가 이어서 말하듯이, 내면화된 타자는 특수한 개별자이거나 사회적으로 중요한 집단의 대표자일 필요는 없다. 오히려 타자는 윤리적인 용어를 통해 식별될 수도 있다. 그는 내가 존경할 수 있는 반응을 가지는 자로 상상될지도 모른다. 타자가 그러한 용어들로 식별된다면, 그는 더 이상 타자가 아닐 것이라고 일부는 주장할지도 모른다. 그러나 윌리엄스가 주장하듯이, 이것은 잘못된 결론이다. 비록 타자가 식별 가능한 개별자일 필요는 없지만, 그는 아무도 아닌 자nobody가 아니라 여전히 잠재적으로 누군가인 자somebody이고 또 내가 아니라 타자다(Williams 1993: 84).

9_ 누스바움이 지적하듯이, 우리가 타자와 친밀하게 되면 될수록, 즉 우리 자신을 노출하면 할수록, 우리는 또한 수치심에 더욱더 취약하게 된다(Nussbaum 2004: 216).

10_ 대리적 수치심 같은 경우도 분명 마찬가지다. 『옥스퍼드 영어사전』은 수치심을 정의할 때, 내가 나의 명예나 불명예로 간주하는 사람들의 행위에서 치욕스럽거나 우스꽝스럽거나 예의 없는 것을 의식함으로써 수치심이 일어나는 그러한 상황들에 대한 언급을 특별히 포함하고 있음은 주목할 만하다.

11_ 흥미로운 연구에서, 스미스와 그의 동료들은 참가자들에게 자신들과 같은 사람들에게 일어날 수도 있었던 한 사건을 가설적인 설명글들로 읽도록 요구했다. 이들은 그 설명에서 중심적인 역할을 맡은 사람이 어떤 생각을 하고 느끼고 있었을지 상상할 것을 당부받았다. 그 설명들을 읽고 나서, 참가자들은 이 사람의 경험에 대한 인식을 측정하는 시험을 받았다. 한 시험에서, 서로 다른 설명들에는 도덕적 위반을 범한 한 주인공이 포함되어 있었고, 그런 뒤 세 가지 조건(사유성, 내현적인 공적 노출, 외현적인 공적 노출)에 따라 이야기에 변화를 주었다. 첫 번째 조건에서, 이 위반은 사적으로 일어났다. 두 번째 조건에서, 이 위반자는 이 위반을 못마땅해했던 누군가를 봤거나 떠올렸다. 그리고 마지막 조건에서, 위반은 실제로 다른 사람에 의해 목격되었다. 사유성 조건에 비해, 외현적인 공적 노출은 수치

심 경험을 격렬하게 한다는 것을 이 발견들은 명확하게 보여주었다. 만약 위반이 개인적 기준의 위배를 수반했다면, 사유성 조건에 비해 내현적 노출 조건에서 수치심의 느낌은 또한 유의미하게 더 높아졌다(Smith et al. 2002).

12_ 밀러는 자신의 임상 경험에 근거해, 수치심에 관해 말하려는 사람의 말투가, 처음에 공개 충동과 은폐 충동 사이에서 어떤 갈등이 일어남에 따라 어떻게 분열될 수도 있는지 이야기한다(Miller 1985: 36).

13_ 이러한 제안을 고려하면, 일부 정신분석학자가 무표정 실험(14장 5절 참조)에 대한 유아의 반응을 원시적인 수치심 반응으로 해석하는 것도 놀랄 일은 아니다(Nathanson 1987: 22; Broucek 1991: 31).

14_ 이 같은 주장을 한다고 해서 다음과 같은 시나리오가 가능할 수도 있음을 부인하는 것은 아니다. 누군가가 나에게 굴욕을 주고 있고 그래서 나는 부끄러움을 느낀다. 내가 타자의 경멸적인 평가를 수용하고 내면화하기 때문이 아니라, 나 자신이 굴욕적인 상황에 처해 있음을 발견함으로써, 또 이를 수용함으로써, 말하자면, 물리적 체벌이 두려워서 자신이 경멸하는 비겁함을 스스로 예시해 보이기 때문이다. 이 같은 일이 아주 흔하게 일어난다는 사실을 인정한다고 해서 캘훈의 견해를 수용하는 것도 아니고, 사르트르 주장에 숨은 진정한 취지를 버리는 것도 아니다. 왜 전자가 이유에 해당하지 않는지는 분명한 반면, 왜 후자가 이유에 해당하는지는 덜 분명하다. 하지만, 보기에는 어떨지 몰라도, 이 시나리오는 진정 자기반성적 형태의 수치심 사례에 해당하며, 사르트르는 이러한 수치심의 가능성을 결코 부인한 적이 없다. 하지만 이 시나리오가 그 같은 수치심이 또한 타자의 평가의 수용을 필연적으로 수반함을 주장하고 있는 것은 아니다.

15_ 비쇼프쾰러는 이 가설이 실험적 발견들로 확증된다고 주장하는데, 왜냐하면 자신의 거울 이미지를 인식하는 데 실패한 아동들은 세심히 관찰해도 공감적인 것으로 식별될 만한 그 어떤 행동도 보여주지 못했기 때문이다(Bischof-Köhler 1991: 266). 하지만 비쇼프쾰러는 공감을 어떻게 측정했을까? 그녀의 실험 설계에는 16~24개월 된 아동 집단이 포함되었다. 순차적으로, 또 엄마들과 함께, 이 아동들은 테디 베어를 가지고 온 어른 놀이 친구와 만났을 것이다. 잠시 후, 이 놀이 친구는 '돌발적으로' 테디 베어의 팔 하나를 잃게 만들었다. 놀이 친구는 애석해하며 흐느껴 울기 시작했고, 그런 뒤 "나의 테디가 망가졌어"라고 말함으로써 자신의 슬픔을 구두로 표현했다. 그러는 동안, 테디와 그 팔을 아이의 앞에 있는 마루에 놓았다. 만약 그때 이 아이가 위로하려 애씀으로써, 테디 베어를 고치려고 시도함으로써, 자신의 엄마로부터 도움을 얻어냄으로써 놀이 친구의 상황을 바꾸려고 시도했다면, 이 아이는 공감자로 분류될 것이다(1991: 261-262). 비쇼프쾰러는 결과적으

로 실험을 설정할 때 친사회적 개입을 그 타깃으로 하며, 이것은 해당 발달단계에서 유일하게 실현할 수 있는 공감의 운용이라고 주장한다(1991: 260). 이는 다소 놀랍다. 공감과 연민이 구별되어야 함을, 또 공감이 반드시 친사회적이지는 않음을 비쇼프쾰러 자신이 잘 알고 있다는 사실을 고려한다면 말이다(1991: 259). 더욱이 자신의 연구에서 비쇼프쾰러는 공감을 유발하는 두 가지 상이한 방식을 실제로 구별한다. 공감은 타자의 표현적 행동(표현-유도적 공감)에 의해서 아니면 타자의 상황(상황-유도적 공감)에 의해서 유발될 수 있으며, 또 그녀는 전자를 원초적이고 기본적인 공감 형태로 간주하고(1991: 248) 후자는 더욱 복잡한 유형의 불수의적인 관점 전환을 수반한다고 여긴다(1991: 269). 그녀 스스로 말한 바에서 보면, 하지만 그 실험 설정은 아마도 상황-유도적 공감을 그 타깃으로 할 가능성이 크다(1991: 269). 비쇼프쾰러가 실제로 측정한 바는 결과적으로 거울 자기인식과, 상황-유도적 공감의 결과로 일어나는 친사회적 개입의 출현 사이의 상관관계다. 그러나 이러한 개입이 부재더라도, 친사회적 개입을 초래하지 않는 더욱 원초적인 형태의 표현-유도적 공감은 당연히 출현할 수 있는 듯 보이며, 또 이것이 사실이라면, 일반적으로 공감은 자기개념과 자기대상화 능력을 전제한다는 사실이 실험적 발견들을 통해 드러난다고 주장하기 어렵다. 게다가 드라기로렌츠와 그의 동료들이 지적했듯이, 독립적으로 운동할 수 없는 더 어린 아이들은 비쇼프쾰러의 시험에서 공감자로 식별되지 못할 수 있고, 또 고통에 처한 사람들은 자신이 여력이 없고 대개는 고통에 처한 누군가를 어떻게 도와줄 수 있을지에 관한 제한된 지식을 가지기 때문에, 이들의 무기력은 공감적 관심과 연민이 부재하는 증거로 간주될 수 없다(Draghi-Lorenz et al. 2001: 266).

16_ 이것은 정상적인 발달과 관련된 주장임을 강조하는 게 중요하다. 이러한 강조가, 가령 자폐증을 앓는 아이들이 사용하는 것과 같은, 자기개념을 형성하는 다른 보상적 방식이 존재할 수도 있음을 배제하는 것이어서는 안 된다(Hobson 1993; Loveland 1993).

17_ 토마셀로는 인간의 유아들은 바로 그 출발부터 사회적 생명체임을 인정하며—그는 이들이 심지어 초사회적이라고도 말한다—또한 대략 2~3개월쯤 되면 순차적인 차례로 주고받는 감정 표현을 통해 다른 사람들과 이자적 상호작용을 하기 시작함을 받아들이면서도, 동시에 이러한 형태의 초기 사회적 상호작용은 아직 진정한 상호주관성에 해당하지 않는다고 강변하는데, 그의 설명에 따르면 이것은 9개월쯤부터야 나타나기 시작하며 또 그는 유아가 타자를 경험의 주체로서 이해하는지와 상호주관성을 직접 관련짓는다(Tomasello 1999: 59-62). 토마셀로는 결과적으로 사회성과 상호주관성을 구별해 운용하고 있는 것인데, 나는 이러한 방식이 잠재적으로 혼란스러우며 일차적 상호주관성과 이차적 상호주관성을 나누는 트레바던의 구별보다 덜 유익하다고 생각한다.

18_ 사르트르와 미드는 모두, 자신에 대해 타자의 관점을 채택하는 일은 우리의 언어 사용에 몹시 만연해 있다고 주장하곤 했다는 점을 첨언하겠다. 타자들이 이미 단어를 찾아낸 의미는 언어를 통해 나에게 부여되기 때문에, 언어는 나의 타자에 대해 있음을 탁월한 방식으로 표현한다고 사르트르는 쓰고 있는 반면(Sartre 2003: 377, 395), 언어 과정은 자기의 발달에 본질적이며 그 결정적 중요성은 의사소통에는 자신에 대해 타자의 태도를 취하는 개인을 필요로 한다는 사실에 기인한다고 미드는 주장한다. 미드가 말하듯이, 무언가를 말하고 있는 사람은 타자에게 말하는 바를 자신에게 말하고 있는 것이다. 그렇지 않다면 그는 자신이 무엇에 관해 얘기했는지를 알지 못할 것이다(Mead 1962: 69, 135, 142, 147).

19_ 수치심을 살펴보는 것 말고도 자기 내부의 타자성을 탐색하는 다른 길들이 있다. 내가 나의 책『자기알아차림과 타자성Self-Awareness and Alterity』에서 주장했다시피, 의식의 시간적이고 신체적인 특성을 자세히 살펴보면, 가장 기본적 형태의 전반성적 자기의식조차 타자성의 초기 요소를 보유하고 있음을 알 수 있다.

20_ 예를 들어, 중국어는 아마 113개의 수치심 관련 용어를 보유하는 것으로 여겨지며 여기에는 '체면을 잃다' '진짜 체면을 잃다' '심각하게 체면을 잃다' '죽을 만큼 수치스럽다' '8대조까지 느끼실 만큼 너무나 수치스럽다'는 특별한 용어들이 있다(Edelstein and Shaver 2007: 200). 문화심리학에서 수치심을 어떻게 보는지에 대한 추가적인 고찰이 필요하면 슈웨더(2003)를 참조.

15장

1_ 이 해석이『동감의 본질과 형태들』에 나타난 셸러의 입장을 딱 잘라 반박한다며 반대를 제기할 수도 있는데, 이 책에는 "엄마와 아빠가 사랑하는 자녀의 시체 옆에 있다. 이들은 공통적으로 '동일한' 슬픔, '동일한' 괴로움을 느낀다"는 구절이 있다. 이는 A가 이 슬픔을 느끼고 B가 이 슬픔을 또한 느낀다는 게 아니며 그리고 게다가 이들이 모두 자신들이 이 슬픔을 느끼고 있음을 안다는 게 아니다. 그렇지 않고, 이는 **공통의 느낌**feeling-in-common이다. A의 슬픔은 이때의 B에게는 결코 "대상적"이지 않은데, 그 자체로는 예를 들어, 이들과 함께하면서 "이들과 더불어" 또는 "이들에 대해" 애도하는 C에게도 그렇다. 이와 달리, 이들이 관련 정서에 대해 서로 동일한 가치 상황에 처해 있을 뿐만 아니라 그 정서에 대해 동일한 강렬함도 공통적으로 느끼고 경험한다는 의미에서, 이들은 이 슬픔을 함께 느끼고 있는 것이다. 가치 내용으로서의 슬픔과, 그에 대한 기능적 관계를 특징짓는 것으로서의 비탄은 여기서 하나이자 동일적이다(Scheler 2008: 12-13; 번역 수정). 정서 공유는, 단 하나의 경험이 두 명의 개인에 의해, 바로 그 동일한 해당 경험에 둘 모두가 1인칭적으로 접근할 수

있다는 의미에서, 공유되는 상황을 예증한다고 셸러가 말했다고 해석하려는 유혹이 있을지도 모르겠다. 그러나 이러한 견해가, 적어도 해당 경험적 일화와 관련해서는 두 명의 개인이 합병 또는 용해되어 하나가 된다는 것을 수반하는 듯 보일 수도 있다는 점을 감안하면, 이중적으로 소유되거나 공유되는 개항 상태에 대한 이 개념이 원천적으로 비정합적이지 않을 수도 있을까 하는 물음이 제기될 수도 있다. 하지만, 이러한 물음이 셸러에 대한 오해일 수 있는 이유가 여기에 있다. 『동감의 본질과 형태들』의 약간 뒤에서, 셸러는 비탄에 빠진 부모의 사례로 돌아와서, "아빠와 엄마의 느낌의 과정은 각각의 경우에서 분리되어 주어진다. 오직 이들이 느끼고 있는 바―하나의 슬픔―와 그 가치 내용만이 동일적인 것으로서 이들에게 즉각 현전한다"고 쓰고 있다(Scheler 2008: 37). 이 느낌의 과정이 아빠와 엄마에게 분리되어 주어지는 것이라면, 동일한 개항 경험이 여러 개인에 의해 공유된다는 견해를 셸러가 지지했다는 주장은 확실히 분명하지 않다.

2_ 이 필요조건은, 공유되는 것이라고 분명히 할 수 없을, 구성적으로 상호의존적인 경험을 수반하는 사례가 포함된 명백한 반례를 배제하기 위해 꼭 추가되어야 한다. 예를 들어, 희생자의 두려움을 먹이로 삼고 이에 구성적으로 의존해서 그 즐거움을 삼는 사디스트적인 강간범의 사례를 생각해보라.

3_ 덧붙여 말하면, 이는 또한 나-너I-thou 관계보다, 너희들-나you-me 관계에 대해 말하는 게 더 나을 수도 있는 이유다.

4_ 설사 전자가 사실이라고 해도, 이는 반드시 자신이 동일시하는 집단의 일원에 속한 개인 모두와 구체적인 너희들-나you-me 관계를 가져야만 했다는 사실을 수반하는 건 분명 아닐 것이다. 요점은 오히려, 보다 익명적인 형태의 우리-지향성에 연루되기 전에, 어떤 너희들-나 관계를 가질 수도 있었다는 사실일 것이다.

감사의 말

이 책은 코펜하겐대학의 주관성연구소Center for Subjectivity Research에서 집필되었습니다. 저는 연구원들이나 방문객들과 매일 소통하고 논의하면서 막대한 도움을 받았습니다. 덴마크 국립연구재단Danish National Research Foundation, 벨룩스재단Velux Foundation, 덴마크 독립연구협회Danish Council for Independent Research, 유럽연합 과학재단European Science Foundation, 유럽연합 집행위원회European Commission, 코펜하겐대학의 학제적 연구를 위한 엑설런스 프로그램Excellence Programme for Interdisciplinary Research 등 다수의 재원과 기관에도 감사를 표합니다. 수년에 걸친 관대한 지원 덕분에 주관성연구소의 연구 활동이 가능했으며 저는 이 책의 여러 장을 완성할 수 있었습니다. 제게는 다음의 여러 장소에서 원고의 소재를 발표할 기회가 있었습니다. 오스나브뤼크대학, 에머리대학(애틀랜타), 베른대학, 에든버러대학, 베이징대학, 포츠머스대학, 카디프대학, 듀케인대학(피츠버그), 레이던대학, 더블린대학, 바르셀로나대학, 네이메헌 랏바우트대학, 아이슬란드대학(레이캬비크), 부퍼탈대학, 고등사범학교(파리), 보스턴 칼리지, 파비아대학, 훔볼트대학(베를린), 홍콩중문대학, 찰스턴대학, 라이스대학(휴스턴), 루뱅대학, 하이델베르크대학, 오슬로대학, 프리부르대학, 히브리대학(예루살렘), 자다브푸르대학(콜카타), 자와할랄네루대학(델리), 보아지치대학(이스탄불), 비엔나대학, 도쿄대학, 베를린자유대학, 암스테르담대학, 밀라노대학, 리쓰메이칸대학(교토)이 그곳들입니다. 그 모든 발표에서 해주신 연이은 토론과 논평에 감사드립니다.

다음의 분들과는 논의를 통해 많은 것을 배울 수 있었는데, 이들 대부분은 제 원고의 일부를 읽고 의견을 주셨습니다. 미리 알바하리, 스탠 클라인, 앤서니 러드, 숀 갤러거, 토르 그륀바움, 조엘 크루거, 피에르 자코브, 찰스 시워트, 파브리스 테로니, 조 나이서, 글렌다 사트네, 존 마이클, 율리안 키베르스테인, 에릭 릿펠트, 사네커 더한, 쇠렌 오우에르그르, 제이 가필드, 에번 톰프슨, 라스무스 튀보 옌센, 요제프 파르나스, 배리 데인턴, 필리프 로샤, 한탈 박스, 마크 시더리츠, 아드리안 알스미트, 한스 베른하르트 슈미트, 비토리오 갈레세, 바수데비 레디, 피터 홉슨, 장 데세티, 안드레아스 롭스토르프, 토머스 푹스, 맷 매켄지, 토머스 산토, 마크 스틴, 마이클 윌너, 산디 베르코브스키, 필리프 슈미트에게 깊은 감사를 드립니다.

게일런 스트로슨, 마야 셱트먼, 유라이어 크리걸, 조피 로이돌트, 볼프강 파싱이 특히 고마운 분들인데, 이들의 예리한 조언 덕분에 실질적인 수정을 가할 수 있었습니다. 또한 조피 로이돌트와 마크 스틴은 각각 비엔나와 이스탄불에서 워크숍을 개최해주었고 여기서 전체 원고 초안이 논의될 수 있었기에 특별한 감사의 말씀을 드립니다. 마지막으로, 옥스퍼드대학 출판사의 이름을 알 길 없는 두 분의 심사원께도 빚이 있는데,

이분들께 과분한 도움과 날카로운 조언을 받았음을 일러둡니다.

필리페 레온은 참고문헌 목록 작성으로, 아델프랑스 주르당은 색인 작업으로, 로리엔 버클리는 훌륭한 교정으로 도움을 주었고, 피터 맘칠로프는 흠잡을 데 없는 편집을 해주었을 뿐만 아니라 당초 이 책을 시작할 수 있도록 용기를 주었기에 특히 감사의 말씀을 전합니다.

이 책을 집필하고 있었을 당시, 몇몇 부분의 초기 버전은 이미 독립된 논문으로 발표되어 있었습니다. 이 부분들은 모두 이 책을 위해 완전히 수정·개작되었고, 그렇기에 이 책에 실린 장들은 모두 처음 출간되는 셈입니다. 이와 관련해서 앞서 출간된 글의 목록은 참고문헌에 함께 수록했습니다.

참고문헌

- 영어 번역이 있다면 이를 인용했다. 번역본이 없을 때는 직접 번역을 해서 제시했다.(많은 동료의 도움이 있었다.)
- 후설과 하이데거에 대한 번역에는 대개 여백에 원서의 쪽수가 달려 있기 때문에, 표기된 쪽수는 원판을 따른 것이다.(애석하게도 후설의 『논리 연구』와 『유럽 학문의 위기와 선험적 현상학』에는 없어서, 이들 책에서 인용할 때는 대괄호 안에다 해당 영역의 쪽수를 부기하는 방식을 택했다.) 이러한 경우 원본 텍스트와 영역본 모두를 참고문헌 목록에 제시했다.
- 슈타인의 박사학위 논문을 언급할 때는 『공감의 문제에 관하여』의 새 교정판을 이용했으나 제시된 쪽수는 1판을 따랐다.
- 해당 쪽수는 교정판은 물론이고 영역본에서도 찾아볼 수 있다.
- 대괄호는 역사적으로 중요한 책의 원서가 출간된(또는 작성된) 해를 표시한다.

Albahari, M. (2006), *Analytical Buddhism: The Two–Tiered Illusion of Self* (New York: Palgrave Macmillan).

Albahari, M. (2009), 'Witness–Consciousness: Its Definition, Appearance and Reality', *Journal of Consciousness Studies*, 16/1: 62–84.

Althusser, L. (1971), *Lenin and Philosophy and Other Essays* (New York: Monthly Review Press).

Amsterdam, B. K. (1968), 'Mirror Behavior in Children under Two Years of Age', Ph.D. thesis (University of North Carolina); order no. 6901569, University Microfilms, Ann Arbor, Mich., 48106.

Amsterdam, B. K. (1972), 'Mirror Self–Image Reactions before Age Two', *Developmental Psychobiology*, 5: 297–305.

Amsterdam, B. K., and Levitt, M. (1980), 'Consciousness of Self and Painful Self–Consciousness', *Psychoanalytic Study of the Child*, 35: 67–83.

Andrews, K. (2009), 'Understanding Norms without a Theory of Mind', *Inquiry*, 52/5: 433–448.

Apperly, I. (2011), *Mindreaders: The Cognitive Basis of 'Theory of Mind'* (Hove: Psychology Press).

Aristotle (1984) [c.340 bce], Rhetoric, in *The Complete Works of Aristotle II*, ed. J. Barnes (Princeton: Princeton University Press).

Atkins, K. (2004), 'Narrative Identity, Practical Identity and Ethical Subjectivity', *Continental Philosophy Review*, 37/3: 341–366.

Atkinson, A. P. (2007), 'Face Processing and Empathy', in T. F. D. *Farrow and P. W. R.* Woodruff (eds.), *Empathy in Mental Illness* (Cambridge: Cambridge University Press), 360–385.

Ausubel, D. P. (1955), 'Relationships between Shame and Guilt in the Socializing Process', *Psychological Review*, 62/5: 378–390.

Avramides, A. (2001), *Other Minds* (London: Routledge).

Aydede, M. (2003), 'Is Introspection Inferential?', in B. Gertler (ed.), *Privileged Access: Philosophical Accounts of Self–Knowledge* (Aldershot: Ashgate), 55–64.

Baker, L. R. (2000), *Persons and Bodies* (Cambridge: Cambridge University Press).

Baron–Cohen, S. (1989), 'Are Autistic Children "Behaviorists"? An Examination of their Mental–Physical and Appearance–Reality Distinctions', *Journal of Autism and Developmental Disorders*, 19/4: 579–600.

Baron‐Cohen, S. (1995), *Mindblindness: An Essay on Autism and Theory of Mind* (Cambridge, Mass.: MIT Press).

Baron‐Cohen, S. (2005), 'Autism‐"Autos": Literally, a Total Focus on the Self?', in T. E. Feinberg and J. P. Keenan (eds.), *The Lost Self: Pathologies of the Brain and Identity* (Oxford: Oxford University Press), 166–180.

Barresi, J., and Moore, C. (1993), 'Sharing a Perspective Precedes the Understanding of that Perspective', *Behavioral and Brain Sciences*, 16/3: 513–514.

Barrett, L. F., Mesquita, B., and Gendron, M. (2011), 'Context in Emotion Perception', *Current Directions in Psychological Science*, 20/5: 286–290.

Bate, S., Cook, S. J., Mole, J., and Cole, J. (2013), 'First Report of Generalized Face Processing Difficulties in Möbius Sequence', PLoS ONE, 8/4: e62656; doi:10.1371/journal. pone.0062656.

Battaly, H. D. (2011), 'Is Empathy a Virtue?', in A. Coplan and P. Goldie (eds.), *Empathy: Philosophical and Psychological Perspectives* (Oxford: Oxford University Press), 277–301.

Bayne, T. (2010), *The Unity of Consciousness* (Oxford: Oxford University Press).

Bayne, T. (2013), 'Précis of The Unity of Consciousness', *Philosophy and Phenomenological Research*, 86/1: 200–208.

Becchio, C., Manera, V., Sartori, L., Cavallo, A., and Castiello, U. (2012), 'Grasping Intentions: From Thought Experiments to Empirical Evidence', *Frontiers in Human Neuroscience*, 6: 1–6.

Bennett, M. R., and Hacker, P. M. S. (2003), *Philosophical Foundations of Neuroscience* (Oxford: Blackwell).

Benveniste, É. (1966), *Problèmes de linguistique générale I* (Paris: Gallimard).

Bergson, H. (1910)[1889], *Time and Free Will: An Essay on the Immediate Data of Consciousness* (London: George Allen and Unwin).

Bermúdez, J. L. (2011), 'Bodily Awareness and Self‐Consciousness', in S. Gallagher (ed.), *The Oxford Handbook of the Self* (Oxford: Oxford University Press), 157–179.

Binswanger, L. (1953) [1942], *Grundformen und Erkenntnis menschlichen Daseins* (Zurich: Max Niehans).

Bischof‐Köhler, D. (1989), *Spiegelbild und Empathie: Die Anfänge der sozialen*

Kognition(Bern: Verlag Hans Huber).

Bischof–Köhler, D. (1991), 'The Development of Empathy in Infants', in M. E. Lamb and H. Keller (eds.), *Infant Development: Perspectives from German Speaking Countries*(Hillsdale, NJ: Lawrence Erlbaum), 245–273.

Bischof–Köhler, D. (2012), 'Empathy and Self–Recognition in Phylogenetic and Ontogenetic Perspective', *Emotion Review*, 4/1: 40–48.

Blackburn, S. (1995), 'Theory, Observation and Drama', in M. Davies and T. Stone (eds.), *Folk Psychology: The Theory of Mind Debate*(Oxford: Blackwell), 274–290.

Blanke, O., and Metzinger, T. (2009), 'Full–Body Illusions and Minimal Phenomenal Selfhood', *Trends in Cognitive Sciences*, 13/1: 7–13.

Bodhi, B. (ed.) (1993), *A Comprehensive Manual of Abhidharma*(Seattle: Buddhist Publication Society).

Boghossian, P. A. (2003), 'Content and Self–Knowledge', in B. Gertler (ed.), *Privileged Access: Philosophical Accounts of Self–Knowledge*(Aldershot: Ashgate), 65–82.

Bollnow, O. F. (2009) [1947], *Die Ehrfurcht: Wesen und Wandel der Tugenden*(Würzburg: Königshausen and Neumann).

Borg, E. (2007), 'If Mirror Neurons Are the Answer, What Was the Question?', *Journal of Consciousness Studies*, 14/8: 5–19.

Botterill, G. (1996), 'Folk Psychology and Theoretical Status', in P. Carruthers and P. K. Smith (eds.), *Theories of Theories of Mind*(Cambridge: Cambridge University Press), 105–118.

Broesch, T., Callaghan, T., Henrich, J., Murphy, C., and Rochat, P. (2011), 'Cultural Variations in Children's Mirror Self–Recognition', *Journal of Cross–Cultural Psychology*, 42/6: 1018–1029.

Broucek, F. J. (1991), *Shame and the Self*(New York: Guilford Press).

Bruner, J. (2003), *Making Stories: Law, Literature, Life*(Cambridge, Mass.: Harvard University Press).

Bruner, J. S., and Sherwood, V. (1976), 'Peekaboo and the Learning of Rule Structures', in J. S. Bruner, A. Jolly, and K. Sylva (eds.), *Play: Its Role in Evolution and Development*(London: Penguin Books), 277–285.

Butterfill, S. (2013), 'Interacting Mindreaders', *Philosophical Studies*, 165/3: 841–

63. Byrne, A. (2005), 'Introspection', Philosophical Topics, 33: 79–104.

Byrne, A. (2009), 'Experience and Content', *Philosophical Quarterly*, 59/236: 429–451.

Byrne, A. (2012), 'Knowing What I Want', in J. Liu and J. Perry (eds.), *Consciousness and the Self: New Essays* (Cambridge, Mass.: Cambridge University Press), 165–183.

Calder, A. J., Keane, J., Cole, J., Campbell, R., and Young, A. W. (2000), 'Facial Expression Recognition by People with Moëbius Syndrome', *Cognitive Neuropsychology*, 17/1–3: 73–87.

Calhoun, C. (2004), 'An Apology for Moral Shame', *Journal of Political Philosophy*, 12/2: 127–146.

Campbell, J. (1999), 'Schizophrenia, the Space of Reasons, and Thinking as a Motor Process', *The Monist*, 82/4: 609–625.

Campos, J. J. (2007), 'Foreword', in J. L. Tracy, R. W. Robins, and J. P. Tangney (eds.), *The Self-Conscious Emotions: Theory and Research* (New York: Guilford Press), pp. ix–xii.

Carpenter, M., and Liebal, K. (2011), 'Joint Attention, Communication, and Knowing Together in Infancy', in A. Seemann (ed.), *Joint Attention: New Developments in Psychology, Philosophy of Mind, and Social Neuroscience* (Cambridge, Mass.: MIT Press), 159–181.

Carr, D. (1986a), 'Cogitamus Ergo Sumus: The Intentionality of the First–Person Plural', *The Monist*, 69/4: 521–533.

Carr, D. (1986b), *Time, Narrative, and History* (Bloomington: Indiana University Press).

Carr, D. (1991), 'Discussion: Ricoeur on Narrative', in D. Wood (ed.), *On Paul Ricoeur: Narrative and Interpretation* (London: Routledge), 160–173.

Carruthers, P. (1996a), *Language, Thought and Consciousness: An Essay in Philosophical Psychology* (Cambridge: Cambridge University Press).

Carruthers, P. (1996b), 'Autism as Mind–Blindness: An Elaboration and Partial Defence', in P. Carruthers and P. K. Smith (eds.), *Theories of Theories of Mind* (Cambridge: Cambridge University Press), 257–273.

Carruthers, P. (1998), 'Natural Theories of Consciousness', *European Journal of Philosophy*, 6/2: 203–222.

Carruthers, P. (2000), *Phenomenal Consciousness: A Naturalistic Theory*(Cambridge: Cambridge University Press).

Carruthers, P., and Smith, P. K. (1996), 'Introduction', in P. Carruthers and P. K. Smith (eds.), *Theories of Theories of Mind*(Cambridge: Cambridge University Press), 1-8.

Cassam, Q. (1997), *Self and World*(Oxford: Clarendon Press).

Cassam, Q. (2007), *The Possibility of Knowledge*(Oxford: Oxford University Press).

Cassirer, E. (1957) [1929], *The Philosophy of Symbolic Forms III*(New Haven: Yale University Press).

Castelfranchi, C., and Poggi, I. (1990), 'Blushing as a Discourse: Was Darwin Wrong?', in W. R. Crozier (ed.), *Shyness and Embarrassment: Perspectives from Social Psychology*(Cambridge: Cambridge University Press), 230-251.

Caston, V. (2006), 'Comment on A. Thomasson, "Self-Awareness and Self-Knowledge"', *Psyche*, 12/2: 1-15.

Clark, A. (2003), *Natural-Born Cyborgs: Minds, Technologies, and the Future of Human Intelligence*(New York: Oxford University Press).

Cooley, C. H. (1912), *Human Nature and the Social Order*(New Brunswick, NJ: Transaction Books).

Crick, F. (1995), *The Astonishing Hypothesis*(London: Touchstone).

Csibra, G. (2010), 'Recognizing Communicative Intentions in Infancy', *Mind and Language*, 25/2: 141-168.

Currie, G. (2008), 'Some Ways to Understand People', *Philosophical Explorations*, 11/3: 211-218.

Currie, G. (2011), 'Empathy for Objects', in A. Coplan and P. Goldie (eds.), *Empathy: Philosophical and Psychological Perspectives*(Oxford: Oxford University Press), 82-95.

Dainton, B. (2000), *Stream of Consciousness: Unity and Continuity in Conscious Experience*(London: Routledge).

Dainton, B. (2004), 'The Self and the Phenomenal', *Ratio*, 17/4: 365-389.

Dainton, B. (2008), *The Phenomenal Self*(Oxford: Oxford University Press).

Damasio, A. (1999), *The Feeling of What Happens*(San Diego: Harcourt).

Darwall, S. (1998), 'Empathy, Sympathy, Care', *Philosophical Studies*, 89/2-3: 261-282.

Darwin, C. (2009) [1872], *The Expression of the Emotions in Man and Animals*(Cambridge: Cambridge University Press).

Davidson, D. (2001), *Subjective, Intersubjective, Objective*(Oxford: Oxford University Press).

Dawson, G., and McKissick, F. C. (1984), 'Self–Recognition in Autistic Children', *Journal of Autism and Developmental Disorders*, 14/4: 383–394.

De Bruin, L., van Elk, M., and Newen, A. (2012), 'Reconceptualizing Second–Person Interaction', *Frontiers in Human Neuroscience*, 6: 1–14.

Decety, J., Echols, S., and Correll, J. (2010), 'The Blame Game: The Effect of Responsibility and Social Stigma on Empathy for Pain', *Journal of Cognitive Neuroscience*, 22/5: 985–997.

Decety, J., Jackson, P. L., and Brunet, E. (2007), 'The Cognitive Neuropsychology of Empathy', in T. F. D. Farrow and P. W. R. Woodruff (eds.), *Empathy in Mental Illness*(Cambridge: Cambridge University Press), 239–260.

Decety, J., Michalska, K. J., and Akitsuki, Y. (2008), 'Who Caused the Pain? An fMRI Investigation of Empathy and Intentionality in Children', *Neuropsychologia*, 46/11: 2607–2614.

Deigh, J. (1983), 'Shame and Self–Esteem: A Critique', *Ethics*, 93/2: 225–245.

Dennett, D. (1987), *The Intentional Stance*(Cambridge, Mass.: MIT Press).

Dennett, D. (1991), *Consciousness Explained*(Boston: Little, Brown).

Dennett, D. (1992), 'The Self as the Center of Narrative Gravity', in F. S. Kessel, P. M. Cole, and D. L. Johnson (eds.), *Self and Consciousness: Multiple Perspectives*(Hillsdale, NJ: Lawrence Erlbaum), 103–115.

Deonna, J. A., and Teroni, F. (2009), 'The Self of Shame', in M. Salmela and V. Mayer(eds.), *Emotions, Ethics, and Authenticity*(Amsterdam: John Benjamins).

Deonna, J. A., and Teroni, F. (2011), 'Is Shame a Social Emotion?', in A. Konzelman–Ziv, K. Lehrer, and H. B. Schmid (eds.), *Self–Evaluation: Affective and Social Grounds of Intentionality*(Dordrecht: Springer), 193–212.

Deonna, J. A., Rodogno, R., and Teroni, F. (2011), *In Defense of Shame*(New York: Oxford University Press).

De Preester, H. (2008), 'From Ego to Alter Ego: Husserl, Merleau–Ponty and a Layered Approach to Intersubjectivity', *Phenomenology and the Cognitive Sciences*, 7/1: 133–142.

Derrida, J. (1967), *L'écriture et la différence*(Paris: Éditions du Seuil).

De Vignemont, F. (2009), 'Affective Mirroring: Emotional Contagion or Empathy?', in S. Nolen–Hoeksema, B. Frederikson, G. R. Loftus, and W. A. Wagenaar(eds.), *Atkinson and Hilgard's Introduction to Psychology*, 15th edn (Florence, Ky.: Cengage Learning), 787.

Dilthey, W. (2002) [1910], *The Formation of the Historical World in the Human Sciences*(Princeton: Princeton University Press).

Draghi–Lorenz, R., Reddy, V., and Costall, A. (2001), 'Re–thinking the Development of "Non–Basic" Emotions: A Critical Review of Existing Theories', *Developmental Review*, 21/3: 263–304.

Dretske, F. (1973), 'Perception and Other Minds', *Nous*, 7/1: 34–44.

Dretske, F. (1995), *Naturalizing the Mind*(Cambridge, Mass.: MIT Press).

Dretske, F. (1999), 'The Mind's Awareness of Itself', *Philosophical Studies*, 95/1–2: 103–124.

Dretske, F. (2003), 'How Do You Know You Are Not a Zombie?', in B. Gertler(ed.), *Privileged Access: Philosophical Accounts of Self–Knowledge*(Aldershot: Ashgate), 1–13.

Dreyfus, G. (2011), 'Self and Subjectivity: A Middle Way Approach', in M. Siderits, E. Thompson, and D. Zahavi(eds.), *Self, No Self? Perspectives from Analytical, Phenomenological, and Indian Traditions*(Oxford: Oxford University Press), 114–156.

Dreyfus, H., and Kelly, S. D. (2007), 'Heterophenomenology: Heavy–Handed Sleight–of–Hand', *Phenomenology and the Cognitive Sciences*, 6/1–2: 45–55.

Dreyfus, H. L. (2005), 'Overcoming the Myth of the Mental: How Philosophers Can Profit from the Phenomenology of Everyday Expertise', *Proceedings and Addresses of the American Philosophical Association*, 79/2: 47–65.

Dreyfus, H. L. (2007a), 'The Return of the Myth of the Mental', *Inquiry*, 50/4: 352–365.

Dreyfus, H. L. (2007b), 'Response to McDowell', *Inquiry*, 50/4: 371–377.

Dreyfus, H. L. (2013), 'The Myth of the Pervasiveness of the Mental', in J. K. Schear(ed.), *Mind, Reason, and Being–in–the–World: The McDowell–Dreyfus Debate*(London: Routledge), 15–40.

Drummond, J. (2004), '"Cognitive Impenetrability" and the Complex Intentionality of the Emotions', *Journal of Consciousness Studies*, 11/10 – 11: 109 – 126.

Duddington, N. (1918), 'Our Knowledge of Other Minds', *Proceedings of the Aristotelian Society*, 19: 147 – 178.

Dullstein, M. (2012), 'Direct Perception and Simulation: Stein's Account of Empathy', *Review of Philosophy and Psychology*, 4/2: 333 – 350.

Edelstein, R. S., and Shaver, P. R. (2007), 'A Cross – Cultural Examination of Lexical Studies of Self – Conscious Emotions', in J. L. Tracy, R. W. Robins, and J. P. Tangney (eds.), *The Self–Conscious Emotions: Theory and Research* (New York: Guilford Press), 194 – 208.

Eisenberg, N. (1986), *Altruistic Emotion, Cognition, and Behaviour* (Hillsdale, NJ: Lawrence Erlbaum).

Ekman, P. (2003), *Emotions Revealed: Understanding Faces and Feelings* (London: Weidenfeld and Nicolson).

Epley, N., and Waytz, A. (2009), 'Mind Perception', in S. T. Fiske, D. T. Gilbert, and G. Lindsay (eds.), *The Handbook of Social Psychology* (New York: John Wiley), 498 – 541.

Farroni, T., Csibra, G., Simion, F., and Johnson, M. H. (2002), 'Eye Contact Detection in Humans from Birth', *Proceedings of the National Academy of Sciences of the United States of America*, 99/14: 9602 – 9605.

Fasching, W. (2009), 'The Mineness of Experience', *Continental Philosophy Review*, 42/2: 131 – 148.

Fasching, W. (2011), '"I Am of the Nature of Seeing": Phenomenological Reflections on the Indian Notion of Witness – Consciousness', in M. Siderits, E. Thompson, and D. Zahavi (eds.), *Self, No Self? Perspectives from Analytical, Phenomenological*, and Indian Traditions (Oxford: Oxford University Press), 193 – 216.

Feinberg, T. E., and Keenan, J. P. (2005), 'Where in the Brain Is the Self?', *Consciousness and Cognition*, 14/4: 661 – 678.

Fink, C. K. (2012), 'The "Scent" of a Self: Buddhism and the First – Person Perspective', *Asian Philosophy*, 22/3: 289 – 306.

Finkelstein, D. H. (2003), *Expression and the Inner* (Cambridge, Mass.: Harvard University Press).

Flanagan, O. (1992), *Consciousness Reconsidered* (Cambridge, Mass.: MIT Press).

Foucault, M. (1990) [1976], *The History of Sexuality: An Introduction*(New York: Vintage Books).

Frankfurt, H. (1988), *The Importance of What We Care About: Philosophical Essays*(Cambridge: Cambridge University Press).

Frith, C. (2007), *Making up the Mind: How the Brain Creates Our Mental Worlds*(Malden, Mass.: Blackwell).

Frith, U. (2003), *Autism: Explaining the Enigma*(Oxford: Blackwell).

Frith, U., and Happé, F. (1999), 'Theory of Mind and Self–Consciousness: What Is It Like to Be Autistic?', *Mind and Language*, 14/1: 82.

Fuchs, T. (2013), 'The Phenomenology and Development of Social Perspectives', *Phenomenology and the Cognitive Sciences*, 12/4: 655 –683.

Fuchs, T., and De Jaegher, H. (2009), 'Enactive Intersubjectivity: Participatory Sense –Making and Mutual Incorporation', *Phenomenology and the Cognitive Sciences*, 8/4: 465 –486.

Gallagher, S. (1997), 'Mutual Enlightenment: Recent Phenomenology in Cognitive Science', *Journal of Consciousness Studies*, 4/3: 195 –214.

Gallagher, S. (2000), 'Self–Reference and Schizophrenia: A Cognitive Model of Immunity to Error through Misidentification', in D. Zahavi(ed.), *Exploring the Self*(Amsterdam: John Benjamins), 203 –239.

Gallagher, S. (2003), 'Self–Narrative in Schizophrenia', in T. Kirchner and A. David(eds.), *The Self in Neuroscience and Psychiatry*(Cambridge: Cambridge University Press), 336 –357.

Gallagher, S. (2005), *How the Body Shapes the Mind*(Oxford: Oxford University Press).

Gallagher, S. (2007), 'Simulation Trouble', *Social Neuroscience*, 2/3 –4: 353 –365.

Gallagher, S., and Miyahara, K. (2012), 'Neo –Pragmatism and Enactive Intentionality', in J. Schulkin(ed.), *Action, Perception and the Brain: Adaptation and Cephalic Expression*(Basingstoke: Palgrave Macmillan), 117 –146.

Gallagher, S., and Zahavi, D. (2008), *The Phenomenological Mind: An Introduction to Philosophy of Mind and Cognitive Science*(New York: Routledge).

Gallese, V. (2001), 'The "Shared Manifold" Hypothesis: From Mirror Neurons to Empathy', *Journal of Consciousness Studies*, 8/5 –6: 33 –50.

Gallese, V. (2003a), 'The Manifold Nature of Interpersonal Relations: The Quest for a Common Mechanism', *Philosophical Transactions: Biological Sciences*, 358/1431: 517–528.

Gallese, V. (2003b), 'The Roots of Empathy: The Shared Manifold Hypothesis and the Neural Basis of Intersubjectivity', *Psychopathology*, 36/4: 171–180.

Gallese, V. (2005), 'Embodied Simulation: From Neurons to Phenomenal Experience', *Phenomenology and the Cognitive Sciences*, 4/1: 23–48.

Gallese, V. (2007a), 'Before and Below "Theory of Mind": Embodied Simulation and the Neural Correlates of Social Cognition', *Philosophical Transactions: Biological Sciences*, 362/1480: 659–669.

Gallese, V. (2007b), 'Embodied Simulation: From Mirror Neuron Systems to Interpersonal Relations', *Empathy and Fairness: Novartis Foundation Symposium*, 278: 3–19.

Gallese, V. (2008), 'Empathy, Embodied Simulation, and the Brain: Commentary on Aragno and Zepf/Hartmann', *Journal of the American Psychoanalytic Association*, 56/3: 769–781.

Gallese, V. (2009), 'Mirror Neurons, Embodied Simulation, and the Neural Basis of Social Identification', *Psychoanalytic Dialogues*, 19/5: 519–536.

Gallese, V., and Goldman, A. (1998), 'Mirror Neurons and the Simulation Theory of Mind–Reading', *Trends in Cognitive Sciences*, 2/12: 493–501.

Gallese, V., Keysers, C., and Rizzolatti, G. (2004), 'A Unifying View of the Basis of Social Cognition', *Trends in Cognitive Sciences*, 8/9: 396–403.

Gallup, G. G. (1970), 'Chimpanzees: Self–Recognition', *Science*, 167/3914: 86–87.

Gallup, G. G. (1975), 'Towards an Operational Definition of Self–Awareness', in R. H. Tuttle(ed.), *Socioecology and Psychology of Primates*(Paris: Mouton), 309–341.

Gallup, G. G. (1977), 'Self–Recognition in Primates: A Comparative Approach to the Bidirectional Properties of Consciousness', *American Psychologist*, 32: 329–338.

Gallup, G. G. (1982), 'Self–Awareness and the Emergence of Mind in Primates', *American Journal of Primatology*, 2/3: 237–248.

Gallup, G. G. (1983), 'Toward a Comparative Psychology of Mind', in R. L. Mellgren(ed.), *Animal Cognition and Behavior*(Amsterdam: North–Holland), 473–510.

Gallup, G. G. (1985), 'Do Minds Exist in Species Other than Our Own?', *Neuroscience and Biobehavioral Reviews*, 9/4: 631–641.

Gallup, G. G., McClure, M. K., Hill, S. D., and Bundy, R. A. (1971), 'Capacity for Self–Recognition in Differentially Reared Chimpanzees', *Psychological Record*, 21: 69–74.

Ganeri, J. (2007), *The Concealed Art of the Soul: Theories of Self and Practices of Truth in Indian Ethics and Epistemology* (Oxford: Oxford University Press).

Ganeri, J. (2012), *The Self: Naturalism, Consciousness, and the First–Person Stance* (Oxford: Oxford University Press).

Geiger, M. (1911), 'Über das Wesen und die Bedeutung der Einfühlung', in F. Schumann (ed.), *Bericht über den IV. Kongress für experimentelle Psychologie* (Leipzig: Barth Verlag), 29–73.

Gergely, G. (2007), 'The Social Construction of the Subjective Self: The Role of Affect–Mirroring, Markedness, and Ostensive Communication in Self–Development', in L. Mayes, P. Fonagy, and M. Target (eds.), *Developmental Science and Psychoanalysis: Integration and Innovation* (London: Karnac), 45–82.

Gilbert, P. (1998), 'What Is Shame? Some Core Issues and Controversies', in P. Gilbert and B. Andrews (eds.), *Shame: Interpersonal Behavior, Psychopathology, and Culture* (New York: Oxford University Press), 3–38.

Gilbert, P. (2003), 'Evolution, Social Roles, and the Differences in Shame and Guilt', *Social Research*, 70/4: 1205–1230.

Gillihan, S. J., and Farah, M. J. (2005), 'Is Self Special? A Critical Review of Evidence from Experimental Psychology and Cognitive Neuroscience', *Psychological Bulletin*, 131/1: 76–97.

Goldie, P. (2000), *The Emotions: A Philosophical Exploration* (Oxford: Oxford University Press).

Goldie, P. (2012), *The Mess Inside: Narrative, Emotion, and the Mind* (Oxford: Oxford University Press).

Goldman, A. I. (1992), 'Empathy, Mind, and Morals', *Proceedings and Addresses of the American Philosophical Association*, 66/3: 17–41.

Goldman, A. I. (1995), 'Interpretation Psychologized', in M. Davies and T. Stone (eds.), *Folk Psychology: The Theory of Mind Debate* (Oxford: Blackwell),

74-99.

Goldman, A. I. (2006), *Simulating Minds*(New York: Oxford University Press).

Goldman, A. I. (2012), 'Theory of Mind', in E. Margolis, R. Samuels, and S. P. Stich(eds.), *The Oxford Handbook of Philosophy of Cognitive Science*(New York: Oxford University Press), 402-424.

Goldman, A. I., and Sripada, C. S. (2005), 'Simulationist Models of Face-Based Emotion Recognition', *Cognition*, 94/3: 193-213.

Gopnik, A. (1993), 'How We Know Our Minds: The Illusion of First-Person Knowledge of Intentionality', *Behavioral and Brain Sciences*, 16: 1-14.

Gopnik, A. (1996), 'Theories and Modules: Creation Myths, Developmental Realities, and Neurath's Boat', in P. Carruthers and P. K. Smith(eds.), *Theories of Theories of Mind*(Cambridge: Cambridge University Press), 169-183.

Gopnik, A., and Wellman, H. M. (1995), 'Why the Child's Theory of Mind Really Is a Theory', in M. Davies and T. Stone(eds.), *Folk Psychology: The Theory of Mind Debate*(Oxford: Blackwell), 232-258.

Gordon, R. (1986), 'Folk Psychology as Simulation', *Mind and Language*, 1/2: 158-171.

Gordon, R. (1995), 'Sympathy, Simulation, and the Impartial Spectator', *Ethics*, 105/4: 727.

Gray, K., and Schein, C. (2012), 'Two Minds vs. Two Philosophies: Mind Perception Defines Morality and Dissolves the Debate between Deontology and Utilitarianism', *Review of Philosophy and Psychology*, 3/3: 405-423.

Green, M. S. (2007), *Self-Expression*(Oxford: Oxford University Press).

Grünbaum, T., and Zahavi, D. (2013), 'Varieties of Self-Awareness', in K. W. M. Fulford, M. Davies, R. Gipps, G. Graham, J. Sadler, G. Stanghellini, and T. Thornton(eds.), *The Oxford Handbook of Philosophy and Psychiatry*(Oxford: Oxford University Press), 221-239.

Gurwitsch, A. (1941), 'A Non-Egological Conception of Consciousness', *Philosophy and Phenomenological Research*, 1/3: 325-338.

Gurwitsch, A. (1966), *Studies in Phenomenology and Psychology*(Evanston: Northwestern University Press).

Gurwitsch, A. (1979) [c.1932], *Human Encounters in the Social World*(Pittsburgh: Duquesne University Press).

Habermas, J. (1984), *Vorstudien und Ergänzungen zur Theorie des kommunikativen Handelns*(Frankfurt am Main: Suhrkamp).

Hacking, I. (1995), *Rewriting the Soul: Multiple Personality and the Sciences of Memory*(Princeton: Princeton University Press).

Harré, R. (1990), 'Embarrassment: A Conceptual Analysis', in W. R. Crozier(ed.), *Shyness and Embarrassment: Perspectives from Social Psychology*(Cambridge: Cambridge University Press), 181–204.

Hart, J. G. (2009), *Who One Is, Book I: Meontology of the 'I': A Transcendental Phenomenology*(Dordrecht: Springer).

Hatfield, E., Rapson, R. L., and Le, Y.–C. (2009), 'Emotional Contagion and Empathy', in J. Decety and W. Ickes(eds.), *The Social Neuroscience of Empathy*(Cambridge, Mass.: MIT Press), 19–30.

Heidegger, M. (1975) [1927], *Die Grundprobleme der Phänomenologie, Gesamtausgabe*, vol. 24(Frankfurt am Main: Vittorio Klostermann).

Heidegger, M. (1986) [1927], *Sein und Zeit*(Tübingen: Max Niemeyer Verlag); trans. J. Stambaugh as Being and Time(Albany, NY: SUNY, 1996).

Heidegger, M. (1993), *Grundprobleme der Phänomenologie*(1919/1920), Gesamtausgabe, vol. 58(Frankfurt am Main: Vittorio Klostermann).

Heidegger, M. (1994) [1921–1922], *Phänomenologische Interpretationen zu Aristoteles: Einführung in die phänomenologische Forschung*, Gesamtausgabe, vol. 61(Frankfurt am Main: Vittorio Klostermann).

Heidegger, M. (2001) [1928–1929], *Einleitung in die Philosophie*, Gesamtausgabe, vol. 27(Frankfurt am Main: Vittorio Klostermann).

Henry, M. (1963), *L'Essence de la manifestation*(Paris: PUF).

Henry, M. (1965), *Philosophie et phénoménologie du corps*(Paris: PUF).

Herschbach, M. (2008), 'Folk Psychological and Phenomenological Accounts of Social Perception', *Philosophical Explorations*, 11/3: 223–235.

Hobson, J., and Hobson, R. P. (2007), 'Identification: The Missing Link between Joint Attention and Imitation?', *Development and Psychopathology*, 19: 411–431.

Hobson, R. P. (1990), 'On the Origins of Self and the Case of Autism', *Development and Psychopathology*, 2/2: 163–181.

Hobson, R. P. (1993), *Autism and the Development of Mind*(Hove: Psychology

Press).

Hobson, R. P. (2002), *The Cradle of Thought*(London: Macmillan).

Hobson, R. P. (2007), 'Communicative Depth: Soundings from Developmental Psychopathology', *Infant Behavior & Development*, 30: 267–277.

Hobson, R. P. (2008), 'Interpersonally Situated Cognition', *International Journal of Philosophical Studies*, 16/3: 377–397.

Hobson, R. P., and Hobson, J. (2011), 'Joint Attention or Joint Engagement? Insights from Autism', in A. Seemann(ed.), *Joint Attention: New Developments in Psychology, Philosophy of Mind, and Social Neuroscience*(Cambridge, Mass.: MIT Press), 115–136.

Hobson, R. P., Chidambi, G., Lee, J., and Meyer, J. (2006), *Foundations for Self-Awareness: An Exploration through Autism*(Oxford: Blackwell).

Hodges, S. D. (2005), 'Is How Much You Understand Me in Your Head or Mine?', in B. F. Malle and S. D. Hodges(eds.), *Other Minds: How Human Bridge the Divide between Self and Others*(New York: Guilford Press), 298–309.

Hodges, S. D., and Wegner, D. M. (1997), 'Automatic and Controlled Empathy', in W. Ickes(ed.), *Empathic Accuracy*(New York: Guilford Press), 311–339.

Hoffman, M. L. (2001), *Empathy and Moral Development: Implications for Caring and Justice*(Cambridge: Cambridge University Press).

Hollan, D. (2012), 'Emerging Issues in the Cross–Cultural Study of Empathy', *Emotion Review*, 4/1: 70–78.

Honneth, A. (2001), 'Invisibility: On the Epistemology of "Recognition"', *Proceedings of the Aristotelian Society*, Supplementary Volumes, 75/1: 111–139.

Honneth, A. (2008), *Reification: A New Look at an Old Idea*(Oxford: Oxford University Press).

Hopkins, G. M. (1959) [1880], 'Commentary on the Spiritual Exercises of St Ignatius Loyola', in *The Sermons and Devotional Writings of Gerard Manley Hopkins*, ed. C. J. Devlin(London: Oxford University Press).

Hume, D. (2000) [1739], *A Treatise of Human Nature*(Oxford: Oxford University Press).

Husserl, E. (1932), MS B I 14, unpublished manuscript, Husserl Archives Leuven.

Husserl, E. (1950) [1931], *Cartesianische Meditationen und Pariser Vorträge*, ed. S. Strasser, Husserliana 1(The Hague: Martinus Nijhoff); pages 3–39 trans.

P. Koestenbaum as *The Paris Lectures*(The Hague: Martinus Nijhoff, 1964);
pages 43 –183 trans. D. Cairns as *Cartesian Meditations: An Introduction to Phenomenology*(The Hague: Martinus Nijhoff, 1960).

Husserl, E. (1952) [c.1912 –1928], *Ideen zu einer reinen Phänomenologie und phänomenologischen Philosophie*, book 2, *Phänomenologische Untersuchungen zur Konstitution*, ed. M. Biemel, Husserliana 4(The Hague: Martinus Nijhoff); trans. R. Rojcewicz and A. Schuwer as *Ideas Pertaining to a Pure Phenomenology and to a Phenomenological Philosophy*, book 2, *Studies in the Phenomenology of Constitution*(Dordrecht: Kluwer Academic Publishers, 1989).

Husserl, E. (1954) [1936], *Die Krisis der europäischen Wissenschaften und die transzendentale Phänomenologie: Eine Einleitung in die phänomenologische Philosophie*, ed. W. Biemel, Husserliana 6(The Hague: Martinus Nijhoff); pages 1–348, 357–386, 459 –462, 473 –475, 508 –516 trans. D. Carr as *The Crisis of European Sciences and Transcendental Phenomenology: An Introduction to Phenomenological Philosophy*(Evanston, Ill.: Northwestern University Press, 1970).

Husserl, E. (1959), *Erste Philosophie*(1923/24), vol. ii, *Theorie der phänomenologischen Reduktion*, ed. R. Boehm, Husserliana 8(The Hague: Martinus Nijhoff).

Husserl, E. (1962), *Phänomenologische Psychologie: Vorlesungen Sommersemester 1925*, ed. W. Biemel, Husserliana 9(The Hague: Martinus Nijhoff); pages 3 –234 trans. J. Scanlon as *Phenomenological Psychology: Lectures, Summer Semester, 1925*(The Hague: Martinus Nijhoff, 1977); pages 237 –349, 517 –526 ed. and trans. T. Sheehan and R. E. Palmer as *Psychological and Transcendental Phenomenology and the Confrontation with Heidegger(1927–1931)*(Dordrecht: Kluwer Academic Publishers, 1997).

Husserl, E. (1966a), *Zur Phänomenologie des inneren Zeitbewusstseins(1893–1917)*, ed. R. Boehm, Husserliana 10(The Hague: Martinus Nijhoff); trans. J. B. Brough as *On the Phenomenology of the Consciousness of Internal Time(1893–1917)*(Dordrecht: Kluwer Academic Publishers, 1991).

Husserl, E. (1966b), *Analysen zur passiven Synthesis: Aus Vorlesungs– und Forschungsmanuskripten, 1918–1926*, ed. M. Fleischer, Husserliana 11(The

Hague: Martinus Nijhoff).

Husserl, E. (1971) [c.1912], *Ideen zu einer reinen Phänomenologie und phänomenologischen Philosophie*, book 3, *Die Phänomenologie und die Fundamente der Wissenschaften*, ed. M. Biemel, Husserliana 5(The Hague: Martinus Nijhoff).

Husserl, E. (1973a), *Zur Phänomenologie der Intersubjektivität: Texte aus dem Nachlass*, vol. I, *1905–1920*, ed. I. Kern, Husserliana 13(The Hague: Martinus Nijhoff).

Husserl, E. (1973b), *Zur Phänomenologie der Intersubjektivität: Texte aus dem Nachlass*, vol. ii, *1921–1928*, ed. I. Kern, Husserliana 14(The Hague: Martinus Nijhoff).

Husserl, E. (1973c), *Zur Phänomenologie der Intersubjektivität: Texte aus dem Nachlass*, vol. iii, *1929–1935*, ed. I. Kern, Husserliana 15(The Hague: Martinus Nijhoff).

Husserl, E. (1973d), *Ding und Raum: Vorlesungen 1907*, ed. U. Claesges, Husserliana 16(The Hague: Martinus Nijhoff); trans. R. Rojcewicz as *Thing and Space: Lectures of 1907*(Dordrecht: Kluwer Academic Publishers, 1997).

Husserl, E. (1974) [1929], *Formale und transzendentale Logik: Versuch einer Kritik der logischen Vernunft*, ed. P. Janssen, Husserliana 17(The Hague: Martinus Nijhoff).

Husserl, E. (1976) [1913], *Ideen zu einer reinen Phänomenologie und phänomenologischen Philosophie*, book 1, *Allgemeine Einführung in die reine Phänomenologie*, ed. K. Schuhmann, Husserliana 3/1−2(The Hague: Martinus Nijhoff); trans. F. Kersten as *Ideas Pertaining to a Pure Phenomenology and to a Phenomenological Philosophy*, book 1, *General Introduction to a Pure Phenomenology*(The Hague: Martinus Nijhoff, 1982).

Husserl, E. (1980), *Phantasie, Bildbewusstsein, Erinnerung: Zur Phänomenologie der anschaulichen Vergegenwärtigungen. Texte aus dem Nachlass(1898–1925)*, ed. E. Marbach, Husserliana 23(Dordrecht: Kluwer Academic Publishers).

Husserl, E. (1984a) [1901], *Logische Untersuchungen*, vol. ii, *Untersuchungen zur Phänomenologie und Theorie der Erkenntnis*, ed. U. Panzer, Husserliana 19(The Hague: Martinus Nijhoff); trans. J. N. Findlay as *Logical Investigations I*(London: Routledge, 2001).

Husserl, E. (1984b), *Einleitung in die Logik und Erkenntnistheorie: Vorlesungen 1906/07*, ed. U. Melle, Husserliana 24(Dordrecht: Martinus Nijhoff).

Husserl, E. (1985) [1939], *Erfahrung und Urteil*, ed. L. Landgrebe(Hamburg: Felix Meiner).

Husserl, E. (1993), *Die Krisis der europäischen Wissenschaften und die transzendentale Phänomenologie*, supplementary volume, *Texte aus dem Nachlass 1934–1937*, ed. R. N. Smid, Husserliana 29(Dordrecht: Kluwer Academic Publishers).

Husserl, E. (1994), *Briefwechsel IV*, ed. K. and E. Schuhmann, Husserliana Dokumente III/4(Dordrecht: Kluwer Academic Publishers).

Husserl, E. (2001), Die *Bernauer Manuskripte über das Zeitbewusstsein(1917/18)*, ed. R. Bernet and D. Lohmar, Husserliana 33(Dordrecht: Kluwer Academic Publishers). Nijhoff, (1977); pages 237–349, 517–526 ed. and trans. T. Sheehan and R. E. Palmer *as Psychological and Transcendental Phenomenology and the Confrontation with Heidegger(1927–1931)*(Dordrecht: Kluwer Academic Publishers, 1997).

Husserl, E. (1966a), *Zur Phänomenologie des inneren Zeitbewusstseins(1893–1917)*, ed. R. Boehm, Husserliana 10(The Hague: Martinus Nijhoff); trans. J. B. Brough as *On the Phenomenology of the Consciousness of Internal Time(1893–1917)*(Dordrecht: Kluwer Academic Publishers, 1991).

Husserl, E. (1966b), *Analysen zur passiven Synthesis: Aus Vorlesungs– und Forschungsmanuskripten, 1918–1926*, ed. M. Fleischer, Husserliana 11(The Hague: Martinus Nijhoff).

Husserl, E. (1971) [c.1912], *Ideen zu einer reinen Phänomenologie und phänomenologischen Philosophie*, book 3, *Die Phänomenologie und die Fundamente der Wissenschaften*, ed. M. Biemel, Husserliana 5(The Hague: Martinus Nijhoff).

Husserl, E. (1973a), *Zur Phänomenologie der Intersubjektivität: Texte aus dem Nachlass*, vol. I, *1905–1920*, ed. I. Kern, Husserliana 13(The Hague: Martinus Nijhoff).

Husserl, E. (1973b), *Zur Phänomenologie der Intersubjektivität: Texte aus dem Nachlass*, vol. ii, *1921–1928*, ed. I. Kern, Husserliana 14(The Hague: Martinus Nijhoff).

Husserl, E. (1973c), *Zur Phänomenologie der Intersubjektivität: Texte aus dem Nachlass*, vol. iii, *1929–1935*, ed. I. Kern, Husserliana 15(The Hague: Martinus Nijhoff).

Husserl, E. (1973d), *Ding und Raum: Vorlesungen 1907*, ed. U. Claesges, Husserliana 16(The Hague: Martinus Nijhoff); trans. R. Rojcewicz as *Thing and Space: Lectures of 1907*(Dordrecht: Kluwer Academic Publishers, 1997).

Husserl, E. (1974) [1929], *Formale und transzendentale Logik: Versuch einer Kritik der logischen Vernunft*, ed. P. Janssen, Husserliana 17(The Hague: Martinus Nijhoff).

Husserl, E. (1976) [1913], *Ideen zu einer reinen Phänomenologie und phänomenologischen Philosophie*, book 1, *Allgemeine Einführung in die reine Phänomenologie*, ed. K. Schuhmann, Husserliana 3/1–2(The Hague: Martinus Nijhoff); trans. F. Kersten as *Ideas Pertaining to a Pure Phenomenology and to a Phenomenological Philosophy*, book 1, *General Introduction to a Pure Phenomenology*(The Hague: Martinus Nijhoff, 1982).

Husserl, E. (1980), *Phantasie, Bildbewusstsein, Erinnerung: Zur Phänomenologie der anschaulichen Vergegenwärtigungen. Texte aus dem Nachlass(1898–1925)*, ed. E. Marbach, Husserliana 23(Dordrecht: Kluwer Academic Publishers).

Husserl, E. (1984a) [1901], *Logische Untersuchungen*, vol. ii, *Untersuchungen zur Phänomenologie und Theorie der Erkenntnis*, ed. U. Panzer, Husserliana 19(The Hague: Martinus Nijhoff); trans. J. N. Findlay as *Logical Investigations I*(London: Routledge, 2001).

Husserl, E. (1984b), *Einleitung in die Logik und Erkenntnistheorie: Vorlesungen 1906/07*, ed. U. Melle, Husserliana 24(Dordrecht: Martinus Nijhoff).

Husserl, E. (1985) [1939], *Erfahrung und Urteil, ed. L. Landgrebe*(Hamburg: Felix Meiner).

Husserl, E. (1993), *Die Krisis der europäischen Wissenschaften und die transzendentale Phänomenologie, supplementary volume, Texte aus dem Nachlass 1934–1937*, ed. R. N. Smid, Husserliana 29(Dordrecht: Kluwer Academic Publishers).

Husserl, E. (1994), *Briefwechsel IV*, ed. K. and E. Schuhmann, Husserliana Dokumente III/4(Dordrecht: Kluwer Academic Publishers).

Husserl, E. (2001), *Die Bernauer Manuskripte über das Zeitbewusstsein(1917/18)*, ed. R. Bernet and D. Lohmar, Husserliana 33(Dordrecht: Kluwer Academic Publishers).

Jopling, A. (2000), *Self-Knowledge and the Self*(London: Routledge).

Kahneman, D., and Tversky, A. (1982), 'The Simulation Heuristic', in D. Kahneman, P. Slovic, and A. Tversky(eds.), *Judgment under Uncertainty: Heuristics and Biases*(New York: Cambridge University Press), 201-208.

Karlsson, G., and Sjöberg, L. G. (2009), 'The Experiences of Guilt and Shame: A Phenomenological-Psychological Study', *Human Studies*, 32/3: 335-355.

Kearney, R. (1984), *Dialogues with Contemporary Continental Thinkers*(Manchester: Manchester University Press).

Keenan, J. P., Gallup, G. G., and Falk, D. (2003), *The Face in the Mirror: How We Know Who We Are*(New York: HarperCollins).

Kenny, A. (1988), *The Self*(Milwaukee, Wis.: Marquette University Press).

Keysers, C. (2011), *The Empathic Brain: How the Discovery of Mirror Neurons Changes Our Understanding of Human Nature*(Los Gatos, Calif.: Smashwords Edition).

Kierkegaard, S. (1993) [1847], Upbuilding Discourses in *Various Spirits*, trans. H. V. Hong and E. H. Hong(Princeton: Princeton University Press).

Klawonn, E. (1987), 'The "I": On the Ontology of First Personal Identity', *Danish Yearbook of Philosophy*, 24: 43-76.

Klawonn, E. (1990a), 'On Personal Identity: Defence of a Form of Non-Reductionism', *Danish Yearbook of Philosophy*, 25: 41-61.

Klawonn, E. (1990b), 'A Reply to Lübcke and Collin', *Danish Yearbook of Philosophy*, 25: 89-107.

Klawonn, E. (1991), *Jeg'ets ontologi: en afhandling om subjektivitet, bevidsthed og personlig identitet*(Odense: Odense Universitetsforlag).

Klawonn, E. (1998), 'The Ontological Concept of Consciousness', *Danish Yearbook of Philosophy*, 33: 55-69.

Klein, S. B. (2010), 'The Self: As a Construct in Psychology and Neuropsychological Evidence for its Multiplicity', *Wiley Interdisciplinary Reviews: Cognitive Science*, 1/2: 172-183.

Klein, S. B. (2012), 'The Self and its Brain', *Social Cognition*, 30/4: 474-518.

Klein, S. B., and Nichols, S. (2012), 'Memory and the Sense of Personal Identity',

Mind, 121/483: 677–702.

Knoblich, G., Butterfill, S., and Sebanz, N. (2011), 'Psychological Research on Joint Action: Theory and Data', in B. H. Ross(ed.), *The Psychology of Learning and Motivation*(Burlington: Academic Press), 59–101.

Konstan, D. (2003), 'Shame in Ancient Greece', *Social Research*, 70/4: 1031–1060.

Kopelman, M. D. (1999), 'Varieties of False Memory', *Cognitive Neuropsychology*, 16/3–5: 197–214.

Korsgaard, C. M. (2009), *Self-Constitution: Agency, Identity, and Integrity*(Oxford: Oxford University Press).

Kriegel, U. (2003a), 'Consciousness as Intransitive Self–Consciousness: Two Views and an Argument', *Canadian Journal of Philosophy*, 33/1: 103–132.

Kriegel, U. (2003b), 'Consciousness, Higher–Order Content, and the Individuation of Vehicles', *Synthese*, 134/3: 477–504.

Kriegel, U. (2004), 'Consciousness and Self–Consciousness', *Monist*, 87/2: 182–205.

Kriegel, U. (2009), *Subjective Consciousness: A Self–Representational Theory*(Oxford: Oxford University Press).

Kriegel, U., and Williford, K.(eds.) (2006), *Consciousness and Self–Reference*(Cambridge, Mass.: Cambridge University Press).

Laird, J. D. (2007), *Feelings: The Perception of Self*(Oxford: Oxford University Press).

Landweer, H. (1999), *Scham und Macht: Phänomenologische Untersuchungen zur Sozialität eines Gefühls*(Tübingen: Mohr Siebeck).

Lane, T. (2012), 'Toward an Explanatory Framework for Mental Ownership', *Phenomenology and the Cognitive Sciences*, 11/2: 251–286.

Lavelle, J. S. (2012), 'Theory–Theory and the Direct Perception of Mental States', *Review of Philosophy and Psychology*, 3/2: 213–230.

Legrand, D. (2007), 'Pre–Reflective Self–as–Subject from Experiential and Empirical Perspectives', *Consciousness and Cognition*, 16/3: 583–599.

Legrand, D. (2011), 'Phenomenological Dimensions of Bodily Self–Consciousness', in S. Gallagher(ed.), *The Oxford Handbook of the Self*(Oxford: Oxford University Press), 204–227.

Leslie, A. M. (1987), 'Children's Understanding of the Mental World', in R. L.

Gregory(ed.), *The Oxford Companion to the Mind*(Oxford: Oxford University Press), 139-142.

Leudar, I., and Costall, A. (2004), 'On the Persistence of the "Problem of Other Minds" in Psychology: Chomsky, Grice and Theory of Mind', *Theory and Psychology*, 14/5: 601-621.

Levinas, E. (1979) [1961], *Totality and Infinity*, trans. A. Lingis(The Hague: Martinus Nijhoff).

Levinas, E. (1987) [1948], *Time and the Other*, trans. R. A. Cohen(Pittsburgh: Duquesne University Press).

Levinas, E. (2003) [1935], *On Escape*, trans. B. Bergo(Stanford: Stanford University Press).

Levine, J. (2001), *Purple Haze: The Puzzle of Consciousness*(Oxford: Oxford University Press).

Lewis, M. (1987), 'Social Development in Infancy and Early Childhood', in J. Osofsky(ed.), *Handbook of Infant Development*, 2nd edn(New York: Wiley), 419-493.

Lewis, M. (1992), *Shame: The Exposed Self*(New York: Free Press).

Lewis, M. (1998), 'Shame and Stigma', in P. Gilbert and B. Andrews(eds.), *Shame: Interpersonal Behavior, Psychopathology, and Culture*(New York: Oxford University Press), 126-140.

Lewis, M. (2003), 'The Development of Self-Consciousness', in J. Roessler and N. Eilan(eds.), *Agency and Self-Awareness*(Oxford: Oxford University Press), 275-295.

Lewis, M. (2004), 'The Emergence of Human Emotions', in J. M. Haviland-Jones(ed.), *Handbook of Emotions*, 2nd edn(New York: Guilford Press), 265-280.

Lewis, M. (2007), 'Self-Conscious Emotional Development', in J. L. Tracy, R. W. Robins, and J. P. Tangney(eds.), *The Self-Conscious Emotions: Theory and Research*(New York: Guilford Press), 134-149.

Lewis, M. (2011), 'The Origins and Uses of Self-Awareness; or, The Mental Representation of Me', *Consciousness and Cognition*, 20/1: 120-129.

Lichtenberg, G. C. (2000) [1800-1806], *The Waste Books, trans. R. J. Hollingdale*(New York: New York Review of Books).

Lind, S. E. (2010), 'Memory and the Self in Autism: A Review and Theoretical Framework', *Autism*, 14/5: 430–456.

Lindsay, D. S., and Johnson, M. K. (1991), 'Recognition Memory and Source Monitoring', *Bulletin of the Psychonomic Society*, 29/3: 203–205.

Lindsay–Hartz, J., de Rivera, J., and Mascolo, M. F. (1995), 'Differentiating Guilt and Shame and their Effects on Motivations', in J. P. Tangney and K. W. Fischer(eds.), *Self–Conscious Emotions: The Psychology of Shame, Guilt, Embarrassment and Pride*(New York: Guilford Press), 274–300.

Lipps, T. (1900), 'Aesthetische Einfühlung', *Zeitschrift für Psychologie und Physiologie der Sinnesorgane*, 22: 415–450.

Lipps, T. (1905), *Die ethischen Grundfragen*(Hamburg: Leopold Voss Verlag).

Lipps, T. (1907a), 'Das Wissen von fremden Ichen', in T. Lipps(ed.), *Psychologische Untersuchungen I*(Leipzig: Engelmann), 694–722.

Lipps, T. (1907b), Ästhetik', in P. Hinneberg(ed.), *Systematische Philosophie*(Berlin: Verlag von B. G. Teubner), 351–390.

Lipps, T. (1909), *Leitfaden der Psychologie*(Leipzig: Verlag von Wilhelm Engelmann).

Locke, J. (1975) [1690], *An Essay concerning Human Understanding*(Oxford: Clarendon Press).

Lohmar, D. (2006), 'Mirror Neurons and the Phenomenology of Intersubjectivity', *Phenomenology and the Cognitive Sciences*, 5/1: 5–16.

Loveland, K. A. (1986), 'Discovering the Affordances of a Reflecting Surface', *Developmental Review*, 6/1: 1–24.

Loveland, K. A. (1993), 'Autism, Affordances, and the Self', in U. Neisser(ed.), *The Perceived Self: Ecological and Interpersonal Sources of Self–Knowledge*(Cambridge: Cambridge University Press), 237–253.

Lurz, R.W. (2003), 'Neither hot nor cold: An Alternative Account of Consciousness', *Psyche*, 9/1: 1–18.

Lusthaus, D. (2002), *Buddhist Phenomenology: A Philosophical Investigation of Yogacara Buddhism and the Ch'eng Wei–shih Lun*(London: Routledge).

Lyyra, P. (2009), 'Two Senses for "Givenness of Consciousness"', *Phenomenology and the Cognitive Sciences*, 8/1: 67–87.

McCulloch, G. (2003), *The Life of the Mind: An Essay on Phenomenological*

Externalism(London: Routledge).

MacIntyre, A. (1985), *After Virtue: A Study in Moral Theory*(London: Routledge).

MacKenzie, M. (2008), 'Self-Awareness without a Self: Buddhism and the Reflexivity of Awareness', *Asian Philosophy*, 18/3: 245-266.

MacKenzie, M. D. (2007), 'The Illumination of Consciousness: Approaches to Self-Awareness in the Indian and Western Traditions', *Philosophy East and West*, 57/1: 40-62.

Maclaren, K. (2008), 'Embodied Perceptions of Others as a Condition of Selfhood: Empirical and Phenomenological Considerations', *Journal of Consciousness Studies*, 15/8: 63-93.

McNeill, W. E. S. (2012), 'On Seeing that Someone Is Angry', *European Journal of Philosophy*, 20/4: 575-597.

Malle, B. F. (2005), 'Three Puzzles of Mindreading', in B. F. Malle and S. D. Hodges(eds.), *Other Minds: How Human Bridge the Divide between Self and Others*(New York: Guilford Press), 26-43.

Mar, R. A. (2011), 'The Neural Bases of Social Cognition and Story Comprehension', *Annual Review of Psychology*, 62/1: 103-134.

Margolis, J. (1988), 'Minds, Selves, and Persons', *Topoi*, 7/1: 31-45.

Matsumoto, D., and Willingham, B. (2009), 'Spontaneous Facial Expressions of Emotion of Congenitally and Noncongenitally Blind Individuals', *Journal of Personality and Social Psychology*, 96/1: 1-10.

Mead, G. H. (1962) [1934], *Mind, Self and Society: From the Standpoint of a Social Behaviorist*(Chicago: University of Chicago Press).

Meltzoff, A. N., and Moore, M. K. (1995), 'A Theory of the Role of Imitation in the Emergence of Self', in P. Rochat(ed.), *The Self in Infancy: Theory and Research*(Amsterdam: Elsevier), 73-93.

Menary, R. (2008), 'Embodied Narratives', *Journal of Consciousness Studies*, 15/6: 63-84.

Merleau-Ponty, M. (1964a), *The Primacy of Perception*(Evanston, Ill.: Northwestern University Press).

Merleau-Ponty, M. (1964b) [1960], *Signs*, trans. R. C. McClearly(Evanston, Ill.: Northwestern University Press).

Merleau-Ponty, M. (2010), *Child Psychology and Pedagogy: The Sorbonne Lectures*

1949–1952, trans. T. Welsh(Evanston, Ill.: Northwestern University Press).

Merleau – Ponty, M. (2012) [1945], *Phenomenology of Perception*, trans. D. A. Landes(London: Routledge).

Merleau – Ponty, M. (2004) [1948], *The World of Perception*, trans. O. Davis(London: Routledge).

Metzinger, T. (2003), *Being No One*(Cambridge, Mass.: MIT Press).

Metzinger, T. (2011), 'The No – Self Alternative', in S. Gallagher(ed.), *The Oxford Handbook of the Self*(Oxford: Oxford University Press), 279–296.

Miller, S. (1985), *The Shame Experience*(London: Analytic Press).

Minkowski, E. (1997) [1928], 'Du symptome au trouble générateur', in *Au–delàdu rationalisme morbide*(Paris: Éditions l'Harmattan), 93–124.

Mitchell, J. P. (2008), 'Contributions of Functional Neuroimaging to the Study of Social Cognition', *Current Directions in Psychological Science*, 17/2: 142–146.

Mitchell, R. W. (1993), 'Mental Models of Mirror – Self – Recognition: Two Theories', *New Ideas in Psychology*, 11/3: 295–325.

Mitchell, R. W. (1997a), 'Kinesthetic – Visual Matching and the Self – Concept as Explanations of Mirror – Self – Recognition', *Journal for the Theory of Social Behaviour*, 27/1: 17–39.

Mitchell, R. W. (1997b), 'A Comparison of the Self – Awareness and Kinesthetic – Visual Matching Theories of Self – Recognition: Autistic Children and Others', *Annals of the New York Academy of Sciences*, 818/1: 39–62.

Mohanty, J. N. (1972), *The Concept of Intentionality*(St Louis: Green).

Moll, H., and Meltzoff, A. N. (2012), 'Joint Attention as the Fundamental Basis of Understanding Perspectives', in A. Seemann(ed.), *Joint Attention: New Developments in Psychology, Philosophy of Mind, and Social Neuroscience*(Cambridge, Mass.: MIT Press), 393–413.

Moll, H., Carpenter, M., and Tomasello, M. (2007), 'Fourteen – Month – Olds Know What Others Experience Only in Joint Engagement', *Developmental Science*, 10/6: 826–835.

Moran, R. (2001), *Authority and Estrangement: An Essay on Self– Knowledge*(Princeton: Princeton University Press).

Murray, L., and Trevarthen, C. (1985), 'Emotional Regulation of Interactions between Two – Month – Olds and their Mothers', in T. M. Field and N. A.

Fox(eds.), *Social Perception in Infants*(Norwood, NJ: Ablex), 177–197.

Nathanson, D. L. (1987), 'A Timetable for Shame', in D. L. Nathanson(ed.), *The Many Faces of Shame*(New York: Guilford Press), 1–63.

Nathanson, D. L. (1994), *Shame and Pride: Affect, Sex and the Birth of Self*(New York: W. W. Norton).

Neisser, U. (1988), 'Five Kinds of Self–Knowledge', *Philosophical Psychology*, 1/1: 35–59.

Neisser, U. (1991), 'Two Perceptually Given Aspects of the Self and their Development', *Developmental Review*, 11/3: 197–209.

Neisser, U. (1993), 'The Self Perceived', in U. Neisser(ed.), *The Perceived Self: Ecological and Interpersonal Sources of Self–Knowledge*(New York: Cambridge University Press), 3–21.

Newen, A., and Schlicht, T. (2009), 'Understanding Other Minds: A Criticism of Goldman's Simulation Theory and an Outline of the Person Model Theory', *Grazer Philosophische Studien*, 79/1: 209–242.

Nichols, S., and Stich, S. (2003), *Mindreading: An Integrated Account of Pretence, Self–Awareness, and Understanding of Other Minds*(Oxford: Oxford University Press).

Niedenthal, P. M. (2007), 'Embodying Emotion', *Science*, 316/5827: 1002–1005.

Niedenthal, P. M., Krauth–Gruber, S., and Ric, F. (2006), *Psychology of Emotions: Interpersonal, Experiential, and Cognitive Approaches*(New York: Psychology Press).

Nietzsche, F. W. (1997) [1881], *Daybreak: Thoughts on the Prejudices of Morality*(Cambridge: Cambridge University Press).

Nussbaum, M. C. (2004), *Hiding from Humanity: Disgust, Shame and the Law*(Princeton: Princeton University Press). Olson, E. T. (1998), 'There Is No Problem of the Self', *Journal of Consciousness Studies*, 5/5–6: 645–657.

O'Neill, J. (1989), *The Communicative Body: Studies in Communicative Philosophy, Politics and Sociology*(Evanston, Ill.: Northwestern University Press).

Onishi, K. H., and Baillargeon, R. (2005), 'Do 15–Month–Old Infants Understand False Beliefs?', *Science*, 308/5719: 255–258.

Overgaard, S. (2003), 'The Importance of Bodily Movement to Husserl's Theory of Fremderfahrung', *Recherches Husserliennes*, 19: 55–66.

Overgaard, S. (2005), 'Rethinking Other Minds: Wittgenstein and Lévinas on Expression', *Inquiry*, 48/3: 249–274.

Overgaard, S. (2007), *Wittgenstein and Other Minds: Rethinking Subjectivity and Intersubjectivity with Wittgenstein, Levinas, and Husserl*(London: Routledge).

Overgaard, S. (2012), 'Other People', in D. Zahavi(ed.), *The Oxford Handbook of Contemporary Phenomenology*(Oxford: Oxford University Press), 460–479.

Parnas, J., and Sass, L. A. (2011), 'The Structure of Self–Consciousness in Schizophrenia', in S. Gallagher(ed.), *The Oxford Handbook of the Self*(Oxford: Oxford University Press), 521–546.

Peacocke, C. (2012), 'Subjects and Consciousness', in A. Coliva(ed.), *The Self and Self-Knowledge*(Oxford: Oxford University Press), 74–101.

Petit, J. –L. (1999), 'Constitution by Movement: Husserl in Light of Recent Neurobiological Findings', in J. Petitot, F. Varela, B. Pachoud, and J.–M. Roy(eds.), *Naturalizing Phenomenology*(Stanford: Stanford University Press), 220–244.

Platek, S. M., Keenan, J. P., Gallup Jr, G. G., and Mohamed, F. B. (2004), 'Where Am I? The Neurological Correlates of Self and Other', *Cognitive Brain Research*, 19/2: 114–122.

Plato (1961) [c.bce 348], *Laws, in The Collected Dialogues of Plato*, ed. E. Hamilton and H. Cairns(Princeton: Princeton University Press), 1225–1513.

Postal, K. S. (2005), 'The Mirror Sign Delusional Misidentification Syndrome', in T. E. Feinberg and J. P. Keenan(eds.), *The Lost Self: Pathologies of the Brain and Identity*(Oxford: Oxford University Press), 131–146.

Praetorius, N. (2009), 'The Phenomenological Underpinning of the Notion of a Minimal Core Self: A Psychological Perspective', *Consciousness and Cognition*, 18/1: 325–338.

Premack, D., and Woodruff, G. (1978), 'Does the Chimpanzee Have a Theory of Mind?', *Behavioral and Brain Sciences*, 1/4: 515.

Prinz, J. (2012), 'Waiting for the Self', in J. Liu and J. Perry(eds.), *Consciousness and the Self: New Essays*(Cambridge: Cambridge University Press), 123–149.

Prinz, W. (2003), 'Emerging Selves: Representational Foundations of Subjectivity', *Consciousness and Cognition*, 12/4: 515–528.

Prinz, W. (2012), *Open Minds: The Social Making of Agency and*

Intentionality(Cambridge, Mass.: MIT Press).

Radke-Yarrow, M. R., Zahn-Waxler, C., and Chapman, M. (1983), 'Children's Prosocial Dispositions and Behavior', in P. H. Mussen(ed.), *Handbook of Child Psychology IV: Socialization, Personality, and Social Development*(New York: Wiley), 469–546.

Ramachandran, V. S. (2000), 'Mirror Neurons and Imitation Learning as the Driving Force behind the Great Leap Forward in Human Evolution', http://edge.org/conversation/mirror-neurons-and-imitation-learning-as-the-driving-force-behind-the-great-leap-forwardin-human-evolution(accessed 9 Jan. 2014).

Ratcliffe, M. (2006), 'Phenomenology, Neuroscience, and Intersubjectivity', in H. L. Dreyfus and M. A. Wrathall(eds.), *A Companion to Phenomenology and Existentialism*(Oxford: Blackwell), 329–345.

Ratcliffe, M. (2007), *Rethinking Commonsense Psychology*(London: Palgrave Macmillan).

Ratcliffe, M. (2014), *Experiences of Depression: A Study in Phenomenology*(Oxford: Oxford University Press).

Rawls, J. (1972), *A Theory of Justice*(Oxford: Clarendon Press).

Reddy, V. (2008), *How Infants Know Minds*(Cambridge, Mass.: Harvard University Press).

Reddy, V., Williams, E., Costantini, C., and Lan, B. (2010), 'Engaging with the Self: Mirror Behaviour in Autism, Down Syndrome and Typical Development', *Autism*, 14/5: 531–546.

Reid, T. (1863) [1785], *Essays on the Intellectual Powers of Man, in The Works of Thomas Reid*, ed. W. Hamilton, 2 vols.(Edinburgh: Maclachlan and Stewart).

Reid, V. M., and Striano, T. (2007), 'The Directed Attention Model of Infant Social Cognition', *European Journal of Developmental Psychology*, 4/1: 100–110.

Ricoeur, P. (1988) [1985], *Time and Narrative III*, trans. K. Blamey and D. Pellauer(Chicago: University of Chicago Press).

Rizzolatti, G., and Craighero, L. (2004), 'The Mirror-Neuron System', *Annual Review of Neuroscience*, 27/1: 169–192.

Robbins, P., and Jack, A. I. (2006), 'The Phenomenal Stance', *Philosophical Studies*, 127/1: 59–85.

Rochat, P. (1995), 'Early Objectification of the Self', in P. Rochat(ed.), *The Self in Infancy: Theory and Research*(Amsterdam: Elsevier), 53–72.

Rochat, P. (2001), *The Infant's world*(Cambridge, Mass.: Harvard University Press).

Rochat, P. (2003), 'Five Levels of Self–Awareness as they Unfold Early in Life', *Consciousness and Cognition*, 12/4: 717–731.

Rochat, P. (2009), *Others in Mind: Social Origins of Self–Consciousness*(Cambridge: Cambridge University Press).

Rochat, P. (2010), 'Emerging Self–Concept', in J. G. Bremner and T. D. Wachs(eds.), *The Wiley–Blackwell Handbook of Infant Development*, vol. i, Basic Research, 2nd edn(Oxford: Blackwell), 320–344.

Rochat, P., and Striano, T. (1999), 'Social–Cognitive Development in the First Year', in P. Rochat(ed.), *Early Social Cognition: Understanding Others in the First Months of Life*(Hillsdale, NJ: Lawrence Erlbaum), 3–34.

Rochat, P., and Zahavi, D. (2011), 'The Uncanny Mirror: A Re–Framing of Mirror Self–Experience', *Consciousness and Cognition*, 20/2: 204–213.

Rochat, P., Broesch, T., and Jayne, K. (2012), 'Social Awareness and Early Self–Recognition', *Consciousness and Cognition*, 21/3: 1491–1497.

Roessler, J. (2005), 'Joint Attention and the Problem of Other Minds', in N. Eilan, C. Hoerl, T. McCormack, and J. Roessler(eds.), *Joint Attention: Communication and Other Minds*(Oxford: Oxford University Press), 230–259.

Rosenthal, D. M. (1997), 'A Theory of Consciousness', in N. Block, O. Flanagan, and Güzeldere(eds.), *The Nature of Consciousness*(Cambridge, Mass.: MIT Press), 729–753.

Rosenthal, D. M. (2002), 'Explaining Consciousness', in D. J. Chalmers(ed.), *Philosophy of Mind: Classical and Contemporary Readings*(New York: Oxford University Press), 406–421.

Rousse, B. S. (2013), 'Heidegger, Sociality, and Human Agency', *European Journal of Philosophy*; doi: 10.1111/ejop.12067.

Rovane, C. (2012), 'Does Rationality Enforce Identity?', in A. Coliva(ed.), *The Self and Self–Knowledge*(Oxford: Oxford University Press), 17–38.

Rowlands, M. (2013), 'Sartre, Consciousness, and Intentionality', *Phenomenology and the Cognitive Sciences*, 12/3: 521–536.

Royce, J. (1898), *Studies of Good and Evil*(New York: D. Appleton).

Rudd, A. (2003), *Expressing the World: Skepticism, Wittgenstein, and Heidegger*(Chicago: Open Court).

Rudd, A. (2012), *Self, Value, and Narrative: A Kierkegaardian approach*(Oxford: Oxford University Press).

Sacks, O. (1995), *An Anthropologist on Mars*(London: Picador).

Sartre, J. −P. (1948), 'Conscience de soi et connaissance de soi', *Bulletin de la Sociétéfran çaise de philosophie*, 42: 49−91.

Sartre, J. −P. (1957) [1936], *The Transcendence of the Ego*, trans. F. Williams and R. Kirkpatrick(New York: Noonday Press).

Sartre, J. −P. (2003) [1943], *Being and Nothingness: An Essay in Phenomenological Ontology*, trans. H. E. Barnes(London: Routledge).

Sass, L. A., and Parnas, J. (2003), 'Schizophrenia, Consciousness, and the Self', *Schizophrenia Bulletin*, 29/3: 427−444.

Saxe, R., Carey, S., and Kanwisher, N. (2004), 'Understanding Other Minds: Linking Developmental Psychology and Functional Neuroimaging', *Annual Review of Psychology*, 55: 87−124.

Schacter, D. (1996), *Searching for Memory: The Brain, the Mind, and the Past*(New York: Basic Books).

Schapp, W. (2004) [1953], In *Geschichten verstrickt*(Frankfurt am Main: Vittorio Klostermann).

Schear, J. K. (2009), 'Experience and Self−Consciousness', *Philosophical Studies*, 144/1: 95−105.

Schechtman, M. (1996), *The Constitution of Selves*(Ithaca: Cornell University Press).

Schechtman, M. (2001), 'Empathic Access: The Missing Ingredient in Personal Persistence', *Philosophical Explorations*, 4/2: 95−111.

Schechtman, M. (2007), 'Stories, Lives, and Basic Survival: A Defense and Refinement of the Narrative View', in D. Hutto(ed.), *Narrative and Understanding Persons*(Cambridge: Cambridge University Press), 155−178.

Schechtman, M. (2011), 'The Narrative Self', in S. Gallagher(ed.), *The Oxford Handbook of the Self*(Oxford: Oxford University Press), 394−418.

Scheler, M. (1957) [1913], *Über Scham und Schamgefühl, in Schriften aus dem Nachlass*, vol. I, Zur Ethik und Erkenntnislehre(Bern: Francke Verlag).

Scheler, M. (2008) [1913/1923], *The Nature of Sympathy*(London: Transaction).

Schilbach, L., Timmermans, B., Reddy, V., Costall, A., Bente, G., Schlicht, T., and Vogeley, K. (2013), 'Toward a Second–Person Neuroscience', *Behavioral and Brain Sciences*, 36/4: 393–414.

Schmid, H. B. (2005), *Wir–Intentionalität: Kritik des ontologischen Individualismus und Rekonstruktion der Gemeinschaft*(Freiburg: Karl Alber).

Schneider, C. D. (1987), 'A Mature Sense of Shame', in D. L. Nathanson(ed.), *The Many Faces of Shame*(New York: Guilford Press), 194–213.

Schutz, A. (1962), *Collected Papers II: The Problem of Social Reality*(The Hague: Martinus Nijhoff).

Schutz, A. (1967) [1932], *Phenomenology of the Social World*(Evanston, Ill.: Northwestern University Press).

Schutz, A. (1975), *Collected Papers III: Studies in Phenomenological Philosophy*(The Hague: Martinus Nijhoff).

Searle, J. R. (1990), 'Collective Intentions and Actions', in P. Cohen, J. Morgan, and M. E. Pollack(eds.), *Intentions in Communication*(Cambridge, Mass.: MIT Press), 401–416.

Searle, J. R. (1995), *The Construction of Social Reality*(New York: Free Press).

Searle, J. R. (1999), 'The Future of Philosophy', *Philosophical Transactions of the Royal Society of London*, 354/1392: 2069–2080.

Searle, J. R. (2002), *Consciousness and Language*(Cambridge: Cambridge University Press).

Searle, J. R. (2005), 'The Self as a Problem in Philosophy and Neurobiology', in T. E. Feinberg and J. P. Keenan(eds.), *The Lost Self: Pathologies of the Brain and Identity*(Oxford: Oxford University Press), 7–19.

Seeley, W. W., and Miller, B. L. (2005), 'Disorders of the Self in Dementia', in T. E. Feinberg and J. P. Keenan(eds.), *The Lost Self: Pathologies of the Brain and Identity*(Oxford: Oxford University Press), 147–165.

Seidler, G. H. (2001), *Der Blick des Anderen: Eine Analyse der Scham*(Stuttgart: Klett–Cotta).

Seigel, J. (2005), *The Idea of the Self: Thought and Experience in Western Europe since the Seventeenth Century*(Cambridge: Cambridge University Press).

Shoemaker, S. (1996), *The First–Person Perspective and Other Essays*(Cambridge:

Cambridge University Press).

Shweder, R. A. (2003), 'Toward a Deep Cultural Psychology of Shame', *Social Research*, 70/4: 1109-1130.

Siderits, M. (2011), 'Buddhas as Zombies: A Buddhist Reduction of Subjectivity', in M. Siderits, E. Thompson, and D. Zahavi(eds.), *Self, No Self? Perspectives from Analytical, Phenomenological, and Indian Traditions*(Oxford: Oxford University Press), 308-331.

Singer, T., Seymour, B., O'Doherty, J., Kaube, H., Dolan, R. J., and Frith, C. D. (2004), 'Empathy for Pain Involves the Affective but not Sensory Components of Pain', *Science*, 303/5661: 1157-1162.

Singer, T., Seymour, B., O'Doherty, J. P., Stephan, K. E., Dolan, R. J., and Frith, C. D. (2006), 'Empathic Neural Responses Are Modulated by the Perceived Fairness of Others', *Nature*, 439/7075: 466-469.

Sinigaglia, C. (2008), 'Mirror Neurons: This Is the Question', *Journal of Consciousness Studies*, 15/10-11: 70-92.

Smith, A. (2002) [1759], *The Theory of Moral Sentiments*(Cambridge: Cambridge University Press).

Smith, A. D. (2003), *Routledge Philosophy Guidebook to Husserl and the Cartesian Meditations*(London: Routledge).

Smith, J. (2010), 'Seeing Other People', *Philosophy and Phenomenological Research*, 81/3: 731-748.

Smith, R. H., Webster, J. M., Parrott, W. G., and Eyre, H. L. (2002), 'The Role of Public Exposure in Moral and Nonmoral Shame and Guilt', *Journal of Personality and Social Psychology*, 83/1: 138-159.

Snow, N. E. (2000), 'Empathy', *American Philosophical Quarterly*, 37/1: 65-78.

Sorabji, R. (2006), *Self: Ancient and Modern Insights about Individuality, Life and Death*(Oxford: Clarendon Press).

Spaulding, S. (2010), 'Embodied Cognition and Mindreading', *Mind and Language*, 25/1: 119-140.

Spiker, D., and Ricks, M. (1984), 'Visual Self-Recognition in Autistic Children: Developmental Relationships', *Child Development*, 55/1: 214.

Stein, E. (2000) [1922], *Philosophy of Psychology and the Humanities*, trans. M. C. Baseheart and M. Sawicki(Washington, DC: ICS).

Stein, E. (2008) [1917], *Zum Problem der Einfühlung*(Freiburg: Herder); trans. W. Stein as On the Problem of Empathy(Washington, DC: ICS, 1989).

Steinbock, A. J. (2014), *Moral Emotions: Reclaiming the Evidence of the Heart*(Evanston, Ill.: Northwestern University Press).

Stern, D. N. (1985), *The Interpersonal World of the Infant*(New York: Basic Books).

Stich, S., and Nichols, S. (1995), 'Folk Psychology: Simulation or Tacit Theory?', in M. Davies and T. Stone(eds.), *Folk Psychology: The Theory of Mind Debate*(Oxford: Blackwell), 123–158.

Stich, S., and Nichols, S. (1997), 'Cognitive Penetrability, Rationality and Restricted Simulation', *Mind and Language*, 12/3–4: 297–326.

Stokes, P. (2014), 'Crossing the Bridge: The First–Person and Time', *Phenomenology and the Cognitive Sciences*, 13: 295–312.

Stout, R. (2010), 'Seeing the Anger in Someone's Face', *Proceedings of the Aristotelian Society, Supplementary Volumes*, 84/1: 29–43.

Straus, E. W. (1966) [1933], 'Shame as a Historiological Problem', in *Phenomenological Psychology: The Selected Papers of Erwin W. Straus*(New York: Basic Books), 217–224.

Strawson, G. (1994), 'Don't Tread on Me', *London Review of Books*, 16/19: 11–12.

Strawson, G. (2000), 'The Phenomenology and Ontology of the Self', in D. Zahavi(ed.), *Exploring the Self*(Amsterdam: John Benjamins), 39–54.

Strawson, G. (2004), 'Against Narrativity', *Ratio*, 17/4: 428–452.

Strawson, G. (2009), *Selves: An Essay in Revisionary Metaphysics*(Oxford: Oxford University Press).

Strawson, G. (2011), 'The Minimal Subject', in S. Gallagher(ed.), *The Oxford Handbook of the Self*(Oxford: Oxford University Press), 253–278.

Strawson, P. F. (1959), *Individuals: An Essay in Descriptive Metaphysics*(London: Methuen).

Stueber, K. R. (2006), *Rediscovering Empathy: Agency, Folk Psychology, and the Human Sciences*(Cambridge, Mass.: MIT Press).

Szanto, T. (2015), 'Husserl on Collective Intentionality', in A. Salice and H. B. Schmid(eds.), *Social Reality*(Dordrecht: Springer).

Taguchi, S. (2006), *Das Problem des 'Ur–Ich' bei Edmund Husserl: Die Frage nach der selbstverständlichen 'Nähe' des Selbst*(Dordrecht: Springer).

Tangney, J. P., and Dearing, R. L. (2002), *Shame and Guilt*(New York: Guilford Press).

Taylor, C. (1989), *Sources of the Self*(Cambridge, Mass.: Harvard University Press).

Taylor, G. (1985), *Pride, Shame, and Guilt: Emotions of Self-Assessment*(Oxford: Clarendon Press).

Theunissen, M. (1977) [1965], *Der Andere*(Berlin: Walter de Gruyter).

Thiel, U. (2011), *The Early Modern Subject: Self-Consciousness and Personal Identity from Descartes to Hume*(Oxford: Oxford University Press).

Thomasson, A. L. (2000), 'After Brentano: A One-Level Theory of Consciousness', *European Journal of Philosophy*, 8/2: 190.

Thomasson, A. L. (2006), 'Self-Awareness and Self-Knowledge', *Psyche*, 12/2: 1-15.

Thompson, E. (2001), 'Empathy and Consciousness', *Journal of Consciousness Studies*, 8/5-7: 1-32.

Thompson, E. (2007), *Mind in Life: Biology, Phenomenology, and the Sciences of the Mind*(Cambridge, Mass.: Harvard University Press).

Titchener, E. B. (1909), *Lectures on the Experimental Psychology of Thought-Processes*(New York: Macmillan).

Tomasello, M. (1993), 'On the Interpersonal Origins of Self-Concept', in U. Neisser(ed.), *The Perceived Self: Ecological and Interpersonal Sources of Self-Knowledge*(New York: Cambridge University Press), 174-184.

Tomasello, M. (1999), *The Cultural Origins of Human Cognition*(Cambridge, Mass.: Harvard University Press).

Tooby, J., and Cosmides, L. (1995), Foreword to S. Baron-Cohen, *Mindblindness: An Essay on Autism and Theory of Mind*(Cambridge, Mass.: MIT Press), pp. xi-xviii.

Trevarthen, C. (1979), 'Communication and Cooperation in Early Infancy: A Description of Primary Intersubjectivity', in M. M. Bullowa(ed.), *Before Speech: The Beginning of Interpersonal Communication*(New York: Cambridge University Press), 321-347.

Trevarthen, C., and Hubley, P. (1978), 'Secondary Intersubjectivity: Confidence, Confiding and Acts of Meaning in the First Year', in A. Lock(ed.), *Action,*

Gesture and Symbol: The Emergence of Language(London: Academic Press), 183–229.

Tronick, E., Als, H., Adamson, L., Wise, S., and Brazelton, T. B. (1978), 'Infants' Response to Entrapment between Contradictory Messages in Face–to–Face Interaction', *Journal of the American Academy of Child and Adolescent Psychiatry*, 17: 1–13.

Turner, J. C., Oakes, P. J., Haslam, S. A., and McGarty, C. (1994), 'Self and Collective: Cognition and Social Context', *Personality and Social Psychology Bulletin*, 20/5: 454–463.

Tye, M. (1995), *Ten Problems of Consciousness*(Cambridge, Mass.: MIT Press).

Tye, M. (2003), *Consciousness and Persons*(Cambridge, Mass.: MIT Press).

Tye, M. (2009), *Consciousness Revisited: Materialism without Phenomenal Concepts*(Cambridge, Mass.: MIT Press).

Varela, F., and Shear, J. (1999), 'First–Person Methodologies: What, Why, How?', *Journal of Consciousness Studies*, 6/2–3: 1–14.

Velleman, J. D. (2001), 'The Genesis of Shame', *Philosophy and Public Affairs*, 30/1: 27–52.

Vischer, R. (1873), *Über das optische Formgefühl: Ein Beitrag zur Ästhetik*(Leipzig: Hermann Credner).

Waldenfels, B. (1971), *Das Zwischenreich des Dialogs: Sozialphilosophische Untersuchungen in Anschluss an Edmund Husserl*(The Hague: Martinus Nijhoff).

Waldenfels, B. (1989), 'Erfahrung des Fremden in Husserls Phänomenologie', *Phänomenologische Forschungen*, 22: 39–62.

Walsh, W. H. (1970), 'Pride, Shame and Responsibility', *Philosophical Quarterly*, 20/78: 1–13.

Walther, G. (1923), 'Zur Ontologie der sozialen Gemeinschaften', in E. Husserl(ed.), *Jahrbuch für Philosophie und phänomenologische Forschung VI*(Halle: Niemeyer), 1–158.

Waytz, A., and Mitchell, J. P. (2011), 'Two Mechanisms for Simulating Other Minds: Dissociations between Mirroring and Self–Projection', *Current Directions in Psychological Science*, 20/3: 197–200.

Whalen, P. J., Shin, L. M., McInerney, S. C., Fischer, H., Wright, C., and Rauch, S.

L. (2001), 'A Functional MRI Study of Human Amygdala Responses to Facial Expressions of Fear Versus Anger', *Emotion*, 1/1: 70 – 83.

Wicker, B., Keysers, C., Plailly, J., Royet, J.–P., Gallese, V., and Rizzolatti, G. (2003), 'Both of Us Disgusted in My Insula: The Common Neural Basis of Seeing and Feeling Disgust', *Neuron*, 40/3: 655 – 664.

Williams, B. A. O. (1973), *Problems of the Self* (Cambridge: Cambridge University Press).

Williams, B. A. O. (1993), *Shame and Necessity* (Berkeley: University of California Press).

Wittgenstein, L. (1980), *Remarks on the Philosophy of Psychology*, vol. ii, ed. G. H. von Wright and H. Nyman, trans. C. G. Luckhardt and M. A. E. Aue (Oxford: Blackwell).

Wittgenstein, L. (1982), *Last Writings on the Philosophy of Psychology*, vol. i, ed. G. H. von Wright and H. Nyman, trans. C. G. Luckhardt and M. A. E. Aue (Oxford: Blackwell).

Wittgenstein, L. (1992), *Last Writings on the Philosophy of Psychology*, vol. ii, ed. G.H. von Wright and H. Nyman, trans. C. G. Luckhardt and M. A. E. Aue (Oxford: Blackwell).

Wollheim, R. (1999), *On the Emotions* (New Haven: Yale University Press).

Yamaguchi, I. (1982), *Passive Synthesis und Intersubjektivität bei Edmund Husserl* (The Hague: Martinus Nijhoff).

Young, K., and Saver, J. L. (2001), 'The Neurology of Narrative', *SubStance*, 30/1– 2: 72 – 84.

Zahavi, D. (1996), *Husserl und die transzendentale Intersubjektivität: Eine Antwort auf die sprachpragmatische Kritik* (Dordrecht: Kluwer Academic Publishers).

Zahavi, D. (1999), *Self–Awareness and Alterity: A Phenomenological Investigation* (Evanston, Ill.: Northwestern University Press).

Zahavi, D. (2001), 'Beyond Empathy: Phenomenological Approaches to Intersubjectivity', *Journal of Consciousness Studies*, 8/5 –7: 151 –167.

Zahavi, D. (2002), 'Intersubjectivity in Sartre's Being and Nothingness', *Alter*, 10: 265 –281.

Zahavi, D. (2003), 'Inner Time – Consciousness and Pre – Reflective Self – Awareness', in D. Welton (ed.), *The New Husserl: A Critical*

Reader(Bloomington: Indiana University Press), 157–180.

Zahavi, D. (2004a), 'Back to Brentano?', *Journal of Consciousness Studies*, 11/10–11: 66–87.

Zahavi, D. (2004b), 'Phenomenology and the Project of Naturalization', *Phenomenology and the Cognitive Sciences*, 3/4: 331–347.

Zahavi, D. (2005), *Subjectivity and Selfhood: Investigating the First–Person Perspective*(Cambridge, Mass.: MIT Press).

Zahavi, D. (2007a), 'Perception of Duration Presupposes Duration of Perception—or Does It? Husserl and Dainton on Time', *International Journal of Philosophical Studies*, 15/3: 453–471.

Zahavi, D. (2007b), 'Expression and Empathy', in D. D. Hutto and M. Ratcliffe(eds.), *Folk Psychology Re–Assessed*(Dordrecht: Springer), 25–40.

Zahavi, D. (2007c), 'Killing the Straw Man: Dennett and Phenomenology', *Phenomenology and the Cognitive Sciences*, 6/1–2: 21–43.

Zahavi, D. (2008), 'Simulation, Projection and Empathy', *Consciousness and Cognition*, 17/2: 514–522.

Zahavi, D. (2010a), 'Inner (Time–) Consciousness', in D. Lohmar and I. Yamaguchi(eds.), *On Time: New Contributions to the Husserlian Phenomenology of Time*(Dordrecht: Springer), 319–339.

Zahavi, D. (2010b), 'Naturalized Phenomenology', in S. Gallagher and D. Schmicking(eds.), *Handbook of Phenomenology and Cognitive Science*(Dordrecht: Springer), 2–19.

Zaki, J., and Ochsner, K. (2012), 'The Cognitive Neuroscience of Sharing and Understanding Others' Emotions', in J. Decety(ed.), *Empathy: From Bench to Bedside*(Cambridge, Mass.: MIT Press), 207–226.

Zeedyk, M. S. (2006), 'From Intersubjectivity to Subjectivity: The Transformative Roles of Emotional Intimacy and Imitation', *Infant and Child Development*, 15/3: 321–344.

Zinck, A., and Newen, A. (2008), 'Classifying Emotion: A Developmental Account', *Synthese*, 161/1: 1–25.

옮긴이의 말

이 책은 단 자하비의 『자기와 타자: 주관성·공감·수치심 연구SELF & OTHER: exploring subjectivity, empathy, and shame』(Oxford, 2014)를 옮긴 것이다. 단 자하비는 덴마크의 현상학자로 국내에는 이미 그의 책이 두 권 번역되어 있다. 그는 현상학을 기반으로 심리학·정신병리학·인지과학·사회학 등의 여러 분과 학문을 포괄하면서 다양한 주제를 연구해오고 있다.

자하비는 이 책에서 자기와 타자, 그 상호관계에 대한 깊은 성찰과 치밀한 논거를 바탕으로 하는 자신의 분석을 내놓음으로써 우리 자신과 타자를 새롭게 바라볼 기회를 제공한다. 자기와 타자의 마음, 상호주관성과 수치심에 대한 실증적인 분석은 철학적 사유가 우리 마음을 이해하고 뒤돌아보는 데서 더 나아가 우리 내면의 수치심을 다루는 데에도 실용적이며 치유적일 수 있다는 신선한 발견을 전하고 있는 것이다. 우리는 자기를 평가할 때 이미 내면화된 타자의 시선으로 자신을 바라본다. 자기와 타자는 이미 따로 또 같이 한 몸 안에 거주하고 있으니, 나를 온전히 이해할 수 있는 길은 내 안의 타자와 자기를 복원해야 열릴 것이고, 그것이 있는 그대로의 것인지 나의 투사물인지를 끊임없이 들여다봐야 도달할 수 있는 것이라는 사실을 다시금 상기시킨다.

'우리의 뿌리 깊은 내면성이 마음의 진실일까?' 이 물음을 오랫동안 좇았다. 심연의 마음은 언어적으로든 비언어적으로든 좀처럼 자신을 드러내지 않으면서도 행위의 의도를 관장할 수 있는 것일까? 마음의 내면성은 명상과 같은 특별한 경험의 양상을 통해서만 언뜻 들여다볼 수 있는 것일까? 물론, 일상의 어떤 방식으로도 내면에 고시되지 않거나 외면으로 표현되지 않는 마음은 경험에서 어떤 지위도 점할 수 없을 것이다.

불교학 전공자로서 이 책을 번역하게 된 이유는 간단하다. 저자가 자기와 타자라는 주제를 20년간 연구했다고 밝혔듯이, 나 역시 자기와 타자의 마음이 어떻게 일어나고 관계하는지에 대한 주제로 불교의 유식학唯識學을 전공하면서 그 언저리에서 현상학을 공부해왔다. 유식학은 경험에 있어 마음의 특권을 기꺼이 인정한다. '모든 것은 마음이 만들어낸 것이다一切唯心造'라는 말이 이러한 경향을 잘 보여준다. 보는 자가 모든 것을 만들어냈다고 하니, 여기에는 타인의 마음까지도 쉬 포함시킬 낭떠러지가 있다.

흔히 '눈빛만 봐도 알 수 있잖아'라든지, '내가 네 마음을 어떻게 알아' 하는 말들은 타자 경험의 상반된 양상을 잘 보여준다. 일상의 타자 이해는 이 둘 사이에 있거나 어느 한쪽에 있다. 문제는 이 두 이해 양상 중 하나를 특권시할 때 일어난다. '둘 중 하나'라는 태도를 고수할 때 우리는 타자의 타자성을 자기경험의 일부로 환원하거나 타자의 마음을 불가지의 대상으로 남겨두게 된다. 하지만 일상에서 우리는 그럭저럭 또는 적확하게 다른 사람의 마음을 보거나 이해하거나 추론한다.

이 책은 타자의 마음을 이해하고 공감하는 것이 자기 내면의 투사를 통한 것이라면 이는 무한한 자기복제이지, 타자성 그 근처에도 닿지 않는 것이라는 점을 짚어내면서, 타자성의 온전한 회복을 통해 우리의 불완전한 타자 이해를 공감의 측면에서 메우는 노력을 하라고 촉구한다. 또한 상호관계를 가능하게 하는 자기의 복원을 위해 경험적 자기, 서사적 자기, 최소한의 자기 등의 다차원적이고 다측면적인 자기의 양상에 대해 설명한다. 우리가 무아無我라고 선언하기 전에 무엇을 자기라고 할 수 있는가에 대한 명증한 이해를 도모하고자 한다면 이 책은 그러한 시도를 더욱 깊이 있고 명료하게 해줄 것이다.

마음의 존재 양상, 의식의 특성을 탐색하는 오랜 물음들과 관련해, 이 책을 통해 풍부한 심리학, 인지과학, 정신병리학의 증례로써 해답을 풀어가는 단초를 발견할 수 있었기에 자하비의 철학적 통찰과 학문적 면밀함은 나와 같은 물음을 두고 고민하는 학인들에게 화수분처럼 풍부한 영감을 주리라 믿는다. 뿐만 아니라 우리가 이러한 새로운 영감에 기반한다면, 타자의 마음을 보고 공감하며 철학적으로 숙고하는 훈련은, 다른 사람의 마음을 대면하는 상담, 심리치료, 돌봄 교육 전반에 걸친 다양한 직업적 상황에서, 타자의 타자성에 대한 섣부른 이해를 유보시키며 더 깊은 공감과 진정한 만남이 가능하도록 스스로 질문을 던질 수 있는 공간을 마련해줄 것이다.

기존의 역어들을 최대한 활용했으나, 독자의 입장에서 그리고 비전공자의 입장에서 이해하기에 더 낫다고 판단되는 경우에는 고심 끝에 새로운 역어를 채택하기도 했다. 전공과 무관하게 다양한 독자를 대상으로 학제적 논의를 이끌어낼 수 있고 또 그렇게 의도된 책이므로, 비전공자라도 반복하여 읽는다면 이해하는 데 무리가 없도록 번역하고자 노력했다. 이 책이 출간된 해 초부터 조금씩 읽기 시작해 출판까지 근 5년이라는 시간이 걸린 셈이다. 돌이켜보면, 번역을 하는 동안 다른 전공의 학인으로서 오해와 오역의 가능성을 줄이고자 두려움을 벗삼아 저자가 제기하는 문제와 개념을 화두로 품고 지냈다. 오랜 시간 고심한 결과가 많은 이에게 도움을 주기를 기대한다.

심리학을 전공하고 있는 아내가 밤낮을 가리지 않고 기꺼이 고민을 나눠주었다. 곤란의 시간을 함께하는 아내 하현주에게 고마운 마음을 전한다. 이 책이 나올 수 있도록 좋은 인연이 되어주신 안도연님, 방대한 분량의 책을 꼼꼼하게 편집해주신 곽우정님, 그리고 여러 사람에게 도움이 될 책이라는 이유만으로 생면부지의 역자를 믿고 출판을 추진해주신 노만수님과 글항아리 출판사 강성민 대표님께도 감사드린다.

위에 다 열거하지 못한 여러 사람의 번민과 정성이 담긴 이 책이 심리학과 철학의 학제적 논의에 풍부한 전거를 보태주리라 믿는다. 곱씹어 읽는 가운데 말과 몸짓으로 환히 드러나는 더 깊은 자기의 자기성과 타자의 타자성으로 들어갈 수 있게 되기를 바란다.

강병화

자기와 타자

1판 1쇄	2019년 9월 20일
1판 2쇄	2023년 2월 17일

지은이	단 자하비
옮긴이	강병화
펴낸이	강성민
편집장	이은혜
마케팅	정민호 이숙재 박치우 한민아 박진희 정경주 정유선 김수인
브랜딩	함유지 함근아 김희숙 고보미 박민재 정승민
제작	강신은 김동욱 임현식

펴낸곳	(주)글항아리	출판등록 2009년 1월 19일 제406-2009-000002호
주소	10881 경기도 파주시 회동길 210
전자우편	bookpot@hanmail.net
전화번호	031-955-2689(마케팅) 031-955-1934(편집부)
팩스	031-955-2557

ISBN	978-89-6735-666-8 93100

*잘못된 책은 구입하신 서점에서 교환해드립니다.
*기타 교환 문의 031-955-2661, 3580

www.geulhangari.com